中華古籍保護計劃

ZHONG HUA GU JI BAO HU JI HUA CHENG GUO

·成 果·

民國時期文獻
保護計劃

成果

# 温州市圖書館民國時期傳統裝幀書籍普查登記目録

浙江省民國時期傳統裝幀書籍普查登記目録·温州

國家圖書館出版社
National Library of China Publishing House

**圖書在版編目(CIP)數據**

温州市圖書館民國時期傳統裝幀書籍普查登記目録/《温州市圖書館民國時期傳統裝幀書籍普查登記目録》編委會編. --北京:國家圖書館出版社,2018. 12
(浙江省民國時期傳統裝幀書籍普查登記目録)
ISBN 978 -7 -5013 -6472 -5

Ⅰ. ①温… Ⅱ. ①温… Ⅲ. ①公共圖書館—圖書館目録—温州—民國 Ⅳ. ①Z822. 1

中國版本圖書館 CIP 數據核字(2018)第 153958 號

| | |
|---|---|
| 書　　名 | 温州市圖書館民國時期傳統裝幀書籍普查登記目録 |
| 著　　者 | 《温州市圖書館民國時期傳統裝幀書籍普查登記目録》編委會　編 |
| 責任編輯 | 許海燕 |

| | |
|---|---|
| 出　　版 | 國家圖書館出版社(100034　北京市西城區文津街 7 號)<br>(原書目文獻出版社　北京圖書館出版社) |
| 發　　行 | 010 -66114536　66126153　66151313　66175620<br>66121706(傳真)　66126156(門市部) |
| E-mail | nlcpress@ nlc. cn(郵購) |
| Website | www. nlcpress. com→投稿中心 |
| 經　　銷 | 新華書店 |
| 印　　裝 | 河北三河弘翰印務有限公司 |
| 版　　次 | 2018 年 12 月第 1 版　2018 年 12 月第 1 次印刷 |

| | |
|---|---|
| 開　　本 | 787 ×1092(毫米)　1/16 |
| 印　　張 | 44 |
| 字　　數 | 1000 千字 |

| | |
|---|---|
| 書　　號 | ISBN 978 -7 -5013 -6472 -5 |
| 定　　價 | 400.00 圓 |

# 《浙江省民國時期傳統裝幀書籍普查登記目録》

## 指導委員會

主　任：褚子育

副主任：葉　菁

委　員（按姓氏筆畫排序）：

呂振興　李儉英　金琴龍　倪　巍　徐兼明

徐　潔　陸深海　陳泉標　陳　浩　孫雍容

張純芳　張愛琴　褚樹青　樓　婷　鍾世杰

應　雄

# 《浙江省民國時期傳統裝幀書籍普查登記目録》

## 工作委員會

主　任：褚樹青

委　員（按姓氏筆畫排序）：

王以儉　毛　旭　占　劍　沈紅梅　季彤曦

胡海榮　莊立臻　徐益波　孫旭霞　孫國茂

劉　偉　應　暉

# 《浙江省民國時期傳統裝幀書籍普查登記目録》

## 編纂委員會

**主　編：** 徐曉軍

**副主編：** 曹海花　童聖江

**統校和編纂工作小組組長：** 曹海花（浙江圖書館）

**統校和編纂工作小組成員**（按姓氏筆畫排序）：

干亦鈴（寧波市圖書館）

吕　芳（浙江圖書館）

沈秋燕（嘉興市圖書館）

秦華英（浙江圖書館）

唐　微（紹興圖書館）

陳瑾淵（温州市圖書館）

# 《浙江省民國時期傳統裝幀書籍普查登記目録》

## 序　言

近代中國社會由封建王朝向民主政體蛹變的轉型時期，傳統思維與新思潮强烈衝突，書籍也隨之進入了重大變革時期，以綫裝書爲代表的傳統裝幀書籍日漸式微，傳統裝幀與現代裝幀進入了一個并存期。社會革命的發生并不意味着文化馬上就發生根本性的變化，文化的發展是有連續性的，它不會因朝代的突然更替而發生斷層式的變化。1912 年辛亥革命勝利後，中國傳統文化的發展依然繁榮，産生了一大批高質量的傳統裝幀書籍，這部分書籍也是中國傳統文化的重要組成部分。百年來，公共圖書館等公藏單位將這部分書籍跟古籍采取一樣的存放、管理、保護方式。浙江是文化大省，文化底藴深厚，書籍刻印歷史悠久，前賢留下的著述浩如烟海，藏書雅閣及私人藏書爲數衆多，民國期間也刻印了大量典籍，民國時期傳統裝幀書籍在各藏書單位（尤其是基層單位）所藏歷史文獻中占據了相當大的比重。這些文獻形成了浙江文獻典藏的重要特色，是浙江傳統文化的重要組成部分。爲更加全面地掌握全省歷史文獻文化遺産現狀，揭示全省各地區文化脉絡，浙江省自古籍普查伊始就將民國時期傳統裝幀書籍納入古籍普查範圍。

按照《全國古籍普查登記手册》要求，登記每部古籍的基本項目，必登項目有索書號、題名卷數、著者、版本、册數、存（缺）卷數，選登項目有分類、批校題跋、版式、裝幀形式、叢書子目、書影、破損狀況等内容。"秉持浙江精神，幹在實處、走在前列、勇立潮頭"，浙江省的古籍普查工作一直高標準、嚴要求，自始至終堅持全國古籍普查登記平臺（以下簡稱古籍普查平臺）項目全著録，堅持文字信息和書影信息雙著録，登記每部書的索書號、分類、題名卷數、著者、卷數統計、版本、版式、裝幀、裝具、序跋、刻工、批校題跋、鈐印、叢書子目、定級及書影、定損及書影等 16 大項 74 小項的信息。普查統計顯示，截至 2017 年 4 月 30 日，全省 95 家單位共藏有中國傳統裝幀書籍 337405 部 2506633 册，其中民國時期傳統裝幀書籍 117543 部 751690 册，占全部傳統裝幀書籍的三分之一。

普查登記著録工作結束後，省古籍保護中心組織普查業務骨幹統校、編纂全省的普查登記目録。全省的普查登記目録是將古籍和民國數據分開的，由省古籍保護中心統一規劃，分别出版《浙江省古籍普查登記目録》和《浙江省民國時期傳統裝幀書籍普查登記目録》。古籍數據統校完成後，於 2017 年 3 月成立由浙江圖書館、寧波市圖書館、温州市圖書館、嘉興市圖書館、紹興圖書館 5 家單位的 7 名普查業務骨幹組成的《浙江省民國時期傳統裝幀書籍普查登記目録》統校和編纂工作小組，開展民國時期傳統裝幀書籍普查數據的統校和登記目録的編纂工作。

民國時期傳統裝幀書籍普查數據統校要求和登記目録編纂工作程序與古籍相同，省古籍保護中心制定的《浙江省古籍普查登記目録編纂工作方案》《浙江省古籍普查數據統校細則》，也適用於指導全省民國時期傳統裝幀書籍普查數據的統校和登記目録的編纂。統校和編纂工作程序如下：導出古籍普查平臺上的數據，切分出民國數據，按照設定的普查編號、索書號、分類、題名卷數、著者、版本、批校題跋、册數、存（缺）卷這幾項登記目録的出版款目對表格進行整理，整理後按照題名進行排列分給各統校員進行統校，統校結束後的數據按行政區域進行彙總，交由分區負責人進行覆核，覆核結束後由省古籍保護中心一一寄給各館進行修改確認，經各館確認後由分區負責人進行最後審定。

全省參與普查的共95家單位，其中94家有民國時期傳統裝幀書籍，進入本登記目録的有93家單位，總數達11萬餘部。根據分區域出版和達到一定條數可以單獨成書的原則，全省的民國時期傳統裝幀書籍普查登記目録大致分爲以下15種：浙江圖書館，浙江省博物館，中國美術學院圖書館等四家收藏單位，杭州圖書館等十一家收藏單位，寧波市天一閣博物館，寧波市圖書館等八家收藏單位，温州市圖書館，瑞安市博物館（玉海樓）等九家收藏單位、湖州市圖書館等七家收藏單位，嘉興市圖書館，嘉善縣圖書館等八家收藏單位，紹興圖書館，紹興市上虞區圖書館等九家收藏單位，金華市博物館等九家收藏單位，衢州市博物館等四家收藏單位、舟山市圖書館等二家收藏單位、麗水市圖書館等八家收藏單位，臨海市圖書館等八家收藏單位。爲保障普查編號的唯一性、終身有效性，各館數據以原普查編號從低到高的順序進行排列。由於浙江省古籍普查範圍包括古籍、民國傳統裝幀書籍、域外漢文古籍，著録時幾種文獻交替進行，而出版時是分開的，加之古籍普查平臺系統出現的跳號情况，所以會出現普查編號不連貫的現象，特此説明。

浙江省古籍普查工作得到了各方的關心和支持。感謝各兄弟省份古籍同行的熱情幫助，感謝李致忠、張志清、吴格、陳先行、陳紅彦、陳荔京、羅琳、王清原、唱春蓮、李德生、石洪運、賈秀麗、范邦瑾等專家學者的悉心指導。

條數多，分布廣，又出於衆手，儘管工作中我們一直争取做到最好，但無論是已經著録的古籍普查平臺數據還是即將付梓的登記目録，都難免存在紕漏，希望業界同仁不吝賜教，俾臻完善。

浙江省古籍保護中心
2018年3月

# 《浙江省民國時期傳統裝幀書籍普查登記目録》

## 編纂凡例

一、收録範圍爲浙江省圖書館、博物館等公共收藏機構所藏，産生於 1912 年到 1949 年 9 月，有關傳統學術并以綫裝爲主的具有傳統裝幀形式的漢文書籍。

二、以各收藏機構爲分册依據，篇幅較小者，適當合并出版。

三、一部書籍一條款目，複本亦單獨著録。

四、著録款目包括普查登記編號、索書號、分類、題名卷數、著者、版本、批校題跋、册數、存（缺）卷等。普查登記編號的組成方式是：省級行政區劃代碼—單位代碼—古籍普查登記順序號。

五、以普查登記編號順序排序。

六、編製各館藏目録書名筆畫索引附於書後，以便檢索。

# 《温州市圖書館民國時期傳統裝幀書籍普查登記目録》

## 編委會

# 《温州市圖書館民國時期傳統裝幀書籍普查登記目録》

## 前　言

我館的普查工作自 2011 年 12 月始, 2015 年 12 月完成, 共編目 23149 種 151353 册, 數量居全省第四。剔除已收入《温州市圖書館古籍普查登記目録》(以下簡稱《古籍目録》)的古籍 13783 種 102867 册、日本古籍 121 種 1341 册、朝鮮古籍 3 種 28 册, 以及少量報刊類綫裝書, 本次收入《温州市圖書館民國時期傳統裝幀書籍普查登記目録》(以下簡稱《民國目録》)的書籍共計 9121 種 45706 册。從内容分類看, 有經部 422 種 1592 册、史部 1883 種 10274 册、子部 2616 種 7082 册、集部 3018 種 9305 册、類叢部 1046 種 17226 册、新學 132 種 246 册。從書籍形制上看, 有稿本 249 種 550 册, 抄本 703 種 2309 册, 刻本(含刻本暨其他印刷方式)1079 種 6776 册, 活字印本(含活字印本暨其他印刷方式)70 種 198 册, 鉛印本(含鉛印本暨其他印刷方式)3456 種 14592 册, 石印本(含石印本暨其他印刷方式)2104 種 8747 册, 影印本(含影印本暨其他印刷方式)1363 種 14248 册。

與《古籍目録》相比,《民國目録》呈現出幾個顯著特點:

其一, 稿抄本的比重大大增加, 其中稿本多爲孫延釗、夏承燾、鄭閎達、劉紹寬、戴炳驄等近現代温籍名家著述, 抄本多爲永嘉黄氏敬鄉樓、楊紹廉、張棡、戴炳驄、戴家祥、符璋等鄉賢所抄地方文獻。《民國目録》所收書籍中, 保存於我館善本庫的有 205 種 1267 册, 大部分爲上述地方文獻稿抄本, 由此可見, 民國圖書并不因其時間晚近而掩蓋其珍貴價值。

其二, 經部文獻的種類和數量均急劇減少, 而其他部類書籍比重則無顯著變化, 從中可以看出科舉制度之廢除與經部文獻之式微間的同步關係。

其三, 刻本數量的大幅減少和新興印刷方式的急劇增多。鉛印本、石印本、影印本書籍占全部書籍的 82%, 而刻本僅占約 15%, 可見現代印刷方式逐漸取代了傳統的雕版印刷, 我國的出版行業邁入了一個新時代。

在《温州市圖書館民國時期傳統裝幀書籍普查目録》出版之際, 尤其要向給予我們大力支持和幫助的國家圖書館(國家古籍保護中心)、國家圖書館出版社、浙江圖書館(浙江省古籍保護中心)等單位表示衷心感謝! 向浙江圖書館徐曉軍老師, 浙圖古籍部童聖江、曹海花副主任, 陳誼老師、吕芳老師、秦華英老師; 温州市圖書館胡海榮館長、仇楊坪副館長、吴谷副館長，以及全體普查人員潘猛補、王昀、陳瑾淵、王昉、王妍、陳瑞贊、高豐苗、夏静飛、潘莉莉、邵薵薵、王林琳、吴慧、陳偉玲致以誠摯的謝意！

溫州市圖書館古籍地方文獻部
2018年5月

# 目　録

330000－1704－0000018　000005　類叢部/叢書類/自著之屬

**國學别録三種**　方光撰　民國十七年(1928)惠陽方氏方山山館鉛印本　一册

330000－1704－0000019　000031　經部/易類/專著之屬

**易説殘稿不分卷**　(清)孫鏘鳴撰　民國溫州市圖書館抄本　梅冷生題簽並記　二册

330000－1704－0000021　000034　經部/易類/專著之屬

**周易明義四卷序要二卷易外傳八卷**　彭俞撰　民國六年(1917)油印本　六册

330000－1704－0000022　000032　經部/易類/傳説之屬

**學易筆談四卷**　杭辛齋撰　民國抄本　一册

330000－1704－0000024　000028　經部/易類/專著之屬

**易義别識二卷**　齊洪昌撰　民國十年(1921)臨海縣公立圖書館石印本　一册

330000－1704－0000026　000033　經部/易類/傳説之屬

**學易筆談四卷**　杭辛齋撰　民國蔡祖棻抄本　一册

330000－1704－0000028　000038　經部/易類

**易藏叢書六種**　杭辛齋撰　民國十一年(1922)上海研幾學社鉛印本　朱竺峰批　八册

330000－1704－0000039　善000021　經部/詩類/專著之屬

**詩經漁樵野説不分卷**　(明)夏大煇撰　民國永嘉黄氏敬鄉樓抄本　六册

330000－1704－0000041　善000023　經部/詩類/分篇之屬

**周南補詁一卷**　許篤仁撰　稿本　一册

330000－1704－0000053　007227　集部/别集類/宋别集

**林和靖先生詩集四卷附録一卷**　(宋)林逋撰　**校語一卷**　邵裴子撰　民國二十四年(1935)上海商務印書館鉛印本　一册

330000－1704－0000054　善000036　經部/周禮類/傳説之屬

**周禮正義八十六卷**　(清)孫詒讓撰　民國二十年(1931)笛湖精舍刻本　六十册

330000－1704－0000057　007229　集部/别集類/宋别集

**蘇文忠公詩集五十卷目録二卷**　(宋)蘇軾撰　(清)紀昀評點　民國二年(1913)掃葉山房石印本　十册　存四十七卷(六至五十、目録一至二)

330000－1704－0000067　007231　集部/别集類/宋别集

**山谷詩集注内集二十卷外集十七卷别集二卷**　(宋)黄庭堅撰　(宋)任淵　(宋)史容　(宋)史季溫注　民國四年(1915)上海著易堂據清光緒二十一年至二十五年(1895－1899)刻宣統二年(1910)印本影印本　張棡句讀並觀款　八册

330000－1704－0000069　007232　集部/别集類/宋别集

**東坡詩注三十二卷目録一卷**　(宋)蘇軾撰　(宋)呂祖謙分編　(宋)王十朋注　(清)朱從延校　民國四年(1915)掃葉山房石印本　二十册

330000－1704－0000074　000116　子部/儒家類/儒家之屬

**孔氏家語十卷**　(三國魏)王肅注　民國上海啟新書局石印本　五册

330000－1704－0000079　000119　經部/叢編

**孔子書四種**　胡衍鶚撰　民國鉛印本　四册

330000－1704－0000086　005205　史部/地理類/山川之屬/山志

**南田山談一卷**　劉燿東撰　民國二十二年(1933)啓後亭鉛印本　一册

330000－1704－0000087　005175　史部/地理類/遊記之屬/紀行

**金華洞天行紀一卷**　(宋)方鳳撰　(明)張燧輯　**金華游録注一卷**　(清)徐沁撰　**金華洞人物古蹟記一卷**　(宋)謝翱撰　民國二十三年(1934)金華何炳松鉛印本　一册

330000－1704－0000091　002529　史部/政書類/邦交之屬

**同治條約二十三卷**　(清)許同莘　(清)汪毅　(清)張承棨編　民國四年(1915)外交部圖書處鉛印本　十册

330000－1704－0000093　007233　集部/別集類/明別集

**鐵厓三種**　(明)楊維楨撰　(明)吳復編　(清)樓卜瀍註　民國十年(1921)上海掃葉山房石印本　四册　缺九卷(鐵厓樂府注一至五、咏史注五至八)

330000－1704－0000098　013803　子部/雜著類/雜考之屬

**籀廎述林十卷**　(清)孫詒讓撰　民國五年(1916)刻本　楊紹廉校並題記、題簽　楊宰綱校　四册

330000－1704－0000099　000837　子部/宗教類/佛教之屬/經

**大方廣佛華嚴經第二地章一卷**　(唐)釋實叉難陀譯　釋演音書　民國二十二年(1933)佛學書局影印本　一册

330000－1704－0000100　000838　子部/宗教類/佛教之屬/經疏

**大方廣佛華嚴經疏鈔懸談一卷**　(唐)釋澄觀撰　民國揚州藏經院刻本　一册

330000－1704－0000107　000848　子部/宗教類/佛教之屬/經疏

**大方廣佛華嚴經入不思議解脱境界普賢行願品輯要疏一卷**　釋諦閑撰　民國十七年(1928)香港聚珍印務書樓鉛印本　一册

330000－1704－0000108　015367　子部/雜著類

**信函應用緊要字類一卷語句一卷**　民國抄本　一册

330000－1704－0000111　002530　史部/政書類/邦交之屬

**分類編輯不平等條約六卷**　外交委員會編　民國十五年(1926)外交委員會鉛印本　六册

330000－1704－0000113　007280　集部/別集類/明別集

**青邱高季迪先生詩集十八卷首一卷遺詩一卷扣舷集一卷鳧藻集五卷附録一卷**　(明)高啓撰　(清)金檀輯注　民國石印本　十二册

330000－1704－0000115　000855　子部/宗教類/佛教之屬/經疏

**大方廣佛華嚴經入不思議解脱境界普賢行願品一卷**　(唐)釋般若譯　民國二十年(1931)金陵刻經處刻本　一册

330000－1704－0000116　000856　子部/宗教類/佛教之屬/經疏

**大方廣佛華嚴經入不思議解脱境界普賢行願品三十二卷**　(唐)釋般若譯　民國刻本　八册

330000－1704－0000117　000857　子部/宗教類/佛教之屬/論

**華嚴原人論合解二卷**　(唐)釋宗密論　(元)釋圓覺解　(明)楊嘉祚刪合　民國四年(1915)揚州藏經院刻本　一册

330000－1704－0000122　007295　集部/別集類/清別集

**梅村詩集箋注十八卷**　(清)吳偉業撰　(清)吳翌鳳箋注　民國中華圖書館石印本　八册

330000－1704－0000127　000046　經部/易類/傳說之屬

**易學入門一卷易學探原經傳解三卷**　黃元炳撰　民國二十二年(1933)無錫黃氏觀蝶樓鉛印本　四册

330000－1704－0000132　000057　經部/易類/傳說之屬

**周易易解十卷示兒録三卷說餘一卷**　(清)沈

紹勳撰　民國二十年(1931)鉛印本　六冊

330000－1704－0000137　007302　集部/別集類/清別集
**古照堂詩集二卷**　(清)狄雲鼎撰　**選齋公殘稿一卷**　(清)狄繼紳撰　民國十九年(1930)鉛印本　二冊

330000－1704－0000140　000056　經部/易類/傳說之屬
**易簡義不分卷**　周善培撰　民國鉛印本　四冊

330000－1704－0000141　002536　史部/政書類/邦交之屬
**光緒條約一百十七卷補遺十五卷**　許同莘　汪毅　張承棨輯　民國四年(1915)外交部印刷所鉛印本　三十六冊

330000－1704－0000144　009434、009621、010246　類叢部/叢書類/家集之屬
**新安許氏先集四種**　許同莘編　民國無錫許氏簡素堂刻本暨鉛印本　五冊

330000－1704－0000159　009585　集部/別集類/明別集
**震川先生集三十卷別集十卷附録一卷**　(明)歸有光撰　民國上海中華圖書館石印本　八冊

330000－1704－0000160　009586　類叢部/叢書類/自著之屬
**六如居士全集四種**　(明)唐寅撰　民國上海國學昌明社石印本　四冊

330000－1704－0000161　009587　類叢部/叢書類/郡邑之屬
**湖北先正遺書七十二種七百二十七卷**　盧靖編　民國十二年(1923)沔陽盧氏慎始基齋影印本　四冊　存一種

330000－1704－0000168　007421　集部/別集類/清別集
**甌北詩鈔二十卷**　(清)趙翼撰　民國十年(1921)掃葉山房石印本　八冊

330000－1704－0000170　007415　集部/別集類/清別集
**靈芬館詩初集四卷二集十卷三集四卷**　(清)郭麐撰　民國二年(1913)上海掃葉山房石印本　八冊

330000－1704－0000175　001515　史部/傳記類/別傳之屬/事狀
**諦閑月霞兩法師事畧一卷**　民國鉛印本　一冊

330000－1704－0000183　009601　集部/別集類/明別集
**東涯集十七卷**　(明)翁萬達撰　民國二十八年(1939)潮陽郭氏石印本　八冊

330000－1704－0000191　007511　集部/別集類/清別集
**船山詩草二十卷**　(清)張問陶撰　民國十年(1921)掃葉山房石印本　六冊

330000－1704－0000216　008318　集部/別集類
**匏園詩集三十六卷**　來裕恂撰　民國十三年(1924)鉛印本　十二冊

330000－1704－0000218　008160　集部/別集類
**畸園第三次手定詩稿十七種三十二卷**　陳遹聲撰　民國十一年(1922)影印本　二十冊　缺三卷(帶山艸堂集二至三、五)

330000－1704－0000222　008329　集部/別集類
**花近樓詩存初編三卷續編二卷三編二卷四編二卷五編二卷六編二卷七編二卷八編二卷**　陳夔龍撰　民國三年至十五年(1914－1926)上海刻本　六冊　缺二卷(六編一至二)

330000－1704－0000223　007174　集部/別集類/宋別集
**王荆文公詩五十卷目録三卷**　(宋)王安石撰　(宋)李壁箋註　(宋)劉辰翁評點　**王荆文公年譜一卷**　(宋)詹大和撰　民國十一年(1922)海鹽張氏據元刻本影印本　十冊

330000－1704－0000224　007125　集部/別集類/唐五代別集

**杜詩詳註二十五卷首一卷附編二卷**　（清）仇兆鰲輯註　民國十年（1921）掃葉山房石印本　二十八冊

330000－1704－0000228　007161　集部/別集類/唐五代別集

**玉谿生詩詳註六卷首一卷**　（唐）李商隱撰　（清）馮浩注　民國十九年（1930）崇古山房石印本　八冊

330000－1704－0000229　007141　集部/別集類/唐五代別集

**杜詩鏡銓二十卷附諸家論杜一卷杜工部年譜一卷**　（清）楊倫輯　**讀書堂杜工部文集註解二卷**　（清）張溍撰　民國十七年（1928）上海文化書局石印本　八冊

330000－1704－0000235　005413　史部/地理類/方志之屬/郡縣志

**［民國］瓊山縣志二十八卷首一卷**　徐淦等修　李熙　王國憲總纂　民國六年（1917）刻本　二十六冊

330000－1704－0000244　005404　史部/地理類/方志之屬/通志

**［道光］廣東通志三百三十四卷首一卷**　（清）阮元等主修　（清）陳昌齊等總纂　（清）李明澈繪圖　民國二十三年（1934）上海商務印書館影印本　二十八冊

330000－1704－0000249　005368　史部/地理類/方志之屬/通志

**［民國］福建通志五十一總卷六百十一分卷**　李厚基等修　沈瑜慶　陳衍纂　民國十一年至二十七年（1922－1938）刻本　三十四冊　存一百二十卷（通紀一至二十，天文一，地理一至三，水利一至九，物產一至十一，漁業一，監政一，船政一，海軍一，外交一，金石一至三十，板本一至八，藝文志附録一至四，方言一，清列傳一至八，儒林傳一，文苑傳一至三，儒行傳一，循吏傳一至三，列女傳一至三、六至七，高僧傳一至七）

330000－1704－0000251　善000233　史部/傳記類/日記之屬

**徐又錚手評孫公達日記一卷（民國八年十一月）**　孫宣撰　徐樹錚評　民國八年（1919）稿本　徐樹錚批　一冊

330000－1704－0000254　008945　集部/總集類/選集之屬/通代

**涵芬樓古今文鈔簡編四十卷首一卷**　吳曾祺輯　民國五年（1916）上海商務印書館鉛印本　四十一冊

330000－1704－0000255　004975　史部/地理類/方志之屬/郡縣志

**［光緒］杭州府志一百七十八卷首八卷**　（清）陳璚等修　（清）王棻等纂　屈映光續修　陸懋勳續纂　齊耀珊重修　吳慶坻重纂　**杭州府志校勘記十六卷**　吳憲奎等編　民國十一年至十五年（1922－1926）鉛印本　八十一冊

330000－1704－0000256　003430　史部/編年類/通代之屬

**增修補註歷代通鑑輯覽一百四十卷**　王文濡等撰　民國八年（1919）文明書局鉛印本　五十七冊　缺十四卷（五十九至六十、六十七至七十六、八十三至八十四）

330000－1704－0000262　004988　史部/地理類/方志之屬/郡縣志

**［民國］台州府志一百四十卷首一卷**　喻長霖等纂修　章梫繪圖　民國二十五年（1936）上海游民習勤所鉛印本　三十六冊

330000－1704－0000272　009132　集部/總集類/選集之屬/通代

**璞廬文選二卷**　戴炳驄輯　民國二十二年（1933）稿本　二冊

330000－1704－0000275　005032　史部/地理類/方志之屬/郡縣志

**［民國］海寧州志稿四十一卷首一卷末一卷志餘一卷藝文志補遺一卷**　（清）李圭修　（清）許傳霈等纂　劉蔚仁續修　朱錫恩續纂　盧兆周繪圖　民國十一年（1922）鉛印本　三十二冊

330000－1704－0000280　004987　史部/地理類/方志之屬/郡縣志

**光緒台州府志一百卷首一卷**　(清)趙亮熙　(清)郭式昌修　王舟瑤等纂　民國十五年(1926)台州旅杭同鄉會鉛印本　六十册

330000－1704－0000285　003902　史部/雜史類/斷代之屬

**痛史二十一種附九種**　樂天居士輯　民國六年(1917)上海商務印書館鉛印本　二十九册　存二十五種

330000－1704－0000287　004733　史部/地理類/方志之屬/郡縣志

**[民國]重修泰安縣志十四卷**　葛延瑛　吳元禄修　孟昭章纂　民國十八年(1929)泰安縣志局鉛印本　十四册

330000－1704－0000295　005081　史部/地理類/方志之屬/郡縣志

**[民國]臨海縣志稿四十二卷首一卷**　張熙鼎修　張寅重修　何奏簧纂　蔣鳳鳴　洪鋭心繪　民國二十四年(1935)鉛印本　二十二册

330000－1704－0000297　005044　史部/地理類/方志之屬/郡縣志

**[嘉慶]義烏縣志二十二卷首一卷**　(清)諸自穀修　(清)程瑜　(清)李錫齡纂　(清)毛光焞繪圖　民國十八年(1929)灌聽圖書館石印本　十二册

330000－1704－0000299　005051　史部/地理類/方志之屬/郡縣志

**[民國]南田縣志三十五卷首一卷**　吕耀鈐　厲家禎修　吕芝延　施仁緯纂　民國十九年(1930)鉛印本　二册

330000－1704－0000300　005043　史部/地理類/方志之屬/郡縣志

**[民國]龍游縣志四十卷首一卷末一卷**　余紹宋撰　民國十四年(1925)北京京城印書局鉛印本　十四册　缺二卷(二十八至二十九)

330000－1704－0000314　004952　史部/地理類/方志之屬/郡縣志

**[民國]蕪湖縣志六十卷**　余誼密　彭萃文　濮文波修　鮑寔纂　民國八年(1919)石印本　八册

330000－1704－0000316　004909　史部/地理類/方志之屬/郡縣志

**[民國]江陰縣續志二十八卷江陰近事録三卷**　陳思修　繆荃孫纂　民國十年(1921)刻本　蔡昭題記　十二册

330000－1704－0000321　004910　史部/地理類/山川之屬/山志

**金山志十六卷首一卷**　(清)董天工輯　(清)劉名芳纂修　民國二十五年(1936)江天寺影印本　四册

330000－1704－0000326　004911　史部/地理類/遊記之屬/紀行

**京江避壽記一卷**　周慶雲撰　民國二十二年(1933)刻本　一册

330000－1704－0000338　004934　史部/地理類/山川之屬/山志

**靈巖山志八卷首一卷末一卷**　張一留撰　民國三十七年(1948)上海印公紀念會鉛印本　一册

330000－1704－0000344　004939　史部/地理類/山川之屬/山志

**靈巖記畧二卷**　(明)釋弘儲述意　(清)釋殊致輯　民國石印本　一册

330000－1704－0000350　004942　史部/地理類/專志之屬/園林

**滄浪亭新志八卷**　蔣瀚澄輯　民國十八年(1929)鉛印本　一册

330000－1704－0000352　004944　史部/地理類/方志之屬/郡縣志

**章練小志八卷**　(清)高如圭　萬以增重輯　民國七年(1918)鉛印本　二册

330000－1704－0000353　004937　史部/地理類/山川之屬/山志

**穹窿山志四卷**　(清)吳偉業　(清)向球纂修　(清)李標編　民國三十二年(1943)鉛印本

楊道畝題記　一册

330000－1704－0000354　005038　史部/地理類/方志之屬/郡縣志

**[民國]遂安縣志十卷首一卷末一卷**　羅柏麓　周樹美修　姚桓等纂　民國十九年(1930)鉛印本　八册

330000－1704－0000355　005037　史部/地理類/方志之屬/郡縣志

**[民國]湯溪縣志二十卷首一卷**　丁燮等主修　戴鴻熙總纂　民國二十年(1931)金震東石印局鉛印本　十二册

330000－1704－0000356　004945　史部/地理類/方志之屬/郡縣志

**重輯張堰志十二卷首一卷末一卷**　姚裕廉　范炳垣修輯　何錫琛繪圖　民國九年(1920)金山姚氏松韵草堂鉛印本　一册

330000－1704－0000362　005040　史部/地理類/方志之屬/郡縣志

**中華民國分水縣志十四卷首一卷**　鍾詩傑修　臧承宣纂　民國三十一年(1942)鉛印本　二册

330000－1704－0000363　005041　史部/地理類/方志之屬/郡縣志

**[民國]壽昌縣志十卷首一卷**　陳煥　潘紹儁修　陳舉愷纂　方仰賢繪圖　民國十九年(1930)金華大同印務局鉛印本　八册

330000－1704－0000370　005045　史部/地理類/方志之屬/郡縣志

**永康縣纂修縣志敘目商榷書不分卷**　盧旌賢等撰　民國二十六年(1937)永康縣纂修縣志籌備會鉛印本　一册

330000－1704－0000374　004961　史部/地理類/山川之屬/山志

**瑯琊山志八卷首一卷**　章心培　釋達脩撰　民國十八年(1929)鉛印本　劉脩林　徐象義　張樞　林孟宙　六如　張志堅　文英塗　鄭慶楨　努運昌題記　四册

330000－1704－0000376　004958　史部/地理類/遊記之屬/紀勝

**黃山遊記附詩一卷**　孫肇圻撰　民國二十六年(1937)無錫孫氏蕭心劍氣樓鉛印本　一册

330000－1704－0000382　004960　史部/地理類/山川之屬/山志

**九華山志八卷首一卷**　釋德森撰　民國二十七年(1938)蘇州弘化社鉛印本　二册

330000－1704－0000383　001665　子部/宗教類/道教之屬

**太上感應篇註講證案彙編四卷首一卷**　(清)陳□□編　釋印光鑒定　民國十二年(1923)上海中華書局鉛印本　二册

330000－1704－0000384　004380　史部/傳記類/總傳之屬

**明太師張文忠公世家四卷**　(明)李思誠　(明)姜應麟　(明)甘士价輯　民國九年(1920)永嘉黃氏敬鄉楼抄本　楊紹廉題記並批校　一册

330000－1704－0000392　005062　史部/地理類/方志之屬/郡縣志

**[嘉慶]山陰縣志校記一卷**　(清)李慈銘撰　民國十九年(1930)紹興王子餘鉛印本　一册

330000－1704－0000393　005049　史部/地理類/方志之屬/郡縣志

**光緒金華縣志十六卷首一卷附咸同間金華殉難人姓名録一卷**　(清)鄧鍾玉等纂　民國四年(1915)錢人龍鉛印本　十册

330000－1704－0000405　005055　史部/地理類/方志之屬/郡縣志

**[民國]定海縣志十六卷首一卷**　陳訓正　馬瀛纂修　施臯　顏聖介　張紀隆測繪　民國十三年(1924)旅滬同鄉會鉛印本　六册

330000－1704－0000413　004892　史部/地理類/方志之屬/郡縣志

**錫金考乘十四卷**　(清)周有壬撰　民國二十年(1931)無錫侯學愈環溪草堂鉛印本　四册

330000－1704－0000415　004893　史部/地理類/方志之屬/郡縣志

**錫金識小録十二卷**　(清)黄印輯　民國十九年(1930)無錫侯學愈環溪草堂鉛印本　六册

330000－1704－0000421　004900　史部/地理類/方志之屬/郡縣志
**[民國]重修金壇縣志十二卷首一卷**　馮煦等纂修　民國十五年(1926)上海商務印書館鉛印本　四册

330000－1704－0000422　004767　史部/地理類/山川之屬/山志
**清涼山志八卷首一卷**　(明)釋鎮澄修　釋印光增訂　民國二十二年(1933)蘇州弘化社鉛印本　二册

330000－1704－0000428　005090　史部/地理類/方志之屬/郡縣志
**[隆慶]樂清縣志七卷**　(明)胡用賓修　(明)侯一元纂　民國七年(1918)樂清張侯佐石印本　四册

330000－1704－0000431　004776　史部/地理類/遊記之屬/紀行
**西秦旅行記一卷**　侯鴻鑑撰　民國八年(1919)上海中華書局鉛印本　侯鴻鑑題記　一册

330000－1704－0000433　004839、004917　史部/地理類/方志之屬/郡縣志
**[宣統]太倉州志二十八卷首一卷末一卷[民國]鎮陽縣志十一卷末一卷附録一卷**　王祖畬纂修　洪保嬰繪圖　民國八年(1919)刻本　二十册

330000－1704－0000434　004781　史部/地理類/遊記之屬/紀行
**秦游日録一卷登太華記一卷**　傅增湘撰　民國二十一年(1932)天津大公報館鉛印本　一册

330000－1704－0000435　004782　史部/地理類/方志之屬/郡縣志
**[嘉慶]咸寧縣志二十六卷首一卷**　(清)高廷法　(清)沈琮修　(清)陸耀遹　(清)董祐誠纂　民國二十五年(1936)鉛印本　八册

330000－1704－0000438　005059　史部/地理類/方志之屬/郡縣志
**[民國]象山縣志三十二卷首一卷**　李洣等修　陳漢章等纂　民國十六年(1927)寧波天勝印刷公司鉛印本　二十册

330000－1704－0000440　004783　史部/地理類/方志之屬/郡縣志
**[嘉慶]長安縣志三十六卷**　(清)張聰賢修　(清)董曾臣纂　民國二十五年(1936)鉛印本　六册

330000－1704－0000441　004784　史部/地理類/方志之屬/郡縣志
**[民國]咸寧長安兩縣續志二十二卷**　翁檉修　宋聯奎纂　張綱維　樊思敬繪圖　民國二十五年(1936)鉛印本　六册

330000－1704－0000443　004794　史部/地理類/方志之屬/郡縣志
**[光緒]洮州廳志十八卷首一卷**　民國二十三年(1934)蘭州俊華印書館鉛印本　四册

330000－1704－0000446　004787　史部/地理類/專志之屬/宫殿
**三輔黄圖校正一卷**　(清)莊逵吉撰　民國抄本　一册

330000－1704－0000449　004789　史部/地理類/專志之屬/宫殿
**三輔黄圖六卷**　民國抄本　一册

330000－1704－0000459　004803　史部/地理類/方志之屬/郡縣志
**[道光]靖遠縣志八卷首一卷**　(清)陳之驥編　民國十四年(1925)鉛印本　八册

330000－1704－0000464　004807　史部/地理類/方志之屬/郡縣志
**[民國]漳縣志八卷首一卷**　張鶚　石作柱修　楊國楨等纂　楊炳璵繪圖　民國十七年(1928)石印本　四册

330000－1704－0000466　005064　史部/地理類/方志之屬/郡縣志
**康熙會稽縣志二十八卷首一卷**　(清)王元臣

修 (清)董欽德 (清)金炯纂 民國二十五年(1936)紹興縣修志委員會鉛印本 四冊

330000－1704－0000467 005065 史部/地理類/方志之屬/郡縣志

**道光會稽縣志稾二十五卷首一卷末一卷** (清)王蓉坡 (清)沈墨莊纂 民國二十五年(1936)紹興縣修志委員會鉛印本(原缺卷二至五、十至十三、二十至二十二) 三冊

330000－1704－0000468 005066 史部/地理類/方志之屬/郡縣志

**嘉慶山陰縣志三十卷首一卷** (清)徐元梅修 (清)朱文翰編輯 民國二十五年(1936)紹興縣修志委員會鉛印本 七冊

330000－1704－0000470 004811 史部/地理類/方志之屬/郡縣志

**[民國]重纂禮縣新志四卷首一卷** 張津 王楨 許以栗修 孫文俊 馬兆蕃纂 民國二十二年(1933)鉛印本 四冊

330000－1704－0000474 004821 新學/議論/論政

**新疆刍言一卷** 陳崇祖撰 民國石印本 一冊

330000－1704－0000482 004834 史部/地理類/雜志之屬

**上海寶鑑十五卷附先令算法指南一卷** 王后哲等編 民國十四年(1925)上海世界書局石印本 一冊

330000－1704－0000483 009607 集部/別集類/明別集

**甌東録十卷** (明)項喬撰 民國抄本 十冊

330000－1704－0000485 004833 史部/地理類/方志之屬/通志

**[民國]黑龍江通志稿不分卷** 孫宣纂 稿本 陳聲遠題簽 七冊

330000－1704－0000487 004841 史部/地理類/方志之屬/郡縣志

**[民國]川沙縣志二十四卷首一卷** 方鴻鎧 陸炳麟修 黄炎培纂 俞乃文 陸修澤 茅人駿測繪 民國二十六年(1937)上海國光書局鉛印本 十二冊

330000－1704－0000490 004845 史部/地理類/方志之屬/郡縣志

**[民國]青浦縣續志二十四卷首一卷末一卷** 于定 沈庸 錢家驤修 金詠榴纂 陳豪 朱雲樊繪圖 民國二十三年(1934)刻本 六冊

330000－1704－0000503 006643 集部/總集類/選集之屬/斷代

**宋七言絶句選一卷** 陳衍輯 民國劉景晨抄本 一冊

330000－1704－0000504 善 000504 子部/農家農學類/園藝之屬/花卉

**花史十卷** (明)吳彥匡撰 民國九年(1920)永嘉黄氏敬鄉樓抄本 楊紹廉題記、題簽並校跋 十冊

330000－1704－0000515 011211 集部/詞類/別集之屬

**花信樓詞存一卷** 洪炳文撰 民國抄本 一冊

330000－1704－0000530 004748 史部/地理類/山川之屬/山志

**泰山小史一卷附録一卷** (明)蕭協中撰 趙新儒校注 民國二十一年(1932)泰山趙氏鉛印本 一冊

330000－1704－0000536 004749 史部/地理類/遊記之屬/紀勝

**魯鄒聖跡記一卷附登泰山詩一卷** 張肇崧撰 民國五年(1916)鉛印本 楊瓊題簽 一冊

330000－1704－0000540 005641 史部/金石類/金之屬/雜著

**鐘鼎文雜録不分卷** 民國抄本 一冊

330000－1704－0000541 005067 史部/地理類/方志之屬/郡縣志

**[民國]紹興縣志資料第一輯不分卷** 紹興縣修志委員會纂 民國二十六年至二十八年(1937－1939)鉛印本 十六冊

330000－1704－0000543　005069　史部/地理類/方志之屬/郡縣志

**[民國]蕭山縣志稿三十三卷首一卷末一卷**　(清)彭延慶　(清)陳曾蔭　(清)張宗海修　(清)楊鍾羲　(清)姚瑩俊　(清)楊士龍纂　民國二十四年(1935)鉛印本　十六冊

330000－1704－0000551　004728　史部/地理類/方志之屬/通志

**[宣統]山東通志二百卷首九卷附錄一卷補遺一卷**　(清)楊士驤等總裁　(清)孫葆田等總纂　郭炳文　李爾庸圖繪　民國四年至七年(1915－1918)山東通志刊印局鉛印本　一百二十八冊

330000－1704－0000552　004717　史部/地理類/雜志之屬

**志餘隨筆六卷**　高凌雯撰　民國二十五年(1936)天津金鉞刻本　二冊

330000－1704－0000557　004723　史部/地理類/方志之屬/郡縣志

**[民國]天津市概要十三編首一編**　天津市市志編纂處編　民國二十三年(1934)鉛印本　二冊

330000－1704－0000558　005072　史部/地理類/方志之屬/郡縣志

**[民國]新昌縣志二十卷附新昌農事調查一卷**　金城修　陳畬纂　**沃州詩存一卷**　(宋)潘音撰　**沃州文存一卷**　(宋)徐霖撰　民國八年(1919)鉛印本　十二冊

330000－1704－0000560　005073　史部/地理類/方志之屬/郡縣志

**[民國]嵊縣志三十二卷首一卷**　牛蔭麐　羅毅修　丁謙　余重耀纂　民國二十四年(1935)鉛印本　二十冊

330000－1704－0000561　004725　史部/地理類/方志之屬/郡縣志

**[民國]鹽山新志三十卷**　賈恩紱纂　民國五年(1916)刻本　八冊　缺二卷(十三至十四)

330000－1704－0000566　004764　史部/地理類/專志之屬/寺觀

**洛陽伽藍記五卷**　(北魏)楊衒之撰　**洛陽伽藍記集證一卷**　(清)吳若準撰　張宗祥補　**集證本洛陽伽藍記正文一卷　鉤沉本洛陽伽藍記正文一卷**　民國十九年(1930)上海商務印書館據十九年(1930)海寧張氏鐵如意館抄校本影印本　張宗祥題記　一冊

330000－1704－0000568　004992　史部/地理類/方志之屬/郡縣志

**續修台州府志芻議一卷**　符璋撰　民國十五年(1926)刻朱印本　一冊

330000－1704－0000569　005021　史部/地理類/方志之屬/郡縣志

**[嘉慶]餘杭縣志四十卷**　(清)張吉安修　(清)朱文藻纂　(清)崔應榴　(清)董作棟續纂　民國八年(1919)吳蘭孫鉛印本　八冊

330000－1704－0000570　011209　集部/詞類/別集之屬

**花信樓詞存一卷**　洪炳文撰　民國油印本　一冊

330000－1704－0000575　004982　史部/地理類/方志之屬/郡縣志

**[嘉泰]會稽志二十卷**　(宋)沈作賓修　(宋)施宿等纂　**[寶慶]會稽續志八卷**　(宋)張淏纂修　(宋)孫因撰　民國十五年(1926)據清嘉慶十三年(1808)采鞠軒刻本影印本　十二冊

330000－1704－0000577　005019　史部/地理類/方志之屬/郡縣志

**[萬曆]秀水縣志十卷**　(明)李培修　(明)黃洪憲等纂　金蓉鏡校補　民國十四年(1925)金蓉鏡鉛印本　三冊　存八卷(一至八)

330000－1704－0000582　005074　史部/地理類/雜志之屬

**寧海六記一卷**　千人俊撰　民國二十三年(1934)木活字印本　一冊

330000－1704－0000589　005029　史部/地

理類/方志之屬/郡縣志

**[民國]新登縣志二十卷首一卷** 徐士瀛等修　張子榮　史錫永纂　白志恒繪圖　民國十一年(1922)鉛印本　八册

330000－1704－0000590　005030　史部/地理類/方志之屬/郡縣志

**[康熙]德清縣誌十卷**　(清)侯元棐修　(清)王振孫等纂　**[嘉慶]德清縣續志十卷**　(清)周紹濂續修　民國元年(1912)德清縣續修縣志事務所石印本　六册

330000－1704－0000594　005077　史部/地理類/方志之屬/郡縣志

**[民國]天台縣志稿四十卷首一卷**　李光益金城修　褚傳誥纂　民國四年(1915)油印本　四册　存十卷(首,一、六至八、三十二至三十四、三十九至四十)

330000－1704－0000599　004997　史部/地理類/方志之屬/郡縣志

**永嘉郡記一卷**　(南朝宋)鄭緝之撰　(清)孫詒讓校集　民國元年(1912)石印本　陳準題記並過録清黄紹箕、楊紹廉校　一册

330000－1704－0000600　005001　史部/地理類/雜志之屬

**東甌大事記六卷**　(清)孫鏘鳴編　民國抄本　梅冷生題簽　一册

330000－1704－0000604　005003　子部/小説家類/瑣語之屬

**岐海瑣譚集十六卷**　(明)姜準輯　民國二十五年(1936)浙江省永嘉區徵輯鄉先哲遺著委員會鉛印本　四册

330000－1704－0000609　005007　史部/地理類/雜志之屬

**甌江逸志一卷**　(清)勞大與撰　**游雁蕩山記一卷**　(清)周清原撰　民國抄本　楊紹廉批校　一册

330000－1704－0000610　005009　史部/地理類/雜志之屬

**陸氏東甌掌録一卷**　(清)陸進撰　夢花主人手録　民國瑞安張氏籀經樓抄本　夢花主人過録清管庭芬眉批及題記　一册

330000－1704－0000614　005008　史部/地理類/方志之屬/郡縣志

**[道光]甌乘補二十卷**　(清)黄漢纂　民國抄本　四册

330000－1704－0000616　005011　史部/地理類/方志之屬/郡縣志

**桑乘補二十卷**　(清)黄漢纂　民國十三年(1924)永嘉黄氏敬鄉樓抄本　楊紹廉批校並題簽　二册　存十卷(四至十三)

330000－1704－0000618　005012　史部/傳記類/科舉録之屬/總録

**郡志選舉考正六卷**　(清)孫衣言撰　民國黄氏敬鄉樓抄本　楊紹廉題簽、題記並校　楊宰綱校　三册

330000－1704－0000621　008912　集部/總集類/選集之屬/通代

**評選四六法海八卷**　(清)蔣士銓評選　民國上海文瑞樓石印本　八册

330000－1704－0000622　005080　史部/地理類/雜志之屬

**臨海要覽一卷**　項元勛編　民國五年(1916)杭州武林印書館鉛印本　一册

330000－1704－0000623　005053　史部/地理類/方志之屬/郡縣志

**[民國]鎮海縣志四十五卷首一卷**　洪錫範　盛鴻燾修　王榮商　楊敏曾纂　民國二十年(1931)上海蔚文印刷局鉛印本　二十五册

330000－1704－0000625　005088　史部/地理類/方志之屬/郡縣志

**樂清縣鄉土志藁二卷**　鄭解輯　民國十一年(1922)石印本　一册

330000－1704－0000632　021611　子部/藝術類/書畫之屬/畫譜

**百獸圖不分卷**　(清)華嵒繪　民國影印本　一册

330000－1704－0000638　005095　史部/地理類/方志之屬/郡縣志

**[嘉慶]瑞安縣志十卷首一卷**　(清)張德標修　(清)王殿金　(清)黃徵乂纂　民國六年(1917)溫州務本公司石印本　八冊

330000－1704－0000643　005035　史部/地理類/方志之屬/郡縣志

**桐鄉縣志提要一卷**　民國鉛印本　一冊

330000－1704－0000645　005127　史部/地理類/方志之屬/郡縣志

**[民國]景寧縣續志十七卷首一卷**　吳呂熙修　柳景元纂　民國二十二年(1933)刻本　五冊　缺四卷(十二至十五)

330000－1704－0000647　006300　子部/小說家類/異聞之屬

**夷堅志一百八十卷志補二十五卷再補一卷**　(宋)洪邁撰　**夷堅志校勘記一卷**　張元濟撰　民國十六年(1927)上海商務印書館鉛印本　二十冊

330000－1704－0000649　005119　史部/地理類/方志之屬/郡縣志

**[民國]麗水縣志十四卷**　李鍾嶽　李郁芬修　孫壽芝纂　民國十五年(1926)麗水啟明印刷所鉛印本　九冊　缺一卷(十一)

330000－1704－0000650　005084　史部/地理類/方志之屬/郡縣志

**永嘉縣鄉土地理誌一卷**　高仰山編　民國二十年(1931)油印本　一冊

330000－1704－0000651　005085　史部/地理類/方志之屬/郡縣志

**擬修永嘉縣志體例概說一卷**　俞寰澄撰　民國三十三年(1944)油印本　一冊

330000－1704－0000653　004965　史部/地理類/方志之屬/通志

**[民國]浙江新志三卷**　姜卿雲編　民國二十五年(1936)杭州正中書局鉛印本　二冊

330000－1704－0000655　004966　史部/地理類/方志之屬/通志

**[民國]浙江新志三卷**　姜卿雲編　民國二十五年(1936)杭州正中書局鉛印本　二冊

330000－1704－0000656　005098　史部/地理類/方志之屬/郡縣志

**[民國]瑞安縣志二十八卷**　瑞安縣修志委員會纂　稿本　張揚等批校　八冊　存十三卷(四至五、九、十八至二十二、二十四至二十八)

330000－1704－0000658　008920　集部/總集類/選集之屬/通代

**短篇文選三卷**　雷瑨編　民國八年(1919)上海掃葉山房石印本　四冊

330000－1704－0000660　008922　集部/總集類/選集之屬/通代

**東萊先生古文關鍵四卷**　(宋)呂祖謙評　(宋)蔡文子註　(清)徐樹屏考異　民國七年(1918)上海會文堂書局、碧梧山莊書局影印本　二冊

330000－1704－0000661　004968　史部/地理類/水利之屬

**麻溪改壩為橋始末記四卷首一卷**　王念祖撰　民國八年(1919)蕺社鉛印本　二冊

330000－1704－0000663　008923　集部/總集類/選集之屬/通代

**謝疊山先生文章軌範七卷**　(宋)謝枋得輯　民國十六年(1927)掃葉山房石印本　一冊　缺四卷(四至七)

330000－1704－0000665　005103　史部/地理類/方志之屬/郡縣志

**瑞安縣新志各門小序不分卷**　瑞安縣修志委員會撰　俞寰澄校抄　稿本　一冊

330000－1704－0000668　004969　史部/地理類/方志之屬/通志

**浙江通志釐金門稿三卷**　顧家相纂　民國八年(1919)上海聚珍倣宋印書局鉛印本　二冊

330000－1704－0000669　005105　新學/學校

**初等小學鄉土地理教科書二卷初等小學鄉土**

歷史教科書二卷　民國油印本　一冊　存二卷(地理教科書二、歷史教科書二)

330000－1704－0000670　005124　史部/地理類/方志之屬/郡縣志
[民國]松陽縣志十四卷首一卷末一卷　呂耀鈐　陳訓舒　秦豐元修　高煥然纂　高自珍測繪　丁光畫圖　民國十五年(1926)木活字印本　十冊

330000－1704－0000671　005106　集部/總集類/郡邑之屬
瑞安詩徵七卷文徵十二卷　瑞安縣修志委員會編　民國三十五年(1946)瑞安縣修志委員會鉛印本　九冊

330000－1704－0000674　004970　史部/地理類/方志之屬/通志
重修浙江通志初稿體例綱要及目録一卷　浙江省通志館修　余紹宋　孫延釗等纂　民國三十七年(1948)鉛印本　一冊

330000－1704－0000676　004971　史部/地理類/方志之屬/通志
重修浙江通志初稿田賦四卷　浙江省通志館修　余紹宋　孫延釗等纂　民國三十七年(1948)鉛印本　三冊

330000－1704－0000677　005114　史部/地理類/方志之屬/郡縣志
重修玉環縣志芻議一卷　曹仲淵撰　民國三十三年(1944)油印本　一冊

330000－1704－0000678　005102　史部/地理類/方志之屬/郡縣志
[民國]瑞安縣志稿不分卷　民國二十七年(1938)瑞安縣修志委員會鉛印本　十一冊

330000－1704－0000679　005130　史部/地理類/方志之屬/通志
[民國]餘姚六倉志四十四卷首一卷末一卷　楊積芳纂　杜志文　張德海測繪　民國九年(1920)鉛印本　八冊

330000－1704－0000680　005114－1　史部/地理類/方志之屬/郡縣志
重修玉環縣志芻議一卷　曹仲淵撰　民國三十三年(1944)油印本　一冊

330000－1704－0000682　005133　史部/地理類/方志之屬/郡縣志
[民國]南潯志六十卷首一卷南潯擷秀録一卷　周慶雲纂　潘琳書測繪　民國八年至十一年(1919－1922)刻本　十六冊

330000－1704－0000683　005134　史部/地理類/方志之屬/郡縣志
[光緒]剡源鄉志二十四卷首一卷　(清)趙霈濤纂　民國五年(1916)丹山赤水洞天剡曲草堂鉛印本　四冊

330000－1704－0000684　005135　史部/地理類/方志之屬/郡縣志
[乾隆]烏青鎮志十二卷　(清)董世寧纂　民國七年(1918)鉛印本　二冊

330000－1704－0000685　008859　集部/別集類
貞晦題畫絶句一卷　劉景晨撰　民國二十三年(1934)上海西泠印社書店影印本　一冊

330000－1704－0000686　005141　史部/地理類/山川之屬/山志
普陀洛迦山志十二卷　王亨彦輯　民國十七年(1928)鉛印本　四冊

330000－1704－0000688　005102　史部/地理類/方志之屬/郡縣志
[民國]瑞安縣志稿不分卷　瑞安縣修志委員會纂　民國二十六年(1937)瑞安縣修志委員會油印本　十一冊

330000－1704－0000689　005136　史部/地理類/專志之屬/古跡
海昌勝蹟志八卷補綴一卷　管元耀輯　民國二十一年(1932)海寧管氏靜得樓刻本　四冊

330000－1704－0000691　005142　史部/地理類/山川之屬/山志
普陀洛迦新志十二卷首一卷　許止淨述　王亨彦輯　民國二十年(1931)鉛印本　四冊

330000－1704－0000692　005137　史部/地理類/方志之屬/郡縣志
**[民國]濮院志三十卷**　夏辛銘纂　民國十六年(1927)刻本　六冊

330000－1704－0000694　005107　史部/傳記類/職官録之屬/歷朝
**瑞安舊志職官校記一卷**　孫延釗撰　民國二十三年(1934)稿本　一冊

330000－1704－0000695　005138　史部/地理類/方志之屬/郡縣志
**鮑川大事記一卷**　戴炳驄撰　民國三十年(1941)稿本　一冊

330000－1704－0000696　005109　史部/地理類/方志之屬/郡縣志
**[民國]平陽縣志九十八卷首一卷**　王理孚修　符璋纂　張翥等測繪　民國十四年至十五年(1925－1926)刻本　三十一冊

330000－1704－0000700　005150　史部/地理類/山川之屬/山志
**九峯山志五卷首一卷**　(清)王棻撰　民國二十年(1931)黄巖王氏鉛印本　一冊

330000－1704－0000702　005144　史部/地理類/山川之屬/山志
**孤嶼志八卷首一卷**　(清)陳舜咨輯　民國二十三年(1934)溫州新順發紙號刻本　四冊

330000－1704－0000703　008932　集部/總集類/選集之屬/通代
**古文析義初編六卷二編八卷**　(清)林雲銘評註　民國元年(1912)鉛印本　十冊

330000－1704－0000706　005145　史部/地理類/山川之屬/山志
**孤嶼志八卷首一卷**　(清)陳舜咨輯　民國二十三年(1934)溫州新順發紙號刻本　四冊

330000－1704－0000708　005151　史部/地理類/山川之屬/山志
**仙巖山志八卷**　張揚撰　民國二十二年(1933)籀經樓鉛印本　四冊

330000－1704－0000711　005152　史部/地理類/山川之屬/山志
**仙巖山志八卷**　張揚撰　民國二十二年(1933)籀經樓鉛印本　四冊

330000－1704－0000713　005153　史部/地理類/山川之屬/山志
**仙巖山志八卷**　張揚撰　民國二十二年(1933)籀經樓鉛印本　四冊

330000－1704－0000716　005147　史部/地理類/遊記之屬/紀勝
**雙龍紀勝四卷首一卷**　黄維時編　民國二十二年(1933)金華金震東鉛印本　二冊

330000－1704－0000718　005148　史部/地理類/山川之屬/山志
**飛龍山志六卷**　干人俊輯　民國三十四年(1945)木活字印本　一冊

330000－1704－0000720　005149　史部/地理類/山川之屬/山志
**天台山方外志三十卷**　(明)釋傳燈撰　民國十一年(1922)上海集雲軒鉛印本　八冊

330000－1704－0000721　008885　集部/別集類
**敬鄉樓詩三卷**　黄羣撰　民國三十六年(1947)永嘉鄭樓黄氏石印本　一冊

330000－1704－0000722　005128　史部/地理類/方志之屬/郡縣志
**路橋志略二卷**　楊晨編　民國四年(1915)鉛印本　二冊

330000－1704－0000727　006929　集部/總集類/郡邑之屬
**香山詩略十二卷**　(清)黄紹昌　(清)劉熽芬纂輯　民國二十六年(1937)鉛印本　六冊

330000－1704－0000728　005131　史部/地理類/方志之屬/郡縣志
**路橋志略二卷**　楊晨編　民國二十四年(1935)楊紹翰鉛印本　一冊

330000－1704－0000729　005154　史部/地

理類/山川之屬/山志

**仙巖山志八卷** 張揚撰 民國二十二年(1933)籀經樓鉛印本 四冊

330000－1704－0000730 005155 史部/地理類/山川之屬/山志

**仙巖山志八卷** 張揚撰 民國二十二年(1933)籀經樓鉛印本 四冊

330000－1704－0000734 005156 史部/地理類/山川之屬/山志

**雁蕩山志十一卷首一卷末一卷** (清)施元孚撰 民國抄本 楊紹廉批 六冊

330000－1704－0000735 005160 史部/地理類/山川之屬/山志

**仙壇山誌一卷** 黃光輯 稿本 一冊

330000－1704－0000740 005187 史部/地理類/山川之屬/山志

**白龍山志四卷** (清)吳永佶撰 民國永嘉黃氏敬鄉樓抄本 一冊

330000－1704－0000742 008885－1 集部/別集類

**敬鄉樓詩三卷** 黃羣撰 民國三十六年(1947)永嘉鄭樓黃氏石印本 一冊

330000－1704－0000746 005163 史部/地理類/專志之屬/古跡

**大若巖志一卷附録一卷** 劉景晨纂 民國三十六年(1947)鉛印本 一冊

330000－1704－0000747 005176 史部/地理類/山川之屬/山志

**石門洞記不分卷** 林璇球輯 民國李順泰石印本 一冊

330000－1704－0000748 005179 史部/地理類/專志之屬/寺觀

**靈峯寺志九卷首一卷** 吳清修 葉向陽 王華纂 民國二十四年(1935)浙江正楷印書局鉛印本 一冊

330000－1704－0000752 005193 史部/地理類/遊記之屬/紀勝

**游天目山記一卷** 張世杓撰 民國五年(1916)石印本 一冊

330000－1704－0000753 005180 史部/地理類/專志之屬/寺觀

**七塔寺志八卷** 陳寥士纂 民國二十六年(1937)鉛印本 一冊

330000－1704－0000754 000819 子部/宗教類/佛教之屬

**佛家名相通釋二卷** 熊十力撰 民國二十六年(1937)國立北京大學出版組鉛印本 二冊

330000－1704－0000756 005194 史部/地理類/遊記之屬/紀勝

**天台遊記一卷** 蔣希召撰 民國六年(1917)鉛印本 一冊

330000－1704－0000760 005183 史部/地理類/專志之屬/寺觀

**天童寺續志二卷首一卷** 釋淨心修 釋蓮萍纂 民國九年(1920)天童寺刻本 二冊

330000－1704－0000761 005410 史部/地理類/方志之屬/郡縣志

**[民國]感恩縣志二十卷首一卷** 周文海重修 盧宗棠 唐之鎣重纂 麥建猷繪圖 民國二十年(1931)海南書局鉛印本 四冊

330000－1704－0000762 005184 史部/地理類/山川之屬/山志

**招寶山志二卷** (清)陳景沛撰 (清)周道遵修校 民國二十六年(1937)鉛印本 二冊

330000－1704－0000763 005207 史部/地理類/山川之屬/山志

**西天目祖山志八卷首一卷末一卷補遺一卷** (明)釋廣賓撰 (清)釋際界增訂 民國十五年(1926)鉛印本 黃群題記 一冊 缺六卷(五至八、末、補遺)

330000－1704－0000764 005166 史部/地理類/遊記之屬/紀勝

**北雁山遊記一卷** 薛鍾斗撰 民國九年(1920)油印本 一冊

330000－1704－0000766　005206　史部/地理類/山川之屬/山志
**南田山志十四卷首一卷**　劉燿東撰　民國二十四年(1935)啓後亭鉛印本　陳鐸民題記　四册

330000－1704－0000767　008939　集部/總集類/選集之屬/通代
**古文範二卷**　吴闓生評解　高步瀛集箋　民國八年(1919)上海朝記書莊、寧波文明學社鉛印本　四册

330000－1704－0000769　008940　集部/詩文評類/文評之屬
**言文對照古文評註全集八卷**　(清)過珙選評　(清)劉鐵冷譯白　民國二十二年(1933)錦章書局石印本　八册

330000－1704－0000770　005185　史部/地理類/山川之屬/山志
**雲棲志十卷首一卷**　項士元纂　民國二十三年(1934)新光印書館鉛印本　二册

330000－1704－0000771　005203　史部/地理類/專志之屬/古跡
**石門洞古蹟志畧六卷**　陳六琦撰　民國十四年(1925)石印本　一册

330000－1704－0000774　005204　史部/地理類/專志之屬/園林
**竹垞小志五卷**　(清)楊蟠等輯　民國十三年(1924)鉛印本　一册

330000－1704－0000775　005167　史部/地理類/山川之屬/山志
**集雲山志一卷**　(清)金兆奎撰　民國永嘉黄氏敬鄉樓抄本　楊紹廉批校　一册

330000－1704－0000777　005199　史部/地理類/山川之屬/水志
**蕭山湘湖志八卷外編一卷續志一卷**　周易藻編　民國十六年(1927)周氏鉛印本　五册　缺一卷(五)

330000－1704－0000781　005168　史部/地理類/山川之屬/山志
**瑞安集雲山志一卷**　(清)金兆珍　(清)金兆奎編　民國二十五年(1936)油印本　一册

330000－1704－0000782　005197　史部/地理類/遊記之屬/紀行
**鄉國補游記三卷**　林甄宇撰　民國六年(1917)永嘉林氏刻本　一册

330000－1704－0000783　005169　史部/地理類/山川之屬/山志
**瑞安集雲山志一卷**　(清)金兆珍　(清)金兆奎編　民國二十五年(1936)油印本　金子蘭題記　一册

330000－1704－0000784　005196　史部/地理類/山川之屬/水志
**西湖新志十四卷補遺六卷**　胡祥翰輯　民國十五年(1926)鉛印本　五册

330000－1704－0000790　000823　子部/宗教類/佛教之屬/總録
**佛爾雅八卷**　(清)周春撰　民國六年(1917)國學扶輪社鉛印本　二册

330000－1704－0000792　005229　史部/地理類/遊記之屬/紀勝
**游廬山記一卷游廬山詩一卷**　黄侃撰　民國十九年(1930)鉛印本　包笑清題記　一册

330000－1704－0000793　005230　史部/地理類/專志之屬/古跡
**滕王閣考初編不分卷**　楊綽庵輯　民國三十二年(1943)鉛印本　一册

330000－1704－0000796　005233　史部/地理類/遊記之屬/紀勝
**廬山新導游不分卷**　朱偰撰　民國二十四年(1935)廬山管理局鉛印本　一册

330000－1704－0000800　005393　史部/地理類/方志之屬/通志
**[民國]沙縣志十二卷**　梁伯蔭修　羅克涵纂　林聯璞繪圖　民國十七年(1928)鉛印本　十二册

330000－1704－0000803　005171　史部/地

理類/山川之屬/山志

**南雁蕩山志十三卷首一卷**　周喟編　民國七年(1918)瑞安戴氏詠古齋刻本　四册

330000－1704－0000809　005228　史部/地理類/山川之屬/山志

**盧山志十二卷首一卷**　吴宗慈編　**盧山志副刊六種附録圖一卷盧山歷史風景畫片册一卷盧山金石存真一卷**　吴宗慈輯　民國二十二年(1933)、二十三年(1934)鉛印本　二十八册

330000－1704－0000811　000822、000830、000999、001000、001048、001102、001104、001126、001150、001319、001422、001506、001564、001565、001613、001620　子部/宗教類/佛教之屬

**佛學叢書□□種**　丁福保輯　民國上海醫學書局鉛印本暨影印本　三十九册　存十七種

330000－1704－0000825　008951　集部/總集類/選集之屬/通代

**古文新範二卷**　李維清編　民國元年(1912)著易堂書局鉛印本　一册

330000－1704－0000833　008955　子部/儒家類/儒學之屬/蒙學

**國文經緯貫通大義八卷**　唐文治講授　民國十四年(1925)無錫西溪唐公館、無錫國學專修館鉛印本　三册　缺二卷(七至八)

330000－1704－0000839　008957　集部/總集類/氏族之屬

**雙璧賡燕貽集内編一卷外編一卷**　張逢鑣編　民國八年(1919)杭州鉛印本　一册

330000－1704－0000855　008961　史部/傳記類/總傳之屬/通代

**涵芬樓古今文鈔小傳四卷首一卷附録一卷**　商務印書館編譯所編纂　民國五年(1916)上海商務印書館鉛印本　一册

330000－1704－0000869　005286　史部/地理類/方志之屬/郡縣志

**[光緒]光化縣志八卷首一卷**　(清)鍾桐山主修　(清)段映斗纂修　民國二十二年(1933)石印本　八册

330000－1704－0000875　005301　史部/地理類/方志之屬/郡縣志

**[民國]棗陽縣志三十四卷首一卷**　梁汝澤等修　王榮先　謝鴻舉纂　民國十二年(1923)鉛印本　六册　存二十二卷(十三至三十四)

330000－1704－0000879　005295　史部/地理類/山川之屬/水志

**沙湖志一卷**　任桐輯　民國十五年(1926)油印本　一册

330000－1704－0000881　005314　史部/地理類/雜志之屬

**園林春色一卷**　任桐撰　民國十七年(1928)鉛印本　一册

330000－1704－0000886　005319　史部/地理類/輿圖之屬/水圖

**峽江圖攷不分卷**　(清)國璋撰　民國十五年(1926)晏文盛書局石印本　二册

330000－1704－0000896　005305　史部/地理類/方志之屬/郡縣志

**[民國]穀城縣志稿十二卷首一卷**　劉德全纂修　民國十五年(1926)石印本　一册　存二卷(四至五)

330000－1704－0000910　005346　史部/地理類/方志之屬/通志

**[隆慶]雲南通志十七卷**　(明)鄒應龍修　(明)李元陽纂　民國二十三年(1934)龍氏靈源别墅鉛印本　八册

330000－1704－0000912　005348　史部/地理類/方志之屬/通志

**[民國]新纂雲南通志二百六十六卷首一卷**　龍雲　盧漢修　周鍾嶽纂　孫桂　沐繼文繪圖　民國三十八年(1949)鉛印本　一百四十册

330000－1704－0000915　005341　史部/地理類/遊記之屬/紀行

**蜀輶詩記二卷**　俞陛雲撰　民國十年(1921)

鉛印本　一冊

330000－1704－0000916　005334　史部/地理類/遊記之屬/紀行
**蜀中紀遊五卷**　張目寒撰　民國三十三年(1944)大風堂鉛印本　張目寒題記　一冊

330000－1704－0000923　005336　史部/地理類/遊記之屬/紀勝
**峨眉紀游一卷**　樓藜然撰　民國元年(1912)成都刻本　一冊

330000－1704－0000926　005351　史部/地理類/方志之屬/郡縣志
**[民國]昆明縣志八卷**　倪維欽　董廣布修　陳榮昌　顧視高纂　民國三十二年(1943)鉛印本　十六冊

330000－1704－0000927　005355　史部/地理類/方志之屬/郡縣志
**[民國]大理縣志稿三十二卷首一卷**　張培爵等修　周宗麟　楊楷　李文琴纂　張述祖董固繪圖　民國六年(1917)鉛印本　十六冊

330000－1704－0000928　005356　史部/地理類/方志之屬/郡縣志
**[民國]石屏縣志四十卷首一卷**　袁嘉穀纂修　民國二十七年(1938)鉛印本　十四冊

330000－1704－0000930　005352　史部/地理類/方志之屬/郡縣志
**[民國]宣威縣志稿十二卷首一卷**　王鈞圖陳其棟修　繆果章等纂　民國二十三年(1934)雲南開智印刷公司鉛印本　六冊

330000－1704－0000931　005338　史部/地理類/方志之屬/郡縣志
**[民國]雙流縣志四卷首一卷**　劉佶修　劉咸榮纂　章震繪圖　民國二十六年(1937)雙流文獻委員會鉛印本　六冊

330000－1704－0000933　005354　史部/地理類/方志之屬/郡縣志
**[民國]姚安縣志六十六卷首一卷末一卷**　霍士廉等修　由雲龍纂　周德華繪圖　民國三十七年(1948)鉛印本　八冊

330000－1704－0000938　005358　史部/地理類/山川之屬/山志
**雞足山志補四卷**　趙藩　李根源輯　民國二年(1913)京師鉛印本　一冊

330000－1704－0000940　008965　集部/總集類/選集之屬/通代
**諸家評點古文辭類纂七十四卷**　(清)姚鼐輯　徐樹錚輯評　民國五年(1916)都門印書局鉛印本　十六冊

330000－1704－0000947　005172　史部/地理類/山川之屬/山志
**南雁蕩山志十三卷首一卷**　周喟編　民國七年(1918)瑞安戴氏詠古齋刻本　四冊

330000－1704－0000950　006596　集部/總集類/選集之屬/斷代
**全唐詩選七卷**　劉紹寬輯　稿本　七冊

330000－1704－0000953　008969　集部/總集類/選集之屬/通代
**古文辭類纂評註七十四卷**　(清)姚鼐纂輯　沈伯經等評注　民國八年(1919)上海文明書局鉛印本　十六冊

330000－1704－0000955　008971　集部/總集類/選集之屬/通代
**新古文辭類纂六十卷首一卷**　蔣瑞藻編　民國十一年(1922)上海中華書局石印本　張棡批　二十四冊

330000－1704－0000960　008973　集部/總集類/選集之屬/通代
**古今文綜不分卷**　張相輯　民國五年(1916)上海中華書局鉛印本　四十冊

330000－1704－0000961　008974　集部/總集類/選集之屬/通代
**評校音註續古文辭類纂三十四卷**　王先謙輯　王文濡校注　民國二十年(1931)上海文明書局鉛印本　八冊

330000－1704－0000963　008975　集部/總集類/選集之屬/通代
**古文觀止十二卷**　(清)吳乘權　(清)吳大職

輯　民國商務印書館鉛印本　六冊

330000－1704－0000968　005381　史部/地理類/方志之屬/郡縣志

**［民國］閩侯縣志一百六卷**　歐陽英修　陳衍纂　民國二十二年(1933)刻本　十六冊

330000－1704－0000970　005387　史部/地理類/方志之屬/郡縣志

**［民國］平潭縣志三十四卷**　黃履思等纂修　黃仰瓊測繪　民國十二年(1923)葉于飛鉛印本　八冊

330000－1704－0000974　005392　史部/地理類/方志之屬/郡縣志

**［乾隆］僊遊縣志五十三卷首一卷**　(清)胡啟植　(清)王椿修　(清)葉和侃纂　民國十九年(1930)鉛印本　四冊

330000－1704－0000978　005385　史部/地理類/山川之屬/水志

**西湖志二十四卷圖表一卷**　何振岱等纂　民國五年(1916)福建水利局鉛印本　十二冊

330000－1704－0000982　善 000970　集部/別集類/清別集

**籀高遺文二卷**　(清)孫詒讓撰　陳準輯　民國十五年(1926)瑞安穎川書舍石印本　孫師覺批校　張揚題記　二冊

330000－1704－0000983　008983　子部/雜著類/雜纂之屬

**左孟莊騷精華録二卷**　林紓評註　民國十三年(1924)上海商務印書館鉛印本　二冊

330000－1704－0000984　008984　子部/雜著類/雜纂之屬

**諸子文粹六十二卷續編十卷**　李寶洤編　民國六年(1917)鉛印本　二十冊

330000－1704－0000986　善 000974　集部/別集類

**杜隱詩鈔十五卷**　張棡撰　稿本　九冊

330000－1704－0000993　善 000981　集部/別集類

**盜天廬集三卷**　劉之屏撰　民國溫州翰墨林鉛印本　一冊

330000－1704－0000994　善 000982　集部/別集類

**厚莊文鈔三卷詩鈔二卷**　劉紹寬撰　稿本　劉紹寬題記　二冊

330000－1704－0000996　善 000984　集部/別集類

**厚莊師友函札不分卷**　劉紹寬輯　民國劉紹寬抄本　梅冷生題簽並記　劉紹寬題記　一冊

330000－1704－0000998　善 000986　集部/別集類

**章太炎書札不分卷**　章炳麟撰　民國抄本　徐復校　沈志翔校並題記　三冊

330000－1704－0001001　善 000989　集部/詞類/別集之屬

**五峰詞一卷**　(元)李孝光撰　民國抄本　一冊

330000－1704－0001013　000002　子部/雜著類/雜說之屬

**讀子卮言二卷**　江瑔撰　民國六年(1917)上海商務印書館鉛印本　二冊

330000－1704－0001015　000004　子部/雜著類

**子二十六論四卷**　陳柱撰　民國北流陳氏十萬卷樓刻朱印本　陳柱題記　四冊

330000－1704－0001016　000006　新學/理學/文學

**中國近三百年學術史不分卷**　錢穆撰　民國清華大學鉛印本　一冊

330000－1704－0001017　000007　子部/雜著類/雜說之屬

**讀子今釋初稿一卷**　民國三十八年(1949)稿本　一冊

330000－1704－0001018　000008　新學/全體學

**北京大學中國哲學系第二年級諸子哲學講義五卷** 陳黻宸撰 民國六年(1917)北京大學油印本 五册

330000－1704－0001020 000009 新學/理學/文學

**中國哲學史大綱** 胡適撰 民國北京大學油印本 四册

330000－1704－0001022 000011 新學/理學/理學

**新理學評論一卷** 王恩洋撰 民國三十二年(1943)東方文教研究院鉛印本 一册

330000－1704－0001024 003504 經部/書類/傳說之屬

**尚書駢枝一卷** (清)孫詒讓撰 民國十八年(1929)燕京大學刻本 一册

330000－1704－0001025 000103 經部/易類/專著之屬

**周易二讀隨筆一卷** 稿本 一册

330000－1704－0001028 000017 史部/傳記類/總傳之屬/儒林

**學統五十六卷** (清)熊賜履撰 民國十二年(1923)靈峰精舍鉛印本 十册

330000－1704－0001031 000001 類叢部/叢書類/自著之屬

**約園演講集** 張壽鏞撰 民國鉛印本 一册 存一種

330000－1704－0001032 000518 經部/群經總義類

**讀書淺解四卷讀易淺解一卷** (清)史尊朱撰 **孝經刊誤淺解一卷** (宋)朱熹刊誤 (清)史尊朱淺解 民國抄本 一册

330000－1704－0001034 000079 經部/易類/專著之屬

**周易敝書五卷** (明)王祚昌撰 民國抄本 二册 存三卷(一至三)

330000－1704－0001037 000082 經部/易類/傳說之屬

**干常侍易注疏證一卷** (晉)干寶注 (清)方成珪疏證 民國黄氏敬鄉樓抄本 楊紹廉批校並過録清孫詒讓跋 一册

330000－1704－0001038 000077 經部/易類/專著之屬

**周易新論不分卷** 許篤仁撰 稿本 一册

330000－1704－0001040 000078 經部/易類/專著之屬

**周易新論不分卷** 許篤仁撰 稿本 一册

330000－1704－0001041 000008 新學/全體學

**北京大學中國哲學系第二年級諸子哲學講義五卷** 陳黻宸撰 民國六年(1917)北京大學油印本 二册 存二卷(一至二)

330000－1704－0001043 003505 經部/書類/傳說之屬

**尚書駢枝一卷** (清)孫詒讓撰 民國元年(1912)瑞安孫氏石印本 一册

330000－1704－0001044 006422 經部/詩類/分篇之屬

**周南補詁一卷** 許篤仁撰 稿本 二册

330000－1704－0001063 009195 集部/總集類/郡邑之屬

**甌海集内編不分卷外編不分卷** 楊紹廉輯 民國戴家祥抄本 八册

330000－1704－0001071 002478 經部/大戴禮記類/傳說之屬

**大戴禮記斠補三卷** (清)孫詒讓撰 民國三年(1914)瑞安廣明印刷所石印本 楊紹廉校 三册

330000－1704－0001076 005414 史部/地理類/方志之屬/郡縣志

**[道光]瓊州府志四十四卷首一卷** (清)明誼修 (清)張岳崧纂 民國十二年(1923)海口海南書局鉛印本 十册

330000－1704－0001084 005418 史部/地理類/方志之屬/郡縣志

**[嘉慶]三水縣志十六卷首一卷** (清)李友榕 (清)汪云任 (清)王履祥主修 (清)鄧雲龍等纂修 民國十二年(1923)三水黃恩榮據清嘉慶二十四年(1819)刻本影印本 八冊

330000－1704－0001086 000825 子部/宗教類/佛教之屬/經
**本生經二卷** 夏丏尊譯 民國普慧大藏經刊行會鉛印本 二冊

330000－1704－0001089 005422 史部/地理類/方志之屬/郡縣志
**[民國]儋縣志十八卷首一卷** 彭元藻 曾友文修 王國憲總纂 民國二十五年(1936)瓊州海口海南書局鉛印本 八冊

330000－1704－0001090 005417 史部/地理類/方志之屬/郡縣志
**[民國]陽江志三十九卷首一卷** 張以誠修 何銓調 梁觀喜 林鍾英纂 民國十四年(1925)刻本 九冊 缺五卷(三至七)

330000－1704－0001092 005419 史部/地理類/方志之屬/郡縣志
**[民國]開平縣志四十五卷首一卷** 余棨謀修 張啓煌等纂 伍其熾測繪 民國二十二年(1933)香港民聲印書局鉛印本 八冊

330000－1704－0001096 005443 史部/地理類/遊記之屬/紀行
**東遊紀略一卷** 劉鳳章編 民國鉛印本 一冊

330000－1704－0001098 005444 史部/地理類/雜志之屬
**使東述略附雜詠不分卷** (清)何如璋撰 民國二十四年(1935)汕頭安平路藝文鉛印本 一冊

330000－1704－0001107 005427 史部/地理類/專志之屬/寺觀
**光孝寺志十二卷首一卷** (清)顧光綜脩 (清)何淙纂輯 (清)溫聞源參訂 (清)釋圓德校脩 民國二十四年(1935)廣東省立編印局鉛印本 四冊

330000－1704－0001109 000827 子部/宗教類/佛教之屬/律
**根本説一切有部百一羯磨十卷** (唐)釋義淨譯 民國十三年(1924)常州天寧寺刻經處刻本 二冊

330000－1704－0001116 005430 史部/地理類/方志之屬/郡縣志
**[民國]龍門縣志二十卷首一卷** 招念慈修 鄔慶時纂 姚衍瑞繪圖 民國二十五年(1936)廣州漢元樓鉛印本 一冊

330000－1704－0001117 005437 史部/叢編
**蒙古史料校注四種附二種** 王國維撰 民國十五年(1926)清華學校研究院鉛印本 四冊

330000－1704－0001121 005439 史部/地理類/遊記之屬/紀行
**庫倫旅行日記一卷** 梁掌卿撰 民國油印本 一冊

330000－1704－0001134 005484 史部/金石類/總志之屬/雜著
**俑廬日札一卷** 羅振玉撰 民國二十三年(1934)容氏頌齋鉛印本 一冊

330000－1704－0001145 005489 史部/金石類/總志之屬/圖像
**新鄭出土古器圖志初編一卷續編一卷附編一卷** 靳雲鶚編 民國十二年(1923)漢口新鄭出土古器圖志總發行所影印本暨鉛印本 三冊 缺一卷(附編)

330000－1704－0001148 005482 史部/金石類/總志之屬/文字
**金石萃編一百六十卷** (清)王昶撰 **金石續編二十一卷首一卷** (清)陸耀遹撰 **金石萃編補正四卷** (清)方履籛撰 民國十年(1921)上海掃葉山房石印本 二十九冊 缺十八卷(九十一至九十八、一百十三至一百十八,續編五至八)

330000－1704－0001150 005496 史部/金石類/總志之屬/文字

**清儀閣金石文字拓片一卷**　(清)張廷濟撰　民國上海有正書局石印本　一冊

330000－1704－0001170　005524　史部/金石類/總志之屬

**清儀閣所藏古器物文十卷**　(清)張廷濟輯　民國十四年(1925)上海商務印書館影印本　十冊

330000－1704－0001174　000859　子部/宗教類/佛教之屬

**法界安立圖三卷**　(明)釋仁潮編　民國杭州海潮寺刻本　二冊

330000－1704－0001175　002651　史部/職官類/官箴之屬

**百官箴六卷**　(宋)許月卿撰　民國無錫許氏簡素堂刻朱印本　一冊

330000－1704－0001178　000847　子部/宗教類/佛教之屬/經疏

**大方廣佛華嚴經疏科文表解一卷**　(唐)釋澄觀撰　李圓淨編　民國二十八年(1939)上海國光印書局鉛印本　一冊

330000－1704－0001184　005535　史部/金石類/總志之屬

**八瓊室金石補正一百三十卷目録三卷札記四卷祛僞一卷元金石偶存一卷**　(清)陸增祥撰　民國十四年(1925)吳興劉承幹希古樓刻本　六十四冊

330000－1704－0001193　000868　子部/宗教類/佛教之屬/經

**佛説如來興顯經四卷**　(晉)釋竺法護譯　民國元年(1912)常州天寧寺刻本　一冊

330000－1704－0001195　005544　史部/金石類/郡邑之屬/文字

**南通縣金石志一卷**　南通淨緣社編　費範九拓集　民國三十七年(1948)影印本　一冊

330000－1704－0001200　005542　史部/金石類

**百一廬金石叢書十種**　陳乃乾輯　民國十年(1921)海寧陳氏影印本　十冊

330000－1704－0001201　000865　子部/宗教類/佛教之屬/經

**佛説方等泥洹經二卷**　民國常州天寧寺刻本　一冊

330000－1704－0001202　000862　子部/宗教類/佛教之屬/經疏

**圓覺親聞記二卷**　釋諦閑講　民國鉛印本　□光義題簽　二冊

330000－1704－0001203　005555　史部/金石類/郡邑之屬

**安徽通志稿金石古物考十七卷例目一卷安徽金石古物存真一卷**　徐乃昌纂　民國安徽通志館石印本　十八冊

330000－1704－0001206　000861　子部/宗教類/佛教之屬/諸宗

**聖者賢行願王贊釋一卷**　(清)章嘉遊戲金剛造　湯薌銘譯　民國三十年(1941)北京菩提協會鉛印本　一冊

330000－1704－0001207　005553　史部/金石類/總志之屬

**吉古叢編十種**　羅振玉輯　民國上虞羅氏影印本　九冊　存九種

330000－1704－0001209　000873　子部/宗教類/佛教之屬/經疏

**大方廣圓覺修多羅了義經抉隱一卷**　王驤陸撰　民國二十五年(1936)天津印心精舍鉛印本　一冊

330000－1704－0001210　000874　子部/宗教類/佛教之屬/經疏

**大方廣圓覺修多羅了義經釋要五卷**　釋顯慈撰　民國三十年(1941)楨記印書局鉛印本　一冊

330000－1704－0001212　005545　史部/金石類/總志之屬

**楚雨樓叢書初集八種**　羅振玉撰　民國上虞羅氏影印本　八冊

330000－1704－0001215　000886　子部/宗教類/佛教之屬/經

**大聖文殊師利菩薩佛刹功德莊嚴經三卷**　(唐)釋不空譯　民國十一年(1922)北京刻經處刻本　一冊

330000－1704－0001216　000885　子部/宗教類/佛教之屬/經

**佛説大乘同性經二卷佛説證契大乘經二卷**　(北周)闍那耶舍　(北周)釋僧安譯　(唐)地婆訶羅等譯　民國元年(1912)常州天寧寺刻本　一冊

330000－1704－0001218　005541　史部/金石類/郡邑之屬/文字

**閬中金石略十五卷**　(清)陳榮仁撰　**閬中金石略攷證五卷**　林爾嘉撰　民國二十三年(1934)林氏鉛印本　十冊

330000－1704－0001223　005554　史部/金石類/郡邑之屬

**陝西金石志三十卷補遺二卷**　武樹善編　**陝西藝文志七卷**　郭毓璋編　民國二十三年(1934)鉛印本　十六冊　存三十卷(金石志一至三十)

330000－1704－0001224　005579　史部/金石類/石之屬/文字

**旃檀佛像碑記小箋一卷**　丁傳靖撰　民國十七年(1928)寒匏簃刻朱印本　一冊

330000－1704－0001227　005580　史部/金石類/郡邑之屬/文字

**贛石録三卷**　邵啟賢輯　民國九年(1920)石印本　二冊

330000－1704－0001229　005552　史部/金石類/郡邑之屬

**兩浙佚金佚石集存一卷**　羅振玉輯　民國六年(1917)上虞羅氏影印本　一冊

330000－1704－0001230　005581　史部/金石類/郡邑之屬

**洹洛訪古記二卷**　羅振常撰　民國二十五年(1936)蟫隱廬石印本　二冊

330000－1704－0001232　005582　史部/地理類/遊記之屬/紀行

**吳郡西山訪古記五卷附鎮揚遊記一卷**　李根源撰　民國十五年(1926)上海泰東圖書局鉛印本　一冊

330000－1704－0001240　000893　子部/宗教類/佛教之屬/經

**月燈三昧經一卷佛説象腋經一卷佛説無所希望經一卷**　(晉)釋先公譯　**佛説象腋經一卷**　(南朝宋)釋曇摩蜜多譯　**佛説無所希望經一卷**　(晉)釋竺法護譯　民國元年(1912)常州天寧寺刻本　一冊

330000－1704－0001242　000875　子部/宗教類/佛教之屬/經

**大莊嚴經論十五卷**　(印度)馬鳴造　(後秦)釋鳩摩羅什譯　民國五年(1916)常州天寧寺刻本　三冊

330000－1704－0001243　005585　史部/金石類/石之屬/目録

**南北響堂寺及其附近石刻目録四卷**　何士驥　劉厚滋編　民國二十五年(1936)國立北平研究院總辦事處出版課鉛印本　一冊

330000－1704－0001244　005586　史部/金石類/甲骨之屬/文字

**甲骨學商史編十卷**　朱芳圃編　民國二十四年(1935)上海中華書局石印本　二冊

330000－1704－0001248　005588　史部/金石類/甲骨之屬/文字

**甲骨文字理惑一卷**　徐英撰　民國二十六年(1937)上海中華書局影印本　一冊

330000－1704－0001249　005587　史部/金石類/甲骨之屬/文字

**甲骨學文字編十四卷附録二卷補遺一卷**　朱芳圃編　民國二十二年(1933)上海商務印書館石印本　二冊

330000－1704－0001251　005603　史部/金石類/金之屬/圖像

**簠齋吉金録不分卷**　(清)陳介祺藏　鄧實輯　民國七年(1918)鄧實風雨樓影印本　八冊

330000－1704－0001257　005601　史部/金

石類/金之屬/通考

**善齋吉金録二十八卷** 劉體智撰 民國二十四年(1935)廬江劉氏影印本 二十八册

330000－1704－0001258 005606 史部/金石類/金之屬/圖像

**頌齋吉金圖録一卷考釋一卷** 容庚輯 民國二十二年(1933)影印本 一册

330000－1704－0001259 000846 子部/宗教類/佛教之屬/經疏

**大方廣佛華嚴經疏鈔會本八十卷** (唐)釋澄觀撰 **大方廣佛華嚴經入不思議解脱境界普賢行願品别行疏鈔會本四卷** (唐)釋澄觀疏 (唐)釋宗密鈔 **大方廣佛華嚴經疏鈔會本略科十卷** **大方廣佛華嚴經普賢行願品别行疏鈔會本略科一卷** 民國三十三年(1944)華嚴疏鈔編印會鉛印本 三十九册 缺三卷(十六至十八)

330000－1704－0001260 005590 史部/金石類/甲骨之屬

**卜辭官名摘録一卷** 戴家祥撰 稿本 一册

330000－1704－0001261 005598 史部/金石類/甲骨之屬

**增訂殷虚書契考釋三卷** 羅振玉撰 民國十六年(1927)東方學會影印本 二册

330000－1704－0001263 005600 史部/金石類/甲骨之屬/通考

**殷虚書契考釋一卷** 羅振玉撰 民國三年(1914)上虞羅氏永慕園影印本 一册

330000－1704－0001264 005592 史部/金石類/甲骨之屬

**殷虚書契續編六卷** 羅振玉輯 民國二十二年(1933)上虞羅氏影印本 六册

330000－1704－0001265 005556 史部/金石類/郡邑之屬/目録

**浙江金石别録三卷** 顧燮光輯 民國九年(1920)衛輝雲記石印局石印本 一册

330000－1704－0001266 005596 史部/金石類/甲骨之屬/通考

**殷契卜辭一卷** 容庚編 **殷契卜辭釋文一卷** 容庚 瞿潤緡釋文 **殷契卜辭文編一卷** 瞿潤緡撰 民國二十二年(1933)北平哈佛燕京學社石印本 三册

330000－1704－0001275 005610 史部/金石類/總志之屬

**鄭家古器圖考十二卷** 關葆謙撰並繪圖 鄧甫田書 關敏恂繪圖 民國二十九年(1940)中華書局影印本 四册

330000－1704－0001276 005631 史部/金石類/金之屬/文字

**歷代鐘鼎彝器欵識法帖二十卷** (宋)薛尚功撰 民國影印本 五册

330000－1704－0001277 005632 史部/金石類/金之屬/文字

**歷代鐘鼎彝器欵識法帖二十卷** (宋)薛尚功撰 民國上海書局影印本 楊嘉題簽、題記、批校、觀款並過録柯九思序跋 五册

330000－1704－0001282 000897 子部/宗教類/佛教之屬/論

**大寶積經論四卷** (東魏)釋菩提流支譯 民國八年(1919)金陵刻經處刻本 二册

330000－1704－0001289 005634 史部/金石類/金之屬/文字

**歷代鐘鼎彝器欵識法帖二十卷** (宋)薛尚功撰 民國古書流通處影印本 二册 存十一卷(一至五、十五至二十)

330000－1704－0001291 005613 史部/金石類/金之屬

**雙劍誃吉金圖録二卷考釋二卷** 于省吾撰 民國二十三年(1934)北平琉璃廠來薰閣影印本 二册

330000－1704－0001293 005621 史部/金石類/金之屬/圖像

**河南通志文物志吉金編二種** 孫海波編 民國影印本 二册 存一種

330000－1704－0001297 005622 史部/金石類/金之屬

**寶蘊樓彝器圖録一卷**　容庚編　民國十八年(1929)古物陳列所影印本　二冊

330000－1704－0001298　005615　史部/金石類/金之屬

**愙齋集古録二十六卷**　(清)吳大澂撰　民國六年(1917)上海涵芬樓影印本　二十六冊

330000－1704－0001302　005626　史部/金石類/金之屬/圖像

**夢郼艸堂吉金圖三卷續編一卷**　羅振玉輯　民國六年(1917)上虞羅振玉影印本　四冊

330000－1704－0001304　000909　子部/宗教類/佛教之屬/經疏

**地藏菩薩本願經演孝疏三卷首一卷**　釋知性撰　民國十八年(1929)上海漕河涇江蘇第二監獄鉛印本　一冊

330000－1704－0001305　000910　子部/宗教類/佛教之屬/經

**地藏菩薩本願經三卷附地藏菩薩像靈驗記一卷**　(唐)釋實叉難陀譯　民國上海佛學書局影印本　一冊

330000－1704－0001309　005642　史部/金石類/金之屬/通考

**壽縣所出楚器考釋一卷**　劉節撰　民國二十四年(1935)國立北平圖書館影印本　一冊

330000－1704－0001310　005644　史部/金石類/金之屬/文字

**鐘鼎款識原器拓片第一一卷**　民國八年(1919)有正書局石印本　一冊

330000－1704－0001311　005647　史部/金石類/總志之屬/文字

**小校經閣金石文字十八卷**　劉體智藏並輯　民國二十四年(1935)廬江劉氏小校經閣石印本　十八冊

330000－1704－0001319　005666　史部/金石類/金之屬/文字

**積古齋鐘鼎彝器款識十卷**　(清)阮元撰　民國上海中華圖書館影印本　六冊

330000－1704－0001323　005652　子部/工藝類/日用器物之屬/陶瓷

**匋雅二卷**　陳瀏撰　民國二十二年(1933)上海古瓷研究會石印本　四冊

330000－1704－0001329　005653　史部/金石類/玉之屬/通考

**古玉圖考不分卷**　(清)吳大澂撰　民國上海同文書局石印本　四冊

330000－1704－0001334　000922　子部/宗教類/佛教之屬/經疏

**大乘稻芉經一卷隨聽疏一卷**　(唐)釋法成集　民國八年(1919)上海商務印書館鉛印本　一冊

330000－1704－0001335　005654　史部/金石類/金之屬

**西清續鑑乙編二十卷**　民國二十年(1931)北平古物陳列所影印本　二十冊

330000－1704－0001336　000924　子部/宗教類/佛教之屬/經

**佛說孛經一卷**　(三國吳)釋支謙譯　民國十五年(1926)浙江彙商印刷公司鉛印本　一冊

330000－1704－0001339　000925　子部/宗教類/佛教之屬/經

**佛說大乘大方廣佛冠經簡注(方等八經)**　(宋)釋法護譯　**佛說十吉祥經簡注一卷**　**佛說八佛名號經簡注一卷**　(隋)釋闍那崛多譯　**佛說八吉祥經一卷**　(南朝梁)釋伽婆羅譯　**佛說八部佛名經簡注一卷**　(北魏)釋瞿曇般若流支譯　**佛說滅十方冥經一卷**　(晉)釋竺法護　**佛說受持七佛名號所生功德經簡注一卷**　(唐)釋玄奘譯　**佛說大乘寶月童子問法經簡注一卷**　(宋)釋施護譯　民國上海佛學推行社鉛印本　一冊

330000－1704－0001340　006289　史部/雜史類/斷代之屬

**清談十卷**　胡懷琛編　民國五年(1916)上海廣益書局鉛印本　六冊

330000－1704－0001342　005650　史部/金

石類/金之屬/圖像

**夢坡室獲古叢編十二卷** 周慶雲藏 鄒壽祺編 民國十六年(1927)上海周慶雲夢坡室影印本 八冊 缺四卷(一、七、十一至十二)

330000－1704－0001346 005673 史部/金石類/錢幣之屬/雜著

**錢志新編二十卷** (清)張崇懿輯 **嘉蔭簃論泉截句二卷** (清)劉喜海撰 民國十二年(1923)上海掃葉山房據清咸豐五年(1855)綵衣堂刻本影印本 八冊

330000－1704－0001353 005651 史部/金石類/金之屬/圖像

**夢坡室獲古叢編十二卷** 周慶雲藏 鄒壽祺編 民國十六年(1927)上海周慶雲夢坡室影印本 十二冊

330000－1704－0001362 005690 史部/金石類/錢幣之屬/雜著

**泉幣圖說六卷** (清)吳文炳 (清)吳鸞撰 民國十六年(1927)上海來青閣書莊影印本 二冊

330000－1704－0001363 005677 史部/金石類/錢幣之屬/雜著

**古泉新知録續編一卷** 陳鐵卿(陳剛)撰 民國三十一年(1942)油印本 一冊

330000－1704－0001364 005678 史部/金石類/錢幣之屬/圖像

**新莽貨布範不分卷** (清)劉喜海輯 民國十八年(1929)上海神州國光社影印本 一冊

330000－1704－0001374 005664 子部/藝術類/書畫之屬/法帖

**張叔未寫清儀閣集古款識一卷** (清)張廷濟書 **陳簠齋寫東武劉氏款識一卷** (清)陳介祺書 民國八年(1919)上海商務印書館石印本 一冊

330000－1704－0001378 005687 史部/金石類/石之屬

**古石刻零拾不分卷** 容庚撰 民國二十三年(1934)影印本暨鉛印本 一冊

330000－1704－0001385 005698 史部/金石類/錢幣之屬/圖像

**近代泉幣拓本一卷補遺一卷** 徐寄廎輯 民國二十三年(1934)、二十五年(1936)鈐拓本 三冊

330000－1704－0001386 005754 史部/金石類/郡邑之屬/雜著

**曲阜碑碣考四卷** 孔祥霖輯 民國四年(1915)上海廣智書局鉛印本 一冊

330000－1704－0001387 005743 子部/藝術類/書畫之屬

**元牘記二卷** (明)盛時泰撰 民國十八年(1929)國立中央大學國學圖書館鉛印本 一冊

330000－1704－0001389 005700 史部/金石類/錢幣之屬/雜著

**晴韻館收藏古泉述記十卷** (清)金錫鬯撰 民國十九年(1930)中國書店影印本 四冊

330000－1704－0001390 005701 史部/金石類/總志之屬/題跋

**定庵題跋一卷** 由雲龍撰 民國二十七年(1938)鉛印本 一冊

330000－1704－0001392 000938 子部/宗教類/佛教之屬/經

**佛說盂蘭盆經一卷(五種合本)** (晉)釋竺法護譯 **蘭盆獻供儀一卷** (宋)釋元照集 **盂蘭盆齋唸誦式一卷** (宋)釋遇榮述 **修盂蘭盆方法九門一卷** (宋)釋遵式述 **佛說盂蘭盆經新疏一卷** (明)釋智旭疏 民國二十二年(1933)鉛印本 一冊

330000－1704－0001394 005753 史部/金石類/石之屬/題跋

**范鼎卿先生所著書三種** 范壽銘撰 民國會稽顧燮光金佳石好樓石印本 二冊 存二種

330000－1704－0001397 005708 史部/金石類/石之屬/目録

**南北朝存石目八卷** (清)王懿榮撰 民國抄本 楊紹廉題簽並批校 二冊 缺一卷(七)

330000－1704－0001405　000944　子部/宗教類/佛教之屬/經疏

**無量義經文句二卷**　釋知性撰　民國十九年(1930)鉛印本　一冊

330000－1704－0001418　000949　子部/宗教類/佛教之屬/經疏

**彌陀畧解圓中鈔二卷**　(明)釋大佑解　(明)釋傳燈鈔　民國二年(1913)揚州藏經院刻本　二冊

330000－1704－0001419　005713　史部/金石類/金之屬/圖像

**簠齋藏鏡二卷**　(清)陳介祺藏　民國十四年(1925)蟫隱廬影印本　二冊

330000－1704－0001423　005747　史部/金石類/郡邑之屬/題跋

**磁州墓志跋尾不分卷**　民國抄本　楊嘉題簽　一冊

330000－1704－0001424　005729　史部/金石類/石之屬/文字

**石鼓釋文十卷**　強運開撰　民國二十四年(1935)上海商務印書館石印本　二冊

330000－1704－0001427　005761　史部/金石類/石之屬/目録

**河南圖書館藏石目一卷**　李根源　何日章編　民國十四年(1925)河南官印刷局鉛印本　一冊

330000－1704－0001428　005745　史部/金石類/石之屬/文字

**天發神讖碑攷一卷**　(清)吴玉搢録　(清)徐堅藏　民國石印本　一冊

330000－1704－0001433　005739　子部/藝術類/書畫之屬/書法書品

**集古求真十三卷首一卷末一卷**　歐陽輔纂輯　民國十二年(1923)江西開智書局石印本　八冊

330000－1704－0001434　005775　史部/金石類/郡邑之屬

**襄陽冢墓遺文一卷補遺一卷**　羅振玉輯　民國四年(1915)上虞羅氏刻本　一冊

330000－1704－0001435　005739　子部/藝術類/書畫之屬/書法書品

**集古求真續編十卷首一卷補正四卷首一卷附語石校勘記一卷**　歐陽輔纂輯　民國二十二年(1933)江西集古山房石印本　八冊

330000－1704－0001438　005778　史部/金石類/石之屬/文字

**宋拓孟蜀石經六種**　劉體乾輯　民國十五年(1926)上海劉體乾影印本　張原煒題簽　八冊

330000－1704－0001439　005780　史部/金石類/石之屬/通考

**校碑隨筆不分卷**　方若撰　民國七年(1918)上海朝記書莊石印本　四冊

330000－1704－0001446　000952　子部/宗教類/佛教之屬/經疏

**彌陀畧解圓中鈔二卷**　(明)釋大佑解　(明)釋傳燈鈔　民國上海佛學書局影印本　二冊

330000－1704－0001447　000955　子部/宗教類/佛教之屬/經

**佛説阿彌陀經一卷**　(後秦)釋鳩摩羅什譯　民國蘇州弘化社影印本　一冊

330000－1704－0001449　005794　子部/藝術類/篆刻之屬/印譜

**伏廬藏印十二卷**　陳漢第藏並輯　民國上海商務印書館影印本　六冊

330000－1704－0001453　005796　史部/金石類/璽印之屬

**古印輯存不分卷**　秋夢輯　民國十八年(1929)鈐印本　二冊

330000－1704－0001454　005797　史部/金石類/璽印之屬

**西夏官印集存一卷**　羅振玉輯　民國十六年(1927)上虞羅氏石印本　一冊

330000－1704－0001455　005799　史部/金石類/璽印之屬/通考

**璽印姓氏徵二卷**　羅振玉輯　民國十四年(1925)東方學會鉛印本　一冊

330000－1704－0001456　005790　史部/金石類/玉之屬

**摘金仙館玉紀補一卷**　呂美璟撰　民國七年(1918)刻本　一冊

330000－1704－0001457　005803　史部/金石類/陶之屬

**遯盦古陶存不分卷**　吳隱輯　民國二年(1913)西泠印社影印本　二冊

330000－1704－0001459　005785　史部/金石類/石之屬/文字

**石屋洞造象題名一卷**　羅振玉輯　民國四年(1915)刻本　一冊

330000－1704－0001460　005786　史部/金石類/石之屬

**龍泓洞造象題名一卷**　羅振玉校録　民國四年(1915)上虞羅氏刻本　一冊

330000－1704－0001461　005789　史部/金石類/玉之屬

**周玉刀釋文不分卷**　(清)楊調元撰　民國抄本　一冊

330000－1704－0001462　005806　史部/金石類/璽印之屬

**夢坡室金玉印痕九卷**　周慶雲輯　民國十三年(1924)周氏夢坡室鈐拓本　五冊

330000－1704－0001464　005807　史部/金石類/總志之屬

**杭州古蕩新石器時代遺址之試探報告不分卷**　浙江省立西湖博物館　吳越史地研究會編　民國二十五年(1936)鉛印本　一冊

330000－1704－0001468　005810　史部/金石類/陶之屬/文字

**漢魏六朝塼文不分卷**　王樹枏藏　民國二十四年(1935)上海商務印書館影印本　一冊

330000－1704－0001470　005819　經部/小學類/訓詁之屬/方言

**鄉諺證古四卷**　(清)陳康祺撰　張壽鏞編　民國三十三年(1944)鉛印本　一冊

330000－1704－0001471　005828　經部/小學類/音韻之屬/等韻

**四聲切韻表三卷首一卷末一卷**　(清)江永撰　(清)汪曰楨補正　民國二十二年(1933)大東書局據清光緒三年(1877)會稽學社刻本影印本　二冊

330000－1704－0001474　005846　經部/小學類/音韻之屬/古今韻說

**切韻考六卷外篇三卷**　(清)陳澧撰　民國六年(1917)、七年(1918)鉛印本　一冊　存三卷(外篇一至三)

330000－1704－0001476　011052－1　集部/詞類/總集之屬

**甌社詞鈔二卷**　陳閎慧編　民國十年(1921)溫州同文印書館鉛印本　一冊

330000－1704－0001478　005830　經部/小學類/音韻之屬

**四聲三問一卷**　陳寅恪撰　民國鉛印本　一冊

330000－1704－0001479　011052　集部/詞類/總集之屬

**甌社詞鈔不分卷**　林鵾翔等撰　民國十年(1921)溫州翰墨林鉛印本　一冊

330000－1704－0001480　005832　經部/小學類/文字之屬/字書/通論

**文字學發凡三卷首一卷**　馬宗霍撰　民國二十四年(1935)上海商務印書館石印本　二冊

330000－1704－0001482　005833　經部/小學類/音韻之屬

**中國音韻沿革一卷**　羅常培編　民國二十年(1931)清華大學文學院鉛印本　一冊

330000－1704－0001484　005834　經部/小學類/文字之屬/字書/通論

**中國文字之原始及其構造二編**　蔣善國撰　民國二十二年(1933)上海商務印書館石印本　二冊

330000－1704－0001486　005850　經部/小學類/音韻之屬/古今韻說

**切韻考六卷外篇三卷**　(清)陳澧撰　民國十九年(1930)成都書局刻本　一册　存三卷(外篇一至三)

330000－1704－0001494　005861　經部/小學類/音韻之屬

**新編音畫字攷三卷首一卷音畫對照表一卷**　葉衡編　民國十一年(1922)李順泰石印局石印本　四册

330000－1704－0001495　005862　經部/小學類/音韻之屬

**聲紐通轉一卷**　徐昂撰　民國油印本　一册

330000－1704－0001501　005816　經部/小學類/音韻之屬

**文字學音篇五章**　錢玄同撰　民國十三年(1924)北京大學出版部鉛印本　一册

330000－1704－0001502　005869　經部/小學類/音韻之屬

**協韻會通十二卷補遺一卷**　(清)郁豫逸輯　民國永嘉黄氏敬鄉樓抄本　黄群批校並題記　一册　存四卷(十至十二、補遺)

330000－1704－0001504　005871　經部/小學類/音韻之屬

**韻學源流一卷**　(清)莫友芝撰　民國十八年(1929)鉛印本　一册

330000－1704－0001505　005872　經部/小學類/音韻之屬/韻書

**夏炘詩古韻表二十二部集説二卷**　(清)夏炘撰　民國鉛印本　一册

330000－1704－0001506　005873　經部/小學類/訓詁之屬/字詁

**戴東原轉語釋補四卷首一卷**　曾廣源撰　民國十八年(1929)海事編譯局鉛印本　二册

330000－1704－0001511　005878　經部/小學類/音韻之屬

**釋名韻紐表一卷**　王力撰　民國抄本　一册

330000－1704－0001512　000959　子部/宗教類/佛教之屬

**徑中徑又徑徵義三卷**　(清)張師誠輯　(清)徐槐廷注　民國十年(1921)海鹽徐氏刻本　一册

330000－1704－0001513　000960　子部/宗教類/佛教之屬/諸宗

**淨土普修儀一卷**　(□)滕一西輯　民國十一年(1922)上海淨土庵刻本(自第三十一葉起配民國十二年刻本)　一册

330000－1704－0001516　005836　經部/小學類/文字之屬/字書/通論

**蒼石山房文字談不分卷**　石廣權撰　民國十八年(1929)上海商務印書館石印本　一册

330000－1704－0001517　005817　經部/小學類/文字之屬

**俗字編一卷**　(清)余國光輯　(清)洪守一重輯　張崟增訂　民國張崟抄本　一册

330000－1704－0001521　000963　子部/宗教類/佛教之屬/諸宗

**淨土四經五卷**　民國九年(1920)上海商務印書館鉛印本　二册

330000－1704－0001523　005841　經部/小學類/訓詁之屬/方言

**輶軒使者絕代語釋别國方言十三卷**　(漢)揚雄撰　民國影印本　一册　存六卷(八至十三)

330000－1704－0001524　005820　經部/小學類/訓詁之屬/方言

**屈宋方言攷一卷**　李翹撰　民國十四年(1925)芬熏館刻本　楊紹廉題記　一册

330000－1704－0001525　000964　子部/宗教類/佛教之屬/諸宗

**淨土指歸集二卷**　(明)釋大佑輯　民國元年(1912)揚州藏經院刻本　二册

330000－1704－0001526　005893　經部/小學類/音韻之屬/古今韻說

**經籍舊音一卷**　吴承仕撰　民國十年(1921)

刻本　一册

330000－1704－0001527　005879　經部/小學類/音韻之屬/等韻

**四聲切韻表一卷凡例一卷**　(清)江永編　**四聲切韻表校正一卷**　(清)夏燮撰　民國十九年(1930)北平富晉書社石印本　二册

330000－1704－0001528　000965　子部/宗教類/佛教之屬/諸宗

**淨土清鐘二卷**　潘守廉撰　民國十三年(1924)大公報館鉛印本　二册

330000－1704－0001529　005839　經部/小學類/文字之屬/字書

**文字學講義三卷**　錢玄同編　民國油印本　一册

330000－1704－0001530　005840　新學/理學/文學

**聲韻學史一卷**　羅常培撰　民國油印本　一册

330000－1704－0001531　005820－1　經部/小學類/訓詁之屬/方言

**屈宋方言攷一卷**　李翹撰　民國十四年(1925)芬熏館刻本　一册

330000－1704－0001532　005821　經部/小學類/文字之屬/字書

**補正俗字編一卷**　(清)余國光輯　(清)洪守一重輯　黄紹裘補正　民國十三年(1924)瑞安廣益石印本　一册

330000－1704－0001533　005914　經部/小學類/音韻之屬/韻書

**集均攷正校記十卷**　陳準記　民國二十六年(1937)石印本　一册

330000－1704－0001536　000966　子部/宗教類/佛教之屬/諸宗

**淨土詩一卷**　(元)釋明本撰　民國九年(1920)上海聚珍倣宋印書局鉛印本　一册

330000－1704－0001537　006433、005896　經部/詩類/文字音義之屬

**毛詩古音攷四卷讀詩拙言一卷屈宋古音義三卷**　(明)陳第撰　(明)焦竑訂正　(清)徐時作重訂　**毛詩古音攷附録一卷**　(清)張海鵬撰　民國二十三年(1934)雙流黄氏濟忠堂刻本　四册

330000－1704－0001543　005898　經部/小學類/音韻之屬

**讀音統一會進行程序一卷**　民國石印本　一册

330000－1704－0001545　005899　經部/小學類/音韻之屬/注音

**溫州音識字捷法一卷**　張玉生編　民國十三年(1924)溫州務本石印公司石印本　一册

330000－1704－0001546　005917　經部/小學類/音韻之屬/韻書

**中華新韻一卷**　教育部國語推行委員會編　民國油印本　一册

330000－1704－0001547　005900　經部/小學類/音韻之屬

**國語發音學講義一卷**　葉木青輯　民國十年(1921)溫州務本公司石印本　一册

330000－1704－0001548　005824　經部/小學類/文字之屬

**俗字編一卷**　(清)余國光輯　民國抄本　一册

330000－1704－0001552　005921　集部/詞類/詞韻之屬

**詞林正韻三卷發凡一卷**　(清)戈載輯　民國四年(1915)掃葉山房石印本　四册

330000－1704－0001558　005922　經部/小學類/音韻之屬/韻書

**新式詩韻全璧八卷**　世界書局編輯所編　民國十五年(1926)上海世界書局石印本　一册　缺二卷(詩料大觀一至二)

330000－1704－0001560　005827　經部/小學類/訓詁之屬/方言

**海澨方言四卷**　(清)林大椿撰　民國溯初匪書抄本　二册

330000－1704－0001561　005890　經部/小學類/訓詁之屬/字詁

**詩騷連緜字考二卷**　姜亮夫撰　民國抄本　一册

330000－1704－0001562　005857　經部/小學類/文字之屬/字書

**字學指謬四種附事物原始一卷**　民國抄本　一册

330000－1704－0001563　005858　經部/小學類/音韻之屬/韻書

**反切捷訣一卷**　葉泰來編　民國十四年(1925)抄本　一册

330000－1704－0001565　005904　經部/小學類/音韻之屬/韻書

**内府藏唐寫本刊繆補缺切韻五卷**　(唐)王仁昫撰　(唐)長孫訥言注　民國十四年(1925)石印秀水唐蘭倣寫本　一册

330000－1704－0001566　005924　經部/小學類/音韻之屬/韻書

**唐寫本切韻殘卷三卷**　(隋)陸法言撰　民國十年(1921)影印本　一册

330000－1704－0001567　005924－1　經部/小學類/音韻之屬/韻書

**唐寫本切韻殘卷三卷**　(隋)陸法言撰　民國十年(1921)影印本　一册

330000－1704－0001580　005972　經部/小學類/文字之屬/字書/字典

**字鑑五卷**　(元)李文仲撰　民國楊紹廉抄本　楊紹廉校　五册

330000－1704－0001581　000978　子部/宗教類/佛教之屬/諸宗

**淨土五經附編一卷**　郭泰棣輯　民國二十四年(1935)雙百鹿齋刻藍印本　一册

330000－1704－0001585　000980　子部/宗教類/佛教之屬/經疏

**佛説觀無量壽佛經疏四卷**　(唐)釋善導集記　民國十二年(1923)上海商務印書館鉛印本　一册

330000－1704－0001590　000981　子部/宗教類/佛教之屬/諸宗

**念佛鏡一卷**　(唐)釋道鏡　(唐)釋善道集　民國中央刻經院鉛印本　一册

330000－1704－0001594　000979　子部/宗教類/佛教之屬/經

**佛説十善業道經一卷附果報見聞録一卷**　民國二十四年(1935)潮陽郭氏雙百鹿齋刻藍印本　一册

330000－1704－0001597　005912　經部/小學類

**喻母古讀考一卷**　曾運乾撰　民國抄本　一册

330000－1704－0001601　000982　子部/宗教類/佛教之屬/諸宗

**寶王三昧念佛直指二卷**　(明)釋妙叶編　民國十一年(1922)上海商務印書館影印本　一册

330000－1704－0001602　005939　經部/小學類/文字之屬/字書

**今字解剖不分卷附補遺一篇**　王有宗撰　民國二十四年(1935)上海商務印書館石印本　二册

330000－1704－0001607　000983　子部/宗教類/佛教之屬/諸宗

**淨土津要九卷**　民國鉛印本　二册

330000－1704－0001609　005960　經部/小學類/訓詁之屬/爾雅

**小爾雅一卷**　民國九年(1920)影抄明嘉靖刻本　楊紹廉題記　一册

330000－1704－0001611　000984　子部/宗教類/佛教之屬/經疏

**佛説阿彌陀經疏鈔四卷附佛説阿彌陀經一卷阿彌陀經疏鈔事義一卷問辯一卷續問答一卷書鈔答問一卷答淨土四十八問一卷淨土疑辯一卷**　(後秦)釋鳩摩羅什譯　(明)釋袾宏述　民國十二年(1923)上海商務印書館鉛印本　三册

330000－1704－0001614　000985　子部/宗教類/佛教之屬/諸宗

**印光法師嘉言録不分卷**　李圓淨編　民國三十六年(1947)蘇州弘化社鉛印本　一冊

330000－1704－0001618　000986　子部/宗教類/佛教之屬/諸宗

**印光法師嘉言録續編不分卷**　釋廣覺　徐志一編　民國三十六年(1947)蘇州弘化社鉛印本　一冊

330000－1704－0001620　006004　經部/小學類/文字之屬/字書/古文

**鐘鼎字源五卷附録一卷**　(清)汪立名撰　民國十四年(1925)上海掃葉山房石印本　三冊

330000－1704－0001625　006005　經部/小學類/文字之屬/字書

**汗簡七卷**　(宋)郭宗恕撰　民國上海文瑞樓石印本　四冊

330000－1704－0001629　006006　經部/小學類/文字之屬/字書

**說文古籀疏證六卷原目一卷**　(清)莊述祖撰　民國十一年(1922)上海圖書公司影印本　五冊　缺一卷(三)

330000－1704－0001630　005947　經部/小學類/訓詁之屬/爾雅

**爾雅古義二卷**　(清)胡承珙撰　民國抄本　楊紹廉校並句讀　一冊

330000－1704－0001631　001664　子部/宗教類/道教之屬

**太上玄靈北斗本命延生妙經一卷**　民國二十八年(1939)麗水啓明印社石印本　一冊

330000－1704－0001639　009206　集部/總集類/郡邑之屬

**慎江文徵六十一卷**　(清)周天錫輯　民國永嘉黃氏敬鄉樓抄本　楊紹廉批校、題簽、題記並過録清孫詒讓題記　十二冊

330000－1704－0001645　005984　經部/小學類/文字之屬/字書/字典

**字鑑五卷**　(元)李文仲撰　民國二十一年(1932)據瑞安陳氏手抄精校澤存堂五種本影印本　五冊

330000－1704－0001648　008089　集部/別集類

**招隱山房詩鈔十二卷**　戴啟文撰　民國十五年(1926)刻本　張棡題記　六冊

330000－1704－0001649　008340　集部/別集類

**浣花集四卷**　羅華撰　民國二十一年(1932)鉛印本　一冊

330000－1704－0001654　008547　集部/別集類/清別集

**梅贊臣先生集八卷**　(清)梅調元撰　民國十八年(1929)梅氏勁風閣抄本　梅冷生題記　二冊

330000－1704－0001656　000992　子部/宗教類/佛教之屬/諸宗

**台宗淨要不分卷**　徐文蔚輯　民國十九年(1930)揚州宛虹橋眾香庵刻本　一冊

330000－1704－0001661　000993　子部/宗教類/佛教之屬/諸宗

**往生極樂録一卷**　丑先難編　民國長沙坡子街善書流通處刻本　一冊

330000－1704－0001663　005971　經部/小學類/訓詁之屬/字詁

**文始九卷**　章炳麟撰　民國二年(1913)浙江圖書館據章炳麟手寫稿本影印本　一冊

330000－1704－0001670　000995　子部/宗教類/佛教之屬/經疏

**佛說觀無量壽佛經一卷**　(南朝宋)釋畺良耶舍譯　民國佛學書局鉛印朱印本　一冊

330000－1704－0001671　000996　子部/宗教類/佛教之屬/諸宗

**決定成佛簡易法門一卷**　民國鉛印本　一冊

330000－1704－0001673　001666　史部/傳記類/總傳之屬/忠孝

**二十四孝圖一卷**　王震繪　民國二十五年

(1936)上海孤兒院影印本　一冊

330000－1704－0001677　006027　經部/小學類/文字之屬/說文
**轉注正義一卷**　李翹撰　民國石印本　一冊

330000－1704－0001678　005993　經部/小學類/文字之屬/字書
**字衡三卷**　戴炳驄輯　民國二十三年(1934)稿本　三冊

330000－1704－0001680　006028　經部/小學類/文字之屬/字書/通論
**六書解例不分卷**　馬敘倫撰　民國石印本　一冊

330000－1704－0001682　006029　經部/小學類/文字之屬/字書
**通俗字書一卷**　鄭衡輯　稿本　一冊

330000－1704－0001686　006031　經部/小學類/文字之屬/字書
**王氏六書存微八卷首一卷**　王闓運撰　陳兆奎輯　喻謙述微　民國五年(1916)東州刻本　十二冊

330000－1704－0001687　005994　經部/小學類/文字之屬/字書/字典
**字鑑五卷**　(元)李文仲撰　民國永嘉黃氏敬鄉樓抄本　姚華題簽　楊紹廉校　四冊

330000－1704－0001688　006014　經部/小學類/文字之屬/字書/字體
**古籀餘論三卷**　(清)孫詒讓撰　民國十八年(1929)燕京大學刻本　二冊

330000－1704－0001690　006016　經部/小學類/文字之屬/字書/字體
**篆文大觀六卷首一卷**　(南唐)徐鉉書　民國十三年(1924)上海求古齋石印本　六冊

330000－1704－0001691　006032　經部/小學類/文字之屬/字書/古文
**六朝別字記一卷**　(清)趙之謙撰　民國八年(1919)上海商務印書館影印本　一冊

330000－1704－0001692　005996　經部/小學類/文字之屬/字書/字典
**龍龕手鑑四卷**　(遼)釋行均撰　民國二十五年(1936)北京大學影印本　三冊

330000－1704－0001698　001003　子部/宗教類/佛教之屬/諸宗
**初機淨業指南一卷**　黃慶瀾撰　民國十一年(1922)佛經流通處鉛印本　一冊

330000－1704－0001699　006047　經部/小學類/文字之屬/說文/傳說
**朱氏說文通訓定聲序注一卷**　(清)朱駿聲撰　宋文蔚注釋　民國二十三年(1934)上海商務印書館石印本　一冊

330000－1704－0001700　005982　經部/小學類/文字之屬/字書/字典
**原本玉篇殘卷不分卷**　(南朝梁)顧野王撰　羅振玉輯　民國五年至六年(1916－1917)上虞羅氏影印本　二冊

330000－1704－0001701　001004　子部/宗教類/佛教之屬/經疏
**阿彌陀經白話解釋二卷**　黃智海撰　民國十七年(1928)江蘇第二監獄鉛印本　一冊

330000－1704－0001703　005981　經部/小學類/文字之屬/字書/字典
**原本玉篇殘卷不分卷**　(南朝梁)顧野王撰　羅振玉輯　民國五年至六年(1916－1917)上虞羅氏影印本　楊紹廉校　二冊

330000－1704－0001704　006048　經部/小學類/文字之屬/說文
**說文解字十五卷標目一卷**　(漢)許慎撰　(宋)徐鉉等校定　民國上海商務印書館據藤花榭刻本影印本　四冊

330000－1704－0001707　006049　經部/小學類/文字之屬/說文
**說文解字十五卷標目一卷**　(漢)許慎撰　(宋)徐鉉等校定　民國十二年(1923)上海馬啟新書局石印本　二冊

330000－1704－0001725　001009　子部/宗教類/佛教之屬/諸宗

**淨宗日課一卷**　民國京師第一監獄鉛印本　一册

330000－1704－0001727　001011　子部/宗教類/佛教之屬/諸宗

**夢東禪師遺集三卷**　(清)釋喚醒　(清)釋了睿輯録　民國二十三年(1934)天津佛教功德林鉛印本　一册

330000－1704－0001731　009687　集部/别集類/清别集

**評點西堂雜俎初集八卷二集八卷三集八卷**　(清)尤侗撰　趙譽船評點　民國十六年(1927)上海中原書局石印本　六册

330000－1704－0001732　001012　子部/宗教類/佛教之屬/諸宗

**淨業良導一卷**　釋印光輯　民國十年(1921)上海商務印書館鉛印本　一册

330000－1704－0001737　006058　經部/小學類/文字之屬/説文/傳説

**説文解字句讀三十卷**　(清)王筠撰　民國涵芬樓影印王氏家刻本　十四册

330000－1704－0001743　001014　子部/宗教類/佛教之屬/經疏

**淨名經集解關中疏二卷**　(唐)釋道液撰　民國十六年(1927)商務印書館鉛印本　二册

330000－1704－0001748　006085　經部/叢編

**石仙遺著**　謝彦華撰　民國三年(1914)謝鎬石印本　一册　存一種

330000－1704－0001749　001018　子部/宗教類/佛教之屬/諸宗

**九品蓮臺二卷**　(清)蓮航居士編　民國十三年(1924)揚州藏經院刻本　二册

330000－1704－0001750　006072　類叢部/叢書類/自著之屬

**巢經巢全集十八種**　(清)鄭珍撰　民國二十九年(1940)貴州省政府鉛印並據清刻板彙印本　二册　存二種

330000－1704－0001753　006139　經部/小學類/文字之屬/説文/傳説

**説文解字注箋十四卷**　(清)段玉裁注　(清)徐灝箋　**説文檢字篇三卷説文重文檢字篇一卷説文疑難檢字篇一卷今文檢字篇一卷**　徐樾編　民國十七年(1928)上海中原書局石印本　八册

330000－1704－0001756　006108　經部/春秋總義類/文字音義之屬

**春秋小學八卷**　(清)莊有可撰　民國二十四年(1935)上海商務印書館影印本　四册

330000－1704－0001758　006109　經部/小學類/文字之屬/字書/通論

**文字學形義篇不分卷**　朱宗萊撰　民國十四年(1925)北京大學出版部鉛印本　一册

330000－1704－0001759　001027　子部/宗教類/佛教之屬/論疏

**瑜伽師地論記一百卷**　(唐)釋遁倫撰　民國十一年(1922)金陵刻經處刻本　三十册

330000－1704－0001760　006111　經部/小學類/文字之屬/説文/專著

**説文解字研究法不分卷**　馬敘倫撰　民國上海商務印書館石印本　一册

330000－1704－0001762　006112　經部/小學類/文字之屬/説文/專著

**説文古文疏證一卷**　舒連景撰　民國二十六年(1937)上海商務印書館石印本　一册

330000－1704－0001763　006075　經部/小學類/文字之屬/説文/傳説

**説文解字段注攷正十五卷**　(清)馮桂芬撰　民國十六年(1927)據稿本影印本　八册

330000－1704－0001766　006113　經部/小學類/文字之屬/説文/專著

**説文�不分卷**　石廣權撰　民國二十年(1931)上海商務印書館石印本　一册

330000－1704－0001767　006140　經部/小學類/文字之屬/説文/傳説

**説文釋例二十卷**　(清)王筠撰　民國四年

(1915)掃葉山房石印本　八冊

330000－1704－0001768　006145　經部/小學類/文字之屬/說文/傳說

**說文解字詁林十五卷首一卷前編三卷後編一卷補編一卷附編一卷通檢一卷**　丁福保編　民國十七年(1928)上海醫學書局石印本　六十六冊

330000－1704－0001769　001031　子部/宗教類/佛教之屬/經疏

**觀楞伽阿跋多羅寶經記十八卷首一卷補遺一卷**　(南朝宋)釋求那跋陀羅譯　(明)釋德清筆記　民國三年(1914)金陵刻經處刻本　六冊

330000－1704－0001770　006141　經部/小學類/文字之屬/說文/傳說

**說文解字注十五卷附六書音均表五卷**　(清)段玉裁撰　**說文部目分韵一卷**　(清)陳煥編　**說文通檢十四卷首一卷末一卷**　(清)黎永椿編　**說文解字注匡謬八卷**　(清)徐承慶撰　民國三年(1914)上海文盛書局石印本　七冊　缺五卷(六書音均表一至五)

330000－1704－0001771　006149　經部/小學類

**稷香館叢書八種三十六卷**　吳甌輯　民國二十四年(1935)北平癸酉編譯會據手稿本影印本　十冊　缺二卷(說文注鈔上、說文注補鈔上)

330000－1704－0001772　001032　子部/宗教類/佛教之屬/經疏

**楞伽經句義通說要旨四卷**　(明)陸西星撰　民國七年(1918)金陵刻經處刻本　一冊

330000－1704－0001774　006150　經部/小學類/文字之屬

**小學蒐佚敘録一卷**　龍璋輯　龍毓瑩編　民國十八年(1929)鉛印本　一冊

330000－1704－0001781　006146　經部/小學類/文字之屬/說文/傳說

**說文解字詁林補遺十五卷前編三卷後編一卷補遺之續不分卷通檢一卷**　丁福保編　民國二十一年(1932)石印本　十六冊

330000－1704－0001785　009679　集部/別集類/清別集

**金聖歎全集八卷**　(清)金人瑞撰　民國上海錦文堂石印本　八冊

330000－1704－0001786　006117　經部/小學類/文字之屬/說文/專著

**說文部首述義八卷六書辨一卷**　徐紹楨撰　民國十九年(1930)上海中原書局石印本　一冊

330000－1704－0001790　006121　經部/小學類/文字之屬/說文

**說文解字古文疏證一卷**　李杲撰　民國二十六年(1937)刻本　張岑題記　一冊

330000－1704－0001792　006088　經部/小學類/文字之屬/說文

**說文古籀補校正一卷**　(清)黄紹箕撰　民國楊紹廉抄本　一冊

330000－1704－0001794　006157　經部/小學類/文字之屬/字書/字典

**中華通俗新字典十二卷**　民國石印本　一冊

330000－1704－0001797　001033　子部/宗教類/佛教之屬/經疏

**楞伽疏訣六卷**　歐陽漸撰　民國十四年(1925)支那内學院刻本　二冊

330000－1704－0001806　001036　子部/宗教類/佛教之屬/論疏

**大乘百法明門論纂注一卷大乘八識規矩頌纂注一卷**　(明)釋廣益纂釋　民國五年(1916)上海有正書局影印本　一冊

330000－1704－0001808　006126　經部/小學類/文字之屬/說文/專著

**說文說餘稿不分卷**　吳琨編　何弘署書　民國二十八年(1939)石印本　一冊

330000－1704－0001819　006187　經部/四書類/論語之屬/傳說

**論語文解二卷**　錢穆撰　民國七年(1918)上海商務印書館鉛印本　二册

330000－1704－0001820　006188　子部/儒家類/儒學之屬/蒙學

**重訂三字經一卷**　章炳麟重訂　民國二十二年(1933)蘇州國學會鉛印本　孫延釗題記　張崟批校　一册

330000－1704－0001823　006189　集部/小説類/長篇之屬

**繡像封神演義一百回**　(明)許仲琳撰　(明)鍾惺評釋　民國十年(1921)上海中新書局鉛印本　九册　缺十回(五十一至六十)

330000－1704－0001827　006209　子部/小説家類/雜事之屬

**新刊大宋宣和遺事四卷**　民國四年(1915)上海商務印書館鉛印本　四册

330000－1704－0001828　001042　子部/宗教類/佛教之屬/經疏

**成唯識論所變相述記義演四卷**　(唐)釋如理撰　民國十二年(1923)金陵刻經處刻本　一册

330000－1704－0001829　001041　子部/宗教類/佛教之屬/論

**唯識二十論會譯二卷**　(天竺)世親菩薩造　(唐)釋玄奘　(北魏)釋瞿曇般若流支　(南朝陳)釋真諦譯　民國九年(1920)金陵刻經處刻本　一册

330000－1704－0001830　006210　子部/小説家類/雜事之屬

**新刊大宋宣和遺事四卷**　民國四年(1915)上海商務印書館鉛印本　四册

330000－1704－0001832　001040　子部/宗教類/佛教之屬/論

**大乘百法明門論本地分中略録名數解一卷**　(唐)釋窺基撰　**大乘百法明門論本地分中略録名數疏二卷**　(唐)釋普光撰　**大乘五蘊論一卷**　(印度)世親造　(唐)釋玄奘譯　**大乘廣五蘊論一卷**　(印度)安慧造　(唐)釋地婆訶羅譯　民國四年至五年(1915－1916)金陵刻經處刻本　一册

330000－1704－0001834　006165　經部/小學類/文字之屬/説文

**説文通檢十四卷首一卷末一卷**　(清)黎永椿編　民國商務印書館據番禺陳氏刻本影印本　二册

330000－1704－0001835　001039　子部/宗教類/佛教之屬/諸宗

**唯識三十頌詮句一卷**　釋清淨撰　民國二十七年(1938)佛經流通處鉛印本　一册

330000－1704－0001836　001038　子部/宗教類/佛教之屬/經

**楞伽阿跋多羅寶經四卷**　(南朝宋)釋求那跋陀羅譯　民國上海佛學書局鉛印本　一册

330000－1704－0001837　006211　子部/小説家類/雜事之屬

**新刊宣和遺事前集一卷後集一卷**　民國三年(1914)掃葉山房石印本　二册

330000－1704－0001838　001037　子部/宗教類/佛教之屬/論疏

**成唯識論學記八卷**　(唐)釋太賢撰　民國二十五年(1936)上海商務印書館鉛印本　四册

330000－1704－0001840　006166　經部/小學類/文字之屬/字書

**説文易檢十四卷附識一卷末二卷**　(清)史恩綿編　民國十六年(1927)上海商務印書館影印本　十册

330000－1704－0001841　006192　集部/總集類/課藝之屬

**溫州中學國文講義不分卷**　民國二十五年(1936)鉛印本　梅冷生題記　一册

330000－1704－0001842　006193　集部/詩文評類

**中國文學史要略一卷**　朱希祖編　民國九年(1920)鉛印本　一册

330000－1704－0001844　006194　經部/四

書類/孟子之屬/傳說

**孟子文法讀本七卷** 高步瀛集解 吳闓生評點 民國十一年(1922)北京直隸書局鉛印本 四册

330000－1704－0001848 006131 經部/小學類/文字之屬/說文/專著

**說文解字引羣書攷一卷** 楊嘉撰 民國永嘉黄氏敬鄉樓抄本 一册

330000－1704－0001850 006169 經部/小學類/文字之屬/字書/字典

**康熙字典十二集三十六卷總目一卷檢字一卷辨似一卷等韻一卷備考一卷補遺一卷** (清)張玉書等纂修 民國二年(1913)上海鴻文恆記書局石印本 六册

330000－1704－0001853 006207 集部/小說類/長篇之屬

**增像全圖加批西遊記十二卷一百回** (明)吳承恩撰 (清)陳士斌詮解 民國十三年(1924)上海元昌書局石印本 十二册

330000－1704－0001856 006200 子部/小說家類/異聞之屬

**大唐三藏取經詩話三卷** 民國五年(1916)羅振玉影印本 一册

330000－1704－0001859 006202 集部/小說類/長篇之屬

**繪圖東漢演義四卷六十回** 民國上海廣益書局石印本 四册

330000－1704－0001860 006203 集部/小說類/長篇之屬

**繡像西漢演義四卷一百回** (明)甄偉撰 民國上海廣益書局石印本 四册

330000－1704－0001864 006199 集部/小說類/長篇之屬

**增像全圖東周列國志二十七卷首一卷一百八回** (清)蔡奡評點 民國上海元昌書局石印本(卷首、一至二補配民國五年上海廣益書局石印本) 十二册

330000－1704－0001869 006178 經部/小學類/訓詁之屬/字詁

**助字辨略五卷** (清)劉淇撰 民國十三年(1924)長沙楊氏刻本 四册 缺一卷(五)

330000－1704－0001871 006217 集部/小說類/長篇之屬

**影印金聖嘆批改貫華堂原本水滸傳七十五卷** (明)施耐庵撰 (清)金人瑞批 民國二十三年(1934)上海中華書局影印本 二十四册

330000－1704－0001874 006175 經部/群經總義類/文字音義之屬

**經傳釋詞十卷** (清)王引之撰 王時潤點勘 民國上海古書流通處影印本 四册

330000－1704－0001875 006174 經部/小學類/訓詁之屬/字詁

**言文一貫虛字使用法不分卷** 周善培撰 民國四年(1915)上海商務印書館鉛印本 四册

330000－1704－0001877 001058 子部/宗教類/佛教之屬/經

**解深密經五卷** (唐)釋玄奘譯 民國十八年(1929)支那内學院鉛印本 一册

330000－1704－0001878 001057 子部/宗教類/佛教之屬

**佛學叢書□□種** 民國上海商務印書館鉛印本 一册 存一種

330000－1704－0001879 001056 子部/宗教類/佛教之屬/諸宗

**相宗綱要不分卷** 梅光羲編 民國二十四年(1935)上海商務印書館鉛印本 一册

330000－1704－0001881 006133 經部/小學類/文字之屬/說文

**說文解字部首箋異不分卷** 民國油印本 一册

330000－1704－0001882 001055 子部/宗教類/佛教之屬

**百法義録不分卷** 梅光羲輯 民國石印本 一册

330000－1704－0001883 006219 集部/小

說類/長篇之屬

**繪圖增像第五才子書水滸全傳十四卷七十回引首一卷** (明)施耐庵撰 (清)金人瑞評釋 民國四年(1915)上海中華書局鉛印本 十二冊

330000－1704－0001884 001054 子部/宗教類/佛教之屬

**略述百法義增註一卷** (日本)釋聞證輯 梅光羲增註 民國十一年(1922)北京刻經處刻本 一冊

330000－1704－0001885 001053 子部/宗教類/佛教之屬

**集大乘相論一卷** (印度)覺吉祥智造 (宋)施護譯 民國八年(1919)金陵刻經處刻本 一冊

330000－1704－0001886 001052 子部/宗教類/佛教之屬/諸宗

**大乘入道次第章一卷** (唐)釋智周撰 民國九年(1920)北京刻經處刻本 一冊

330000－1704－0001887 001050 子部/宗教類/佛教之屬/諸宗

**成唯識論掌中樞要八卷** (唐)釋窺基撰 民國六年(1917)金陵刻經處刻本 三冊

330000－1704－0001888 006234 集部/詩文評類

**紅樓夢紀畧一卷廣義二卷** (清)青山山農輯 **紅樓夢論贊一卷** (清)涂瀛編 (清)梅閣評 民國石印本 一冊

330000－1704－0001889 001051 子部/宗教類/佛教之屬/論

**法相諸論敘合刊一卷** 歐陽漸輯 民國金陵刻經處刻本 一冊

330000－1704－0001892 001049 子部/宗教類/佛教之屬/諸宗

**省庵勸發菩提心文講義録要一卷** 釋諦閑講 范古農記要 民國二十八年(1939)天津佛教功德林石印本 一冊

330000－1704－0001893 006235 集部/小說類/長篇之屬

**紅樓復夢十六卷一百回** (清)陳少海撰 民國十二年(1923)上海啟新書局石印本 八冊 存八卷(一至八)

330000－1704－0001894 006196 新學/學校

**國文講義注釋一卷** 民國石印本 一冊

330000－1704－0001898 006237 集部/小說類/長篇之屬

**繪圖中華民國史演義八卷四十二回** 陸律西編 民國十三年(1924)上海中央圖書公司石印本 八冊

330000－1704－0001907 001064 子部/宗教類/佛教之屬

**八識規矩補註證義一卷** (唐)釋玄奘造頌 (明)釋普泰補註 (明)釋明昱證義 民國鉛印本 一冊

330000－1704－0001908 001063 子部/宗教類/佛教之屬/諸宗

**瑜伽師地論菩薩地真實品一卷** (唐)釋玄奘譯 **瑜伽眞實品敘一卷** 歐陽漸撰 民國十年(1921)金陵刻經處刻本 一冊

330000－1704－0001910 006183 子部/宗教類/佛教之屬

**悉曇三書** 民國五年至六年(1916－1917)上虞羅氏影印本 一冊 存一種

330000－1704－0001911 006226 集部/小說類/長篇之屬

**繪圖施公案前傳八卷九十八回後傳六卷一百回三傳四卷五十回四傳四卷五十回五傳四卷四十回六傳四卷四十回七傳四卷四十回八傳四卷四十回九傳四卷四十回全續四卷四十回** 民國石印本 十二冊

330000－1704－0001912 006264 子部/小說家類/異聞之屬

**遯窟讕言十二卷** (清)王韜撰 民國二年(1913)惜陰書屋石印本 六冊

330000－1704－0001914 006184 子部/宗

教類/佛教之屬

**西夏譯蓮華經考釋一卷** 羅福成撰 民國三年(1914)東山學社影印本 一冊

330000－1704－0001916 006265 類叢部/叢書類/彙編之屬

**涵芬樓祕笈五十一種** 孫毓修等輯 民國五年至十五年(1916－1926)上海商務印書館影印本暨鉛印本 一冊 存一種

330000－1704－0001917 006185 子部/宗教類/佛教之屬

**景祐天竺字源七卷** (唐)釋惟淨等撰 **景祐天竺字源坿記一卷** 羅福萇撰 民國六年(1917)上海倉聖明智大學校石印本 四冊

330000－1704－0001919 006239 集部/小說類/長篇之屬

**增評加註全圖紅樓夢十五卷首一卷一百二十回** (清)曹霑 (清)高鶚撰 (清)王希廉 (清)張新之 (清)姚燮評 民國十四年(1925)石印本 十一冊 存十一卷(二、四至五、八至十五)

330000－1704－0001921 006228 集部/小說類/長篇之屬

**閩都别記雙峰夢二十卷四百回** (清)何求撰 民國三十五年(1946)福州萬國出版社鉛印本(卷一配油印本) 二十冊

330000－1704－0001922 006240 集部/小說類/長篇之屬

**紅樓夢抉微一卷** 闞鐸撰 民國十四年(1925)天津大公報館鉛印本 一冊

330000－1704－0001924 006229 集部/小說類/長篇之屬

**檮杌萃編十二編二十四回** (清)錢錫寶撰 民國鉛印本 六冊

330000－1704－0001928 001060 子部/宗教類/佛教之屬/諸宗

**法苑義林章唯識章注不分卷** 梅光羲撰 民國二十二年(1933)商務印書館鉛印本 一冊

330000－1704－0001930 001059 子部/宗教類/佛教之屬/諸宗

**因明入正理論疏敍瑞源記八卷** (日本)釋濬鳳潭撰 民國十七年(1928)上海商務印書館鉛印本 四冊

330000－1704－0001935 006269 子部/小說家類/雜事之屬

**西青散記四卷** (清)史震林撰 民國古今書室石印本 四冊

330000－1704－0001937 006270 子部/小說家類/雜事之屬

**西青散記四卷** (清)史震林撰 民國古今書室石印本 四冊

330000－1704－0001939 006244 集部/小說類/長篇之屬

**六不先生記一卷十回** 何勁編輯 民國元年(1912)湖南長沙模範講演團鉛印本 一冊

330000－1704－0001941 006245 集部/小說類/長篇之屬

**繡像神州光復志演義十五卷一百二十回** 王雪菴編 民國元年(1912)上海神州圖書局石印本 十六冊

330000－1704－0001943 006280 集部/詩文評類/類編之屬

**南亭四話九卷** (清)李伯元撰 民國十四年(1925)上海大東書局石印本 八冊

330000－1704－0001945 006246 集部/小說類/長篇之屬

**琴樓夢小說一卷** 樊增祥撰 民國三年(1914)大共和日報石印本 一冊

330000－1704－0001946 001077 子部/宗教類/佛教之屬/經疏

**萬緣金剛般若波羅蜜經集解不分卷附感應圖說一卷** 增德編 民國十二年(1923)石印本 一冊

330000－1704－0001948 006272 子部/小說家類/雜事之屬

**南亭筆記十六卷** (清)李伯元撰 民國十五年(1926)上海大東書局石印本 四冊

330000－1704－0001949　006281　子部/小說家類/雜事之屬

**讀書堂西征隨筆一卷**　(清)汪景祺撰　民國十七年(1928)故宫博物院圖書館掌故部鉛印本　一册

330000－1704－0001950　001076　子部/宗教類/佛教之屬

**金剛般若波羅蜜經攷證一卷**　民國十六年(1927)抄本　一册

330000－1704－0001952　006283　子部/小說家類/雜事之屬

**庸盦筆記六卷**　(清)薛福成撰　民國六年(1917)上海掃葉山房石印本　三册

330000－1704－0001954　006299　子部/小說家類/異聞之屬

**博物志十卷**　(晉)張華撰　**續博物志十卷**　(唐)李石撰　民國上海文瑞樓石印本　二册

330000－1704－0001955　001075　子部/宗教類/佛教之屬

**金剛般若波羅密經分段貫釋一卷**　(後秦)釋鳩摩羅什譯　王驤陸釋　**般若波羅密多心經分段貫釋一卷**　(唐)釋玄奘譯　王驤陸釋　民國二十七年(1938)天津印心精舍鉛印本　一册

330000－1704－0001956　001074　子部/宗教類/佛教之屬

**金剛般若波羅蜜經心得二卷**　蔡祖禧撰　民國二十二年(1933)永嘉同文印書館鉛印本　一册

330000－1704－0001958　006248　類叢部/叢書類/彙編之屬

**四部叢刊**　張元濟等編　民國八年(1919)上海商務印書館影印本　三册　存一種

330000－1704－0001961　006249　子部/小說家類/雜事之屬

**世說新語六卷**　(南朝宋)劉義慶撰　(南朝梁)劉孝標注　民國六年(1917)商務印書館鉛印本　五册　缺一卷(一)

330000－1704－0001964　001072　子部/宗教類/佛教之屬

**金剛般若波羅蜜經講義五卷首一卷附校勘記一卷**　江妙煦撰　民國三十一年(1942)上海大法輪書局鉛印本　三册

330000－1704－0001965　001071　子部/宗教類/佛教之屬

**金剛經旁解一卷**　民國十八年(1929)杭州昭慶寺慧空經房刻本　一册

330000－1704－0001968　001068　子部/宗教類/佛教之屬/經疏

**大般若波羅蜜多經知津不分卷**　(明)釋智旭編　(唐)釋玄奘譯　民國十九年(1930)上海佛學書局鉛印本　一册

330000－1704－0001972　006273　類叢部/叢書類/郡邑之屬

**燕趙叢書**　民國刻本　四册　存一種

330000－1704－0001980　001081　子部/宗教類/佛教之屬/經疏

**般若波羅密多心經演蘊一卷**　溫光熹撰　民國二十三年(1934)上海佛學書局鉛印本　一册

330000－1704－0001984　006250　子部/小說家類/雜事之屬

**世說新語六卷**　(南朝宋)劉義慶撰　(南朝梁)劉孝標注　民國掃葉山房石印本　六册

330000－1704－0001987　001079　子部/宗教類/佛教之屬

**金剛般若波羅蜜經一卷**　(後秦)釋鳩摩羅什譯　民國北平中央刻經院鉛印本　一册

330000－1704－0001989　001092　子部/宗教類/佛教之屬/經疏

**心經六家註六卷**　民國十二年(1923)上海商務印書館鉛印本　一册

330000－1704－0001993　006253　子部/小說家類/雜事之屬

**世說新語補二十卷附釋名一卷**　(南朝宋)劉義慶撰　(南朝梁)劉孝標注　(宋)劉應登評

（明）何良俊增　（明）王世貞刪　（明）王世懋評　（明）張文柱注　（清）黃汝琳補訂　民國九年（1920）上海掃葉山房石印本　六冊

330000－1704－0001997　006255　集部/小說類/長篇之屬

**新世說八卷**　易宗夔撰　民國十一年（1922）鉛印本　四冊

330000－1704－0002003　001091　子部/宗教類/其他宗教之屬

**聖宗古佛略解誤訶般若波羅密多心經**　南屏子講　民國三十一年（1942）北京文嵐簃鉛印本　一冊

330000－1704－0002005　001089　子部/宗教類/佛教之屬/經疏

**般若波羅蜜多心經略疏小鈔二卷**　（清）錢謙益輯　民國頻伽精舍鉛印本　一冊

330000－1704－0002009　001085　子部/宗教類/佛教之屬

**金剛般若波羅密經講義串珠一卷附刊一卷**　（後秦）釋鳩摩羅什譯　（清）純陽子注講　覺黃編次　民國二十七年（1938）上海佛學書局鉛印本　一冊

330000－1704－0002014　001105　子部/宗教類/佛教之屬

**至尊金剛相應母納囉空行成就方便一卷**　民國石印本　一冊

330000－1704－0002015　001102　子部/宗教類/佛教之屬/經疏

**佛說仁王護國般若波羅密經疏五卷**　（後秦）釋鳩摩羅什譯　（隋）釋智顗說　（隋）釋灌頂記　民國十一年（1922）杭州海潮寺刻本　三冊

330000－1704－0002017　001103　子部/醫家類/類編之屬

**松齡叢書**　徐潤之編　民國鉛印本　馮恕題簽　一冊　存一種

330000－1704－0002019　006306　子部/小說家類/諧謔之屬

**遣愁集十四卷**　（清）張貴勝纂輯　民國八年（1919）上海商務印書館鉛印本　四冊

330000－1704－0002021　001101　子部/宗教類/佛教之屬

**金剛般若波羅蜜經次詁一卷**　（後秦）釋鳩摩羅什譯　馬其昶次詁　民國十一年（1922）北京文楷齋刻本　一冊

330000－1704－0002022　001100　子部/宗教類/佛教之屬

**金剛經靈應彙録一卷**　歇浦學人撰　民國十五年（1926）中華書局鉛印本　一冊

330000－1704－0002026　001099　子部/宗教類/佛教之屬

**金剛經解義二卷附心經解義一卷**　（清）徐槐廷撰　民國上海佛學書局鉛印本　一冊

330000－1704－0002031　006262　子部/小說家類/雜事之屬

**堅瓠集六十六卷**　（清）褚人獲撰　民國刻本　三十二冊

330000－1704－0002032　006336　子部/小說家類/異聞之屬

**鬼董狐五卷**　民國上海商務印書館鉛印本　一冊

330000－1704－0002033　006337　子部/小說家類/雜事之屬

**音釋坐花誌果八卷**　（清）汪道鼎撰　（清）鷲峰樵者音釋　民國上海昌文書局石印本　四冊

330000－1704－0002036　006376　子部/小說家類/異聞之屬

**太平廣記五百卷**　（宋）李昉等撰　民國十三年（1924）上海掃葉山房石印本　四十冊

330000－1704－0002037　006377　子部/小說家類/異聞之屬

**太平廣記五百卷**　（宋）李昉等撰　民國十三年（1924）上海掃葉山房石印本　四十冊

330000－1704－0002042　006378　子部/小

說家類/異聞之屬

**談異八卷**　(清)伊園撰　民國三年(1914)上海掃葉山房石印本　四册

330000－1704－0002044　006347　子部/小說家類/異聞之屬

**洞靈小志八卷**　郭則澐撰　民國二十三年(1934)蟄園刻本　四册

330000－1704－0002045　006379　子部/雜著類/雜說之屬

**粟香隨筆八卷二筆八卷三筆八卷四筆八卷五筆八卷**　金武祥撰　民國上海埽葉山房石印本　五册

330000－1704－0002047　006348　子部/小說家類/異聞之屬

**洞靈續志八卷**　郭則澐撰　民國二十五年(1936)蟄園刻本　四册

330000－1704－0002048　006381　子部/小說家類/雜事之屬

**退醒廬筆記二卷**　孫家振撰　民國十四年(1925)上海圖書館石印本　二册

330000－1704－0002050　006382　子部/小說家類/異聞之屬

**螢窗異草初編四卷二編四卷三編四卷四編四卷**　(清)長白浩歌子撰　(清)隨園老人續評　(清)柳橋居士重訂　民國十七年(1928)益新書社石印本　八册

330000－1704－0002052　006349　子部/小說家類/異聞之屬

**閱微草堂筆記二十四卷**　(清)紀昀撰　民國上海中華圖書館石印本　六册

330000－1704－0002056　006350　類叢部/類書類

**閱微草堂筆記五種擷鈔五卷**　(清)紀昀撰　(清)強望泰摘鈔　民國二十五年(1936)中央刻經院佛經善書局鉛印本　二册

330000－1704－0002059　001111　子部/宗教類/佛教之屬

**金剛經註解一卷**　朱鏡宙撰　稿本　一册

330000－1704－0002062　001110　子部/宗教類/佛教之屬

**金剛般若波羅蜜經一卷**　(後秦)釋鳩摩羅什譯　**金剛經功德頌**　許止淨述　劉契淨注　民國十六年(1927)刻本　一册

330000－1704－0002064　006328　子部/小說家類/異聞之屬

**酉陽雜俎二十卷**　(唐)段成式撰　(明)毛晉訂　民國五年(1916)上海廣益書局石印本　四册

330000－1704－0002069　001108　子部/宗教類/佛教之屬/經

**心經七譯本一卷**　北京刻經處輯　民國八年(1919)北京刻經處刻朱印本　一册

330000－1704－0002071　006313　子部/雜著類/雜說之屬

**印雪軒隨筆四卷**　(清)俞鴻漸撰　民國元年(1912)上海掃葉山房石印本　四册

330000－1704－0002073　006322　集部/小說類/長篇之屬

**繡像繪圖兒女英雄傳八卷四十回續八卷三十二回**　(清)文康撰　(清)董恂評　民國十二年(1923)上海大成書局石印本　十册　缺二卷(四、續八)

330000－1704－0002074　006351　子部/小說家類/雜事之屬

**函髻記一卷**　盟鷗榭撰　民國木活字印本　一册

330000－1704－0002079　006388　類叢部/叢書類/彙編之屬

**近代筆記叢選四種**　北京廣業書社編　民國十四年(1925)北京廣業書社石印本　二册

330000－1704－0002080　006352、006353　集部/小說類/短篇之屬

**剪燈新話四卷**　(明)瞿佑撰　**剪燈餘話五卷**　(明)李禎撰　民國鉛印本　二册

330000－1704－0002082　006389　子部/小說家類/異聞之屬

**冶城客論一卷**　(明)陸采撰　民國三十六年(1947)金陵秘笈徵獻樓刻藍印本　一册

330000－1704－0002083　006391　子部/小說家類/瑣語之屬

**醉鄉瑣志一卷**　(清)黄體芳撰　民國十六年(1927)鉛印本　一册

330000－1704－0002085　006392　子部/小說家類/雜事之屬

**板橋雜記補三卷**　金嗣芬撰　民國二十三年(1934)鉛印本　一册

330000－1704－0002088　006393　子部/小說家類/異聞之屬

**瓜圃述異二卷補一卷靈感誌異一卷**　金梁撰　民國二十五年(1936)鉛印本　一册

330000－1704－0002099　006375　子部/小說家類/異聞之屬

**太平廣記五百卷目録十卷**　(宋)李昉等撰　民國二十三年(1934)北平文友堂書坊據明談刻本影印本　六十册

330000－1704－0002100　006400　子部/雜著類/雜說之屬

**文苑滑稽談十四卷**　雷瑨輯　民國三年(1914)上海掃葉山房鉛印本　二册

330000－1704－0002103　006357　子部/雜著類/雜纂之屬

**夢餘贅筆六卷茶餘話異一卷**　(清)范其駿撰　民國九年(1920)鉛印本　二册

330000－1704－0002113　006413　經部/詩類/傳說之屬

**詩毛氏學三十卷**　馬其昶撰　民國十三年(1924)張石卿、葉玉麟、王福震鉛印本　十册

330000－1704－0002114　006404　集部/小說類/長篇之屬

**膜外風光不分卷**　(法國)克里孟索撰　林紓　葉于沅譯　民國鉛印本　一册

330000－1704－0002115　006414　經部/詩類/文字音義之屬

**詩攷四卷**　(宋)王應麟撰　(清)盧文弨增校　民國二十五年(1936)國學圖書館石印本　二册

330000－1704－0002121　006415　類叢部/叢書類/彙編之屬

**葩廬叢書**　高燮輯　民國高吹萬葩廬鉛印本　一册　存一種

330000－1704－0002122　006359　子部/小說家類/異聞之屬

**燈下閑談二卷**　民國九年(1920)上海商務印書館鉛印本　一册

330000－1704－0002125　006416　經部/詩類/傳說之屬

**詩經集傳八卷**　(宋)朱熹撰　民國十八年(1929)上海商務印書館鉛印本　四册

330000－1704－0002131　006424　經部/詩類/傳說之屬

**詩經通論十八卷前一卷**　(清)姚際恆撰　民國十六年至十七年(1927－1928)成都書局刻本　八册

330000－1704－0002135　006443　經部/詩類/三家詩之屬

**詩攷補訂五卷**　(宋)王應麟撰　(清)盧文弨增校　楊晨補訂　民國四年(1915)石印本　二册

330000－1704－0002136　006363　子部/叢編

**子書百家(崇文書局彙刻百子、彙刻百子、百子全書)**　(清)崇文書局編　民國元年(1912)鄂官書處刻本　一册　存一種

330000－1704－0002140　006446　經部/詩類/專著之屬

**詩史初稿十六卷首一卷**　張壽鏞撰　民國三十一年(1942)鉛印本　二册

330000－1704－0002143　006474　經部/詩類/三家詩之屬

**韓詩外傳十卷**　(漢)韓嬰撰　(清)周廷寀校注　**校注拾遺一卷**　(清)周宗杬撰　**補逸一**

**卷**　(清)趙懷玉輯　民國六年(1917)上海商務印書館鉛印本　四册

330000－1704－0002144　006427　經部/詩類/傳說之屬

**詩經融註大全體要八卷**　(清)高朝瓔撰　民國元年(1912)上海掃葉山房石印本　四册

330000－1704－0002146　006480　經部/詩類/三家詩之屬

**韓詩外傳十卷**　(漢)韓嬰撰　民國元年(1912)鄂官書處刻本　二册

330000－1704－0002148　006481　集部/楚辭類

**楚辭十七卷**　(漢)劉向集　(漢)王逸章句　(宋)洪興祖補注　民國大一統圖書局石印本　四册

330000－1704－0002150　006484　經部/小學類/訓詁之屬/方言

**屈宋方言攷一卷**　李翹撰　民國十四年(1925)芬熏館刻本　一册

330000－1704－0002154　006431　經部/詩類/傳說之屬

**詩毛氏學三十卷**　馬其昶撰　民國五年(1916)京師第一監獄鉛印本　三册

330000－1704－0002158　006432　經部/詩類/專著之屬

**詩義會通四卷**　吳闓生撰　民國十六年(1927)文學社刻本　四册

330000－1704－0002159　006450　經部/詩類/專著之屬

**湖北存古學堂毛詩學一卷**　馬貞榆撰　民國鉛印本　楊紹廉題簽　一册

330000－1704－0002160　006369　類叢部/叢書類/彙編之屬

**小醉經閣叢刻十種**　民國二年(1913)上海中華藝文社鉛印本　八册　存一種

330000－1704－0002162　006370　子部/小說家類/雜事之屬

**秦淮廣紀三卷**　繆荃孫撰　民國十三年(1924)上海商務印書館鉛印本　四册

330000－1704－0002165　006434　經部/小學類

**毛詩重言三卷雙聲疊韻說一卷**　(清)王筠撰　民國二十二年(1933)雙流黃氏濟忠堂刻本　一册

330000－1704－0002168　006434－1　經部/小學類

**毛詩重言三卷雙聲疊韻說一卷**　(清)王筠撰　民國二十二年(1933)雙流黃氏濟忠堂刻本　一册

330000－1704－0002169　006435　經部/詩類/詩序之屬

**詩序解三卷**　陳延傑撰　民國油印本　一册

330000－1704－0002171　006373　子部/小說家類/雜事之屬

**白門新柳記一卷白門衰柳附記一卷北曲一卷**　(清)許豫編　**白門新柳補記一卷**　(清)楊亨輯　**竹西花事小録一卷**　(清)芬利它行者編　**揚州竹枝詞一卷**　(清)董偉業撰　民國十九年(1930)松竹草堂刻本　二册

330000－1704－0002175　006497　集部/楚辭類

**離騷圖不分卷**　(清)蕭雲從畫並注　民國十三年(1924)蟫隱廬影印本　四册

330000－1704－0002177　006499　集部/楚辭類

**屈原賦注七卷通釋二卷音義三卷**　(清)戴震注　民國十三年(1924)建德周氏刻本　二册

330000－1704－0002178　006436　經部/詩類/傳說之屬

**陳氏毛詩五種**　(清)陳奐撰　民國上海鴻章書局石印本　十二册

330000－1704－0002183　006437　經部/詩類/傳說之屬

**毛詩二十卷**　(漢)毛亨傳　(漢)鄭玄箋　民國十二年(1923)上海中華書局鉛印本　四册

330000－1704－0002185　006438　經部/詩類/傳說之屬

**放齋詩說四卷首一卷**　(宋)曹粹中撰　張壽鏞輯　民國三十三年(1944)鉛印本　一冊

330000－1704－0002187　006439　經部/詩類/傳說之屬

**御案詩經備旨八卷**　(清)鄒聖脉纂輯　(清)鄒廷猷編　民國上海文匯書局石印本　四冊

330000－1704－0002195　006441　集部/詩文評類/詩評之屬

**辛盦詩說三卷詞一卷**　許鍾璐撰　民國鉛印本　四冊

330000－1704－0002199　006466　經部/詩類/傳說之屬

**詩經原始十八卷首二卷**　(清)方玉潤撰　民國十三年(1924)上海泰東圖書局石印本　八冊

330000－1704－0002200　006442　類叢部/叢書類/彙編之屬

**葩廬叢書**　高燮輯　民國高吹萬葩廬鉛印本　二冊　存一種

330000－1704－0002204　006468　經部/詩類/詩序之屬

**詩序解三卷**　陳延傑撰　民國二十一年(1932)上海開明書店鉛印本　一冊

330000－1704－0002215　006472　經部/詩類/傳說之屬

**毛詩鄭箋平議十卷**　黃焯撰　民國三十八年(1949)國立武漢大學鉛印本　一冊

330000－1704－0002229　006538　集部/總集類/選集之屬/通代

**古唐詩合解十二卷古詩四卷**　(清)王堯衢注　(清)李模　(清)李桓校　民國佛山華文局刻本　五冊

330000－1704－0002234　006516　類叢部/叢書類/彙編之屬

**四部備要**　中華書局編　民國二十五年(1936)上海中華書局鉛印本(原缺經義考卷二百八十六、二百九十九至三百,東塾讀書記十三至十四、十七至二十、二十二至二十五)　六冊　存一種

330000－1704－0002235　006526　集部/總集類/選集之屬/通代

**圈點詳註十八家詩鈔二十八卷**　(清)曾國藩纂　(清)李鴻章審訂　陳存悔等註　民國十五年(1926)上海中原書局鉛印本　十六冊

330000－1704－0002238　006544　類叢部/叢書類/彙編之屬

**今傳是樓刊著品**　民國十四年(1925)合肥王氏鉛印本　一冊　存一種

330000－1704－0002239　006527　集部/總集類/選集之屬/通代

**歷代詩文評註讀本**　王文濡編　民國上海文明書局鉛印本　二冊　存一種

330000－1704－0002240　006528　集部/總集類/選集之屬/通代

**高僧山居詩一卷**　懺庵居士編輯　民國二十三年(1934)上海商務印書館鉛印本　一冊

330000－1704－0002241　006555　集部/總集類/氏族之屬

**閣巷陳氏清穎一源集二卷**　(宋)陳供等撰　(元)裴庾選集　(明)吳論等續選　民國八年(1919)永嘉黃氏敬鄉樓抄本　楊紹廉題記並校　二冊

330000－1704－0002243　006530　集部/總集類/選集之屬/通代

**歷代女子詩集八卷**　(明)趙世杰選輯　民國十七年(1928)上海掃葉山房石印本　四冊

330000－1704－0002247　006517　集部/總集類/選集之屬/通代

**歷代平民詩集四卷**　張任政輯　民國二十五年(1936)上海商務印書館鉛印本　一冊

330000－1704－0002248　006531　集部/總集類/選集之屬/通代

**美人千態詩一卷詞一卷**　雷瑨輯　民國十五年(1926)上海掃葉山房石印本　一冊　存一

卷(詩)

330000－1704－0002249　006558　集部/總集類/氏族之屬

**鶴陽謝氏家集十卷**　(清)謝夢覺補輯　民國八年(1919)永嘉黄氏敬鄉樓抄本　二册

330000－1704－0002250　006532　類叢部/叢書類/自著之屬

**小瀛壺仙館叢刊十種**　蔡卓勳撰　民國十四年(1925)嶺東蔡氏鉛印本　一册　存一種

330000－1704－0002251　006518　集部/總集類/選集之屬/通代

**古今詩宗一卷詩趣叢輯一卷國音分韻表一卷**　世界書局編輯所編輯　民國十五年(1926)世界書局鉛印本　一册

330000－1704－0002253　006519　集部/總集類/選集之屬/通代

**評選古詩源四卷**　(清)沈德潛輯　民國六年(1917)上海會文堂書局石印本　四册

330000－1704－0002254　006559　集部/總集類/氏族之屬

**月泉詩派一卷**　(明)李階編　民國永嘉黄氏敬鄉樓抄本　一册

330000－1704－0002257　006520　集部/總集類/選集之屬/通代

**評選古詩源四卷**　(清)沈德潛輯　民國六年(1917)上海會文堂書局石印本　四册

330000－1704－0002262　006566　集部/總集類/郡邑之屬

**松陵女子詩徵十卷**　費善慶　薛鳳昌編　民國七年(1918)吴江費氏華蕚堂鉛印本　四册

330000－1704－0002269　006579　集部/總集類/選集之屬/通代

**全漢三國晉南北朝詩五十四卷緒言一卷**　丁福保輯　民國五年(1916)無錫丁氏鉛印本　二十册

330000－1704－0002271　006567　集部/總集類/題詠之屬

**烏尤山詩三卷**　釋傳度輯　民國二十六年(1937)嘉定烏尤寺刻本　一册

330000－1704－0002273　006570　集部/總集類/選集之屬/通代

**玉臺新詠箋注十卷**　(南朝陳)徐陵編　(清)吴兆宜注　(清)程琰删補　民國四年(1915)上海掃葉山房石印本　六册

330000－1704－0002281　006576　集部/總集類/選集之屬/通代

**玉臺新詠十卷**　(南朝陳)徐陵輯　民國十一年(1922)南陵徐乃昌據明小宛堂本影刻本　二册

330000－1704－0002286　006573　集部/總集類/選集之屬/通代

**八代詩精華録箋註四卷**　丁福保編　民國五年(1916)上海文明書局鉛印本　二册

330000－1704－0002288　006582　集部/總集類/選集之屬/斷代

**十種唐詩選十七卷**　(清)王士禛輯　民國中國詩畫會社石印本　四册

330000－1704－0002291　006617　集部/總集類/選集之屬/斷代

**貫華堂選批唐才子詩甲集七言律七卷聖歎尺牘一卷**　(清)金人瑞輯　(清)金雍注　民國上海有正書局鉛印本　六册　存五卷(三至七)

330000－1704－0002295　006565　集部/總集類/選集之屬/通代

**愛智廬雜言詩録七卷别録一卷**　吴虞輯　民國七年(1918)成都鉛印本　一册

330000－1704－0002296　006584　集部/總集類/選集之屬/斷代

**唐人萬首絶句選七卷**　(宋)洪邁選　(清)王士禛輯　民國十年(1921)上海掃葉山房石印本　二册

330000－1704－0002300　006609　類叢部/叢書類/彙編之屬

**四部備要**　中華書局編　民國二十五年

(1936)上海中華書局鉛印本(原缺經義考卷二百八十六、二百九十九至三百,東塾讀書記十三至十四、十七至二十、二十二至二十五) 二册 存一種

330000－1704－0002301 006620 集部/總集類/選集之屬/斷代
**桐城吳先生評點唐詩鼓吹十六卷** (清)吳汝綸撰 民國十四年(1925)南宫刑之襄刻藍印本 二冊

330000－1704－0002302 006621 集部/總集類/選集之屬/斷代
**松陵集十卷** (唐)皮日休 (唐)陸龜蒙撰 民國二十年(1931)武進陶氏刻藍印本 二册

330000－1704－0002306 006586 類叢部/叢書類/彙編之屬
**四部叢刊** 張元濟等編 民國上海商務印書館影印本 一册 存一種

330000－1704－0002308 006587 集部/總集類/選集之屬/斷代
**王荆公唐百家詩選二十卷** (宋)王安石輯 民國上海涵芬樓鉛印本 一册 存六卷(一至六)

330000－1704－0002311 006588 集部/總集類/選集之屬/斷代
**貫華堂選批唐才子詩甲集七言律七卷聖歎尺牘一卷** (清)金人瑞輯 (清)金雍注 民國九年(1920)上海有正印刷所鉛印本 八册

330000－1704－0002314 006589 集部/總集類/選集之屬/通代
**三十家詩鈔六卷首一卷末一卷** (清)曾國藩輯 (清)王定安增輯 民國六年(1917)上海掃葉山房石印本 六册

330000－1704－0002315 006590 集部/總集類/選集之屬/通代
**古詩評註讀本三卷附教授法一卷** 王文濡評選 民國十一年(1922)上海文明書局鉛印本 二册

330000－1704－0002318 006562 集部/總集類/氏族之屬
**二黄先生集二卷補遺一卷** (清)黄紹箕 黄紹第撰 **永嘉詩人祠堂叢刻札記一卷** 薛鍾斗撰 民國二十年(1931)敬鄉樓黄氏刻本 一册

330000－1704－0002319 006578 集部/總集類/氏族之屬
**宋嘉泰重修三謝詩不分卷** (南朝宋)謝靈運 (南朝宋)謝惠連撰 (南朝齊)謝脁撰 民國二十三年(1934)北平提要鉤元之室影印本 一册

330000－1704－0002320 001120 子部/宗教類/佛教之屬/經疏
**大金剛威德甚深初級道總義三身寶藏之行筆録五卷** 古洗里衮卻多吉講 民國十六年(1927)抄本 四册

330000－1704－0002321 001119 子部/宗教類/佛教之屬
**金剛經會解了義二卷附心經解一卷** (後秦)釋鳩摩羅什譯 (清)徐昌治纂 民國八年(1919)海鹽豐山徐氏刻本 一册

330000－1704－0002323 001118 子部/宗教類/佛教之屬
**金剛般若經註解一卷** (後秦)釋鳩摩羅什譯 (明)釋宗泐 (明)釋如玘註解 民國十八年(1929)嘉業堂影印永樂大典本 一册

330000－1704－0002325 001117 子部/宗教類/佛教之屬/論
**大智度論一百卷** (印度)龍樹造 (後秦)釋鳩摩羅什譯 民國二十九年(1940)上海佛學書局影印本 十册

330000－1704－0002327 001116 子部/宗教類/佛教之屬/經疏
**德金剛威德深道第二級證分修之法三身梯筆録三卷** 古洗里且里節講 民國十六年(1927)抄本 二册

330000－1704－0002328 006591 集部/總集類/選集之屬/通代

**圈點詳註十八家詩鈔二十八卷**　(清)曾國藩纂　(清)李鴻章審訂　陳存悔等註　民國十三年(1924)上海崇新書局鉛印本　十六冊

330000－1704－0002330　001114　子部/宗教類/佛教之屬

**金剛頂瑜伽略述三十七尊心要一卷**　(唐)釋不空說　民國十四年(1925)支那内學院刻本　一冊

330000－1704－0002331　006626　集部/總集類/選集之屬/斷代

**宋詩鈔初集**　(清)呂留良　(清)吳之振　(清)吳爾堯輯　民國三年(1914)上海商務印書館據清康熙吳氏刻本影印本(原缺十六卷)　三十七冊　存七十一種

330000－1704－0002332　006627　集部/總集類/選集之屬/斷代

**宋詩鈔補八十六卷**　(清)管庭芬　(清)蔣光煦編　民國四年(1915)上海商務印書館鉛印本　八冊

330000－1704－0002333　006650　集部/總集類/選集之屬/斷代

**明末四百家遺民詩十六卷**　(清)卓爾堪選輯　**近青堂詩一卷**　(清)卓爾堪撰　民國有正書局石印本　八冊

330000－1704－0002334　006630　集部/總集類/選集之屬/斷代

**千首宋人絕句十卷**　(清)嚴長明輯　民國上海商務印書館鉛印本　二冊

330000－1704－0002337　006632　集部/總集類/酬唱之屬

**西崑酬唱集二卷**　(宋)楊億輯　民國六年(1917)掃葉山房石印本　一冊

330000－1704－0002339　006592　集部/總集類/選集之屬/斷代

**唐六名家集**　(明)毛晉輯　民國十五年(1926)上海商務印書館據明毛氏汲古閣刻本影印本　三冊　存四種

330000－1704－0002340　006635　集部/總集類/選集之屬/斷代

**聖宋九僧詩一卷補遺一卷**　(宋)陳起輯　**補遺一卷**　(清)毛扆輯　民國六年(1917)上海醫學書局木活字印本　一冊

330000－1704－0002342　001113　子部/宗教類/佛教之屬

**金剛經石註一卷**　(清)石成金撰　民國三年(1914)東甌郭博古齋刻本　一冊

330000－1704－0002346　006646　集部/總集類/彙編之屬

**元四家集三十四卷**　陳乃乾輯　民國十一年(1922)上海古書流通處影印本　十六冊　存四種

330000－1704－0002348　001127　子部/宗教類/佛教之屬/經

**妙法蓮華經七卷**　(後秦)釋鳩摩羅什譯　民國七年(1918)普陀山普慧寺仙巖精舍刻本　西樂題簽　七冊

330000－1704－0002349　006648　集部/總集類/選集之屬/斷代

**草堂雅集十八卷**　(元)顧瑛編　民國十年至二十四年(1921－1935)陶氏涉園刻本　十冊

330000－1704－0002351　006652　史部/傳記類/總傳之屬/文苑

**明詩綜作家韻檢一卷**　(清)吳騫編　民國抄本　一冊

330000－1704－0002363　006666　集部/總集類/選集之屬/斷代

**晚晴簃詩匯二百卷總目二卷匯目一卷姓氏韻編四卷**　徐世昌輯　民國十八年(1929)徐世昌退耕堂刻本　八十冊

330000－1704－0002365　001124　子部/宗教類/佛教之屬/經

**妙法蓮華經七卷首一卷**　(後秦)釋鳩摩羅什譯　民國二十八年(1939)上海國光印書局鉛印本　二冊

330000－1704－0002366　006667　子部/雜著類

晚晴簃選詩社徵求清代詩集啟一卷　徐世昌撰　民國石印本　一冊

330000－1704－0002377　006670　集部/總集類/選集之屬/通代

歷代詩文評註讀本　王文濡編　民國上海文明書局鉛印本　三冊　存一種

330000－1704－0002379　006671　集部/總集類/選集之屬/斷代

清人絕句選一卷　陳友琴編　民國二十四年(1935)上海開明書店鉛印本　一冊

330000－1704－0002381　006684　集部/總集類/酬唱之屬

陸放翁生日詩輯一卷　錢蔭喬輯　民國二十二年(1933)鉛印本　一冊

330000－1704－0002383　006631　集部/總集類/選集之屬/斷代

宋詩類選四卷　錢仲聯輯　民國油印本　一冊

330000－1704－0002385　001131　子部/宗教類/佛教之屬/經疏

大般涅槃經疏三德指歸一百卷　謝健輯　民國十四年(1925)揚州宛虹橋眾香庵刻本　三十四冊

330000－1704－0002389　006642　集部/總集類/選集之屬/斷代

群公吟稿戊集七卷　(宋)陳起輯　民國九年(1920)印鑄局影印本　四冊

330000－1704－0002390　001142　子部/宗教類/佛教之屬

南海寄歸内法傳四卷　(唐)釋義淨撰　民國十四年(1925)支那内學院刻本　二冊

330000－1704－0002391　006658　集部/總集類/氏族之屬

秦氏三府君集　秦毓鈞輯　民國十八年(1929)味經堂木活字印本　三冊

330000－1704－0002393　001141　子部/宗教類/佛教之屬/經疏

法華五重玄義輯略一卷　釋諦閑撰　民國青島俊德昌印刷局鉛印本　一冊

330000－1704－0002396　006659　集部/總集類/題詠之屬

問古詩編八卷　(清)周天錫輯　民國永嘉黄氏敬鄉樓抄本　楊紹廉批校、題簽並記　一冊　存四卷(五至八)

330000－1704－0002397　001139　子部/宗教類/佛教之屬/經

法華三經九卷附論及懺儀二卷　民國商務印書館鉛印本　四冊

330000－1704－0002398　006674　集部/總集類/氏族之屬

雲和魏氏詩集五種九卷　(清)魏精　(清)魏文瀛撰　魏蘭輯　民國四年(1915)杭州明強印刷局鉛印本　一冊

330000－1704－0002400　001137　子部/藝術類/書畫之屬/書法書品

沈文恪公妙法蓮華經墨迹一卷　(清)沈荃書　民國上海有正書局影印本　一冊

330000－1704－0002401　006660　集部/總集類/題詠之屬

問古詩編八卷　(清)周天錫輯　民國抄本　楊紹廉題簽並記　二冊　存四卷(五至八)

330000－1704－0002402　001136　子部/宗教類/佛教之屬

金剛三昧經二卷　(北涼)□□譯　釋弘一書　民國十二年(1923)影印本　一冊

330000－1704－0002403　006675　集部/總集類/氏族之屬

青箱集　王德鍾輯　民國四年(1915)上海國光書局鉛印本　二冊

330000－1704－0002404　001135　子部/宗教類/佛教之屬/諸宗

法華三昧懺儀一卷附刻一卷　(隋)釋智顗撰　民國八年(1919)北京刻經處刻本　一冊

330000－1704－0002405　001134　子部/宗

教類/佛教之屬/經
**等集衆德三昧經三卷**　（晉）釋竺法護譯　民國元年（1912）常州天寧寺刻本　一冊

330000－1704－0002406　006661　集部/總集類/氏族之屬
**永嘉王氏家言一卷**　（明）王毓等撰　（清）林必登輯　民國永嘉縣志纂修處抄本　一冊

330000－1704－0002408　006676　集部/總集類/選集之屬/斷代
**感舊集十六卷**　（清）王士禛選　（清）盧見曾補傳　民國八年（1919）上海有正書局石印本　八冊

330000－1704－0002410　001132　子部/宗教類/佛教之屬/經
**蓮華生大士應化因緣經一卷**　諾那呼圖克圖不空海口授　王家齊筆受　民國上海蓮華精舍鉛印本　一冊

330000－1704－0002412　006663　集部/總集類/選集之屬/斷代
**清閨秀正始再續集初編四卷**　單士釐輯　民國歸安錢氏鉛印本　六冊

330000－1704－0002415　006780　集部/總集類/選集之屬/斷代
**雁後合鈔五卷**　詹勵吾輯　民國三十六年（1947）鉛印本　一冊

330000－1704－0002418　006781　集部/總集類/酬唱之屬
**其悙集二卷**　周慶雲等撰　民國三年（1914）周氏夢坡室刻本　一冊

330000－1704－0002422　006720、006782　類叢部/叢書類/自著之屬
**晨風廬叢刊十八種**　周慶雲撰　民國吳興周氏夢坡室刻本　二冊　存二種

330000－1704－0002430　006783　集部/總集類/選集之屬/斷代
**虞美人詩録一卷**　林爾嘉編　民國十六年（1927）林爾嘉鉛印本　一冊

330000－1704－0002431　006784　集部/總集類/酬唱之屬
**虎林銷夏集一卷**　沈鈞輯　民國三年（1914）杭城興業印書局鉛印本　一冊

330000－1704－0002432　006785　集部/總集類/酬唱之屬
**百日酬唱録二卷**　林襟宇編　民國三年（1914）永嘉林氏刻本　一冊

330000－1704－0002433　006786　集部/總集類/題詠之屬
**吳興周母董太夫人經塔題詠二卷**　周慶雲輯　民國五年（1916）吳興周慶雲夢坡室刻本　一冊

330000－1704－0002434　006787　集部/總集類/酬唱之屬
**戊社第四年第四輯一卷**　王理孚輯　民國益明石印本　一冊

330000－1704－0002435　006788　集部/總集類/題詠之屬
**孤山放鶴圖徵詩彙刻一卷**　林浮沚輯　民國七年（1918）永嘉林氏古西射堂刻本　一冊

330000－1704－0002436　006789　集部/總集類/酬唱之屬
**迷樓集一卷**　柳遂輯　民國十年（1921）上海中華書局鉛印本　一冊

330000－1704－0002437　006790　集部/總集類/酬唱之屬
**黄華集一卷**　高燮編　民國十三年（1924）閑閑山莊鉛印本　一冊

330000－1704－0002438　006791　集部/總集類/酬唱之屬
**甲戌玄武湖修禊豁蒙樓登高詩集一卷**　曹經沅編　民國二十四年（1935）上海中國仿古印書局鉛印本　一冊

330000－1704－0002441　006792　類叢部/叢書類/自著之屬
**晨風廬叢刊十八種**　周慶雲撰　民國吳興周氏夢坡室刻本　四冊　存一種

330000－1704－0002442　006732　子部/藝術類/書畫之屬/畫法畫品

**菰里瞿氏四世畫卷題詞四卷**　孫雄編　**補遺一卷**　徐兆瑋撰　民國十二年(1923)鉛印本　一册

330000－1704－0002446　001151　子部/宗教類/佛教之屬/論疏

**遺教經論住法記二卷**　(後秦)釋鳩摩羅什翻經　(天竺)馬鳴菩薩造論　(南朝陳)釋真諦譯論　(宋)釋元照述記　民國十一年(1922)北京刻經處刻朱印本　二册

330000－1704－0002450　001149　子部/宗教類/佛教之屬

**觀世音菩薩本迹感應頌四卷首一卷**　許止淨述　**金剛經功德頌一卷**　許止淨述　劉契淨注　民國十五年(1926)上海中華書局鉛印本　二册

330000－1704－0002453　001146　子部/宗教類/佛教之屬

**觀世音菩薩本迹感應頌四卷首一卷**　許止淨述　**金剛經功德頌一卷**　許止淨述　劉契淨注　民國十五年(1926)刻本(卷三至四補配民國十五年上海中華書局鉛印本)　三册

330000－1704－0002454　006793　集部/總集類/酬唱之屬

**癸酉九日掃葉樓登高詩集一卷**　夏敬觀等撰　民國二十三年(1934)鉛印本　一册

330000－1704－0002456　006730　類叢部/叢書類/彙編之屬

**墨巢叢刻**　李宣龔輯　民國鉛印本　一册　存一種

330000－1704－0002458　006794　集部/總集類

**梅歐閣詩録一卷**　張謇撰　民國九年(1920)鉛印本　一册

330000－1704－0002459　001145　子部/宗教類/佛教之屬/經疏

**妙法蓮華經五味玄記不分卷**　(隋)釋智顗撰　民國二十九年(1940)上海法雲印經會鉛印本　一册

330000－1704－0002463　006795　集部/總集類/酬唱之屬

**戊社初刊十卷**　王理孚輯　民國二十年(1931)鉛印本　一册

330000－1704－0002465　006796　集部/總集類/氏族之屬

**小萬柳堂叢刊五種**　吳芝瑛輯　民國七年(1918)鉛印本　一册　存一種

330000－1704－0002468　006798　集部/總集類/酬唱之屬

**戊社初刊十卷**　王理孚輯　民國抄本　一册

330000－1704－0002471　006797　集部/總集類/酬唱之屬

**漫社集二卷**　黃維翰編　**漫社二集二卷補遺一卷三集二卷補遺一卷**　孫雄編　民國十年至十二年(1921－1923)鉛印本　耐公題記　五册

330000－1704－0002472　006745　集部/總集類/題詠之屬

**遊仙詩一卷**　張鴻　錢薹孫　楊無恙撰　民國二十二年(1933)刻本　一册

330000－1704－0002473　006854　類叢部/叢書類/彙編之屬

**劍暮室叢書**　民國十七年(1928)京華印書局鉛印本　一册　存一種

330000－1704－0002474　006748　集部/總集類/題詠之屬

**瓶水閒情秋波小影不分卷**　(清)舒位繪並書　民國有正書局影印本　一册

330000－1704－0002476　006855　史部/地理類/遊記之屬/紀勝

**黃山紀游集六卷附録一卷**　孫玉聲等撰　民國二十五年(1936)鉛印本　一册

330000－1704－0002477　006740　集部/總集類/題詠之屬

**安固二忠詩一卷**　(清)戴威弼輯　民國五年(1916)張祖承石印本　一冊

330000－1704－0002478　006799　集部/總集類/酬唱之屬

**戊社十周彙鈔□□卷**　王理孚等撰　民國抄本　四冊

330000－1704－0002481　006743　集部/總集類/郡邑之屬

**蓬山兩寓賢詩鈔**　湯濬輯　民國十一年(1922)鉛印本　一冊

330000－1704－0002482　006847　集部/總集類/郡邑之屬

**滬瀆同聲集不分卷續集不分卷**　郁葆青輯　陳詩選　民國二十二年(1933)、二十四年(1935)鉛印本　二冊

330000－1704－0002483　006733　集部/總集類/選集之屬

**新樂府初集不分卷二集不分卷**　釋野衲輯　民國二年(1913)育文書局影印本　二冊

330000－1704－0002484　006856　類叢部/叢書類/彙編之屬

**墨巢叢刻**　李宣龔輯　民國鉛印本　一冊　存一種

330000－1704－0002485　006848　集部/總集類/郡邑之屬

**濮川詩鈔三十四種四十四卷**　(清)陳光裕　(清)沈堯咨輯　民國二十一年(1932)石印本　一冊　存二種

330000－1704－0002486　006723　集部/總集類/題詠之屬

**愚園題詠一卷**　(清)胡恩燮　(清)碧溦灌叟氏撰　民國六年(1917)刻本　一冊

330000－1704－0002489　006724　集部/總集類/酬唱之屬

**秋社聯吟草一卷**　黄夢香撰　民國三年(1914)石印本　劉紹寬題記　一冊

330000－1704－0002490　006851　集部/總集類/酬唱之屬

**蠅麈酬唱集八卷補遺一卷**　孫雄編　民國十三年(1924)鉛印本　二冊

330000－1704－0002492　006852　集部/總集類/選集之屬/斷代

**白蓮社梨雲集一卷**　張是公輯　民國十年(1921)鉛印本　一冊

330000－1704－0002493　006862　集部/總集類/酬唱之屬

**小羅浮社唱和詩存四卷首一卷白門消寒分會詩一卷**　楊芃棫輯　民國七年(1918)鉛印本　二冊

330000－1704－0002494　006734　集部/總集類/酬唱之屬

**嗜古軒贈言録一卷**　(清)蔡慶恒輯　民國十四年(1925)永嘉黄氏敬鄉樓抄本　一冊

330000－1704－0002498　006853　集部/總集類/選集之屬/斷代

**三唐人集**　繆荃孫輯　民國四年至五年(1915－1916)江陰繆氏刻本　三冊

330000－1704－0002499　006737　集部/總集類/氏族之屬

**作朋集三卷附録一卷**　(明)嚴調御　(明)嚴武順　(明)嚴敕撰　民國八年(1919)上海聚珍倣宋印書局鉛印本　一冊

330000－1704－0002500　006705　集部/總集類/氏族之屬

**守約堂遺詩彙鈔三卷**　潘鍾華輯　民國十四年(1925)潘鍾華刻本　一冊

330000－1704－0002501　006738　集部/總集類/氏族之屬

**飲源集三卷**　袁行泰　袁之京　袁可炳撰　民國二十三年(1934)鉛印本　一冊

330000－1704－0002502　006736　集部/總集類/酬唱之屬

**蘇台吟社第五課不分卷**　戟髯輯　民國鉛印本　一冊

330000－1704－0002505　006746　集部/總集類/題詠之屬

**花信樓題圖詩録一卷桑蓬勵志題詞一卷**　洪炳文輯　民國油印本　一册

330000－1704－0002508　006800　集部/總集類/酬唱之屬

**辛壬修禊詩草二卷**　劉哲編　民國二十二年(1933)鉛印本　一册

330000－1704－0002510　006801　集部/總集類/酬唱之屬

**戊社續刊十卷**　王理孚輯　民國二十三年(1934)石印本　一册

330000－1704－0002511　006709　集部/總集類

**墨緣室合刊**　林永栫編　民國十四年(1925)鉛印本　一册

330000－1704－0002512　006803　集部/總集類/酬唱之屬

**癸酉廬山雅集詩草一卷**　曹經沅編　民國二十三年(1934)上海中國仿古印書局鉛印本　一册

330000－1704－0002514　006864　集部/總集類/題詠之屬

**羽山聽松圖題詠集一卷**　蔡心齋等撰　民國二十四年(1935)鉛印本　一册

330000－1704－0002516　006802　集部/總集類/酬唱之屬

**乙亥元旦唱和集一卷**　王嘉勳輯　民國抄本　一册

330000－1704－0002517　006802－1　集部/總集類/酬唱之屬

**乙亥元旦唱和集一卷**　王嘉勳輯　民國抄本　一册

330000－1704－0002518　006865　集部/總集類/選集之屬/斷代

**江南二仲詩**　王蘧常　錢萼孫撰　民國十九年(1930)鉛印本　一册

330000－1704－0002519　006804　集部/總集類/酬唱之屬

**退思園酬唱集不分卷**　王寒川等撰　民國三十三年(1944)石印本　一册

330000－1704－0002521　006866　集部/總集類/選集之屬/斷代

**石城詩社同人詩草第一集一卷**　劉子芬編　民國二十四年(1935)鉛印本　一册

330000－1704－0002523　006805　集部/總集類/彙編之屬

**湖月集三卷續集三卷**　陳度　袁嘉穀　孫樂撰　民國二十五年(1936)、二十七年(1938)鉛印本　二册

330000－1704－0002524　006867　集部/總集類/題詠之屬

**握蘭簃裁曲圖詠一卷**　李宣倜編　民國鉛印本　一册

330000－1704－0002526　006806　集部/總集類/酬唱之屬

**同人消夏録一卷**　林浮沚輯　民國十四年(1925)溫州務本石印局石印本　一册

330000－1704－0002528　006807　集部/總集類/酬唱之屬

**銅權唱和詩集一卷**　劉紹寬等撰　民國七年(1918)溫州務本石印公司石印本　一册

330000－1704－0002530　006808　集部/總集類/酬唱之屬

**華蓋精舍題襟録一卷**　胡惟賢等撰　民國十一年(1922)鉛印本　一册

330000－1704－0002531　006768　集部/總集類/郡邑之屬

**鹿山社詩録一卷**　徐大昌等撰　民國四年(1915)中華書局鉛印本　一册

330000－1704－0002535　006869　集部/總集類/酬唱之屬

**庸庵尚書重賦鹿鳴集録不分卷**　陳夔龍輯　民國二十三年(1934)上海中華書局鉛印本　一册

330000－1704－0002537　006809　集部/總集類/選集之屬/斷代

**南社叢刻**　南社編輯　民國鉛印本　三冊　存一種

330000－1704－0002539　006811　集部/總集類/酬唱之屬

**無題酬唱集一卷**　林薰等撰　民國刻本　一冊

330000－1704－0002540　006870　集部/總集類/酬唱之屬

**栩園倡和集不分卷**　陳栩編　民國七年(1918)交通圖書館石印本　四冊

330000－1704－0002541　006714　集部/總集類/選集之屬/斷代

**近代詩鈔不分卷**　陳衍輯　民國十二年(1923)上海商務印書館鉛印本　二十四冊

330000－1704－0002542　006812　集部/總集類/選集之屬/斷代

**近人詩録二卷**　雷瑨輯　民國二年(1913)上海掃葉山房石印本　二冊

330000－1704－0002543　006872　集部/總集類

**霜晴樓叢刻**　民國鉛印本　一冊　存一種

330000－1704－0002544　006813　集部/總集類/選集之屬/斷代

**現代十大家詩鈔**　進步書局編　民國十三年(1924)文明書局、中華書局石印本　一冊

330000－1704－0002545　006873　集部/總集類/郡邑之屬

**續甬上耆舊詩一百二十卷首一卷**　(清)全祖望輯　民國七年(1918)四明文獻社鉛印本　二十四冊

330000－1704－0002546　006876　集部/總集類/郡邑之屬

**桐舊集四十二卷**　(清)徐璈輯　民國十六年(1927)影印本　二十四冊

330000－1704－0002547　006814　集部/總集類

**陶社叢編丙集十一種**　謝鼎鎔輯　民國三十六年(1947)鉛印本　一冊

330000－1704－0002548　006878　子部/藝術類/書畫之屬

**趙堯生師近賜詩畫冊不分卷**　江庸編　民國鉛印本　一冊

330000－1704－0002550　006815　集部/總集類/酬唱之屬

**白門悲秋集一卷**　蔡有守輯　民國鉛印本　一冊

330000－1704－0002552　006880　集部/總集類/郡邑之屬

**杭川新風雅集三十卷首一卷**　丘復輯録　民國二十五年(1936)鉛印本　八冊

330000－1704－0002553　006817　集部/總集類/選集之屬/斷代

**嘉道六家絕句六卷**　民國八年(1919)上海掃葉山房石印本　六冊

330000－1704－0002558　006819　集部/總集類/酬唱之屬

**旅甌耦語一卷**　沈嚴　金人撰　民國七年(1918)永嘉翰墨林齋石印本　一冊

330000－1704－0002560　006875　集部/總集類/郡邑之屬

**四明清詩略三十二卷首三卷**　(清)董沛輯　**續稿八卷**　忻江明輯　**姓氏韻編一卷**　民國十九年(1930)中華書局鉛印本　二十冊

330000－1704－0002562　006820　集部/總集類/酬唱之屬

**壯游詩存一卷**　胡子松輯　民國五年(1916)胡子松鉛印本　一冊

330000－1704－0002564　006821　集部/總集類/酬唱之屬

**甌江驪唱集三卷**　汪瑩編　民國十年(1921)鉛印本　一冊

330000－1704－0002565　006757　集部/總

集類/氏族之屬

**二黃先生詩葺一卷** (清)黄紹箕 黄紹第撰 楊嘉輯 民國永嘉黄氏敬鄉樓抄本 一册

330000－1704－0002566 006758 類叢部/叢書類/彙編之屬

**自青樹叢書** 卓定謀輯 民國鉛印本 一册 存一種

330000－1704－0002568 006823 集部/總集類/酬唱之屬

**浦陽唱和録初集一卷** 喻信厚輯 民國十五年(1926)木活字印本 一册

330000－1704－0002569 006824 集部/總集類/酬唱之屬

**湖墅倡和詩一卷** 鑑湖漁隱(楊晨)編 民國三年(1914)浙江瑞安廣明印刷所石印本 一册

330000－1704－0002572 006892 集部/總集類/郡邑之屬

**姚江詩録八卷** 謝寶書編 民國二十年(1931)中華書局鉛印本 六册

330000－1704－0002573 006826 集部/總集類/酬唱之屬

**魚城驪唱集二卷** 余鼎臣等撰 民國九年(1920)武昌鉛印本 一册

330000－1704－0002575 006893 集部/總集類/郡邑之屬

**蛟川耆舊詩補十二卷** 王榮商編 張寅煇參訂 民國七年(1918)刻本 六册

330000－1704－0002576 006827 類叢部/叢書類/自著之屬

**崇雅堂叢書十四種** 楊晨撰 民國二十五年(1936)楊紹翰鉛印本 一册 存二種

330000－1704－0002579 006828 集部/總集類

**蕙愔閣詩一卷** 劉蘅撰 **晴賞樓詩一卷** 何曦撰 民國二十四年(1935)石印本 一册

330000－1704－0002580 006829 集部/總集類/酬唱之屬

**妙峯唱和詩一卷** 習叟 楊增犖撰 民國二十二年(1933)鉛印本 一册

330000－1704－0002581 006885 集部/總集類/郡邑之屬

**潯溪詩徵四十卷補遺一卷詞徵二卷文徵十六卷** 周慶雲輯 民國六年(1917)、十三年(1924)周氏夢坡室刻本 二十六册

330000－1704－0002582 006830 集部/總集類/選集之屬/斷代

**落葉集四卷** 孫雄輯 民國十五年(1926)鉛印本 一册

330000－1704－0002583 006831 集部/總集類/酬唱之屬

**東齋酬唱集一卷** 蔡晉鏞輯 民國二十五年(1936)刻藍印本 一册

330000－1704－0002585 006832 集部/總集類/酬唱之屬

**兩京同游草一卷** 高燮等撰 民國上海聚珍倣宋印書局鉛印本 一册

330000－1704－0002587 006833 集部/總集類/酬唱之屬

**江亭修禊詩一卷** 譚祖任等撰 民國十四年(1925)鉛印本 一册

330000－1704－0002588 006887 集部/總集類/郡邑之屬

**剡川詩鈔十二卷** (清)彭祖訓選 (清)舒順方編 (清)董彦琦輯 **剡川詩鈔補編二卷續編十二卷** 江五民輯 民國四年至五年(1915－1916)四明孫氏七千卷樓鉛印本 五册

330000－1704－0002589 006834 集部/總集類

**怡園詩贅一卷** 陳贊勛等撰 民國十四年(1925)鉛印本 一册

330000－1704－0002590 006835 類叢部/叢書類/彙編之屬

**劍暮室叢書** 民國十七年(1928)京華印書局

鉛印本　一册　存一種

330000－1704－0002592　006837　集部/總集類/酬唱之屬

**復廬同音集二卷**　楊世環編　民國石印朱印本　一册

330000－1704－0002594　006838　集部/總集類

**湫聲詩草一卷**　葉鋤非等撰　民國鉛印本一册

330000－1704－0002595　006839　集部/總集類/酬唱之屬

**蘭言一卷**　薛鍾斗等撰　民國油印本　一册

330000－1704－0002596　006897　集部/總集類/郡邑之屬

**音注宋四靈詩一卷**　(宋)趙師秀等撰　陸律西音注　民國十六年(1927)上海文明書局鉛印本　一册

330000－1704－0002598　006840　集部/總集類

**甌隱園社集一卷**　冒廣生等撰　民國油印本一册

330000－1704－0002599　006841　集部/别集類

**悔復堂詩一卷外録一卷**　應啟墀撰　**寥陽館詩草一卷附録一卷**　姚壽祁撰　民國三十一年(1942)鉛印本　一册

330000－1704－0002601　006842　集部/總集類/酬唱之屬

**樂國吟六卷**　柳棄疾等撰　民國十一年(1922)吴江柳氏磨劍室鉛印本　二册

330000－1704－0002602　006895　集部/總集類/郡邑之屬

**東甌詩集七卷續集八卷續集補遺一卷**　(明)蔡璞　(明)趙諫輯　民國永嘉黄氏敬鄉樓抄本　楊紹廉題簽、校並過録冒廣生校　劉紹寬校　四册

330000－1704－0002603　006843　集部/總集類/選集之屬/斷代

**花近樓逸社詩存一卷**　陳夔龍等撰　民國鉛印本　一册

330000－1704－0002605　006900　集部/總集類/選集之屬/斷代

**嘉言集一卷**　費師洪編　民國二十一年(1932)鉛印本　一册

330000－1704－0002606　006844　集部/總集類/選集之屬/斷代

**王章詩存合刻**　劉承幹編　民國十五年(1926)吴興劉氏嘉業堂刻本　六册

330000－1704－0002607　006901　集部/總集類/郡邑之屬

**永嘉四靈詩四種四卷**　民國六年(1917)上海醫學書局木活字印本　二册

330000－1704－0002608　006845　集部/總集類/酬唱之屬

**秋草唱和集一卷**　楊壽枏輯　民國楊壽枏刻朱印本　一册

330000－1704－0002612　006902　集部/總集類/郡邑之屬

**甌江鼓吹集一卷**　張棡輯　稿本　張棡批一册

330000－1704－0002616　006916　集部/總集類/郡邑之屬

**梓鄉叢録四卷**　秦錫田輯　民國秦錫田鉛印本　二册

330000－1704－0002618　006903　集部/總集類/郡邑之屬

**永嘉四靈詩四卷**　(宋)徐照　(宋)徐璣撰　民國永嘉黄氏敬鄉樓抄本　楊紹廉批並過録清孫詒讓跋　一册　存二種

330000－1704－0002623　006905　集部/總集類/郡邑之屬

**羅陽詩始四卷**　(清)董斿輯編　民國永嘉黄氏敬鄉樓抄本　二册

330000－1704－0002626　006906　集部/總

集類/郡邑之屬

**草堂管窺四卷**　(清)鮑作瑞輯　民國抄本　一册

330000－1704－0002627　006907　集部/總集類/氏族之屬

**兩浙鮑氏文徵内編五卷**　(清)鮑潛輯　民國抄本　一册

330000－1704－0002629　006909　集部/總集類/郡邑之屬

**草堂管窺四卷**　(清)鮑作瑞輯　民國永嘉黄氏敬鄉樓抄本　楊紹廉題記並校　一册

330000－1704－0002630　006910　集部/總集類/郡邑之屬

**平陽詩録一卷**　(明)陳憲邦等撰　民國十四年(1925)永嘉黄氏敬鄉樓抄本　楊紹廉題記並校　一册

330000－1704－0002631　006922　集部/總集類/郡邑之屬

**廬江詩雋二卷**　陳詩輯　民國鉛印本　一册

330000－1704－0002632　006911　集部/總集類/郡邑之屬

**永嘉四靈詩四卷附徐道暉集徐致中集補闕一卷**　(宋)徐照　(宋)徐璣撰　**重雕宋本永嘉四靈詩札記一卷**　徐乃昌撰　民國十四年(1925)南陵徐乃昌刻本　二册

330000－1704－0002633　006924　集部/總集類/郡邑之屬

**廣德壽重光集第一輯五種四十五卷**　王揖唐輯　民國九年(1920)合肥王氏今傳是樓影印本　十二册

330000－1704－0002635　006930　集部/總集類/郡邑之屬

**皖雅初集四十卷**　陳詩輯　民國十八年至二十一年(1929－1932)上海美藝圖書公司鉛印本　十六册

330000－1704－0002637　006925　集部/總集類/郡邑之屬

**太倉十子詩選十卷**　(清)吳偉業輯　民國二十二年(1933)太倉圖書館鉛印本　二册

330000－1704－0002643　006926　類叢部/叢書類/郡邑之屬

**豫章叢書六十種附一種**　胡思敬編　民國四年至九年(1915－1920)南昌豫章叢書編刻局刻本　五册　存一種

330000－1704－0002645　006756　集部/總集類/選集之屬/斷代

**晚清四十家詩鈔三卷**　吳闓生評選　民國十三年(1924)文學社刻本　三册

330000－1704－0002646　001157　子部/宗教類/佛教之屬/論

**雜阿含經論四十卷**　(印度)無著菩薩造　(唐)釋玄奘譯　民國二十七年(1938)蜀藏編刻處刻本　六册　存三十卷(一至三十)

330000－1704－0002647　006933　類叢部/叢書類/彙編之屬

**遊經樓叢書**　民國丹徒陶氏遊經樓鉛印本　二册　存一種

330000－1704－0002649　001158　子部/宗教類/佛教之屬/經

**百喻經二卷**　(印度)僧伽斯那撰　(南朝齊)釋求那毗地譯　民國三年(1914)金陵刻經處刻本　一册

330000－1704－0002656　006935　集部/總集類/郡邑之屬

**嶺南詩存八卷**　何藻翔編　民國十四年(1925)上海商務印書館鉛印本　八册

330000－1704－0002665　006944　類叢部/叢書類/彙編之屬

**客人叢書三種**　古直編　民國十九年至二十年(1930－1931)梅縣古氏鉛印本　一册　存一種

330000－1704－0002670　006754　集部/總集類/氏族之屬

**墨莊詩草一卷**　(清)瞿詒謀撰　**吹月填詞館賸稾三卷**　(清)瞿紹堅撰　**鐵琴銅劍樓詞草一卷**　(清)瞿鏞撰　民國二十五年(1936)刻

藍印本　一冊

330000－1704－0002671　006940　集部/總集類/郡邑之屬
**台詩四録二十九卷**　王舟瑤輯　民國九年(1920)後凋草堂石印本　二冊　存四卷(四至五、十至十一)

330000－1704－0002673　006941　集部/別集類/清別集
**北萊遺詩三卷**　(清)釋廣信撰　**天寥遺稿三卷**　(清)釋空明撰　民國二十四年(1935)釋德均煨芋草堂鉛印本　一冊

330000－1704－0002680　006777　集部/總集類/題詠之屬
**面壁圖題詠一卷**　(清)釋小默輯　民國抄本　一冊

330000－1704－0002681　006957　集部/詩文評類/詩評之屬
**詩品集釋不分卷**　(南朝梁)鍾嶸撰　葉長青集釋　民國二十年(1931)省立福州職業中學附設印刷工廠鉛印本　一冊

330000－1704－0002684　006942　集部/總集類/郡邑之屬
**甌雅二十六卷**　(清)陳舜咨輯　民國永嘉黄氏敬鄉樓抄本　六冊

330000－1704－0002689　006949　集部/總集類/郡邑之屬
**莆風清籟集六十卷**　(清)鄭王臣輯選　民國十三年(1924)刻本　張棡題記　二十冊

330000－1704－0002694　006958　集部/詩文評類/詩評之屬
**鍾記室詩品箋不分卷**　(南朝梁)鍾嶸撰　古直箋　民國十九年(1930)鉛印本　一冊

330000－1704－0002695　006962　集部/詩文評類/詩評之屬
**詩品注三卷**　(南朝梁)鍾嶸撰　陳延傑注　**詩選一卷**　陳延傑選　民國十九年(1930)上海開明書店鉛印本　一冊

330000－1704－0002704　006968　集部/詩文評類/詩評之屬
**詩人玉屑二十卷**　(宋)魏慶之撰　民國三年(1914)上海掃葉山房石印本　六冊

330000－1704－0002705　006983　集部/詩文評類/詩評之屬
**漁洋山人詩問二卷律詩定體一卷**　(清)王士禛撰　**然燈記聞一卷**　(清)王士禛授　(清)何世璂録　民國元年(1912)掃葉山房石印本　一冊

330000－1704－0002706　006984　集部/詩文評類/詩評之屬
**漁洋詩話二卷**　(清)王士禛撰　民國三年(1914)上海掃葉山房石印本　一冊

330000－1704－0002707　006970　集部/詩文評類/詩評之屬
**五代詩話八卷**　(清)王士禛撰　民國上海朝記書莊石印本　四冊

330000－1704－0002708　006969　集部/詩文評類/詩評之屬
**唐宋明清四朝詩話六卷**　民國八年(1919)上海掃葉山房石印本　四冊

330000－1704－0002709　006985　集部/詩文評類/詩評之屬
**帶經堂詩話三十卷首一卷**　(清)王士禛撰　(清)張宗柟輯　民國上海掃葉山房石印本　十冊

330000－1704－0002711　006975　集部/詩文評類/詩評之屬
**歷代詩話續編二十九種**　丁福保訂　民國五年(1916)無錫丁氏鉛印本　二十四冊

330000－1704－0002712　006986　集部/詩文評類/詩評之屬
**靜志居詩話二十四卷**　(清)朱彝尊撰　(清)姚祖恩輯　民國二年(1913)上海文瑞樓石印本　十冊

330000－1704－0002714　006988　集部/詩文評類/詩評之屬

**梅村詩話一卷** （清）吳偉業撰 民國十四年(1925)上海中國書店鉛印本 一冊

330000－1704－0002715 006973 集部/詩文評類/詩評之屬

**歷代詩話二十七種五十七卷考索一卷** （清）何文煥輯 民國十六年(1927)上海醫學書局石印本 十六冊

330000－1704－0002717 006971 集部/詩文評類/詩評之屬

**十朝詩乘二十四卷** 郭蜇雲撰 民國二十四年(1935)栩樓刻本 十二冊

330000－1704－0002718 001173 子部/宗教類/佛教之屬

**金剛場陀羅尼經一卷** （隋）闍那崛多譯 **金剛上味陀羅尼經一卷** （北魏）佛陀扇多譯 **佛說無崖際總持法門經一卷** （晉）釋聖堅譯 **尊勝菩薩所問一切諸法入無量法門陀羅尼經一卷** （北齊）萬天懿譯 民國元年(1912)常州天寧寺刻本 一冊

330000－1704－0002719 006963 集部/詩文評類/詩評之屬

**金詩紀事十六卷** 陳衍輯 民國二十五年(1936)上海商務印書館鉛印本 四冊

330000－1704－0002725 006964 集部/詩文評類/詩評之屬

**遼詩紀事十二卷** 陳衍輯 民國二十五年(1936)上海商務印書館鉛印本 一冊

330000－1704－0002727 006965 集部/詩文評類/詩評之屬

**元詩紀事四十五卷** 陳衍輯 民國十年(1921)上海商務印書館鉛印本 十二冊

330000－1704－0002740 006993 集部/詩文評類/詩評之屬

**重訂全唐詩話八卷** （宋）尤袤輯 （清）孫濤訂 民國十年(1921)掃葉山房石印本 佚名過録丁福保序 四冊

330000－1704－0002742 001181 子部/宗教類/佛教之屬/經疏

**楞嚴說通十卷** （清）劉道開撰 民國十一年(1922)上海中華書局鉛印本 十冊

330000－1704－0002747 007000 集部/詩文評類/詩評之屬

**文鏡秘府論六卷** （日本）釋空海撰 民國影印本 六冊

330000－1704－0002748 007015 集部/詩文評類/類編之屬

**清詩話四十三種** 丁福保訂 民國上海文明書局鉛印本 二冊 存八種

330000－1704－0002749 007008 集部/詩文評類/詩評之屬

**養一齋詩話十卷李杜詩話三卷** （清）潘德輿撰 民國掃葉山房石印本 四冊

330000－1704－0002750 001221 子部/宗教類/佛教之屬/經

**大佛頂如來密因修證了義諸菩薩萬行首楞嚴經十卷** （唐）釋般刺密帝譯 （唐）釋彌伽釋迦譯語 （唐）房融筆受 民國影印本 葉恭綽題簽 十冊

330000－1704－0002752 007012 集部/詩文評類/類編之屬

**箋註隨園詩話十六卷補遺十卷** （清）袁枚撰 雷瑨註釋 民國上海掃葉山房石印本 十二冊

330000－1704－0002754 007009 集部/詩文評類/詩評之屬

**漁洋詩話二卷** （清）王士禛撰 民國上海昌明書局石印本 一冊

330000－1704－0002756 007237 類叢部/叢書類/彙編之屬

**冒氏叢書** 冒廣生編 民國二十五年(1936)上海商務印書館鉛印本 三冊 存一種

330000－1704－0002758 007003 集部/詩文評類/詩評之屬

**黃白山載酒園詩話評二卷** （清）黃生撰 民國二十年(1931)神州國光社石印本 一冊

330000－1704－0002759　007010　集部/詩文評類/詩評之屬

**北江詩話六卷**　(清)洪亮吉撰　民國六年(1917)上海掃葉山房石印本　二册

330000－1704－0002760　006995　集部/詩文評類/詩評之屬

**續詩人玉屑八卷**　(清)蔣瀾纂輯　民國十二年(1923)上海掃葉山房石印本　四册

330000－1704－0002761　007011　集部/詩文評類/詩評之屬

**隨園詩法叢話八卷**　(清)袁枚輯　民國七年(1918)上海碧梧山莊石印本　四册

330000－1704－0002767　001184　子部/宗教類/佛教之屬/經

**千手千眼觀世音菩薩廣大圓滿無礙大悲心陀羅尼經一卷**　(唐)釋伽梵達摩譯　**大悲心呪像解一卷**　**千手千眼法寶真言圖一卷**　民國石印本　一册

330000－1704－0002768　007249　集部/别集類/明别集

**自怡集一卷**　(明)劉璉撰　民國九年(1920)劉燿東刻本　一册

330000－1704－0002775　001185　子部/宗教類/佛教之屬

**青丘法集三種**　(新羅)釋大賢撰　民國九年(1920)北京刻經處刻本　一册

330000－1704－0002776　007252　類叢部/叢書類/彙編之屬

**對樹書屋叢刻六種**　趙詒琛編　民國二十一年至二十五年(1932－1936)崑山趙氏對樹書屋刻本　一册　存一種

330000－1704－0002787　007023　集部/詩文評類/詩評之屬

**雪橋詩話十二卷**　楊鍾羲撰　民國二年(1913)南林劉氏求恕齋刻本　十二册

330000－1704－0002798　007047　集部/詩文評類/詩評之屬

**臥雪詩話八卷**　袁嘉穀撰　民國十三年(1924)鉛印本　一册　存四卷(五至八)

330000－1704－0002800　007029　集部/詩文評類/詩評之屬

**甚原詩說四卷**　冒春榮撰　民國十九年(1930)北京大學出版部鉛印本　一册

330000－1704－0002805　001190　子部/宗教類/佛教之屬/經

**楞嚴正脈疏摘科會經**　張圓成撰　民國九年(1920)上海商務印書館鉛印本　一册

330000－1704－0002809　007036　類叢部/叢書類/彙編之屬

**求恕齋叢書三十一種**　劉承幹編　民國吳興劉氏嘉業堂刻本　八册　存一種

330000－1704－0002811　007049　集部/詩文評類

**昭昧詹言十卷續八卷續録二卷附録一卷附考一卷**　(清)方東樹撰　民國七年(1918)上海亞東圖書館鉛印本　四册

330000－1704－0002813　001191　子部/宗教類/佛教之屬/經咒

**楞嚴咒註解一卷大悲咒註解一卷心經註解一卷**　釋法億註　民國十八年(1929)揚州藏經院刻本　一册

330000－1704－0002815　007037　類叢部/叢書類/彙編之屬

**求恕齋叢書三十一種**　劉承幹編　民國吳興劉氏嘉業堂刻本　十二册　存一種

330000－1704－0002816　007069　集部/詩文評類/詩評之屬

**東嘉詩話二卷**　(清)孫鏘鳴撰　民國二十七年(1938)張崟抄本　二册

330000－1704－0002823　007072　集部/詩文評類/詩評之屬

**越縵堂詩話三卷**　(清)李慈銘撰　蔣瑞藻編　民國上海商務印書館鉛印本　二册

330000－1704－0002828　007244　集部/别集類/元别集

**石渠居士詩一卷**　(元)張天英撰　民國永嘉戴氏抄本　一冊

330000－1704－0002830　007073　集部/總集類/彙編之屬

**詩史閣叢刊甲集六卷**　孫雄輯　民國十六年(1927)鉛印本　二冊　存四卷(眉韻樓詩話續編一至四)

330000－1704－0002831　007246　集部/別集類/元別集

**柳貫上京紀行詩一卷**　(元)柳貫撰　民國十九年(1930)北平故宮博物院圖書館影印本　一冊

330000－1704－0002832　007247　集部/別集類/元別集

**陳剛中詩集三卷附錄一卷**　(元)陳孚撰　民國十七年(1928)武進陶氏涉園刻託跋廛叢刻朱印本　一冊

330000－1704－0002835　001192　子部/宗教類/佛教之屬/經咒

**密呪圓因往生集一卷**　(西夏)釋智廣　(西夏)釋慧真編集　(西夏)釋金剛幢譯定　民國五年(1916)金陵刻經處刻本　一冊

330000－1704－0002838　001194　子部/宗教類/佛教之屬/經疏

**大佛頂如來密因修證了義諸菩薩萬行首楞嚴經合論十卷**　(唐)釋般剌密帝譯　(唐)釋彌伽釋迦譯語　(唐)房融筆受　(宋)釋德洪造論　(宋)釋正受合論　民國六年(1917)金陵刻經處刻本　五冊

330000－1704－0002839　007074　集部/詩文評類/詩評之屬

**石遺室詩話三十二卷**　陳衍撰　民國十八年(1929)上海商務印書館鉛印本　四冊

330000－1704－0002841　007075　集部/詩文評類/詩評之屬

**石遺室詩話三十二卷**　陳衍撰　民國十八年(1929)上海商務印書館鉛印本　四冊

330000－1704－0002843　001195　子部/宗教類/佛教之屬/經

**舍利佛陀羅尼經一卷**　(南朝梁)釋僧伽婆羅譯　**佛說無量門破魔陀羅尼經一卷**　(南朝宋)釋功德直　(南朝宋)釋音陽譯　**佛說無量門微密持經一卷**　(三國吳)釋支謙譯　**佛說出生無量門持經一卷**　(南朝宋)釋求那跋陀羅譯　**阿難陀目佉尼訶離陀鄰尼經一卷**　(北魏)釋佛陀扇多譯　**阿難陀目佉尼訶離陀經**　(南朝宋)釋求那跋陀羅譯　**佛說一向出生菩薩經一卷**　(隋)釋闍那崛多譯　**出生無邊門陀羅尼經一卷**　(唐)釋智嚴譯　**勝幢臂印陀羅尼經一卷**　(唐)釋玄奘譯　**妙臂印幢陀羅尼經一卷**　(唐)釋實叉難陀譯　民國元年(1912)常州天寧寺刻本　一冊

330000－1704－0002844　007087　集部/別集類

**青樓詩話二卷**　雷瑨輯　民國五年(1916)掃葉山房石印本　一冊

330000－1704－0002846　007088　集部/詩文評類/詩評之屬

**香奩詩話三卷**　金燕輯　民國四年(1915)上海廣益書局鉛印本　一冊

330000－1704－0002847　007099　集部/別集類/漢魏六朝別集

**陶詩彙注四卷首一卷末一卷**　(晉)陶潛撰　(清)吳瞻泰輯　(清)許印芳增訂　民國十五年(1926)上海大中書局石印本　四冊

330000－1704－0002851　007089　集部/詩文評類/詩評之屬

**然脂餘韻六卷**　王蘊章輯　民國七年(1918)上海商務印書館鉛印本　三冊

330000－1704－0002852　007063　集部/詞類/詞話之屬

**芙蓉港詩詞話一卷**　(清)徐涵集　民國二十四年(1935)刻本　一冊

330000－1704－0002853　007101　集部/別集類/漢魏六朝別集

**陶淵明文集十卷**　(晉)陶潛撰　民國六年(1917)上海會文堂書局石印本　一冊

330000－1704－0002854　007090　集部/詩文評類/詩評之屬

**詩法入門四卷首一卷**　(清)游藝輯　民國三年(1914)上海千頃堂石印本　一冊

330000－1704－0002855　001198　子部/宗教類/佛教之屬

**佛說一切如來金剛壽命陀羅尼經一卷**　(唐)釋金剛智　(唐)釋智藏譯　**金剛壽命陀羅尼經一卷金剛壽命陀羅尼經法一卷**　(唐)釋三藏(不空)譯　**金剛壽命陀羅尼念誦法一卷**　(唐)釋金剛智　(唐)釋不空譯　民國十二年(1923)北京刻經處刻本　一冊

330000－1704－0002856　007091　集部/詩文評類/詩評之屬

**學詩初步三卷**　張廷華　吳玉編　民國上海文明書局鉛印本　一冊

330000－1704－0002864　007092　集部/詩文評類/詩評之屬

**學詩百法一卷**　劉坡公編　民國二十四年(1935)上海世界書局鉛印本　一冊

330000－1704－0002865　001201　子部/宗教類/佛教之屬

**藥師瑠璃光如來消災除難念誦儀軌一卷**　(唐)釋一行撰　**藥師如來念佛誦儀軌一卷**　(唐)釋不空譯　**藥師如來觀行儀軌法一卷**　(唐)釋金剛智譯　民國十一年(1922)北京刻經處刻本　一冊

330000－1704－0002866　007093　集部/詩文評類/詩評之屬

**詩學不分卷**　黃節編　民國十四年(1925)國立北京大學出版部鉛印本　一冊

330000－1704－0002867　001202　子部/宗教類/佛教之屬/經疏

**大佛頂如來密因修證了義諸菩薩萬行首楞嚴經直指十卷首一卷**　(清)釋函昰撰　民國福緣蓮社刻本　六冊

330000－1704－0002868　007094　集部/詩文評類/詩評之屬

**名媛詩話八卷**　(清)沈善寶撰　民國十二年(1923)沈敏元鉛印本　二冊

330000－1704－0002871　007078　集部/詩文評類/詩評之屬

**合肥詩話三卷**　李家孚撰　民國十八年(1929)蘇州鉛印本　一冊

330000－1704－0002873　007067　集部/詩文評類/詩評之屬

**小清華園詩談二卷**　(清)王壽昌撰　民國鉛印本　林損題簽　一冊

330000－1704－0002874　007068　集部/詩文評類/詩評之屬

**湘綺樓說詩八卷**　王闓運撰　王簡編　民國二十三年(1934)成都書局鉛印本　四冊

330000－1704－0002883　007105　集部/別集類/漢魏六朝別集

**陶淵明詩箋注四卷**　(晉)陶潛撰　丁福保編　民國十六年(1927)上海醫學書局鉛印本　一冊

330000－1704－0002890　007084　集部/詩文評類/詩評之屬

**東嘉詩話一卷**　(清)孫鏘鳴撰　民國抄本　一冊

330000－1704－0002891　007083　類叢部/叢書類/郡邑之屬

**吳興叢書六十六種**　劉承幹編　民國吳興劉氏嘉業堂刻本　四冊　存一種

330000－1704－0002892　001205　子部/宗教類/佛教之屬/諸宗

**密教綱要四卷**　(日本)釋權田雷斧撰　王弘願譯　民國八年(1919)潮安刻經處刻本　二冊

330000－1704－0002893　007108　類叢部/叢書類/彙編之屬

**蒹葭樓叢書□□種**　民國上海商務印書館鉛印本　一冊　存一種

330000－1704－0002898　007110　集部/別

集類/唐五代別集

**杜詩鏡銓二十卷**　(清)楊倫輯　**讀書堂杜工部文集註解二卷**　(清)張溍撰　民國二年(1913)廣州登雲閣刻本　十冊

330000－1704－0002899　001208　子部/宗教類/佛教之屬/經

**佛説梵網經二卷**　(後秦)釋鳩摩羅什譯　民國十二年(1923)普陀佛經流通處刻本　一冊

330000－1704－0002907　001211　子部/宗教類/佛教之屬/經

**佛頂尊勝陀羅尼經一卷**　(唐)釋波利譯　民國十七年(1928)中央刻經院鉛印本　一冊

330000－1704－0002909　001212　子部/宗教類/佛教之屬/經

**一切如來心祕密全身舍利寶篋印陀羅尼經一卷附一卷**　(唐)釋不空譯　民國二十六年(1937)上海佛學書局石印本　一冊

330000－1704－0002910　001213　子部/宗教類/佛教之屬/經

**佛説大白傘蓋總持達喇呢經一卷**　(元)釋俊辯　(元)釋真治譯　民國十四年(1925)鉛印本　一冊

330000－1704－0002913　001214　子部/宗教類/佛教之屬/諸宗

**密宗津要八卷**　民國九年至十一年(1920－1922)北京刻經處刻本　一冊

330000－1704－0002918　007154　集部/別集類/唐五代別集

**薛濤詩一卷**　(唐)薛濤撰　民國四年(1915)上海掃葉山房石印本　一冊

330000－1704－0002921　007155　類叢部/叢書類/彙編之屬

**四部備要**　中華書局編　民國二十五年(1936)上海中華書局鉛印本(原缺經義考卷二百八十六、二百九十九至三百,東塾讀書記十三至十四、十七至二十、二十二至二十五)　一冊　存一種

330000－1704－0002928　001217　子部/宗教類/佛教之屬/諸宗

**秘藏寶鑰三卷**　(唐)釋空海撰　民國十年(1921)北京刻經處刻本　一冊

330000－1704－0002929　007156　集部/別集類/唐五代別集

**唐女郎魚玄機詩一卷**　(唐)魚玄機撰　民國九年(1920)上海掃葉山房石印本　一冊

330000－1704－0002930　007137　集部/別集類/唐五代別集

**玉川子詩集五卷**　(唐)盧仝撰　(清)孫之騄註　**玉川子詩注勘謡表一卷**　孫峻撰　民國十二年(1923)濟陽盧永祥刻藍印本　五冊

330000－1704－0002933　001219　子部/宗教類/佛教之屬/經

**佛説陀羅尼集經十三卷**　(唐)阿地瞿多譯　民國元年(1912)常州天寧寺刻本　四冊

330000－1704－0002938　007162　集部/別集類/唐五代別集

**樊川詩集四卷補遺一卷外集一卷別集一卷**　(唐)杜牧撰　(清)馮集梧注　民國上海掃葉山房石印本　四冊　存六卷(詩集一至四、外集、別集)

330000－1704－0002939　007139　類叢部/叢書類/彙編之屬

**四部叢刊**　張元濟等編　民國上海商務印書館影印本　一冊　存一種

330000－1704－0002940　007158　集部/別集類/唐五代別集

**孟東野詩集十卷**　(唐)孟郊撰　陳延傑注　民國二十八年(1939)商務印書館鉛印本　一冊

330000－1704－0002941　007159　集部/別集類/唐五代別集

**溫飛卿詩集七卷別集一卷集外詩一卷附録諸家詩評一卷**　(唐)溫庭筠撰　(明)曾益注　(清)顧予咸補注　(清)顧嗣立續注　民國九年(1920)上海掃葉山房石印本　四冊

330000－1704－0002942　007165　集部/別

集類/唐五代別集

**李長吉集四卷外卷一卷** (唐)李賀撰 (清)黄淳耀評點 民國中國詩畫會社影印本 四册

330000－1704－0002943 007166 集部/別集類/唐五代別集

**李長吉集四卷外卷一卷** (唐)李賀撰 (清)黄淳耀評 (清)黎簡批點 民國六年(1917)上海掃葉山房朱墨套印石印本 二册

330000－1704－0002945 007167 集部/別集類/唐五代別集

**玉溪生詩意八卷** (唐)李商隱撰 (清)朱鶴齡注 (清)屈復意 民國六年(1917)上海會文堂書局石印本 六册

330000－1704－0002946 007168 類叢部/叢書類/彙編之屬

**四部備要** 中華書局編 民國二十五年(1936)上海中華書局鉛印本(原缺經義考卷二百八十六、二百九十九至三百,東塾讀書記十三至十四、十七至二十、二十二至二十五) 二册 存一種

330000－1704－0002947 007163 集部/別集類/唐五代別集

**李義山集三卷** (唐)李商隱撰 民國木石居據毛氏汲古閣刻本石印本 四册

330000－1704－0002950 007163－1 集部/別集類/清別集

**天真閣外集六卷** (清)孫原湘撰 民國十四年(1925)上海掃葉山房石印本 二册

330000－1704－0002954 007149 集部/別集類/唐五代別集

**韓翰林集三卷香奩集三卷補遺一卷** (唐)韓偓撰 (清)吳汝綸評注 民國十一年(1922)武強賀氏刻本 一册

330000－1704－0002955 007151 集部/別集類/唐五代別集

**增廣音注唐郢州刺史丁卯詩集二卷** (唐)許渾撰 (宋)祝德子訂正 民國二十五年(1936)鎮江吳氏寒匏簃影印本 一册

330000－1704－0002956 007153 集部/別集類/唐五代別集

**豐溪存稿一卷** (唐)呂從慶撰 **張大家蘭雪集二卷附録一卷** (宋)張玉若撰 民國十七年(1928)武進陶氏涉園刻朱印本 一册

330000－1704－0002957 007164 集部/別集類/唐五代別集

**李長吉集四卷外卷一卷** (唐)李賀撰 (清)黄淳耀評 (清)黎簡批點 民國六年(1917)上海會文堂書局石印本 二册

330000－1704－0002960 007256 集部/別集類/明別集

**張卿子先生遺集八卷** (明)張遂辰撰 民國十五年(1926)吳用威刻本 三册 缺二卷(白下編一至二)

330000－1704－0002965 007175 類叢部/叢書類/郡邑之屬

**敬鄉樓叢書三十八種** 黄羣編 民國十七年至二十四年(1928－1935)永嘉黄氏鉛印本 一册 存第二輯一種

330000－1704－0002967 007194 集部/別集類/宋別集

**增廣箋註簡齋詩集三十卷無住詞一卷外集一卷附録一卷校勘記一卷** (宋)陳與義撰 (宋)胡穉箋 民國九年(1920)江甯蔣氏湖上草堂刻本 六册

330000－1704－0002968 007217 類叢部/叢書類/彙編之屬

**四庫全書珍本初集二百三十種** 中央圖書館籌備處輯 民國二十三年至二十四年(1934－1935)上海商務印書館據文淵閣本影印本 四册 存一種

330000－1704－0002969 007188 集部/別集類/宋別集

**璞廬蘇詩選六卷** 戴炳驄選 稿本 二册

330000－1704－0002970 007216 類叢部/叢書類/彙編之屬

**四部備要**　中華書局編　民國二十五年(1936)上海中華書局鉛印本(原缺經義考卷二百八十六、二百九十九至三百,東塾讀書記十三至十四、十七至二十、二十二至二十五)　二册　存一種

330000－1704－0002971　007218　集部/別集類/宋別集

**水雲詩鈔一卷**　(宋)汪元量撰　**石門詩鈔一卷**　(宋)釋惠洪撰　民國上海有正書局鉛印本　一册

330000－1704－0002974　007195　集部/別集類/宋別集

**平菴悔稿不分卷丙辰悔稿一卷悔稿後編不分卷**　(宋)項安世撰　民國十二年(1923)抄本　六册

330000－1704－0002976　007219　類叢部/叢書類/彙編之屬

**四部叢刊續編七十七種**　張元濟等編　民國二十三年(1934)上海商務印書館影印本(原缺儀禮疏卷三十二至三十七、周易要義卷三至六、禮記要義卷一至二、麟臺故事卷四至五)　二册　存一種

330000－1704－0002978　007220　集部/別集類/宋別集

**音注陸放翁詩一卷**　(宋)陸游撰　(宋)劉辰翁選本　王文濡音注　民國二十三年(1934)上海文明書局鉛印本　一册

330000－1704－0002979　001222　子部/宗教類/佛教之屬/律

**四分律含註戒本疏行宗記十六卷**　(宋)釋元照撰　民國十三年(1924)天津刻經處刻本　十六册

330000－1704－0002986　001225　子部/宗教類/佛教之屬/律

**在家律要廣集十三卷**　(清)陳熙願撰　民國八年(1919)金陵刻經處刻本　四册

330000－1704－0002988　007223　集部/別集類/元別集

**蘭雪集二卷**　(元)張玉孃撰　**後附録一卷**　(明)王詔撰　民國上海有正書局鉛印本　一册

330000－1704－0002991　007224　類叢部/叢書類/彙編之屬

**四部叢刊續編七十七種**　張元濟等編　民國二十三年(1934)上海商務印書館影印本(原缺儀禮疏卷三十二至三十七、周易要義卷三至六、禮記要義卷一至二、麟臺故事卷四至五)　二册　存一種

330000－1704－0002992　007199　集部/別集類/宋別集

**後山詩十二卷**　(宋)陳師道撰　(宋)任淵注　民國七年(1918)上海文明書局石印本　六册

330000－1704－0002993　007225　集部/別集類/宋別集

**東坡禪喜集一卷**　(宋)蘇軾撰　劉仁航編　民國二十二年(1933)上海商務印書館鉛印本　一册

330000－1704－0002995　007198　集部/別集類/宋別集

**涉齋集十八卷**　(宋)許及之撰　民國永嘉黃氏敬鄉樓抄本　楊紹廉批校　二册

330000－1704－0002996　001228　子部/宗教類/佛教之屬/律

**梵網戒本科注二卷**　桂念祖撰　民國八年(1919)嘉興佛學研究會刻本　一册

330000－1704－0003000　001229　子部/宗教類/佛教之屬/經疏

**佛說優婆塞五相戒經箋要一卷附二卷**　(南朝宋)釋求那跋摩譯　(明)釋智旭箋要　釋曇昉校并補釋　民國十六年(1927)上海中華書局鉛印本　一册

330000－1704－0003001　001230　子部/宗教類/佛教之屬/論

**律二十二明了論一卷**　(印度)佛陀多羅多造　(南朝陳)釋真諦譯　民國十一年(1922)金

陵刻經處刻本　一冊

330000－1704－0003002　007285　集部/別集類/明別集

**明尚書章恭毅公詩集十三卷**　(明)章綸撰　民國永嘉黃氏敬鄉樓抄本　楊紹廉批校　二冊

330000－1704－0003006　007286　集部/別集類/明別集

**循蒼詩存一卷**　(明)孔鐸撰　民國永嘉黃氏敬鄉樓抄本　楊紹廉批校　一冊

330000－1704－0003008　007203　集部/別集類/宋別集

**之官紀行詩草一卷**　(宋)吳騆撰　民國抄本　一冊

330000－1704－0003010　007287　集部/總集類/彙編之屬

**明季三孝廉集**　羅振玉輯　民國八年(1919)上虞羅氏鉛印本　一冊　存三種

330000－1704－0003013　007276　集部/別集類/明別集

**疑雨集四卷**　(明)王彥泓撰　民國十年(1921)上海掃葉山房石印本　二冊

330000－1704－0003015　007263　集部/總集類/選集之屬/斷代

**草堂雅集十八卷**　(元)顧瑛編　民國抄本　一冊　存一卷(七)

330000－1704－0003016　007278　集部/別集類/明別集

**竹巖詩集六卷**　(明)柯潛撰　民國二十九年(1940)郭曾嘉等石印本　一冊

330000－1704－0003018　001231　子部/宗教類/佛教之屬/律

**菩薩戒本記一卷菩薩戒羯磨記一卷**　(唐)釋遁倫撰　**菩薩戒本宗要一卷**　(唐)釋太賢撰　民國八年(1919)金陵刻經處刻本　一冊

330000－1704－0003022　007282　集部/別集類/明別集

**陳石樓先生遺稿一卷**　(明)陳憲邦撰　民國永嘉黃氏敬鄉樓抄本　黃羣題記　一冊

330000－1704－0003023　001233　子部/宗教類/佛教之屬/律

**根本薩婆多部律攝十四卷**　(印度)勝友造　(唐)釋義淨譯　民國十三年(1924)常州天寧寺刻經處刻本　四冊

330000－1704－0003025　007290　集部/別集類/清別集

**蒼雪大師南來堂詩集四卷補編四卷附録四卷**　(清)釋讀徹撰　王培孫校輯　**蒼雪大師行年考略一卷**　陳乃乾撰　民國二十九年(1940)上海鉛印本　三冊

330000－1704－0003026　007206　集部/別集類/宋別集

**竹齋先生詩集四卷**　(宋)裘萬頃撰　民國十年(1921)北京裘文昭刻本　一冊

330000－1704－0003028　007283　集部/別集類/明別集

**環菴先生遺稿十卷**　(明)虞原璩撰　虞書輯校　民國永嘉黃氏敬鄉樓抄本　楊紹廉批校　二冊

330000－1704－0003030　007268　集部/別集類/明別集

**葛衣集一卷**　(明)劉中藻撰　民國三十二年(1943)石印本　一冊

330000－1704－0003031　007291　集部/別集類/清別集

**亭林先生集外詩四卷**　(清)顧炎武撰　(清)孫詒讓輯　**亭林詩集校文五卷**　(清)孫詒讓撰　民國抄本　一冊

330000－1704－0003032　007292　集部/別集類/清別集

**顧亭林詩校記一卷**　(清)顧炎武撰　(清)孫詒讓校集　民國甌風社鉛印本　一冊

330000－1704－0003034　007207　集部/別集類/宋別集

**棠湖詩藁一卷**　(宋)岳珂撰　民國八年

(1919)影印本　一册

330000－1704－0003035　007270　集部/别集類/明别集

**詠懷堂詩補遺一卷**　(明)阮大鋮撰　民國十八年(1929)國立中央大學國學圖書館鉛印本　一册

330000－1704－0003036　007312　集部/别集類/清别集

**九烟詩鈔前集一卷後集一卷**　(清)黄周星撰　民國七年(1918)上海有正書局鉛印本　二册

330000－1704－0003037　001236　子部/宗教類/佛教之屬

**佛説大乘戒經一卷**　(宋)釋施護譯　**佛説淨業障經一卷**　**佛説受十善戒經一卷**　民國六年(1917)金陵刻經處刻本　一册

330000－1704－0003038　007303　集部/别集類/清别集

**浮雲集十二卷**　(清)陳之遴撰　民國二十二年(1933)南林張乃熊鉛印本　二册

330000－1704－0003041　007266　集部/别集類/明别集

**洵美堂詩集九卷**　(明)楊文驄撰　民國二十五年(1936)刻本　二册

330000－1704－0003045　001240　子部/宗教類/佛教之屬

**佛説齋經科注一卷**　(三國吴)釋支謙譯　(明)釋智旭科注　民國八年(1919)北京刻經處刻本　一册

330000－1704－0003046　001241　子部/宗教類/佛教之屬/律

**在家律要四卷**　朱止宜輯　民國上海佛學書局鉛印本　一册

330000－1704－0003047　001242　子部/宗教類/佛教之屬

**華北居士林叢書**　民國鉛印本　一册　存一種

330000－1704－0003050　007209、007210　類叢部/叢書類/彙編之屬

**密韻樓景宋本七種**　蔣汝藻輯　民國烏程蔣汝藻樂地盦刻本　二册　存二種

330000－1704－0003052　007325　集部/總集類/氏族之屬

**鈍吟集三卷**　(清)馮班撰　**馮舍人遺詩六卷**　(清)馮廷櫆撰　民國三年(1914)上海集益書局石印本　二冊　存六卷(馮舍人遺詩一至六)

330000－1704－0003053　007306　類叢部/叢書類/彙編之屬

**郋園先生全書一百二十九種**　葉啟倬編　民國二十四年(1935)長沙中國古書刻印社彙印本　二册　存一種

330000－1704－0003054　007271　集部/别集類/明别集

**玄蓋副草二十卷目録二卷**　(明)吴稼竳撰　民國五年(1916)吴氏雍睦堂影印本　六册

330000－1704－0003055　007326　集部/别集類/清别集

**鈍吟集三卷**　(清)馮班撰　民國三年(1914)上海集益書局石印本　一册

330000－1704－0003058　007272　集部/别集類/明别集

**疑雨集註四卷**　(明)王彦泓撰　丁國鈞注　民國四年(1915)上海掃葉山房石印本　四册

330000－1704－0003060　007329　集部/别集類/清别集

**荻齋初集六卷**　(清)林齊鋐撰　民國抄本　一册

330000－1704－0003063　007308　集部/别集類/清别集

**今樂府(九九樂府)一卷**　(清)陳梓撰　民國四年(1915)文新書局石印本　一册

330000－1704－0003064　007331　集部/别集類/明别集

**霜猨集校訂補注一卷**　(明)周同谷撰　孟森

注　民國鉛印本　一冊

330000－1704－0003066　007273　類叢部/叢書類

**懷舊樓叢書**　民國十五年(1926)金山姚氏懷舊樓刻本　八冊　存一種

330000－1704－0003067　007315　集部/别集類/明别集

**槐陰集一卷**　(明)王毓撰　民國永嘉黄氏敬鄉樓抄本　楊紹廉題記並校　一冊

330000－1704－0003071　007341　集部/别集類/清别集

**圃餘詩草二卷**　(清)季鎮海撰　**泉村集選一卷**　(清)徐凝撰　民國抄本　一冊

330000－1704－0003072　007316　集部/别集類/明别集

**二雁山人詩集二卷**　(明)康從理撰　民國永嘉黄氏敬鄉樓抄本　楊紹廉校並跋　一冊

330000－1704－0003074　007298　史部/地理類/遊記之屬/紀勝

**九山遊草一卷**　(清)李確撰　民國六年(1917)滬江刻本　一冊

330000－1704－0003081　007275　集部/别集類/明别集

**詠懷堂詩集四卷外集二卷丙子詩一卷戊寅詩一卷辛巳詩二卷**　(明)阮大鋮撰　民國十七年(1928)國立中央大學國學圖書館鉛印本　四冊

330000－1704－0003083　007338　集部/别集類/清别集

**陋軒詩六卷**　(清)吴嘉紀撰　**續二卷**　(清)吴嘉紀撰　(清)夏荃輯　**詩遺一卷**　民國五年至九年(1916－1920)丹徒楊氏絕妙好辭齋刻本　四冊

330000－1704－0003090　007364　集部/别集類/清别集

**離垢集補鈔一卷**　(清)華嵒撰　民國六年(1917)上海聚珍仿宋印書局鉛印本　一冊

330000－1704－0003092　001246　子部/宗教類/佛教之屬/律

**五戒心法一卷**　周秉清撰　民國北京京師第一監獄鉛印本　一冊

330000－1704－0003099　007379　集部/别集類

**頤園詩草初集一卷**　黄李英撰　民國十一年(1922)溫州務本石印本　一冊

330000－1704－0003102　007347　集部/總集類/選集之屬/通代

**銅琵金縷甲集二卷乙集二卷丙集二卷丁集二卷**　上海進步書局編　民國十四年(1925)上海文明書局石印本　四冊

330000－1704－0003106　007350　史部/傳記類/總傳之屬/釋道

**勅建東甌芝峰山護國禪寺同戒録(丁卯春期)一卷**　溫州芝峰山護國禪寺編　民國十六年(1927)石印本　一冊

330000－1704－0003107　007380　集部/總集類/酬唱之屬

**嶺上草堂唱和集一卷**　蔡一鳴編　民國三十三年(1944)影印本　一冊

330000－1704－0003110　007351　史部/傳記類/别傳之屬/年譜

**璞廬[戴炳驄]自訂年譜一卷**　戴炳驄撰　稿本　一冊

330000－1704－0003111　007352　史部/傳記類/日記之屬

**工作日記一卷**　徐宗達撰　稿本　一冊

330000－1704－0003115　007384　史部/傳記類/總傳之屬

**旅甌江蘇同鄉録一卷**　旅甌江蘇同鄉會執行委員會編　民國十九年(1930)溫州翰墨林鉛印本　一冊

330000－1704－0003118　007385　史部/傳記類/别傳之屬/墓誌

**永嘉計耀廷先生墓誌銘一卷**　陳光漢撰　民國三十六年(1947)石印本　一冊

330000－1704－0003122　007386　史部/傳記類/別傳之屬/事狀

**徐公駿聲哀啟行述一卷**　徐聖滿　李超英撰　民國二十二年(1933)美本公記石印本　一册

330000－1704－0003125　007405　集部/別集類/清別集

**香屑集十八卷首一卷末一卷**　(清)黄之雋撰　(清)陳邦直注　民國四年(1915)上海掃葉山房石印本　四册

330000－1704－0003135　001256　子部/宗教類/佛教之屬/論

**大乘起信論一卷**　(南朝陳)釋真諦譯　民國上海佛學書局影印本　一册

330000－1704－0003136　007407　集部/別集類/清別集

**長真閣集七卷詩餘一卷**　(清)席佩蘭撰　民國九年(1920)上海掃葉山房石印本　二册

330000－1704－0003140　007408　集部/別集類/清別集

**天真閣外集六卷**　(清)孫原湘撰　民國二年(1913)上海掃葉山房石印本　二册

330000－1704－0003141　001258　子部/宗教類/佛教之屬/論疏

**大乘起信論講義二卷**　釋圓瑛撰　民國十七年(1928)上海商務印書館鉛印本　二册

330000－1704－0003150　007401　集部/別集類/清別集

**藥園詩稿二卷玲瓏簾詞一卷渚陸鴻飛集一卷**　(清)吴焯撰　民國十二年至十三年(1923－1924)吴用威刻本　四册

330000－1704－0003152　001259　子部/宗教類/佛教之屬/論疏

**大乘起信論義記講義四卷**　(日本)織田得能撰　黄士復譯　民國二十二年(1933)上海商務印書館鉛印本　四册

330000－1704－0003154　001260　子部/宗教類/佛教之屬/論疏

**百論疏十六卷**　(隋)釋吉藏疏　民國二年(1913)北京刻經處刻本　四册

330000－1704－0003157　007402　集部/別集類/清別集

**秋聲館吟稿一卷**　(清)符之恒撰　民國十三年(1924)錢塘吴氏刻本　一册

330000－1704－0003160　007413　集部/別集類/清別集

**瓊臺詩集二卷**　(清)齊召南撰　民國九年(1920)廣益書局石印本　二册

330000－1704－0003161　007414　集部/別集類/清別集

**海珊詩鈔十一卷補遺二卷**　(清)嚴遂成撰　民國七年(1918)上海文明書局石印本　二册

330000－1704－0003167　007416　集部/別集類/清別集

**煙霞萬古樓詩集二卷**　(清)王曇撰　**仲瞿詩録一卷**　(清)徐渭仁輯　民國十三年(1924)上海掃葉山房石印本　三册

330000－1704－0003182　007356　集部/別集類/清別集

**秋水集十卷補遺一卷**　(清)嚴繩孫撰　民國六年(1917)無錫縣圖書館木活字印本　四册

330000－1704－0003183　007418　集部/別集類/清別集

**櫟天閣詩存一卷**　(清)倪長犀撰　宋端書編　**硯樵遺稿一卷**　宋端書撰　民國二十六年(1937)無錫鉛印本　一册

330000－1704－0003188　007440　集部/別集類/清別集

**國清寶林珍禪師續寒山詩一卷**　(清)釋寶林珍撰　民國十一年(1922)石印本　一册

330000－1704－0003192　007348　子部/宗教類/佛教之屬

**金剛般若波羅密經指味通疏一卷**　(後秦)釋鳩摩羅什譯　釋融真述　民國二十年(1931)寧波鄞縣梅墟鎮萬華經書印局鉛印本　一册

330000－1704－0003194　007454　集部/總集類/彙編之屬

**書畫名人小集**　民國上海聚珍倣宋印書局鉛印本　林大同題記　一冊　存一種

330000－1704－0003198　001266　子部/宗教類/佛教之屬

**大乘教義不分卷**　靖如居士撰　民國九年(1920)上海佛學通明社鉛印本　釋顯權題簽　一冊

330000－1704－0003204　007443　集部/別集類/清別集

**梅樓詩存十六卷**　(清)李簧撰　民國十年(1921)鉛印本　四冊

330000－1704－0003214　001270　子部/宗教類/佛教之屬/論

**佛性論四卷**　(天竺)天親菩薩造　(南朝陳)釋真諦譯　民國六年(1917)金陵刻經處刻本　一冊

330000－1704－0003217　001271　子部/宗教類/佛教之屬/論疏

**菩提心論教相記二卷**　(日本)釋亮汰撰　民國三年(1914)金陵刻經處刻本　釋顯權題簽　一冊

330000－1704－0003220　001273　子部/宗教類/佛教之屬/論疏

**十二門論疏四卷序疏一卷**　(唐)釋吉藏撰　民國四年(1915)金陵刻經處刻七年(1918)補刻本　三冊

330000－1704－0003221　001274　子部/宗教類/佛教之屬/論疏

**大乘百法明門論本事分中略録名數開宗義記四卷**　(唐)釋曇曠撰　民國九年(1920)金陵刻經處刻本　一冊

330000－1704－0003222　001275　子部/宗教類/佛教之屬/論疏

**釋摩訶衍論十卷**　(印度)馬鳴撰　(南朝陳)釋真諦譯　(印度)龍樹釋　(晉)釋筏提摩多譯　民國金陵刻經處刻本　釋幻痕題簽　四冊

330000－1704－0003228　007472　集部/別集類/清別集

**師荔扉先生詩集殘本□□卷**　(清)師範撰　民國元年(1912)鉛印本　六冊　存七卷(金華山樵詩前集二、五,二餘堂詩稿一至二,泛舟吟摘鈔上下,金華山樵詩外集)

330000－1704－0003236　007500　集部/別集類/清別集

**與稽齋詩集一卷**　(清)吳翌鳳撰　民國抄本　一冊

330000－1704－0003238　007353　史部/政書類/邦計之屬

**永嘉地政事業移交書四卷**　張鑫撰　民國三十一年(1942)石印本　一冊

330000－1704－0003239　007501　集部/別集類/清別集

**九曲山房詩鈔十六卷續集一卷**　(清)宗聖垣撰　**偶然吟一卷**　(清)宗聖堂撰　民國三年(1914)吳下鉛印本　四冊

330000－1704－0003240　007478　集部/別集類/清別集

**文木山房集四卷**　(清)吳敬梓撰　**春華小草一卷靚粧詞鈔一卷**　(清)吳烺撰　**吳敬梓年譜一卷**　胡適撰　民國二十六年(1937)上海亞東圖書館鉛印本　二冊

330000－1704－0003244　007479　集部/總集類/彙編之屬

**書畫名人小集**　民國上海聚珍倣宋印書局鉛印本　二冊　存一種

330000－1704－0003258　007529　集部/別集類/清別集

**桐陰詩集八卷**　(清)饒慶捷撰　民國二十六年(1937)鉛印本　二冊

330000－1704－0003265　007536　集部/別集類/清別集

**盍簪書屋遺詩一卷**　(清)吳鳴鈞撰　**附録一卷**　民國六年(1917)柳棄疾鉛印本　一冊

330000－1704－0003275　007538　集部/別集類/清別集

**話雨樓遺詩一卷**　(清)徐濤撰　**附録一卷**　(清)郭廖撰　民國七年(1918)柳棄疾鉛印本　一冊

330000－1704－0003291　007543　集部/別集類/清別集

**芝省齋吟稿八卷**　(清)李遇孫撰　民國平湖葛昌楣弢華館刻藍印本　一冊

330000－1704－0003313　001279　子部/宗教類/佛教之屬/論

**金七十論三卷**　(南朝陳)釋真諦譯　**廣釋菩提心論四卷**　(印度)蓮華戒菩薩造　(宋)釋施護譯　民國五年(1916)常州天寧寺刻本　一冊

330000－1704－0003321　001288　子部/宗教類/佛教之屬/經

**大緣方便經合譯一卷**　(晉)釋佛陀耶舍　(晉)釋竺法念等譯　**轉法輪經合譯一卷**　(南朝宋)釋求那跋陀羅等譯　民國二十四年(1935)蜀藏刊經處刻本　一冊

330000－1704－0003323　001290　子部/宗教類/佛教之屬/律

**薩婆多部毘尼摩得勒伽十卷**　(南朝宋)釋僧伽跋摩譯　民國十二年(1923)常州天寧寺刻本　三冊

330000－1704－0003334　007598　史部/傳記類/別傳之屬/事狀

**黃仲弢學士輓聯不分卷**　趙爾巽等撰　民國油印本　一冊

330000－1704－0003347　007632　集部/別集類/清別集

**野雲詩鈔十二卷補遺一卷**　(清)鮑文逵撰　民國二十四年(1935)上海鉛印本　一冊

330000－1704－0003353　007677　集部/別集類/清別集

**蒼梧山館集八卷**　(清)劉焯華撰　民國十二年至十五年(1923－1926)劉氏刻本　二冊

330000－1704－0003368　007639　集部/別集類/清別集

**轅下吟編一卷吴趨詞鈔一卷**　(清)吴繡虎撰　民國六年(1917)木活字印本　一冊

330000－1704－0003380　007704　集部/別集類/清別集

**初日山房詩集六卷**　(清)張之杲撰　民國五年(1916)錢塘張氏刻本　二冊

330000－1704－0003392　007609　集部/別集類/清別集

**鴻雪樓詩選初集四卷外集一卷名媛詩話八卷**　(清)沈善寶撰　民國十三年(1924)沈敏元鉛印本　二冊　缺八卷(名媛詩話一至八)

330000－1704－0003393　007684　集部/別集類/清別集

**道腴室遺稿二卷**　(清)江懷廷撰　民國十六年(1927)刻本　一冊

330000－1704－0003396　001294　子部/宗教類/佛教之屬/經

**佛說梵志阿颰經一卷**　(三國吳)釋支謙譯　**佛說寂志果經一卷**　(晉)釋竺曇無蘭譯　**佛說賴吒和羅經一卷**　(三國吳)釋支謙譯　**佛說善生子經**　(晉)釋支法度譯　**佛說數經一卷**　(晉)釋法炬譯　**佛說梵志頞波羅延問種尊經一卷**　(晉)釋竺曇無蘭譯　**三歸五戒慈心厭離功德經一卷**　**佛說須達經一卷**　(南朝齊)釋求那毗地譯　**佛為黃竹園老婆羅門說學經一卷**　**佛說梵摩喻經**　(三國吳)釋支謙譯　民國元年(1912)常州天寧寺刻本　一冊

330000－1704－0003404　007686　集部/別集類/清別集

**碧梧桐館詩存一卷**　(清)秦炳文撰　秦岱源輯　**皖卿詩存一卷**　(清)秦廷璧撰　秦岱源輯　民國二十年(1931)鉛印本　惟傑題記　一冊

330000－1704－0003407　007648　類叢部/叢書類/家集之屬

**侯官郭氏家集彙刊十二種**　郭則澐編　民國

二十三年(1934)侯官郭氏刻本　二冊　存一種

330000－1704－0003419　007651　集部/別集類/清別集

**西漚待商稿二卷**　(清)丁彭年撰　民國五年(1916)滬江刻本　一冊

330000－1704－0003420　007689　集部/總集類/氏族之屬

**胡氏二葉詩存二卷**　胡端行輯　民國十五年(1926)鉛印本　一冊

330000－1704－0003423　007652　集部/別集類/清別集

**萬里游草殘稿三卷**　(清)陸光祖撰　民國十三年(1924)沔陽盧氏慎始基齋刻沔陽叢書朱印本　一冊

330000－1704－0003428　001298　子部/宗教類/佛教之屬/經

**千光眼觀自在菩薩祕密法經一卷**　(唐)釋三昧蘇嚩羅譯　民國中央刻經院鉛印本　一冊

330000－1704－0003430　001299　子部/宗教類/佛教之屬/經

**阿育王經二卷**　(南朝宋)釋求那跋陀羅譯　民國蜀藏刊經處刻本　一冊

330000－1704－0003449　001309　子部/宗教類/佛教之屬/經

**佛說一切如來金剛壽命陀羅尼經一卷**　(唐)釋金剛智　(唐)釋智藏譯　**金剛壽命陀羅尼經一卷金剛壽命陀羅尼經法一卷**　(唐)釋三藏(不空)譯　**金剛壽命陀羅尼念誦法一卷**　(唐)釋金剛智　(唐)釋不空譯　民國十二年(1923)北京刻經處刻本　一冊

330000－1704－0003459　007616　集部/別集類/清別集

**小綠天庵遺詩二卷六舟山野紀事詩一卷**　(清)釋達受撰　民國九年(1920)海寧姚氏古樸山房鉛印本　一冊

330000－1704－0003463　007617　集部/別集類/清別集

**薌莄詩鈔二卷附詞一卷**　(清)閭邱德堅撰　朱惟公輯　民國十七年(1928)朱氏上海鉛印本　一冊

330000－1704－0003472　001304　子部/宗教類/佛教之屬/經

**佛說出生菩提心經一卷**　(隋)釋闍那崛多譯　民國九年(1920)金陵刻經處刻本　一冊

330000－1704－0003477　001310　子部/宗教類/佛教之屬/經

**佛說觀彌勒菩薩上生兜率陀天經一卷**　(南朝宋)釋沮渠京聲譯　**佛說彌勒下生經一卷　佛說彌勒成佛經一卷**　(後秦)釋鳩摩羅什譯　**佛說第一義法勝經一卷**　(北魏)釋瞿曇般若流支等譯　**佛說大威燈光仙人問疑經一卷**　(隋)釋闍那崛多譯　**一切法高王經一卷**　(北魏)釋瞿曇般若流支譯　民國元年(1912)常州天寧寺刻本　一冊

330000－1704－0003481　007581　集部/別集類/清別集

**八磚吟館詩存一卷**　(清)李忠鯁撰　民國鉛印本　一冊

330000－1704－0003494　007665　集部/別集類/清別集

**荊花館遺詩一卷**　(清)王慶雲撰　民國三十年(1941)王孝綺鉛印本　一冊

330000－1704－0003501　001314　子部/宗教類/佛教之屬/經

**佛說五大施經一卷**　(宋)釋施護等譯　**佛說戒香經一卷**　(宋)釋法賢譯　**佛說木槵子經一卷**　民國十一年(1922)懷古齋刻本　一冊

330000－1704－0003507　001318　子部/宗教類/佛教之屬/經

**佛說月上女經二卷**　(隋)釋闍那崛多譯　民國二十二年(1933)潮陽郭氏雙百鹿齋刻本　一冊

330000－1704－0003508　007777　史部/史評類/詠史之屬

**全史宮詞二十卷**　(清)史夢蘭撰　民國十年

(1921)上海著易堂書局鉛印本　六册

330000－1704－0003515　007737　集部/别集類/清别集

**遵義鄭徵君遺著二十一卷**　(清)鄭珍撰　**坿屈廬詩稿四卷**　(清)鄭知同撰　民國三年至四年(1914－1915)陳夔龍花近樓刻本　一册　存四卷(屈廬詩稿一至四)

330000－1704－0003519　007739　集部/别集類/清别集

**清邃堂遺詩六卷**　(清)顔宗儀撰　民國三十二年(1943)上海涵芬樓據海鹽顔氏大海明月樓寫本影印本　劉史超題記　二册

330000－1704－0003532　007828　集部/别集類/清别集

**許伯信詩三卷**　(清)許一鈞撰　民國抄本　楊青跋　一册

330000－1704－0003533　001320　子部/宗教類/佛教之屬/諸宗

**禪宗正旨三卷**　題(印度)阿難陀尊者述　(清)劉體恕編　民國鉛印本　一册

330000－1704－0003536　007745　集部/别集類/清别集

**鴻軒詩稿四卷**　(清)李慎儒撰　民國十九年(1930)丹徒李氏刻本　一册

330000－1704－0003538　007741　集部/别集類/清别集

**養拙齋詩存八卷外集二卷**　(清)曾元澄撰　民國十三年(1924)曾宗鑒鉛印本　二册

330000－1704－0003539　007744　集部/别集類/清别集

**紉蘭室詩鈔三卷鰈硯廬詩鈔二卷鰈硯廬聯吟集一卷**　(清)嚴永華撰　民國八年(1919)刻本　一册　缺三卷(紉蘭室詩鈔一至三)

330000－1704－0003544　007830　集部/别集類/清别集

**巢經巢逸詩一卷**　(清)鄭珍撰　民國二十一年(1932)金陵盧氏飲虹簃刻本　一册

330000－1704－0003545　007831　集部/别集類/清别集

**補讀室詩稿十卷**　(清)朱蘭撰　民國二十二年(1933)中華書局鉛印本　二册

330000－1704－0003560　001324　子部/宗教類/佛教之屬/諸宗

**禪宗永嘉集一卷附證道歌**　(唐)釋玄覺撰　民國十一年(1922)北京刻經處刻本　一册

330000－1704－0003593　007746　集部/别集類/清别集

**秋蟪吟館詩鈔七卷**　(清)金和撰　民國五年(1916)上元金氏刻本　五册

330000－1704－0003602　001351　子部/宗教類/佛教之屬/諸宗

**寄禪安禪師語録一卷**　釋敬安撰　民國四年(1915)寧波文鈺齋刻本　一册

330000－1704－0003606　007788　集部/别集類/清别集

**補蘿書屋詩鈔四卷**　(清)李飛英撰　陳樹鈞輯　民國四年(1915)太平陳氏刻本　二册

330000－1704－0003607　009197　集部/總集類/郡邑之屬

**永嘉集内編四十八卷外編二十六卷**　(清)孫衣言輯　民國永嘉黄氏敬鄉樓抄本　楊紹廉過録清孫衣言、清孫詒讓校　劉景晨校　三十五册

330000－1704－0003608　001349　子部/宗教類/佛教之屬/諸宗

**逆川智順禪師語録一卷鐵關法樞禪師語録一卷**　民國永嘉黄氏敬鄉樓抄本　楊紹廉校　一册

330000－1704－0003609　001348　子部/宗教類/佛教之屬/諸宗

**寄禪安禪師語録一卷**　釋敬安撰　民國四年(1915)寧波文鈺齋刻本　一册

330000－1704－0003628　007837　集部/别集類

**朱廬文選一卷**　孫宣撰　稿本　一册

330000－1704－0003633　001341　子部/宗教類/佛教之屬/諸宗

**校正六祖大師法寶壇經一卷壇經註釋一卷**　(唐)釋法海等録　民國十四年(1925)長沙佛教正信會刻本　二册

330000－1704－0003636　007933　集部/别集類/清别集

**瓶廬詩補遺一卷校異一卷詞一卷**　(清)翁同龢撰　張蘭思輯　民國十年(1921)上海聚珍倣宋印書局鉛印本　一册

330000－1704－0003641　007869　集部/别集類/清别集

**茗香館遺草一卷**　(清)祝幼珊撰　民國十八年(1929)祝履中影印本暨鉛印本　一册

330000－1704－0003646　007936　集部/别集類/清别集

**希達齋存稿二卷**　(清)田延年撰　民國十三年(1924)田應韶、田應璜鉛印本　二册

330000－1704－0003649　007838　集部/總集類/選集之屬/通代

**唐宋名文選讀一卷**　馬敘倫編　民國二十年(1931)清華大學鉛印本　一册

330000－1704－0003650　007839　集部/詩文評類/詩評之屬

**唐宋詩舉要八卷**　高步瀛撰　民國鉛印本　六册

330000－1704－0003656　001370　子部/宗教類/佛教之屬/諸宗

**删定止觀六卷天台智者大師傳論一卷天台止觀統例一卷**　(唐)梁肅撰　民國十一年(1922)北京刻經處刻本　三册

330000－1704－0003658　007798　集部/别集類/清别集

**養拙齋詩存八卷外集二卷**　(清)曾元澄撰　民國十三年(1924)曾宗鑒鉛印本　二册

330000－1704－0003660　001369　子部/宗教類/佛教之屬/諸宗

**天台教觀選録八卷**　(隋)釋智顗撰　釋諦閑選　民國九年(1920)揚州藏經院刻本　釋企蓮題簽　五册

330000－1704－0003664　007873　集部/别集類/清别集

**容川詩鈔四卷**　(清)蔣澤澐撰　民國十三年(1924)北京鉛印本　二册

330000－1704－0003666　001368　子部/宗教類/佛教之屬/諸宗

**大乘止觀述記二十卷**　釋諦閑說　釋聖性釋聖心筆記　江味農演述　民國十九年(1930)上海功德林佛經流通處刻本　六册

330000－1704－0003668　007874　集部/别集類/清别集

**未能寡過齋詩初稿一卷續編一卷**　(清)楊叔懌撰　民國二十三年(1934)張壽鏞刻本　一册

330000－1704－0003670　007859　集部/别集類/清别集

**真意齋遺箸一卷詩外一卷**　(清)許楣撰　民國十一年(1922)鉛印本　一册

330000－1704－0003673　007799　類叢部/叢書類

**番禺葉氏遐庵叢書**　葉恭綽輯　民國番禺葉氏影印本暨鉛印本　二册　存一種

330000－1704－0003680　007849　集部/總集類/題詠之屬

**白下愚園集□□種**　(清)胡光國輯　民國六年(1917)刻本　一册

330000－1704－0003681　007922　集部/别集類

**嵩溵詩集二卷**　章寶銓撰　民國八年(1919)石印本　一册

330000－1704－0003685　007924　集部/别集類/清别集

**精選桐鄉嚴辰緇生墨花吟館詩鈔不分卷**　(清)嚴辰撰　民國戴炳驄抄本　三册

330000－1704－0003687　007875　集部/别

集類

**且退草堂叢書**　民國二十三年(1934)鉛印本　一册　存一種

330000－1704－0003692　007877　集部/別集類/清別集

**福雅堂詩鈔十六卷**　(清)林鶴年撰　民國五年(1916)福建廈門怡園鉛印本　一册　存四卷(十三至十六)

330000－1704－0003696　007768　集部/別集類/清別集

**僊蜨樓詩存四卷**　(清)吳頤吉撰　(清)吳詠桐編輯　民國五年(1916)鉛印本　一册

330000－1704－0003697　007926　集部/別集類/清別集

**廣雅堂詩集不分卷**　(清)張之洞撰　民國中國詩畫會社石印本　四册

330000－1704－0003698　007927　集部/別集類/清別集

**張文襄公詩集四卷**　(清)張之洞撰　民國六年(1917)上海集益書局石印本　四册

330000－1704－0003702　007879　集部/別集類/清別集

**萬八山房詩鈔八卷**　(清)孫春澤撰　民國二十五年(1936)鉛印本　一册

330000－1704－0003707　007881　集部/別集類/清別集

**晚香堂詩存五卷**　(清)雷鍾德撰　民國十四年(1925)安康雷氏鉛印本　一册

330000－1704－0003708　007930　集部/別集類/清別集

**越縵堂詩初集十卷詞録二卷續集十卷**　(清)李慈銘撰　民國二十年(1931)、二十二年(1933)上海商務印書館鉛印本　五册

330000－1704－0003711　007803　集部/別集類/清別集

**繭窩遺詩三卷**　(清)張印撰　(清)林昌虞編次　民國三年(1914)利福公司鉛印本　一册

330000－1704－0003720　007770　集部/別集類/清別集

**蘭雪齋詩鈔四卷**　(清)陳寅撰　民國七年(1918)陳氏鉛印本　四册

330000－1704－0003723　001363　子部/宗教類/佛教之屬/諸宗

**法幢幟禪師語録三卷**　(清)釋超寤編　民國永嘉黃氏敬鄉樓抄本　楊紹廉批校　一册

330000－1704－0003725　001365　子部/宗教類/佛教之屬/諸宗

**禪宗決疑集一卷**　(元)釋智徹撰　民國九年(1920)金陵刻經處刻本　一册

330000－1704－0003727　001362　子部/宗教類/佛教之屬/諸宗

**禪宗追心非量頌一卷**　民國二十二年(1933)寧波三寶經房刻本　一册

330000－1704－0003733　001356　子部/宗教類/佛教之屬/諸宗

**法寶壇經解義二卷**　(清)許聖可撰　民國二十三年(1934)淨名精舍鉛印本　二册

330000－1704－0003734　001355　子部/宗教類/佛教之屬/諸宗

**角虎集六卷**　(清)釋濟能纂輯　民國八年(1919)金陵刻經處刻本　二册

330000－1704－0003736　007967　集部/別集類/清別集

**人境廬詩草箋注十一卷補遺一卷**　(清)黃遵憲撰　錢萼孫箋注　**嘉應黃先生墓誌銘一卷**　梁啓超撰　**黃公度先生年譜一卷**　錢萼孫撰　**詩話二卷**　錢萼孫輯　民國二十五年(1936)上海商務印書館鉛印本　三册

330000－1704－0003744　001354　集部/總集類/彙編之屬

**澹宗五卷**　胡維銓編　民國二十二年(1933)上海佛學書局鉛印本　一册

330000－1704－0003746　001352　子部/宗教類/佛教之屬/諸宗

**宗鏡撮要一卷**　(宋)釋曇賁撰　民國永嘉黃

氏敬鄉樓抄本　一册

330000－1704－0003748　007886　類叢部/叢書類/自著之屬

**陳氏全書□□種**　陳榮昌撰　民國八年(1919)刻本　六册　存一種

330000－1704－0003757　007973　集部/別集類/清別集

**澹人自怡草一卷**　(清)吳大根撰　吳本善輯録　**悫齋詩存九卷**　(清)吳大澂撰　吳湖帆　潘靜淑輯　民國三十三年(1944)吳氏梅景書屋鉛印本　一册

330000－1704－0003758　007939　集部/別集類

**玩止水齋遺稿四卷**　李輔燿撰　民國十年(1921)刻本　一册

330000－1704－0003760　007940　類叢部/叢書類/家集之屬

**侯官郭氏家集彙刊十二種**　郭則澐編　民國二十三年(1934)侯官郭氏刻本　一册　存一種

330000－1704－0003761　008161　集部/別集類/清別集

**蛻庵集二卷附録一卷**　(清)麥孟華撰　民國二十五年(1936)鉛印本　一册

330000－1704－0003763　008162　集部/別集類

**古朠齋詩稿一卷**　何家翰撰　民國三年(1914)鉛印本　林損題記　一册

330000－1704－0003765　007974　類叢部/叢書類/家集之屬

**武林丁氏家集十三種**　丁立誠　丁立中撰　民國錢塘丁氏嘉惠堂鉛印本　七册　存六種

330000－1704－0003766　008163　集部/別集類

**鳴秋軒詩鈔二集二卷**　王心廉撰　民國十三年(1924)石印本　一册

330000－1704－0003771　008165　集部/別集類

**番藷雜詠一卷**　吳增撰　民國二十六年(1937)泉山書社印刷部鉛印本　一册

330000－1704－0003772　008167　集部/別集類

**杏紅館詩鈔甲集一卷**　袁紹昂撰　民國影印本　一册

330000－1704－0003775　007811　集部/別集類/清別集

**古杼秋館詩集四卷**　(清)侯楨撰　民國四年(1915)石印本　一册

330000－1704－0003780　008168　集部/別集類/清別集

**春秋后妃本事詩一卷遯齋殘稿一卷**　(清)李步青撰　民國十六年(1927)雲在山房鉛印本　一册

330000－1704－0003782　008169　集部/別集類

**桂伯華先生遺詩一卷**　桂念祖撰　民國鉛印本　一册

330000－1704－0003783　008170　集部/別集類

**山外樓詩稿一卷塵天閣詩草一卷**　徐商濟撰　民國八年(1919)鉛印本　一册

330000－1704－0003784　008171　集部/別集類

**含嘉室詩集八卷**　吳士鑑撰　民國鉛印本　二册

330000－1704－0003785　008172　集部/別集類

**柳谿詩稿一卷**　向迪琮撰　民國十五年(1926)鉛印本　一册

330000－1704－0003788　008173　集部/別集類

**濤園詩集四卷**　沈瑜慶撰　民國九年(1920)李宣龔鉛印本　二册

330000－1704－0003791　007896　類叢部/

叢書類/自著之屬

**晨風廬叢刊十八種** 周慶雲撰 民國吳興周氏夢坡室刻本 一册 存一種

330000－1704－0003792 001378 子部/宗教類/佛教之屬/諸宗

**始終心要義疏一卷** 釋靜修撰 民國二十一年(1932)寧波梅墟鎮萬華印局鉛印本 一册

330000－1704－0003794 008174 集部/別集類

**寒碧軒詩一卷** 林景行撰 民國十年(1921)鉛印本 一册

330000－1704－0003795 008175 集部/別集類

**知稼軒詩六卷** 張元奇撰 民國二年(1913)鉛印本 一册

330000－1704－0003799 008176 集部/別集類

**臥雪堂詩集十二卷** 袁嘉穀撰 民國十六年(1927)雲南開智公司鉛印本 二册

330000－1704－0003800 008177 集部/別集類

**十髮盦全集** 程頌萬撰 民國影印本 一册 存一種

330000－1704－0003802 007899 集部/別集類/清別集

**永嘉金石百詠一卷永嘉三百詠三卷** 丁立誠撰 **和永嘉百詠一卷** 丁立中撰 民國九年(1920)錢塘丁氏嘉惠堂鉛印本 一册

330000－1704－0003803 008178 集部/別集類

**石雪齋詩稿四卷** 徐宗浩撰 民國十五年(1926)鉛印本 一册

330000－1704－0003805 008179 集部/別集類

**閉關吟一卷淡園吟續集一卷** 釋了幻撰 民國石印本 一册

330000－1704－0003807 008180 集部/別集類

**澎湖遺老續集四卷** 金蓉鏡撰 民國二十年(1931)刻本 一册

330000－1704－0003810 007946 類叢部/叢書類/家集之屬

**蒯氏家集四種** 蒯壽樞輯 民國十八年(1929)合肥蒯氏江寧刻本 二册 存一種

330000－1704－0003811 008182 集部/別集類

**惺庵遺詩八卷** 石德芬撰 民國二十年(1931)鉛印本 二册

330000－1704－0003812 008183 集部/別集類

**碧棲詩一卷補遺一卷碧棲詞一卷補遺一卷** 王允皙撰 民國鉛印本 一册

330000－1704－0003814 008184 集部/別集類

**影史樓戊己詩存一卷** 程學恂撰 民國公孚印書局鉛印本 一册

330000－1704－0003817 007948 集部/別集類/清別集

**覆瓿草二卷** (清)劉其清撰 民國五年(1916)葛嗣浵申江刻本 一册

330000－1704－0003819 008185 集部/別集類

**南湖居士拈花集一卷潭柘紀游詩一卷附録一卷** 廉泉撰 吳芝瑛編 民國鉛印本 一册

330000－1704－0003821 008186 集部/別集類

**北江詩五卷** 吳闓生撰 民國十二年(1923)文學社鉛印本 一册

330000－1704－0003823 008187 集部/別集類

**百衲詩存一卷** 袁克權撰 民國鉛印本 一册

330000－1704－0003827 008195 集部/別集類

**睫闇詩鈔續集七卷**　裴景福撰　**夢痕集一卷**　裴景綬撰　民國十八年(1929)鉛印本　二冊

330000－1704－0003828　008188　集部/別集類

**睫闇詩鈔十卷**　裴景福撰　民國七年(1918)金保權石印本　四冊

330000－1704－0003830　007950　集部/別集類/清別集

**瓶廬詩稿八卷**　(清)翁同龢撰　翁斌孫輯　民國八年(1919)邵松年武昌刻本　四冊

330000－1704－0003832　008189　集部/別集類

**湖海吟草一卷**　陳明撰　民國鉛印本　陳明題記　一冊

330000－1704－0003836　007951　集部/別集類/清別集

**隨山館詩簡編四卷**　(清)汪瑔撰　民國三十二年(1943)陳群澤存書庫刻藍印本　一冊

330000－1704－0003838　008190　集部/別集類

**天台遊草一卷**　王善欽撰　民國二十三年(1934)鉛印本　一冊

330000－1704－0003839　008047　集部/別集類/清別集

**五瑞齋詩鈔六卷**　(清)姚濬昌撰　民國鉛印本　一冊

330000－1704－0003843　008191　集部/別集類

**己未集一卷戊辰集一卷己巳集一卷**　張朝墉撰　民國鉛印本　三冊

330000－1704－0003846　008192　集部/別集類

**南歸集一卷**　張翥撰　民國十三年(1924)鉛印本　一冊

330000－1704－0003850　008193　集部/別集類

**遯廬詩存一卷**　王人文撰　民國天津大公報館鉛印本　一冊

330000－1704－0003852　008050　集部/別集類/清別集

**汪悔翁詩續鈔一卷**　(清)汪士鐸撰　民國十五年(1926)江寧鄧氏影印本　孫宣觀款　一冊

330000－1704－0003853　009720　集部/總集類/彙編之屬

**寒隱社叢書**　寒隱社編　民國元年(1912)寒隱社鉛印本　一冊　存一種

330000－1704－0003856　008196　集部/別集類

**無恙初稿不分卷**　楊無恙撰　民國武進董氏誦芬室刻本　一冊

330000－1704－0003857　007815　集部/別集類/清別集

**陳東塾先生遺詩一卷**　(清)陳澧撰　汪兆鏞輯　民國二十年(1931)刻本　一冊

330000－1704－0003859　007905　集部/別集類/清別集

**竹山堂詩稿二卷詞稿一卷**　(清)潘祖同撰　民國七年(1918)吳縣潘氏刻本　一冊

330000－1704－0003860　008197　集部/別集類

**澄園詩集六卷**　何雯撰　民國十四年(1925)王揖唐鉛印本　一冊

330000－1704－0003861　007906　集部/別集類/清別集

**澂園詩集十卷首一卷**　(清)徐樹銘撰　(清)徐慤立編　民國七年(1918)鉛印本　四冊

330000－1704－0003863　001376　子部/宗教類/佛教之屬/諸宗

**始終心要解略鈔一卷**　釋諦閑解　駱印雄鈔　民國十五年(1926)寧波觀宗講寺鉛印本　一冊

330000－1704－0003864　008198　集部/別

集類

**慈衛室詩一卷訒齋詩草一卷粵游集一卷非菴詩草一卷非翁詩稿一卷**　譚延闓撰　民國二十年(1931)譚澤闓石印本　四册

330000－1704－0003866　008199　集部/別集類

**頤瑣室詩四卷**　湯寶榮撰　民國十五年(1926)湯氏刻本　二册

330000－1704－0003867　008200　集部/別集類

**達廬詩録四卷**　馮善徵撰　民國十六年(1927)鉛印本　一册

330000－1704－0003868　001375　子部/宗教類/佛教之屬/諸宗

**修習般若波羅蜜菩薩觀行念誦儀軌一卷**　(唐)釋不空譯　民國上海佛學書局影印本　一册

330000－1704－0003873　008052　集部/別集類

**青郊六十自定稿四卷**　梁煥奎撰　民國十六年(1927)鉛印本　二册

330000－1704－0003875　007990　集部/別集類/清別集

**華蕊樓遺稿一卷**　(清)徐熙珍撰　民國五年(1916)刻本　一册

330000－1704－0003878　008056　集部/別集類

**吴烈士遺詩二卷**　(清)吴禄貞撰　民國影印本　李式夔題記　一册

330000－1704－0003884　001371　子部/宗教類/佛教之屬/諸宗

**教觀綱宗一卷**　(明)釋智旭撰　民國北京法輪印字局鉛印本　一册

330000－1704－0003885　001389　子部/宗教類/佛教之屬/諸宗

**皇懺隨聞録十卷**　釋諦閑講　釋寶静輯　民國十四年(1925)鉛印本　三册

330000－1704－0003889　001386　子部/宗教類/佛教之屬/諸宗

**天台傳佛心印記註二卷**　(明)釋傳燈註　民國十三年(1924)杭州刻經處刻本　一册

330000－1704－0003891　008057　集部/別集類/清別集

**范伯子詩集十九卷**　(清)范當世撰　**蘊素軒詩稿四卷**　姚倚雲撰　民國鉛印本　四册

330000－1704－0003898　008060　集部/別集類

**水竹邨人集十二卷**　徐世昌撰　民國九年(1920)石印本　三册

330000－1704－0003899　008063　集部/別集類

**水竹邨人集十二卷**　徐世昌撰　民國七年(1918)天津徐氏刻本　四册

330000－1704－0003901　007993　集部/別集類/清別集

**幸草亭詩鈔二卷**　(清)楊文瑩撰　民國八年(1919)錢塘楊氏勖采堂鉛印本　二册

330000－1704－0003904　008054　類叢部/叢書類/彙編之屬

**墨巢叢刻**　李宣龔輯　民國鉛印本　一册　存一種

330000－1704－0003905　008055　集部/別集類/清別集

**晚翠軒集一卷**　(清)林旭撰　**崦樓遺藁二卷**　(清)沈鵲應撰　民國鉛印本　一册

330000－1704－0003911　001382　子部/宗教類/佛教之屬/諸宗

**隨自意三昧一卷**　(南朝陳)釋慧思撰　**觀心誦經法一卷**　(隋)釋智顗撰　民國八年(1919)、九年(1920)北京刻經處刻本　一册

330000－1704－0003912　001381　子部/宗教類/佛教之屬/諸宗

**禮念彌陀道場懺法十卷**　(元)王子成輯　民國九年(1920)北京刻經處刻本　三册

330000－1704－0003913　008136　集部/別集類

**念石齋詩五卷古樂府一卷詩餘一卷**　梅際郇撰　民國二十四年(1935)鉛印本　二册

330000－1704－0003915　007997　集部/別集類

**心聲槀草四卷附録一卷**　趙曾望撰　民國二十三年(1934)石印本　三册

330000－1704－0003916　008138　集部/別集類

**鈍安詩八卷**　傅熊湘撰　民國十三年(1924)傅熊湘刻本　黄裳題記　二册

330000－1704－0003917　008139　集部/別集類

**玉山詩集四卷**　周馥撰　民國九年(1920)上海聚珍仿宋印書局鉛印本　二册

330000－1704－0003919　008140　集部/別集類/清別集

**澹如軒詩鈔一卷詞鈔一卷**　惲炳孫撰　民國十一年(1922)上海聚珍仿宋印書局鉛印本　一册

330000－1704－0003920　007954　集部/別集類/清別集

**風月廬詩稿一卷**　(清)徐煥謨撰　民國四年(1915)桐鄉徐氏愛日館刻五年(1916)印本　一册

330000－1704－0003921　008141　集部/別集類

**唾蕣詩集九卷**　羅傑撰　民國四年(1915)宣南刻本　一册

330000－1704－0003924　007999　集部/別集類/清別集

**姑妄存之詩鈔一卷**　(清)徐致祥撰　民國三十二年(1943)鉛印本　一册

330000－1704－0003926　008143　集部/別集類

**百衲詩存一卷**　袁克權撰　民國鉛印本　一册

330000－1704－0003927　007956　集部/別集類/清別集

**海雲閣詩鈔一卷**　(清)葉衍蘭撰　民國十七年(1928)葉恭綽刻本　一册

330000－1704－0003928　001390　子部/宗教類/佛教之屬/諸宗

**復菴和尚華嚴綸貫一卷**　(宋)釋復菴述　**修華嚴懺九會請佛結壇儀式一卷**　**修華嚴懺九會請佛儀一卷**　(唐)釋一行　(唐)釋慧覺録　**華嚴普賢行願懺儀一卷**　(宋)釋淨源編集　民國元年(1912)刻本　一册

330000－1704－0003930　008064　集部/別集類

**水竹邨人詩選二十七卷**　徐世昌撰　曹秉章編　柯劭忞選　民國二十年(1931)天津徐氏退耕堂刻本　六册

330000－1704－0003931　008061　集部/別集類

**瞿文慎公詩選遺墨不分卷**　瞿鴻禨撰　瞿宣樸　瞿宣治　瞿宣穎編　民國八年(1919)長沙瞿氏超覽樓石印本　四册

330000－1704－0003932　008062　集部/別集類

**大鶴山人詩集二卷**　鄭文焯撰　民國十二年(1923)蘇州振新書社刻本　二册

330000－1704－0003933　008065　集部/別集類

**退園題畫詩六卷**　徐世昌撰　民國十七年(1928)徐氏退耕堂刻藍印本　二册

330000－1704－0003934　008066　集部/別集類

**爰居閣詩十卷續一卷**　梁鴻志撰　民國二十七年(1938)刻本　五册

330000－1704－0003935　015911　集部/詩文評類/詩評之屬

**古今詩學大全六卷**　世界書局編輯所編輯　民國十五年(1926)上海世界書局石印本　一册　存一種

330000－1704－0003936　008068　類叢部/叢書類/自著之屬
**吾暇堂叢稿**　諸宗元撰　民國十九年(1930)上海鉛印本　一冊　存一種

330000－1704－0003937　008070　集部/別集類
**龍顧山房詩賸集四卷**　郭則澐撰　民國三十三年(1944)油印本　一冊

330000－1704－0003938　008071　類叢部/叢書部
**爰居閣叢書**　梁鴻志輯　民國二十三年(1934)鉛印本　一冊　存一種

330000－1704－0003939　008072　集部/別集類
**詩史閣壬癸詩存六卷補遺一卷**　孫雄撰　民國十三年(1924)鉛印本　三冊

330000－1704－0003940　008144　集部/別集類
**嘯盦詩存十三卷**　夏仁虎撰　民國夏仁虎刻本　四冊

330000－1704－0003941　008145　集部/別集類
**嘯盦詩存四卷**　夏仁虎撰　民國九年(1920)夏仁虎刻本　二冊

330000－1704－0003942　008242　集部/別集類
**小竹里館吟草九卷樂靜詞一卷**　俞陛雲撰　民國刻本　賢書題記　二冊

330000－1704－0003943　008146　類叢部/叢書類/自著之屬
**藏齋集□□種**　趙元禮撰　民國鉛印本　一冊　存一種

330000－1704－0003944　008147　集部/別集類
**司君灌青甲子戰績詩録一卷**　司平章撰　民國十四年(1925)石印本　文澤題簽　一冊

330000－1704－0003945　008148　集部/別集類
**吹劍軒詩鈔一卷**　馬兆麟撰　民國二十六年(1937)馬廷玨鉛印本　馬雪邨題記　一冊

330000－1704－0003946　008243　集部/別集類/清別集
**夢禪室詩集十三卷**　(清)林蒼撰　民國石印本　四冊

330000－1704－0003947　008149　集部/別集類
**北山草堂詩選二卷**　高增爵撰　民國二十四年(1935)鉛印本　孫誠巨題記　一冊

330000－1704－0003948　008244　集部/別集類
**白心草堂詩集一卷**　楊鈞撰　民國鉛印本　一冊

330000－1704－0003950　008073　集部/別集類
**鳴堅白齋詩存十二卷補遺一卷**　沈汝瑾撰　民國十年(1921)刻本　四冊

330000－1704－0003951　007959　集部/別集類
**青郊詩存六卷**　梁煥奎撰　民國元年(1912)長沙梁氏刻本　二冊

330000－1704－0003952　008150　類叢部/叢書類/彙編之屬
**滄海叢書第五輯**　張伯楨輯　民國二十六年(1937)刻本　一冊　存一種

330000－1704－0003953　007960　集部/別集類/清別集
**歸牧集一卷**　(清)費念慈撰　民國十七年(1928)費氏刻本　宋慈褒題記　一冊

330000－1704－0003954　008074　集部/別集類
**天梅遺集十六卷**　高旭撰　民國二十三年(1934)萬梅花廬刻本　二冊

330000－1704－0003956　008075　集部/別集類

**名山詩集五卷** 錢振鍠撰 民國十五年(1926)浙江瑞安刻本 一册

330000－1704－0003958 008076 集部/別集類

**頤淵詩集一卷** 經亨頤撰 民國二十五年(1936)鉛印本 一册

330000－1704－0003960 008079 集部/別集類

**白龍山人題畫詩二卷** 王震撰 民國十六年(1927)鉛印本 一册

330000－1704－0003961 008152 集部/別集類

**舜若多齋吟草不分卷** 張應銘撰 民國二十五年(1936)衢縣阜成紙莊印刷部鉛印本 一册

330000－1704－0003962 008246 集部/別集類

**山色夕陽樓吟草一卷** 鄭霽光撰 民國十六年(1927)刻本 一册

330000－1704－0003964 008153 集部/別集類

**南園詩集一卷** 曹廣權撰 民國二十六年(1937)鉛印本 一册

330000－1704－0003965 008154 集部/別集類

**嚴範孫先生古近體詩存稿三卷** 嚴修撰 民國二十六年(1937)鉛印本 一册

330000－1704－0003966 008080 集部/別集類

**亥既集一卷** 郭曾炘撰 民國八年(1919)京華印書局鉛印本 一册

330000－1704－0003967 008000 集部/別集類/清別集

**隱怡山房小詠一卷** (清)沈蘭徵撰 民國二十四年(1935)鉛印本 一册

330000－1704－0003969 008001 集部/別集類/清別集

**文道希先生遺詩一卷** (清)文廷式撰 葉恭綽輯 民國十八年(1929)鉛印本 一册

330000－1704－0003971 008247 集部/別集類

**辛曰簃詩讔三卷** 葉昌熾撰 民國十二年(1923)刻本 一册

330000－1704－0003974 008309 集部/別集類

**蟲天詩集一卷** 柳萬撰 民國柳萬鉛印本 一册

330000－1704－0003976 008093 類叢部/叢書類/自著之屬

**周晉琦遺著三種** 周曾錦撰 民國十年(1921)鉛印本 一册

330000－1704－0003978 008311 集部/總集類/酬唱之屬

**虎林銷夏集一卷** 沈鈞輯 民國三年(1914)杭城興業印書局鉛印本 一册

330000－1704－0003979 008248 集部/別集類

**絅盦詩存二卷** 錢溯灝撰 民國二十年(1931)錢諶槃鉛印本 一册

330000－1704－0003980 008094 集部/別集類

**槐樓詩鈔一卷** 陳懋鼎撰 民國三十八年(1949)陳儲鉛印本 一册

330000－1704－0003981 008095 集部/別集類

**完巢賸稿一卷** 王旭莊撰 民國十年(1921)上海聚珍倣宋印書局鉛印本 一册

330000－1704－0003982 008311 集部/別集類

**卍雲詩稿一卷** 雲泉法師撰 民國三年(1914)童玉華等鉛印本 一册

330000－1704－0003983 008312 集部/別集類

**丁子居賸草一卷詩餘一卷** 丁三在撰 民國

十一年(1922)丁氏鉛印本　一冊

330000－1704－0003984　008096　集部/別集類

**端虚室賸稿二卷**　鮑毓東撰　民國二十四年(1935)南陵徐氏鉛印本　一冊

330000－1704－0003985　008313　集部/別集類

**非儒非俠齋詩一卷**　顧燮光撰　民國鉛印本　一冊

330000－1704－0003986　008003　集部/別集類/清別集

**日長山静草堂詩存二卷補遺一卷**　汪達鈞撰　民國二十年(1931)六合孫氏影印本　一冊

330000－1704－0003987　008249　集部/別集類

**蜕塵軒詩存二卷詩餘附存二卷聊復軒詩存一卷詩餘附存一卷**　施贊唐撰　**吴興家粹輯存一卷**　施贊唐輯　民國八年(1919)木活字印本　四冊

330000－1704－0003989　008314、008315　集部/別集類

**居易齋詩存□□卷外集一卷**　靳志撰　民國鉛印本　二冊　存四卷(十至十二、外集)

330000－1704－0003990　008099　史部/史評類/詠史之屬

**讀史千詠六卷**　徐公修撰　民國二十三年(1934)山光塔影樓刻朱印本　二冊

330000－1704－0003991　001406　子部/宗教類/佛教之屬/論

**顯識論一卷轉識論一卷**　(南朝陳)釋真諦譯　民國十一年(1922)金陵刻經處刻本　一冊

330000－1704－0003994　008100　集部/別集類

**後雲居館詩鈔四卷**　鄭萬瞻撰　民國三十年(1941)影印本　一冊

330000－1704－0003995　008101　集部/別集類

**溉齋詩存三卷詩鐘一卷**　江衡撰　民國十四年(1925)鉛印本　一冊

330000－1704－0003996　008005　集部/別集類/清別集

**涵齋遺稿一卷**　(清)徐仁鑄撰　民國八年(1919)鉛印本　一冊

330000－1704－0003997　008006　集部/別集類/清別集

**青學齋集三十六卷**　(清)汪之昌撰　民國二十年(1931)新陽汪氏刻本　一冊　存四卷(三十三至三十六)

330000－1704－0003998　008102　集部/別集類

**復齋詩存八卷詞鈔一卷聯句一卷**　李景驤撰　民國十七年(1928)鉛印本　二冊

330000－1704－0004000　008103　集部/別集類

**微尚齋詩續稾三卷**　汪兆鏞撰　民國二十九年(1940)鉛印本　一冊　缺一卷(蟄居集)

330000－1704－0004001　008316　集部/別集類

**磨盾餘墨一卷**　馬福祥撰　民國鉛印本　一冊

330000－1704－0004003　008317　集部/別集類

**小丹邱詩存十八卷新樂府一卷**　柯驊威撰　民國二十年(1931)石印本　三冊　缺五卷(一至五)

330000－1704－0004004　008250　類叢部/叢書類/家集之屬

**長沙瞿氏叢刊五種**　瞿宣穎輯　民國二十二年至二十四年(1933－1935)長沙瞿氏鉛印本　二冊　存一種

330000－1704－0004005　008104　集部/別集類

**士學集一卷**　張怡祖撰　民國鉛印本　一冊

330000－1704－0004006　008105　集部/別

集類

**道園詩稿六卷** 許葆翰撰 民國鉛印本 二册

330000－1704－0004007 008251 集部/别集類

**平齋詩存三卷續編三卷** 何剛德撰 民國十八年(1929)、二十年(1931)刻本 三册

330000－1704－0004008 008106 集部/别集類

**鄭齋感逝詩甲集四卷乙集一卷題詞彙録一卷** 孫雄撰 民國七年(1918)鉛印本 二册 缺三卷(甲集三至四、乙集)

330000－1704－0004009 008107 集部/别集類

**辛未旅燕雜感百六首一卷** 彭舉撰 民國二十年(1931)鉛印本 一册

330000－1704－0004010 008108 集部/别集類

**嘯虹生詩鈔四卷續鈔三卷** 邱煒萲撰 民國鉛印本 一册

330000－1704－0004011 008287 類叢部/叢書類/自著之屬

**哭盦叢書** 易順鼎撰 民國鉛印本 二册 存一種

330000－1704－0004012 008078 集部/别集類

**單雲甲戌稿一卷** 陳寥士撰 民國二十四年(1935)油印本 一册

330000－1704－0004013 008109 類叢部/叢書類/彙編之屬

**墨巢叢刻** 李宣龔輯 民國鉛印本 二册 存一種

330000－1704－0004014 008288 集部/别集類

**散原詩鈔一卷** 陳三立撰 民國石印本 一册

330000－1704－0004015 008289 集部/别集類

**燕子龕遺詩一卷** 蘇玄瑛撰 王德鍾輯 民國九年(1920)柳亞子鉛印本 一册

330000－1704－0004016 008077 集部/别集類

**蒔花老人自述詩遺稿一卷** 陳其謙撰 民國海寧利寧印刷所石印本 一册

330000－1704－0004017 008081 集部/别集類

**匏廬詩存九卷匏廬賸草一卷** 郭曾炘撰 民國十六年(1927)刻本 五册

330000－1704－0004018 008290 集部/别集類

**蕙愔閣詩集二卷詞一卷** 劉蘅撰 民國三十七年(1948)鉛印本 二册

330000－1704－0004019 008252 集部/别集類

**平齋詩存再續編二卷** 何剛德撰 民國二十四年(1935)刻本 一册

330000－1704－0004020 008082 集部/别集類

**網舊聞齋調刁集二十卷** 方守彝撰 **附録一卷** 潘田等撰 民國鉛印本 二册

330000－1704－0004021 008291 集部/别集類

**紅蘭館詩鈔八卷** 蘇大山撰 民國十七年(1928)鉛印本 二册

330000－1704－0004022 008110 集部/别集類

**藐廬詩集三卷** 寂園叟撰 民國鉛印本 一册

330000－1704－0004024 008111 集部/别集類

**冷巢集羽集二卷續集二卷三集二卷** 曹昌麟撰 民國十四年至十六年(1925－1927)永嘉鉛印本 三册

330000－1704－0004025 008112 集部/别

集類

**培根書屋詩草九卷**　孫熙鼎撰　民國十三年(1924)鉛印本　一册

330000－1704－0004026　008113　集部/別集類

**痛墜堂詩集二卷**　嚴復撰　民國十五年(1926)鉛印本　嚴羣題記　二册

330000－1704－0004027　008292　集部/別集類

**愼宜軒詩八卷**　姚永概撰　民國八年(1919)姚永概鉛印本　一册

330000－1704－0004028　008014　集部/別集類

**泗州楊尚書遺詩一卷**　楊士琦撰　民國三十一年(1942)鉛印本　一册

330000－1704－0004029　008293　集部/別集類

**簫心劍氣樓詩存一卷詩餘附存一卷聯語一卷辛未集一卷**　孫肇圻撰　民國十九年至二十一年(1930－1932)鉛印本　三册

330000－1704－0004032　008294　集部/別集類

**思齋詩二卷**　王浩撰　民國十四年(1925)王易鉛印本　王易題記　一册

330000－1704－0004033　008224　集部/別集類

**張季子詩録十卷**　張謇撰　民國三年(1914)南通翰墨林書局鉛印本　二册

330000－1704－0004034　008083　集部/別集類

**山青雲白軒詩草二卷**　傅宛撰　民國十一年(1922)鉛印本　二册

330000－1704－0004036　008295　集部/別集類

**稊園詩集**　關賡麟撰　民國南京中華全國鐵路協會鉛印本　一册　存二種

330000－1704－0004037　008084　集部/別集類

**蒹葭樓詩二卷**　黄節撰　民國二十三年(1934)鉛印本　一册

330000－1704－0004038　008296　類叢部/叢書類/自著之屬

**宗敬堂叢刻**　王履亨撰　民國鉛印本　黄德奇題記　一册　存一種

330000－1704－0004039　001403　子部/宗教類/佛教之屬/諸宗

**無畏三藏受戒懺悔文及禪門要法一卷**　(唐)釋善無畏說　**治禪病祕要法二卷**　(南朝宋)釋沮渠京聲譯　**禪法要解二卷**　(後秦)釋鳩摩羅什等譯　民國九年至十年(1920－1921)金陵刻經處刻本　一册

330000－1704－0004040　008085　集部/別集類

**石琴廬詩集二編首一卷末一卷**　張之漢撰　民國十七年(1928)瀋陽張氏刻本　四册

330000－1704－0004044　001401　子部/宗教類/佛教之屬

**弘法大師釋經十三種**　(日本)釋空海撰　民國十一年(1922)北京刻經處刻本　三册

330000－1704－0004045　008086　集部/別集類

**闇公詩存六卷**　丁傳靖撰　民國二十四年(1935)刻藍印本　二册

330000－1704－0004046　008088　集部/別集類

**海日樓詩二卷**　沈曾植撰　民國刻本　一册

330000－1704－0004047　008298　集部/別集類

**話夢集二卷**　何剛德撰　民國十四年(1925)何剛德刻本　一册

330000－1704－0004048　008087　子部/藝術類/書畫之屬/書法書品

**何詩孫手書詩稿四卷**　何維樸撰並書　民國十四年(1925)鹿川閣影印本　二册

330000－1704－0004049　008115　集部/總集類/題詠之屬
**長生殿題詞一卷**　許讃撰　民國六年(1917)石印本　一冊

330000－1704－0004050　008299　集部/別集類
**蠖樓吟草一卷**　李國杰撰　民國二十六年(1937)李國杰鉛印本　一冊

330000－1704－0004051　008225　集部/別集類
**蓼園詩鈔五卷**　柯劭忞撰　廉泉編　**校勘記一卷**　廉泉撰　民國十三年(1924)上海中華書局鉛印本　一冊

330000－1704－0004052　001400　子部/宗教類/佛教之屬/諸宗
**二十一尊度母禮讚經意樂解一卷**　達磨巴扎解　釋超一譯　民國二十五年(1936)無錫佛學真言研究社鉛印本　一冊

330000－1704－0004053　008116　集部/別集類
**稊園詩集**　關賡麟撰　民國南京中華全國鐵路協會鉛印本　一冊　存一種

330000－1704－0004054　008009　集部/別集類/清別集
**留餘齋詩集四卷**　(清)王鏡瀾撰　民國二十三年(1934)鉛印本　一冊

330000－1704－0004055　008226　集部/別集類
**天放樓詩集九卷續鈔一卷**　金天羽撰　民國十一年(1922)、十六年(1927)鉛印本　三冊

330000－1704－0004057　008300　集部/別集類
**松濤齋詩稿一卷**　陶崇信撰　民國十四年(1925)嘉興綺春閣鉛印本　一冊

330000－1704－0004059　008117　集部/別集類
**瓜廬詩賸二卷**　陳伯陶撰　民國二十年(1931)鉛印本　二冊

330000－1704－0004061　008227　集部/別集類
**畏廬詩存二卷**　林紓撰　民國鉛印本　一冊

330000－1704－0004062　008118　集部/別集類
**鶴窠村人詩稿八卷賓紅閣樂府一卷**　黄協塤撰　民國十九年(1930)鉛印本　一冊

330000－1704－0004063　008301　集部/總集類/氏族之屬
**徐季和先生喬梓遺稿三種**　沈秉璜等輯　民國三十二年(1943)鉛印本　一冊　存一種

330000－1704－0004064　001397　子部/宗教類/佛教之屬
**諸經要集二十卷**　(唐)釋道世撰　民國七年(1918)常州天寧寺刻本　十冊

330000－1704－0004065　008119　集部/別集類
**說劍堂詩集三卷詞集一卷**　潘飛聲撰　民國二十三年(1934)鉛印本　二冊

330000－1704－0004067　008302　集部/別集類
**今覺盦詩四卷續一卷**　周達撰　民國二十九年(1940)、三十一年(1942)鉛印本　三冊

330000－1704－0004069　008303　集部/別集類
**廢墟詩詞三卷**　劉治雍撰　民國二十八年(1939)雲南省財政廳印刷局鉛印本　一冊

330000－1704－0004070　008120　集部/別集類
**悠然樓詩稿一卷**　王玉麟撰　**孟然幼吟詩草一卷**　王浩撰　民國鉛印本　一冊

330000－1704－0004071　008092　集部/別集類
**止菴詩存二卷外集一卷**　周學熙撰　民國三十七年(1948)至德周氏鉛印本　三冊

330000－1704－0004072　008304　集部/別集類

悝盦詩稿十卷　周鍾嶽撰　民國上海中華書局鉛印本　一册

330000－1704－0004074　008091　集部/別集類

丙辰五月奉懷滬上諸友絕句二十七首一卷　李詳撰　民國鉛印本　一册

330000－1704－0004075　008306　類叢部/叢書類/彙編之屬

渭南嚴氏孝義家塾叢書十一種　嚴式誨編　民國十四年至二十年(1925－1931)渭南嚴氏刻本　一册　存一種

330000－1704－0004078　008305　類叢部/叢書類/彙編之屬

渭南嚴氏孝義家塾叢書十一種　嚴式誨編　民國十四年至二十年(1925－1931)渭南嚴氏刻本　一册　存一種

330000－1704－0004079　008121　集部/別集類

安樂鄉人詩四卷詩續一卷七十後詩一卷藥夢詞二卷詞續一卷七十後詞一卷　金兆蕃撰　民國刻本　一册

330000－1704－0004080　008122　集部/別集類

安樂鄉人詩四卷詩續一卷七十後詩一卷藥夢詞二卷詞續一卷七十後詞一卷　金兆蕃撰　民國刻本　一册

330000－1704－0004081　008013　集部/別集類/清別集

卓峯草堂詩鈔四卷　(清)符兆綸撰　民國十八年(1929)鉛印本　石子題記　一册

330000－1704－0004082　008230　集部/別集類

忍古樓詩十五卷　夏敬觀撰　民國二十六年(1937)上海中華書局鉛印本　四册

330000－1704－0004083　001396　子部/宗教類/佛教之屬/經

佛說內藏百寶經一卷　(漢)釋支婁迦讖譯
佛說溫室洗浴衆僧經一卷　(漢)釋安世高譯
佛說菩薩行五十緣身經一卷　(晉)釋竺法護譯　佛說菩薩修行經一卷　(晉)釋白法祖譯　佛說金色王經一卷　(北魏)釋瞿曇般若流支譯　佛語法門經一卷　(北魏)釋菩提留支譯　佛說四不可得經一卷　(晉)釋竺法護譯　須真天子經二卷　(晉)釋竺法護譯　民國元年(1912)常州天寧寺刻本　一册

330000－1704－0004084　008307　集部/別集類

寒瓊遺稿詩一卷詞一卷蘇州遊草一卷寒瓊刦稿一卷　蔡守撰　古溶編輯　民國三十二年(1943)新明印書館鉛印本　一册

330000－1704－0004085　008123　集部/別集類

海藏樓詩十三卷　鄭孝胥撰　民國武昌影印本　四册

330000－1704－0004087　008124　類叢部/叢書類/自著之屬

懶僧閣叢書　李履冰撰　民國鉛印本　一册　存一種

330000－1704－0004089　008232　集部/別集類

節庵先生遺詩續編一卷　梁鼎芬撰　葉恭綽輯　民國番禺葉恭綽鉛印本　一册

330000－1704－0004090　001395　子部/宗教類/佛教之屬/經

佛說持句神呪經一卷　(三國吳)釋支謙譯
佛說陀鄰尼鉢經一卷　(晉)釋竺曇無蘭譯
東方最勝等王如來住護持世間神呪經一卷　(隋)闍那崛多譯　如來方便善巧呪經一卷　(隋)闍那崛多譯　虛空藏菩薩問七佛陀羅尼呪經一卷　善法方便陀羅尼呪經一卷　金剛秘密善門陀羅尼經一卷　護命法門神呪經一卷　(唐)釋菩提流志譯　民國元年(1912)常州天寧寺刻本　一册

330000－1704－0004091　001394　子部/宗教類/佛教之屬/經疏

佛說優婆塞五戒相經箋要一卷補釋一卷　(南朝宋)釋求那跋摩譯　(明)釋智旭箋要

釋曇昉校并補釋　**新集受三歸五戒八戒法式一卷**　釋曇昉集　民國十六年(1927)上海美成印刷所鉛印本　一册

330000－1704－0004093　008489　集部/別集類/清別集

**泉村集選一卷**　(清)徐凝撰　民國抄本　楊紹廉校　一册

330000－1704－0004094　008017　集部/別集類/清別集

**黝曜室詩存一卷**　(清)陳鼎撰　民國十七年(1928)鉛印本　一册

330000－1704－0004095　008354　集部/別集類

**澹堪詩草二卷**　成多禄撰　民國吉林成氏刻本　二册

330000－1704－0004097　008019　集部/別集類

**肺山詩存一卷**　茅謙撰　民國十四年(1925)鉛印本　一册

330000－1704－0004099　008020　集部/別集類/清別集

**北山樓遺稿□□種**　吴保初撰　民國三年(1914)鉛印本　一册

330000－1704－0004100　008355　集部/別集類

**浩歌堂詩鈔一卷續鈔一卷三鈔一卷**　陳去病撰　民國油印本　一册

330000－1704－0004101　008357　集部/別集類

**蘇曼殊詩集一卷**　蘇玄瑛撰　柳無忌輯　**校勘記一卷**　民國十六年(1927)柳無忌鉛印本　一册

330000－1704－0004102　008358　集部/別集類

**沈觀齋詩鈔一卷**　周樹模撰　**觚庵詩存四卷**　俞明震撰　民國十一年(1922)上海聚珍倣宋印書局鉛印本　一册

330000－1704－0004103　008359　集部/別集類

**觀復堂詩集八卷**　蔡寶善撰　民國十六年(1927)鉛印本　二册

330000－1704－0004105　008360　集部/別集類

**中泠詩鈔八卷**　葉玉森撰　民國四年(1915)鉛印本　一册

330000－1704－0004107　008308　類叢部/叢書類/家集之屬

**武林丁氏家集十三種**　丁立誠　丁立中撰　民國錢塘丁氏嘉惠堂鉛印本　六册　存六種

330000－1704－0004109　008023　集部/別集類

**北山樓續集五種**　陳詩輯　民國二十六年(1937)鉛印本　一册

330000－1704－0004110　008333　集部/別集類

**猛悔樓詩五卷補遺一卷**　王世鼐撰　民國三十三年(1944)鉛印本　一册

330000－1704－0004111　008233　集部/別集類

**瘻庵詩集一卷外集一卷**　羅惇曧撰　民國十七年(1928)葉恭綽刻本　一册

330000－1704－0004112　008335　集部/別集類

**鳴秋軒詩鈔初集二卷**　王心廉撰　民國十六年(1927)商河縣沙河鎮文華齋石印本　一册

330000－1704－0004114　008361　集部/別集類

**南湖東遊草五卷**　廉泉撰　民國七年(1918)上海聚珍倣宋印書局鉛印本　一册

330000－1704－0004115　008362　集部/別集類

**南湖集四卷補遺一卷**　廉泉撰　孫道毅編　民國十三年(1924)上海中華書局鉛印本　一册

330000－1704－0004116　008125　集部/別集類

**遁居士集一卷平原村人詞一卷**　沈維賢撰　民國二十八年(1939)杭州刻本　一冊

330000－1704－0004117　008025　集部/別集類

**紅鷟館詩鈔二卷**　路朝霖撰　**嘯亭詩鈔一卷**　路承鋆撰　民國十三年(1924)徐氏退畊堂鉛印本　一冊

330000－1704－0004118　008363　集部/別集類

**回風堂詩七卷前録二卷**　馮幵撰　民國二十二年(1933)鉛印本　二冊

330000－1704－0004120　008364　集部/別集類

**觚庵詩存四卷**　俞明震撰　民國九年(1920)上海聚珍倣宋印書局鉛印本　一冊

330000－1704－0004121　008337　集部/別集類

**雙清池館集詩録一卷詞録一卷**　易孺撰　民國十九年(1930)影印本　一冊

330000－1704－0004122　008234　集部/別集類

**節庵先生遺詩六卷**　梁鼎芬撰　余紹宋輯　民國十二年(1923)沔陽盧氏慎始基齋武昌刻本　二冊

330000－1704－0004123　008126　集部/別集類

**題梅百詠一卷續一卷**　高振霄撰　民國二十四年(1935)朱孔陽影印本　二冊

330000－1704－0004124　008338　集部/別集類

**笠屐吟草二卷**　干人俊撰　民國油印本　一冊

330000－1704－0004125　008235　集部/別集類

**聆風簃詩八卷詞一卷**　黄濬撰　民國三十年(1941)刻本　四冊

330000－1704－0004126　008127　集部/別集類

**潮音草舍詩存一卷**　釋太虛撰　釋了空編　民國二十七年(1938)鉛印本　一冊

330000－1704－0004127　008365　集部/別集類

**長勿勿齋詩集五卷**　王葆楨撰　民國五年(1916)杭垣鉛印本　二冊

330000－1704－0004128　008339　集部/別集類

**居易齋詩存□□卷外集一卷**　靳志撰　民國鉛印本　一冊　存一卷(十六)

330000－1704－0004129　008128　集部/別集類

**夢痕文集二卷詩集五卷**　胡為和撰　民國十七年(1928)大成書局鉛印本　一冊　存三卷(詩集一至三)

330000－1704－0004131　008341　集部/別集類

**蘊素軒詩集十一卷詞一卷**　姚倚雲撰　民國二十二年(1933)羅玉衡、范北強等鉛印本　一冊

330000－1704－0004134　008236　集部/別集類

**蜕齋詩稿二卷**　鮑心增撰　鮑長棟編　**末一卷**　馮煦　陳榮昌撰　民國油印本　一冊

330000－1704－0004135　008027　集部/別集類/清別集

**黔靈山樵詩鈔四卷**　(清)路璜漁撰　徐世昌編　民國十四年(1925)天津退畊堂鉛印本　一冊

330000－1704－0004136　008131　集部/別集類

**海藏樓詩八卷**　鄭孝胥撰　民國三年(1914)武昌刻本　二冊

330000－1704－0004137　008133　集部/別集類

**海藏樓詩十卷**　鄭孝胥撰　民國三年(1914)

武昌刻本　二册

330000－1704－0004138　008342　集部/别集類
**哺廬詩存五卷**　劉泥清撰　民國二十二年(1933)刻本　二册

330000－1704－0004139　008237　集部/别集類
**圓明園詞一卷**　王闓運撰并書　民國十年(1921)上海震亞圖書局石印本　一册

330000－1704－0004142　008343　集部/别集類
**桐花館夢緣集二卷附卷一卷**　趙藩撰　趙式銘　周鍾嶽編　民國鉛印本　一册

330000－1704－0004143　008029　集部/别集類/清别集
**果園詩鈔一卷**　(清)陳一星撰　民國二年(1913)鉛印本　一册

330000－1704－0004144　008344　集部/總集類/題詠之屬
**蒲塘十景詩一卷**　王廷揚輯　民國十四年(1925)鉛印本　一册

330000－1704－0004146　008134　集部/别集類
**鷺江集一卷**　施景琛撰　民國抄本　一册

330000－1704－0004149　008135　集部/别集類
**沈觀齋詩六卷**　周樹模撰　樊增祥等批點　民國二十二年(1933)影印本　六册

330000－1704－0004154　001426　子部/宗教類/佛教之屬/諸宗
**圓頓宗眼一卷**　(宋)釋法登撰　**始終心要注一卷**　(唐)釋湛然撰　(宋)釋從義注　民國十二年(1923)杭州刻經處刻本　一册

330000－1704－0004155　008346　集部/别集類
**長公吟草四卷詞鈔一卷**　沈昌眉撰　民國二十年(1931)鉛印本　二册

330000－1704－0004156　001425　子部/宗教類/佛教之屬/諸宗
**傳法正宗論二卷**　(宋)釋契嵩撰　民國四年(1915)江北刻經處、磚橋法藏寺刻本　一册

330000－1704－0004158　008347　史部/史評類/詠史之屬
**五代詠史詩鈔七卷**　張其淦撰　張家頤註　民國七年(1918)張其淦刻本　吳士鑑題記　四册

330000－1704－0004159　008426　集部/别集類
**王統詩集一卷**　王統撰　民國三十七年(1948)鉛印本　王□題記　一册

330000－1704－0004162　008348　集部/别集類
**龜川吟草一卷**　靳雲鵬撰　民國十五年(1926)鉛印本　一册

330000－1704－0004163　008427　集部/别集類
**翠樓吟草十三卷**　陳璪撰　民國三十年(1941)鉛印本　二册

330000－1704－0004164　001423　子部/宗教類/佛教之屬
**等不等觀雜録八卷**　(清)楊文會撰　民國刻本　四册

330000－1704－0004166　008349　集部/别集類
**劍廬詩存一卷**　任傳藻撰　民國鉛印本　一册

330000－1704－0004167　008429　集部/别集類
**蝶野詩存三卷**　陳蘧撰　民國鉛印本　一册

330000－1704－0004169　001421　子部/宗教類/佛教之屬/諸宗
**淨心誡觀法一卷**　(唐)釋道宣撰　民國八年(1919)北京刻經處刻本　一册

330000－1704－0004170　008241　集部/别

集類

**瑟園詩録四卷詞録一卷** 劉富槐撰 劉方煒編 民國十五年(1926)刻本 二册

330000－1704－0004171 008430 集部/別集類

**秋明集詩三卷詞一卷** 沈尹默撰 民國十八年(1929)北京書局鉛印本 一册 存三卷(詩一至三)

330000－1704－0004172 008350 類叢部/叢書類/彙編之屬

**百尺樓叢書五種** 陳去病編 民國鉛印本 池源瀚 陳去病題記 二册 存一種

330000－1704－0004173 008431 集部/別集類

**天風閣詩初集一卷** 徐英撰 民國鉛印本 一册

330000－1704－0004174 001420 子部/宗教類/佛教之屬

**佛學叢書□□種** 民國上海商務印書館鉛印本 三册 存一種

330000－1704－0004176 008432 集部/別集類

**紉湘閣詩草一卷** 陳家英撰 民國二十六年(1937)鉛印本 匋成題記 一册

330000－1704－0004177 008351 集部/別集類

**悲華經舍詩存五卷** 洪允祥撰 民國二十二年(1933)慈谿洪氏慎思軒鉛印本 一册

330000－1704－0004178 008254 集部/別集類

**散原精舍詩二卷續集三卷別集一卷** 陳三立撰 民國十一年(1922)、二十年(1931)上海商務印書館鉛印本 五册

330000－1704－0004179 008352 集部/別集類

**東大陸主人言志録一卷** 唐繼堯撰 民國石印本 一册

330000－1704－0004181 008255 集部/別集類

**寐叟乙卯稿一卷** 沈曾植撰 民國六年(1917)四益宧寫刻本 一册

330000－1704－0004182 001419 子部/宗教類/佛教之屬

**各地佛教史三卷** 李翌灼述 (日本)島地默雷 (日本)生田得能撰 釋聽雲 釋海秋譯 民國武昌正信印務館鉛印本 一册

330000－1704－0004185 008319 集部/別集類

**楊昀谷先生遺詩八卷補録一卷** 楊增犖撰 民國二十四年(1935)鉛印本 二册

330000－1704－0004186 008438 類叢部/叢書類/家集之屬

**上海秦氏叢書** 民國三十年(1941)上海國光印書局鉛印本 一册 存一種

330000－1704－0004188 008320 集部/別集類

**花近樓百哀詩一卷** 陳夔龍撰 民國鉛印本 一册

330000－1704－0004190 008321 集部/別集類

**花近樓詩存初編三卷續編二卷** 陳夔龍撰 民國三年至五年(1914－1916)上海刻本 二册

330000－1704－0004191 008439 集部/別集類

**寒柯堂詩四卷** 余紹宋撰 民國三十六年(1947)鉛印本 一册

330000－1704－0004193 001417 子部/宗教類/佛教之屬/諸宗

**虎禪師論佛雜文一卷續一卷二續一卷** 楊度撰 民國楊度刻朱印本 楊度題簽 一册

330000－1704－0004194 008440 類叢部/叢書類/彙編之屬

**曲石叢書二十種** 李根源編 民國十二年至二十一年(1923－1932)騰衝李氏蘇州刻本

一冊　存一種

330000－1704－0004195　008329　集部/別集類

**花近樓詩存六編二卷**　陳夔龍撰　民國十三年(1924)上海刻本　一冊

330000－1704－0004196　008257　集部/別集類

**石遺室詩續集八卷**　陳衍撰　民國二十四年(1935)刻本　一冊　存六卷(三至八)

330000－1704－0004198　008443　集部/總集類/選集之屬/斷代

**江南二仲詩**　王蘧常　錢萼孫撰　民國十九年(1930)鉛印本　陳光漢批　一冊

330000－1704－0004199　001415　經部/小學類/訓詁之屬/譯語

**悉曇入門一卷**　釋密林輯　民國十七年(1928)石印本　一冊

330000－1704－0004200　008322　集部/別集類

**小三吾亭詩十二卷**　冒廣生撰　民國刻朱印本　二冊　缺四卷(一至四)

330000－1704－0004202　008444　集部/總集類/彙編之屬

**禹生四唱**　劉成禺輯　民國二十三年(1934)鉛印本　一冊　存二種

330000－1704－0004203　008258　集部/別集類

**觀所尚齋文存七卷觀所尚齋詩存二卷補遺一卷**　夏孫桐撰　民國二十八年(1939)中華印書局鉛印本　一冊　存三卷(詩存一至二、補遺)

330000－1704－0004204　001413　子部/宗教類/佛教之屬

**胡湯佩琳血書經呪三種**　湯佩琳書　民國石印朱藍雙色印本　一冊

330000－1704－0004205　008323　集部/別集類

**小三吾亭詩八卷詞三卷**　冒廣生撰　民國抄本　二冊　存二卷(詩五、詞三)

330000－1704－0004206　008446　集部/別集類

**澹園遺稿一卷**　柯鴻年譔　民國十八年(1929)北平刻本　一冊

330000－1704－0004208　008324　集部/別集類

**梅祖盦雜詩一卷**　吳昌綬撰　民國十四年(1925)吳定寒匏簃刻本　一冊

330000－1704－0004210　008259　集部/別集類

**宣南集一卷嶺南集一卷補遺一卷甬東集一卷**　易順鼎撰　民國鉛印本　一冊

330000－1704－0004211　008447　集部/別集類

**京遊草一卷**　馬敏中撰　民國鉛印本　一冊

330000－1704－0004212　008325　集部/別集類

**翰林風月樓詩鈔一卷**　萬宗乾撰　民國二十二年(1933)銅仁江村草堂鉛印本　一冊

330000－1704－0004213　008449　集部/別集類

**大漢詩人集六卷**　顧佛影撰　民國二十三年(1934)鉛印本　一冊

330000－1704－0004214　008450　集部/別集類

**醉靈軒詩存十卷**　陳蘧撰　民國十七年(1928)上海聚珍倣宋印書局鉛印本　二冊

330000－1704－0004215　008260　類叢部/叢書類/自著之屬

**琴志樓叢書**　易順鼎撰　民國鉛印本　二冊　存一種

330000－1704－0004216　008451　集部/別集類

**澄廬詩集十二卷**　鄒魯撰　民國二十八年(1939)鉛印本　一冊

330000－1704－0004217　008326　集部/别集類

**石蓮閣詩十卷詞一卷樂府一卷**　吴重憙撰　民國四年(1915)、五年(1916)刻本(原缺卷七至十)　二册

330000－1704－0004219　008452　集部/别集類

**養復園詩集不分卷**　程潛撰　民國三十七年(1948)上海中國詩學會鉛印本　一册

330000－1704－0004220　008327　集部/别集類

**蓼園詩鈔五卷**　柯劭忞撰　廉泉編　民國十二年(1923)廉泉刻本　二册

330000－1704－0004221　001409　子部/宗教類/佛教之屬/經

**梵女首意經一卷**　(晉)釋竺法護譯　**有德女所問大乘經一卷**　(唐)釋菩提流志譯　**佛説七俱胝佛母心大准提陀羅尼經一卷**　(唐)釋地婆訶羅譯　**佛説七俱胝佛母准提大明陀羅尼經一卷**　(唐)釋金剛智譯　**七俱胝佛母所説准提陀羅尼經一卷**　(唐)釋不空譯　**種種雜呪經一卷**　(隋)釋闍那崛多譯　民國元年(1912)常州天寧寺刻本　一册

330000－1704－0004222　008261　集部/别集類

**蒼虬閣詩抄二卷**　陳曾壽撰　陳三立評　民國十七年(1928)石印本　一册

330000－1704－0004223　008366　類叢部/叢書類/自著之屬

**圓瑛法彙**　釋圓瑛撰　民國上海佛學書局石印本　一册　存一種

330000－1704－0004224　008367　集部/别集類

**龍慧堂詩二卷**　劉慎詒撰　民國十八年(1929)鉛印本　一册

330000－1704－0004225　008328　集部/總集類

**番禺葉氏遐庵叢書□□種**　葉恭綽輯　民國番禺葉氏影印本暨鉛印本　一册　存一種

330000－1704－0004227　008368　集部/别集類

**妙山集六卷**　陳鍾祺撰　民國二十二年(1933)鉛印本　一册

330000－1704－0004228　008453　集部/别集類

**静遠堂詩畫集二卷**　郁華撰　民國二十九年(1940)鉛印本　一册

330000－1704－0004229　008330　集部/别集類

**雲海樓詩存五卷雷塘詞一卷**　閔爾昌撰　民國刻朱印本　一册

330000－1704－0004230　008369　集部/别集類

**芬陀利室詩存二卷附録一卷**　胡君復撰　民國二十一年(1932)鉛印本　一册

330000－1704－0004231　008454　子部/藝術類/書畫之屬/書法書品

**君子館論書絶句一百二十首一卷**　邊成撰　袁照注　民國三十三年(1944)君子館刻本　一册

330000－1704－0004232　008263　集部/别集類

**蒼虬閣詩十卷**　陳曾壽撰　民國二十九年(1940)陳曾壽刻藍印本　四册

330000－1704－0004234　008332　集部/别集類

**夕紅樓詩集八卷續集三卷**　周大烈撰　民國十九年(1930)、二十三年(1934)北平文嵐簃鉛印本　二册

330000－1704－0004235　008455　集部/别集類

**韜園詩集八卷詩餘一卷**　賈景德撰　民國三十年(1941)上海中華書局鉛印本　四册

330000－1704－0004236　008370　集部/别集類

自怡悅草堂詩鈔六卷首一卷末一卷　楊廷傑撰　民國二十一年(1932)石印本　二冊

330000－1704－0004237　008458　集部/別集類

竹間唫榭集十卷　徐行恭撰　民國十八年(1929)杭州刻本　四冊

330000－1704－0004238　008461　集部/別集類

石琴廬詩集二編首一卷末一卷　張之漢撰　民國十七年(1928)瀋陽張氏刻本　四冊

330000－1704－0004239　008264　集部/別集類

蒼虬閣詩續集二卷　陳曾壽撰　民國三十八年(1949)鉛印本　一冊

330000－1704－0004241　008500　集部/別集類/清別集

啞然詩句一卷古榕雜綴一卷　(清)曾衍東撰　民國十五年(1926)甌海公報社鉛印本　二冊

330000－1704－0004245　008265　集部/別集類

藝風堂詩存四卷碧香詞一卷　繆荃孫撰　民國二十八年(1939)燕京大學圖書館刻本　一冊

330000－1704－0004247　008266　集部/別集類

缶廬集四卷　吳昌碩撰　民國吳興劉承幹刻本　二冊

330000－1704－0004250　008373　集部/別集類

橋南古今體詩一卷　王宗漢撰　民國二十二年(1933)鉛印本　一冊

330000－1704－0004253　008374　集部/別集類

湖上題襟集一卷　繆九疇　汪鉽　諸葛廉撰　民國十四年(1925)江陰繆氏毗陵鉛印本　一冊

330000－1704－0004255　008375　集部/別集類

白屋遺詩七種　劉大白撰　民國二十四年(1935)開明書店鉛印本　一冊

330000－1704－0004256　001442　子部/宗教類/佛教之屬/諸宗

菩提道次第修法二卷　(唐)釋佛陀波利譯　民國十七年(1928)中央刻經院鉛印本　一冊

330000－1704－0004257　008376　集部/別集類

夕陽紅好廬賸稿上編一卷　徐琢成撰　民國石印本　一冊

330000－1704－0004259　008267　集部/別集類

鳳臺山館詩續鈔二卷　陳詩撰　民國鉛印本　一冊

330000－1704－0004262　008377　集部/別集類

阮退之詩初集一卷　阮紹元撰　民國二十四年(1935)上海中國仿古印書局鉛印本　一冊

330000－1704－0004263　008378　集部/別集類

崑玉山房詩選一卷　李曾勒撰　民國石印本　一冊

330000－1704－0004266　008464　集部/別集類

西湖百詠一卷　董青峻撰　廉南湖詩一卷　廉泉撰　民國抄本　一冊

330000－1704－0004269　008466　集部/別集類/清別集

夾鏡亭吟草一卷　(清)馬世俊撰　研經堂文集一卷　(清)周灝撰　民國抄本　一冊

330000－1704－0004270　008379　集部/別集類

歸來吟二卷　勞乃寬　勞乃宣撰　民國刻本　一冊

330000－1704－0004271　008269　集部/別

集類

**散原精舍詩二卷**　陳三立撰　民國五年(1916)文藝雜志社石印本　一冊

330000－1704－0004275　008468　集部/別集類/清別集

**海東詩鈔一卷**　(清)張御撰　民國永嘉黄氏敬鄉樓抄本　一冊

330000－1704－0004277　008380　集部/別集類

**石倉詩集四卷**　曹緣皋撰　民國十七年(1928)石倉山館鉛印本　二冊

330000－1704－0004278　008270　史部/史評類/詠史之屬

**桂堂清故宫詩一百首一卷**　周大烈撰　民國鉛印本　一冊

330000－1704－0004280　008271　集部/別集類

**戊戌詩存一卷**　陳止撰　民國九年(1920)鉛印本　一冊

330000－1704－0004281　008513　集部/別集類/清別集

**船屯漁唱箋釋一卷**　(清)張綦母撰　周喟箋　民國五年(1916)石印本　一冊

330000－1704－0004282　008381　集部/別集類

**沃州散人漫吟二卷**　俞濬鑑撰　民國十九年(1930)鉛印本　二冊

330000－1704－0004283　008470　集部/別集類/清別集

**驅蠹山房初稿二卷**　(清)季煥南撰　戴炳驄編輯　民國戴炳驄抄本　一冊

330000－1704－0004284　008272　集部/別集類

**崇雅堂詩稿一卷續稿一卷**　楊晨撰　**漢皐遺什一卷**　李嘉瑛撰　民國石印本　一冊

330000－1704－0004288　001437　子部/宗教類/佛教之屬/諸宗

**興慈法師文集一卷**　釋悟雲撰　釋揚東編　民國二十八年(1939)上海法雲印經會鉛印本　一冊

330000－1704－0004289　001436　集部/別集類

**陽復齋詩偈集六卷**　江謙撰　民國十七年(1928)鉛印本　一冊

330000－1704－0004291　001434　集部/別集類

**悲華經舍書牘二卷附一卷**　洪允祥撰　民國二十六年(1937)鉛印本　一冊

330000－1704－0004293　008382　集部/別集類

**綠滿窗詩草一卷**　周夢虞撰　民國三十二年(1943)桐山說劍齋油印本　一冊

330000－1704－0004294　008383　集部/別集類

**世載堂詩待刪稿二卷**　劉成禺撰　民國三十四年(1945)京華印書館鉛印本　一冊

330000－1704－0004295　008385　類叢部/叢書類/自著之屬

**變雅樓叢書□□種**　高旭撰　民國鉛印本　一冊

330000－1704－0004296　001432　子部/宗教類/佛教之屬/諸宗

**教乘法數四十卷**　(明)釋圓瀞撰　(明)釋妙燈校刻　民國二十三年(1934)中央刻經院影印本　二冊　存七卷(一至七)

330000－1704－0004297　008386　集部/別集類

**吳經畬先生遺詩一卷**　吳經畬撰　關洛明朱右白編　民國二十八年(1939)鉛印本　一冊

330000－1704－0004298　001431　子部/宗教類/佛教之屬

**佛經原本與翻譯一卷**　民國抄本　一冊

330000－1704－0004299　008387　類叢部/

叢書類/彙編之屬

**巾子居叢刊** 民國二十一年(1932)巾子居鉛印本 一冊 存一種

330000－1704－0004300 001430 子部/宗教類/佛教之屬

**那先比丘經攷證一卷** 民國抄本 一冊

330000－1704－0004302 001428 子部/宗教類/佛教之屬

**普勸僧俗發菩提心文一卷** (唐)裴休撰 民國刻本 一冊

330000－1704－0004304 008388 集部/別集類

**倚山閣詩二卷淡月平芳館詞一卷** 章華撰 民國刻本 一冊

330000－1704－0004305 008515 集部/別集類/清別集

**朗齋遺草一卷** (清)瞿賡春撰 民國十年(1921)瞿氏石印本 一冊

330000－1704－0004306 008389 集部/別集類

**北游吟草一卷詞録一卷文録一卷** 杜琨撰 民國二十六年(1937)鉛印本 一冊

330000－1704－0004308 008390 集部/別集類

**雙井堂詩集十卷** 劉體蕃撰 民國十四年(1925)鉛印本 三冊

330000－1704－0004309 008391 集部/別集類

**聲越詩録一卷詞録一卷** 徐震堮撰 民國十九年(1930)鉛印本 一冊

330000－1704－0004310 008471 集部/別集類/清別集

**止庵詩集二卷詩補一卷盤阿草堂詞一卷** (清)孫鏘鳴撰 民國楊晨抄本 孫宣批 一冊

330000－1704－0004313 008472 集部/別集類/清別集

**鹿木居詩集三卷** (清)鄒元檄撰 (清)朱鑣輯 民國永嘉黃氏敬鄉樓抄本 一冊

330000－1704－0004316 001464 集部/總集類/選集之屬/通代

**小學弦歌選本一卷** (清)李元度輯 周子秀選 民國十六年(1927)刻本 一冊

330000－1704－0004317 001463 子部/宗教類/佛教之屬/諸宗

**徹悟禪師語録二卷附一卷** (清)釋了亮等輯 民國五年(1916)鼓山湧泉寺刻本 一冊

330000－1704－0004319 001461 子部/宗教類/佛教之屬/總録

**竹窗隨筆一卷二筆一卷三筆一卷** (明)釋袾宏撰 民國上海商務印書館影印本 三冊

330000－1704－0004320 001460 子部/宗教類/佛教之屬

**韓文公論佛骨表糾謬一卷** 郭振墉纂 民國二十年(1931)清閩山館鉛印本 一冊

330000－1704－0004326 001454 子部/宗教類/佛教之屬/諸宗

**百五論貫一卷** 鄭立三編 民國鉛印本 一冊

330000－1704－0004327 001453 子部/宗教類/佛教之屬/諸宗

**幻庵文集六卷** 范古農撰 民國三十六年(1947)上海大法輪書局、上海佛學書局鉛印本 張怡事題簽 三冊

330000－1704－0004329 001451 史部/目録類/總録之屬/地方

**金陵刻經處流通經典目録一卷附一卷** 金陵刻經處編 民國二十四年(1935)金陵刻經處刻本 一冊

330000－1704－0004339 008520 集部/別集類/清別集

**池上集六卷** (清)梁祉撰 民國永嘉黃氏敬鄉樓抄本 楊紹廉批 一冊

330000－1704－0004340 008475 集部/別

集類/清别集

**海東詩鈔一卷** (清)張御撰　民國平陽王理孚抄本　一册

330000 - 1704 - 0004341　008521　集部/别集類/清别集

**項果園詩草一卷** (清)項維仁撰　民國永嘉黄氏敬鄉樓抄本　楊紹廉批校並題簽　一册

330000 - 1704 - 0004343　008522　集部/别集類/清别集

**匹松詩稿不分卷** (清)程吉士撰　民國永嘉黄氏敬鄉樓抄本　楊紹廉批校　一册

330000 - 1704 - 0004344　008523　集部/别集類/清别集

**濟麓齋彙草不分卷** (清)余永森撰　民國永嘉黄氏敬鄉樓抄本　楊紹廉批校並題簽　二册

330000 - 1704 - 0004345　008476　集部/别集類/明别集

**葉義士遺集一卷** (明)葉尚高撰　民國永嘉梅氏勁風閣抄本　冒廣生批　一册

330000 - 1704 - 0004346　008539　集部/别集類/清别集

**草亭吟詩一卷** (清)沈初東撰　民國抄本　一册

330000 - 1704 - 0004347　008477　集部/别集類/清别集

**太霞山房賸稿一卷** (清)董斿撰　**悟蘭室吟稿一卷** (清)潘鼎撰　民國抄本　一册

330000 - 1704 - 0004348　008524　集部/别集類/清别集

**研經堂詩稿不分卷** (清)周衣德撰　民國永嘉黄氏敬鄉樓抄本　楊紹廉批校並題簽　一册

330000 - 1704 - 0004349　008525　集部/别集類/清别集

**尚志堂詩稿七卷仰止集一卷仰止集之餘一卷臥遊百詠一卷還珠亭日課編二卷篔林詩鈔不分卷** (清)葉嘉棆撰　民國永嘉黄氏敬鄉樓抄本　楊紹廉批校並題簽　二册

330000 - 1704 - 0004350　008392　集部/别集類

**清寂堂詩録五卷** 林思進撰　民國四年至二十一年(1915 - 1932)霜柑小閣成都刻本　二册

330000 - 1704 - 0004351　008478　集部/别集類

**香雪廬吟稿一卷** 吳國華撰　稿本　一册

330000 - 1704 - 0004352　008526　集部/别集類/清别集

**夾鏡亭吟草一卷** (清)馬世俊撰　民國十四年(1925)永嘉黄氏敬鄉樓抄本　楊紹廉批校並題簽　一册

330000 - 1704 - 0004354　008393　集部/别集類

**世徽樓詩稿四卷** 葉楚傖撰　民國三十五年(1946)上海正中書局鉛印本　一册

330000 - 1704 - 0004356　008394　集部/總集類/題詠之屬

**蒲塘十景詩一卷** 王廷揚輯　民國十四年(1925)鉛印本　一册

330000 - 1704 - 0004357　008275　集部/别集類

**剛齋吟草漫録三卷** 王樹榮撰　民國石印本　一册

330000 - 1704 - 0004358　008527　集部/别集類/清别集

**芝軒逸草五卷** (清)王崇勳撰　民國永嘉黄氏敬鄉樓抄本　楊紹廉批校並題簽　一册

330000 - 1704 - 0004359　008395　集部/别集類

**風沙集一卷** 王越撰　民國二十一年(1932)鉛印本　一册

330000 - 1704 - 0004361　008276　集部/别集類

**勤生堂詩存七卷** 章圭瑑撰　民國二十八年

(1939)嘉定章氏鉛印本　一册

330000－1704－0004362　008396　集部/别集類

**清寂堂詩續録一卷吴游集一卷**　林思進撰　民國二十四年(1935)華陽林氏霜柑閣刻本　一册

330000－1704－0004363　008397　集部/别集類

**甓盦詩録四卷**　李稷勳撰　民國十六年(1927)秀山李氏刻本　二册

330000－1704－0004366　008528　集部/别集類/清别集

**垂涕集二卷**　(清)林大椿撰　民國永嘉黄氏敬鄉樓抄本　一册

330000－1704－0004367　008398　集部/别集類

**白華草堂詩六卷玉尺樓詩一卷**　張昭漢撰　民國二十三年(1934)白下刻本　一册

330000－1704－0004368　008529　集部/别集類/清别集

**百一山房詩鈔不分卷**　(清)應時良撰　民國永嘉黄氏敬鄉樓抄本　一册

330000－1704－0004369　008530　集部/别集類/清别集

**小東山草堂詩存一卷**　(清)張泰青撰　民國永嘉黄氏敬鄉樓抄本　一册

330000－1704－0004370　008399　集部/别集類

**西北紀行雜詠一卷**　張維翰撰　民國三十一年(1942)京華印書館鉛印本　一册

330000－1704－0004371　008277　史部/史評類/詠史之屬

**清宫詞一卷**　吴士鑑撰　民國二十六年(1937)吴秉澂鉛印本　孫延釗題記　一册

330000－1704－0004372　008400　集部/别集類

**餐霞集二卷詩餘一卷**　郁葆青撰　民國三十年(1941)鉛印本　一册

330000－1704－0004373　008531　集部/别集類/清别集

**張濳齋先生詩稿不分卷**　(清)張綦毋撰　民國永嘉黄氏敬鄉樓抄本　一册

330000－1704－0004374　008532　集部/别集類/清别集

**味義根齋集選一卷**　(清)董正揚撰　民國二十年(1931)永嘉黄氏敬鄉樓抄本　一册

330000－1704－0004377　008533　集部/别集類/清别集

**九松軒詩稿不分卷**　(清)華楝撰　民國永嘉黄氏敬鄉樓抄本　一册

330000－1704－0004378　008482　集部/别集類/清别集

**海日樓古今體詩遺稿一卷**　(清)孫鏘鳴撰　張棡輯　民國戴驥抄本　一册

330000－1704－0004379　008534　集部/别集類/清别集

**梅贊臣先生集八卷**　(清)梅調元撰　民國二十年(1931)永嘉黄氏敬鄉樓抄本　二册

330000－1704－0004380　008535　集部/别集類/清别集

**粲花樓唫稿一卷**　(清)鄭兆璜撰　民國永嘉黄氏敬鄉樓抄本　一册

330000－1704－0004381　008536　集部/别集類/清别集

**張蘭畦詩藁不分卷**　(清)張元啟撰　民國永嘉黄氏敬鄉樓抄本　一册

330000－1704－0004383　008278　史部/史評類/詠史之屬

**息廬詠史一卷**　金梁撰　民國鉛印本　一册

330000－1704－0004384　008279　類叢部/叢書類

**真賞樓叢刻**　蔣國榜編　民國十年(1921)江寧蔣氏真賞樓鉛印本　一册　存一種

330000－1704－0004386　008401　集部/别

集類

**山與樓詩内集四卷外集一卷** 林翰撰 民國十五年(1926)鉛印本 一册

330000－1704－0004387 008402 集部/別集類

**束柴病叟詩續稿二卷拾遺一卷** 龐樹階撰 民國三十年(1941)鉛印本 一册

330000－1704－0004388 008281 史部/史評類/詠史之屬

**清史百詠一卷** 李鈞鰲撰 民國二十四年(1935)鴻泥樓鉛印本 一册

330000－1704－0004389 008546 集部/別集類/清別集

**梧野山歌二卷鑑舫草一卷星槎課勝一卷芝田雜詠一卷** (清)蔡家挺撰 民國十四年(1925)敬鄉樓抄本 一册

330000－1704－0004390 008403 集部/別集類

**疑盦詩庚卷一卷辛卷一卷** 許承堯撰 民國二十年(1931)鉛印本 一册

330000－1704－0004394 008282 集部/別集類

**循園詩鈔八卷** 楊文鍇撰 民國十八年(1929)長沙刻本 二册

330000－1704－0004398 008284 集部/別集類

**蛻盦賸稿六卷** 符璋撰 民國三年(1914)甌江鉛印本 三册

330000－1704－0004399 008550 集部/別集類/清別集

**潛齋張綦毋先生詩船屯漁唱并敘一卷** (清)張綦毋撰 民國楊紹廉抄本 一册

330000－1704－0004400 008285 集部/別集類

**丁卯稿一卷** 符璋撰 稿本 一册

330000－1704－0004402 008483 集部/別集類

**退庵吟艸一卷** 楊寶孫撰 稿本 一册

330000－1704－0004403 001484 集部/別集類/清別集

**一行居集八卷首一卷附一卷** (清)彭紹升撰 民國十年(1921)金陵刻經處刻本 四册

330000－1704－0004405 001482 子部/宗教類/佛教之屬/諸宗

**增廣印光法師文鈔四卷首一卷** 釋聖量撰 民國十六年(1927)浙江印刷公司鉛印本 四册

330000－1704－0004411 001478 子部/宗教類/佛教之屬

**淨住子淨行法門一卷首一卷** (南朝齊)蕭子良撰 **淨住子淨行法門頌一卷** (南朝齊)王融撰 民國十一年(1922)北京刻經處刻本 一册

330000－1704－0004412 001477 子部/宗教類/佛教之屬/諸宗

**志公悜語一卷** (南朝梁)釋寶志述 **高麗國普照禪師修心訣一卷** (高麗)釋知訥述 民國五年(1916)揚州藏經院刻本 一册

330000－1704－0004414 001476 子部/宗教類/佛教之屬/論

**方便心論一卷** (北魏)釋吉迦夜 (北魏)釋曇曜譯 民國十九年至二十年(1930－1931)支那内學院刻本 一册

330000－1704－0004416 008485 集部/別集類/清別集

**松濤閣詩集五卷** (清)張元彪撰 **柹園詩草一卷** (清)張正宰撰 民國抄本 楊紹廉校、題簽並記 一册

330000－1704－0004419 001472 子部/宗教類/佛教之屬

**入佛問答二卷** (清)問橋居士撰 民國三年(1914)揚州藏經院刻本 一册

330000－1704－0004420 001471 子部/宗教類/佛教之屬/諸宗

**溈山警策註一卷** (明)釋大香註 **註溈山警**

策一卷　（宋）釋守遂註　民國十二年（1923）杭州刻經處刻本　一冊

330000－1704－0004421　008486　集部/別集類/清別集

篔林詩鈔一卷　（清）葉嘉棆撰　民國抄本　楊紹廉校並題簽　一冊

330000－1704－0004422　001470　子部/宗教類/佛教之屬

僧訓日記一卷　（明）釋袾宏輯　民國十三年（1924）南京佛經流通處刻本　一冊

330000－1704－0004423　001469　史部/目録類/專録之屬

藏逸經書標目一卷　（明）釋道開撰　民國七年（1918）北京刻經處刻本　一冊

330000－1704－0004424　001468　子部/宗教類/佛教之屬/諸宗

楊仁山先生禮拜入觀法一卷　陳汝湜口述　徐文霨筆受　民國石印本　一冊

330000－1704－0004425　008558　集部/別集類/清別集

養根齋小稾一卷　（清）葉楚材撰　民國抄本　一冊

330000－1704－0004427　008559　集部/別集類/清別集

聽松軒詩鈔一卷　（清）陳培元撰　民國抄本　一冊

330000－1704－0004429　001466　子部/宗教類/佛教之屬/諸宗

真大英雄言行録二卷　丑先難編　民國二十年（1931）刻本　一冊

330000－1704－0004430　008487　集部/別集類/清別集

梅贊臣先生集八卷　（清）梅調元撰　民國抄本　二冊

330000－1704－0004433　008286　集部/別集類

豫章集不分卷　符璋撰　稿本　一冊

330000－1704－0004435　008560　集部/別集類/清別集

滴粉吟一卷掃愁新咏一卷拜石軒賸稿一卷擁書軒遺稿一卷唾餘續稾一卷　（清）顧訥撰　民國抄本　一冊

330000－1704－0004437　008488　集部/別集類/清別集

茶話軒詩集二卷　（清）陳舜咨撰　民國抄本　楊紹廉題簽　二冊

330000－1704－0004438　008561　集部/別集類/清別集

海上同音録二卷　（清）鄭鞠撰　民國抄本　一冊

330000－1704－0004439　008622　集部/別集類/清別集

古柏山房唫草不分卷　（清）包涵撰　民國抄本　一冊

330000－1704－0004442　008623　集部/別集類/清別集

筠生吟稿不分卷　（清）吳達三撰　民國抄本　一冊

330000－1704－0004444　008490　集部/別集類/清別集

熊丸集一卷　（清）陳瑞輝撰　民國抄本　楊紹廉校　一冊

330000－1704－0004446　008491　集部/別集類/清別集

梧野山歌二卷　（清）蔡家挺撰　民國抄本　一冊

330000－1704－0004447　008563　集部/別集類

筠莊集古今體詩一卷詩餘一卷　鮑潛撰　民國三十五年（1946）鮑氏鉛印本　一冊

330000－1704－0004450　008492　集部/別集類/清別集

淡甯軒詩集一卷　（清）張士楨撰　蘭桂軒詩集一卷　（清）張嶽銘撰　虛白吉祥室詩集一卷　（清）張夢璜撰　民國抄本　楊紹廉題簽

並校　一冊

330000－1704－0004454　008493　集部/別集類/清別集
**半醒軒詩稿二卷**　(清)蔡敏訂　民國抄本　二冊

330000－1704－0004456　008494　集部/別集類/清別集
**翠微山房詩稿四卷**　(清)金璋撰　民國抄本　一冊

330000－1704－0004457　008595　集部/別集類/清別集
**天一笑廬詩集二卷**　(清)黄鼎瑞撰　民國十五年(1926)樂清黄氏鉛印本　一冊

330000－1704－0004460　008495　集部/別集類/清別集
**襲雲草堂詩稾九卷**　(清)黄漢撰　民國抄本　楊紹廉題簽　二冊

330000－1704－0004462　008496　集部/別集類/清別集
**芝軒逸草二卷**　(清)王崇勳撰　民國抄本　二冊

330000－1704－0004463　008497　集部/別集類/清別集
**愛日樓遺稿一卷對松哦遺稿一卷**　(清)林元炯撰　民國抄本　一冊

330000－1704－0004465　008498　集部/別集類/清別集
**夾鏡亭吟草一卷**　(清)馬世俊撰　**研經堂文集一卷**　(清)周灝撰　民國抄本　一冊

330000－1704－0004467　008499　集部/別集類/清別集
**馬鞍山人詩艸四卷**　(清)蘇椿撰　民國抄本　楊紹廉題簽　四冊

330000－1704－0004488　008650　集部/別集類/清別集
**恖園詩稿二卷**　(清)戴信準撰　民國十六年(1927)戴氏抄本　戴炳驄批　一冊

330000－1704－0004490　008606　集部/別集類/清別集
**茹古軒詩鈔四卷**　(清)徐乃康撰　民國三年(1914)樂城精華五彩石印局石印本　二冊

330000－1704－0004496　008607　集部/別集類/清別集
**淞樵詩稿一卷**　(清)徐引之撰　民國抄本　一冊

330000－1704－0004498　008608　集部/別集類/清別集
**蘭圃詩草一卷**　(清)管永池撰　民國抄本　一冊

330000－1704－0004505　001501　史部/傳記類/總傳之屬/釋道
**新續高僧傳四集六十五卷首一卷**　喻謙編　民國十二年(1923)北洋印刷局鉛印本　十六冊

330000－1704－0004511　001495　史部/傳記類/别傳之屬/事狀
**大慈恩寺三藏法師傳十卷**　(唐)釋慧立撰　(唐)釋彦悰箋　民國十二年(1923)支那内學院刻本　歐陽漸題記　三冊

330000－1704－0004512　001494　史部/傳記類/總傳之屬/釋道
**高僧傳初集節要二卷二集節要二卷三集節要二卷**　梅光羲編　民國二十三年(1934)上海商務印書館鉛印本　三冊

330000－1704－0004514　001492　史部/傳記類/總傳之屬/釋道
**國清高僧傳一卷附寒山子詩一卷**　釋藴光編　民國二十五年(1936)鉛印本　一冊

330000－1704－0004515　001491　子部/宗教類/佛教之屬
**印度佛教史略不分卷**　吕澂撰　民國十四年(1925)上海商務印書館鉛印本　一冊

330000－1704－0004516　001490　子部/宗教類/佛教之屬/諸宗
**心燈録六卷**　(清)湛愚老人撰　民國二十三

年(1934)上海佛學書局鉛印本　二册

330000－1704－0004517　001489　子部/宗教類/佛教之屬

**佛學叢書□□種**　民國上海商務印書館鉛印本　一册　存一種

330000－1704－0004518　001488　子部/雜著類/雜纂之屬

**平等閣筆記六卷**　狄葆賢撰　民國上海有正書局鉛印本　五册

330000－1704－0004522　008611　集部/别集類/清别集

**特夫遺稿一卷**　(清)林大璋撰　民國抄本　一册

330000－1704－0004525　008612　集部/别集類/清别集

**魚雁詩存一卷**　(清)林鏡湖撰　民國抄本　一册

330000－1704－0004526　008613　集部/别集類/清别集

**秋蟲吟草一卷**　(清)董憲曾撰　民國抄本　一册

330000－1704－0004527　008614　集部/别集類/清别集

**萍廬遺詩一卷**　(清)范鴻書撰　民國抄本　一册

330000－1704－0004528　008615　集部/别集類/清别集

**輯志餘暇録一卷灌莽吟一卷病中自怡稿一卷**　(清)徐引之撰　民國王理孚抄本　一册

330000－1704－0004533　008616　集部/别集類/清别集

**雕蟲詩草一卷**　(清)吴乃伊撰　民國王理孚抄本　一册

330000－1704－0004534　008617　集部/别集類/清别集

**幼草遺稿一卷**　(清)殷幼草撰　民國王理孚抄本　一册

330000－1704－0004535　008618　集部/别集類/清别集

**尋源山館遺著一卷**　(清)林文思撰　民國抄本　一册

330000－1704－0004537　008619　集部/别集類/清别集

**集雲山房詩一卷**　(清)鮑維城撰　民國抄本　一册

330000－1704－0004538　008620　集部/别集類/清别集

**心農遺稿一卷**　(清)余思誠撰　民國王理孚抄本　一册

330000－1704－0004539　008621　集部/别集類/清别集

**華英詩集一卷**　(清)華英著　民國王理孚抄本　一册

330000－1704－0004540　008658　集部/别集類/清别集

**供硯山房唫草一卷**　(清)孫鏘鳴撰　**蕓根唫一卷**　(清)孫衣言撰　民國十六年(1927)抄本　一册

330000－1704－0004546　008672　集部/别集類/清别集

**師竹軒吟草一卷**　(清)洪蔭南撰　民國梅氏勁風閣抄本　一册

330000－1704－0004548　008673　集部/别集類/清别集

**問夢樓吟草二卷**　(清)陳兆麟撰　民國抄本　二册

330000－1704－0004550　008707　集部/别集類/清别集

**自怡悦齋詩草一卷**　(清)胡睦琴撰　民國抄本　一册

330000－1704－0004552　008675　集部/别集類/清别集

**太玉山館今體詩鈔一卷**　(清)曾元琳撰　**雩風草堂詩草一卷**　(清)曾塏撰　**金石聲齋詩存一卷**　(清)曾賢撰　民國抄本　張棡題記

一册

330000－1704－0004553　008708　集部/别集類

**朱廬聯匯一卷**　孫宣撰　稿本　一册

330000－1704－0004554　008710　集部/别集類/清别集

**秋容閣詩稾一卷**　(清)林用光撰　民國永嘉黄氏敬鄉樓抄本　楊紹廉校　一册

330000－1704－0004555　008711　集部/别集類/清别集

**亭林先生集外詩四卷**　(清)顧炎武撰　(清)孫詒讓輯　**亭林詩集校文五卷**　(清)孫詒讓撰　民國永嘉黄氏敬鄉樓抄本　楊紹廉校並過録清孫詒讓跋　一册

330000－1704－0004556　008712　集部/别集類/清别集

**亭林先生集外詩四卷**　(清)顧炎武撰　(清)孫詒讓輯　**亭林詩集校文五卷**　(清)孫詒讓撰　民國永嘉黄氏敬鄉樓抄本　一册

330000－1704－0004559　008713　集部/别集類/清别集

**泉村詩選一卷**　(清)徐凝撰　民國永嘉黄氏敬鄉樓抄本　一册

330000－1704－0004561　008677　集部/别集類/清别集

**緑隱軒吟草一卷**　(清)鄭夢江撰　民國抄本　一册

330000－1704－0004563　008664　集部/别集類/清别集

**雨華樓吟不分卷**　(清)戴慶祥撰　戴炳驄編　民國抄本　一册

330000－1704－0004564　008679　集部/别集類/清别集

**古藤别墅詩草一卷**　(清)陳誥撰　民國抄本　一册

330000－1704－0004565　008665　集部/别集類/清别集

**羅山樵子唫詩鈔一卷**　余瀾撰　民國抄本　一册

330000－1704－0004568　008680　集部/别集類/清别集

**半翁詩草四卷**　(清)鄭雲衢撰　民國抄本　四册

330000－1704－0004569　008667　集部/别集類/清别集

**海日樓古體詩遺稿一卷**　(清)孫鏘鳴撰　張㭎輯　民國張㭎抄本　一册

330000－1704－0004570　008714　集部/别集類/清别集

**楊蔚亭詩稿一卷**　(清)楊炳撰　民國永嘉黄氏敬鄉樓抄本　楊紹廉批校並題記　一册

330000－1704－0004571　008715　集部/别集類/清别集

**松濤閣詩集五卷**　(清)張元彪撰　**柿園詩草一卷**　(清)張正宰撰　民國永嘉黄氏敬鄉樓抄本　楊紹廉批校並題記　一册

330000－1704－0004577　008683　集部/詞類/别集之屬

**四哀詞一卷**　民國抄本　一册

330000－1704－0004578　008716　集部/别集類/明别集

**甌濱王先生摘藁不分卷江心寺詩卷一卷**　(明)王瓚撰　民國永嘉黄氏敬鄉樓抄本　楊紹廉批校並題記　一册

330000－1704－0004579　008746　集部/别集類/清别集

**硯耕堂詩草七卷**　(清)項鳴呵撰　民國油印本　一册

330000－1704－0004581　008717　集部/别集類/清别集

**愛日樓遺稿一卷對松哦遺稿一卷**　(清)林元炯撰　民國永嘉黄氏敬鄉樓抄本　楊紹廉批校並題記　一册

330000－1704－0004584　008684　集部/别

集類/清別集

**睡餘偶吟四卷**　(清)顧清標撰　民國抄本　二冊　存二卷(一、四)

330000－1704－0004585　008718　集部/別集類/清別集

**玉甑山館詩鈔四卷**　(清)林從炯撰　民國抄本　三冊

330000－1704－0004586　008719　集部/別集類/清別集

**寶香山館詩集不分卷**　(清)林培厚撰　民國永嘉黃氏敬鄉樓抄本　楊紹廉校并題記　一冊

330000－1704－0004588　008720　集部/別集類/清別集

**圃餘詩草二卷**　(清)季鎮海撰　民國永嘉黃氏敬鄉樓抄本　一冊

330000－1704－0004589　008721　集部/別集類/清別集

**友十花樓詩存一卷**　(清)曾瑛撰　民國永嘉黃氏敬鄉樓抄本　楊紹廉批校並題記　一冊

330000－1704－0004594　008752　集部/別集類/清別集

**脂雪軒詩鈔五卷**　(清)胡玠撰　民國十四年(1925)溫州翰墨林鉛印本　張㭎題記　一冊

330000－1704－0004595　008752　集部/總集類

**墨緣室合刊**　林永桴編　民國十四年(1925)鉛印本　一冊

330000－1704－0004596　008632　集部/別集類/清別集

**蓀湖山房詩草一卷**　(清)王書升撰　民國抄本　一冊

330000－1704－0004598　008753　集部/別集類

**浴日樓詩選二卷**　項驤撰　民國二十五年(1936)鉛印本　一冊

330000－1704－0004599　008754　集部/別集類

**夕陽故國録本事詩一卷**　池源瀚撰　民國三十年(1941)溫州國學社鉛印本　一冊

330000－1704－0004600　008755　集部/別集類

**北游吟草一卷**　洪邦泰撰　民國二十三年(1934)博利石印本　一冊

330000－1704－0004601　008756　集部/別集類

**濯心齋百花詠一卷**　林鴻撰　民國十二年(1923)溫州馨馨石印本　一冊

330000－1704－0004602　008634　集部/別集類/清別集

**醉月山房詩草一卷**　(清)胡希尹撰　民國抄本　一冊

330000－1704－0004603　008635　集部/別集類/清別集

**古俠遺稿一卷**　(清)周京撰　民國抄本　一冊

330000－1704－0004604　008757　集部/別集類

**櫻島閒吟一卷**　黃光撰　民國二十四年(1935)石印本　一冊

330000－1704－0004605　008758　集部/別集類

**櫻島閒吟一卷**　黃光撰　民國二十四年(1935)石印本　一冊

330000－1704－0004608　008760　集部/別集類

**林損詩集一卷**　林損撰　民國北京大學出版部鉛印本　一冊

330000－1704－0004610　008722　集部/別集類/清別集

**卷石山房稿一卷**　(清)李麟書撰　民國永嘉黃氏敬鄉樓抄本　楊紹廉批校並題記　一冊

330000－1704－0004612　008723　集部/別集類/清別集

**韞玉山房唫草一卷**　(清)沈寶瑚撰　民國永嘉黃氏敬鄉樓抄本　楊紹廉批校並題簽　一冊

330000－1704－0004613　008724　集部/別集類/清別集

**寄巢詩稿一卷**　(清)端木百祿撰　民國永嘉黃氏敬鄉樓抄本　楊紹廉批校並題記　一冊

330000－1704－0004614　008687　集部/總集類/氏族之屬

**月泉詩派一卷**　(明)李階編　民國林駿抄本　一冊

330000－1704－0004615　008725　集部/別集類/清別集

**梧野山歌二卷**　(清)蔡家挺撰　民國十四年(1925)永嘉黃氏敬鄉樓抄本　楊紹廉題記　一冊

330000－1704－0004617　008726　集部/別集類/清別集

**三樂軒吟草一卷**　(清)釋大川撰　民國永嘉黃氏敬鄉樓抄本　楊紹廉批校並題記　一冊

330000－1704－0004618　008761　集部/別集類

**湫漻齋吟草一卷**　陳葆善撰　民國六年(1917)石印本　陳繩夫題簽　一冊

330000－1704－0004619　008727　集部/別集類/清別集

**存修齋詩草不分卷**　(清)趙詒瑄撰　民國永嘉黃氏敬鄉樓抄本　楊紹廉批校並題記　一冊

330000－1704－0004622　008728　集部/別集類/清別集

**雁山百詠一卷**　(清)潘耒撰　民國永嘉黃氏敬鄉樓抄本　楊紹廉題簽並記　一冊

330000－1704－0004623　008762　集部/別集類

**紅樓夢百詠一卷**　吳翊撰　民國抄本　一冊

330000－1704－0004624　008690　集部/別集類/清別集

**永嘉詩鈔不分卷**　(清)陳汝埰等撰　民國抄本　一冊

330000－1704－0004625　008729　集部/別集類/清別集

**馬鞍山人詩草四卷**　(清)蘇椿撰　民國十四年(1925)永嘉黃氏敬鄉樓抄本　楊紹廉題簽並記　四冊

330000－1704－0004626　008763　集部/別集類

**感舊懷人録一卷**　洪邦泰撰　民國溫州博利鉛印本　知正叟題記　一冊

330000－1704－0004628　008764　集部/別集類

**潛園詩鈔二卷**　洪邦泰撰　民國二十九年(1940)樂清印刷所鉛印本　二冊

330000－1704－0004629　008730　集部/別集類/清別集

**藕華園詩二卷**　(清)釋德立撰　民國永嘉劉景晨抄本　一冊

330000－1704－0004630　008731　集部/別集類/清別集

**璞堂詩稿一卷**　(清)鮑作瑞撰　民國永嘉黃氏敬鄉樓抄本　一冊

330000－1704－0004631　008732　集部/別集類/清別集

**求是齋詩鈔一卷有真意齋詩草一卷**　(清)林大椿撰　民國永嘉黃氏敬鄉樓抄本　一冊

330000－1704－0004632　008733　集部/別集類/清別集

**鷗閒軒存稿一卷**　(清)吳瑞旦撰　民國永嘉黃氏敬鄉樓抄本　一冊

330000－1704－0004633　008765　集部/別集類

**眩鷃吟一卷**　洪錦標撰　民國抄本　一冊

330000－1704－0004634　008734　集部/別集類/清別集

**琢研坌吟艸不分卷**　（清）方成珪撰　民國永嘉黃氏敬鄉樓抄本　楊紹廉批校　一冊

330000－1704－0004635　008692　集部/別集類

**浣垞瓿稿六卷**　張組成撰　稿本　六冊

330000－1704－0004636　008766　集部/別集類

**止止齋韻語一卷**　孫延畛撰　稿本　一冊

330000－1704－0004637　008767　集部/別集類

**文禪室詩存一卷**　蔡玄撰　民國抄本　一冊

330000－1704－0004638　008693　集部/別集類/清別集

**池上集六卷**　（清）梁祉撰　民國抄本　一冊

330000－1704－0004639　008694　集部/總集類/選集之屬/斷代

**集唐一卷**　（清）潘福綸輯　民國抄本　一冊

330000－1704－0004640　008735　集部/別集類/明別集

**疑雲集四卷**　（明）王彥泓撰　民國十四年(1925)上海大東書局石印本　二冊

330000－1704－0004641　008771　集部/別集類

**天籟閣詩集一卷**　沈鳳鏘撰　民國沈靖抄本　一冊

330000－1704－0004643　008696　集部/別集類

**浣垞未定稿一卷**　張組成撰　稿本　一冊

330000－1704－0004644　008772　集部/別集類

**林慎冰詩稿一卷**　林樹滋撰　稿本　一冊

330000－1704－0004645　008773　集部/別集類

**曳殘吟一卷**　葉桐嶔撰　民國抄本　一冊

330000－1704－0004646　008736　集部/別集類/清別集

**宜園詩集八卷**　（清）孟守廉撰　民國十二年(1923)孟氏刻本　四冊

330000－1704－0004648　008774　集部/別集類

**蕉雪廬詩稿一卷**　王詠篔撰　民國抄本　一冊

330000－1704－0004650　008775　集部/別集類

**精選伏敔堂詩録二卷**　（清）江湜撰　戴炳驄輯　民國戴炳驄抄本　二冊

330000－1704－0004653　008699　集部/別集類/清別集

**張泰青詩一卷**　（清）張泰青撰　民國抄本　一冊

330000－1704－0004654　008739　集部/別集類/清別集

**粲花樓吟稿一卷**　（清）鄭兆璜撰　民國二十九年(1940)夏紹俅鉛印本　一冊

330000－1704－0004655　008776　集部/別集類

**觀墨草堂養痾吟三卷**　徐潛撰　民國十七年(1928)稿本　一冊

330000－1704－0004659　008777　集部/別集類

**來紫樓詩鈔一卷**　圓覺道人撰　民國抄本　一冊

330000－1704－0004664　008705　集部/別集類/清別集

**旅中稿一卷**　（清）張天樹撰　民國抄本　一冊

330000－1704－0004667　001504　子部/宗教類/佛教之屬

**馬鳴菩薩傳一卷龍樹菩薩傳一卷**　（後秦）釋鳩摩羅什譯　民國十二年(1923)支那内學院刻本　一冊

330000－1704－0004668　001505　子部/宗教類/佛教之屬/經疏

**藥師琉璃光如來本願功德經古迹記二卷**

（唐）釋太賢撰　民國十一年（1922）金陵刻經處刻本　一冊

330000－1704－0004670　001507　史部/傳記類/別傳之屬/事狀
**黃慧增居士往生紀念冊不分卷**　渾渾山人等編　民國二十二年（1933）上海中華書局鉛印本　孫詒澤題簽　一冊

330000－1704－0004672　008778　集部/別集類
**綠斐山房吟草一卷**　潘鴻康撰　民國抄本　一冊

330000－1704－0004674　008779　集部/別集類
**蓮湖詩鈔一卷**　葉毓淇撰　民國抄本　一冊

330000－1704－0004675　001508　子部/宗教類/佛教之屬/諸宗
**蓮宗諸祖略傳四卷附蓮宗警語一卷**　釋貫通編　民國四年（1915）揚州藏經院刻本　一冊

330000－1704－0004678　008780　集部/別集類
**潛園吟草一卷**　吳翊撰　稿本　一冊

330000－1704－0004680　008781　集部/別集類
**樂山詩鈔一卷**　林昕撰　民國抄本　一冊

330000－1704－0004681　001510　子部/宗教類/佛教之屬/諸宗
**蓮華生大師應化史略一卷**　諾那呼圖克圖逞列匠磋譯義　王淨圓筆受　民國二十三年（1934）杭州鉛印本　方聲濤題簽　一冊

330000－1704－0004683　008782　集部/別集類
**孑遺吟草一卷**　戴禮撰　民國抄本　陳謐題記　一冊

330000－1704－0004684　008644　集部/別集類/清別集
**雨華樓吟五卷**　（清）戴慶祥撰　戴炳驄編　民國戴炳驄抄本　五冊

330000－1704－0004685　008858　集部/別集類
**劍廬詩草一卷**　陳閎慧撰　民國油印本　陳閎慧題記　一冊

330000－1704－0004686　008643　集部/別集類/清別集
**蕓根唫二卷**　（清）孫衣言撰　民國抄本　一冊

330000－1704－0004687　008783　集部/別集類
**璞廬詩存二卷**　戴炳驄撰　民國抄本　劉紹寬批　二冊

330000－1704－0004688　008863　集部/別集類
**適廬詩集一卷**　劉春煦撰　民國二十四年（1935）漢口武漢印書館鉛印本　一冊

330000－1704－0004689　008871　集部/總集類/選集之屬/通代
**天下才子必讀書十五卷末一卷**　（清）金人瑞選評　民國上海有正書局鉛印本　六冊

330000－1704－0004692　008785　集部/別集類
**草草集一卷**　范任撰　民國抄本　一冊

330000－1704－0004693　008787　集部/別集類
**璞廬應求集一卷**　戴炳驄輯　民國二十六年（1937）稿本　一冊

330000－1704－0004694　008822　史部/地理類/遊記之屬/紀勝
**雁山行吟一卷附録抗風閣詩選**　池滮撰　民國三十三年（1944）鉛印本　一冊

330000－1704－0004696　008788　集部/總集類/酬唱之屬
**璞廬六十唱和集二卷**　戴炳驄輯　民國抄本　一冊

330000－1704－0004697　008823　集部/別集類

**味筍齋詩鈔一卷**　姚琮撰　民國三十四年(1945)重慶鉛印本　一册

330000－1704－0004698　008789　集部/别集類

**璞廬詩存續編一卷**　戴炳驄撰　稿本　一册

330000－1704－0004699　008824　集部/别集類

**西北遊草一卷**　姚琮撰　民國鉛印本　一册

330000－1704－0004700　008790　集部/别集類/清别集

**戴翰卿先生遺詩一卷**　(清)戴循良撰　民國抄本　一册

330000－1704－0004701　008833　集部/别集類

**東甌采風小樂府一卷**　洪炳文撰　民國七年(1918)溫州釋授覺石印本　一册

330000－1704－0004702　008835、008836　集部/總集類/選集之屬/通代

**雁山鴻爪三卷**　周起渭輯　民國二十三年(1934)樂清天一書局鉛印本　二册

330000－1704－0004703　008791　集部/總集類/氏族之屬

**戴氏詩薈六種**　戴炳驄輯　民國瑞安戴氏抄本　戴炳驄批　三册

330000－1704－0004708　008838　集部/别集類

**復翁吟草四卷**　朱鵬撰　民國三十六年(1947)樂清宋文鉛石印刷所鉛印本　一册

330000－1704－0004710　008839　集部/别集類

**嘯園雪鴻吟一卷**　盧敏撰　民國二十四年(1935)溫州民智印書局鉛印本　一册

330000－1704－0004712　008841　集部/别集類

**煙霞吟草一卷**　聞樸撰　民國八年(1919)溫州聞樸石印本　陳仲陶批校　一册

330000－1704－0004715　008792　集部/别集類

**璞廬詩草不分卷**　戴炳驄撰　稿本　四册

330000－1704－0004716　008842　集部/别集類

**劍廬詩鈔一卷**　陳閎慧撰　民國十三年(1924)美本公司鉛印本　一册

330000－1704－0004717　008843　集部/别集類

**寥天廬詩續鈔二卷首一卷**　宋慈褒撰　民國鉛印本　一册

330000－1704－0004718　008793　集部/别集類

**璞廬應求集一卷**　戴炳驄輯　稿本　一册

330000－1704－0004719　008844　集部/别集類

**寥天廬詩鈔四卷**　宋慈褒撰　民國十八年(1929)刻朱印本　一册

330000－1704－0004720　008845　集部/别集類

**鄦江小草一卷**　王敬身撰　民國二十四年(1935)鉛印本　一册

330000－1704－0004721　008794　集部/總集類/氏族之屬

**聽鸝館吟草二卷英夷入寇紀事詩一卷**　(清)戴以晉撰　**戴聲玉先生遺稿一卷**　(清)戴咸禧撰　戴炳驄輯　**先訓導公詩稿一卷**　(清)戴成禧撰　戴炳驄輯　民國戴氏抄本　二册

330000－1704－0004722　008846　集部/别集類

**勞草吟二卷**　馮豹撰　民國溫州雲鮮石印局石印本　一册

330000－1704－0004723　008795　集部/總集類/酬唱之屬

**璞廬六十唱和集二卷**　戴炳驄輯　民國二十六年(1937)稿本　一册

330000－1704－0004724　008847　集部/别集類

**抱一廬詩存一卷**　鄭汝璋撰　民國三十五年(1946)溫州朱公茂印書局鉛印本　一冊

330000－1704－0004725　008848　集部/別集類

**海外虬髯手寫四十紀懷詩卷一卷**　王理孚撰　民國石印本　一冊

330000－1704－0004727　008796　集部/總集類/酬唱之屬

**噓枯集一卷**　戴炳驄輯　民國抄本　一冊

330000－1704－0004728　008797　集部/總集類/酬唱之屬

**噓枯集一卷**　戴炳驄輯　民國抄本　一冊

330000－1704－0004730　008849　集部/別集類

**味筍齋詩鈔一卷**　姚琮撰　民國鉛印本　一冊

330000－1704－0004731　008850　集部/別集類

**羅陽選勝録一卷**　黄體敬撰　民國二十二年(1933)溫州務本印書局石印本　一冊

330000－1704－0004732　008851　類叢部/叢書類

**宋氏雜箸**　宋慈袌撰　民國九年(1920)刻本　一冊　存一種

330000－1704－0004733　008852　類叢部/叢書類

**宋氏雜箸**　宋慈袌撰　民國九年(1920)刻本　一冊　存一種

330000－1704－0004735　008853　集部/別集類

**萬萬盦詩存一卷詩餘一卷**　鄭閎達撰　民國二十二年(1933)鉛印本　一冊

330000－1704－0004736　008854　集部/別集類

**游大羅山雜作一卷**　王榮年撰　民國鉛印本　一冊

330000－1704－0004737　008798　集部/別集類

**璞廬詩存二卷**　戴炳驄撰　稿本　一冊

330000－1704－0004739　008856　集部/別集類

**勿翁詩草一卷**　馮豹撰　民國溫州雲鮮石印局石印本　一冊

330000－1704－0004740　008799　集部/總集類/選集之屬

**璞廬詩選不分卷**　戴炳驄輯　稿本　三冊

330000－1704－0004741　008801　集部/總集類/選集之屬

**璞廬詩選不分卷**　戴炳驄輯　稿本　一冊

330000－1704－0004742　008802　集部/別集類

**意園詩鈔四卷**　陳壽宸撰　民國三十七年(1948)鉛印本　一冊

330000－1704－0004744　008803　集部/總集類/選集之屬

**璞廬詩話選四卷**　戴炳驄輯　民國二十三年(1934)稿本　四冊

330000－1704－0004745　008804　集部/別集類/唐五代別集

**璞廬杜詩選三卷**　(唐)杜甫撰　戴炳驄選　民國十九年(1930)稿本　三冊

330000－1704－0004746　008832　集部/別集類

**合山詩鈔五卷**　陸壽人撰　民國十一年(1922)溫州陸壽人石印本(卷三至五配抄本)　二冊

330000－1704－0004747　008805　集部/別集類

**林間禪餘集三卷楹聯一卷**　釋授覺撰　民國七年(1918)溫州雲鮮石印本　一冊

330000－1704－0004749　008978、008979　類叢部/叢書類/彙編之屬

**桐城吴先生羣書點勘**　(清)吴汝綸點勘　吴闓生輯　民國三年(1914)京師國羣鑄一社鉛

印本　二册　存一種

330000－1704－0004751　008157　集部/别集類

**陋龕小草十卷畫梅百詠二卷**　楊芃棫撰　民國二十五年(1936)鉛印本　二册

330000－1704－0004754　008806　集部/别集類

**慎江草堂詩四卷**　黄迂撰　民國十三年(1924)鉛印本　二册

330000－1704－0004755　008807　集部/别集類

**慎江草堂詩四卷**　黄迂撰　民國十三年(1924)鉛印本　二册

330000－1704－0004756　008928　類叢部/叢書類

**鄭義門叢書**　民國鉛印本　六册　存一種

330000－1704－0004761　008158　類叢部/叢書類/自著之屬

**晨風廬叢刊十八種**　周慶雲撰　民國吳興周氏夢坡室刻本　三册　存三種

330000－1704－0004762　008895　集部/總集類/選集之屬

**詩一卷**　民國劉紹寬抄本　一册

330000－1704－0004765　008810　集部/别集類

**甌栝紀遊草一卷**　徐燮撰　民國八年(1919)鉛印本　一册

330000－1704－0004767　008811　集部/别集類

**海外遺稿二卷**　林甄宇撰　林襟宇輯　民國八年(1919)刻本　一册

330000－1704－0004770　008159　集部/别集類

**夢還集一卷續集一卷**　廉泉撰　孫寒厓編　民國二十年(1931)北平中華書局影印本　一册

330000－1704－0004771　001516－2　子部/宗教類/佛教之屬/諸宗

**勸修淨土切要一卷**　(清)真益願撰　民國八年(1919)金陵刻經處刻本　一册

330000－1704－0004772　008812　集部/别集類

**臥雲東遊詩鈔十二卷**　釋靜圓撰　民國十二年至十三年(1923－1924)甌郡刻本　四册

330000－1704－0004776　008813　集部/别集類

**樂園詩草四卷**　鄭郁撰　民國二十六年(1937)鉛印本　一册

330000－1704－0004778　008201　集部/别集類

**耐庵詩存一卷**　潘亨穀撰　**先府君行實一卷**　潘承厚等撰　民國十七年(1928)潘氏刻本　一册

330000－1704－0004779　008202　集部/别集類

**城隱廬詩鈔一卷**　吳興讓撰　民國二十三年(1934)吳中吳氏刻本　一册

330000－1704－0004780　008786　集部/别集類

**蛻龕續稿十卷甲子稿一卷乙丑稿一卷丙寅稿一卷戊辰稿一卷**　符璋撰　民國三年至十七年(1914－1928)稿本　十四册

330000－1704－0004781　008203　集部/别集類

**滄趣樓詩集十卷聽水齋詞一卷**　陳寶琛撰　民國二十七年(1938)陳氏刻本　四册

330000－1704－0004783　001519　子部/宗教類/佛教之屬/諸宗

**廬山慧遠法師文一卷**　周寰輯校　民國武昌正信印務館鉛印本　一册

330000－1704－0004784　001520　子部/宗教類/佛教之屬

**印度六派哲學二卷**　(日本)本村泰賢撰　史一如編譯　民國十二年(1923)鉛印本　二册

330000－1704－0004787　001522　史部/傳記類/別傳之屬/事狀

**崔母往生傳一卷**　釋演音撰　民國石印本　一冊

330000－1704－0004789　008814　集部/別集類

**大羅山人生前辭別詩一卷**　王毓英撰　民國十二年(1923)温州務本石印本　一冊

330000－1704－0004791　008815　集部/別集類

**飛情閣集四卷**　黄光撰　民國三十八年(1949)鉛印本　三冊

330000－1704－0004792　008204　集部/別集類

**捊揞集一卷**　萬繩栻撰　民國武進陶氏涉園石印本　一冊

330000－1704－0004793　008816　集部/別集類

**運甓齋詩集一卷**　許炳藜撰　民國十八年(1929)永嘉仲蘭印刷社石印本　一冊

330000－1704－0004795　008900　集部/總集類/域外之屬

**和詩選七卷**　王長春選　民國三十一年(1942)上海華中印書局鉛印本　一冊

330000－1704－0004801　008817　集部/別集類

**葖廬詩草二卷**　鮑震撰　民國二十年(1931)石印本　一冊

330000－1704－0004802　008818　集部/別集類

**浴日樓詩選二卷**　項驤撰　民國二十五年(1936)油印本　一冊

330000－1704－0004803　008819　集部/別集類

**雁蕩亦滄蕩人詩稿一卷**　蔣希召撰　民國亦滄蕩廬木活字印本　一冊

330000－1704－0004805　008820　集部/別集類

**雁蕩亦滄蕩人詩稿一卷**　蔣希召撰　民國亦滄蕩廬木活字印本　一冊

330000－1704－0004806　008205　集部/別集類

**退郛詩鈔二卷**　馬為瓏撰　民國五年(1916)石印本　一冊　存一卷(下)

330000－1704－0004807　008206　集部/別集類

**橫海樓詩集甲稿一卷**　陳蔚撰　民國十四年(1925)鉛印本　一冊

330000－1704－0004808　008207　集部/別集類

**一漚閣詩存二卷**　張同書撰　民國二十年(1931)天津鉛印本　一冊

330000－1704－0004814　008996　集部/總集類/選集之屬/通代

**文選六十卷**　(南朝梁)蕭統輯　(唐)李善注　**文選考異十卷**　(清)胡克家撰　民國上海錦章圖書局石印本　十六冊

330000－1704－0004815　008208　類叢部/叢書類/彙編之屬

**滄海叢書**　張伯楨輯　民國東莞張氏刻本　一冊　存一種

330000－1704－0004817　009004　集部/總集類/選集之屬/通代

**歷代詩文評註讀本**　王文濡編　民國上海文明書局鉛印本　二冊　存一種

330000－1704－0004818　009025　集部/總集類/選集之屬/通代

**唐宋文舉要甲編八卷乙編四卷**　高步瀛撰　民國二十三年(1934)北平直隸書局鉛印本　十二冊

330000－1704－0004819　009005　集部/總集類/選集之屬/通代

**教科適用文選精華二卷**　中華書局編　民國七年(1918)上海中華書局鉛印本　二冊

330000－1704－0004820　009006　集部/總集類/選集之屬/通代

**漢魏六朝文繡四卷續鈔一卷**　（清）淩德編次　民國八年(1919)上海掃葉山房石印本　三冊　缺二卷（二至三）

330000－1704－0004823　008998　集部/總集類/選集之屬/通代

**文選集釋二十四卷**　（清）朱珔撰　民國十七年(1928)上海受古書店影印本　十六冊

330000－1704－0004825　001537　子部/宗教類/佛教之屬

**集古今佛道論衡實録五卷**　（唐）釋道宣撰　**續集古今佛道論衡一卷**　（唐）釋智昇撰　民國二年(1913)常州天寧寺刻本　二冊

330000－1704－0004828　001529　子部/宗教類/佛教之屬/諸宗

**中興淨宗印光大師行業記不分卷**　釋真達等撰　民國鉛印本　釋興慈題簽　一冊

330000－1704－0004834　008209　集部/別集類

**澎湖遺老集四卷**　金蓉鏡撰　民國十七年(1928)刻本　二冊

330000－1704－0004835　001531　子部/宗教類/佛教之屬

**歷史感應統紀四卷首一卷**　許止淨編纂　民國十八年(1929)鉛印本　王震題簽　四冊

330000－1704－0004838　009022　集部/總集類/選集之屬/通代

**漢魏六朝百三名家集一百十八卷**　（明）張溥輯　民國六年(1917)上海掃葉山房石印本　任宏中題記　四十二冊　存九十二種

330000－1704－0004840　001533　子部/宗教類/佛教之屬

**一乘決疑論一卷**　（清）彭際清撰　民國中央刻經院鉛印本　一冊

330000－1704－0004842　008210　集部/別集類

**還翁遺詩一卷**　吳恩棠撰　民國十六年(1927)吳氏鉛印本　一冊

330000－1704－0004844　001535　子部/宗教類/佛教之屬

**辯正論十卷**　（唐）釋法琳撰　（唐）陳子良注　民國二年(1913)常州天寧寺刻本　釋企蓮題簽　三冊

330000－1704－0004847　008211　集部/別集類

**白石山房詩鈔三卷補遺一卷**　張宗江撰　民國八年(1919)鉛印本　一冊

330000－1704－0004849　009020　集部/總集類/選集之屬/斷代

**唐文粹簡編六卷**　（清）厲鶚　（清）譚獻評點　張相編　民國七年(1918)上海中華書局鉛印本　六冊

330000－1704－0004850　008212　集部/別集類

**濾廬詩草一卷**　金城撰　民國十五年(1926)鉛印本　一冊

330000－1704－0004852　008213　集部/別集類

**思玄堂詩集一卷**　汪榮寶撰　民國二十六年(1937)鉛印本　二冊

330000－1704－0004854　008214　集部/別集類

**蒹葭里館詩四卷**　吳用威撰　**家傳一卷**　陳懋森撰　民國三十一年(1942)鉛印本　吳本鉞題記　二冊

330000－1704－0004857　009029　類叢部/叢書類/彙編之屬

**四部叢刊**　張元濟等編　民國二十五年(1936)上海商務印書館影印本　十六冊　存一種

330000－1704－0004870　008215　集部/別集類

**月湖詩草五卷**　丁傳瀚撰　**醉鄉侯詩鈔一卷**　丁立寅撰　民國二十三年(1934)鉛印本　二冊

330000－1704－0004871　001541　子部/宗教類/佛教之屬

**佛法金湯編十六卷**　(明)釋心泰編　民國三十二年(1943)上海國光印書局鉛印本　一冊

330000－1704－0004872　001542　子部/宗教類/佛教之屬

**道學論衡二卷**　釋太虛撰　民國七年(1918)上海覺社鉛印本　二冊

330000－1704－0004877　008216　集部/別集類

**悲華經舍詩存五卷**　洪允祥撰　民國二十二年(1933)慈谿洪氏慎思軒鉛印本　一冊　存四卷(一至四)

330000－1704－0004878　009015　集部/總集類/選集之屬/通代

**六朝文絜四卷**　(清)許槤輯並評　民國七年(1918)上海中華書局據清道光五年(1825)海昌許氏享金寶石齋刻本影印本　二冊

330000－1704－0004879　009016　集部/總集類/選集之屬/通代

**六朝文絜箋注十二卷**　(清)許槤輯並評　(清)黎經誥箋注　民國上海朝記書莊石印本　四冊

330000－1704－0004880　009017　集部/總集類/選集之屬/通代

**六朝文絜箋注十二卷**　(清)許槤輯並評　(清)黎經誥箋注　民國十五年(1926)上海掃葉山房石印本　四冊

330000－1704－0004881　008217　集部/別集類

**淡園吟一卷**　釋蓮洲撰　民國四年(1915)啓文局石印本　一冊

330000－1704－0004885　001545　子部/宗教類/佛教之屬

**廣弘明集四十卷**　(唐)釋道宣輯　民國元年(1912)常州天寧寺刻本　十冊

330000－1704－0004886　009018　類叢部/叢書類/彙編之屬

**四部備要**　中華書局編　民國二十五年(1936)上海中華書局鉛印本(原缺經義考卷二百八十六、二百九十九至三百,東塾讀書記十三至十四、十七至二十、二十二至二十五)　一冊　存一種

330000－1704－0004887　008218　集部/別集類

**吳山草堂詩鈔二卷**　王廷揚撰　民國二十九年(1940)油印本　一冊

330000－1704－0004888　009039　集部/總集類/選集之屬/通代

**呂選八家古文八卷**　(清)呂留良選　民國六年(1917)上海掃葉山房石印本　六冊

330000－1704－0004891　008219　集部/別集類

**百衲詩集二卷偶權館詩集一卷苫廬詩集一卷弄潮館詩集一卷**　袁克權撰　民國鉛印本　四冊

330000－1704－0004892　009056　集部/總集類/選集之屬/斷代

**元文類簡編二卷**　(元)蘇天爵輯　張相選　莊啟傳綴評　民國七年(1918)上海中華書局鉛印本　二冊

330000－1704－0004893　008220　集部/別集類

**雙照樓詩詞藁二卷**　汪兆銘撰　曾仲鳴編　民國十九年(1930)民信公司鉛印本　一冊

330000－1704－0004894　001546　子部/宗教類/佛教之屬/論

**瑜伽師地論一百卷**　(唐)釋玄奘譯　民國五年(1916)金山江天寺鉛印本　二十冊

330000－1704－0004896　001548　子部/宗教類/佛教之屬

**盂蘭盆報恩大齋勝會儀軌輯要一卷**　(清)釋儀潤輯　民國九年(1920)揚州東鄉磚橋刻經處刻本　一冊

330000－1704－0004897　001549　子部/宗教類/佛教之屬/經疏

**佛說觀無量壽佛經略論一卷** （清）楊文會略論 民國刻本 一册

330000－1704－0004902 001551 子部/宗教類/佛教之屬/諸宗

**勸修淨土切要一卷** （清）真益願撰 民國八年（1919）金陵刻經處刻本 一册

330000－1704－0004908 001556 子部/宗教類/佛教之屬/經

**菩薩道樹經一卷菩薩生地經一卷佛說孛經一卷** （三國吳）釋支謙譯 **無垢淨光大陀羅尼經一卷** （唐）釋彌陀山等譯 **成具光明定意經一卷** （漢）釋支曜譯 民國三年（1914）常州天寧寺刻本 一册

330000－1704－0004910 001558 子部/宗教類/佛教之屬

**釋教三字經一卷** （明）釋廣真撰 （清）釋敏修註 民國八年（1919）揚州藏經院刻本 一册

330000－1704－0004913 008221 集部/別集類

**不匱室詩鈔八卷** 胡漢民撰 民國二十一年（1932）刻本 二册

330000－1704－0004914 001561 類叢部/叢書類/自著之屬

**維摩精舍叢書第一函五種** 袁煥仙口授 民國三十三年（1944）成都維摩精舍刻本 六册

330000－1704－0004915 001562 子部/宗教類/佛教之屬

**佛學良導一卷** 梅光羲述 民國北京佛經流通處鉛印本 一册

330000－1704－0004916 001573 子部/宗教類/佛教之屬/經

**大聖文殊師利菩薩佛刹功德莊嚴經三卷** （唐）釋不空譯 民國影印本（卷上補配日本《大正新修大藏經》鉛印本） 一册

330000－1704－0004921 009059 類叢部/叢書類/郡邑之屬

**豫章叢書六十種附一種** 胡思敬編 民國四年至九年（1915－1920）南昌豫章叢書編刻局刻本 十四册 存一種

330000－1704－0004930 001567 子部/宗教類/佛教之屬

**入佛問答二卷** （清）問橋居士撰 民國三年（1914）揚州藏經院刻本 一册

330000－1704－0004931 001568 子部/宗教類/佛教之屬

**佛學述要一卷** 陳勤先撰 民國十年（1921）鉛印本 一册

330000－1704－0004932 001569 集部/總集類/選集之屬

**重編醒世千家詩二卷** （清）梁溪晦齋學人輯 民國十八年（1929）世界居士佛教林鉛印本 一册

330000－1704－0004933 001570 子部/宗教類/佛教之屬

**修行集要不分卷** 周澄輯 民國十一年（1922）上海競新書局石印本 一册

330000－1704－0004934 001571 經部/易類/傳說之屬

**周易禪解十卷** （明）釋智旭撰 民國四年（1915）金陵刻經處刻本 三册

330000－1704－0004940 009063 集部/總集類/選集之屬/斷代

**明文在簡編四卷** （清）薛熙原編 張相選録 民國七年（1918）上海中華書局鉛印本 四册

330000－1704－0004941 009064 集部/總集類/彙編之屬

**雲間兩何君集** 姚光輯 民國二十一年（1932）金山姚氏復廬影印本 八册

330000－1704－0004942 009045 類叢部/叢書類/彙編之屬

**四部叢刊三編七十一種** 張元濟等編 民國二十四年至二十五年（1935－1936）上海商務印書館影印本（原缺長興集卷一至十二、三十一、三十三至四十一） 七册 存一種

330000－1704－0004943　009065　集部/總集類/彙編之屬

**明季三孝廉集**　羅振玉輯　民國八年(1919)上虞羅氏鉛印本　十冊

330000－1704－0004944　009081　集部/總集類/氏族之屬

**常熟二馮先生集**　張鴻輯　民國十四年(1925)鉛印本　六冊

330000－1704－0004951　009046　集部/總集類/選集之屬/斷代

**宋文鑑簡編六卷**　(宋)呂祖謙編　張相　周邦英選評　民國七年(1918)上海中華書局鉛印本　六冊

330000－1704－0004953　009085　集部/總集類/氏族之屬

**度予亭三逸遺集三卷首一卷外編一卷**　(明)張文郁　(明)張元聲　(明)張亨梧撰　張燮編　民國二十八年(1939)天台久記印刷社鉛印本　趙柏廎題記　一冊

330000－1704－0004960　009084　集部/總集類/選集之屬/斷代

**姚氏清朝文録簡編六卷**　(清)姚椿編　張相　莊啟傳選評　民國七年(1918)上海中華書局鉛印本　六冊

330000－1704－0004967　001574　子部/宗教類/佛教之屬/諸宗

**彌陀淨土法門集一卷**　釋太虛撰　民國三十五年(1946)威遠中峯寺印書弘化社鉛印本　一冊

330000－1704－0004968　001575　子部/宗教類/佛教之屬

**佛教問答一卷佛教問答選録一卷**　海屍道人編纂　民國二十四年(1935)上海商務印書館鉛印本　一冊

330000－1704－0004969　001576　子部/宗教類/佛教之屬

**大事須知一卷**　孫傳枧纂　民國九年(1920)金陵刻經處刻本　釋顯權題簽　一冊

330000－1704－0004970　001577　子部/宗教類/佛教之屬

**劫海慈航不分卷**　民國北京中央刻經院鉛印本　一冊

330000－1704－0004971　001578　子部/宗教類/佛教之屬

**還鄉直指不分卷**　心菴頭陀述　民國二十四年(1935)上海明善書局鉛印本　一冊

330000－1704－0004972　001579　子部/宗教類/佛教之屬/經

**藥師瑠璃光如來本願功德經一卷**　(唐)釋玄奘譯　民國揚州懷少義塾刻本　一冊

330000－1704－0004973　001580　子部/宗教類/佛教之屬/經咒

**日誦經呪選録三種**　民國二十七年(1938)蘇州古吳佛經流通處鉛印本　一冊

330000－1704－0004974　001581　子部/宗教類/道教之屬

**太上感應篇直講一卷首一卷附録一卷**　釋印光鑒定　邵慧圓校對　民國十八年(1929)鉛印本　一冊

330000－1704－0004975　001582　子部/宗教類/佛教之屬/經

**在家必讀内典**　歐陽漸編　民國二十七年(1938)支那内學院刻本　二冊

330000－1704－0004990　009107　集部/總集類/選集之屬/通代

**歷代詩文評註讀本**　王文濡編　民國上海文明書局鉛印本　四冊　存一種

330000－1704－0004992　009108　集部/總集類/選集之屬/通代

**評註駢文筆法百篇不分卷**　王仁溥評選　民國十一年(1922)上海進化書局鉛印本　四冊

330000－1704－0004993　009051　集部/總集類/選集之屬/斷代

**南宋文範簡編四卷**　(清)莊仲方編　張相選評　民國七年(1918)中華書局鉛印本　四冊

330000－1704－0004994　009109　集部/總集類/氏族之屬
**守約堂駢文彙鈔四卷**　潘鍾華輯　民國二十六年(1937)鉛印本　一冊

330000－1704－0004996　009096　史部/傳記類/總傳之屬/家乘
**新陽趙氏清芬録三卷**　趙詒琛編　民國六年(1917)新陽趙詒琛義莊刻本　一冊

330000－1704－0004999　009097　集部/總集類/選集之屬/斷代
**八家四六文註八卷首一卷**　(清)孫星衍等撰　(清)許貞幹註　**八家四六文補註一卷**　(清)陳衍撰　民國影印本　十冊

330000－1704－0005006　009140　集部/總集類/選集之屬/通代
**銅琶金縷甲集二卷乙集二卷丙集二卷丁集二卷**　上海進步書局編　民國十三年(1924)上海文明書局石印本　四冊

330000－1704－0005007　009141　集部/總集類/彙編之屬
**戊戌六君子遺集九種**　張元濟輯　民國八年(1919)上海商務印書館鉛印本　六冊

330000－1704－0005010　009180　集部/總集類/彙編之屬
**慎社第一集文録一卷詩録一卷詞録一卷第二集文録一卷詩録一卷詞録一卷附録一卷第三集文録一卷詩録一卷詞録一卷第四集文録一卷詩録一卷詞録一卷**　永嘉慎社編　民國九年至十一年(1920－1922)永嘉慎社石印本　四冊

330000－1704－0005017　009100　集部/總集類/選集之屬/斷代
**清朝駢體正宗評本十二卷**　(清)曾燠輯　(清)姚燮評　民國上海文瑞樓石印本　四冊

330000－1704－0005019　009181　集部/總集類/氏族之屬
**陟岡集四卷附録一卷**　金兆梓輯　民國三十八年(1949)中華書局鉛印本　三冊

330000－1704－0005024　009149　集部/總集類/氏族之屬
**鮑氏誦先録二編九卷**　鮑友恪輯　**鮑氏集二種二卷**　(清)鮑東鏞　(清)鮑本元撰　民國二十五年(1936)鉛印本　六冊

330000－1704－0005029　001583　子部/儒家類/儒學之屬/蒙學
**學堂日記故事圖說一卷**　(清)梁溪晦齋氏輯　民國十八年(1929)溫州府劉潤記經房刻本　一冊

330000－1704－0005030　009182　集部/總集類/選集之屬/通代
**古今滑稽文選六卷**　雷瑨輯　民國四年(1915)上海掃葉山房石印本　六冊

330000－1704－0005031　009130　集部/總集類/郡邑之屬
**瑞安近代名人詩稿一卷甌海鄉先哲佚文一卷**　戴炳驄輯　民國戴炳驄抄本　二冊

330000－1704－0005032　009183　子部/雜著類/雜說之屬
**常識文範四卷**　梁啓超撰　民國五年(1916)上海中華書局鉛印本　四冊

330000－1704－0005035　009184　集部/總集類
**林嚴文鈔四卷**　林紓　嚴復撰　民國六年(1917)中國圖書公司和記鉛印本　四冊

330000－1704－0005041　001586　史部/政書類/律令之屬
**大總統教令修正管理寺廟條例一卷**　民國十年(1921)釋道階刻本　一冊

330000－1704－0005042　009185　集部/總集類/題詠之屬
**南通孫氏念蘐堂題詠集四卷**　孫雄編　民國二十一年(1932)孫氏鉛印本　一冊

330000－1704－0005043　009215　集部/總集類/郡邑之屬
**晉寧詩徵十卷首一卷文徵十卷首一卷補遺一卷**　方樹梅輯　民國二十七年(1938)昆明開

智公司鉛印本　六册

330000－1704－0005046　009186　集部/總集類/彙編之屬

**詩史閣叢刊甲集六卷**　孫雄輯　民國十六年(1927)鉛印本　二册

330000－1704－0005047　009187　集部/總集類/題詠之屬

**松聲琴韻集不分卷**　方濟川輯　民國三十八年(1949)鉛印本　一册

330000－1704－0005051　001587　子部/雜著類/雜説之屬

**正信録二卷**　(清)羅聘撰　民國二十年(1931)潮陽郭氏雙百鹿齋刻本　一册

330000－1704－0005055　009228　集部/詩文評類/文評之屬

**春覺齋論文一卷**　林紓撰　民國五年(1916)都門印書局鉛印本　一册

330000－1704－0005057　009229　集部/詩文評類

**藝槩六卷**　(清)劉熙載撰　民國十六年(1927)北京富晉書社鉛印本　二册

330000－1704－0005058　001589　子部/宗教類/佛教之屬

**佛學撮要一卷**　丁福保編纂　梅光羲節録　民國鉛印本　一册

330000－1704－0005061　009219　集部/總集類/郡邑之屬

**永嘉集外編二十六卷**　(清)孫衣言輯　民國抄本　九册　存九卷(二、五至十二)

330000－1704－0005062　009189　集部/總集類/郡邑之屬

**滇六家文選**　王燦輯　民國三十五年(1946)鉛印本　二册

330000－1704－0005064　009230　類叢部/叢書類/彙編之屬

**晦堂叢書□□種**　民國鉛印本　九册　存一種

330000－1704－0005065　009190　類叢部/叢書類/郡邑之屬

**雲南叢書初編一百四十一種二編三十七種**　趙藩　陳榮昌等輯　民國雲南叢書處刻本　二十八册　存一種

330000－1704－0005066　001590　子部/宗教類/佛教之屬

**行覊録一卷**　萬鈞校印　民國三十一年(1942)中央刻經院佛經善書局鉛印本　一册

330000－1704－0005068　001591　子部/宗教類/佛教之屬

**蔬食編一卷**　萬鈞編　民國中央刻經院佛經善書局鉛印本　一册

330000－1704－0005069　001592　子部/宗教類/佛教之屬

**觀音慈林集三卷**　(清)釋弘贊編　民國影印本　一册

330000－1704－0005072　009152　集部/總集類/郡邑之屬

**瀏陽二傑文二卷**　(清)譚嗣同　(清)唐才常撰　民國鉛印本　二册

330000－1704－0005075　009231　類叢部/叢書類/自著之屬

**孫隘堪所著書四種**　孫德謙撰　民國十二年至十七年(1923－1928)元和孫氏四益宧刻本　一册　存一種

330000－1704－0005077　009221　類叢部/叢書類/郡邑之屬

**貴池先哲遺書二十三種**　劉世珩輯　民國九年(1920)貴池劉氏唐石簃刻本　六册　存五種

330000－1704－0005080　009155　集部/總集類/郡邑之屬

**梓鄉耆舊文鈔(孫蕖田黄漱蘭兩先生遺文)一卷**　張棡輯　稿本　一册

330000－1704－0005081　009233　集部/别集類

**畏廬論文一卷**　林紓撰　民國十年(1921)上

海商務印書館鉛印本　一冊

330000－1704－0005083　009234　集部/詩文評類/文評之屬

**文學蜜史八卷**　褚傳誥撰　民國八年(1919)鉛印本　四冊

330000－1704－0005084　009222　集部/總集類/郡邑之屬

**台州文徵敘例一卷**　王舟瑤撰　民國鉛印本　一冊

330000－1704－0005086　009158　集部/總集類/彙編之屬

**雲間兩徵君集二種**　嚴昌堉輯　民國三十八年(1949)鉛印本　一冊

330000－1704－0005090　009223　集部/總集類/郡邑之屬

**東甌文乘二卷**　民國抄本　一冊

330000－1704－0005091　009194　集部/總集類/郡邑之屬

**甌海集内編十卷外編四卷**　楊紹廉輯　民國永嘉黄氏敬鄉樓抄本　十四冊

330000－1704－0005092　009236　類叢部/叢書類/彙編之屬

**文學叢書**　上海醫學書局編　民國上海醫學書局鉛印本　一冊　存一種

330000－1704－0005094　001593　子部/宗教類/佛教之屬/諸宗

**初機淨業指南一卷**　黄慶瀾撰　民國鉛印本仲波氏題簽　一冊

330000－1704－0005096　009161　集部/總集類/氏族之屬

**大理張氏詩文存遺四卷**　張耀曾輯　民國二十四年(1935)張耀曾鉛印本　一冊

330000－1704－0005097　009237　類叢部/叢書類/自著之屬

**獨見曉齋叢書□□種**　陳懷撰　民國刻本陳謐題記　一冊　存一種

330000－1704－0005100　009225　類叢部/叢書類/彙編之屬

**曲石叢書二十種**　李根源編　民國十二年至二十一年(1923－1932)騰衝李氏蘇州刻本二十六冊　存一種

330000－1704－0005101　001594　子部/宗教類/佛教之屬/諸宗

**宗喀巴大師顯密修行次第科頌一卷**　釋能海輯　民國天津佛教功德林鉛印本　一冊

330000－1704－0005102　001595　子部/宗教類/佛教之屬/律

**三種戒經合刊不分卷**　釋演本編　民國二十九年(1940)上海美商永寧公司鉛印本　一冊

330000－1704－0005103　001596　子部/宗教類/佛教之屬

**刻藏緣起一卷**　民國八年(1919)揚州藏經院刻本　一冊

330000－1704－0005105　001597　子部/宗教類/佛教之屬

**佛海大悲觀自在修習儀軌悉地寶藏宣演疏一卷**　賢慧賢劫海造本　湯薌銘譯　安欽上師說　釋觀空度語　周叔迦筆受　民國二十八年(1939)北京菩提學會鉛印本　一冊

330000－1704－0005106　001598　子部/宗教類/佛教之屬

**文殊讃釋一卷**　吉祥智慧功德賢造讃　(清)章嘉遊戲金剛釋義　湯薌銘譯並註　民國鉛印本　一冊

330000－1704－0005113　009258　類叢部/叢書類/自著之屬

**諸葛武侯全集五種二十卷**　(三國蜀)諸葛亮撰　(清)張澍輯　民國江左書林石印本六冊

330000－1704－0005116　009201　集部/總集類/郡邑之屬

**永嘉集外編二十六卷**　(清)孫衣言輯　民國林駿抄本　八冊

330000－1704－0005118　009202　集部/總集類/選集之屬

**東社第三集三卷** 東社編 民國五年(1916)文明書局鉛印本 一册

330000－1704－0005119 009203 集部/總集類/郡邑之屬

**永嘉集内編四十八卷外編二十六卷** (清)孫衣言輯 民國永嘉黄氏敬鄉樓抄本 五册 存十卷(内編一至十)

330000－1704－0005120 009239 集部/詩文評類/文法之屬/文法

**古人論文大義二卷** 唐文治撰 民國九年(1920)無錫國學專修館鉛印本 二册

330000－1704－0005124 009241 類叢部/叢書類/彙編之屬

**四部備要** 中華書局編 民國二十五年(1936)上海中華書局鉛印本(原缺經義考卷二百八十六、二百九十九至三百,東塾讀書記十三至十四、十七至二十、二十二至二十五) 一册 存二種

330000－1704－0005125 009204 集部/總集類/郡邑之屬

**慎江文徵六十一卷** (清)周天錫輯 民國戴家祥抄本 楊紹廉批校 十二册

330000－1704－0005126 001599 子部/宗教類/佛教之屬

**受持佛説大乘莊嚴寶王經懺願行法二卷** 大明居士撰 民國鉛印本 一册

330000－1704－0005127 001600 史部/傳記類/别傳之屬

**宗喀巴大師傳一卷** 釋法尊譯 民國鉛印本 一册

330000－1704－0005128 009205 集部/總集類/郡邑之屬

**甌海集一卷** 楊紹廉輯 民國二十七年(1938)戴驤抄本 一册

330000－1704－0005131 001601 子部/宗教類/佛教之屬/諸宗

**法雨涓滴録一卷** 周奮等輯 民國温州務本石印本 一册

330000－1704－0005133 001602 子部/宗教類/佛教之屬/諸宗

**十不二門指要鈔科一卷** (宋)釋知禮撰 **科金剛錍一卷** (宋)釋淨岳撰 **始終心要科一卷** **修懺要旨增科一卷** (宋)釋知禮撰 民國十六年(1927)揚州宛虹橋眾香庵刻本 一册

330000－1704－0005138 009266 集部/别集類/漢魏六朝别集

**陶淵明文集十卷** (晉)陶潛撰 民國六年(1917)上海會文堂書局石印本 四册

330000－1704－0005139 009244 集部/總集類

**滄粟齋叢刊□□種** 黄光照編 民國鉛印本 一册

330000－1704－0005140 009171 集部/總集類/題詠之屬

**紅薇感舊記題詠集四卷補一卷** 傅熊湘輯 民國八年(1919)鉛印本 一册

330000－1704－0005142 009172 集部/總集類/選集之屬/斷代

**慕雲集存八卷附録一卷** 汪定執編 民國二十年(1931)鉛印本 一册

330000－1704－0005143 009173 集部/總集類/選集之屬/斷代

**江湖夜雨集九卷** 吴貞懿輯 民國八年(1919)鉛印本 四册

330000－1704－0005144 009174 集部/總集類/課藝之屬

**無錫國學專修館文集初編不分卷** 無錫國學專修館編 民國十二年(1923)無錫國學專修館鉛印本 四册

330000－1704－0005145 009175 類叢部/叢書類/彙編之屬

**慎始基齋叢書十一種** 盧靖編 民國沔陽盧氏慎始基齋鉛印本 二册 存一種

330000－1704－0005149 009247 史部/史表類/通代之屬

**中國文學年表第一編四卷**　敖士英編　民國二十四年(1935)北平立達書局鉛印本　四册

330000－1704－0005150　009177　集部/總集類/酬唱之屬

**霜杰集四卷**　金兆棪輯　民國十五年(1926)上海商務印書館鉛印本　二册

330000－1704－0005152　009176　集部/總集類/酬唱之屬

**霜杰集四卷**　金兆棪輯　民國十五年(1926)上海商務印書館鉛印本　一册　缺一卷(詠玉篇)

330000－1704－0005153　009178　集部/總集類/選集之屬/斷代

**吴門弟子集十四卷**　吴闓生編　民國十九年(1930)蓮池書社刻本　六册

330000－1704－0005157　011605　子部/藝術類/書畫之屬/法帖

**宋拓魯峻碑及碑陰二卷**　(清)端方藏　民國八年(1919)上海有正書局石印本　一册

330000－1704－0005158　009208　類叢部/叢書類/彙編之屬

**百尺樓叢書五種**　陳去病編　民國十一年(1922)鉛印本　二册　存二種

330000－1704－0005159　009209　類叢部/叢書類/郡邑之屬

**豫章叢書六十種附一種**　胡思敬編　民國四年至九年(1915－1920)南昌豫章叢書編刻局刻本　二册　存一種

330000－1704－0005162　009212　集部/總集類/郡邑之屬

**黄岡二處士集三種三十五卷**　汪桑輯　民國二十四年(1935)黄岡汪氏鉛印本　十册

330000－1704－0005163　009213　史部/地理類/方志之屬/郡縣志

**[民國]瑞安縣志詩徵七卷文徵十二卷**　瑞安縣修志委員會編　民國瑞安縣修志委員會鉛印本　八册

330000－1704－0005165　009251　集部/詩文評類

**文學津梁十二種**　周鍾游編　民國五年(1916)上海有正書局石印本　八册

330000－1704－0005168　009250　集部/詩文評類/文法之屬/文法

**歸震川先生揔論看文字法一卷**　(明)歸有光撰　民國抄本　一册

330000－1704－0005169　009252　集部/詩文評類/文評之屬

**汪文摘謬一卷**　(清)葉燮撰　民國十四年(1925)無錫丁氏鉛印本　一册

330000－1704－0005170　009254　新學/學校

**高等文學講義六卷**　王葆心撰　民國抄本　一册　存二卷(一至二)

330000－1704－0005173　009307　集部/別集類/唐五代別集

**李太白文集三十卷**　(唐)李白撰　民國二年(1913)上海文瑞樓石印本　八册

330000－1704－0005174　009308　集部/別集類/唐五代別集

**李太白文集三十卷**　(唐)李白撰　民國元年(1912)鄂官書處刻本　四册

330000－1704－0005178　009340　集部/別集類/宋別集

**徐公文集三十卷**　(宋)徐鉉撰　**徐公文集補遺一卷**　(宋)徐鉉撰　徐乃昌輯　**徐公文集校記一卷**　徐乃昌撰　民國八年(1919)南陵徐乃昌影刻宋明州本　七册

330000－1704－0005183　001603　史部/目録類/總録之屬/地方

**金陵刻經處流通經典目録一卷附一卷**　金陵刻經處編　民國二十四年(1935)金陵刻經處刻本　一册

330000－1704－0005184　001604　子部/宗教類/佛教之屬

**摩訶止觀義例隨釋六卷**　(唐)釋湛然撰

（宋）釋處元釋　民國二十三年（1934）揚州眾香庵刻本　三册

330000－1704－0005186　001605　子部/宗教類/佛教之屬/律

**授三皈五戒八戒正範三卷授幽冥戒正範一卷條例一卷**　民國十三年（1924）杭州昭慶寺慧空經房刻本　釋覺澄題簽　一册

330000－1704－0005190　009282　集部/別集類/漢魏六朝別集

**庾子山集十六卷**　（北周）庾信撰　（清）倪璠註釋　**庾集總釋一卷庾子山年譜一卷**　（清）倪璠撰　民國七年（1918）掃葉山房石印本　十二册

330000－1704－0005192　009283　集部/別集類/漢魏六朝別集

**庾子山集十六卷**　（北周）庾信撰　（清）倪璠註釋　**庾集總釋一卷庾子山年譜一卷**　（清）倪璠撰　民國十二年（1923）掃葉山房石印本　十二册

330000－1704－0005201　009362　集部/別集類/宋別集

**曾南豐文集四卷**　（宋）曾鞏撰　民國四年（1915）上海會文堂粹記石印本　二册

330000－1704－0005204　009363　集部/別集類/宋別集

**蘇老泉先生全集二十卷**　（宋）蘇洵撰　**附録二卷**　（宋）沈斐輯　民國自強書局石印本　四册

330000－1704－0005207　009364　集部/別集類/宋別集

**六一居士文集五卷外集録二卷**　（宋）歐陽修撰　民國二年（1913）上海會文堂書局石印本　六册

330000－1704－0005208　009335　集部/別集類/唐五代別集

**劉夢得文集三十卷外集十卷**　（唐）劉禹錫撰　民國二年（1913）毘陵董康影印本　十二册

330000－1704－0005209　009365　集部/別集類/宋別集

**音注曾子固文一卷**　（宋）曾鞏撰　（明）茅坤選　曹繡君音注　民國十二年（1923）上海文明書局石印本　一册

330000－1704－0005213　009367　類叢部/叢書類/彙編之屬

**四庫全書珍本初集二百三十種**　中央圖書館籌備處輯　民國二十三年至二十四年（1934－1935）上海商務印書館據文淵閣本影印本　一册　存一種

330000－1704－0005218　009368　集部/別集類/宋別集

**黃太史精華録六卷**　（宋）黃庭堅撰　任淵選　民國十九年（1930）上海商務印書館鉛印本　小同題記　一册

330000－1704－0005228　009305　集部/別集類/唐五代別集

**李翰林集十卷**　（唐）李白撰　民國六年（1917）上海掃葉山房石印本　二册

330000－1704－0005230　009306　類叢部/叢書類/彙編之屬

**四部備要**　中華書局編　民國二十五年（1936）上海中華書局鉛印本（原缺經義考卷二百八十六、二百九十九至三百，東塾讀書記十三至十四、十七至二十、二十二至二十五）　十四册　存一種

330000－1704－0005234　009338　類叢部/叢書類/彙編之屬

**古書叢刊十六種**　陳琰輯　民國十一年（1922）古書流通處影印本　二册　存一種

330000－1704－0005237　009292　類叢部/叢書類/彙編之屬

**四部叢刊**　張元濟等編　民國上海商務印書館影印本　二册　存一種

330000－1704－0005238　009293　集部/別集類/唐五代別集

**駱賓王文集十卷**　（唐）駱賓王撰　**考異一卷**　（清）顧廣圻撰　民國上海文瑞樓影印本

二册

330000－1704－0005244　001608　子部/宗教類/佛教之屬

**白國因由一卷**　民國鉛印本　一册

330000－1704－0005245　001609　子部/宗教類/佛教之屬

**壽康寶鑑一卷**　釋印光增訂　民國十六年(1927)浙江印刷公司鉛印本　一册

330000－1704－0005246　001610　子部/宗教類/佛教之屬/諸宗

**淨心誡觀法一卷**　(唐)釋道宣撰　民國八年(1919)北京刻經處刻本　一册

330000－1704－0005247　001611　子部/宗教類/佛教之屬/諸宗

**諸門普傳真言録一卷附二卷**　諸那呼圖克圖逞列匠錯傳授　民國覺圓精舍鉛印本　一册

330000－1704－0005248　001612　子部/宗教類/佛教之屬

**普勸僧俗發菩提心文一卷**　(唐)裴休撰　民國上海道德書局鉛印本　一册

330000－1704－0005249　001614　子部/宗教類

**精本了凡四訓一卷**　(明)袁了凡(袁黄)撰　歇浦學人集注　民國十一年(1922)中華書局鉛印本　一册

330000－1704－0005250　001615　子部/宗教類/佛教之屬/經疏

**佛遺教經解一卷附卍齋隨筆一卷**　陳文鼎撰解　民國十二年(1923)鉛印本　一册

330000－1704－0005251　001616　子部/宗教類/佛教之屬/論疏

**成唯識論述記講義二卷首一卷**　北京法相研究會編　民國北京法相研究會鉛印本　一册

330000－1704－0005252　001617　子部/宗教類/佛教之屬/諸宗

**法華楞嚴題玄同本二卷**　釋諦閑節略　民國十七年(1928)寧波均和公司鉛印本　釋顯榮題簽　一册

330000－1704－0005257　009329　集部/别集類/唐五代别集

**昌黎先生集四十卷外集十卷遺文一卷**　(唐)韓愈撰　(唐)李漢編　**朱子校昌黎先生集傳一卷**　(宋)朱熹撰　民國九年(1920)上海商務印書館鉛印本　十册

330000－1704－0005258　009330　集部/别集類/唐五代别集

**韓集箋正五卷昌黎先生詩文年譜一卷**　(清)方成珪撰　民國十五年(1926)瑞安陳氏湫漻齋鉛印本　四册

330000－1704－0005265　009297　集部/别集類/唐五代别集

**習之先生文集二卷**　(唐)李翺撰　民國十四年(1925)上海會文堂書局石印本　二册

330000－1704－0005266　009298　史部/傳記類/别傳之屬/事狀

**宋侍郎胡忠佑公事跡録一卷**　程鳳山輯　民國十年(1921)朱文釗刻本　一册

330000－1704－0005267　009299　集部/别集類/唐五代别集

**重刊校正笠澤叢書四卷補遺詩一卷**　(唐)陸龜蒙撰　民國三年(1914)上海掃葉山房石印本　三册

330000－1704－0005268　009300　集部/别集類/唐五代别集

**山曉閣選唐大家柳柳州全集四卷**　(唐)柳宗元撰　(清)孫琮評　民國上海廣益書局石印本　四册

330000－1704－0005271　009303　集部/别集類/唐五代别集

**昌黎先生集四十卷外集十卷遺文一卷**　(唐)韓愈撰　(唐)李漢編　**朱子校昌黎先生集傳一卷**　(宋)朱熹撰　**韓集點勘四卷**　(清)陳景雲撰　民國九年(1920)石印本　十册

330000－1704－0005273　009344　集部/别集類/唐五代别集

**新刊五百家註音辯昌黎先生文集四十卷序傳碑記一卷外集十卷** （唐）韓愈撰 （宋）魏仲舉輯注 **韓文類譜十卷** （宋）呂大防撰 （宋）魏仲舉輯 **晦庵朱侍講先生韓文考異十卷** （宋）朱熹撰 民國七年（1918）上海商務印書館影印本 四十冊

330000－1704－0005282 009347 類叢部/叢書類/郡邑之屬

**續金華叢書六十種** 胡宗楙編 民國十三年（1924）永康胡氏夢選樓刻本 一冊 存一種

330000－1704－0005284 009348 史部/地理類/專志之屬/園林

**絳守居園池記句讀一卷** （唐）樊宗師撰 （元）趙仁舉定 （清）管庭芬述 民國十一年（1922）紹興樊氏緜絳書屋刻本 一冊

330000－1704－0005289 009349 集部/別集類/唐五代別集

**樊子一卷** （唐）樊宗師撰 （元）胡世安輯註 民國九年至十年（1920－1921）紹興樊鎮緜絳書屋刻本 一冊

330000－1704－0005291 009351 集部/別集類/唐五代別集

**樊紹述集二卷** （唐）樊宗師撰 （清）孫之騄輯 民國五年（1916）樊氏刻本 二冊

330000－1704－0005292 009350 集部/別集類/唐五代別集

**樊子一卷** （唐）樊宗師撰 （元）胡世安輯註 民國九年至十年（1920－1921）紹興樊鎮緜絳書屋刻本 王理孚跋 楊紹廉題記 一冊

330000－1704－0005295 009352 類叢部/叢書類/自著之屬

**樊諫議集七家注六種** （唐）樊宗師撰 樊鎮輯 民國八年至十三年（1919－1924）紹興樊氏緜絳書屋刻本 一冊 存一種

330000－1704－0005304 009436 集部/總集類/郡邑之屬

**宋廬陵四忠集** 劉峙輯 民國二十六年（1937）吉安劉氏鉛印本 五冊 存一種

330000－1704－0005305 009437 類叢部/叢書類/彙編之屬

**四部叢刊** 張元濟等編 民國上海商務印書館影印本 十二冊 存一種

330000－1704－0005308 009438 集部/別集類/宋別集

**篔牕集十卷** （宋）陳耆卿撰 民國抄本 楊紹廉校並題簽 一冊 存六卷（五至十）

330000－1704－0005312 009439 集部/別集類/宋別集

**水心集校注一卷** （宋）葉適撰 （清）孫衣言注 民國抄本 楊紹廉題簽 一冊

330000－1704－0005315 009440 集部/別集類/宋別集

**止齋先生奧論八卷** （宋）陳傅良撰 民國抄本 楊紹廉批校、題記並題簽 一冊 存二卷（七至八）

330000－1704－0005318 009389 集部/別集類/宋別集

**徐公文集三十卷** （宋）徐鉉撰 **徐公文集補遺一卷** （宋）徐鉉撰 徐乃昌輯 **徐公文集校記一卷** 徐乃昌撰 民國八年（1919）南陵徐乃昌影刻宋明州本 四冊 缺二卷（補遺、校記）

330000－1704－0005322 001618 子部/宗教類/佛教之屬

**佛學叢書□□種** 民國上海商務印書館鉛印本 一冊 存一種

330000－1704－0005323 001619 子部/宗教類/佛教之屬/論疏

**因明入正理論疏節錄集註一卷** （唐）釋玄奘譯 （唐）釋窺基疏 梅光羲節錄集註 民國十四年（1925）上海商務印書館鉛印本 一冊

330000－1704－0005327 001621 子部/宗教類/佛教之屬

**觀音經呪靈感彙編不分卷** 聶其杰編 民國十八年（1929）上海天星印刷所鉛印本 一冊

330000－1704－0005329 009406 集部/別

集類/宋別集

**岳忠武王集八卷首一卷末一卷**　(宋)岳飛撰　(清)黄邦寧纂修　民國元年(1912)上海江左書林石印本　四冊

330000－1704－0005339　009424　集部/別集類/宋別集

**橫浦先生文集二十卷**　(宋)張九成撰　(宋)朗曄編　**無垢先生橫浦心傳録三卷橫浦日新一卷**　(宋)于恕編　**施先生孟子發題一卷**　(宋)施操德撰　**橫浦先生家傳一卷**　(宋)張榕撰　民國十四年(1925)海鹽張氏據明萬曆刻本影印本　四冊　存二十卷(一至二十)

330000－1704－0005341　009392　集部/別集類/宋別集

**豫章黄先生文集三十卷**　(宋)黄庭堅撰　民國上海商務印書館影印本　八冊

330000－1704－0005347　009393　集部/別集類/宋別集

**豫章先生遺文十二卷**　(宋)黄庭堅撰　民國十年(1921)如皋祝氏漢鹿齋刻本　四冊

330000－1704－0005362　009385　集部/別集類/宋別集

**趙清獻公集十卷**　(宋)趙抃撰　民國八年(1919)刻本　四冊

330000－1704－0005363　009412　集部/別集類/宋別集

**浣川集十卷補遺一卷**　(宋)戴栩撰　民國永嘉黄氏敬鄉樓抄本　楊紹廉批校、題記並過録清孫詒讓批　劉景晨批校、題記　二冊

330000－1704－0005364　009412－1　集部/別集類/宋別集

**浣川集十卷**　(宋)戴栩撰　民國抄本　楊紹廉批校並過録清孫詒讓、清孫衣言批語、題記　二冊

330000－1704－0005368　009413　集部/別集類/宋別集

**宋岳鄂王文集三卷**　(宋)岳飛撰　錢汝雯編　民國十三年(1924)鉛印本　二冊

330000－1704－0005383　001629　子部/雜著類/雜編之屬

**安士全書四種**　(清)周夢顔撰　民國十一年(1922)上海佛學推行社鉛印本　四冊

330000－1704－0005384　001630　子部/宗教類/佛教之屬/論疏

**中論潤文畧解四卷**　(印度)龍樹造　(印度)青目釋　(後秦)釋鳩摩羅什譯　(清)管禮昌略解　民國八年(1919)上海有正書局鉛印本　二冊

330000－1704－0005385　001631　子部/宗教類/佛教之屬/律

**梵網經菩薩戒集證一卷**　釋妙朗撰　民國十七年(1928)鉛印本　釋師壽題簽　一冊

330000－1704－0005386　001632　子部/宗教類/佛教之屬

**釋迦譜十卷**　(南朝梁)釋僧祐撰　民國二十九年(1940)上海佛學書局石印本　董勝仁題簽　一冊

330000－1704－0005387　001633　子部/宗教類/佛教之屬/論

**佛性論四卷**　(天竺)天親菩薩造　(南朝陳)釋真諦譯　民國六年(1917)金陵刻經處刻本　一冊

330000－1704－0005389　001635　子部/宗教類/佛教之屬/經

**佛説伏婬經等二十種**　(晉)釋法炬等譯　民國二年(1913)常州天寧寺刻本　一冊

330000－1704－0005392　001638　子部/宗教類/道教之屬

**長春真人西遊記二卷**　(元)李志常撰　民國影印本　張棡題簽並記　一冊

330000－1704－0005393　001639　子部/宗教類/道教之屬

**陳希夷先生心相篇注一卷附一卷**　民國鉛印本　周執中題簽　一冊

330000－1704－0005407　009537　集部/別集類/明別集

**黄文簡公介菴集十五卷拾遺一卷**　(明)黄淮撰　民國永嘉黄氏敬鄉樓抄本　劉景晨　劉紹寬校　七册

330000－1704－0005411　009538　集部/别集類/明别集

**困志集一卷**　(明)章綸撰　(明)潘廷易編　民國七年(1918)永嘉黄氏敬鄉樓抄本　一册

330000－1704－0005415　009539　集部/别集類/明别集

**甌濱文集録不分卷**　(明)王瓚撰　民國抄本　一册

330000－1704－0005416　009472　集部/别集類/宋别集

**四明文獻集五卷**　(宋)王應麟撰　(明)鄭眞輯　**深寧先生文鈔摭餘編三卷**　(宋)王應麟撰　(清)葉熊輯　**深寧先生年譜一卷**　(清)錢大昕編　**王深寧先生年譜一卷**　(清)陳僅撰　(清)張恕編　**王深寧先生年譜一卷**　(清)張大昌輯　民國五年(1916)仁和王存善鉛印本　四册

330000－1704－0005417　009541　集部/别集類/明别集

**卓忠毅公遺稿三卷首一卷**　(明)卓敬撰　(清)林從炯編　民國七年(1918)永嘉黄氏敬鄉樓抄本　楊紹廉跋　一册

330000－1704－0005421　009521　集部/别集類/明别集

**鶴泉文集不分卷**　(明)王健撰　民國永嘉黄氏敬鄉樓抄本　楊紹廉校并題簽　二册

330000－1704－0005423　009542　集部/别集類/明别集

**畏菴集十卷附録一卷**　(明)周旋撰　民國永嘉黄氏敬鄉樓抄本　二册

330000－1704－0005425　009510　集部/别集類/明别集

**射陽先生存稿四卷**　(明)吴承恩撰　民國十九年(1930)故宫博物院圖書館鉛印本　二册

330000－1704－0005428　009475　類叢部/叢書類/彙編之屬

**嘉業堂叢書五十七種**　劉承幹輯　民國吴興劉氏嘉業堂刻本　二册　存一種

330000－1704－0005430　009543　集部/别集類/明别集

**居越山人遺稿三卷**　(明)應德成撰　民國永嘉黄氏敬鄉樓抄本　楊紹廉校並題簽　一册

330000－1704－0005431　009544　集部/别集類/明别集

**南屏遺稿一卷**　(明)高友璣撰　**春巖公遺稿一卷**　(明)高廷紳撰　民國永嘉黄氏敬鄉樓抄本　一册

330000－1704－0005433　009512　類叢部/叢書類/郡邑之屬

**赤城遺書彙刊十六種**　金嗣獻輯　民國四年(1915)太平金氏木活字印本　一册　存一種

330000－1704－0005436　009518　集部/别集類/明别集

**遜志齋集三十卷拾遺十卷續拾遺一卷附録一卷**　(明)方孝孺撰　民國十七年(1928)寧海胡氏味善居刻本　十八册

330000－1704－0005437　009545　集部/别集類/明别集

**省愆集二卷**　(明)黄淮撰　民國永嘉黄氏敬鄉樓抄本　楊紹廉校　一册

330000－1704－0005438　009515　類叢部/叢書類/彙編之屬

**嘉業堂叢書五十七種**　劉承幹輯　民國吴興劉氏嘉業堂刻本　六册　存一種

330000－1704－0005441　009477　集部/總集類/郡邑之屬

**永嘉詩人祠堂叢刻十四種**　冒廣生輯　民國四年(1915)如皋冒氏刻本　二册　存一種

330000－1704－0005450　001641　子部/宗教類/道教之屬

**吕祖全書三十二卷續編一卷**　(清)劉體恕輯　民國六年(1917)上海天寶書局石印本　八册

330000－1704－0005452　009502　集部/別集類/元別集
**青華集四卷**　(元)史伯璿撰　民國抄本　二册

330000－1704－0005453　009503　集部/別集類/元別集
**不繫舟漁集十五卷**　(元)陳高撰　**附録一卷**　民國永嘉黄氏敬鄉樓抄本　楊紹廉批校並題記　劉景晨批校　三册

330000－1704－0005454　009504　集部/別集類/元別集
**不繫舟漁集十六卷**　(元)陳高撰　民國十五年(1926)鉛印本　四册

330000－1704－0005457　001643　子部/宗教類/道教之屬
**天師道與濱海地域之關係一卷**　陳寅恪撰　民國鉛印本　一册

330000－1704－0005458　009505　集部/別集類/元別集
**五峰集□□卷**　(元)李孝光撰　民國抄本　楊紹廉批校　一册　存五卷(一至五)

330000－1704－0005462　009529　集部/別集類/明別集
**卓忠毅公遺稿三卷首一卷**　(明)卓敬撰　(清)林從炯編　林維喬補編　民國十八年(1929)陶社石印本　一册

330000－1704－0005468　001647　子部/宗教類/道教之屬
**長生度針篇一卷**　清玄子撰　民國二十年(1931)鉛印本　一册

330000－1704－0005469　001648　子部/宗教類/道教之屬
**太上玉笈救刼金燈感應篇新註一卷**　匯真子注　民國九年(1920)上海宏大善書局石印本　一册

330000－1704－0005470　001649　子部/宗教類/道教之屬
**玉露金盤二卷**　民國十一年(1922)蕭山合義和書局鉛印本　一册

330000－1704－0005471　001650　子部/術數類/相宅相墓之屬
**靈城精義箋一卷**　(清)沈竹礽撰　沈祖緜訂補　民國三十七年(1948)鉛印本　一册

330000－1704－0005473　009554　類叢部/叢書類/彙編之屬
**四部叢刊三編七十一種**　張元濟等編　民國二十四年至二十五年(1935－1936)上海商務印書館影印本(原缺長興集卷一至十二、三十一、三十三至四十一)　八册　存一種

330000－1704－0005477　009485　類叢部/叢書類/彙編之屬
**四部叢刊**　張元濟等編　民國上海商務印書館影印本　三册　存一種

330000－1704－0005478　009486　類叢部/叢書類/彙編之屬
**嘉業堂叢書五十七種**　劉承幹輯　民國吳興劉氏嘉業堂刻本　四册　存一種

330000－1704－0005484　001651　子部/宗教類/道教之屬
**靈源大道歌白話註解一卷**　陳攖寧撰　民國二十八年(1939)上海丹道刻經會鉛印本　一册

330000－1704－0005485　001652　子部/宗教類/道教之屬
**道竅談一卷三車祕旨一卷**　(清)李涵虛撰　民國二十六年(1937)上海丹道刻經會鉛印本　一册

330000－1704－0005487　001654　子部/宗教類/道教之屬
**太上說三元三官寶經一卷**　民國十六年(1927)錢熊壎刻本　一册

330000－1704－0005492　001659　子部/宗教類/道教之屬
**明聖經注解三卷**　(清)胡印田撰　民國十九年(1930)潮陽郭氏輔仁堂刻本　一册

330000－1704－0005493　001660　子部/宗教類/道教之屬

**太上感應篇集傳四卷**　(清)惠棟箋　(清)俞樾纘義　(清)姚學塽注　民國十九年(1930)潮陽郭氏雙百鹿齋刻本　四册

330000－1704－0005494　009535　集部/别集類/明别集

**二谷山人集□□卷**　(明)侯一元撰　民國抄本　一册　存一卷(四)

330000－1704－0005500　009561　集部/别集類/明别集

**王遵巖家居集七卷**　(明)王慎中撰　(明)洪朝選編　民國二十一年(1932)金山高尚志堂據明句吳書院刻本影印本　二册

330000－1704－0005506　009564　集部/别集類/明别集

**王文成公全書三十八卷**　(明)王守仁撰　民國二年(1913)上海中華圖書館影印本　十二册

330000－1704－0005508　009566　集部/别集類/明别集

**汲古堂續集十二卷**　(明)何白撰　民國抄本　楊紹廉校并題記　五册　存四卷(六至八、十一)

330000－1704－0005510　009656　類叢部/叢書類/彙編之屬

**四部叢刊**　張元濟等編　民國上海商務印書館影印本　八册　存一種

330000－1704－0005512　009603　類叢部/叢書類/彙編之屬

**有不爲齋叢書**　林語堂編　民國上海時代圖書公司鉛印本　三册　存一種

330000－1704－0005514　009600　集部/别集類/明别集

**王遵巖集十卷**　(明)王慎中撰　高煌選輯　民國四年(1915)上海振寰書局鉛印本　四册

330000－1704－0005521　009567　集部/别集類/明别集

**汲古堂文集不分卷續集十二卷**　(明)何白撰　民國慎社抄本　二册　存二卷(七、十一)

330000－1704－0005523　009568　集部/别集類/明别集

**汲古堂續集十二卷**　(明)何白撰　民國永嘉黄氏敬鄉樓抄本　三册　存三卷(六、八、十一)

330000－1704－0005524　009569　集部/别集類/明别集

**永嘉集十二卷**　(明)張撰撰　(明)胤子規　(明)胤子矩輯　民國永嘉黄氏敬鄉樓抄本　劉紹寬校　二册

330000－1704－0005529　009580　集部/别集類/明别集

**商文毅公集六卷**　(明)商輅撰　(明)張一魁編　民國八年(1919)武進王家琦木活字印本　二册

330000－1704－0005531　009572　類叢部/叢書類/郡邑之屬

**敬鄉樓叢書三十八種**　黄羣編　民國十七年至二十四年(1928－1935)永嘉黄氏鉛印本　一册　存一種

330000－1704－0005533　009657　集部/别集類/清别集

**為可堂集殘本不分卷**　(清)朱一是撰　民國抄本　梅冷生題記　一册

330000－1704－0005538　009592　集部/别集類/明别集

**張水南文集十一卷**　(明)張袞撰　**張氏吉光集二卷**　張南雲輯　民國三年(1914)張氏木活字印本　六册

330000－1704－0005542　009659　集部/别集類/清别集

**閻古古全集六卷**　(清)閻爾梅撰　張相文重編　民國十一年(1922)北京中國地學會鉛印本　六册

330000－1704－0005546　001661　子部/宗教類/道教之屬/經文

**太陽太陰真經一卷**　民國上海宏大善書局石印本　一册

330000－1704－0005549　001662－1　子部/宗教類/道教之屬

**太乙金華宗旨不分卷**　（唐）呂嵒撰　民國鉛印本　一册

330000－1704－0005550　001662－2　子部/宗教類/道教之屬/雜著

**西山先生答客問一卷**　西山先生撰　民國十二年（1923）溫州同善社鉛印本　一册

330000－1704－0005552　001663　子部/宗教類/道教之屬

**三聖經三卷**　民國中央刻經院鉛印本　一册

330000－1704－0005555　001669　子部/宗教類/道教之屬

**化世歸善六卷**　民國十一年（1922）濟南同善書局刻本　六册

330000－1704－0005557　009682　集部/别集類/清别集

**西堂雜組一集八卷二集八卷三集八卷**　（清）尤侗撰　民國上海中華圖書館石印本　六册

330000－1704－0005558　001670　子部/雜著類

**宣講拾遺六卷**　（清）莊跛仙輯　民國十一年（1922）濟南同善書局刻本　五册　存五卷（一、三至六）

330000－1704－0005559　009683　類叢部/叢書類/彙編之屬

**四部叢刊三編七十一種**　張元濟等編　民國二十四年至二十五年（1935－1936）上海商務印書館影印本（原缺長興集卷一至十二、三十一、三十三至四十一）　八册　存一種

330000－1704－0005563　009663　集部/别集類/清别集

**天潮閣集六卷首一卷**　（清）劉坊撰　民國五年（1916）邱復鉛印本　一册

330000－1704－0005566　009664　集部/别集類/清别集

**霜紅龕集四十卷**　（清）傅山撰　（清）張廷鑑（清）張廷銓拾遺　（清）劉飛補輯　民國七年（1918）晉省晉新書社鉛印本　八册

330000－1704－0005568　009665　集部/别集類/明别集

**華亭莫葭士先生遺稿二種六卷**　（明）莫秉清撰　民國二十年（1931）鉛印本　四册

330000－1704－0005576　009688　集部/别集類/清别集

**魏叔子文鈔三卷**　（清）魏禧撰　民國上海廣益書局石印本　三册

330000－1704－0005579　009631　集部/别集類/明别集

**弘山先生日録詩集十二卷**　（明）楊士雲撰（明）李元陽參選　（明）何文極編次　民國元年（1912）趙藩、李根源鉛印本　五册

330000－1704－0005581　009690　集部/别集類/清别集

**崑山先哲遺書**　民國刻本　六册　存二種

330000－1704－0005582　009691　集部/别集類/清别集

**呂晚村先生文集八卷附録一卷**　（清）呂留良撰　民國十八年（1929）陽湖錢振鍠木活字印本　四册

330000－1704－0005584　001674　子部/宗教類/其他宗教之屬/基督教

**煉獄考一卷**　（清）李杕撰　民國十六年（1927）上海土山灣印書館鉛印本　一册

330000－1704－0005587　001677　子部/宗教類/其他宗教之屬/基督教

**愛主準則一卷**　俞伯禄譯　民國十五年（1926）上海土山灣慈母堂鉛印本　一册

330000－1704－0005588　009692　集部/别集類/清别集

**留補堂文集選四卷**　（清）林時對撰　民國張之銘古驩室抄本　一册

330000－1704－0005589　009625　集部/別集類/明別集

**陶元暉中丞遺集二卷首一卷附録一卷跋一卷**　(明)陶朗先撰　民國九年(1920)上海聚珍倣宋印書局鉛印本　二册

330000－1704－0005590　009632　集部/別集類/明別集

**華亭莫葭士先生遺稿二種六卷**　(明)莫秉清撰　民國二十年(1931)鉛印本　四册

330000－1704－0005593　009627　類叢部/叢書類/郡邑之屬

**崇雅堂叢書初編十二種**　甘鵬雲編　民國十一年至二十四年(1922－1935)潛江甘氏崇雅堂刻本　六册　存一種

330000－1704－0005603　009635　集部/別集類/明別集

**甌濱王先生摘稿不分卷江心寺詩卷一卷**　(明)王瓚撰　民國抄本　一册

330000－1704－0005607　009636　集部/別集類/清別集

**豐草菴詩集十一卷文前集三卷後集三卷寶雲詩集七卷禪樂府一卷**　(清)董説撰　民國吳興劉氏嘉業堂刻本　六册

330000－1704－0005608　009699　集部/別集類/清別集

**陳檢討四六二十卷**　(清)陳維崧撰　(清)程師恭注　民國上海文瑞樓影印本　八册

330000－1704－0005609　001679　子部/宗教類/其他宗教之屬/基督教

**奥古斯丁認罪篇一卷**　胡貽穀譯　民國十二年(1923)上海廣學會鉛印本　一册

330000－1704－0005612　001680　子部/宗教類/其他宗教之屬/基督教

**元也里可溫考一卷**　陳垣撰　民國六年(1917)鉛印本　一册

330000－1704－0005613　009637　集部/別集類/明別集

**張蒼水集二卷附録一卷**　(明)張煌言撰　民國鉛印本　一册

330000－1704－0005615　009696　集部/別集類/清別集

**笠翁一家言全集十六卷**　(清)李漁撰　民國上海會文堂書局石印本　十二册

330000－1704－0005624　009675　集部/別集類/清別集

**晴江閣文鈔一卷**　(清)何絜撰　**校勘記一卷**　柳詒徵撰　民國十九年(1930)石印本　一册

330000－1704－0005626　009709　集部/別集類/清別集

**聊齋先生文集四卷**　(清)蒲松齡撰　民國四年(1915)上海國學維持社鉛印本　二册

330000－1704－0005627　001683　子部/宗教類/其他宗教之屬/伊斯蘭教

**清真解義一卷**　(清)何馨桂撰　民國二年(1913)北京京華印書局鉛印本　一册

330000－1704－0005629　001682　子部/宗教類/道教之屬

**雙修漸法述記不分卷**　平常居士撰　民國十七年(1928)石印本　一册

330000－1704－0005630　009741　集部/別集類/清別集

**許鄭學廬存稿八卷首一卷**　(清)王紹蘭撰　民國二十九年(1940)燕京大學據清道光二十九年(1849)刻本影印本　五册

330000－1704－0005631　009711　類叢部/叢書類/彙編之屬

**燕京大學圖書館叢書**　燕京大學圖書館編　民國北平燕京大學圖書館鉛印本暨影印本　四册　存一種

330000－1704－0005633　009712　集部/別集類/清別集

**夢陔堂文集十卷**　(清)黃承吉撰　民國二十八年(1939)燕京大學圖書館鉛印本　四册

330000－1704－0005634　009713　集部/別

集類/清別集

**愚菴小集十五卷補遺二卷** （清）朱鶴齡撰 民國二十九年(1940)燕京大學圖書館鉛印本 五冊

330000－1704－0005635 001684 子部/宗教類/其他宗教之屬/基督教

**教宗通牒一卷** （意大利）本篤十五世頒發 民國鉛印本 一冊

330000－1704－0005636 009714 類叢部/叢書類/彙編之屬

**燕京大學圖書館叢書** 燕京大學圖書館編 民國北平燕京大學圖書館鉛印本暨影印本 一冊 存一種

330000－1704－0005638 001685 子部/宗教類/其他宗教之屬/基督教

**續理窟不分卷** （清）李杕撰 民國四年(1915)上海土山灣印書館鉛印本 二冊

330000－1704－0005640 001686 子部/宗教類/其他宗教之屬/基督教

**靈言蠡勺二卷** （意大利）畢方濟口授 （明）徐光啓筆録 民國十年(1921)北京公記印書局鉛印本 一冊

330000－1704－0005641 001687 子部/宗教類/其他宗教之屬/基督教

**主制羣徵二卷附贈言一卷** （德國）湯若望撰 民國八年(1919)鉛印本 一冊

330000－1704－0005642 001688 子部/宗教類/其他宗教之屬/伊斯蘭教

**天方典禮擇要解二十卷後編一卷** （清）劉智撰 民國九年(1920)合興印刷館鉛印本 六冊

330000－1704－0005649 009760 集部/別集類/清別集

**錢南園先生遺集八卷** （清）錢澧撰 民國三年(1914)雲南叢書處刻雲南叢書本 張檲題簽 四冊

330000－1704－0005662 009719 類叢部/叢書類/郡邑之屬

**廣東叢書** 廣東叢書編輯委員會編 民國商務印書館影印本暨鉛印本 三冊 存一種

330000－1704－0005668 009638 類叢部/叢書類/自著之屬

**舜水遺書四種附録一卷** （明）朱之瑜撰 民國二年(1913)山陰湯壽潛鉛印本 十二冊

330000－1704－0005684 009641 集部/別集類/清別集

**榮木堂詩集十二卷文集六卷** （清）陶汝鼐撰 **陶密菴先生年譜一卷** （清）梅英傑編 民國九年至十年(1920－1921)溈嶠遺書館刻本 六冊

330000－1704－0005688 009805 集部/別集類/清別集

**崔東壁知非集一卷** （清）崔述撰 民國二十年(1931)北平燕京大學圖書館影印本 一冊

330000－1704－0005691 009721 集部/別集類/清別集

**歸高士遺集十卷** （清）歸莊撰 （清）朱紹成編次 民國油印本 二冊

330000－1704－0005693 009722 集部/別集類/清別集

**江泠閣全集** （清）冷士嵋撰 民國九年(1920)冷氏横山草堂刻本 四冊

330000－1704－0005695 009827 集部/別集類/清別集

**青溪文集十二卷續編八卷** （清）程廷祚撰 **青溪文集附編三卷** 胡適輯 **青溪文集附録一卷** 胡適撰 民國二十五年(1936)北京大學據清道光十七年(1837)、十八年(1838)東山草堂刻本影印本暨鉛印本 二冊 存四卷(附編一至三、附録)

330000－1704－0005698 009828 集部/別集類/清別集

**名山藏副本初集二卷贈言集一卷** （清）齊周華撰 民國九年(1920)杭州武林印書館鉛印本 二冊

330000－1704－0005719 009781 集部/別

集類/清别集

**六大家箋註袁文大成六卷** (清)袁枚撰 (清)石蘊玉等箋 周緝熙彙訂增輯 民國碧梧山館石印本 張㭎批校並跋 二冊

330000－1704－0005723 009649 集部/别集類/明别集

**隰西草堂集十卷附遯渚唱和集一卷** (明)萬壽祺撰 (清)孫運錦輯 **萬年少先生年譜一卷** 李輔中編 民國二十一年至二十二年(1932－1933)銅山董士恩北平刻本 四冊

330000－1704－0005735 009837 集部/别集類/清别集

**沈氏羣峯集五卷外集一卷韓詩故二卷** (清)沈清瑞撰 民國二十二年(1933)上海鉛印本 二冊

330000－1704－0005737 009839 類叢部/叢書類/彙編之屬

**嘉業堂叢書五十七種** 劉承幹輯 民國吳興劉氏嘉業堂刻本 十冊 存一種

330000－1704－0005755 009784 集部/别集類/清别集

**箋注提要有正味齋駢體文二十四卷** (清)吳錫麒撰 (清)王廣業箋 (清)葉聯芬注 民國十六年(1927)上海會文堂書局石印本 八冊

330000－1704－0005758 009785 集部/别集類/清别集

**東潛文稿二卷** (清)趙一清撰 民國中國書店據清乾隆五十九年(1794)小山堂刻本影印本 二冊

330000－1704－0005769 009816 集部/别集類/清别集

**姚惜抱先生文稿一卷** (清)姚鼐撰 民國二十四年(1935)上海商務印書館影印本 一冊

330000－1704－0005780 009789 集部/别集類/清别集

**小倉山房文選四卷** (清)袁枚撰 民國十四年(1925)上海廣益書局石印本 任牧題記 四冊

330000－1704－0005782 009790 集部/别集類/清别集

**鄭板橋全集七卷** (清)鄭燮撰 民國十三年(1924)石印本 四冊

330000－1704－0005787 009791 集部/别集類/清别集

**道古堂文集四十六卷詩集二十六卷** (清)杭世駿撰 民國上海掃葉山房石印本 十二冊

330000－1704－0005803 009863 集部/别集類/清别集

**南澗遺文二卷** (清)李文藻撰 民國二十五年(1936)蟫隱廬石印本 二冊

330000－1704－0005812 009867 集部/别集類/清别集

**孫淵如外集五卷附録一卷** (清)孫星衍撰 王重民輯 民國二十一年(1932)國立北平圖書館鉛印本 一冊

330000－1704－0005814 009797 類叢部/叢書類/自著之屬

**層冰草堂叢書九種附一種** 古直撰 民國中華書局鉛印本 一冊 存一種

330000－1704－0005833 009945 類叢部/叢書類/家集之屬

**周氏家集三種四卷** 周自齊輯 民國十年(1921)上海聚珍倣宋印書局鉛印本 二冊

330000－1704－0005848 009887 集部/别集類/清别集

**雕菰集二十四卷** (清)焦循撰 **蜜梅花館文録一卷詩録一卷** (清)焦廷琥撰 民國蘇州文學山房木活字印本 八冊

330000－1704－0005853 009929 集部/别集類/清别集

**小峴山人文集七卷首一卷續文集二卷補遺一卷** (清)秦瀛撰 民國二十二年(1933)環溪草堂鉛印本 六冊

330000－1704－0005861 010020 集部/别

集類/清别集

**劉茮雲先生遺集四卷** (清)劉傳瑩撰 **首一卷** 民國鉛印本 一册

330000－1704－0005869 009953 集部/别集類/清别集

**蕉聲館文集八卷首一卷詩集二十卷詩補遺四卷詩續補一卷** (清)朱為弼撰 朱景邁輯 民國五年至八年(1916－1919)朱景邁東湖草堂刻本 十二册

330000－1704－0005873 010024 類叢部/叢書類/郡邑之屬

**吴興叢書六十六種** 劉承幹編 民國吴興劉氏嘉業堂刻本 四册 存一種

330000－1704－0005876 010025 類叢部/叢書類/郡邑之屬

**吴興叢書六十六種** 劉承幹編 民國吴興劉氏嘉業堂刻本 四册 存一種

330000－1704－0005900 009894 集部/别集類/清别集

**磻湖先生遺稿二卷** (清)魏瓊撰 **魏磻湖公五房世表一卷** 民國四年(1915)石印本 一册

330000－1704－0005907 010033 集部/别集類/清别集

**賜錦堂經進文鈔一卷小鷗波館文鈔二卷駢體文鈔一卷** (清)潘曾瑩撰 民國二十六年(1937)潘氏歲可堂刻本 三册

330000－1704－0005908 009960 集部/别集類/清别集

**簡松草堂文集十二卷附録一卷補遺一卷** (清)張雲璈撰 民國三十年(1941)北京燕京大學圖書館鉛印本 四册

330000－1704－0005925 009940 集部/總集類/尺牘之屬

**分類詳註文學尺牘大全集二十卷** (明)鍾惺纂輯 (明)馮夢龍訂釋 民國十年(1921)上海求古齋鉛印本 十六册

330000－1704－0005926 009941 集部/别集類/清别集

**休復居詩集六卷文集六卷附一卷** (清)毛嶽生撰 民國二十五年(1936)寶山滕氏據清道光嘉定黄氏刻本影印本 四册

330000－1704－0005930 009943 集部/别集類/清别集

**孟鄰堂文鈔十六卷** (清)楊椿撰 民國三十一年(1942)孫海波影印本 八册

330000－1704－0005932 010002 類叢部/叢書類/郡邑之屬

**吴興叢書六十六種** 劉承幹編 民國吴興劉氏嘉業堂刻本 八册 存一種

330000－1704－0005956 010041 集部/别集類/清别集

**悦雲山房詩存八卷文存四卷詞存四卷附存一卷** (清)劉敦元撰 民國八年(1919)天津徐世昌鉛印本 四册

330000－1704－0005962 010008 集部/别集類/清别集

**躬恥齋文鈔十四卷别集一卷後編六卷附崇祀鄉賢録一卷躬恥齋詩鈔十四卷首一卷後編七卷校勘記二卷** (清)宗稷辰撰 民國二年(1913)吴門鉛印本 八册

330000－1704－0005975 010014 集部/别集類/清别集

**逐庵先生藁一卷** (清)惲日初撰 民國元年(1912)惲氏宗祠刻本 一册

330000－1704－0005979 010046 集部/别集類/清别集

**復園詩集六卷文存一卷** (清)劉基定撰 民國十七年(1928)溈嶠遺書館刻本 二册

330000－1704－0006005 010147 集部/别集類/清别集

**安越堂外集十卷** (清)平步青撰 楊越編 民國十三年(1924)四有書局鉛印本 一册

330000－1704－0006018 010220 集部/别集類/清别集

**古紅梅閣集八卷** (清)劉履芬撰 民國十五

年(1926)鉛印本　一册

330000－1704－0006033　010153　類叢部/叢書類/家集之屬
**長沙瞿氏叢刊五種**　瞿宣穎輯　民國二十二年至二十四年(1933－1935)長沙瞿氏鉛印本　一册　存一種

330000－1704－0006035　010154　集部/別集類/清別集
**立懦齋外集殘稿一卷**　(清)顧壽楨撰　民國十六年(1927)科學儀器館影印本　一册

330000－1704－0006042　010079　集部/別集類/清別集
**遵義鄭徵君遺著二十一卷**　(清)鄭珍撰　坿**屈廬詩稿四卷**　(清)鄭知同撰　民國三年至四年(1914－1915)陳夔龍花近樓刻本　八册

330000－1704－0006047　010110　集部/別集類/清別集
**左文襄公文集五卷詩集一卷聯語一卷**　(清)左宗棠撰　民國廣益書局石印本　四册

330000－1704－0006058　010158　類叢部/叢書類/自著之屬
**復盦文集五種**　(清)曹允源撰　民國十一年(1922)曹氏刻本　二册　存一種

330000－1704－0006066　010112　集部/別集類/清別集
**柏梘山房文集十六卷續集一卷駢體文二卷詩集十卷續集二卷**　(清)梅曾亮撰　民國六年(1917)國學扶輪社石印本　八册

330000－1704－0006071　010230　集部/別集類/清別集
**邃經堂詩文存二卷**　(清)傅大璠撰　民國二十一年(1932)沔陽盧氏慎始基齋刻朱印本　一册

330000－1704－0006079　010234　集部/別集類
**南豐劉先生文集四卷補遺一卷**　劉孚京撰　民國十四年(1925)湘潭袁思亮鉛印本　四册

330000－1704－0006080　010235　集部/別集類/清別集
**黄德卿先生半弓居文鈔六卷**　(清)黄清憲撰　錢應清　祝變綱編次　民國十二年(1923)鉛印本　一册

330000－1704－0006090　010241　集部/別集類/清別集
**僑園詩文集四卷**　(清)姚麟撰　民國二十五年(1936)鉛印本　一册

330000－1704－0006092　010243　集部/別集類/清別集
**希古堂文存八卷駢文二卷詩存十卷詞存二卷尺牘二卷**　(清)黄炳堃撰　黄寶編　民國二十年(1931)粤東刻本　十册

330000－1704－0006093　010244　集部/別集類
**復庵書札六卷文集三卷**　許玨撰　民國鉛印本　二册　存六卷(書札一至三、文集一至三)

330000－1704－0006095　010247　集部/別集類
**復庵先生集十卷附録一卷**　許玨撰　陶世鳳纂　民國十五年(1926)無錫許氏鉛印本　二册

330000－1704－0006097　010082　集部/別集類/清別集
**繁露書帷文集二卷**　(清)陳省欽撰　民國八年(1919)陳鐘祺鉛印本　一册

330000－1704－0006098　010083　類叢部/叢書類/家集之屬
**顧氏家集十種**　顧燮光編　民國十八年(1929)會稽顧氏金佳石好樓鉛印本暨石印本　二册　存一種

330000－1704－0006111　010168　集部/別集類/清別集
**袁太史詩文遺鈔一卷**　(清)袁鵬圖撰　民國鉛印本　一册

330000－1704－0006115　010250　類叢部/

叢書類/彙編之屬

**求恕齋叢書三十一種**　劉承幹編　民國吳興劉氏嘉業堂刻本　六冊　存一種

330000－1704－0006126　010253　類叢部/叢書類/自著之屬

**許文肅公集四種**　(清)許景澄撰　盛沅編輯　民國九年(1920)鉛印本　四冊　存三種

330000－1704－0006132　010394　集部/別集類

**璞廬文存三卷**　戴炳驄撰　民國抄本　三冊

330000－1704－0006139　010395　集部/別集類

**約園雜箸續編八卷**　張壽鏞撰　民國三十年(1941)鉛印本　二冊

330000－1704－0006145　010396　集部/別集類

**安蹇齋叢殘稿四卷**　英華撰　張秀林輯　民國六年(1917)張秀林鉛印本　一冊

330000－1704－0006147　010397　集部/別集類

**北山樓集三卷**　吳保初撰　民國影印本　二冊

330000－1704－0006148　010398　集部/別集類

**函雅廬文稿三卷詩稿一卷**　余重耀撰　民國鉛印本　二冊

330000－1704－0006149　010129　集部/別集類/清別集

**明秋館選課一卷古今體詩存一卷詞賸一卷附曲兩齣**　(清)裘凌仙撰　民國三年(1914)鉛印本　一冊

330000－1704－0006151　010399　集部/別集類

**觀山文稿十卷首一卷**　章乃羹撰　民國二十四年(1935)鉛印本　二冊

330000－1704－0006152　010400　集部/別集類

**蹇齋賸墨一卷**　蹇叟(英華)口授　民國十五年(1926)鉛印本　一冊

330000－1704－0006154　010129－1　集部/別集類/清別集

**明秋館選課一卷古今體詩存一卷詞賸一卷附曲兩齣**　(清)裘凌仙撰　民國三年(1914)鉛印本　一冊

330000－1704－0006155　010179　集部/別集類/清別集

**新淦公遺稿三卷附録一卷**　(清)章定瑜撰　章乃羹輯　民國鉛印本　一冊

330000－1704－0006156　010401　集部/別集類

**陶廬文集四卷詩續集九卷**　王樹枬撰　民國刻本　四冊

330000－1704－0006157　010402　集部/別集類

**島居遺稿二卷**　葉泰椿撰　民國刻本　一冊

330000－1704－0006167　010183　集部/別集類

**介盦駢體文賸一卷**　許湝祥撰　民國鉛印本　一冊

330000－1704－0006168　010404　集部/別集類

**龍顧山房駢體文鈔七卷詩集十二卷續集九卷詩餘七卷**　郭則澐撰　**瀋思盦詩草一卷**　郭可誠撰　民國十七年(1928)、二十一年(1932)、二十五年(1936)栩樓刻本　六冊

330000－1704－0006170　010184　集部/別集類/清別集

**汪穰卿遺著八卷**　(清)汪康年撰　汪詒年輯　**汪穰卿先生年譜一卷**　汪詒年撰　民國九年(1920)錢塘汪詒年鉛印本　四冊

330000－1704－0006171　010427　類叢部/叢書類/自著之屬

**桐鄉勞先生遺稿四種**　勞乃宣撰　民國十六年(1927)桐鄉盧氏刻本　五冊　存三種

330000－1704－0006174　010260　集部/別集類
**雪園叢書文甲集一卷乙集一卷**　李坤撰　民國二年(1913)雲南開智公司鉛印本　一冊

330000－1704－0006176　010262　類叢部/叢書類/自著之屬
**晨風廬叢刊十八種**　周慶雲撰　民國吳興周氏夢坡室刻本　一冊　存一種

330000－1704－0006177　010428　集部/別集類
**茹荼軒文集十一卷**　張錫恭撰　民國十二年(1923)華亭封氏簣進齋刻本　四冊

330000－1704－0006178　010296　集部/別集類
**林損雜誌□□卷**　林損撰　民國二年(1913)鉛印本　一冊　存一卷(一)

330000－1704－0006179　010185　集部/別集類/清別集
**程伯翰先生遺集十卷**　(清)程頌藩撰　**末一卷**　民國十七年(1928)海上汐廬鉛印本　二冊

330000－1704－0006180　010429　類叢部/叢書類/自著之屬
**茹經堂叢書**　唐文治撰　民國鉛印本　二冊　存一種

330000－1704－0006182　010186　類叢部/叢書類/彙編之屬
**汪穰卿先生傳記遺文二種**　汪詒年編　民國二十七年(1938)杭州汪氏鉛印本　一冊　存一種

330000－1704－0006183　010430　集部/別集類
**靈峯先生集十一卷**　夏震武撰　民國五年(1916)劉子民、何紹韓鉛印本　二冊

330000－1704－0006184　010297　集部/別集類
**李子瑾文録二卷附書一卷**　李瑜撰　民國二十三年(1934)鉛印本　一冊

330000－1704－0006187　010431　集部/別集類
**農隱廬文鈔四卷**　王清穆撰　民國二十八年(1939)鉛印本　四冊

330000－1704－0006188　010188　集部/別集類/清別集
**刖足集外篇一卷鶴笙仙館詩詞雜著一卷**　(清)鍾天緯撰　**附録一卷**　民國二十一年(1932)鍾鏡芙鉛印本　一冊

330000－1704－0006190　010432　集部/別集類
**瓜廬文賸四卷外編一卷**　陳伯陶撰　民國鉛印本　四冊

330000－1704－0006191　010263　類叢部/叢書類/自著之屬
**儀徵嚴氏無悶堂叢書**　(清)嚴玉森撰　民國鉛印本　二冊　存一種

330000－1704－0006192　010265　集部/別集類/清別集
**求志齋遺墨一卷**　(清)王餘慶撰　民國十四年(1925)鉛印本　一冊

330000－1704－0006195　010405　集部/別集類
**陳烈士勒生遺集五卷**　陳子範撰　民國六年(1917)柳棄疾等鉛印本　一冊

330000－1704－0006197　010406　集部/別集類
**積微居文録三卷**　楊樹達撰　民國二十三年(1934)上海商務印書館鉛印本　三冊

330000－1704－0006200　010299　集部/別集類/清別集
**六齋無韻文集二卷**　(清)宋衡撰　民國二年(1913)刻本　二冊

330000－1704－0006203　010407　集部/別集類
**寄鶴齋文譽駢文集三卷古文三卷**　洪繻撰　王植編纂　民國十一年(1922)鉛印本　六冊

330000－1704－0006204　010408　集部/別集類

**理齋類稿十卷**　蔣兆燮撰　民國鉛印本　一冊

330000－1704－0006205　010266　集部/別集類/清別集

**綠滿廬文集一卷春宵偶話一卷綠滿廬詩集一卷**　(清)陳之翰撰　民國鉛印本　一冊

330000－1704－0006208　010409　集部/別集類

**畏廬文集一卷**　林紓撰　民國二年(1913)上海商務印書館鉛印本　一冊

330000－1704－0006209　010410　集部/別集類

**畏廬三集一卷**　林紓撰　民國十六年(1927)上海商務印書館鉛印本　一冊

330000－1704－0006210　010411　集部/別集類

**畏廬續集一卷**　林紓撰　民國五年(1916)上海商務印書館鉛印本　一冊

330000－1704－0006213　010191　集部/別集類/清別集

**廣雅堂駢體文箋注九卷**　(清)張之洞撰　陳崇祖箋注　民國十五年(1926)江夏陳氏問心齋鉛印本　四冊

330000－1704－0006214　010412　集部/別集類

**慎宜軒文八卷**　姚永概撰　民國鉛印本　一冊

330000－1704－0006219　010414　集部/別集類

**裒碧齋集四卷續集四卷**　陳銳撰　民國十九年(1930)譚延闓等鉛印本　二冊

330000－1704－0006222　010302　集部/別集類/清別集

**逢原齋文鈔四卷補遺一卷詩鈔三卷**　(清)華文漪撰　民國敬鄉樓抄本　三冊　缺一卷(補遺)

330000－1704－0006227　010195　集部/別集類

**獨學庵集三卷**　張廷壽撰　**首一卷**　民國三十二年(1943)百宋印刷局鉛印本　一冊

330000－1704－0006233　010198　集部/別集類/清別集

**壽愷堂集三十卷補編一卷**　(清)周家祿撰　民國十年至十一年(1921－1922)海門周實臣鉛印本　八冊

330000－1704－0006236　010380　集部/別集類

**樊山詩詞文稿十二卷**　樊增祥撰　民國十五年(1926)上海廣益書局鉛印本　六冊

330000－1704－0006238　010381　集部/別集類

**繼述堂文鈔四卷文鈔續刻一卷詩鈔二卷詩鈔續刻一卷**　王毓英撰　民國六年(1917)務本石印本　四冊　缺一卷(詩鈔續刻)

330000－1704－0006241　010383　類叢部/叢書類

**謗軒叢箸□□種**　民國鉛印本　一冊

330000－1704－0006242　010201　集部/別集類/清別集

**澗于集二十卷(澗于集奏議六卷電稿一卷譯署函稿一卷古今體詩四卷文集二卷書牘六卷)**　(清)張佩綸撰　民國七年至十五年(1918－1926)張氏澗于草堂刻本　四冊　存六卷(古今體詩一至四、文集一至二)

330000－1704－0006243　010385　集部/別集類

**蹤鄦樓遺稿一卷**　楊嘉撰　民國永嘉黃氏敬鄉樓抄本　楊紹廉批校並題簽　一冊

330000－1704－0006244　010433　集部/別集類

**荃察余齋詩存四卷駢體文存一卷詩續存一卷詩存再續一卷文續存一卷忍堪居士年譜一卷**　鄧鎔撰　民國八年(1919)、十六年(1927)、二十一年(1932)鉛印本　四冊

330000－1704－0006245　010202　集部/别集類/清别集

**竹山堂文賸一卷詩補一卷**　(清)潘祖同撰　民國二十五年(1936)潘承典等歲可堂刻本　一册

330000－1704－0006246　010386　集部/别集類/清别集

**無盡庵遺集文一卷詩四卷詩話二卷尊情録一卷詞一卷北曲一卷**　(清)周實撰　民國元年(1912)上海國光印刷所鉛印本　二册

330000－1704－0006247　010203　集部/别集類/清别集

**雄白集一卷日記一卷詩集一卷**　(清)張宗瑛撰　民國六年(1917)、二十年(1931)賀葆真刻本　二册

330000－1704－0006248　010434　集部/别集類

**嘯月山房文稿一卷**　陳銘鑑撰　民國十九年(1930)鉛印本　一册

330000－1704－0006249　010418　史部/目録類/專録之屬

**海日樓詩集目次一卷**　(清)孫鏘鳴撰　民國二十三年(1934)孫宣抄本　一册

330000－1704－0006250　010435　集部/别集類

**俠龕詩存一卷隨筆二卷**　陳中嶽撰　民國十五年(1926)鉛印本　二册

330000－1704－0006251　010387　集部/别集類

**湘潭楊莊詩文詞録四卷詩附録一卷詞附録一卷**　楊莊撰　民國二十九年(1940)湘潭楊敞鉛印本　一册

330000－1704－0006253　010304　集部/别集類/清别集

**韞玉山館詩鈔三卷文稾三卷**　(清)沈寶瑚撰　民國敬鄉樓抄本　六册

330000－1704－0006254　010305　集部/别集類/清别集

**愈愚齋詩文集五卷**　(清)謝青揚撰　民國敬鄉樓抄本　四册

330000－1704－0006255　010307　集部/别集類

**厚莊文鈔三卷詩鈔二卷**　劉紹寬撰　民國八年(1919)刻本　二册

330000－1704－0006256　010308　集部/别集類

**厚莊詩文續集文六卷文外二卷詩四卷**　劉紹寬撰　民國二十六年(1937)鉛印本　六册

330000－1704－0006257　010309　集部/别集類

**厚莊詩文稿十三卷**　劉紹寬撰　稿本　十三册

330000－1704－0006258　010310　史部/傳記類/總傳之屬/家乘

**[浙江溫州]東川陳氏宗譜**　民國抄本　一册

330000－1704－0006261　010388　集部/别集類

**默盦集十卷**　王舟瑤撰　民國二年(1913)上海國光書局鉛印本　三册

330000－1704－0006262　010437　集部/别集類

**陶廬百篇四卷**　王樹枏撰　民國十四年(1925)吉林成氏十三古槐館刻本　四册

330000－1704－0006263　010392　集部/别集類

**璞廬文存續編一卷**　戴炳驄撰　稿本　一册

330000－1704－0006266　010421　集部/别集類

**志頤堂詩文集文篇三卷詩十二卷題跋文二卷**　沙元炳撰　民國二十二年(1933)如皋沙志頤堂鉛印本　六册

330000－1704－0006269　010425　集部/别集類

**觀堂集林二十卷**　王國維撰　民國十二年(1923)烏程蔣氏密韻樓鉛印本　六册

330000－1704－0006271　010439　集部/別集類

**泡影集十卷**　陳度撰　民國十四年(1925)鉛印本　二冊

330000－1704－0006272　010391　史部/傳記類/日記之屬

**永行八日記一卷**　戴炳驄撰　民國三年(1914)稿本　一冊

330000－1704－0006276　010208　集部/別集類/清別集

**竹山堂文賸一卷詩補一卷**　(清)潘祖同撰　民國二十五年(1936)潘承典等歲可堂刻本　一冊

330000－1704－0006277　010390　集部/總集類

**雜文一卷**　民國抄本　一冊

330000－1704－0006278　010209　集部/別集類/清別集

**桂之華軒詩集四卷補遺一卷文集九卷補遺一卷**　(清)朱銘盤撰　民國二十三年(1934)泰興鄭餘慶堂鉛印本　二冊

330000－1704－0006279　010313　史部/詔令奏議類/奏議之屬

**崇雅堂疏稿四卷補遺一卷**　楊晨撰　民國石印本　一冊

330000－1704－0006280　010369　集部/別集類

**兢生遺稿一卷**　黃乾瑋撰　民國十一年(1922)鉛印本　一冊

330000－1704－0006281　010441　集部/別集類

**濯絳宧文鈔一卷**　劉毓盤撰　民國七年(1918)鉛印本　一冊

330000－1704－0006282　010314　集部/別集類

**若園詩稿六卷文略一卷**　張學智撰　民國十七年(1928)雲南開智公司鉛印本　一冊

330000－1704－0006283　010370　集部/別集類

**鼓山集三卷**　張寅撰　民國十四年(1925)鉛印本　一冊

330000－1704－0006285　010442　集部/別集類

**吹萬樓文集十八卷憤悱録一卷**　高燮撰　民國三十年(1941)金山高燮刻本　高燮題記　六冊

330000－1704－0006286　010376　集部/別集類

**墨庵二十以後古文一卷**　宋慈裒撰　民國鉛印本　一冊

330000－1704－0006287　010315　集部/別集類

**蘇齋遺稿五卷**　陸明桓撰　民國十九年(1930)鉛印本　一冊

330000－1704－0006288　010211　類叢部/叢書類/自著之屬

**玩芳艸堂叢書**　(清)王棻撰　民國上海國光書局鉛印本　六冊　存一種

330000－1704－0006289　010375　集部/別集類

**墨庵駢文甲集一卷補一卷**　宋慈裒撰　民國十年(1921)瑞安刻本　一冊

330000－1704－0006291　010443　集部/別集類

**弗堂類稿三十卷**　姚華撰　民國十九年(1930)上海中華書局鉛印本　十二冊

330000－1704－0006292　010213　集部/別集類/清別集

**常慊慊齋文集二卷**　(清)朱之榛撰　民國九年(1920)朱氏東湖草堂刻本　二冊

330000－1704－0006293　010316　類叢部/叢書類/自著之屬

**繼述堂全集四種**　王毓英撰　民國十一年(1922)溫州石印本　一冊　存一種

330000－1704－0006294　010377　集部/總集類/氏族之屬

**墨宧詩鈔六卷文鈔一卷詞一卷**　陳祖綬撰　**息廬詩鈔一卷**　陳祖綸撰　**嘯樓吟槀一卷**　(清)陳宗鼇撰　民國油印本　四册

330000－1704－0006296　010214　集部/別集類/清別集

**靜觀堂賸稿二卷**　(清)趙繼元撰　民國十一年(1922)白下趙氏靜觀草堂刻本　一册

330000－1704－0006298　010367　史部/傳記類/別傳之屬

**文天祥不分卷**　(日本)國府犀東撰　張棡譯　稿本　二册

330000－1704－0006299　010317　集部/別集類

**荔圓樓集八卷**　錢育仁撰　民國十八年(1929)常熟虞社鉛印本　一册

330000－1704－0006302　008404　集部/別集類

**蠖齋詩三卷詩話三卷**　陳寶煐撰　民國鉛印本　張崟題記　一册

330000－1704－0006303　010444　集部/別集類

**呂碧城集五卷**　呂碧城撰　民國十八年(1929)上海中華書局鉛印本　二册

330000－1704－0006304　010217　集部/別集類/清別集

**瓶廬叢稿十卷**　(清)翁同龢撰　民國二十四年(1935)上海商務印書館據手稿本影印本　十册

330000－1704－0006306　010445　集部/別集類

**求我山人雜著六卷首一卷**　莊景仲撰　**附録一卷**　民國十八年(1929)鉛印本　二册

330000－1704－0006308　010319　集部/別集類

**復齋先生遺集四卷**　費寅撰　張宗祥寫定　民國二十三年(1934)張氏鐵如意館石印本　張崟題記並批　一册

330000－1704－0006309　010446　集部/別集類

**韶濩堂文集定本九卷補編二卷(精刊韶濩堂集補十一卷)**　(朝鮮)金澤榮撰　民國九年(1920)鉛印本　陳昀題記　一册　存三卷(文集定本一至三)

330000－1704－0006311　010320　集部/別集類

**八指頭陀詩集十卷續集八卷襍文一卷**　釋敬安撰　民國八年(1919)北京法源寺刻本　五册

330000－1704－0006312　010218　集部/別集類/清別集

**范伯子文集十二卷**　(清)范當世撰　民國浙西徐氏刻朱印本　二册

330000－1704－0006313　008405　集部/別集類

**柳溪竹枝詞一卷續柳溪竹枝詞一卷**　周斌撰　民國四年(1915)鉛印本　一册

330000－1704－0006314　010219　集部/別集類/清別集

**廣雅堂駢體文二卷補遺一卷散體文二卷附録一卷**　(清)張之洞撰　民國十年(1921)南皮張氏刻朱印本　二册

330000－1704－0006315　010484　類叢部/叢書類/自著之屬

**茹經堂叢書**　唐文治撰　民國鉛印本　二册　存一種

330000－1704－0006316　010447　集部/總集類/氏族之屬

**某石軒集四卷**　林芝蔚編　民國十六年(1927)鉛印本　一册

330000－1704－0006317　010321　集部/別集類/清別集

**愓齋遺集四卷續集二卷補遺一卷首一卷末一卷**　(清)周蘊良撰　民國二十四年(1935)會稽周氏誦清芬館刻本　二册

330000－1704－0006318　008406　集部/别集類

**弱冠集一卷**　鍾應梅撰　民國二十一年(1932)鉛印本　一册

330000－1704－0006319　010322　集部/别集類

**蒿盦類稿三十二卷**　馮煦撰　民國二年(1913)刻本　十三册

330000－1704－0006320　010448　集部/别集類

**玉岑遺稿四卷**　謝覲虞撰　民國三十八年(1949)王春渠鉛印本　一册

330000－1704－0006321　008407　集部/别集類

**慨翁詩録一卷**　孫保圻撰　民國三十五年(1946)石印本　一册

330000－1704－0006323　010449　集部/别集類

**海上嘉月樓詩稿一卷涉江先生文鈔一卷**　唐晏撰　民國十年(1921)鉛印本　二册

330000－1704－0006324　008408　集部/别集類

**友古堂詩集二卷**　李經鈺撰　民國十二年(1923)鉛印本　一册

330000－1704－0006326　008410　集部/别集類

**陳仲權先生遺著一卷**　陳以義撰　**附倚雲樓唱和集一卷**　程雲修撰　民國二十五年(1936)鉛印本　何振□觀款　一册

330000－1704－0006328　010450　集部/别集類

**四當齋集十四卷**　章鈺撰　民國二十六年(1937)長洲章氏鉛印本　四册

330000－1704－0006329　010583　集部/總集類/尺牘之屬

**十大名家家書十卷**　平襟亞編　秋痕廔主評　民國十四年(1925)上海共和書局鉛印本　十册

330000－1704－0006330　010451　集部/别集類

**舍人遺稿四卷**　盧耿撰　**内閣中書署侍讀先兄盧公行狀一卷**　盧兆梅撰　**末一卷**　劉廷琛等撰　民國十一年(1922)九江伍文華石印本　一册

330000－1704－0006331　010452　集部/别集類

**弢樓遺集三卷**　張士珩撰　民國十一年至十二年(1922－1923)合肥張氏京師刻本　三册

330000－1704－0006332　010584　集部/總集類/尺牘之屬

**歷代名人書札註釋四卷**　許國英撰　民國十四年(1925)上海商務印書館鉛印本　四册

330000－1704－0006333　010585　集部/總集類/尺牘之屬

**歷代名人小簡續編二卷**　吴曾祺輯　民國十一年(1922)上海商務印書館鉛印本　二册

330000－1704－0006334　010586　集部/總集類/尺牘之屬

**分類箋註文辭大尺牘二十六卷**　(明)鍾惺纂輯　(明)馮夢龍訂釋　(清)王鼎增輯　民國十一年(1922)上海求古齋鉛印本　十五册缺一卷(二十六)

330000－1704－0006335　010453　集部/别集類

**濠隱存稿三卷**　莊禮本撰　**都門紀變百詠一卷**　嘐西復儂氏　青村杞廬氏撰　民國三十一年(1942)刻藍印本　一册

330000－1704－0006339　010454　集部/别集類

**蜕私軒集五卷**　姚永樸撰　民國十年(1921)秋浦周氏刻本　一册

330000－1704－0006341　010455　集部/别集類

**志盦文稿四卷詩稿六卷**　王式通撰　民國二十七年(1938)刻本　二册

330000－1704－0006346　010595　子部/藝

術類/書畫之屬/法帖

**明清名人尺牘墨寶第一集六卷第二集六卷第三集六卷** 文明書局輯 民國十年(1921)上海文明書局影印本 十八册

330000－1704－0006347 010456 集部/别集類

**藝蘭室文存一卷** 陳寶璐撰 民國二十九年(1940)閩縣螺江陳氏舊京刻本 一册

330000－1704－0006348 010457 集部/别集類

**游蜀草三卷** 張壽鏞撰 民國二十七年(1938)鉛印本 一册

330000－1704－0006349 010458 集部/别集類

**悲華經舍文存二卷附聯語一卷** 洪允祥撰 民國二十五年(1936)鉛印本 陳廖士 孫延釗題記 一册

330000－1704－0006352 010324 集部/别集類/清别集

**溪上草堂文槀八卷首一卷** (清)駱晉祺撰 魏東編 民國十年(1921)魏東鉛印本 四册

330000－1704－0006353 010598 子部/藝術類/書畫之屬/法帖

**西泠八家尺牘一卷** (清)丁敬等書 民國西泠印社影印本 一册

330000－1704－0006357 010600 集部/總集類/尺牘之屬

**謝氏家藏同光諸老尺牘六卷** 費樹蔚編 民國十六年(1927)石印本 六册

330000－1704－0006358 010460 史部/傳記類/别傳之屬/事狀

**東海壽言録不分卷徐星墀先生哀輓録不分卷** 王獄崧等撰 民國六年(1917)溫州務本石印本 一册

330000－1704－0006360 008411 集部/别集類

**寄鶴齋詩詟四卷** 洪繻撰 民國六年(1917)南投活版社石印本 二册

330000－1704－0006361 008412 集部/别集類

**凹園詩鈔二卷詞附一卷** 黄榮康撰 民國十年(1921)刻本 一册

330000－1704－0006362 010461 集部/别集類

**散原精舍文集十七卷** 陳三立撰 民國三十八年(1949)上海中華書局鉛印本 二册

330000－1704－0006363 010485 集部/别集類

**天放樓文言十一卷附録一卷** 金天羽撰 民國十六年(1927)鉛印本 二册

330000－1704－0006364 010601 集部/總集類/尺牘之屬

**冬暄草堂師友牋存不分卷** 陳漢第 陳敬第輯 民國二十六年(1937)上海中華書局影印本 六册

330000－1704－0006366 010486 集部/别集類

**退思齋文存不分卷詩存一卷** 陳寶泉撰 民國二十二年(1933)鉛印本 四册

330000－1704－0006368 008413 集部/别集類

**祖武雜詩初稿三卷** 徐祖武撰 民國二十二年(1933)鉛印本 徐祖武題記 三册

330000－1704－0006369 010487 集部/别集類

**泊居賸稿一卷續編一卷** 紀鉅維撰 汪鸞翔 劉宗彝編 民國三十年(1941)鉛印本 一册

330000－1704－0006370 010328 集部/别集類

**繆錦濤文集一卷** 繆錦濤撰 民國石印本 一册

330000－1704－0006372 010462 集部/别集類

**嚴幾道文鈔五卷詩鈔一卷** 嚴復撰 蔣貞金輯 貢少芹編 **吴摯甫先生致嚴幾道書一卷**

(清)吴汝綸撰　民國十一年(1922)上海國華書局鉛印本　二册　缺一卷(吴摯甫先生致嚴幾道書)

330000－1704－0006373　010330　集部/總集類

**雜録□□卷**　民國十三年(1924)王就抄本　一册

330000－1704－0006375　010488　集部/别集類

**企鶴山房文集二卷**　梅英杰撰　民國二十二年(1933)長沙刻本　二册

330000－1704－0006376　010489　集部/别集類

**天放樓續文言五卷皖志列傳選存二卷詩續集五卷紅鶴山房詞一卷**　金天羽撰　民國二十二年(1933)蘇州國學會鉛印本　四册

330000－1704－0006379　010490　集部/别集類/清别集

**困齋文集四卷詩集四卷**　籍忠寅撰　民國二十一年(1932)籍氏刻本　二册

330000－1704－0006380　010606　集部/總集類/尺牘之屬

**分類詳註文學尺牘大全集二十卷**　(明)鍾惺纂輯　(明)馮夢龍訂釋　民國十年(1921)上海求古齋鉛印本　十六册

330000－1704－0006381　010607　集部/總集類/尺牘之屬

**近代十大家尺牘十種**　文明書局編　民國十五年(1926)上海文明書局石印本　十册

330000－1704－0006382　010463　集部/總集類/彙編之屬

**章譚合鈔二種**　章炳麟　(清)譚嗣同撰　民國上海中華圖書館石印本　五册　存一種

330000－1704－0006383　008415　集部/别集類

**盜天廬集三卷**　劉之屏撰　民國四年(1915)溫州務本石印本　一册

330000－1704－0006384　010491　集部/别集類

**平養堂疏稿一卷平養文待十六卷附録一卷詩存二卷聯存一卷**　王龍文撰　**素庵文藁二卷**　王玨撰　民國九年(1920)刻本　五册

330000－1704－0006385　010331　集部/總集類

**文鈔一卷**　民國抄本　一册

330000－1704－0006386　008415－1　集部/别集類

**盜天廬集三卷**　劉之屏撰　民國四年(1915)溫州務本石印本　一册

330000－1704－0006387　010332　集部/别集類

**□非雜稿一卷**　民國稿本　一册

330000－1704－0006388　008416　集部/别集類

**民園詩集四卷首一卷後集四卷末一卷**　江五民撰　民國五年(1916)上海鉛印本　二册

330000－1704－0006393　008417　集部/别集類

**賓虹詩草三卷補遺一卷**　黄賓虹撰　民國二十二年(1933)石印本　一册

330000－1704－0006394　010465　集部/别集類

**夢選樓文鈔二卷詩鈔二卷**　胡宗楙撰　民國二十五年(1936)永康胡氏津門刻本　二册

330000－1704－0006395　010335　集部/别集類/清别集

**石古齋詩文雜存三卷**　(清)黄卿夔撰　民國二十四年(1935)義烏黄侗鉛印本　一册

330000－1704－0006396　010494　集部/别集類

**中隱居文存一卷**　陳爾常撰　民國十四年(1925)木活字印本　一册

330000－1704－0006397　008418　集部/别集類

**知困齋詩存三卷**　胡璧城撰　民國十五年(1926)鉛印本　二册

330000－1704－0006398　010466　子部/雜著類/雜說之屬

**學海餘波集不分卷**　吳藥先等撰　蔡竹銘編　民國鉛印本　一册

330000－1704－0006401　008419　集部/別集類

**吹萬樓詩十八卷**　高燮撰　民國三十六年(1947)袖海堂鉛印本　四册

330000－1704－0006402　010611　集部/總集類/尺牘之屬

**婦女尺牘六卷**　徐畹蘭輯　民國四年(1915)上海中華圖書館鉛印本　一册

330000－1704－0006403　010467　集部/別集類

**可桴文存不分卷**　裘可桴撰　民國無錫裘翼經堂鉛印本　一册

330000－1704－0006404　010612　子部/藝術類/書畫之屬/法帖

**松禪遺墨不分卷**　(清)翁同龢撰並書　民國三年(1914)影印本　二册

330000－1704－0006405　008421　集部/別集類

**培風樓詩存一卷**　邵祖平撰　民國十八年(1929)鉛印本　邵祖平題記　一册

330000－1704－0006406　010613　集部/別集類/清別集

**翁常熟手札一卷**　(清)翁同龢撰　民國二十五年(1936)上海商務印書館影印本　一册

330000－1704－0006407　010468　集部/別集類

**回風堂詩七卷前録二卷文五卷**　馮幵撰　**婦學齋遺稿一卷**　俞因撰　民國三十年(1941)中華書局鉛印本　四册

330000－1704－0006408　010614　集部/別集類/清別集

**翁松禪家書二集**　(清)翁同龢撰　民國二十四年(1935)上海商務印書館影印本　一册　存一集(二)

330000－1704－0006410　010469　集部/別集類

**林屋山人集十三卷南遊詩草一卷**　步章五撰　陳蝶衣編訂　民國二十四年(1935)上海刻本　四册

330000－1704－0006411　010616　子部/藝術類/書畫之屬/法帖

**趙松雪手札一卷**　(元)趙孟頫書　民國上海有正書局影印本　一册

330000－1704－0006412　010617、010619、010620、010621　集部/總集類/尺牘之屬

**蘧盦所藏尺牘**　潘承厚輯　潘承弼續輯　民國三十一年至三十三年(1942－1944)吳縣潘氏影印本　十二册　存四種

330000－1704－0006413　010470　類叢部/叢書類/自著之屬

**退廬全書十二種**　胡思敬撰　民國南昌退廬刻本　三册　存一種

330000－1704－0006415　010471　集部/別集類

**獨志堂叢稿四種**　張其鍠撰　民國二十一年(1932)桂林張氏獨志堂鉛印本　一册

330000－1704－0006416　010618　集部/總集類/尺牘之屬

**蘧盦所藏尺牘**　潘承厚輯　潘承弼續輯　民國三十一年至三十三年(1942－1944)吳縣潘氏影印本　一册　存一種

330000－1704－0006418　010622　集部/總集類/尺牘之屬

**昭代經師手簡不分卷二編不分卷**　羅振玉輯　民國七年(1918)影印本　二册

330000－1704－0006419　010472　集部/別集類/清別集

**鈞石文集四卷**　(清)李慶銓撰　**首一卷**　民國二十七年(1938)鉛印本　四册

330000－1704－0006420　010338　集部/別集類/清別集

**籀高遺文二卷**　(清)孫詒讓撰　陳準輯　民國十五年(1926)瑞安潁川書舍石印本　二册

330000－1704－0006421　010339　集部/別集類/清別集

**籀高遺文二卷**　(清)孫詒讓撰　陳準輯　民國十五年(1926)瑞安潁川書舍石印本　一册　存一卷(二)

330000－1704－0006422　010473　集部/別集類

**誦芬堂文稿初編一卷續編一卷三編一卷補遺一卷四編一卷五編一卷六編一卷**　錢文選撰　**錢士青先生編年事略一卷**　甘澤沛　王永清編　民國十三年(1924)、十九年(1930)、二十五年(1936)、二十七年(1938)、三十年(1941)、三十二年(1943)鉛印本　八册

330000－1704－0006424　008420　類叢部/叢書類/彙編之屬

**墨巢叢刻**　李宣龔輯　民國二十八年(1939)至一九五〇年鉛印本　四册　存二種

330000－1704－0006426　010624　集部/總集類/尺牘之屬

**道咸同光名人手札第一集四卷**　商務印書館輯　民國上海商務印書館影印本　四册

330000－1704－0006427　008422　集部/別集類

**涵負樓詩卷八卷**　曾克耑撰　民國二十五年(1936)上海鉛印本　曾克耑題記　一册

330000－1704－0006429　008423　集部/別集類

**頌橘廬詩存十六卷**　曾克耑撰　**毅父詩草一卷**　曾永閎撰　**樂父詩草一卷**　曾永闓撰　民國三十六年(1947)閩侯曾克耑成都刻本　曾克耑題記　二册

330000－1704－0006430　008424　集部/別集類

**蠲戲齋詩編年集八卷避寇集一卷芳杜詞賸一卷**　馬浮撰　**蠲戲齋詩前集二卷**　馬浮撰　張立民　楊蔭林輯録　民國二十九年(1940)、三十六年(1947)刻本　六册

330000－1704－0006431　010625　集部/總集類/尺牘之屬

**道咸同光名人手札第二集四卷**　商務印書館輯　民國上海商務印書館影印本　四册

330000－1704－0006432　010475　集部/別集類

**盤山筆記一卷詩鈔一卷文鈔一卷**　盧伯炎撰　民國三十四年(1945)鉛印本　一册

330000－1704－0006433　010627　集部/總集類/尺牘之屬

**沈乙盦尚書手簡一卷**　沈曾植撰　民國十一年(1922)藍曬印本　一册

330000－1704－0006434　010628　子部/藝術類/書畫之屬/法帖

**宋拓東坡西樓帖三卷**　(宋)蘇軾撰並書　民國七年(1918)上海有正書局影印本　一册

330000－1704－0006435　008425　集部/別集類

**侶琴詩鈔一卷**　金國寶撰　民國油印本　一册

330000－1704－0006436　010477　集部/別集類

**市陰叢稿一卷**　薛元燕撰　民國二十四年(1935)鉛印本　一册

330000－1704－0006438　010478　集部/別集類

**漪香山館文集不分卷二集不分卷**　吳曾祺撰　民國二十四年至二十五年(1935－1936)上海商務印書館鉛印本　楊道畝題記　二册

330000－1704－0006439　008384　集部/別集類

**從軍紀行詩一卷**　王開寅撰　民國三年(1914)京考孫緗館石印本　一册

330000－1704－0006441　010343　集部/別

集類/清別集

**寶香山館集□□卷**　(清)林培厚撰　民國抄本　四冊　存七卷(十三至十九)

330000－1704－0006442　010630　集部/總集類/尺牘之屬

**近代湘賢手札一卷**　龍紱瑞輯　民國二十四年(1935)上海中華書局影印本　一冊

330000－1704－0006443　010344　史部/目録類

**逐學齋文目編年録一卷詩目編年録一卷**　孫延釗輯　稿本　二冊

330000－1704－0006444　008353　集部/總集類/題詠之屬

**寒廬茗話圖題詠不分卷**　易順鼎等撰　民國二年(1913)石印本　一冊

330000－1704－0006445　010631　子部/藝術類/書畫之屬/法帖

**翁松禪墨蹟十集**　(清)翁同龢書　民國上海商務印書館影印本　一冊　存一集(一)

330000－1704－0006446　010632　子部/藝術類/書畫之屬/法帖

**翁松禪墨蹟十集**　(清)翁同龢書　民國上海商務印書館影印本　一冊　存一集(二)

330000－1704－0006447　008371　子部/藝術類/書畫之屬

**經頤淵金石詩書畫合集三種**　經亨頤撰　民國二十五年(1936)上海中華書局影印本暨鉛印本　三冊

330000－1704－0006448　010633　子部/藝術類/書畫之屬/法帖

**翁松禪墨蹟十集**　(清)翁同龢書　民國十八年(1929)上海商務印書館影印本　一冊　存一集(三)

330000－1704－0006449　010634　子部/藝術類/書畫之屬/法帖

**翁松禪墨蹟十集**　(清)翁同龢書　民國十一年(1922)上海商務印書館影印本　一冊　存一集(四)

330000－1704－0006450　010635　子部/藝術類/書畫之屬/法帖

**翁松禪墨蹟十集**　(清)翁同龢書　民國上海商務印書館影印本　一冊　存一集(五)

330000－1704－0006451　010636　子部/藝術類/書畫之屬/法帖

**翁松禪墨蹟十集**　(清)翁同龢書　民國二十三年(1934)上海商務印書館影印本　一冊　存一集(六)

330000－1704－0006452　010479　集部/別集類

**病某文存一卷詩存一卷聯存一卷**　徐宣武撰　民國二十九年(1940)鉛印本　陳詩題記　一冊

330000－1704－0006453　010345　集部/別集類

**張震軒稿二卷**　張棡撰　稿本　二冊

330000－1704－0006454　010346　集部/別集類/清別集

**通介堂文集一卷**　(清)徐灝撰　民國十三年(1924)徐紹楨鉛印本　一冊

330000－1704－0006455　010480　集部/別集類

**心太平室集十卷補遺一卷**　張一麐撰　**心太平室集附録一卷**　蔣中正等撰　**生餘留草一卷**　(清)張世棠撰　(清)張是彝録　**甲申小陽賣餉天雄途存一卷**　(清)張是彝撰　民國三十六年(1947)鉛印本　四冊

330000－1704－0006456　010637　子部/藝術類/書畫之屬/法帖

**翁松禪相國尺牘真蹟不分卷**　(清)翁同龢書　民國上海中華書局影印本　十二冊

330000－1704－0006460　010640　子部/藝術類/書畫之屬/法帖

**趙撝叔手札真蹟不分卷**　(清)趙之謙書　民國十四年(1925)上海求古齋書帖局影印本　二冊

330000－1704－0006462　010481　集部/別

集類

**栩園近稿六卷**　陳栩撰　民國漢文書局鉛印本　一冊

330000 – 1704 – 0006464　010350　集部/別集類/清別集

**訊渡文集一卷**　(清)張正宰撰　民國抄本　一冊

330000 – 1704 – 0006465　010495　集部/別集類

**赤城山館駢文一卷**　陶隆僎撰　民國鉛印本　一冊

330000 – 1704 – 0006467　010497　集部/別集類

**葑里賸稿四卷**　張原煒撰　民國三十四年(1945)張氏鉛印本　一冊

330000 – 1704 – 0006469　010499　集部/別集類/清別集

**夢鹿庵文稿一卷榆蔭山房吟草四卷**　(清)朱丙壽撰　民國十一年(1922)朱氏鉛印本　二冊　缺三卷(榆蔭山房吟草二至四)

330000 – 1704 – 0006470　010500　集部/別集類

**寫憂賸稿一卷**　嚴昌堉撰　民國十八年(1929)鉛印本　一冊

330000 – 1704 – 0006471　010501　集部/別集類

**蘿庵遺稿三卷**　鄭澤撰　民國十年(1921)鉛印本　一冊

330000 – 1704 – 0006472　010641　集部/別集類/清別集

**袁忠節公遺札不分卷**　(清)袁昶撰　民國三十七年(1948)影印本　一冊

330000 – 1704 – 0006473　010642　集部/總集類/尺牘之屬

**晴梅館存牋一卷**　孫伯亮編　民國三十七年(1948)無錫孫伯亮影印本　潘德熙題記　一冊

330000 – 1704 – 0006475　010643　集部/別集類

**雲薖書札一卷**　楊壽枏撰　民國三十二年(1943)鉛印本　一冊

330000 – 1704 – 0006476　010351　集部/別集類

**拙齋學古文鈔一卷**　薛鍾斗撰　民國五年(1916)油印本　一冊

330000 – 1704 – 0006477　010644　集部/別集類/清別集

**于文襄手札不分卷**　(清)于敏中撰　民國二十二年(1933)國立北平圖書館影印本　一冊

330000 – 1704 – 0006478　010502　集部/別集類

**悔晦堂詩集七卷文集六卷**　吳恭亨撰　民國十年(1921)、十一年(1922)吳恭亨鉛印本　三冊

330000 – 1704 – 0006479　010352　集部/別集類

**林損叢録一卷**　林損撰　民國二年(1913)鉛印本　一冊

330000 – 1704 – 0006480　010645　集部/別集類/清別集

**澗于集二十卷(澗于集奏議六卷電稿一卷譯署函稿一卷古今體詩四卷文集二卷書牘六卷)**　(清)張佩綸撰　民國七年至十五年(1918 – 1926)張氏澗于草堂刻本　五冊　存六卷(書牘一至六)

330000 – 1704 – 0006481　010503　集部/別集類

**約園雜箸三編八卷**　張壽鏞撰　民國三十四年(1945)鉛印本　二冊

330000 – 1704 – 0006482　010482　集部/別集類

**江山小閣詩集一卷文集一卷**　金鉽撰　民國三十七年(1948)鉛印本　逋叟題記　一冊

330000 – 1704 – 0006483　010504　集部/別集類

**鈍廬詩集五卷首一卷文集八卷首一卷** 曹炳麟撰 民國二十年(1931)句溪艸堂鉛印本 四册

330000－1704－0006484 010646 集部/別集類

**安酒意齋尺牘一卷** 顧印愚撰 民國十五年(1926)華陽王氏菊飲軒石印本 一册

330000－1704－0006486 010647 集部/別集類/清別集

**頤園書牘二卷** (清)李本方撰 民國十五年(1926)鉛印本 二册

330000－1704－0006487 010648 集部/別集類/清別集

**姚惜抱先生家書不分卷** (清)姚鼐撰 民國二十七年(1938)商務印書館影印本 一册

330000－1704－0006488 010505 集部/別集類

**微尚齋雜文六卷** 汪兆鏞撰 民國三十一年(1942)汪氏鉛印本 一册

330000－1704－0006489 010353 集部/別集類

**白頭翁小鳴草雜著一卷** 翁一泉撰 民國三年(1914)溫州石印本 一册

330000－1704－0006490 010354 集部/別集類

**補學齋詩鈔四卷文鈔二卷** 胡調元撰 民國二年(1913)鉛印本 二册

330000－1704－0006491 010506 集部/別集類

**海渟遺稿不分卷補遺一卷** 竇海渟撰 **竇靜嫻遺稿一卷** 竇靜嫻(竇懿貞)撰 **哀悼録二卷** 黄元亨等撰 民國二十三年(1934)鉛印本 二册

330000－1704－0006492 010354 集部/別集類

**補學齋詩鈔四卷文鈔二卷** 胡調元撰 民國二年(1913)鉛印本 一册 存二卷(文鈔一至二)

330000－1704－0006493 010355 集部/別集類/清別集

**西垣文草一卷** (清)童煜撰 民國抄本 梅軒題記 一册

330000－1704－0006494 010728 子部/藝術類/遊藝之屬/聯語

**稷敘集言一卷** (清)唐仲冕撰並書 民國十一年(1922)蟫隱廬影印本 一册

330000－1704－0006495 010507 集部/別集類

**愛餘室文集一卷詩集一卷詞集一卷別集一卷** 莫永貞撰 民國二十三年(1934)莫氏鉛印本 一册

330000－1704－0006496 010508 集部/別集類

**清寂文乙録一卷** 林思進撰 民國二十三年(1934)華陽林氏霜柑閣刻本 一册

330000－1704－0006497 010357 集部/別集類/清別集

**孫止庵文鈔一卷** (清)孫鏘鳴撰 民國潛夫居士抄本 一册

330000－1704－0006498 010649 子部/藝術類/書畫之屬/法帖

**惜抱軒手札不分卷** (清)姚鼐撰並書 民國二十五年(1936)上海商務印書館影印本 四册

330000－1704－0006499 010511 集部/總集類

**天放樓詩集七卷紅鶴詞一卷文言遺集四卷附録一卷** 金天羽撰 **同翰遺詩一卷** 金同翰撰 **天放樓詩集定本校勘記一卷** 陳旭旦撰 民國三十六年(1947)鉛印本 二册

330000－1704－0006501 010358 集部/別集類

**孑遺文鈔一卷** 戴禮撰 民國抄本 張一純跋 一册

330000－1704－0006502 010482－1 集部/別集類

**非儒非俠齋文集四卷外集一卷詩集二卷聯語偶存初集一卷** 顧燮光撰 **福豔樓遺詩一卷** 陸珊撰 民國二十五年(1936)杭州顧廬石印本 三册

330000－1704－0006503 010512 集部/别集類

**雲在山房類稿九卷** 楊壽枏撰 民國刻藍印本 四册

330000－1704－0006504 010652 集部/别集類

**浣垞尺牘不分卷** 張組成撰 稿本 一册

330000－1704－0006505 010359 集部/别集類

**心俠遺稿一卷** 邵池撰 稿本 一册

330000－1704－0006506 010729 子部/藝術類/遊藝之屬/聯語

**寒柯堂宋詩集聯五卷** 余紹宋輯 民國三十一年至三十二年(1942－1943)鉛印本 一册

330000－1704－0006507 010361 集部/别集類/清别集

**琴玉山房詩鈔一卷文鈔一卷** (清)蔡世楨撰 民國十三年(1924)永嘉黄氏敬鄉樓抄本 楊紹廉跋 一册

330000－1704－0006508 010653 集部/總集類/尺牘之屬

**夢璜手札不分卷** (清)張夢璜撰 民國抄本 一册

330000－1704－0006509 010730 子部/藝術類/遊藝之屬/聯語

**臥雪堂聯語一卷** 袁嘉穀撰 民國三十二年(1943)孫樂鉛印本 一册

330000－1704－0006510 010362 集部/别集類/清别集

**海日樓文集十二卷** (清)孫鏘鳴撰 民國十三年(1924)永嘉黄氏敬鄉樓抄本 二册

330000－1704－0006511 010731 集部/别集類/宋别集

**黄衲集二卷** (宋)黄庭堅撰 錢智修編 民國二十六年(1937)上海開明書店鉛印本 一册

330000－1704－0006513 010655 類叢部/叢書類/自著之屬

**勴堂遺書八種** 顧家相撰 民國八年至十九年(1919－1930)會稽顏氏鉛印本 張崟題記 一册 存一種

330000－1704－0006514 010363 集部/别集類

**散原精舍文集一卷** 陳三立撰 民國抄本 一册

330000－1704－0006515 010513 集部/别集類

**藝蘭室文存一卷** 陳寶璐撰 民國二十九年(1940)閩縣螺江陳氏舊京刻本 一册

330000－1704－0006516 010732 集部/總集類/彙編之屬

**雪鴻初集十卷** (清)黄理堂編 **雪鴻續集七卷** (清)孫乾甫編 **壺天笙鶴初集二卷** (清)林幼泉編 民國五年(1916)石印本 三册

330000－1704－0006518 010514 集部/别集類

**視昔軒遺稾五卷** 徐樹錚撰 民國二十年(1931)刻朱印本 二册

330000－1704－0006519 010365 集部/别集類

**浣垞詩文雜俎四卷** 張組成撰 稿本 四册

330000－1704－0006520 010690 集部/别集類

**沔陽盧木齋先生手簡不分卷** 盧靖撰 **伯兄木齋先生事略一卷** 盧弼撰 民國影印本 一册

330000－1704－0006521 010515 類叢部/叢書類/彙編之屬

**曲石叢書二十種** 李根源編 民國十二年至二十一年(1923－1932)騰衝李氏蘇州刻本

一冊　存一種

330000－1704－0006522　010366　集部/別集類

**餵蝨詩文稿四卷**　戴炳驄撰　民國抄本　四冊

330000－1704－0006523　010657　集部/別集類

**松隣書札不分卷附詩詞**　吳昌綬撰　張祖廉輯　民國十四年(1925)影印本　二冊

330000－1704－0006525　010733　子部/藝術類/遊藝之屬/聯語

**詳註分類楹聯集成四卷**　倜陽散人編　民國八年(1919)上海會文堂書局石印本　四冊

330000－1704－0006526　010692　集部/總集類/尺牘之屬

**瑛夢禪致竹軒夫人手札一卷**　(清)瑛寶撰並書　民國影印本　一冊

330000－1704－0006527　010693　子部/藝術類/書畫之屬/法帖

**錢南園墨蹟一卷**　(清)錢灃撰並書　民國八年(1919)上海商務印書館石印本　一冊

330000－1704－0006528　010802　集部/總集類/選集之屬/通代

**精選壽言三卷壽詩一卷挽詩一卷**　戴炳驄輯　稿本　五冊

330000－1704－0006529　010694　集部/別集類/清別集

**張香濤手札不分卷**　(清)張之洞撰並書　民國影印本　一冊

330000－1704－0006530　010803　史部/傳記類/別傳之屬/事狀

**先芬録一卷附亡室池孺人哀挽録一卷**　戴炳驄輯　稿本　一冊

330000－1704－0006531　010658　集部/別集類/清別集

**張廉卿先生論學手札不分卷**　(清)張裕釗撰　民國九思堂書屋石印本　二冊

330000－1704－0006532　010695　史部/政書類/公牘檔冊之屬

**張文襄公函稿六卷續編一卷**　(清)張之洞撰　許同莘編　民國九年(1920)鉛印本　二冊

330000－1704－0006533　010659　集部/別集類/清別集

**石笥家書不分卷**　(清)林從炯撰　民國抄本　三冊

330000－1704－0006534　010804　史部/傳記類/別傳之屬/事狀

**羅善模先生哀挽録一卷**　陳騏輯　民國十五年(1926)鉛印本　一冊

330000－1704－0006535　010696　集部/別集類/清別集

**左文襄公家書二卷**　(清)左宗棠撰　民國上海聚珍倣宋印書局鉛印本　二冊

330000－1704－0006536　010660　集部/別集類/清別集

**晤蘭室尺牘一卷**　(清)潘鼎撰　民國抄本　一冊

330000－1704－0006537　010805　史部/傳記類/別傳之屬/事狀

**張君楚材哀輓録一卷**　陳則之輯　民國十四年(1925)石印本　一冊

330000－1704－0006538　010661　集部/別集類/宋別集

**柳南小簡一卷**　(宋)盧方春撰　民國永嘉黃氏敬鄉樓抄本　楊紹廉題簽並記　一冊

330000－1704－0006539　010806　史部/傳記類/別傳之屬/事狀

**瑞安王弼西君哀輓録一卷**　劉劼等撰　民國六年(1917)溫州美成和石印本　一冊

330000－1704－0006540　010697　集部/別集類

**竹居小牘十二卷**　張士珩撰　民國三年(1914)竹居刻本　二冊

330000－1704－0006541　010698　子部/藝

術類/書畫之屬/法帖

**吴窓齋尺牘一卷** (清)吴大澂撰並書 民國八年(1919)上海商務印書館影印本 一册

330000－1704－0006542 010734 子部/藝術類/遊藝之屬/聯語

**最新分類楹聯大成八卷最新壽文類一卷** 周蓮弟編 民國十三年(1924)上海啟新書局石印本 六册

330000－1704－0006546 010807 史部/傳記類/别傳之屬

**鄭秉南先生哀挽録一卷** 民國石印本 一册

330000－1704－0006548 010808 史部/傳記類/别傳之屬

**薛封翁霽嶔先生哀挽録一卷** 民國鉛印本 薛群題記 一册

330000－1704－0006549 010809 史部/傳記類/别傳之屬/事狀

**季君蟄夫[同]哀輓録一卷** 民國五年(1916)溫州雲鮮印書館石印本 一册

330000－1704－0006552 010665 集部/别集類/宋别集

**陳龍川書牘一卷** (宋)陳亮撰 民國三年(1914)上海商務印書館鉛印本 二册

330000－1704－0006553 010666 集部/别集類/宋别集

**陸渭南書牘一卷** (宋)陸游撰 民國三年(1914)上海商務印書館鉛印本 二册

330000－1704－0006554 010810 史部/傳記類/别傳之屬/事狀

**韓幹超誌哀録一卷** 民國溫州日新印書局鉛印本 一册

330000－1704－0006555 010811 集部/總集類/選集之屬/斷代

**陳教授[懷]哀挽録一卷** 陳謐輯 民國瑞安敬業石印局石印本 一册

330000－1704－0006556 010667 集部/别集類/宋别集

**黄山谷書牘一卷** (宋)黄庭堅撰 民國三年(1914)上海商務印書館鉛印本 二册

330000－1704－0006557 010812 史部/傳記類/别傳之屬/事狀

**任益珍烈士哀挽録一卷** 民國鉛印本 一册

330000－1704－0006560 010704 集部/别集類

**志學齋書牘不分卷** 張通典撰 民國鉛印本 一册

330000－1704－0006562 010814 史部/傳記類/别傳之屬/事狀

**石李挽聯一卷** 民國油印本 一册

330000－1704－0006563 010516 集部/别集類

**約園雜箸八卷** 張壽鏞撰 民國二十五年(1936)鉛印本 三册

330000－1704－0006565 010816 史部/傳記類/别傳之屬/事狀

**[陳組綸]哀挽録一卷** 民國三年(1914)溫州美成和石印局石印本 一册

330000－1704－0006566 010517 集部/别集類

**顧漁溪先生遺集四卷** 顧璜撰 民國二十五年(1936)北平文楷齋刻本 一册

330000－1704－0006567 010519 集部/别集類

**松翁近稿一卷補遺一卷** 羅振玉撰 民國十五年(1926)上虞羅氏鉛印本 一册

330000－1704－0006569 010668 集部/别集類/宋别集

**范文正公書牘不分卷** (宋)范仲淹撰 民國二年(1913)上海商務印書館鉛印本 二册

330000－1704－0006570 010669 集部/别集類/宋别集

**文信國書牘三卷** (宋)文天祥撰 民國四年(1915)上海商務印書館鉛印本 張組成觀款 三册

330000－1704－0006571　010670　集部/别集類/清别集

**新體廣註小倉山房尺牘八卷**　(清)袁枚撰　(清)胡光斗箋釋　(清)徐楨增註　民國七年(1918)上海廣文書局石印本　二册　存四卷(一至四)

330000－1704－0006572　010706　集部/别集類/清别集

**新體廣註秋水軒尺牘二卷**　(清)許思湄撰　陸翔註　民國上海廣文書局石印本　一册

330000－1704－0006574　010707　集部/詩文評類/文法之屬/函牘格式

**詳註中華高等學生尺牘二卷**　中華書局編　民國三十年(1941)上海中華書局石印本　一册

330000－1704－0006576　010672　集部/别集類/清别集

**音註小倉山房尺牘八卷**　(清)袁枚撰　(清)胡光斗箋釋　民國十五年(1926)上海掃葉山房石印本　四册

330000－1704－0006577　010708　集部/别集類/清别集

**曾文正公尺牘四卷**　(清)曾國藩撰　民國六年(1917)上海商務印書館鉛印本　四册

330000－1704－0006578　010518　集部/别集類

**北江文七卷**　吴闓生撰　吴兆璜　賀培新編　民國十三年(1924)文學社刻本　七册

330000－1704－0006579　010673　集部/别集類

**湖上家書六卷**　陳栩撰　民國二十三年(1934)鉛印本　一册

330000－1704－0006580　010520　類叢部/叢書類

**江寧蔣氏湖上草堂叢刻**　民國江寧蔣氏湖上草堂鉛印本　二册

330000－1704－0006581　010709　集部/别集類/清别集

**春在堂尺牘六卷**　(清)俞樾撰　民國元年(1912)上海文瑞樓石印本　一册

330000－1704－0006582　010738　子部/藝術類/遊藝之屬/聯語

**篆文聯語集四種四卷**　(清)吴受福編　民國十二年(1923)上海鴻文齋石印本　二册

330000－1704－0006585　010710　集部/别集類/清别集

**春在堂尺牘四種**　(清)俞樾撰　民國八年(1919)上海廣益書局石印本　二册

330000－1704－0006586　010741　子部/藝術類/書畫之屬/書法書品

**大厂居士集宋詞帖一卷**　易孺集句并書　民國二十九年(1940)影印本　□肇□題記　一册

330000－1704－0006587　010711　集部/别集類/清别集

**春在堂尺牘四種**　(清)俞樾撰　民國上海廣益書局石印本　三册

330000－1704－0006589　010712　集部/總集類/尺牘之屬

**明清十大家尺牘**　文明書局輯　民國十年(1921)上海文明書局石印本　一册　存一種

330000－1704－0006590　010713　集部/别集類/清别集

**培遠堂手札節存二卷**　(清)陳宏謀撰　民國二年(1913)上海文寶書局石印本　二册

330000－1704－0006591　010521　集部/别集類

**遯堪文集二卷**　張爾田纂　王鐘翰輯　民國三十七年(1948)鉛印本　一册

330000－1704－0006592　010522　集部/别集類

**潛廬文稿一卷**　高煌撰　民國三十八年(1949)鉛印本　一册

330000－1704－0006593　010523　類叢部/叢書類/自著之屬

**漢堂類稿十種**　李寶泠撰　民國十二年(1923)李祖年鉛印本　六册　存四種

330000－1704－0006595　010524　集部/别集類

**逸志齋文集二卷**　張弘漢撰　裘菊英　裘蘭英編　民國九年(1920)浙江印刷公司鉛印本　二册

330000－1704－0006596　010525　集部/别集類

**未晚樓文存四卷别存二卷**　李澄宇撰　民國十四年(1925)北京擷華印書局鉛印本　二册

330000－1704－0006598　010525－1　集部/别集類

**未晚樓文存四卷别存二卷**　李澄宇撰　民國十四年(1925)北京擷華印書局鉛印本　一册

330000－1704－0006600　010526　集部/别集類

**警樨盦詩集一卷文集一卷**　許元穎撰　民國二十六年(1937)黄巖友成局鉛印本　一册

330000－1704－0006602　010527　集部/别集類

**篋經室遺集二十卷**　曹元忠撰　王大隆編　民國三十年(1941)吴縣王氏學禮齋鉛印本　六册

330000－1704－0006604　010679　集部/别集類/清别集

**惜抱軒尺牘四卷補編二卷**　(清)姚鼐撰　民國上海中華圖書館石印本　二册

330000－1704－0006605　010680　集部/總集類/尺牘之屬

**影印名人手札真蹟大全十二種**　劉再蘇輯　民國十四年(1925)上海世界書局影印本　六册

330000－1704－0006606　010528　集部/别集類

**邃盦文稿二卷**　鄭叔平撰　民國二十二年(1933)鉛印本　二册

330000－1704－0006607　010529　集部/别集類

**四益宧駢文稿二卷**　孫德謙撰　吴丕績編　民國二十五年(1936)上海吴丕績雙梧館鉛印本　一册

330000－1704－0006608　010681　集部/别集類/清别集

**錢牧齋先生尺牘三卷**　(清)錢謙益撰　民國影印本　二册

330000－1704－0006611　010817　史部/傳記類/别傳之屬

**楊則剛[嘉]哀挽録一卷**　民國石印本　一册

330000－1704－0006612　010818　史部/傳記類/别傳之屬/事狀

**瑞安鮑君伯雄哀挽録一卷**　民國鉛印本　一册

330000－1704－0006614　010819　史部/傳記類/别傳之屬/事狀

**郭節母廖太夫人清芬録不分卷**　郭兆霖輯　民國鉛印本　四册

330000－1704－0006616　010820　史部/傳記類/别傳之屬/事狀

**黄慧增居士往生紀念册不分卷**　渾渾山人等編　民國二十二年(1933)上海中華書局鉛印本　一册

330000－1704－0006617　010714　集部/别集類/清别集

**新體廣註雪鴻軒尺牘二卷**　(清)龔蕚撰　朱詩隱　徐慎幾註　民國上海廣文書局石印本　一册

330000－1704－0006618　010686　集部/别集類/清别集

**簠齋尺牘不分卷**　(清)陳介祺撰　陳敬第輯　民國八年(1919)上海商務印書館影印本　十二册

330000－1704－0006620　010687　集部/别集類/清别集

**簠齋尺牘不分卷**　(清)陳介祺撰　陳敬第輯

民國八年(1919)上海商務印書館影印本 五冊

330000－1704－0006621 010688 子部/藝術類/書畫之屬

**國立北平圖書館金石叢編** 民國上海商務印書館影印本 七冊 存一種

330000－1704－0006622 010743 子部/藝術類/遊藝之屬/聯語

**補學齋楹聯□□卷** 胡調元輯 民國抄本 一冊 存一卷(上)

330000－1704－0006623 010662 集部/總集類/尺牘之屬

**書札集錦不分卷** (清)潘鼎等撰 民國抄本 二冊

330000－1704－0006624 010821 史部/傳記類/别傳之屬/事狀

**歐司愛哈同先生榮哀録不分卷** 姬覺彌輯 民國二十一年(1932)愛儷園鉛印本 一冊

330000－1704－0006625 010373 類叢部/叢書類/彙編之屬

**求恕齋叢書三十一種** 劉承幹編 民國吴興劉氏嘉業堂刻本 四冊 存一種

330000－1704－0006627 010822 集部/總集類

**林君向秋哀輓録一卷** 民國九年(1920)石印本 一冊

330000－1704－0006628 010823 史部/傳記類/别傳之屬

**海日樓哀輓録不分卷** 民國十一年(1922)鉛印本 一冊

330000－1704－0006629 010716 集部/總集類/尺牘之屬

**眉公才子尺牘四卷** (明)陳繼儒輯 (清)沈錫侯增訂 **聖嘆才子尺牘四卷** (清)金人瑞鑒定 (清)金雍撰 民國七年(1918)上海碧梧山莊石印本 四冊

330000－1704－0006630 010382 集部/别集類

**憙園續文鈔二卷** 高誼撰 民國三十八年(1949)石印本 一冊

330000－1704－0006631 010745 子部/藝術類/遊藝之屬/聯語

**介盦楹句輯鈔一卷續編一卷** 趙藩撰 陳迪光 周鍾嶽輯 民國十四年(1925)上海鉛印本 一冊

330000－1704－0006632 010384 集部/别集類

**憙園文鈔六卷** 高誼撰 民國二十七年(1938)鉛印本 二冊

330000－1704－0006634 010746 子部/藝術類/遊藝之屬/詩鐘

**聊社詩鐘一卷即席詩鐘一卷** 聊社編 民國二十一年(1932)鉛印本 一冊

330000－1704－0006635 010825 史部/傳記類/别傳之屬/事狀

**洪肅臨太史哀挽録一卷** 民國七年(1918)浙甌務本公司石印本 一冊

330000－1704－0006637 010747－1 類叢部/叢書類/家集之屬

**武林丁氏家集十三種** 丁立誠 丁立中撰 民國錢塘丁氏嘉惠堂鉛印本 一冊 存一種

330000－1704－0006640 010828 史部/傳記類/别傳之屬/事狀

**孫徵君哀挽録一卷** 民國抄本 一冊

330000－1704－0006641 010747 子部/藝術類/遊藝之屬/聯語

**國朝名人楹聯彙輯第一輯不分卷第二輯不分卷** 上海有正書局輯 民國四年(1915)上海有正書局影印本 三冊

330000－1704－0006642 010829 史部/傳記類/别傳之屬/事狀

**瑞安陳醉石先生哀輓録不分卷** 民國石印本 一冊

330000－1704－0006644 010748 子部/藝

術類/遊藝之屬/聯語

**永嘉詞人祠謝康樂公祠甌社聯存一卷** 林鵾翔等撰 民國務本石印本 一册

330000－1704－0006645 010830 史部/傳記類/别傳之屬

**吴母陳夫人哀輓録一卷** 吴百亨輯 民國鉛印本 一册

330000－1704－0006647 010530 集部/别集類

**一山文存十二卷** 章梫撰 民國七年(1918)吴興劉氏嘉業堂刻本 四册

330000－1704－0006650 010831 史部/傳記類/别傳之屬/事狀

**瑞安陳介石先生挽聯一卷** 民國抄本 一册

330000－1704－0006652 010531 集部/别集類

**燕知草一卷附録一卷** 俞平伯撰 民國十九年(1930)上海開明書店鉛印本 一册 存一卷(附録)

330000－1704－0006653 010750 子部/藝術類/遊藝之屬/聯語

**樨園楹聯録一卷** 童煜撰 民國十五年(1926)務本石印局石印本 一册

330000－1704－0006656 010534 集部/别集類

**浣薇書屋遺稿十四卷** 于梓生(于宗潼)撰 民國三十年(1941)福山抱山堂鉛印本 六册

330000－1704－0006657 010751 子部/藝術類/遊藝之屬/聯語

**戴氏先德聯選一卷附先訓導公遺文一卷** 戴炳驄輯 民國抄本 一册

330000－1704－0006658 010832 史部/傳記類/别傳之屬

**王忠懿公哀挽録一卷** 王高明輯 民國十六年(1927)鉛印本 一册

330000－1704－0006661 010752 子部/藝術類/遊藝之屬/聯語

**宋詞集聯一卷** 程柏堂撰 民國二十三年(1934)鎮江江南印書館影印本 一册

330000－1704－0006663 010536 集部/别集類

**碧湘閣集詩一卷詞一卷文一卷** 陳家慶撰 民國二十二年(1933)鉛印本 一册

330000－1704－0006664 010719 子部/雜著類/雜纂之屬

**日用文件備體五卷** 民國九年(1920)上海進化書局石印本 四册

330000－1704－0006665 010834 史部/傳記類/别傳之屬/事狀

**紹興王臥山先生百齡追紀徵文集不分卷** 王福珅 王家襄輯 民國十二年(1923)鉛印本 一册

330000－1704－0006667 010538 集部/别集類

**非儒非俠齋文集三卷聯語偶存初集一卷詩集一卷詩續集一卷** 顧燮光撰 **福豔樓遺詩一卷** 陸珊撰 民國十一年(1922)石印本 一册 存二卷(詩集、詩續集)

330000－1704－0006668 010721 集部/别集類/清别集

**翁覃溪手札不分卷** (清)翁方綱撰 民國影印本 一册

330000－1704－0006670 010835 史部/傳記類/别傳之屬/事狀

**[姚王氏]哀絃集一卷** 姚光輯 民國二十四年(1935)鉛印本 一册

330000－1704－0006671 010836 集部/總集類

**思玄集一卷** 姚光輯 民國十一年(1922)鉛印本 一册

330000－1704－0006672 010539 集部/别集類

**天嬰室叢稿第二輯十卷** 陳訓正撰 民國二十年(1931)鉛印本 二册

330000－1704－0006673　010837　史部/傳記類/別傳之屬/事狀

**[趙梵清]哀思録一卷**　趙枚輯　民國十四年(1925)棣華樓鉛印本　一册

330000－1704－0006674　010540　集部/別集類

**郁嶷文集一卷**　郁嶷撰　民國十一年(1922)北京郁嶷鉛印本　一册

330000－1704－0006676　010839　集部/總集類/選集之屬

**大哀集三卷附録一卷**　謝健輯　民國十一年(1922)鉛印本　一册

330000－1704－0006677　010541　集部/別集類

**天嬰室叢稿第一輯九卷**　陳訓正撰　民國十四年(1925)鉛印本　王理孚題記　二册

330000－1704－0006678　010542　集部/別集類

**三借廬駢文賸稿續刊一卷賸稿詩續一卷七十壽言一卷**　鄒弢撰　民國十二年(1923)文賢閣鉛印本　一册

330000－1704－0006680　010722　集部/總集類/尺牘之屬

**劉石庵手札一卷**　(清)劉墉撰並書　民國影印本　一册

330000－1704－0006682　010543　集部/別集類

**學製齋駢文二卷**　李詳撰　民國四年(1915)江寧蔣國榜鉛印本　二册

330000－1704－0006683　010723　集部/別集類/清別集

**陳曼生手札墨跡一卷**　(清)陳鴻壽書　民國有正書局影印本　一册

330000－1704－0006684　010840　集部/總集類

**敬鄉樓哀輓録一卷**　民國永嘉黄氏敬鄉樓抄本　一册

330000－1704－0006687　010842　史部/傳記類/別傳之屬/事狀

**蔣屏侯先生哀輓録一卷**　蔣式言等輯　民國鉛印本　一册

330000－1704－0006688　010724　集部/總集類/尺牘之屬

**舒王手札及詩曲稿合册不分卷**　(清)舒位(清)王良士撰並書　民國上海有正書局影印本　一册

330000－1704－0006689　010725　集部/別集類

**鄭叔問先生尺牘一卷**　鄭文焯撰並書　民國十年(1921)上海震亞圖書局影印本　一册

330000－1704－0006692　010746　集部/別集類

**栩園叢稿初編五卷二編五卷**　陳栩撰　周之盛輯　民國家庭工業社香雪樓鉛印本　十册

330000－1704－0006693　010544　類叢部/叢書類/家集之屬

**顧氏家集十種**　顧燮光編　民國十八年(1929)會稽顧氏金佳石好樓鉛印本暨石印本　一册　存一種

330000－1704－0006695　010545　集部/別集類

**夏元成先生遺集一卷**　夏善吉撰　民國三年(1914)鉛印本　一册

330000－1704－0006696　010843　集部/總集類

**林居士楊烈婦哀輓合録一卷**　民國九年(1920)弘文印刷公司鉛印本　一册

330000－1704－0006699　010844　史部/傳記類/別傳之屬/事狀

**[楊嘉]哀輓録一卷**　民國石印本　一册

330000－1704－0006702　010755　子部/藝術類/書畫之屬/法帖

**張猛龍碑集聯不分卷**　孟錫玨輯　民國九年(1920)石印本　林損題記　一册

330000－1704－0006704　010845　集部/總集類/酬唱之屬

**永嘉湯壁垣先生辛未七秩倡和集一卷**　谷懷等輯　民國二十一年(1932)鉛印本　湯壁垣題記　一冊

330000－1704－0006705　010546　類叢部/叢書類/自著之屬

**宗敬堂叢刻**　王履亨撰　民國鉛印本　一冊　存一種

330000－1704－0006708　010474　集部/別集類

**乙丑重編飲冰室文集八十卷**　梁啟超撰　民國十五年(1926)中華書局鉛印本　七十一冊　存七十一卷(一至六十七、七十七至八十)

330000－1704－0006709　010846　史部/傳記類/別傳之屬/事狀

**周六介先生哀挽録不分卷**　周顯謨輯　民國四年(1915)杭州武林印書館鉛印本　一冊

330000－1704－0006710　010547　集部/別集類

**遐庵彙稿第一輯三卷**　葉恭綽撰　民國十九年(1930)鉛印本　四冊

330000－1704－0006711　010847　集部/總集類/酬唱之屬

**卯金壽言録一卷**　劉炳文等輯　民國十一年(1922)溫州務本石印局石印本　一冊

330000－1704－0006712　010703　集部/別集類

**璞廬尺牘四卷續編一卷**　戴炳驄撰　稿本　五冊

330000－1704－0006713　010756　子部/藝術類/遊藝之屬/聯語

**集宋四家詞聯一卷**　林葆恒輯　民國二十五年(1936)刻本　一冊

330000－1704－0006714　010848　史部/傳記類/別傳之屬/事狀

**瑞安繆仲昭先生哀挽録一卷**　繆執中等撰　民國鉛印本　一冊

330000－1704－0006715　010393　集部/別集類

**葉壽桐文鈔一卷**　葉壽桐撰　稿本　一冊

330000－1704－0006716　010849　史部/傳記類/別傳之屬

**姚母高太君哀輓録一卷**　姚光輯　民國十二年(1923)鉛印本　一冊

330000－1704－0006717　010689　集部/別集類/清別集

**李文忠公尺牘不分卷**　(清)李鴻章撰　民國五年(1916)合肥李氏石印本　三十二冊

330000－1704－0006718　010850　史部/傳記類/別傳之屬/事狀

**介山先生哀輓録一卷**　祝君尭編　民國鉛印本　一冊

330000－1704－0006729　010550　集部/別集類

**博望樓文鈔二卷**　貝充撰　民國二十九年(1940)鉛印本　一冊

330000－1704－0006730　010851　類叢部/叢書類/家集之屬

**潛江曠氏叢書**　民國十八年(1929)曠氏鉛印本　一冊　存一種

330000－1704－0006733　010852　史部/傳記類/別傳之屬/事狀

**高節孝李太夫人哀思録一卷**　高夔輯　民國十八年(1929)、十九年(1930)上海聚珍仿宋印書局鉛印本　一冊　存一卷(二)

330000－1704－0006735　010553　集部/總集類/酬唱之屬

**滄海贈言集一卷**　袁之球撰　民國鉛印本　一冊

330000－1704－0006738　010554　子部/藝術類/書畫之屬/法帖

**明代名賢手札一卷**　(明)文徵明等書　民國上海有正書局影印本　一冊

330000－1704－0006740　010854　集部/總

集類/郡邑之屬
**奉嘗集一卷** 梅雨清輯 民國三十八年(1949)溫州圖書館抄本 梅冷生跋 一冊

330000－1704－0006742 010855 史部/傳記類/別傳之屬/事狀
**鄭母鄧太夫人哀啟一卷** 鄭閎達述并書 稿本 一冊

330000－1704－0006743 010555 子部/藝術類/書畫之屬/法帖
**董香光手札墨跡一卷** (明)董其昌書 民國六年(1917)上海有正書局影印本 一冊

330000－1704－0006746 010856 史部/傳記類/別傳之屬/事狀
**瑞安項微塵先生德配黃夫人六十徵文啟一卷** 項驤撰 民國二十六年(1937)鉛印本 一冊

330000－1704－0006748 010556 集部/別集類
**黛吟樓詩稿一卷詞稿一卷文稿一卷** 溫倩華撰 **哀輓集一卷** 民國十年(1921)鉛印本 一冊

330000－1704－0006750 010558 集部/別集類
**詩廬詩鈔一卷文鈔一卷** 胡朝梁撰 **附録一卷** 嚴復等撰 民國十二年(1923)鉛印本 一冊

330000－1704－0006751 010559 集部/別集類
**微尚齋雜文六卷** 汪兆鏞撰 民國三十一年(1942)汪氏鉛印本 一冊

330000－1704－0006752 010560 集部/別集類
**觀所尚齋文存七卷觀所尚齋詩存二卷補遺一卷** 夏孫桐撰 民國鉛印本 一冊 存四卷(一至四)

330000－1704－0006753 010758 子部/藝術類/遊藝之屬/聯語
**楹聯彙編八卷** (清)王縈商輯 民國八年(1919)石印本 一冊

330000－1704－0006754 010561 集部/別集類
**海芥集二卷甕葉集一卷劫餘枯禪偈一卷** 王熾昌撰 民國十九年(1930)鉛印本 二冊

330000－1704－0006760 010762 子部/藝術類/遊藝之屬/謎語
**文虎一卷** 戴炳驄輯 稿本 一冊

330000－1704－0006761 010763 子部/藝術類/遊藝之屬/聯語
**璞廬楹聯一卷楹聯録存一卷** 戴炳驄撰 民國稿本 二冊

330000－1704－0006762 010562 集部/別集類
**芬陀利館瓿稿五卷** 周大封撰 民國八年(1919)鉛印本 一冊 存二卷(富春三日遊記、問瀨集)

330000－1704－0006764 010563 集部/別集類
**知學軒浪墨二卷** 金一衡撰 民國鉛印本 一冊

330000－1704－0006765 010564 集部/別集類
**濂希遺書四卷** 柯岷撰 民國十四年(1925)鉛印本 一冊

330000－1704－0006767 010565 集部/別集類
**吳白屋先生遺書二十卷** 吳芳吉撰 吳宓編訂 **附録一卷** 周光午編 民國二十三年(1934)長沙周光午刻本 六冊

330000－1704－0006773 010567 史部/地理類/遊記之屬/紀勝
**游廬山記一卷游廬山詩一卷** 黃侃撰 民國油印本 一冊

330000－1704－0006775 010568 集部/別集類
**珠巖齋文初編九卷** 王宇高撰 民國二十五

年(1936)鉛印本　一冊　存五卷(一至五)

330000－1704－0006777　010857　集部/總集類/酬唱之屬

**壽言鈔一卷悼亡集一卷**　項葆楨輯　民國抄本　二冊

330000－1704－0006778　010858　史部/傳記類/别傳之屬/事狀

**孫母哀啟一卷**　孫量撰　民國二十三年(1934)鉛印本　一冊

330000－1704－0006779　010859　史部/傳記類/别傳之屬/事狀

**姚雁秋先生哀啟一卷**　姚琮等撰　民國二十三年(1934)鉛印本　一冊

330000－1704－0006782　010862　史部/傳記類/别傳之屬/事狀

**怙德録一卷**　黄任恒編　民國八年(1919)保粹堂刻本　一冊

330000－1704－0006783　010863　集部/總集類/酬唱之屬

**嘯園六秩壽言録一卷**　盧芬編　民國三十一年(1942)樂清鉛石印刷所鉛印本　一冊

330000－1704－0006784　010864　集部/總集類/酬唱之屬

**先君周甲壽言録一卷**　張組成輯　民國抄本　一冊

330000－1704－0006786　010866　集部/總集類

**厄閏集一卷**　黄光輯　民國四年(1915)溫州雲鮮印書館石印本　一冊

330000－1704－0006787　010572　集部/總集類/尺牘之屬

**古今尺牘大觀上編不分卷**　姚漢章　張相纂輯　民國八年(1919)上海中華書局鉛印本　十二冊

330000－1704－0006788　010573　集部/總集類/尺牘之屬

**古今尺牘大觀中編不分卷**　姚漢章　何實睿纂輯　民國八年(1919)上海中華書局鉛印本　十二冊

330000－1704－0006789　010574　集部/總集類/尺牘之屬

**古今尺牘大觀下編不分卷**　鍾毓龍　朱用賓纂輯　民國十二年(1923)上海中華書局鉛印本　十六冊

330000－1704－0006791　010271　集部/别集類/清别集

**鎔經室集四卷**　(清)張濬撰　民國六年(1917)鉛印本　二冊

330000－1704－0006793　010867　集部/别集類

**寄心瑣語一卷**　余其鏘撰　民國七年(1918)鉛印本　一冊

330000－1704－0006798　010868　集部/總集類/酬唱之屬

**徵蘭吟一卷**　王濟等撰　民國十五年(1926)聚珍倣宋印書局鉛印本　一冊

330000－1704－0006799　010273　集部/别集類/清别集

**怡雲山館駢體文二卷**　(清)繆德棻撰　民國十八年(1929)鉛印本　一冊

330000－1704－0006800　010274　集部/别集類

**身章藁草四卷**　趙曾望撰　民國二十九年(1940)石印本　四冊

330000－1704－0006801　010275　集部/别集類/清别集

**浮碧山館駢文二卷**　(清)馮可鏞撰　民國六年(1917)寧波鈞和公司鉛印本　一冊

330000－1704－0006805　010764　子部/藝術類/遊藝之屬/聯語

**挽聯彙選四卷**　戴炳驄輯　民國抄本　四冊

330000－1704－0006806　010580　集部/總集類/尺牘之屬

**淡遠樓存牋甲集一卷乙集一卷**　費師洪輯

民國二十四年(1935)南通費氏影印本　二册

330000－1704－0006811　010276　集部/别集類

**虚齋文集八卷**　陳榮昌撰　民國刻本　八册

330000－1704－0006812　010872　史部/傳記類/别傳之屬

**鏡臺餘韻不分卷**　王俟編　民國二十二年(1933)鉛印本　一册

330000－1704－0006813　010929　集部/别集類

**六十生日自述詩一卷**　吴進思撰　民國鉛印本　王理孚批　一册

330000－1704－0006815　010277　集部/别集類/清别集

**秋蟪吟館詩鈔六卷來雲閣詞鈔一卷文鈔一卷**　(清)金和撰　民國三年(1914)上元金氏鉛印本　三册　存四卷(二、五至六,詞鈔)

330000－1704－0006816　010873　集部/總集類/題詠之屬

**繡餘展卷録題詩一卷**　民國抄本　一册

330000－1704－0006817　010977　集部/詞類/詞話之屬

**花間寱夢詞記一卷**　謝重開撰　民國二十三年(1934)上海喜怒用功社鉛印本　一册

330000－1704－0006819　010978　集部/詞類/詞譜之屬

**白香詞譜箋四卷**　(清)舒夢蘭輯　(清)謝朝徵箋　民國四年(1915)上海掃葉山房石印本　四册

330000－1704－0006820　010874　集部/總集類/酬唱之屬

**寶筵酬唱集一卷**　董慶恩輯　民國十年(1921)溫州務本石印局石印本　葛天民題記　一册

330000－1704－0006821　010279　集部/别集類

**味靜齋文存二卷文存續選二卷詩存十六卷**　徐嘉撰　民國二十年至二十一年(1931－1932)上海中華書局鉛印本　八册

330000－1704－0006823　010979　集部/詞類/詞譜之屬

**詞律二十卷**　(清)萬樹輯　**詞律拾遺八卷**　(清)徐本立纂　**詞律補遺一卷**　(清)杜文瀾編　民國石印本　十二册

330000－1704－0006828　010766　子部/藝術類/遊藝之屬/聯語

**璞廬楹聯續編一卷**　戴炳驄撰　民國二十四年(1935)稿本　一册

330000－1704－0006829　010980　集部/詞類/詞譜之屬

**詞律二十卷**　(清)萬樹輯　民國五年(1916)江左書林石印本　十册

330000－1704－0006830　010876　集部/總集類/酬唱之屬

**貞壽録四卷**　王詠簧　王亦聆輯　民國八年(1919)溫州美成和石印本　一册

330000－1704－0006831　010981　集部/詞類/類編之屬

**詞學全書五種**　(清)查繼超等輯　民國五年(1916)木石居石印本　八册

330000－1704－0006834　010878　集部/總集類/酬唱之屬

**永嘉黄禹平先生五十生日述懷唱和集一卷**　黄拯民輯　民國二十八年(1939)鉛印本　一册

330000－1704－0006838　010766－1　子部/藝術類/遊藝之屬/聯語

**璞廬楹聯續編一卷**　戴炳驄撰　民國二十四年(1935)稿本　一册

330000－1704－0006839　010983　集部/總集類/課藝之屬

**惜陰書院西齋課藝賦鈔讀本不分卷**　張棡輯　稿本　二册

330000－1704－0006840　010984　集部/别

集類

**曲園四書文不分卷**　(清)俞樾撰　民國張棡抄本　一冊

330000－1704－0006845　010985　集部/別集類

**紫滄課塾初稿不分卷**　(清)段廣瀛撰　民國張棡抄本　二冊

330000－1704－0006847　010937　集部/總集類/選集之屬/斷代

**藏園老人七秩壽言專刊□□卷**　郭則澐等撰　民國雅言社鉛印本　一冊　存一卷(十)

330000－1704－0006848　010986　集部/總集類/尺牘之屬

**交際大全不分卷**　廣文書局編輯所編　民國九年(1920)上海廣文書局石印本　一冊

330000－1704－0006850　010881　集部/總集類/題詠之屬

**吳孝女記一卷**　戴軍厚輯　民國六年(1917)鉛印本　一冊

330000－1704－0006853　010991　集部/詞類/詞話之屬

**樂府指迷箋釋一卷附録一卷**　(宋)沈義父撰　蔡嵩雲箋釋　民國三十七年(1948)上海中華書局鉛印本　一冊

330000－1704－0006854　011063　集部/詞類/類編之屬

**彊村叢書一百七十八種**　朱祖謀輯並撰校記　民國六年(1917)歸安朱氏刻十一年(1922)校補印本　一冊　存一種

330000－1704－0006855　010882　集部/總集類/酬唱之屬

**漱石生六十唱和集一卷**　孫玉聲輯　民國十二年(1923)鉛印本　一冊

330000－1704－0006858　010883　史部/傳記類/別傳之屬/事狀

**貴陽陳庸菴尚書七袠壽言不分卷**　陳昌豫輯　民國十五年(1926)鉛印本　四冊

330000－1704－0006863　010884　集部/別集類

**貞孝先生遺墨五卷**　吳受福撰　民國二十二年(1933)檇李郭氏刻本　二冊

330000－1704－0006866　010994　集部/詞類/總集之屬

**宋詞賞心録一卷**　(清)端木埰輯　民國二十三年(1934)上海開明書店影印本　一冊

330000－1704－0006868　010995　集部/詞類/總集之屬

**全唐詞選二卷**　民國八年(1919)上海掃葉山房石印本　二冊

330000－1704－0006869　010996　類叢部/叢書類/彙編之屬

**四部備要**　中華書局編　民國二十五年(1936)上海中華書局鉛印本(原缺經義考卷二百八十六、二百九十九至三百,東塾讀書記十三至十四、十七至二十、二十二至二十五)　一冊　存一種

330000－1704－0006872　010997　集部/詞類/總集之屬

**花間集十卷**　(五代)趙崇祚輯　民國十年(1921)上海掃葉山房石印本　一冊

330000－1704－0006873　011067　集部/詞類/總集之屬

**甌社詞鈔二卷**　陳閎慧編　民國十年(1921)溫州同文印書館鉛印本　一冊

330000－1704－0006874　010998　集部/詞類/總集之屬

**花間集十卷**　(五代)趙崇祚輯　民國五年(1916)文藝雜志社石印本　一冊

330000－1704－0006875　010768　史部/傳記類/別傳之屬/事狀

**張氏旌節録不分卷**　張懷德輯　民國九年(1920)張懷德刻本　一冊

330000－1704－0006876　011069　集部/詞類/總集之屬

**蓼辛詞一卷外集一卷**　石凌漢等撰　民國二

十年(1931)刻本　一册

330000－1704－0006877　010999　集部/詞類/總集之屬
**絕妙好詞箋七卷**　(宋)周密輯　(清)查為仁　(清)厲鶚箋　**續鈔二卷**　(清)余集輯　(清)徐楙補録　民國上海掃葉山房石印本　四册

330000－1704－0006879　011070　集部/詞類/別集之屬
**淮海詞箋注六卷**　(宋)秦觀撰　王輝曾箋注　民國二十三年(1934)文化學社鉛印本　一册

330000－1704－0006881　010769　史部/傳記類/別傳之屬/事狀
**張以柏封翁暨德配王太夫人七秩雙慶壽言一卷張封翁以柏公榮哀録一卷暄初先生六十壽言一卷暄廬家訓一卷**　張載陽輯　民國二十二年(1933)、十三年(1924)、十三年至十九年(1924－1930)新昌張九如堂鉛印本　五册

330000－1704－0006883　011001　集部/詞類/總集之屬
**秘本蘇黄詞鈔二卷**　(宋)蘇軾　(宋)黄庭堅撰　民國上海中華圖書館石印本　一册

330000－1704－0006885　011002　集部/詞類/總集之屬
**古今詞選十二卷**　(清)沈時棟選　民國三年(1914)掃葉山房石印本　六册

330000－1704－0006888　010888　集部/總集類/氏族之屬
**桐照林氏歷代壽考文詩彙録二卷首一卷**　林時霝輯　民國鉛印本　一册

330000－1704－0006896　010890　子部/藝術類/遊藝之屬/聯語
**鄉先哲聯語彙録一卷**　民國戴炳驄抄本　一册

330000－1704－0006901　010891　類叢部/類書類/通類之屬
**雲林別墅新輯酬世錦囊初集八卷二集七卷三集二卷四集二卷**　(清)鄒景揚輯　民國十一年(1922)上海普益書局石印本　六册

330000－1704－0006902　011006　集部/詞類/總集之屬
**詞品甲一卷乙一卷**　歐陽漸輯　民國二十二年(1933)、三十一年(1942)支那内學院刻本　二册

330000－1704－0006909　011009　集部/詞類/詞話之屬
**清詞玉屑十二卷**　郭則澐輯　民國二十五年(1936)蟄園刻本　六册

330000－1704－0006912　010894　集部/總集類/酬唱之屬
**芷龕五十唱和集一卷**　鍾益芳輯　民國石印本　一册

330000－1704－0006913　011011　集部/詞類/詞譜之屬
**白香詞譜一卷晚翠軒詞韻一卷**　(清)舒夢蘭撰　民國元年(1912)振始堂石印本　四册

330000－1704－0006915　011012　集部/詞類/總集之屬
**花草粹編十二卷**　(明)陳耀文輯　**樂府指迷一卷**　(宋)沈義父撰　民國二十二年(1933)國學圖書館影印本　十二册

330000－1704－0006919　011014　集部/總集類/課藝之屬
**山左校士録律賦一卷**　張桐輯　民國張桐抄本　一册

330000－1704－0006922　010895　集部/總集類/酬唱之屬
**周甲贈言録一卷**　鄭奠輯　民國六年(1917)溫州務本局石印本　一册

330000－1704－0006923　010896　集部/總集類/酬唱之屬
**永嘉葉墨卿先生乙亥八觴倡和詩一卷**　郭敦崇等輯　**榴蔭山房印譜一卷**　葉鴻翰篆　民國二十三年(1934)榴蔭山房石印本　一册

330000－1704－0006924　010897　集部/總集類

**味經堂壽言録一卷　味經堂詩草一卷**　葉鈖撰　民國十七年(1928)瑞安廣大印刷社石印本　一冊

330000－1704－0006926　011010　集部/詞類/詞話之屬

**詞話叢編六十種**　唐圭璋編　民國二十三年(1934)鉛印本　十五冊　存四十種

330000－1704－0006927　010283　集部/別集類/清別集

**王蘇州遺書十二卷首一卷**　(清)王仁堪撰　王孝繩編輯　民國二十二年(1933)鉛印本　六冊

330000－1704－0006930　011083　集部/詞類/別集之屬

**味閒堂詞鈔一卷**　(清)陶然撰　民國十八年(1929)中華書局鉛印本　銕道人跋　一冊

330000－1704－0006934　010284　集部/別集類/清別集

**金粟齋遺集八卷首一卷附録一卷**　(清)蒯光典撰　民國十八年(1929)蒯壽樞等江寧刻本　四冊

330000－1704－0006936　011030　集部/詞類/總集之屬

**唐五代詞選三卷**　(清)成肇麐輯　民國上海涵芬樓鉛印本　一冊

330000－1704－0006937　010285　集部/別集類

**李剛己先生遺集五卷**　李剛己撰　**附録一卷**　(清)李葆光輯　民國六年(1917)南宮李氏都門刻本　四冊

330000－1704－0006940　010770　史部/傳記類/別傳之屬/事狀

**章安濟南林貞女六十壽言録一卷**　孫宣撰　民國十三年(1924)瑞安廣益石印本　一冊

330000－1704－0006942　010771　子部/藝術類/遊藝之屬/聯語

**對聯雜記不分卷**　王鴻年撰　稿本　一冊

330000－1704－0006943　011087　集部/詞類/別集之屬

**須曼那館詞草一卷**　(清)潘其祝撰　民國抄本　一冊

330000－1704－0006945　011089　集部/總集類/酬唱之屬

**城東唱和詞一卷**　吳昌綬　張祖廉撰　民國十五年(1926)張祖廉刻朱印本　一冊

330000－1704－0006946　011090　類叢部/叢書類/家集之屬

**雙硯齋叢書六種**　鄧邦述編　民國江寧鄧氏刻本　一冊　存一種

330000－1704－0006947　011091　集部/詞類/類編之屬

**彊村叢書一百七十八種**　朱祖謀輯並撰校記　民國六年(1917)歸安朱氏刻十一年(1922)校補印本　一冊　存一種

330000－1704－0006948　011092　集部/詞類/類編之屬

**彊村叢書一百七十八種**　朱祖謀輯並撰校記　民國六年(1917)歸安朱氏刻十一年(1922)校補印本　一冊　存二種

330000－1704－0006952　010287　集部/別集類/清別集

**賀先生文集四卷書牘二卷**　(清)賀濤撰　徐世昌編　民國三年(1914)、九年(1920)徐世昌京師刻本　五冊

330000－1704－0006953　010288　集部/別集類/清別集

**素心簃集四卷詩集二卷補遺一卷**　(清)顧蓮撰　高燮輯　民國二年(1913)金山高氏寒隱草堂刻八年(1919)補刻本　三冊

330000－1704－0006955　010967　集部/詞類/總集之屬

**御選歷代詩餘一百二十卷**　(清)聖祖玄燁定　(清)沈辰垣等輯　民國上海蟫隱廬影印本　四十八冊

330000－1704－0006965　011096　集部/詞類/別集之屬

**吴夢窗詞正集箋釋四卷補箋一卷事蹟攷一卷**　(宋)吳文英撰　楊鐵夫箋釋　民國二十五年(1936)抱香室鉛印本　二册

330000－1704－0006966　010902　史部/傳記類/別傳之屬/事狀

**師母高太夫人六十晉六壽言一卷**　師嵐峰輯　民國八年(1919)鉛印本　一册

330000－1704－0006967　010903　集部/總集類/酬唱之屬

**齊太翁孟芳先生六旬晉六壽言録十三卷首一卷**　齊太和堂編　民國十一年(1922)上海聚珍倣宋印書局鉛印本　十册

330000－1704－0006969　011097　類叢部/叢書類/彙編之屬

**中國學院國學系叢書**　民國刻本　一册　存一種

330000－1704－0006972　011020　集部/詞類/類編之屬

**彊村叢書一百七十八種**　朱祖謀輯並撰校記　民國六年(1917)歸安朱氏刻十一年(1922)校補印本　一册　存二種

330000－1704－0006976　010904　集部/別集類

**疊葹閣閨幽集四卷**　劉錫麟輯　民國五年(1916)溫州務本石印局石印本　一册

330000－1704－0006978　011099　集部/詞類/別集之屬

**東坡樂府三卷**　(宋)蘇軾撰　民國抄本　三册

330000－1704－0006982　010968　集部/詞類/詞話之屬

**白雨齋詞話八卷**　(清)陳廷焯撰　王敓湘評點　民國十八年(1929)石印本　四册

330000－1704－0006983　011100　集部/詞類/別集之屬

**淮海居士長短句三卷**　(宋)秦觀撰　民國十九年(1930)北平故宮博物院圖書館影印本　一册

330000－1704－0006984　011101　集部/詞類/別集之屬

**淮海居士長短句三卷**　(宋)秦觀撰　民國十九年(1930)番禺葉恭綽據宋本影印本　一册

330000－1704－0006985　010905　集部/別集類

**臥廬七十自序一卷**　池志澂撰　民國十二年(1923)石印本　一册

330000－1704－0006986　010906　集部/別集類

**甲申年五旬述懷四十四首一卷**　宋慈褎撰　民國三十三年(1944)油印本　一册

330000－1704－0006989　010774　子部/藝術類/遊藝之屬/聯語

**悔晦堂對聯話十四卷**　吳恭亨撰　民國十年(1921)長縣對門鴻飛印刷局鉛印本　四册

330000－1704－0006990　010908　史部/傳記類/別傳之屬/事狀

**楊味雲先生八秩壽言彙録不分卷**　王祖聰輯　民國三十八年(1949)鉛印本　一册

330000－1704－0006994　011021　集部/詞類/別集之屬

**斷腸詞一卷**　(宋)朱淑真撰　民國影印本　一册

330000－1704－0006995　010801　集部/總集類/課藝之屬

**時文課藝二卷**　張棡輯　民國抄本　二册

330000－1704－0006996　011022　集部/詞類/總集之屬

**南唐二主詞箋一卷**　(五代)李璟　(五代)李煜撰　(清)劉繼增校箋　**南唐二主詞補遺一卷**　(清)劉繼增校補　民國七年(1918)無錫縣公立圖書館鉛印本　一册

330000－1704－0007008　010777　子部/儒家類/儒學之屬/禮教

**翌室録感一卷** （清）李顒撰　民國十一年（1922）邵顯石印本　一冊

330000－1704－0007010　011203　集部/詞類/别集之屬

**鲟隱詞鈔一卷** 高德馨撰　民國二十四年（1935）鉛印本　一冊

330000－1704－0007011　010778　子部/藝術類/遊藝之屬/聯語

**西湖楹聯四卷** 民國十年（1921）杭州德記書局石印本　一冊

330000－1704－0007012　011307　集部/詞類/别集之屬

**中興鼓吹三卷** 盧前撰　民國二十七年（1938）獨立出版社鉛印本　虞寬題記　一冊

330000－1704－0007014　011025　集部/詞類/總集之屬

**唐宋詞選不分卷** 汪東輯　民國國立中央大學鉛印本　一冊

330000－1704－0007016　010779　子部/藝術類/遊藝之屬/聯語

**璞廬楹聯待芟草一卷** 戴炳驄撰　民國二十三年（1934）稿本　一冊

330000－1704－0007017　011309　集部/詞類/别集之屬

**遐翁詞贅稿一卷** 葉恭綽撰　民國三十二年（1943）鉛印本　一冊

330000－1704－0007020　010970　集部/詞類/詞話之屬

**詞話彙刊六種附一種** 嵇錦楓輯　民國十六年（1927）蘇州中報館鉛印本　二冊　存一種

330000－1704－0007022　011107　集部/詞類/别集之屬

**玉琴齋詞不分卷** （清）余懷撰　民國十七年（1928）國學圖書館影印本　四冊

330000－1704－0007023　011108　集部/詞類/别集之屬

**鏗爾詞二卷** （清）彭貞隱撰　民國平湖葛昌楣蘐華館刻本　一冊

330000－1704－0007025　011310　集部/曲類/散曲之屬

**曲雅一卷** 盧前輯　**論曲絶句一卷** 盧前撰　民國二十四年（1935）上海開明書店鉛印本　一冊

330000－1704－0007028　011311　集部/曲類/曲選之屬

**北曲拾遺一卷** （明）□□撰　民國二十四年（1935）商務印書館鉛印本　一冊

330000－1704－0007029　011110　集部/詞類/别集之屬

**柯家山館詞三卷** （清）嚴元照撰　民國抄本　一冊

330000－1704－0007030　011204　集部/詞類/别集之屬

**秀道人修梅清課一卷** 況周頤撰　民國九年（1920）鉛印本　一冊

330000－1704－0007031　010971　集部/詞類/詞話之屬

**詞話叢鈔十種** 況周頤輯　王文濡增補　民國十年（1921）上海大東書局石印本　四冊

330000－1704－0007032　011036　集部/曲類/曲韻曲譜曲律之屬

**與衆曲譜八卷** 王季烈輯　高步雲正拍　民國合笙曲社石印本　八冊

330000－1704－0007036　011038　集部/詞類/總集之屬

**合肥詞鈔四卷補遺一卷** 李國模輯　民國十九年（1930）宜城鉛印本　四冊

330000－1704－0007038　010972　集部/詞類/總集之屬

**歷朝名人詞選十三卷** （清）夏秉衡輯　民國十二年（1923）上海掃葉山房石印本　五冊　存十一卷（一至十一）

330000－1704－0007039　010781　子部/藝術類/遊藝之屬/聯語

**臥廬聯彙一卷**　池志澂撰　戴炳驄輯　稿本　一冊

330000－1704－0007040　010973　集部/詞類/總集之屬

**唐宋諸賢絶妙詞選三卷**　（宋）黄昇輯　民國十一年（1922）羅振常據羅莊影宋抄本影印本　三冊

330000－1704－0007041　011039　集部/詞類/總集之屬

**衆香詞六卷**　（清）徐樹敏　（清）錢岳輯　民國二十三年（1934）上海大東書局影印本　六冊

330000－1704－0007042　011313　集部/詞類/别集之屬

**寸灰詞一卷**　宣哲撰　民國三十三年（1944）法喜龕刻本　一冊

330000－1704－0007043　011314　集部/曲類/曲評曲話曲目之屬

**詞餘講義十二章**　吴梅撰　民國十二年（1923）北京大學出版部鉛印本　一冊

330000－1704－0007047　011207　類叢部/叢書類/彙編之屬

**墨巢叢刻**　李宣龔輯　民國鉛印本　一冊　存一種

330000－1704－0007048　011208　集部/詞類/别集之屬

**雙辛夷樓詞一卷**　（清）李宗禕撰　**花影吹笙室詞一卷**　（清）李慎溶撰　民國九年（1920）鉛印本　一冊

330000－1704－0007049　010974　集部/詞類/詞譜之屬

**周詞訂律十卷補遺二卷**　楊易霖撰　民國二十六年（1937）開明書店鉛印本　四冊

330000－1704－0007051　010783　子部/藝術類/遊藝之屬/詩鐘

**恢廬詩鐘一卷**　民國石印本　一冊

330000－1704－0007055　011315　集部/詞類/别集之屬

**量守廬詞鈔一卷**　黄侃撰　民國三十四年（1945）鉛印本　一冊

330000－1704－0007056　011117　集部/詞類/别集之屬

**憶雲詞甲稾一卷乙稾一卷丙稾一卷丁稾一卷刪存一卷**　（清）項廷紀撰　民國影印本　一冊

330000－1704－0007057　011316　集部/曲類/曲評曲話曲目之屬

**曲品二卷**　（明）吕天成撰　**傳奇品二卷**　（清）高奕撰　民國十一年（1922）北京大學出版部鉛印本　一冊

330000－1704－0007059　011317　集部/詞類/别集之屬

**鞠謻詞二卷**　仇埰撰　民國三十六年（1947）鉛印本　一冊

330000－1704－0007060　011119　集部/詞類/别集之屬

**清談詞一卷**　余瀾撰　民國抄本　一冊

330000－1704－0007061　011120　集部/詞類/總集之屬

**詞選并襍俎一卷**　民國抄本　一冊

330000－1704－0007062　011318　集部/詞類/别集之屬

**遐菴詞甲稿一卷**　葉恭綽撰　民國三十二年（1943）鉛印本　一冊

330000－1704－0007063　011319　集部/詞類/别集之屬

**趣園詩餘六卷**　汪曾武撰　**漱紅館詞賸一卷**　吴慶雲撰　民國三十年（1941）鉛印本　一冊

330000－1704－0007065　011321　集部/詞類/别集之屬

**艮廬詞一卷續集一卷外集一卷自述詩一卷**　張茂炯撰　民國二十三年（1934）石印本　宋廣寄題記　二冊

330000－1704－0007066　010975　集部/詞類/總集之屬

**花菴絶妙詞選十卷**　(宋)黄昇輯　民國八年(1919)上海掃葉山房石印本　四册

330000－1704－0007068　011322　集部/詞類/别集之屬

**悔龕詞一卷詞續一卷觀所尚齋文存補遺一卷**　夏孫桐撰　民國十五年(1926)鉛印本　一册

330000－1704－0007069　010976　集部/詞類/詞話之屬

**詞林紀事二十二卷**　(清)張宗橚撰　**樂府指迷一卷**　(宋)張炎撰　**詞旨一卷**　(宋)陸韶撰　**詞韻考畧一卷**　(清)許昂霄撰　民國上海掃葉山房石印本　十二册

330000－1704－0007073　011324　集部/詞類/别集之屬

**黄山樵唱一卷**　朱師轍撰　民國二十一年(1932)燕京刻朱印本　一册

330000－1704－0007082　010788　子部/藝術類/遊藝之屬/聯語

**師竹廬聯話十二卷**　竇鎮編　民國十年(1921)木活字印本　二册

330000－1704－0007084　011325　集部/詞類/别集之屬

**香宋詞三卷**　趙熙撰　民國六年(1917)霜甘小閣成都刻本　一册

330000－1704－0007085　011404　集部/曲類/寶卷之屬

**新刻説唱金鳳寶卷前本二卷河南開封府花枷良願龍圖寶卷全集二卷**　民國六年(1917)石印本　一册

330000－1704－0007086　011405　集部/曲類/寶卷之屬

**新刻洛陽橋寶卷全集一卷**　民國十七年(1928)上海宏大善書局石印本　一册

330000－1704－0007088　011326　集部/别集類

**青蕤盦詞四卷詩四卷**　蔣兆蘭撰　民國二十八年(1939)金陵刻藍印本　任援道題記　二册　存四卷(詞一至四)

330000－1704－0007089　010784　子部/藝術類/遊藝之屬/聯語

**補學齋聯彙一卷**　胡調元撰　戴炳驄輯　稿本　一册

330000－1704－0007091　011406　集部/曲類/寶卷之屬

**杏花寶卷一卷**　民國王天成石印本　一册

330000－1704－0007092　011327　集部/詞類/别集之屬

**玨庵詞(玨庵詞初集)二卷**　壽鑈撰　民國刻朱印本　一册

330000－1704－0007095　010792　子部/藝術類/遊藝之屬/聯語

**聯語雜録一卷**　金炳南撰　民國二十一年(1932)甌城張大順石印本　一册

330000－1704－0007096　011040　集部/詞類/總集之屬

**近人詞録二卷**　雷瑨輯　民國四年(1915)上海掃葉山房石印本　一册

330000－1704－0007097　011041　集部/詞類/詞話之屬

**無師自通填詞百法二卷**　顧憲融撰　民國十八年(1929)上海崇新書局鉛印本　二册

330000－1704－0007098　011042　集部/詞類/總集之屬

**庚子秋詞二卷**　(清)王鵬運等撰　民國上海有正書局石印本　二册

330000－1704－0007099　011329　集部/詞類/别集之屬

**無隅詞一卷**　方爾謙撰　**無争詞一卷**　方爾成撰　民國抄本　一册

330000－1704－0007100　011330、011331　集部/戲劇類/總集之屬/傳奇

**暖紅室彙刻傳奇**　劉世珩編　民國八年

(1919)貴池劉氏暖紅室刻本　三冊　存二種

330000－1704－0007101　011043　類叢部/叢書類/彙編之屬

**百尺樓叢書五種**　陳去病編　民國四年(1915)陳去病鉛印本　八冊

330000－1704－0007103　011045　集部/詞類/詞話之屬

**詞源二卷**　(宋)張炎編　民國十四年(1925)國立北京大學出版部鉛印本　一冊

330000－1704－0007105　011047　集部/詞類/總集之屬

**清十一家詞鈔十一卷**　王煜編註　民國三十六年(1947)正中書局鉛印本　一冊

330000－1704－0007109　011051　集部/總集類

**番禺葉氏遐庵叢書□□種**　葉恭綽輯　民國番禺葉氏影印本暨鉛印本　四冊　存一種

330000－1704－0007112　011053　集部/詞類/總集之屬

**午社詞七集**　午社輯　民國鉛印本　一冊

330000－1704－0007113　011054　集部/詞類/總集之屬

**漚社詞鈔二十卷附和作一卷**　朱孝臧等撰　民國二十二年(1933)鉛印本　一冊

330000－1704－0007114　011055　集部/總集類/彙編之屬

**潛社彙刊二十集**　吳梅編　民國二十五年(1936)鉛印本　一冊

330000－1704－0007116　011056　集部/詞類/總集之屬

**六一消夏詞十八卷附和作一卷**　鄧邦述編　民國十八年(1929)石印本　一冊

330000－1704－0007117　011408　集部/曲類/彈詞之屬

**二十五史彈詞輯註十二卷歷代帝皇真像一卷**　(明)楊慎編　(清)孫德威輯註　楊達奇增訂　民國七年(1918)上海碧梧山莊石印本　一冊

330000－1704－0007119　010794　子部/藝術類/遊藝之屬/聯語

**吳氏聯語四種合刻**　吳仲遙編　民國二十三年(1934)鉛印本　一冊

330000－1704－0007123　011058　集部/詞類/總集之屬

**銷魂詞一卷**　畢振達輯　民國三年(1914)上海夏星雜誌社鉛印本　一冊

330000－1704－0007124　010793　子部/藝術類/遊藝之屬/聯語

**澹廬楹語一卷**　徐鋆撰　民國二十年(1931)鉛印本　一冊

330000－1704－0007125　011059　集部/詞類/總集之屬

**煙沽漁唱七卷**　郭則澐輯　民國二十二年(1933)天津須社鉛印本　二冊　存三卷(一至三)

330000－1704－0007126　010795　類叢部/叢書類/自著之屬

**悔晦堂叢書□□種**　吳恭亨撰　民國鉛印本　一冊　存一種

330000－1704－0007128　011332　集部/詞類/別集之屬

**寄榆詞一卷**　魏棫撰　民國二十六年(1937)剡溪濟美堂袁氏刻本　一冊

330000－1704－0007137　011062　集部/詞類/總集之屬

**閩詞徵六卷**　林葆恆輯　民國二十年(1931)林氏刻本　六冊

330000－1704－0007140　010798　子部/藝術類/遊藝之屬/聯語

**顛石寄廬聯文一卷**　王濬章撰　民國二十五年(1936)蜀西華陽融園春曉樓鉛印本　一冊

330000－1704－0007141　011280　集部/戲劇類/雜劇之屬

**梁祝怨雜劇四折附南北曲散套一卷**　常任俠

撰　民國二十四年(1935)鉛印本　張棡題記　一册

330000－1704－0007143　011372　集部/戲劇類/傳奇之屬

**梅花夢傳奇二卷**　(清)陳森撰　民國十年(1921)據清道光稿本影印本　二册

330000－1704－0007145　011281　集部/戲劇類/傳奇之屬

**陳眉公批評琵琶記四卷**　(元)高明撰　(明)陳繼儒評　民國十八年(1929)上海掃葉山房石印本　四册

330000－1704－0007146　011212　集部/詞類/别集之屬

**湘雨樓詞五卷詩二卷**　(清)張祖同撰　民國十年(1921)、十四年(1925)刻本　六册　缺一卷(詞五)

330000－1704－0007148　011213　集部/詞類/别集之屬

**拙廬詞草四卷**　徐致章撰　民國十三年(1924)鉛印本　二册

330000－1704－0007149　011282　集部/曲類/散曲之屬

**醜齋樂府一卷**　(元)鍾嗣成撰　任訥　盧前輯　**小隱餘音一卷**　(元)汪元亨撰　民國三十年(1941)商務印書館鉛印本　一册

330000－1704－0007160　011215　集部/詞類/别集之屬

**蘉紅詞一卷**　宋伯魯撰　民國三年(1914)海棠仙館鉛印本　婕□題簽　一册

330000－1704－0007161　011438　集部/曲類

**新曲苑三十四種附一種**　任訥編　民國二十九年(1940)上海中華書局鉛印本　十二册

330000－1704－0007162　011415　子部/藝術類/書畫之屬

**鄭板橋道情詞墨蹟一卷**　(清)鄭燮書　民國八年(1919)上海有正書局石印本　一册

330000－1704－0007163　010799　子部/藝術類/遊藝之屬/聯語

**璞廬楹聯録存一卷**　戴炳驄撰　稿本　一册

330000－1704－0007165　011440　集部/戲劇類/總集之屬/雜劇

**元明雜劇二十七種**　(明)□□輯　民國十八年(1929)南京國學圖書館影印本　六册

330000－1704－0007167　011216　集部/詞類/别集之屬

**半舫齋詩餘(丙子冬迄庚辰春)一卷**　廖恩燾撰　民國二十八年(1939)鉛印本　一册

330000－1704－0007169　011217　集部/詞類/别集之屬

**摩西詞一卷**　黄人撰　民國九年(1920)鉛印本　一册

330000－1704－0007171　011218　集部/詞類/總集之屬

**樂府補題後集甲編一卷**　徐致章等撰　民國十一年(1922)白雪詞社刻朱印本　一册

330000－1704－0007173　011284　集部/戲劇類/傳奇之屬

**批點燕子箋記二卷四十二齣**　(清)阮大鋮撰　民國六年(1917)上海掃葉山房石印本　一册

330000－1704－0007174　011219　集部/詞類/别集之屬

**南華詞存前集二卷中集二卷**　(清)王鴻年撰　民國十七年(1928)、十九年(1930)鉛印本　二册

330000－1704－0007175　011220　集部/别集類

**龐檗子遺集二卷(玉琤瑽館詞一卷龍禪室詩一卷)**　龐樹柏撰　民國六年(1917)鉛印本　一册

330000－1704－0007176　011416　集部/曲類

**雙緣配一卷**　民國抄本　一册

330000－1704－0007182　011287　集部/曲類/散曲之屬

**飲虹樂府九卷**　盧前撰　民國三十七年(1948)刻本　沈泯題記　四冊

330000－1704－0007183　011379　集部/別集類/清別集

**春吟回文一卷**　(清)李暘撰　民國掃葉山房石印本　一冊

330000－1704－0007186　011418　集部/曲類

**木皮鼓詞一卷**　(明)賈應寵撰　(明)之眾山人輯注　民國十四年(1925)沔陽盧氏慎始基齋刻朱印本　一冊

330000－1704－0007191　011289　集部/曲類/散曲之屬

**小疏小令二卷**　盧前撰　民國成都黃氏茹古堂刻本　一冊

330000－1704－0007192　011222　類叢部/叢書類

**小紅雨樓叢刊**　民國十八年(1929)香山徐氏刻本　一冊　存一種

330000－1704－0007194　011290　集部/詞類/別集之屬

**東江別集五卷集外詩一卷**　(清)沈謙撰　民國八年(1919)上海聚珍倣宋印書局鉛印本　一冊

330000－1704－0007195　011151　集部/詞類/別集之屬

**無長物齋詞存五卷**　劉炳照撰　民國四年(1915)刻本　一冊

330000－1704－0007196　011291　集部/戲劇類/傳奇之屬

**重校埋劒記二卷三十六齣**　(明)沈璟撰　民國十九年(1930)國立北平圖書館據明萬曆金陵陳氏繼志齋刻本影印本　二冊

330000－1704－0007197　011223　集部/詞類/別集之屬

**海綃詞一卷**　陳洵撰　民國十二年(1923)鉛印本　一冊

330000－1704－0007202　011292　集部/曲類

**元劇聯套述例一卷**　蔡瑩撰　民國二十二年(1933)上海商務印書館鉛印本　一冊

330000－1704－0007204　011225　集部/詞類/別集之屬

**廣詠梅詞一卷**　林鵾翔撰　民國鉛印本　一冊

330000－1704－0007205　011154　集部/詞類/別集之屬

**半篋秋詞一卷**　(清)張祥齡撰　民國三年(1914)石印本　二冊

330000－1704－0007206　011226　集部/詞類/別集之屬

**半櫻詞二卷**　林鵾翔撰　民國十六年(1927)鉛印本　一冊

330000－1704－0007207　011384　集部/戲劇類/傳奇之屬

**紅樓真夢傳奇八折**　郭則澐填曲　王季烈製譜　民國三十一年(1942)石印本　一冊

330000－1704－0007208　011227　集部/詞類/別集之屬

**半櫻詞續二卷**　林鵾翔撰　民國鉛印本　一冊

330000－1704－0007210　011228　集部/詞類/別集之屬

**半櫻詞續二卷**　林鵾翔撰　民國鉛印本　一冊

330000－1704－0007214　011230　集部/詞類/別集之屬

**彊邨語業二卷**　朱祖謀撰　民國十三年(1924)歸安朱氏託鵑樓刻本　一冊

330000－1704－0007215　011385　集部/曲類/散曲之屬

**楊升庵夫婦散曲八卷**　任訥編　民國十八年(1929)上海商務印書館鉛印本　一冊

330000－1704－0007217　011231　集部/詞類/別集之屬

**抱香詞一卷**　楊鐵夫撰　民國鉛印本　一冊

330000－1704－0007218　011232　集部/詞類/別集之屬

**小甌波館詞鈔一卷**　趙藩撰　民國三十二年(1943)刻本　一冊

330000－1704－0007221　011386　集部/曲類/散曲之屬

**楊升庵夫婦散曲八卷**　任訥編　民國十八年(1929)上海商務印書館鉛印本　一冊

330000－1704－0007222　011387　集部/戲劇類/傳奇之屬

**滄桑豔二卷**　丁傳靖填詞　游毅之論文　石淩漢正拍　民國三年(1914)掃葉山房石印本　二冊

330000－1704－0007224　011157　集部/詞類/別集之屬

**東坡樂府箋三卷**　(宋)蘇軾撰　朱祖謀編年圈點　龍沐勛校箋　民國二十五年(1936)上海商務印書館鉛印本　二冊

330000－1704－0007225　011297　集部/別集類

**徵聲集一卷**　羅振常撰　**初日樓稿一卷**　羅莊撰　民國十年(1921)上虞羅氏蟫隱廬鉛印本　一冊

330000－1704－0007228　011158　集部/詞類/別集之屬

**稼軒長短句十二卷補遺一卷**　(宋)辛棄疾撰　**校記一卷**　林大椿校　民國十八年(1929)上海商務印書館鉛印本　四冊

330000－1704－0007229　011389　集部/曲類/曲韻曲譜曲律之屬

**販馬記曲本一卷**　沈衡逸藏　民國三十一年(1942)影印本　一冊

330000－1704－0007231　011390　集部/戲劇類/總集之屬/傳奇

**十二家評點李笠翁十種曲**　(清)李漁編　民國七年(1918)上海朝記書莊石印本　九冊　存九種

330000－1704－0007232　011160　集部/詞類/別集之屬

**遺山先生新樂府四卷**　(金)元好問撰　民國三年(1914)上海掃葉山房石印本　一冊　存二卷(一至二)

330000－1704－0007233　011161　集部/詞類/別集之屬

**小山詞一卷**　(宋)晏幾道撰　**小山詞校記一卷**　林大椿撰　民國二十三年(1934)上海商務印書館鉛印本　一冊

330000－1704－0007234　011391　集部/戲劇類/總集之屬/傳奇

**十二家評點李笠翁十種曲**　(清)李漁編　民國七年(1918)上海朝記書莊石印本　五冊　存五種

330000－1704－0007235　011162　集部/詞類/總集之屬

**和清真詞二卷**　(宋)楊澤民　(宋)方千里撰　民國十七年(1928)上海商務印書館鉛印本　一冊

330000－1704－0007236　011392　集部/戲劇類/總集之屬/傳奇

**玉生香傳奇四種曲**　民國八年(1919)碧梧山莊石印本　二冊

330000－1704－0007237　011163　集部/別集類/清別集

**庚戌春闈紀事詩一卷癸丑鎖闈日記一卷花間笛譜一卷**　(清)潘曾瑩撰　民國二十九年(1940)潘氏影印本　一冊

330000－1704－0007238　011442　集部/戲劇類/傳奇之屬

**六十種曲一百二十卷**　(明)毛晉編　民國二十四年(1935)上海開明書店鉛印本　六十冊

330000－1704－0007241　011298　集部/戲劇類/總集之屬/傳奇

**暖紅室彙刻傳奇**　劉世珩編　民國八年

(1919)貴池劉氏暖紅室刻本　二册　存一種

330000－1704－0007244　011299　集部/詞類/別集之屬

**雲淙琴趣三卷**　邵章撰　民國十九年(1930)邵氏倬盦刻二十四年(1935)增修本　一册

330000－1704－0007245　011382　集部/戲劇類/傳奇之屬

**梨花雪十二折**　(清)徐鄂撰　民國抄本　二册　缺四折(一至四)

330000－1704－0007247　011236　集部/詞類/別集之屬

**夜珠詞一卷**　茅於美撰　民國三十三年至三十四年(1944－1945)石印本暨鉛印本　一册

330000－1704－0007248　011237　集部/詞類/別集之屬

**大厂詞藁一卷**　易孺撰　民國二十四年(1935)上海商務印書館石印本　一册

330000－1704－0007249　011238　集部/詞類/別集之屬

**聯珠集一卷**　吳湖帆集句　民國三十七年(1948)吳氏梅景書屋鉛印本　吳湖帆題簽　一册

330000－1704－0007251　011240　集部/詞類/別集之屬

**落葉樓詞稿一卷**　朱震生撰　民國二十九年(1940)鉛印本　徐玄題簽　一册

330000－1704－0007256　011395　集部/戲劇類/雜劇之屬

**霜厓三劇**　吳梅撰　民國二十二年(1933)刻本　二册

330000－1704－0007257　011397　類叢部/叢書類/自著之屬

**勴堂遺書八種**　民國八年至十九年(1919－1930)會稽顧氏鉛印本　一册　存一種

330000－1704－0007258　011302　集部/戲劇類/雜劇之屬

**小三吾亭外集**　冒廣生撰　民國二十三年(1934)鉛印本　一册　存二種

330000－1704－0007260　011169　集部/詞類/別集之屬

**鷗影詞鈔六卷**　(清)言家駒撰　民國二年(1913)常熟言氏鉛印本　一册

330000－1704－0007261　011396　集部/曲類/曲韻曲譜曲律之屬

**元詞斠律四卷**　王玉章撰　民國二十五年(1936)上海商務印書館鉛印本　三册

330000－1704－0007264　011398　集部/曲類/散曲之屬

**梨雲寄傲一卷**　(明)陳鐸撰　民國二十五年(1936)金陵盧氏刻飲虹簃所刻曲朱印本　一册

330000－1704－0007265　011171　集部/詞類/別集之屬

**靈鶼蒲桃鏡館詞一卷**　(清)譚恩闓撰　民國十九年(1930)鉛印本　一册

330000－1704－0007266　011399　集部/詞類/別集之屬

**東江別集五卷集外詩一卷**　(清)沈謙撰　民國上海聚珍倣宋印書局鉛印本　一册

330000－1704－0007268　011304　集部/曲類/曲韻曲譜曲律之屬

**琵琶記曲譜十二齣**　(元)高明撰　民國十年(1921)上海朝記書莊石印本　八册

330000－1704－0007271　011305　子部/宗教類/佛教之屬/諸宗

**異方便淨土傳燈歸元鏡三祖實録二卷**　(清)釋智達拈頌　(清)釋德日閲録　民國三年(1914)上海有正書局影印本　一册

330000－1704－0007273　011172　集部/詞類/別集之屬

**蜀雅十二卷別集二卷**　周岸登撰　民國二十年(1931)上海中華書局鉛印本　二册

330000－1704－0007274　011241　集部/詞類/別集之屬

**莽廬詞稿一卷**　吳漢聲撰　民國十九年(1930)上海華豐印刷鑄字所鉛印本　一冊

330000－1704－0007276　011443　集部/戲劇類/雜劇之屬

**孤本元明雜劇**　上海涵芬樓輯　民國三十年(1941)上海涵芬樓鉛印本　三十二冊

330000－1704－0007279　011428　集部/詞類/類編之屬

**百家詞**　(明)吳訥輯　林堅之重編　民國二十五年(1936)鉛印本　八冊　存八十七種

330000－1704－0007280　011433　集部/詞類/類編之屬

**滄江樂府七種**　錢溯耆編　民國五年(1916)錢氏聽邠室刻本　二冊

330000－1704－0007286　011178　集部/詞類/別集之屬

**香雪盦詞賸一卷**　程松生撰　民國二年(1913)鉛印本　一冊

330000－1704－0007288　011436　集部/曲類

**曲苑十四種三十一卷**　陳乃乾輯　民國十年(1921)海寧陳氏影印本　十冊

330000－1704－0007291　011437　集部/戲劇類/總集之屬

**奢摩他室曲叢**　吳梅輯　民國十七年(1928)上海商務印書館影印本暨鉛印本　二十四冊

330000－1704－0007294　011429　集部/詞類/類編之屬

**宋名家詞**　(明)毛晉編　民國十年(1921)上海博古齋據明崇禎毛氏汲古閣刻本影印本　三十二冊

330000－1704－0007296　011476　子部/藝術類/書畫之屬/畫録

**秘殿珠林二十四卷**　(清)張照等輯　民國上海有正書局石印本　七冊　缺三卷(十八至二十)

330000－1704－0007297　011476－1　子部/藝術類/書畫之屬/畫録

**秘殿珠林二十四卷**　(清)張照等輯　民國上海有正書局石印本　一冊　存三卷(十五至十七)

330000－1704－0007298　011477　子部/藝術類/書畫之屬/題跋

**書畫跋跋三卷續三卷**　(明)孫鑛撰　(明)孫宗濂　(明)孫宗溥編　民國八年(1919)上海大東書局石印本　四冊

330000－1704－0007300　011186　集部/詞類/別集之屬

**昔夢詞一卷**　(清)王慶昌撰　民國十七年(1928)上海王氏鉛印本　一冊

330000－1704－0007303　011306　集部/曲類/散曲之屬

**散曲叢刊十五種**　任訥輯　民國二十年(1931)上海中華書局鉛印本　十二冊　存五種

330000－1704－0007304　011336－011354　集部/戲劇類/總集之屬/傳奇

**暖紅室彙刻傳奇**　劉世珩編　民國八年(1919)貴池劉氏暖紅室刻本　四十四冊　存十九種

330000－1704－0007309　011189　集部/詞類/別集之屬

**雙清詞草一卷**　廖仲愷撰　民國十七年(1928)開明書店影印本　一冊

330000－1704－0007310　011430　集部/詞類/類編之屬

**彊村叢書一百七十八種**　朱祖謀輯並撰校記　民國六年(1917)歸安朱氏刻十一年(1922)校補印本　四十冊

330000－1704－0007311　011478　子部/藝術類/書畫之屬/總論

**過雲樓續書畫記四卷**　顧麟士輯　民國鉛印本　一冊

330000－1704－0007312　011190　集部/詞類/別集之屬

**緜同館詞一卷**　(清)楊調元撰　民國三年(1914)木活字印本　一册

330000－1704－0007313　011357　集部/戲劇類/傳奇之屬

**幻緣記傳奇二卷**　碧嶢山人撰　民國鉛印本　一册

330000－1704－0007315　011475　集部/戲劇類

**紹興文戲龍鳳鎖三集**　民國三十年(1941)抄本　一册

330000－1704－0007318　011358　集部/戲劇類/傳奇之屬

**姽嫿封傳奇一卷**　(清)六笙彤壽按拍　(清)楊恩壽填詞　魏士曾評點　**桂枝香一卷**　(清)吹簫竹笙人正譜　(清)篴道人填詞　(清)慧道人題評　民國石印本　一册

330000－1704－0007320　011242　集部/詞類/别集之屬

**天人合評吹萬樓詞一卷**　高燮撰　民國三十四年(1945)道德書局鉛印本　一册

330000－1704－0007324　011507　子部/藝術類/書畫之屬/總論

**江村銷夏録三卷**　(清)高士奇撰　民國上海有正書局影印本　三册

330000－1704－0007328　011243　集部/詞類/别集之屬

**雙樹居詞二卷**　楊鐵夫撰　民國鉛印本　一册

330000－1704－0007332　011246　集部/曲類/曲評曲話曲目之屬

**螾廬曲談四卷**　王季烈撰　民國十七年(1928)上海商務印書館石印本　二册

330000－1704－0007333　011247　集部/曲類/散曲之屬

**曲雅一卷**　盧前輯　**論曲絶句一卷**　盧前撰　民國二十年(1931)上海開明書店影印本　一册

330000－1704－0007334　011248　集部/曲類/曲選之屬

**元曲别裁集二卷**　盧前編　民國十七年(1928)上海開明書店鉛印本　一册

330000－1704－0007335　011509－1　子部/藝術類/書畫之屬/畫録

**虚齋名畫續録四卷補遺一卷**　龐元濟撰　民國十三年(1924)吳興龐氏刻十四年(1925)補刻本　四册

330000－1704－0007336　011444　集部/别集類

**愜園文鈔二卷詩鈔一卷**　王式一撰　民國二十四年(1935)鉛印本　二册

330000－1704－0007337　011506　子部/藝術類/書畫之屬/總論

**式古堂書畫彙考六十卷目録四卷首二卷**　(清)卞永譽撰　民國十年(1921)鑑古書社影印本　五十四册　缺十一卷(書考一、四至五、七、十三至十四、二十二至二十三,畫考九至十、二十七)

330000－1704－0007340　011510　史部/目録類/總録之屬/私撰

**萬木草堂藏畫目一卷**　康有為撰　民國七年(1918)上海長興書局石印本　一册

330000－1704－0007341　011511　子部/藝術類/書畫之屬/畫法畫品

**畫法要録二編十卷首一卷末一卷初編補遺一卷**　余紹宋撰　民國二十四年(1935)上海中華書局鉛印本　四册

330000－1704－0007344　011446　集部/别集類/清别集

**欠泉庵文集二卷**　(清)周煥樞撰　民國刻本　二册

330000－1704－0007345　011255　集部/詞類/别集之屬

**歗盦詞甲乙丙丁藁四卷附詞拾一卷**　夏仁虎撰　民國二年(1913)刻九年(1920)補刻本　二册

330000－1704－0007346　011250　集部/詞類/別集之屬

**柯亭長短句三卷附詞論一卷**　蔡嵩雲撰　民國三十七年(1948)上海中華書局鉛印本　一冊

330000－1704－0007347　011251　類叢部/叢書類

**袛海樓叢刻**　民國鉛印本　一冊　存一種

330000－1704－0007348　011503　類叢部/叢書類/彙編之屬

**燕京大學圖書館叢書**　燕京大學圖書館編　民國北平燕京大學圖書館鉛印本暨影印本　一冊　存一種

330000－1704－0007350　011513　類叢部/叢書類/自著之屬

**義州李氏叢刻七種**　李葆恂撰　民國五年(1916)李放京師刻本　一冊　存二種

330000－1704－0007356　011363　集部/戲劇類/雜劇之屬

**逍遙巾一卷附贈答詩一卷**　(清)湯貽汾撰　(清)聽雲居士　(清)茗山老人評點　黃憲臣加評　民國二十五年(1936)南京褱社影印本　一冊

330000－1704－0007359　011249　集部/曲類/曲選之屬

**元曲別裁集二卷**　盧前編　民國十七年(1928)上海開明書店鉛印本　濱俠儂題記　一冊

330000－1704－0007360　011515　子部/藝術類/書畫之屬/總論

**壯陶閣書畫録二十二卷附録一卷**　裴景福撰　民國二十六年(1937)上海中華書局鉛印本　二十二冊

330000－1704－0007362　011516　史部/目録類/專録之屬

**書畫書録解題十二卷**　余紹宋撰　民國二十一年(1932)國立北平圖書館鉛印本　六冊

330000－1704－0007369　011517　子部/藝術類/書畫之屬/總論

**内務部古物陳列所書畫目録十四卷附三卷補遺二卷**　何煜纂　謝剛國　吳瀛編　民國十四年(1925)北京京華印書局鉛印本　十冊

330000－1704－0007370　011518　子部/藝術類/書畫之屬/總論

**盛京故宮書畫録不分卷**　金梁編　民國十三年(1924)鉛印本　八冊

330000－1704－0007371　011368　集部/戲劇類/傳奇之屬

**蝴蝶夢傳奇二卷**　(明)非我道人(陳一球)編　(清)丹丘道人次　(清)鍾伯敬批評　民國永嘉黃氏敬鄉樓抄本　一冊

330000－1704－0007372　011545　史部/傳記類/總傳之屬

**玉臺畫史五卷**　(清)湯漱玉輯　**玉臺書史一卷**　(清)厲鶚撰　民國八年(1919)上海掃葉山房石印本　四冊

330000－1704－0007375　011546　子部/藝術類/書畫之屬/畫録

**清朝畫徵録三卷明人附録一卷續録二卷浦山論畫一卷**　(清)張庚撰　**清朝畫徵三録一卷**　(清)張寅撰　民國上海朝記書莊鉛印本　二冊

330000－1704－0007376　011520　史部/傳記類/總傳之屬/技藝

**清代畫史增編三十七卷補編一卷**　盛鏞輯　民國上海有正書局鉛印本　六冊

330000－1704－0007377　011369　集部/戲劇類/傳奇之屬

**衝冠怒傳奇殘稿一卷**　章鴻賓撰　民國九年(1920)鉛印本　一冊

330000－1704－0007378　011547　子部/藝術類/書畫之屬/總論

**甌鉢羅室書畫過目攷四卷首一卷附卷一卷**　(清)李玉棻輯　民國上海朝記書莊鉛印本　四冊

330000－1704－0007380　011487　子部/藝

術類/書畫之屬/總論

**歷代書畫舫十二卷** （明）張丑撰 民國十五年(1926)上海錦文堂石印本 八冊

330000－1704－0007382 011521 史部/傳記類/總傳之屬/技藝

**歷代畫史彙傳二十四卷首一卷附録一卷** （清）彭蘊璨編 民國九年(1920)上海掃葉山房石印本 十二冊

330000－1704－0007383 011252 集部/曲類/曲韻曲譜曲律之屬

**集成曲譜金集八卷聲集八卷玉集八卷振集八卷** 王季烈 劉富樑輯 民國十四年(1925)上海商務印書館石印本 三十二冊

330000－1704－0007384 011488 子部/藝術類/書畫之屬/總論

**畫禪室隨筆四卷** （明）董其昌撰 民國七年(1918)上海掃葉山房石印本 三冊

330000－1704－0007385 011253 集部/戲劇類/傳奇之屬

**琵琶記四卷附録一卷** （元）高明撰 民國蟫隱廬影印本 四冊

330000－1704－0007386 011548 子部/藝術類/書畫之屬/總論

**寒松閣談藝瑣録六卷** （清）張鳴珂撰 民國二十五年(1936)上海文明書局鉛印本 一冊

330000－1704－0007388 011490 子部/雜著類/雜品之屬

**新增格古要論十三卷** （明）曹昭撰 （明）王佐校增 民國上海自強書局石印本 八冊

330000－1704－0007390 011522 子部/藝術類/書畫之屬/畫法畫品

**畫學心印八卷桐陰論畫初編二卷二編二卷三編二卷畫訣二卷附録一卷** （清）秦祖永評輯 民國十四年(1925)上海掃葉山房石印本 八冊

330000－1704－0007392 011550 子部/藝術類/書畫之屬/畫録

**練水畫徵録一卷續録一卷補録一卷** （清）程庭鷺輯 民國二十八年(1939)練西黄氏試金石室鉛印本 一冊

330000－1704－0007394 011450－1 集部/別集類/清別集

**研經堂文集□□卷** （清）周灝撰 民國十四年(1925)永嘉黄氏敬鄉樓抄本 楊紹廉題記 一冊 存一卷(一)

330000－1704－0007397 011481 子部/藝術類/書畫之屬/題跋

**葉蓉樓所藏書畫題跋一卷** 楊紹廉 張棡輯 稿本 梅冷生題簽 一冊

330000－1704－0007402 011493 史部/目録類/專録之屬

**參加倫敦中國藝術國際展覽會出品目録四卷** 倫敦中國藝術國際展覽會籌備委員會編 民國二十四年(1935)鉛印本 一冊

330000－1704－0007403 011524 史部/傳記類/總傳之屬/技藝

**國朝畫識十七卷** （清）馮金伯纂輯 民國三十年(1941)上海中華書局鉛印本 四冊

330000－1704－0007404 011552 子部/藝術類/書畫之屬/畫法畫品

**畫梅辯難初編四卷二編四卷三編四卷** 傅崇黻撰 傅煥等記述 民國三年(1914)興業印書局、四年(1915)武林印書館、八年(1919)武林印書館鉛印本 三冊

330000－1704－0007405 011492 史部/傳記類/總傳之屬/技藝

**中國藝術家徵略五卷** 李放編 民國四年(1915)析津李氏墨幢精舍鉛印本 二冊

330000－1704－0007406 011525 史部/傳記類/總傳之屬/技藝

**清朝書畫家筆録四卷** 竇鎮輯 民國十二年(1923)朝記書莊鉛印本 四冊

330000－1704－0007410 011494 史部/政書類/公牘檔冊之屬

**徵求東甌書畫名家事略啟一卷** 李翹撰 民國抄本 一冊

330000－1704－0007411　011528　子部/藝術類/書畫之屬

**圖畫見聞誌六卷**　(宋)郭若虚撰　民國上海埽葉山房影印本　六册

330000－1704－0007414　011529　史部/傳記類/總傳之屬/技藝

**墨林今話十八卷**　(清)蔣寶龄撰　**續編一卷**　(清)蔣茝生撰　民國十四年(1925)上海中華書局鉛印本　六册

330000－1704－0007416　011474　子部/藝術類

**美術叢書初集二集三集二百三十種**　鄧實輯　民國十七年(1928)上海神州國光社鉛印本　一百二十册

330000－1704－0007418　011554　類叢部/叢書類/彙編之屬

**江氏聚珍版叢書四集二十八種**　江杏溪輯　民國十三年(1924)蘇州文學山房木活字印本　四册

330000－1704－0007419　011530　史部/傳記類/總傳之屬/技藝

**墨林今話十八卷**　(清)蔣寶龄撰　**續編一卷**　(清)蔣茝生撰　民國十四年(1925)上海埽葉山房石印本　六册

330000－1704－0007421　011531　子部/藝術類/書畫之屬/畫法畫品

**畫學心印八卷桐陰論畫初編二卷二編二卷三編二卷畫訣二卷附録一卷**　(清)秦祖永評輯　民國七年(1918)上海埽葉山房石印本　八册

330000－1704－0007423　011555　類叢部/叢書類/自著之屬

**野棠軒全集五種**　奭良撰　民國十八年(1929)吉林奭氏刻本暨鉛印本　五册

330000－1704－0007424　011556　集部/别集類

**觀堂遺墨二卷**　王國維撰　陳乃乾輯　民國十九年(1930)海寧陳氏影印本　二册

330000－1704－0007429　011583　子部/藝術類/書畫之屬/書法書品

**筆法探微一卷附録一卷**　徐謙撰　民國二十年(1931)上海會文堂新記書局石印本　沈儀彬題記　一册

330000－1704－0007436　011559　子部/藝術類/書畫之屬/總論

**佩文齋書畫譜一百卷**　(清)孫岳頒等輯　民國八年(1919)上海掃葉山房石印本　三十二册

330000－1704－0007437　011584　子部/藝術類/書畫之屬/書法書品

**書法秘訣一卷**　(清)□□撰　**書法輯要一卷**　文成郁輯　民國二十三年(1934)南京無錫錫成印刷公司鉛印本　一册

330000－1704－0007438　011560　子部/藝術類/書畫之屬/書法書品

**清人書評一卷附録二卷**　王潛剛撰　民國石印本　一册

330000－1704－0007440　011585　子部/藝術類/書畫之屬/法帖

**御刻三希堂石渠寶笈法帖不分卷**　(清)梁詩正等輯　**御刻三希堂石渠寶笈續法帖不分卷**　(清)蔣溥等輯　民國二十四年(1935)文盛堂書局影印本　三十六册

330000－1704－0007441　011458　集部/别集類/清别集

**珠樹堂集不分卷**　(清)王祚昌撰　民國永嘉黄氏敬鄉樓抄本　楊紹廉題簽　一册

330000－1704－0007443　011586　子部/藝術類/書畫之屬/法帖

**明拓漢隸四種不分卷**　民國八年(1919)上海有正書局影印本　一册

330000－1704－0007444　011587　史部/金石類/石之屬/文字

**泰山秦篆二十九字南宋精拓本一卷附魯孝王石刻一卷**　民國七年(1918)上海有正書局石印本　一册

330000－1704－0007445　011459　集部/別集類/清別集

**匊庵文選不分卷**　(清)李象坤撰　韓秋巖選　民國永嘉黃氏敬鄉樓抄本　四册

330000－1704－0007446　011561　子部/藝術類/書畫之屬/書法書品

**書法津梁四卷**　(清)包世臣撰　民國十二年(1923)上海三益書局石印本　四册

330000－1704－0007448　011562　史部/傳記類/總傳之屬/技藝

**書林紀事四卷**　馬宗霍撰　民國二十四年(1935)上海商務印書館鉛印本　一册

330000－1704－0007449　011588　子部/藝術類/書畫之屬/法帖

**漢泰山都尉孔君碑一卷**　民國上海有正書局影印本　一册

330000－1704－0007450　011589　史部/金石類/金之屬/文字

**秦漢金篆八種放大本不分卷**　民國九年(1920)上海有正書局石印本　林損跋　一册

330000－1704－0007451　011563　子部/藝術類/書畫之屬

**書林藻鑑十二卷**　馬宗霍輯　民國二十四年(1935)上海商務印書館鉛印本　四册

330000－1704－0007452　011590　史部/金石類/金之屬/文字

**精拓散氏盤銘放大本一卷**　民國十一年(1922)上海有正書局影印本　林損題記　一册

330000－1704－0007454　011591　史部/金石類/金之屬/文字

**精拓盂鼎放大本一卷**　民國七年(1918)上海有正書局影印本　一册

330000－1704－0007458　011592　史部/金石類/金之屬/文字

**精拓毛公鼎放大本一卷附釋文一卷**　民國十一年(1922)上海有正書局石印本　林損題記　一册

330000－1704－0007460　012862　類叢部/叢書類/自著之屬

**關氏嗣守齋叢書**　關文瑛撰　民國鉛印本　二册　存一種

330000－1704－0007461　011593　子部/藝術類/書畫之屬/書法書品

**書法指南二卷**　王鼎撰　民國十年(1921)莫釐涵青山房石印本　二册

330000－1704－0007464　011537　子部/藝術類/書畫之屬

**清畫傳輯佚三種附引得不分卷**　洪業輯校　民國二十三年(1934)哈佛燕京學社鉛印本　一册

330000－1704－0007465　011538　子部/藝術類/書畫之屬/畫録

**海鹽畫史一卷**　朱端纂　民國二十五年(1936)幽芳簃鉛印本　一册

330000－1704－0007467　011539　子部/藝術類/書畫之屬

**嶺南畫徵略十二卷補遺一卷**　汪兆鏞撰　民國番禺汪氏鉛印本　二册

330000－1704－0007468　011594　子部/藝術類/篆刻之屬/印論

**續三十五舉一卷**　(清)黃子高撰　民國六年(1917)商務印書館石印本　一册

330000－1704－0007469　011464　集部/別集類/清別集

**范伯子文集十二卷**　(清)范當世撰　民國十八年(1929)鉛印本　二册

330000－1704－0007470　011566　子部/雜著類

**留雲齋集四卷**　雲鶴山人撰　民國九年(1920)鉛印本　一册　存二卷(一至二)

330000－1704－0007471　011595　子部/藝術類/遊藝之屬/聯語

**集殷虚文字楹帖不分卷**　羅振玉輯　民國十年(1921)上虞羅氏貽安堂影印本　一册

330000－1704－0007472　011540　類叢部/叢書類/彙編之屬
**遯盦叢編甲集四種乙集七種**　吳隱編　民國二年至五年(1913－1916)西泠印社木活字印本　三冊　存一種

330000－1704－0007473　011541　史部/傳記類/總傳之屬/技藝
**當湖歷代畫人傳九卷補遺一卷**　孫振麟撰　民國二十四年(1935)當湖孫氏雪映廬武林刻本　二冊

330000－1704－0007479　011597　子部/藝術類/書畫之屬/法帖
**六朝墓誌菁華四集不分卷**　上海有正書局輯　民國上海有正書局影印本　十六冊

330000－1704－0007480　011543　史部/傳記類/總傳之屬/技藝
**歷代寫生人名録不分卷**　民國稿本　一冊

330000－1704－0007482　011568　子部/藝術類/書畫之屬/書法書品
**廣藝舟雙楫三卷**　康祖詒(康有為)撰　民國抄本　一冊

330000－1704－0007484　011599　史部/金石類/石之屬/文字
**東海廟殘碑一卷**　民國上海有正書局影印本　一冊

330000－1704－0007485　011600　史部/金石類/石之屬/文字
**大代華岳廟碑不分卷**　民國九年(1920)上海有正書局影印本　一冊

330000－1704－0007486　011603　史部/金石類/石之屬/文字
**黄小松藏漢碑五種**　(清)黄易藏　民國上海有正書局影印本　五冊

330000－1704－0007487　011601　子部/藝術類/書畫之屬/法帖
**宋拓孔宙碑不分卷**　民國上海有正書局影印本　一冊

330000－1704－0007488　011569　子部/藝術類/書畫之屬/書法書品
**書學源流論不分卷**　張宗祥撰　民國十年(1921)上海聚珍倣宋印書局鉛印本　洪彥遠題記　一冊

330000－1704－0007489　011602　子部/藝術類/書畫之屬/書法書品
**漢碑範八卷**　張祖翼選臨　民國三年(1914)上海文明書局石印本　二冊

330000－1704－0007490　011634　子部/藝術類/書畫之屬/法帖
**宋拓河南本十七帖不分卷**　(晉)王羲之書　民國七年(1918)上海有正書局影印本　一冊

330000－1704－0007491　011636　子部/藝術類/書畫之屬/法帖
**初拓書譜一卷**　(唐)孫過庭撰並書　民國十年(1921)上海有正書局影印本　一冊

330000－1704－0007493　011570　子部/藝術類/篆刻之屬/印論
**篆法點畫辨訣一卷**　(清)鞠履厚輯　民國石印本　一冊

330000－1704－0007495　011571　子部/藝術類/書畫之屬/書法書品
**鮮盦先生廣藝舟雙楫評論一卷**　(清)黄紹箕撰　民國抄本　一冊

330000－1704－0007496　011638　子部/藝術類/書畫之屬/法帖
**右軍書範一卷**　(晉)王羲之書　民國十六年(1927)上海商務印書館影印本　一冊

330000－1704－0007497　011604　史部/金石類/石之屬/文字
**魏齊造像二十品不分卷**　(清)沈樹鏞藏　(清)趙之謙選定　民國有正書局影印本　一冊

330000－1704－0007500　011606　子部/工藝類/日用器物之屬/陶瓷
**匋齋藏明拓漢孔季將碑陰不分卷**　(清)端方藏　民國有正書局影印本　一冊

330000－1704－0007501　011575　子部/藝術類/書畫之屬/法帖
**御刻三希堂石渠寶笈法帖不分卷**　(清)梁詩正等輯　**御刻三希堂石渠寶笈續法帖不分卷**　(清)蔣溥等輯　民國影印本　三十三冊　缺三冊(二十二、二十六至二十七)

330000－1704－0007502　011640　子部/藝術類/書畫之屬/法帖
**宋拓淳化閣帖祖刻不分卷**　(漢)章帝劉炟等書　民國上海有正書局影印本　二冊

330000－1704－0007503　011607　史部/金石類/石之屬/文字
**峰山碑不分卷**　民國影印本　一冊

330000－1704－0007507　011621　子部/藝術類/書畫之屬/法帖
**宋拓十七帖不分卷**　(晉)王羲之書　民國上海有正書局影印本　一冊

330000－1704－0007508　011622　子部/藝術類/書畫之屬/法帖
**唐李懷琳書絕交書一卷**　(唐)李懷琳書　民國上海有正書局影印本　一冊

330000－1704－0007509　011610　史部/金石類/石之屬/文字
**宋拓石門頌不分卷**　民國影印本　一冊

330000－1704－0007512　011469　集部/別集類/清別集
**石壇山房全集七種十卷**　(清)陳得善撰　民國二十三年(1934)陳慶麒鉛印本　六冊

330000－1704－0007513　011470　集部/別集類/清別集
**覃盦集七卷**　(清)鄧濂撰　諸以仁　宗子戴編　劉亞康書　民國二十四年(1935)石印本　一冊

330000－1704－0007515　011472　集部/別集類/清別集
**花萼樓集六卷**　(清)周天錫撰　(清)周長濬輯　民國抄本　一冊

330000－1704－0007516　011473　集部/別集類/清別集
**匑庵文選不分卷**　(清)李象坤撰　韓秋巖選　民國抄本　十冊

330000－1704－0007517　011612　子部/藝術類/書畫之屬/書法書品
**漢尹宙碑舊拓本不分卷**　秦絅孫藏　民國十二年(1923)上海藝苑真賞社影印本　一冊

330000－1704－0007518　011863　子部/藝術類/書畫之屬/畫録
**邊頤公畫冊一卷**　(清)邊壽民繪　民國影印本　一冊

330000－1704－0007519　011261　集部/詞類/別集之屬
**慮尊詞一卷然脂詞一卷**　陳夔撰　民國十一年(1922)鉛印本　一冊

330000－1704－0007520　011262　集部/曲類/曲韻曲譜曲律之屬
**元詞斠律四卷**　王玉章撰　民國鉛印本　三冊

330000－1704－0007521　011263　集部/詞類/別集之屬
**退想齋詞四卷**　秦望瀾撰　民國鉛印本　一冊

330000－1704－0007522　011264　集部/詞類/類編之屬
**寒杉館叢書**　民國鉛印本　一冊　存一種

330000－1704－0007523　011265　集部/詞類/別集之屬
**悔龕詞一卷**　夏孫桐撰　民國刻朱印本　一冊

330000－1704－0007524　011266　集部/詞類/別集之屬
**柳谿長短句一卷二集一卷**　向迪琮撰　民國十八年(1929)雙流向氏刻本　一冊　缺一卷(二集)

330000－1704－0007525　011267　集部/詞

類/别集之屬

**雲淙琴趣三卷** 邵章撰 民國十九年(1930)邵氏倬盦刻二十四年(1935)增修本 二冊

330000－1704－0007527 011269 集部/詞類/别集之屬

**揚荷集四卷** 邵瑞彭撰 民國十九年(1930)雙玉蟫館刻朱印本 一冊

330000－1704－0007528 011270 集部/詞類/别集之屬

**香蘭詞一卷** 袁毓麐撰 民國二十一年(1932)刻朱印本 一冊

330000－1704－0007529 011271 集部/詞類/别集之屬

**碧雲詞一卷** 董受祺撰 民國十一年(1922)董氏誦芬室刻本 一冊

330000－1704－0007530 011272 集部/詞類/别集之屬

**山禽餘響一卷** 邵瑞彭撰 民國二十五年(1936)壯學堂刻朱印本 邵瑞彭題記 宋慈裒跋 一冊

330000－1704－0007531 011273 集部/詞類/别集之屬

**石蓮闇詞一卷** 吳重憙撰 民國四年(1915)刻本 一冊

330000－1704－0007532 011274 集部/詞類/别集之屬

**叢碧詞二卷** 張伯駒撰 民國刻朱印本 一冊

330000－1704－0007534 011277 集部/戲劇類/總集之屬/雜劇

**元曲大觀三十種** 錦文堂主人輯 民國十年(1921)上海錦文堂書局影印本 五十八冊

330000－1704－0007536 011613－1 子部/藝術類/書畫之屬/法帖

**古鑑閣藏周石鼓文集聯搨本一卷** 秦文錦編集 民國十三年(1924)上海藝苑真賞社影印本 一冊

330000－1704－0007537 011613－2 子部/藝術類/書畫之屬/法帖

**古鑑閣藏漢開母廟集聯拓本一卷** 秦文錦編集 民國十三年(1924)上海藝苑真賞社影印本 一冊

330000－1704－0007538 011613－3 子部/藝術類/書畫之屬/法帖

**古鑑閣藏晉爨寶子集聯拓本一卷** 秦文錦編集 民國十三年(1924)上海藝苑真賞社影印本 一冊

330000－1704－0007540 011864 子部/藝術類/書畫之屬/畫譜

**王一亭畫冊一卷** 王震繪 民國影印本 一冊

330000－1704－0007542 011613－4 子部/藝術類/書畫之屬/法帖

**古鑑閣藏魏鄭義碑集聯拓本一卷** 秦文錦編集 民國十三年(1924)上海藝苑真賞社影印本 一冊

330000－1704－0007543 011624 子部/藝術類/書畫之屬/書法書品

**書法應用四十名家之手跡附編不分卷** 平衡輯 民國萬象圖書館影印本 一冊

330000－1704－0007544 011625 子部/藝術類/書畫之屬/法帖

**舊拓宋靈隱翠微亭題名不分卷** 民國二十五年(1936)上海中華書局影印本 一冊

330000－1704－0007545 011613－5 子部/藝術類/書畫之屬/法帖

**古鑑閣藏爨龍顏碑集聯拓本一卷** 秦文錦編集 民國十三年(1924)上海藝苑真賞社影印本 一冊

330000－1704－0007546 011626 子部/藝術類/書畫之屬/題跋

**新拓趙松雪蕭山大成殿記一卷** (元)張伯淳譔 (元)趙孟頫書 (清)賈仁篆額 民國上海有正書局影印本 一冊

330000－1704－0007547 011627 子部/藝

術類/書畫之屬/法帖

**報翁集錦不分卷**　(清)梅調鼎書　民國影印本　一冊

330000－1704－0007549　012898　類叢部/叢書類/彙編之屬

**古今逸史五十五種二百二十七卷**　(明)吳琯輯　民國二十六年(1937)上海商務印書館據明刻本影印本　五十六冊

330000－1704－0007550　011865　子部/藝術類/書畫之屬/畫譜

**詩品畫譜大觀不分卷**　(清)諸乃方繪　民國十一年(1922)上海啟新書局石印本　二冊

330000－1704－0007552　011614　子部/藝術類/書畫之屬/法帖

**草字彙十二卷附補**　(清)石梁編　民國六年(1917)上海掃葉山房石印本　六冊

330000－1704－0007553　011628　子部/藝術類/書畫之屬/法帖

**宋拓定武蘭亭一卷**　(晉)王羲之書　民國上海有正書局影印本　一冊

330000－1704－0007554　011866　子部/藝術類/書畫之屬/畫譜

**癡洪梅譜不分卷**　洪毅繪　民國二十一年(1932)北京清祕閣、淳菁閣影印本　一冊

330000－1704－0007555　011629　子部/藝術類/遊藝之屬/聯語

**石鼓集聯不分卷**　(清)王同集　民國十二年(1923)仁和王禔石印本　二冊

330000－1704－0007556　011630　子部/藝術類/書畫之屬/法帖

**宋拓皇甫君碑一卷**　(唐)歐陽詢書　民國二十一年(1932)上海商務印書館影印本　一冊

330000－1704－0007558　011615　經部/小學類/文字之屬/字書/字體

**行草大字典十二集**　民國上海有正書局石印本　六冊

330000－1704－0007559　011631　子部/藝術類/書畫之屬/法帖

**褚河南臨蘭亭絹本真蹟一卷**　(晉)王羲之撰　(唐)褚遂良書　民國二十一年(1932)上海商務印書館影印本　一冊

330000－1704－0007560　011867　子部/藝術類/書畫之屬/畫譜

**詩婢家詩牋譜第一集二卷**　鄭伯英編　民國三十二年(1943)成都詩婢家刻彩色套印本　二冊

330000－1704－0007562　011632　子部/藝術類/書畫之屬/法帖

**晉唐帖十一種不分卷**　(清)李宗翰藏　民國十七年(1928)上海商務印書館影印本　一冊

330000－1704－0007567　011673　子部/藝術類/書畫之屬/法帖

**張廉卿書李剛介碑不分卷**　(清)張裕釗撰並書　民國十一年(1922)上海文明書局石印本　清池一鵬題記　一冊

330000－1704－0007568　011869　子部/藝術類/書畫之屬/畫譜

**高昌壁畫菁華一卷**　羅振玉輯　羅福萇譯述　民國五年(1916)上虞羅氏影印本　一冊

330000－1704－0007572　011618　類叢部/叢書類/彙編之屬

**自青樹叢書**　卓定謀輯　民國鉛印本　一冊存一種

330000－1704－0007574　011676　子部/藝術類/書畫之屬/法帖

**明拓賈使君碑不分卷**　民國上海有正書局影印本　一冊

330000－1704－0007578　011675　子部/藝術類/書畫之屬/法帖

**初拓鄭文公碑一卷**　(北魏)鄭道昭書　味道腴齋藏　民國七年(1918)上海有正書局石印本　一冊

330000－1704－0007579　011872　子部/藝術類/書畫之屬/畫録

**仇十洲清明上河圖不分卷**　(明)仇英繪　民

國十三年(1924)無錫理工製版所影印本 一冊

330000－1704－0007581 011641 子部/藝術類/書畫之屬/法帖

**孫虔禮書譜序真蹟不分卷** (唐)孫過庭書 民國二十年(1931)影印本 一冊

330000－1704－0007582 011904 子部/藝術類/書畫之屬/畫譜

**丁悚百美圖外集不分卷** 丁悚繪圖 民國十年(1921)上海交通圖書館石印本 一冊

330000－1704－0007583 011642 子部/藝術類/書畫之屬/法帖

**蘇文忠公行書帖不分卷** (宋)蘇軾書 民國九年(1920)上海有正書局影印本 鄭體乾題記 一冊

330000－1704－0007584 011905 子部/藝術類/書畫之屬/畫録

**明尹埜畫驢卷不分卷** (清)尹埜繪 民國九年(1920)上海神州國光社影印本 一冊

330000－1704－0007585 011873 子部/藝術類/書畫之屬/畫譜

**平泉書屋藏古畫冊不分卷** 民國影印本 一冊

330000－1704－0007586 011643 子部/藝術類/書畫之屬/法帖

**顔魯公叢帖正集不分卷** (唐)顔真卿書 民國上海求古齋書局影印本 五冊

330000－1704－0007591 011677 子部/藝術類/書畫之屬/法帖

**魏孝昌石窟碑一卷** (北魏)袁翻撰 (北魏)王實書 民國六年(1917)上海有正書局影印本 一冊

330000－1704－0007592 011646 子部/藝術類/書畫之屬/法帖

**趙文敏書感興詩一卷** (元)趙孟頫書 民國四年(1915)上海商務印書館影印本 吴湫仁題記 一冊

330000－1704－0007593 011877 子部/藝術類/書畫之屬/畫譜

**王念慈先生山水畫譜初集不分卷二集不分卷** 王屺繪 民國十二年(1923)上海香雪樓石印本 三冊

330000－1704－0007594 011647 子部/藝術類/書畫之屬/書法書品

**行書備要一卷** 童式規書 民國二十年(1931)嘉定童式規石印本 一冊

330000－1704－0007595 011678 子部/藝術類/書畫之屬

**初拓張陶二夫人墓誌不分卷** 抱殘守缺齋藏 民國十三年(1924)上海有正書局石印本 一冊

330000－1704－0007596 011679 史部/金石類/石之屬/文字

**高湛墓誌一卷** 民國十四年(1925)上海商務印書館影印本 一冊

330000－1704－0007597 011680 子部/藝術類/書畫之屬/法帖

**舊拓鄭道忠墓誌不分卷** 民國十年(1921)上海有正書局石印本 一冊

330000－1704－0007598 011878 子部/藝術類

**潛泉遺蹟不分卷** 吴隱撰 民國十二年(1923)影印本 一冊

330000－1704－0007599 011681 史部/金石類/石之屬

**元颺妻王夫人墓誌不分卷** 民國石印本 一冊

330000－1704－0007600 011907 子部/藝術類/書畫之屬/畫録

**衡山先生三絶冊一卷** (明)文徵明繪並書 民國影印本 三冊

330000－1704－0007601 011648 子部/藝術類/書畫之屬/法帖

**鄭道昭雙鉤不分卷** (北魏)鄭道昭書 民國影印本 許逵題記 三冊

330000－1704－0007602　011682　史部/金石類/石之屬/文字

**初拓刁惠公墓誌一卷**　王孝禹藏　民國八年(1919)上海有正書局石印本　一册

330000－1704－0007603　011684　子部/藝術類/書畫之屬/法帖

**原拓塼塔銘不分卷**　(唐)上官靈芝撰　(唐)敬客書　民國六年(1917)上海有正書局影印本　一册

330000－1704－0007605　011666　史部/金石類/石之屬/文字

**瘞鶴銘兩種合册**　民國七年(1918)上海有正書局影印本　一册

330000－1704－0007606　011649　子部/藝術類/書畫之屬/法帖

**宋拓顔平原東方畫贊不分卷**　(唐)顔真卿書　民國上海有正書局影印本　二册

330000－1704－0007609　011650　子部/藝術類/書畫之屬/法帖

**龍門二十品不分卷**　民國七年(1918)上海有正書局石印本　二册

330000－1704－0007611　011908　子部/藝術類/書畫之屬

**泰山殘石樓藏畫**　民國影印本　六册　存六種

330000－1704－0007612　011651　史部/目録類/版本之屬/專考

**樂毅論翻刻表一卷**　(清)翁方綱撰並書　民國影印本　一册

330000－1704－0007613　011685　子部/藝術類/書畫之屬/法帖

**唐拓溫泉銘一卷**　(唐)太宗李世民撰並書　民國影印本　一册

330000－1704－0007614　011909　子部/藝術類/書畫之屬/畫譜

**馬江香女士花鳥畫册不分卷**　(清)馬荃繪　民國十一年(1922)上海文明書局影印本　二册

330000－1704－0007615　011686　子部/藝術類/書畫之屬/法帖

**宋拓褚河南哀册一卷**　(唐)褚遂良書　民國八年(1919)上海有正書局石印本　一册

330000－1704－0007616　011882　子部/藝術類/書畫之屬/畫譜

**任渭長先生畫傳四種(任渭長四種)**　(清)任熊繪　民國四年(1915)上海錦文堂書局石印本　六册

330000－1704－0007620　011910　子部/藝術類/書畫之屬/畫録

**邊壽民蘆雁册不分卷**　(清)邊壽民繪　民國十七年(1928)上海文明書局、中華書局影印本　一册

330000－1704－0007621　011884　子部/藝術類/書畫之屬/畫譜

**無雙譜一卷**　(清)金史繪　民國四年(1915)上海錦文堂書局石印本　一册

330000－1704－0007622　011911　子部/藝術類/書畫之屬/畫譜

**文衡山瀟湘八景册不分卷**　(明)文徵明繪　民國上海文明書局、中華書局影印本　一册

330000－1704－0007623　011652　子部/藝術類/書畫之屬/書法書品

**北齊平秦王高歸彥造像不分卷**　民國八年(1919)古望書局影印本　一册

330000－1704－0007624　011912　子部/藝術類/書畫之屬/畫譜

**王石谷仿巨然長江萬里圖不分卷**　(清)王翬繪　民國上海文明書局、中華書局影印本　一册

330000－1704－0007626　011654　子部/藝術類/書畫之屬/法帖

**宋拓褚河南雁塔聖教序不分卷**　(唐)褚遂良書　民國上海有正書局影印本　蘇不畸題簽　一册

330000－1704－0007629　011655　子部/藝術類/書畫之屬/法帖

**舊拓石門銘一卷** (北魏)王遠書 民國十四年(1925)上海有正書局影印本 □琳題簽並記 一冊

330000－1704－0007630 011886 子部/藝術類/書畫之屬

**潘幹臣先生象傳遺畫集不分卷** 潘承弼輯 民國二十九年(1940)影印本 一冊

330000－1704－0007631 011887 子部/藝術類/書畫之屬/畫譜

**大觀樓叢畫八卷** 汪鑠繪 民國十年(1921)泰華圖書館石印本 四冊

330000－1704－0007632 011656 子部/藝術類/書畫之屬/法帖

**舊拓石門銘一卷** (北魏)王遠書 民國八年(1919)上海有正書局影印本 一冊

330000－1704－0007633 011683 子部/藝術類/書畫之屬/法帖

**崔敬邕墓誌銘一卷** 民國上海有正書局影印本 一冊

330000－1704－0007634 011914 子部/藝術類/書畫之屬/畫譜

**徐熙百花圖長卷不分卷** (五代)徐熙繪 民國二十年(1931)上海文明書局、中華書局影印本 一冊

330000－1704－0007636 011888 子部/藝術類/書畫之屬

**苦鐵碎金不分卷** 吳昌碩書並繪 吳隱輯 民國四年(1915)西泠印社石印本 三冊

330000－1704－0007637 011658 子部/藝術類/書畫之屬/法帖

**九成宮醴泉銘一卷** (唐)歐陽詢書 民國二十六年(1937)上海商務印書館影印本 一冊

330000－1704－0007638 011659 史部/金石類/石之屬/文字

**魏故涇雍二州別駕安西平西二府長史新平安定清水武始四郡太守皇甫君墓誌銘一卷** 民國影印本 一冊

330000－1704－0007639 011889 子部/藝術類/書畫之屬/畫法畫品

**吳缶廬畫寶不分卷** 吳昌碩繪 民國十三年(1924)上海書畫會影印本 二冊

330000－1704－0007640 011660 史部/金石類/石之屬/文字

**初拓崔敬邕墓誌一卷** 民國七年(1918)上海有正書局影印本 一冊

330000－1704－0007641 011913 子部/藝術類/書畫之屬/畫譜

**奚鐵生畫冊不分卷** (清)奚岡繪 民國影印本 二冊

330000－1704－0007642 011890 子部/藝術類/書畫之屬/畫録

**近世一百名家畫集四卷** 錢病鶴編 民國十三年(1924)上海大東書局石印本 二冊

330000－1704－0007643 011661 史部/傳記類/別傳之屬/墓誌

**魏劉懿墓誌銘初搨本一卷** 秦絅孫選印 民國六年(1917)上海藝苑真賞社影印本 一冊

330000－1704－0007644 011662 史部/金石類/石之屬/文字

**魏故懷令李君墓誌銘一卷** 民國七年(1918)上海商務印書館影印本 一冊

330000－1704－0007645 011687 子部/藝術類/書畫之屬/法帖

**初拓鄭道昭登雲峯山詩一卷** (北魏)鄭道昭書 民國十五年(1926)上海有正書局石印本 天翔題記 一冊

330000－1704－0007646 011663 史部/傳記類/別傳之屬/墓誌

**大隋故朝請大夫夷陵郡太守太僕卿元公之墓誌銘一卷** 民國七年(1918)上海有正書局影印本 一冊

330000－1704－0007647 011664 史部/金石類/石之屬/文字

**初拓劉懿墓誌銘一卷** 民國七年(1918)上海有正書局影印本 一冊

330000－1704－0007648　011880　子部/藝術類/書畫之屬/畫譜

**馬駘畫寶十五種二十四卷**　馬駘繪　民國十七年(1928)上海世界書局石印本　二十四册

330000－1704－0007649　011688　子部/藝術類/書畫之屬/法帖

**舊拓鍾紹京靈飛經不分卷**　(唐)鍾紹京書　民國上海有正書局影印本　一册

330000－1704－0007650　011915　子部/藝術類/書畫之屬/畫譜

**戴醇士畫册不分卷**　(清)戴熙繪　民國影印本　一册

330000－1704－0007651　011689　子部/藝術類/書畫之屬/法帖

**精拓雲峯山詩刻不分卷**　(北魏)鄭道昭書　民國二十三年(1934)上海中華書局影印本　瀚題記　一册

330000－1704－0007652　011665　史部/金石類/石之屬

**水前拓本瘞鶴銘不分卷**　(南朝梁)華阳真逸撰　(南朝梁)上皇山樵書　民國十三年(1924)上海有正書局影印本　一册

330000－1704－0007653　011916　子部/藝術類/書畫之屬/畫譜

**汪巢林梅花册不分卷**　(清)汪士慎繪　民國十年(1921)上海中華書局影印本　一册

330000－1704－0007654　011667　史部/金石類/石之屬

**元魏刁惠公墓誌銘一卷**　民國十六年(1927)上海惜陰書齋影印本　一册

330000－1704－0007655　011690　子部/藝術類/書畫之屬/法帖

**宋拓十三行一卷**　(晉)王獻之書　民國八年(1919)上海有正書局影印本　一册

330000－1704－0007656　011917　子部/藝術類/書畫之屬/書法書品

**缶廬近墨第二集不分卷**　吳昌碩書並繪　丁仁編輯　民國十二年(1923)上海西泠印社影印本　一册

330000－1704－0007658　011918　子部/藝術類/書畫之屬/畫録

**張大千臨橅敦煌壁畫不分卷**　張大千臨摹　民國三十六年(1947)大風堂影印本　一册

330000－1704－0007659　011692　子部/藝術類/書畫之屬/法帖

**初搨洛神賦十三行不分卷**　(晉)王獻之書　民國十八年(1929)上海文明書局、中華書局影印本　一册

330000－1704－0007660　011881　子部/藝術類/書畫之屬/畫録

**大雅樓畫寶四卷**　周慕喬繪　民國十二年(1923)上海碧梧山莊影印本　四册

330000－1704－0007661　011693　子部/藝術類/書畫之屬/法帖

**最初精拓爨龍顔碑不分卷**　民國上海有正書局石印本　一册

330000－1704－0007662　011920　史部/傳記類/總傳之屬/斷代

**前清十一朝皇帝真像一卷**　民國上海有正書局影印本　一册

330000－1704－0007663　011694　子部/藝術類/書畫之屬/法帖

**舊拓龍藏寺碑不分卷**　民國上海求古齋書局影印本　一册

330000－1704－0007664　011695　子部/藝術類/書畫之屬/法帖

**嵩高靈廟碑一卷**　光霽軒藏　民國上海碧梧山莊影印本　一册

330000－1704－0007665　011921　子部/藝術類/書畫之屬

**匋齋珍藏名人書畫扇面集七卷**　(清)端方藏　民國五年(1916)上海商務印書館影印本　七册

330000－1704－0007666　011696　子部/藝術類/書畫之屬/法帖

**明拓唐契苾府君碑不分卷** 民國影印本 一冊

330000－1704－0007667 011891 史部/傳記類/總傳之屬/技藝

**海上墨林四卷續印增録一卷第二次續印增録一卷** 楊逸編輯 民國八年(1919)上海豫園書畫善會刻十年(1921)、十八年(1929)增刻本 二冊

330000－1704－0007669 011893 子部/藝術類/書畫之屬/畫譜

**大悲法師禪餘集二卷** 釋大悲繪 民國二十二年(1933)影印本 二冊

330000－1704－0007670 011894 子部/藝術類/書畫之屬/畫譜

**吴友如畫寶十三集** (清)吴友如繪 民國十四年(1925)上海璧園會社石印本 二十六冊

330000－1704－0007671 011669 史部/金石類/石之屬/文字

**魏故南陽張府君墓誌一卷** 民國影印本 一冊

330000－1704－0007672 011670 子部/藝術類/書畫之屬/法帖

**宋拓麓山寺碑一卷** (唐)李邕撰並書 民國上海有正書局影印本 張組成觀款 一冊

330000－1704－0007673 011671 子部/藝術類/書畫之屬/書法書品

**法華寺碑一卷** (唐)李邕撰并書 (清)何紹基手鉤 民國九年(1920)上海有正書局影印本 一冊

330000－1704－0007674 011672 子部/藝術類/書畫之屬/法帖

**宋拓李北海麓山寺碑一卷** (唐)李邕撰並書 民國十七年(1928)上海惜陰書齋影印本 一冊

330000－1704－0007675 011697 子部/藝術類/書畫之屬/法帖

**初拓張猛龍碑一卷** 王孝禹藏 民國十三年(1924)上海有正書局影印本 一冊

330000－1704－0007676 011894－1 子部/藝術類/書畫之屬/畫譜

**潘星齋山水冊一卷** (清)潘曾瑩繪 民國影印本 一冊

330000－1704－0007677 011968 子部/藝術類/篆刻之屬/印譜

**伏廬鈢印十一卷** 陳漢第藏 方約監拓 民國三十五年(1946)上海宣和印社鈐印本 方約題記 十一冊

330000－1704－0007678 011969 子部/藝術類/篆刻之屬/印譜

**冰鐵戡印印不分卷** 王大炘篆 民國十五年(1926)石印本 五冊

330000－1704－0007679 011698 子部/藝術類/書畫之屬/法帖

**張猛龍碑不分卷** 民國上海求古齋書帖局石印本 一冊

330000－1704－0007680 011699 子部/藝術類/書畫之屬/法帖

**李北海娑羅樹碑不分卷** (唐)李邕撰並書 民國十一年(1922)上海掃葉山房影印本 一冊

330000－1704－0007681 011700 史部/金石類/石之屬/文字

**初拓李璧碑不分卷** 民國十六年(1927)上海文明書局影印本 一冊

330000－1704－0007683 011701 子部/藝術類/書畫之屬/法帖

**虞世南東廟堂碑不分卷** (唐)虞世南撰并書 抱殘守缺齋藏 民國六年(1917)上海有正書局影印本 一冊

330000－1704－0007684 011895 子部/藝術類/書畫之屬/畫録

**東軒詅社圖不分卷** (清)費丹旭繪 民國二十年(1931)美術製版社影印本 一冊

330000－1704－0007686 011702 子部/藝術類/書畫之屬

**唐紀國陸妃碑不分卷** 民國影印本 一冊

330000－1704－0007687　011703　史部/金石類/石之屬/文字
**中嶽嵩高靈廟碑不分卷**　民國八年(1919)上海有正書局影印本　許達初　鈍錢題記　一册

330000－1704－0007688　011970　子部/藝術類/篆刻之屬/印譜
**春艸廬印存不分卷**　謝光集　民國鈐拓本　四册

330000－1704－0007689　011924　子部/藝術類
**大厂遺墨選刊一卷**　大厂治喪處同人輯　民國三十一年(1942)達華印刷公司影印本　一册

330000－1704－0007690　011896　子部/藝術類/書畫之屬
**吴昌碩書畫册不分卷**　吴昌碩書並繪　民國十四年(1925)影印本　一册

330000－1704－0007691　011704　子部/藝術類/書畫之屬/法帖
**宋拓雲麾碑一卷**　(唐)李邕書　民國影印本　一册

330000－1704－0007692　011971　子部/藝術類/篆刻之屬/印譜
**漢印譜不分卷**　民國鈐印本　一册

330000－1704－0007693　011897　子部/藝術類/書畫之屬/畫譜
**奚蒙泉詩書畫册不分卷**　(清)奚岡繪並書　民國九年(1920)上海商務印書館影印本　一册

330000－1704－0007694　011925　子部/藝術類/書畫之屬
**上海振青社書畫集不分卷**　振青書畫會編　民國上海振青書畫會石印本　二册

330000－1704－0007695　011972　子部/藝術類/篆刻之屬/印譜
**佀鴻軒印稾一卷**　吴梓林篆　民國二十六年(1937)吴氏影印本　一册

330000－1704－0007696　011898　子部/藝術類/書畫之屬/畫譜
**清宫珍寶皕美圖不分卷**　民國影印本　四册

330000－1704－0007697　011973　子部/藝術類/篆刻之屬/印論
**篆刻入門一卷**　孔雲白撰　民國二十四年(1935)上海商務印書館影印本　一册

330000－1704－0007701　011705　子部/藝術類/書畫之屬/書法書品
**安蹇齋隨筆一卷**　英華撰　張秀林輯　民國影印本　一册

330000－1704－0007702　011975　史部/金石類/璽印之屬
**遯盦秦漢古銅印譜不分卷**　吴隱輯　民國三年(1914)西泠印社鈐印本　二册

330000－1704－0007704　011927　子部/藝術類/書畫之屬/畫録
**名人畫册一卷**　(元)方從義繪　民國十二年(1923)上海文明書局影印本　一册

330000－1704－0007705　011706　子部/藝術類/書畫之屬/書法書品
**石鼓文一卷**　吴昌碩書　民國影印本　一册

330000－1704－0007706　011976　子部/藝術類/篆刻之屬/印論
**印學概論一卷**　吴浚撰　稿本　一册

330000－1704－0007707　011707　子部/藝術類/書畫之屬/法帖
**吴倉碩石鼓文一卷**　吴昌碩書　光齋軒藏　民國上海求古齋書帖局影印本　一册

330000－1704－0007709　012902　類叢部/叢書類/彙編之屬
**説郛一百卷**　(元)陶宗儀編　張宗祥重校　民國十六年(1927)上海商務印書館鉛印本　四十册

330000－1704－0007710　012903　類叢部/叢書類/彙編之屬
**漢魏叢書三十八種**　(明)程榮輯　民國十四

年(1925)上海商務印書館據明萬曆程氏刻本影印本　四十冊

330000－1704－0007712　011977　子部/藝術類/篆刻之屬/印譜
**楊龍石印存不分卷**　(清)楊澥篆　民國鈐拓本　張鄮題記　二冊

330000－1704－0007714　011928　子部/藝術類/書畫之屬/畫譜
**杏芬老人古稀録一卷**　西湖有美書畫社輯　民國十三年(1924)西湖有美書畫社鉛印本暨影印本　一冊

330000－1704－0007716　011929　子部/藝術類/書畫之屬
**浙江省永嘉區藝術展覽會書畫紀念冊一卷**　許蟠雲輯　民國二十五年(1936)宣和印社影印本　一冊

330000－1704－0007717　011929－1　子部/藝術類/書畫之屬
**浙江省永嘉區藝術展覽會書畫紀念冊一卷**　許蟠雲輯　民國二十五年(1936)宣和印社影印本　一冊

330000－1704－0007718　011978　子部/藝術類/篆刻之屬/印譜
**董巴王胡會刻印集四卷**　吳隱輯　民國六年(1917)西泠印社鈐印本　四冊

330000－1704－0007720　011930　子部/藝術類/書畫之屬/畫録
**蕭尺木山水神品不分卷**　(清)蕭雲從繪　民國有正書局影印本　一冊

330000－1704－0007721　011979　子部/藝術類/篆刻之屬/印譜
**趙撝叔印譜初集不分卷二集不分卷**　(清)趙之謙篆刻　吳隱輯　民國六年(1917)西泠印社鈐印本　八冊

330000－1704－0007722　011709　子部/藝術類/書畫之屬/法帖
**明瞿忠宣公式耜論朝事書一卷**　(明)瞿式耜撰並書　民國上海有正書局石印本　一冊

330000－1704－0007724　011932　集部/總集類/題詠之屬
**榆園圖題詠一卷**　李濬之輯　民國影印本　一冊

330000－1704－0007725　011710　子部/藝術類/書畫之屬/書法書品
**缶老人手蹟不分卷**　吳昌碩書　民國襟霞閣主影印本　一冊

330000－1704－0007726　011934　子部/藝術類/書畫之屬
**吳讓之先生書畫冊不分卷**　(清)吳熙載書並繪　丁仁　吳隱輯　民國十一年(1922)西泠印社影印本　一冊

330000－1704－0007735　012018　子部/藝術類/篆刻之屬/印譜
**秦漢丁氏印緒不分卷**　丁仁輯　民國五年(1916)西泠印社鈐印本　二冊

330000－1704－0007736　011711　子部/藝術類/書畫之屬/法帖
**玉笥山房墨蹟不分卷**　顧廷綸書　民國石印本　一冊

330000－1704－0007737　011980　子部/藝術類/篆刻之屬/印譜
**小鉥彙存不分卷**　吳樸篆　方約編拓　民國三十四年(1945)宣和印社鈐印本　四冊

330000－1704－0007738　011981　子部/藝術類/篆刻之屬/印譜
**悲盦印存不分卷**　(清)趙之謙篆　丁仁輯　民國影印本　二冊

330000－1704－0007739　011936　子部/工藝類/日用器物之屬/陶瓷
**飲流齋説瓷不分卷**　許之衡撰　民國上海朝記書莊鉛印本　四冊

330000－1704－0007740　012019　子部/藝術類/篆刻之屬/印譜
**吳昌碩印譜四集不分卷**　吳昌碩篆　中國印學社編　民國二十六年(1937)中國印學社影印本　一冊

330000－1704－0007741　011982　子部/藝術類/篆刻之屬/印譜
**麋研齋印存重輯本不分卷**　王禔篆　宣和印社編　民國三十二年(1943)鈐拓本　四冊

330000－1704－0007742　011937　史部/金石類
**竹園陶説一卷古玉考一卷**　劉子芬撰　民國十四年(1925)石印本　一冊

330000－1704－0007743　012020　子部/藝術類/篆刻之屬/印譜
**鐵耕小築印譜不分卷**　(清)劉慶祥篆　劉紹寬輯　民國十九年(1930)鈐印本　四冊

330000－1704－0007745　011938　史部/金石類
**竹園陶説一卷古玉考一卷**　劉子芬撰　民國十四年(1925)石印本　一冊

330000－1704－0007749　012021　子部/藝術類/篆刻之屬/印譜
**求志居篆記不分卷**　民國鈐印本　一冊

330000－1704－0007751　012022　子部/藝術類/篆刻之屬/印譜
**白眼先生印稾不分卷**　田嘉菜篆　民國鈐印本　一冊

330000－1704－0007753　012885　經部/叢編
**十三經讀本**　唐文治輯　民國十三年(1924)吴江施肇曾醒園刻本　一百冊

330000－1704－0007754　011985　子部/藝術類/篆刻之屬/印譜
**胡匊鄰印存不分卷**　(清)胡匊鄰(胡钁)篆刻　宣和印社輯　民國二十五年(1936)宣和印社鈐拓本　二冊

330000－1704－0007755　012023　子部/藝術類/篆刻之屬/印譜
**太上感應篇印譜一卷**　蘇澗寬篆　民國十二年(1923)滬上朱墨套色石印本　一冊

330000－1704－0007756　011986　子部/藝術類/篆刻之屬/印譜
**交泰殿寶譜不分卷**　故宫博物院文獻館輯　民國十八年(1929)故宫博物院文獻館影印本　一冊

330000－1704－0007757　011987　子部/藝術類/篆刻之屬/印譜
**蒲作英用印集存不分卷**　宣和印社輯　民國宣和印社鈐拓本　二冊

330000－1704－0007758　012024　子部/藝術類/篆刻之屬/印譜
**瑞安鄒氏食千跖齋治印一卷**　鄒夢禪篆　民國鈐印本　一冊

330000－1704－0007759　011988　子部/藝術類/篆刻之屬/印譜
**王夨鐵印存不分卷**　王大炘篆　民國宣和印社鈐拓本　二冊

330000－1704－0007760　011712　子部/藝術類/書畫之屬/書法書品
**傅青主書詩稿墨蹟不分卷**　(清)傅山書　民國七年(1918)上海有正書局影印本　一冊

330000－1704－0007761　011713　子部/藝術類/書畫之屬/書法書品
**董香光墨蹟四種合冊不分卷**　(明)董其昌書　民國上海有正書局影印本　一冊

330000－1704－0007762　012026　子部/藝術類/篆刻之屬/印譜
**吴倉石印譜不分卷**　吴昌碩篆　民國有正書局鈐拓本　四冊

330000－1704－0007763　011989　子部/藝術類/篆刻之屬/印譜
**遯盦印牘不分卷**　陳恪篆　民國二十四年(1935)鈐拓本　劉景晨題簽並跋　一冊

330000－1704－0007764　012027　子部/藝術類/篆刻之屬/印譜
**丁丑劫餘印存小傳二十卷**　丁仁等輯　民國二十八年(1939)鉛印本　一冊

330000－1704－0007765　011714　子部/藝

術類/書畫之屬/法帖

**黄山谷七祖山題詩一卷** （宋）黄庭堅書 民國十六年(1927)上海文明書局影印本 二册

330000－1704－0007766 011715 子部/藝術類/書畫之屬/法帖

**文衡山書離騷墨蹟一卷** （明）文徵明書 民國七年(1918)上海文明書局影印本 一册

330000－1704－0007768 012028 史部/目録類/專録之屬

**印譜知見傳本書目一卷補遺一卷** 王敦化編 民國二十九年(1940)山東聚文齋書店鉛印本 一册

330000－1704－0007769 011990 子部/藝術類/篆刻之屬/印譜

**瑞安林氏印存不分卷** （清）趙之琛篆 林大同拓 民國五年(1916)瑞安林氏鈐拓本 林大同題記 一册

330000－1704－0007770 011716 子部/藝術類/書畫之屬/法帖

**劉石庵墨蹟第三集一卷** （清）劉墉書 民國九年(1920)上海有正書局影印本 一册

330000－1704－0007771 011717 子部/藝術類/書畫之屬/法帖

**翁松禪臨書譜墨蹟一卷** （清）翁同龢書 民國七年(1918)上海有正書局石印本 一册

330000－1704－0007772 011940 類叢部/叢書類/彙編之屬

**靜園叢書十種** 沈光瑩編 民國七年(1918)聚珍倣宋印書局鉛印本(原缺籀史卷下) 四册 存一種

330000－1704－0007773 011718 子部/藝術類/書畫之屬/法帖

**文衡山書北山移文真蹟一卷** （明）文徵明書 民國二十三年(1934)上海文明書局影印本 一册

330000－1704－0007774 011719 子部/藝術類/書畫之屬

**管聖澤書心經一卷** 管篇書 民國二十一年(1932)石印本 一册

330000－1704－0007775 011720 子部/藝術類/書畫之屬/法帖

**黄山谷書松風閣詩一卷** （宋）黄庭堅書 民國四年(1915)上海商務印書館影印本 一册

330000－1704－0007777 012029 子部/藝術類/篆刻之屬/印譜

**印香吟堂印不分卷** （清）李汝皋篆 民國鈐印本 四册

330000－1704－0007778 011941 子部/工藝類/日用器物之屬/錦繡

**雪宧繡譜一卷** 沈壽述 張謇撰 民國八年(1919)翰墨林書局鉛印本 一册

330000－1704－0007780 011942 子部/藝術類/篆刻之屬/印論

**篆刻鍼度八卷** （清）陳克恕撰 民國鉛印本 一册 存四卷(一至四)

330000－1704－0007781 012031 子部/藝術類/篆刻之屬/印譜

**古今名人印譜不分卷** 宣和印社輯 民國三十四年(1945)宣和印社鈐拓本 方約題記 十册

330000－1704－0007783 012032 子部/藝術類/篆刻之屬/印譜

**二樹紫藤花館印選不分卷** 顧子巨輯 民國四年(1915)法輪印字局影印本 四册

330000－1704－0007785 011946 子部/藝術類/篆刻之屬/印譜

**馬元熙印存不分卷** 馬元熙篆 民國鈐印本 四册

330000－1704－0007786 011992 子部/藝術類/篆刻之屬/印譜

**少石印譜不分卷** 民國鈐印本 一册

330000－1704－0007789 012033 子部/藝術類/篆刻之屬/印譜

**吴趙印存不分卷** （清）吴熙載 （清）趙之謙篆刻 葛昌楹輯 民國平湖葛氏傳樸堂鈐拓

本　六册

330000－1704－0007791　011993　子部/藝術類/篆刻之屬/印譜

**榴蔭山房印譜一卷**　葉鴻翰篆　民國二十三年(1934)石印本　鍾芷廬題簽　一册

330000－1704－0007792　012025　子部/藝術類

**雕塑雜録石刻畫像不分卷**　民國稿本　四册

330000－1704－0007793　011994　子部/藝術類/篆刻之屬/印譜

**太上感應篇印譜四卷**　葉鴻翰篆　民國十年(1921)永嘉葉鴻翰懷古齋刻鈐印本　四册

330000－1704－0007794　011948　子部/藝術類/篆刻之屬/印譜

**九峰草堂印譜一卷**　陳烈文篆　民國六年(1917)鈐印本　一册

330000－1704－0007795　011995　子部/藝術類/篆刻之屬/印譜

**石禪印存一卷**　經亨頤篆並輯　民國二年(1913)鈐拓本　一册

330000－1704－0007797　011949　子部/藝術類/篆刻之屬/印譜

**玉蘭仙館印譜不分卷**　(清)董熊篆　民國三年(1914)梦坡室影印本　二册

330000－1704－0007798　011722　子部/藝術類/書畫之屬/法帖

**譚延闓書燕京舊聞册一卷**　譚延闓書　簡叔乾藏　民國二十六年(1937)上海中華書局石印本　一册

330000－1704－0007799　012035　子部/藝術類/篆刻之屬/印譜

**春艸廬印存不分卷**　謝光集　民國鈐拓本　六册

330000－1704－0007800　011996　子部/藝術類/篆刻之屬/印譜

**黟山人黄牧甫印存不分卷**　(清)黄士陵篆　民國宣和印社鈐拓本　二册

330000－1704－0007802　011950　子部/藝術類/篆刻之屬/印譜

**葉懷古齋印存不分卷**　葉鴻翰篆　民國鈐印本　一册

330000－1704－0007804　011951　子部/藝術類/篆刻之屬/印譜

**素心草堂印存不分卷**　馬龍篆　民國二十六年(1937)鈐印本　一册

330000－1704－0007805　011723　子部/藝術類/書畫之屬/法帖

**萬松心畫不分卷**　英華書　民國影印本　一册

330000－1704－0007806　011998　子部/藝術類/篆刻之屬/印譜

**瑞安林氏印存不分卷**　(清)趙之琛篆　林大同拓　民國五年(1916)瑞安林氏鈐拓本　林大同題簽並記　一册

330000－1704－0007807　012036　子部/藝術類/遊藝之屬/劇藝

**雙肇樓叢書(清代燕都梨園史料)三十八種**　張江裁輯　民國二十三年(1934)北平邃雅齋鉛印本　十二册　存一種

330000－1704－0007808　011952　子部/藝術類/篆刻之屬/印譜

**趙次閑印譜不分卷**　(清)趙之琛篆刻　民國有正書局鈐印本　三册

330000－1704－0007810　011999　子部/藝術類/篆刻之屬/印譜

**金薤留珍五集**　(清)蔣溥輯　民國十五年(1926)北平故宫博物院古物館鈐印本　五册

330000－1704－0007811　011953　子部/藝術類/書畫之屬/畫法畫品

**畫學秘旨要訣大觀四卷**　陳敏編輯　民國十年(1921)上海漢文淵書局石印本　六册

330000－1704－0007813　011954　子部/藝術類/書畫之屬/畫譜

**大觀樓叢畫八卷**　汪鏁繪　民國二十年(1931)大德書局石印本　六册　缺二卷(三、

五）

330000－1704－0007814　011726　史部/傳記類/别傳之屬/事狀

**張忠武公[勲]墓志銘不分卷**　陳三立撰　趙世駿書　羅振玉篆　民國十三年(1924)石印本　一册

330000－1704－0007816　011727　子部/藝術類/書畫之屬/書法書品

**寐叟題跋一集二卷二集二卷**　沈曾植撰並書　民國十五年(1926)上海商務印書館影印本　四册

330000－1704－0007819　011955　子部/藝術類/書畫之屬/畫譜

**百尺樓叢畫八卷**　汪鐷繪　民國上海校經山房書局影印本　六册　缺二卷(五至六)

330000－1704－0007820　011956　子部/工藝類/日用器物之屬/錦繡

**存素堂絲繡録第一輯二卷**　朱啓鈐撰　民國十七年(1928)存素堂鉛印本　一册

330000－1704－0007821　011957　子部/工藝類/日用器物之屬/錦繡

**絲繡叢刊**　朱啓鈐輯　民國存素堂鉛印本　一册　存一種

330000－1704－0007823　011958　子部/工藝類/日用器物之屬/雕刻

**竹人録二卷**　(清)金元鈺撰　民國二十七年(1938)鄞縣秦彦沖睿識閣鉛印本　一册

330000－1704－0007825　012000　子部/藝術類/篆刻之屬/印譜

**小谷印存不分卷**　小谷篆　民國鈐印本　一册

330000－1704－0007826　012038　子部/藝術類/遊藝之屬/劇藝

**越劇雜鈔二卷**　民國抄本　二册

330000－1704－0007828　012001　子部/藝術類/篆刻之屬/印譜

**磊明印玩不分卷**　謝光篆　民國鈐印本　一册

330000－1704－0007829　012002　子部/藝術類/篆刻之屬/印譜

**磊明印玩不分卷**　謝光篆　民國鈐印本　三册

330000－1704－0007830　012039　集部/曲類/曲韻曲譜曲律之屬

**粟廬曲譜**　俞振飛撰　民國三十四年(1945)率齋主人石印本　一册　存二種

330000－1704－0007831　012040　集部/曲類/曲韻曲譜曲律之屬

**道和曲譜荆釵記不分卷**　道和俱樂部編　民國石印本　四册

330000－1704－0007836　012041　集部/曲類/曲韻曲譜曲律之屬

**拜月亭記曲譜二卷**　殷溎深撰　民國十年(1921)上海朝記書莊石印本　四册

330000－1704－0007837　011961　子部/藝術類/篆刻之屬/印論

**治印雜説不分卷**　王世撰　民國十五年(1926)上海古今圖書店鉛印本　一册

330000－1704－0007839　012043　集部/曲類/曲韻曲譜曲律之屬

**荆釵記曲譜四卷**　殷溎深撰　民國十三年(1924)上海朝記書莊石印本　八册

330000－1704－0007840　011962　子部/藝術類/篆刻之屬/印譜

**魯盦仿完白山人印譜不分卷**　(清)鄧石如篆　張咀英摹刻　民國三十一年(1942)張咀英孝水望雲草堂鈐印本　二册

330000－1704－0007844　012004　史部/目録類/專録之屬

**雲齋舊藏善本印譜目憶録五卷首一卷**　龐士龍撰　瞿熙邦校訂　**鐵琴銅劍樓藏善本印譜目一卷**　瞿熙邦　龐士龍輯録　民國三十年(1941)常熟龐氏蘭石軒鉛印本　一册

330000－1704－0007846　011963　子部/藝

術類/篆刻之屬/印譜

**太上感應篇印譜四卷**　葉鴻翰篆　民國十年(1921)永嘉葉鴻翰懷古齋刻鈐印本　四冊

330000－1704－0007847　012005　子部/藝術類/篆刻之屬/印譜

**松窗遺印不分卷**　(清)褚德彝篆　張咀英輯　民國三十二年(1943)孝水望雲草堂鈐拓本　二冊

330000－1704－0007849　012006　子部/藝術類/篆刻之屬/印譜

**頓立夫印稿初集不分卷**　頓群篆　民國二十七年(1938)雪鴻館鈐印本　一冊

330000－1704－0007850　012045　集部/曲類/曲韻曲譜曲律之屬

**四郎探母曲譜一卷**　陳彥衡撰　民國二十年(1931)潛樂社石印本　一冊

330000－1704－0007852　011964　子部/藝術類/篆刻之屬/印譜

**都廬集印不分卷**　周大輔篆　民國鈐印本　一冊

330000－1704－0007853　012008　子部/藝術類/篆刻之屬/印譜

**去疾印稾不分卷**　方去疾篆　民國四角草堂鈐印本　二冊

330000－1704－0007854　012009　子部/藝術類/篆刻之屬/印譜

**好古齋印存不分卷**　王栴雨治印　民國鈐印本　一冊

330000－1704－0007855　011734　子部/藝術類/書畫之屬

**孫雪居行楷不分卷**　(明)孫克弘書　高格廬藏　民國十年(1921)中華書局影印本　一冊

330000－1704－0007856　012046　經部/樂類

**十二琴樓叢書**　民國十八年(1929)永嘉嚴氏朱墨鉛印本暨石印本　四冊　存一種

330000－1704－0007857　011965　子部/藝術類/篆刻之屬/印譜

**三硯齋金石編不分卷**　羅峰逸客篆　民國鈐印本　戴騰秋題記　一冊

330000－1704－0007859　011966　子部/藝術類/篆刻之屬/印譜

**孺齋自刻印存不分卷**　易孺篆　民國二十四年(1935)鈐拓本　四冊

330000－1704－0007863　011967　子部/藝術類/篆刻之屬/印論

**印典八卷**　(清)朱象賢編　民國西泠印社木活字印本　六冊

330000－1704－0007865　012047　經部/樂類

**說樂一卷**　徐樹錚撰　民國抄本　孫宣題記　一冊

330000－1704－0007866　011736　子部/藝術類/書畫之屬/法帖

**蘇文忠書愛酒歌真蹟不分卷**　(宋)蘇軾書　裴氏壯陶閣藏　民國十四年(1925)文明書局、中華書局影印本　一冊

330000－1704－0007867　011737　子部/藝術類/書畫之屬/法帖

**名人真蹟**　民國九年(1920)上海中華書局影印本　一冊　存一種

330000－1704－0007868　011738　子部/藝術類/書畫之屬/法帖

**宋拓米襄陽行書不分卷**　(宋)米芾書　民國四年(1915)上海商務印書館影印本　鄭孝胥題記　一冊

330000－1704－0007869　011739　子部/藝術類/書畫之屬/法帖

**趙松雪臨黃庭經眞蹟不分卷**　(元)趙孟頫書　民國七年(1918)上海有正書局影印本　一冊

330000－1704－0007871　012048　集部/曲類/曲韻曲譜曲律之屬

**六也曲譜**　殷溎深撰　民國十一年(1922)上海朝記書莊石印本　二十四冊

330000－1704－0007872　012908　類叢部/類書類/専類之屬
**廣四十家小說四十種**　（明）顧元慶編輯　民國四年（1915）上海文明書局石印本　六冊

330000－1704－0007874　012011　子部/藝術類/篆刻之屬/印譜
**佚名印譜不分卷**　民國鈐印本　一冊

330000－1704－0007876　011740　子部/藝術類/書畫之屬/法帖
**顏魯公墨蹟四種不分卷**　（唐）顏真卿書　民國元年（1912）影印本　一冊

330000－1704－0007877　012075　子部/藝術類
**近樓浪墨不分卷**　民國鉛印本　一冊

330000－1704－0007878　012013　子部/藝術類/篆刻之屬/印譜
**餐霞閣印藁一卷**　吳載和篆　民國十六年（1927）鈐印本　一冊

330000－1704－0007879　012049　集部/曲類/曲韻曲譜曲律之屬
**春雪閣曲譜三記**　殷湝深撰　民國十年（1921）上海朝記書莊石印本　二冊

330000－1704－0007880　012076　子部/藝術類/音樂之屬/總論
**中西音樂源流不分卷**　宗孔撰　民國二十六年（1937）元音琴齋鉛印本　一冊

330000－1704－0007882　012014　子部/藝術類/篆刻之屬/印譜
**介堪印存第七集不分卷**　方巖篆　民國二十三年（1934）永嘉方節盦影印本　一冊

330000－1704－0007883　012050　集部/曲類/曲韻曲譜曲律之屬
**崑曲粹存初集不分卷**　崑山國學保存會輯　民國十八年（1929）上海校經山房成記書局石印本　六冊

330000－1704－0007884　012015　子部/藝術類/篆刻之屬/印譜
**謝磊明印存初集一卷二集一卷**　謝磊明篆　民國二十四年（1935）上海宣和印社影印本　二冊

330000－1704－0007885　011742　集部/別集類
**歸雲樓題畫詩二卷**　徐世昌撰　民國十三年（1924）進脩堂刻本　二冊

330000－1704－0007886　012077　經部/樂類/律呂之屬
**曲律易知二卷**　許之衡撰　民國十一年（1922）飲流齋刻本　二冊

330000－1704－0007887　012016　子部/藝術類/篆刻之屬/印譜
**十鐘山房印舉三十卷**　（清）陳介祺藏並輯　民國十一年（1922）上海商務印書館涵芬樓影印本　九冊　存二十七卷（四至三十）

330000－1704－0007889　012078　經部/樂類/律呂之屬
**變徵定位考二卷**　馮水撰　民國十三年（1924）桐鄉馮氏京師刻本　一冊

330000－1704－0007890　012051　子部/藝術類
**郎靜山攝影專刊一卷**　郎靜山攝並輯　民國二十八年（1939）影印本暨鉛印本　一冊

330000－1704－0007894　011744　子部/藝術類/書畫之屬/法帖
**明拓元次山碑不分卷**　（唐）顏真卿書　民國五年（1916）上海有正書局影印本　一冊

330000－1704－0007896　012052　集部/戲劇類/雜劇之屬
**今樂攷證十二卷**　（清）姚燮撰　民國二十五年（1936）北京大學影印本　五冊

330000－1704－0007897　011745　子部/藝術類/書畫之屬/法帖
**康南海書一天園詩稿一卷**　康有為書　民國十四年（1925）有正書局影印本　一冊

330000－1704－0007898　012150　集部/別

集類/清別集

**阮烈士遺稿不分卷** (清)阮式撰 民國二年(1913)鉛印本 陳準題記 一冊

330000－1704－0007899 011746 子部/藝術類/書畫之屬/法帖

**南海書一天園記一卷** 康有為撰並書 民國十二年(1923)上海有正書局石印本 一冊

330000－1704－0007900 011747 子部/藝術類/書畫之屬/法帖

**鄧石如篆書十五種不分卷** (清)鄧石如書 民國十七年(1928)文明書局影印本 六冊

330000－1704－0007902 012053 子部/工藝類/日用器物之屬/雕刻

**西厓刻竹一卷** 金紹坊刻 民國二十二年(1933)可讀廬影印本 一冊

330000－1704－0007905 012054 集部/曲類/曲評曲話曲目之屬

**鞠部叢談校補一卷** 羅惇曧撰 李釋戡校補 樊山批 民國十五年(1926)涉園刻朱印本 一冊

330000－1704－0007907 012155 史部/目録類/總録之屬/官修

**欽定四庫全書總目二百卷首一卷** (清)紀昀等撰 **四庫未收書目提要五卷** (清)阮元撰 **四庫全書總目未收書目索引四卷** 陳乃乾編纂 民國十五年(1926)上海大東書局石印本暨鉛印本 三十九冊 缺一卷(索引一)

330000－1704－0007909 012083 集部/曲類/曲韻曲譜曲律之屬

**度曲須知二卷** (清)沈寵綏撰 民國十四年(1925)上海商務印書館影印本 四冊

330000－1704－0007914 011749 子部/藝術類/書畫之屬/法帖

**鄧石如篆書十五種不分卷** (清)鄧石如書 民國八年(1919)上海文明書局石印本 六冊

330000－1704－0007915 011750 子部/藝術類/書畫之屬/法帖

**宋拓大麻姑仙壇記不分卷** (唐)顔真卿撰並書 民國八年(1919)有正書局石印本 一冊

330000－1704－0007916 012057 子部/藝術類/音樂之屬/樂譜

**養正軒琵琶譜三卷附録一卷** 沈瀚編注 民國十八年(1929)南滙養正軒鉛印本 三冊

330000－1704－0007919 011751 子部/藝術類/書畫之屬/法帖

**湖州妙嚴寺記不分卷** (元)牟巘記撰 (元)趙孟頫書并篆 民國影印本 一冊

330000－1704－0007920 012058 子部/藝術類/音樂之屬/琴學

**琴譜指法二卷** (清)徐常遇輯 民國三年(1914)石印本 一冊

330000－1704－0007923 011752 子部/藝術類/書畫之屬/法帖

**梁山舟祭弟文一卷** (清)梁同書書 民國二十四年(1935)中華書局影印本 一冊

330000－1704－0007926 011753 子部/藝術類/書畫之屬/書法書品

**龔定庵詩文真蹟三種不分卷** (清)龔自珍書 民國二十年(1931)上海中華書局影印本 一冊

330000－1704－0007927 012061 子部/藝術類/音樂之屬/琴學

**晨風廬琴會記録二卷** 周慶雲編 民國十一年(1922)刻藍印本 一冊

330000－1704－0007929 012162 史部/目録類/總録之屬/官修

**欽定四庫全書簡明目録二十卷** (清)紀昀等撰 **四庫未收書目提要五卷** (清)阮元撰 民國八年(1919)上海掃葉山房石印本 二冊

330000－1704－0007930 011754 子部/藝術類/書畫之屬/法帖

**戴文節公行楷三種不分卷** (清)戴熙書 民國十四年(1925)上海中華書局影印本 一冊

330000－1704－0007932 011756 子部/藝術類/書畫之屬/法帖

**北宋拓爭坐位帖一卷** (唐)顔真卿書 民國有正書局影印本 一册

330000－1704－0007933 011757 子部/藝術類/書畫之屬/法帖

**趙松雪道教碑不分卷** (元)趙孟頫書 民國二十三年(1934)上海商務印書館影印本 二册

330000－1704－0007934 011758 子部/藝術類/書畫之屬

**曾農髯臨瘞鶴銘一卷** (唐)顧況撰 曾熙書 民國震亞書局石印本 一册

330000－1704－0007938 012895 子部/小説家類

**顧氏文房小説四十種五十八卷** (明)顧元慶輯 民國十四年(1925)上海商務印書館據明刻本影印本 十册

330000－1704－0007939 012897 史部/雜史類/通代之屬

**歷代小史** (明)李栻輯 民國二十九年(1940)上海涵芬樓影印本 三十二册

330000－1704－0007941 012086 類叢部/叢書類/彙編之屬

**金陵大學中國文化研究所叢刊** 金陵大學中國文化研究所編 民國金陵大學中國文化研究所刻本、鉛印本暨影印本 一册 存一種

330000－1704－0007942 012062 史部/目録類/專録之屬

**琴書存目六卷别録二卷** 周慶雲編 民國三年(1914)烏程周氏夢坡室刻本 四册

330000－1704－0007944 012164 史部/目録類/總録之屬/官修

**四庫目略四卷** 楊立誠編 民國十八年(1929)浙江省立圖書館鉛印本 四册

330000－1704－0007946 012165 史部/目録類/總録之屬/官修

**文瀾閣恭鈔四庫全書待訪目一卷** 民國石印本 一册

330000－1704－0007947 012063 子部/藝術類/音樂之屬/琴學

**琴學叢書** 楊宗稷撰 民國楊氏刻本 一册 存一種

330000－1704－0007948 012166 史部/目録類/書志之屬/提要

**四部叢刊書録一卷** 商務印書館編 民國十五年(1926)上海商務印書館鉛印本 一册

330000－1704－0007949 012167 史部/目録類/總録之屬/官修

**文瀾閣目索引一卷** 楊立誠編 民國十八年(1929)浙江省立圖書館鉛印本 一册

330000－1704－0007950 012088 子部/藝術類/音樂之屬/樂譜

**琴鏡九卷首一卷** 楊宗稷輯註 民國七年(1918)舞胎仙館刻本 三册

330000－1704－0007951 012064 子部/藝術類/音樂之屬/琴學

**望山堂琴學存書二卷** (清)林鶚撰 民國十三年(1924)抄本 楊紹廉題記並批 菊湄孫延釗題記 一册

330000－1704－0007954 012089 史部/目録類/通論之屬/考訂

**古今僞書考一卷** (清)姚際恆撰 民國蘇州振新書社影印本 一册

330000－1704－0007955 012170 史部/目録類/總録之屬/彙刻

**續彙刻書目十卷閏集一卷** 羅振玉撰 民國三年(1914)連平范氏雙魚室刻本 十册 缺一卷(閏集)

330000－1704－0007957 012090 類叢部/叢書類/彙編之屬

**四部備要** 中華書局編 民國二十五年(1936)上海中華書局鉛印本(原缺經義考卷二百八十六、二百九十九至三百,東塾讀書記十三至十四、十七至二十、二十二至二十五) 一册 存一種

330000－1704－0007958 012065 子部/藝

術類/音樂之屬/琴學
**琴學叢書**　楊宗稷撰　民國楊氏刻本　一冊　存一種

330000－1704－0007961　011761　子部/藝術類/書畫之屬/書法書品
**長寧曾荷裳先生遺墨一卷**　曾承愷書　民國石印本　二冊

330000－1704－0007963　011762　子部/藝術類/書畫之屬/書法書品
**孫中山先生手札墨跡不分卷**　孫文書　民國影印本　一冊

330000－1704－0007964　012067　子部/藝術類/音樂之屬/琴學
**琴學叢書**　楊宗稷撰　民國楊氏刻本　一冊　存一種

330000－1704－0007971　011763　子部/藝術類/書畫之屬
**譚復生唐佛塵先生墨蹟不分卷**　(清)譚嗣同　(清)唐才常書　汪兆銘編　民國二十五年(1936)宣和印社影印本　一冊

330000－1704－0007976　011764　子部/藝術類/書畫之屬/法帖
**蘇東坡書昆陽城賦墨蹟一卷**　(宋)蘇軾書　民國影印本　一冊

330000－1704－0007977　012094　史部/目録類/書志之屬/題跋
**瓜圃叢刊敘録一卷**　金梁輯　民國十三年(1924)鉛印本　一冊

330000－1704－0007979　011765　子部/藝術類/書畫之屬/法帖
**呂晚邨墨蹟不分卷**　(清)呂留良書　民國六年(1917)商務印書館影印本　一冊

330000－1704－0007980　011766　子部/藝術類/書畫之屬
**金拓蜀先主廟碑不分卷**　(金)王庭筠撰書篆　民國有正書局影印本　一冊

330000－1704－0007981　011767　子部/藝術類/書畫之屬/法帖
**劉石菴墨蹟一卷**　(清)劉墉書　民國影印本　一冊

330000－1704－0007984　012175　史部/目録類/總録之屬/官修
**江南圖書館善本書目五卷**　江南圖書館編　民國南京江南圖書館鉛印本　一冊

330000－1704－0007985　012178　史部/目録類/總録之屬/官修
**北平圖書館善本書目四卷**　趙萬里編　民國二十二年(1933)刻本　四冊

330000－1704－0007986　012179　史部/目録類/總録之屬/官修
**江蘇第一圖書館覆校善本書目四卷**　胡宗武　曹掾梁編　民國七年(1918)南京江蘇第一圖書館鉛印本　三冊　缺一卷(二)

330000－1704－0007988　012180　史部/目録類/總録之屬/私撰
**寒雲手寫所藏宋本提要廿九種一卷**　袁克文撰　民國二十年(1931)影印本　一冊

330000－1704－0007991　012181　史部/目録類/總録之屬/官修
**江蘇省立蘇州圖書館圖書目録不分卷**　蔣鏡寰　陳子彝撰　民國三十五年(1946)油印本　一冊

330000－1704－0007993　011768　子部/藝術類/書畫之屬/法帖
**張廉卿寸楷墨蹟不分卷**　(清)張裕釗書　民國十一年(1922)上海遠東圖書館影印本　一冊

330000－1704－0007994　012183　史部/金石類/郡邑之屬/目録
**鳴沙山石室祕録一卷**　羅振玉撰　民國國粹學報社鉛印本　一冊

330000－1704－0007998　012184　史部/目録類/總録之屬/私撰
**粹芬閣珍藏善本書目一卷**　沈知方編　民國二十三年(1934)鉛印本　一冊

330000－1704－0008000　011770　子部/藝術類/書畫之屬/法帖
**張廉卿墨蹟不分卷**　(清)張裕釗書　民國九年(1920)上海有正書局影印本　一册

330000－1704－0008001　012218　史部/地理類/方志之屬/郡縣志
**[民國]續修陝西通志稿二百二十四卷首一卷**　楊虎城　邵力子修　宋伯魯　吴廷錫纂　民國二十三年(1934)鉛印本　四册　存七卷(一百八十三至一百八十九)

330000－1704－0008002　012186　史部/目録類/總録之屬/私撰
**南海珍藏宋元明版書目一卷**　康有為藏　錢定安編　民國二十一年(1932)油印本　一册

330000－1704－0008004　012219　史部/目録類/總録之屬/地方
**大清畿輔書徵四十一卷**　徐世昌撰　民國天津徐氏鉛印本　十六册

330000－1704－0008006　012220　史部/目録類/總録之屬/地方
**溫州經籍志三十三卷首一卷外編二卷辨誤一卷**　(清)孫詒讓撰　民國十年(1921)浙江公立圖書館刻本　楊紹廉校注　十五册　存三十四卷(首、一至三十三)

330000－1704－0008008　011772　子部/藝術類/書畫之屬/法帖
**星彔書詞一卷**　童式規書　民國二十五年(1936)上海商務印書館石印本　一册

330000－1704－0008009　012188　史部/目録類/總録之屬/官修
**京師圖書館善本簡明書目不分卷**　京師圖書館編　民國五年(1916)京師圖書館鉛印本　一册

330000－1704－0008010　012220－1　史部/目録類/總録之屬/地方
**溫州經籍志三十三卷首一卷外編二卷辨誤一卷**　(清)孫詒讓撰　民國十年(1921)浙江公立圖書館刻本　孫延釗批校　一册　存三卷(首、一至二)

330000－1704－0008013　011773　子部/藝術類/書畫之屬/法帖
**錢南園楷書墨蹟一卷**　(清)錢灃書　民國十五年(1926)上海有正書局石印本　一册

330000－1704－0008014　012221　史部/目録類/總録之屬/地方
**溫州經籍志三十三卷首一卷外編二卷辨誤一卷**　(清)孫詒讓撰　民國十年(1921)浙江公立圖書館刻本　十六册

330000－1704－0008015　011774　子部/藝術類/書畫之屬/法帖
**祝枝山書赤壁賦兩鬼詩不分卷**　(明)祝允明書　民國四年(1915)上海商務印書館影印本　一册

330000－1704－0008016　012222　史部/目録類/總録之屬/私撰
**海昌先哲遺著叢編不分卷**　管元耀輯　稿本　一册

330000－1704－0008021　011776　子部/藝術類/書畫之屬/法帖
**南園書蕪城賦一卷**　(清)錢灃書　民國上海震亞圖書局石印本　一册

330000－1704－0008022　012235　史部/目録類/總録之屬/彙刻
**古佚書録叢輯**　民國二十二年(1933)國立北平圖書館、中華圖書館協會鉛印本　三册　存一種

330000－1704－0008024　011777　子部/藝術類/書畫之屬/法帖
**明拓伯夷叔齊廟碑不分卷**　(宋)黄庭堅書　(宋)文勛篆　李宏立石　民國十九年(1930)上海中華書局影印本　一册

330000－1704－0008025　011778　子部/藝術類/書畫之屬/法帖
**翁覃溪手札墨寶不分卷**　(清)翁方綱書　民國十二年(1923)上海文明書局、中華書局影印本　二册

330000－1704－0008026　011779　子部/藝術類/書畫之屬/法帖

**黄石齋先生逸詩不分卷**　(明)黄道周書　民國九年(1920)上海有正書局影印本　林損觀款　一册

330000－1704－0008027　011780　子部/藝術類/書畫之屬/法帖

**金冬心書書畫小記一卷**　(清)金農書　民國元年(1912)上海文明書局石印本　一册

330000－1704－0008029　012096　類叢部/叢書類/郡邑之屬

**四明叢書第一集總目序跋輯要一卷第二集總目序跋輯要一卷第三集總目序跋輯要一卷**　張壽鏞撰輯　民國四明張壽鏞約園刻本　張崟題記　三册

330000－1704－0008030　012913　子部/雜著類/雜纂之屬

**樗庵日鈔録略一卷**　楊紹廉輯　民國永嘉黄氏敬鄉樓抄本　楊紹廉校　一册

330000－1704－0008031　011782　子部/藝術類/書畫之屬/法帖

**張廉卿書箴言一卷**　(清)張裕釗書　民國四年(1915)上海文明書局石印本　一册

330000－1704－0008032　011783　子部/藝術類/書畫之屬/法帖

**王夢樓墨蹟第一集一卷**　(清)王文治書　民國七年(1918)上海有正書局石印本　一册

330000－1704－0008033　012192　史部/目録類/總録之屬/徵訪

**南獻遺徵箋一卷**　鄭文焯輯　范希曾箋　民國二十年(1931)淮陰范氏刻本　一册

330000－1704－0008034　012095　史部/目録類/版本之屬/專考

**雪堂校刊羣書敘録二卷**　羅振玉撰　民國七年(1918)上虞羅振玉鉛印本　二册

330000－1704－0008036　012193　史部/目録類/總録之屬/官修

**故宫善本書目三卷**　張允亮輯　民國二十三年(1934)北平故宫博物院圖書館鉛印本　一册

330000－1704－0008037　012195　史部/目録類/總録之屬/官修

**浙江省立圖書館善本書目甲編四卷**　毛春翔編　民國二十五年(1936)浙江省立圖書館鉛印本　一册

330000－1704－0008040　012223　史部/目録類

**雲南叢書目録一卷**　雲南圖書館編　民國三年(1914)刻本　一册

330000－1704－0008042　012224　史部/目録類/總録之屬/地方

**台州經籍志四十卷**　項士元編　民國四年(1915)鉛印本　十二册　缺十卷(二十一至二十四、二十六至二十九、三十三至三十四)

330000－1704－0008043　012097　史部/傳記類/别傳之屬

**帆影樓紀事不分卷附小萬柳堂王惲畫目一卷**　吴芝瑛編　民國石印本　一册

330000－1704－0008044　011785　子部/藝術類/書畫之屬/畫譜

**姚江息園主人葉壽生先生花卉翎毛畫稿不分卷**　(清)葉壽生繪　上海書畫美術研究會藏　民國四年(1915)上海才記書紙棧石印本　一册

330000－1704－0008046　012225　史部/目録類/總録之屬/地方

**默盦收藏台州書目不分卷**　王舟瑶編　稿本　一册

330000－1704－0008049　012226　史部/目録類/總録之屬/官修

**故宫已佚書籍書畫目録四種**　國立北平故宫博物院編　民國二十三年(1934)北平故宫博物院鉛印本　一册

330000－1704－0008050　012099　史部/目録類/通論之屬/義例

**校讎新義十卷**　杜定友撰　民國十九年

(1930)上海中華書局鉛印本　一册

330000－1704－0008051　012199　史部/叢編

**述窠雜纂**　黄任恒撰　民國十四年(1925)南海黄氏鉛印本　一册　存一種

330000－1704－0008052　012100　史部/目録類/通論之屬

**劉向校讎學纂微一卷**　孫德謙撰　民國元和孫氏四益宧刻本　一册

330000－1704－0008053　012227　史部/叢編

**史料叢書**　國立中央研究院歷史語言研究所編　民國國立中央研究院歷史語言研究所鉛印本暨影印本　一册　存一種

330000－1704－0008055　012228　史部/目録類/總録之屬/官修

**故宫殿本書庫現存目三卷附録一卷**　陶湘編　民國二十二年(1933)故宫博物院圖書館鉛印本　三册

330000－1704－0008057　012232　史部/目録類/總録之屬

**灊江書徵四卷附録一卷**　甘鵬雲撰　民國二十五年(1936)灊江甘氏崇雅堂鉛印本　二册

330000－1704－0008060　012234　史部/目録類/總録之屬/地方

**四庫湖北先正遺書提要四卷存目四卷**　盧弼輯　**四庫湖北先正遺書札記一卷**　盧弼撰　民國十一年(1922)沔陽盧氏慎始基齋刻本　二册　缺四卷(提要一至四)

330000－1704－0008061　012101　類叢部/叢書類/彙編之屬

**渭南嚴氏孝義家塾叢書十一種**　嚴式誨編　民國十四年至二十年(1925－1931)渭南嚴氏刻本　一册　存一種

330000－1704－0008063　012102　史部/目録類/版本之屬/書影

**明代版本圖録初編十二卷**　潘承弼　顧廷龍編　民國三十年(1941)開明書店影印本暨鉛印本　四册

330000－1704－0008067　012104　史部/目録類/總録之屬/官修

**四庫全書敘一卷　四庫全書攷證一卷**　李時撰　**姚彦長觀書例一卷**　(清)姚晋圻撰　**田曨初觀書後例一卷**　(清)田明昶撰　民國十四年(1925)北京慈祥工廠石印本　一册

330000－1704－0008075　012230　史部/目録類

**擬修永嘉縣志經籍門稿不分卷**　宋慈裦撰　稿本　一册

330000－1704－0008077　012231　史部/目録類/總録之屬/地方

**溫州經籍志總目不分卷**　孫延釗輯　稿本　一册

330000－1704－0008079　012233　史部/目録類

**逐學齋收藏鄉先哲遺書目録不分卷**　(清)孫詒讓撰　民國永嘉黄氏敬鄉樓抄本　楊紹廉批校　一册

330000－1704－0008084　012240　史部/金石類/總志之屬/目録

**金石書録目十卷附方志中金石志目一卷金石叢書目一卷**　容媛輯　民國二十五年(1936)上海商務印書館鉛印本　一册

330000－1704－0008086　012241　史部/目録類/總録之屬/官修

**諸暨圖書館目録初編八卷首一卷**　樓藜然編　民國九年(1920)石印本　四册

330000－1704－0008088　012242　史部/目録類/總録之屬/官修

**壬子文瀾閣所存書目五卷**　錢恂編　民國元年(1912)浙江圖書館刻本　四册

330000－1704－0008089　012107　集部/別集類

**勱堂讀書記十卷**　民國十七年(1928)顧氏鉛印本　一册

330000－1704－0008091　012108　史部/目録類/書志之屬/題跋

**思適齋集外書跋輯存不分卷**　(清)顧廣圻撰　蔣祖詒輯　民國二十四年(1935)吳縣鄒百耐百擁樓鉛印本　一册

330000－1704－0008093　012243　史部/目録類/總録之屬/官修

**壬子文瀾閣所存書目五卷**　錢恂編　**文瀾閣目補一卷**　章箴編　民國元年(1912)浙江圖書館刻十二年(1923)補刻本　四册

330000－1704－0008095　012212　史部/目録類/通論之屬/掌故瑣記

**書舶庸譚四卷**　董康撰　民國十九年(1930)上海大東書局影印本　三册

330000－1704－0008096　012213　史部/目録類/版本之屬/專考

**明版書經眼録二卷**　王敦化撰　民國齊魯大學國學研究所鉛印本　二册

330000－1704－0008099　012110　子部/藝術類/書畫之屬/法帖

**鄰蘇老人手書題跋不分卷**　楊守敬書　民國五年(1916)武昌楊氏觀海堂石印本　二册

330000－1704－0008100　012111　史部/目録類/總録之屬/私撰

**書目舉要一卷**　周貞亮　李之鼎編　民國九年(1920)南城李之鼎宜秋館刻本　一册

330000－1704－0008101　011789　子部/藝術類/書畫之屬/法帖

**譚組庵墨蹟不分卷**　譚延闓書　譚仲煇藏　民國二十五年(1936)上海中華書局影印本　二册

330000－1704－0008102　012112　史部/目録類/通論之屬/藏書約

**藏書記要一卷**　(清)孫從添撰　民國三年(1914)掃葉山房石印本　一册

330000－1704－0008103　012121　史部/目録類/書志之屬/提要

**讀書敏求記四卷**　(清)錢曾撰　民國三年(1914)上海掃葉山房石印本　四册

330000－1704－0008105　011791　子部/藝術類/書畫之屬/法帖

**清道人書長沙朱閣學墓碑不分卷**　李瑞清書　民國十三年(1924)上海震亞圖書局影印本　一册

330000－1704－0008106　012244　史部/目録類/總録之屬/官修

**文瀾閣目索引一卷**　楊立誠編　民國十八年(1929)浙江省立圖書館鉛印本　一册

330000－1704－0008109　012245　史部/目録類/專録之屬

**補鈔文瀾閣四庫闕簡記録不分卷**　張宗祥撰　民國十五年(1926)刻本　一册

330000－1704－0008110　012114　史部/目録類/書志之屬/提要

**繡谷亭薰習録經部一卷集部二卷**　(清)吳焯撰　民國七年(1918)仁和吳氏雙照樓刻朱印本　陳毅題記　一册

330000－1704－0008111　012215　史部/目録類/總録之屬/地方

**金華經籍志二十四卷外編一卷存疑一卷辨誤一卷**　胡宗楙纂　民國十四年(1925)永康胡氏夢選樓刻本　八册

330000－1704－0008112　012246　史部/目録類/總録之屬/官修

**舊溫屬圖書館初編書目不分卷**　舊溫屬圖書館編　民國舊溫屬圖書館石印本　六册

330000－1704－0008115　012115　史部/目録類/通論之屬/考訂

**古文舊書考四卷附訪餘録一卷**　(日本)島田翰撰　民國十六年(1927)深縣王雨藻玉堂鉛印本　一册　存一卷(訪餘録)

330000－1704－0008116　012216　史部/目録類/書志之屬/提要

**山左先喆遺書提要一卷**　王獻唐編　民國瑞安仿古印書局鉛印本　一册

330000－1704－0008117　012247　史部/目録類/總録之屬

**永嘉東山圖書館書目不分卷**　永嘉東山圖書館編　民國石印本　一册

330000－1704－0008120　011793　子部/藝術類/書畫之屬/法帖

**清道人臨魏碑不分卷**　李瑞清書　民國四年(1915)影印本　一册

330000－1704－0008121　011794　子部/藝術類/書畫之屬/法帖

**清道人選臨法帖真蹟不分卷**　李瑞清書　民國三年(1914)影印本　一册

330000－1704－0008122　012116　史部/目録類/版本之屬/通論

**藏書絶句三十二首一卷**　楊守敬撰　民國十六年(1927)鉛印本　一册

330000－1704－0008126　011797　子部/藝術類/書畫之屬/法帖

**趙書仇公墓碑不分卷**　(元)趙孟頫撰并書　民國文明書局影印本　一册

330000－1704－0008127　011795　子部/宗教類/佛教之屬

**金剛般若波羅蜜經一卷**　民國影印本　性心題記　一册

330000－1704－0008129　011796　子部/藝術類/書畫之屬/法帖

**清道人節臨六朝碑四種帖不分卷**　李瑞清書　民國六年(1917)上海震亞圖書局影印本　一册

330000－1704－0008135　012252　史部/目録類/總録之屬

**二徐書目合刻**　王存善輯　民國四年(1915)鉛印本　四册　存一種

330000－1704－0008137　012122　史部/目録類/版本之屬/通論

**中國版本略説一卷**　中國科學社編　民國二十年(1931)中國科學社鉛印本　一册

330000－1704－0008140　012253　史部/目録類/總録之屬/官修

**黄巖九峰圖書館書目五卷**　黄巖九峰圖書館編　民國七年(1918)黄巖九峰圖書館石印本　二册

330000－1704－0008142　012254　史部/目録類/總録之屬/官修

**浙江公立圖書分館觀覽類科學書目一卷**　浙江公立圖書館編　民國六年(1917)鉛印本　一册

330000－1704－0008143　012274　類叢部/叢書類/自著之屬

**勱堂遺書八種**　民國八年至十九年(1919－1930)會稽顧氏鉛印本　張崟題記　一册　存一種

330000－1704－0008144　012255　史部/目録類/總録之屬/官修

**浙江公立圖書館保存類目録續編四卷通常類目録續編四卷通常類補遺一卷保存類目録續編勘誤表一卷**　浙江公立圖書館編　民國七年(1918)浙江公立圖書館鉛印本　二册

330000－1704－0008146　012124　史部/目録類/專録之屬

**清代進書表録存一卷**　(清)錢恂撰　民國八年(1919)聚珍倣宋印書局鉛印本　一册

330000－1704－0008147　011798　子部/藝術類/書畫之屬/法帖

**阿育王寺重修舍利殿記不分卷**　章炳麟撰　曾熙書　民國影印本　一册

330000－1704－0008148　012125　史部/目録類/通論之屬/義例

**藏書叢譚一卷**　楊嘉撰　稿本　一册

330000－1704－0008150　012126　史部/目録類/通論之屬/掌故瑣記

**書林清話十卷**　葉德輝撰　民國九年(1920)葉德輝觀古堂刻本　四册

330000－1704－0008151　012277　史部/目録類/總録之屬/官修

**故宫所藏觀海堂書目四卷**　楊守敬藏　何澄一編　民國二十一年(1932)北平故宫博物院圖書館鉛印本　一冊

330000－1704－0008154　012127　史部/目録類/版本之屬/書影

**留真譜二編八卷**　楊守敬輯　民國六年(1917)宜都楊氏觀海堂刻本　八冊

330000－1704－0008156　011800　子部/藝術類/書畫之屬/法帖

**忠武奏草真蹟不分卷**　(宋)岳飛書　民國商務印書館影印本　一冊

330000－1704－0008157　011801　子部/藝術類/書畫之屬/法帖

**譚祖安先生書麻姑仙壇記不分卷**　譚延闓書　民國二十五年(1936)上海商務印書館影印本　二冊

330000－1704－0008158　011802　子部/藝術類/書畫之屬/法帖

**宋米芾詩牘不分卷**　(宋)米芾書　民國二十四年(1935)國立北平故宫博物院影印本　一冊

330000－1704－0008159　011803　子部/藝術類/書畫之屬/法帖

**宋米南宫書蜀素帖一卷**　(宋)米芾書　民國二十三年(1934)國立北平故宫博物院影印本　一冊

330000－1704－0008160　011804　子部/藝術類/書畫之屬/法帖

**蘇文忠公表忠觀碑不分卷**　(宋)蘇軾撰並書　民國拓本　二冊

330000－1704－0008161　012129　史部/目録類/版本之屬/書影

**吴興劉氏嘉業堂善本書景五卷**　劉承幹輯　民國十八年(1929)吴興劉氏嘉業堂影印本　五冊

330000－1704－0008162　012131　史部/目録類/版本之屬/通論

**藏書絕句三十二首一卷**　楊守敬撰　民國十六年(1927)鉛印本　張棡批校並題簽　一冊

330000－1704－0008163　012133　史部/目録類/書志之屬/提要

**曝書隨筆一卷**　楊嘉撰　稿本　楊紹廉題簽　一冊

330000－1704－0008164　012135　史部/目録類/書志之屬/題跋

**校經廎題跋二卷**　(清)李富孫撰　民國杭州西泠印社吴氏木活字印本　一冊

330000－1704－0008165　012136　類叢部/叢書類/彙編之屬

**江氏聚珍版叢書四集二十八種**　(清)蔣光煦輯　民國十三年(1924)蘇州江氏文學山房木活字印本　二冊

330000－1704－0008166　012137　史部/目録類/書志之屬/題跋

**藏園羣書題記續集六卷**　傅增湘撰　民國二十七年(1938)江安傅增湘藏園鉛印本　三冊

330000－1704－0008167　012139　史部/目録類/版本之屬/書影

**故宫善本書影初編一卷**　故宫博物院圖書館編　民國十八年(1929)故宫博物院圖書館影印本　一冊

330000－1704－0008168　012138　史部/目録類/版本之屬/書影

**宋元書影四卷**　民國影印本　四冊

330000－1704－0008169　012140　子部/藝術類/書畫之屬/書法書品

**漢晉書影一卷**　羅振玉輯　民國七年(1918)影印本　一冊

330000－1704－0008170　012141　類叢部/叢書類/彙編之屬

**小桃花館叢書**　民國鉛印本　一冊　存一種

330000－1704－0008171　012142　集部/別集類

**臥雪堂文集二十二卷**　袁嘉穀撰　民國二十二年(1933)雲南崇文印書館石印本　袁嘉穀

題記　四册

330000－1704－0008172　012143　集部/别集類

**享帚録八卷前後漢書儒林傳搜遺一卷**　秦錫田撰　民國二十年(1931)鉛印本　四册

330000－1704－0008174　012256　史部/目録類/總録之屬/官修

**浙江公立圖書分館觀覽類書目補編不分卷**　浙江公立圖書館編　民國五年(1916)浙江公立圖書館鉛印本　一册

330000－1704－0008175　012144　集部/别集類

**奇觚廎文集三卷外集一卷**　葉昌熾撰　民國十年(1921)吳縣潘氏刻本　二册

330000－1704－0008177　012257　史部/目録類/總録之屬/官修

**浙江公立圖書館通常類圖書目録五卷附保存類圖書目録補遺一卷**　浙江公立圖書館編　民國十四年(1925)浙江公立圖書館鉛印本　八册

330000－1704－0008178　012258　史部/目録類/總録之屬/官修

**寧波市立圖書館目録不分卷**　楊鐵夫編　民國二十年(1931)寧波市立圖書館鉛印本　一册

330000－1704－0008179　012278　史部/目録類/總録之屬/私撰

**韓氏讀有用書齋書目一卷**　封文權編　民國二十三年(1934)瑞安陳氏裒殷堂鉛印本　一册

330000－1704－0008180　012259　史部/目録類/總録之屬/官修

**浙江圖書館觀覽類日文書目一卷**　浙江圖書館編　民國四年(1915)浙江圖書館鉛印本　一册

330000－1704－0008181　012146　集部/别集類

**抱潤軒遺集一卷**　馬其昶撰　民國二十五年(1936)吳常燾鉛印本　一册

330000－1704－0008182　012260　史部/目録類/總録之屬/官修

**浙江圖書館觀覽類書目四卷補遺一卷附録一卷**　浙江圖書館編　民國四年(1915)浙江圖書館鉛印本　四册

330000－1704－0008183　012147　集部/别集類

**抱潤軒文集二十二卷**　馬其昶撰　民國十二年(1923)京師刻本　四册

330000－1704－0008186　012261　史部/目録類/總録之屬/官修

**江南圖書館書目六卷**　江南圖書館編　民國南京江南圖書館鉛印本　六册　缺一卷(二)

330000－1704－0008187　011807　子部/藝術類/書畫之屬/法帖

**劉石庵蘐帖正續集不分卷**　(清)劉墉書　民國上海求古齋書帖局影印本　六册

330000－1704－0008191　011808　子部/藝術類/書畫之屬/法帖

**張廉卿南宫縣學記一卷**　(清)張裕釗撰並書　民國九年(1920)上海有正書局影印本　一册

330000－1704－0008192　012149　集部/别集類

**左盦集八卷**　劉師培撰　民國十七年(1928)北京陸福寺脩綆堂刻朱印本　六册

330000－1704－0008195　012282　史部/目録類/總録之屬/私撰

**越縵堂藏書目録不分卷**　(清)李慈銘藏　民國十一年(1922)油印本　王理孚跋　一册

330000－1704－0008196　012262　史部/目録類/總録之屬/官修

**南京圖書局閲覽室檢查書目二編五卷**　南京圖書局編　民國南京圖書局鉛印本　二册

330000－1704－0008197　012283　史部/目録類/總録之屬

**二徐書目合刻**　王存善輯　民國四年(1915)鉛印本　二册　存一種

330000－1704－0008198　012263　史部/目録類/總録之屬/官修

**河北省立第一圖書館書目語文部别集類三十一卷**　河北省立第一圖書館編　民國二十六年(1937)河北省立第一圖書館鉛印本　四册

330000－1704－0008201　011809　子部/藝術類/書畫之屬

**成親王楷書歸去來辭帖一卷**　(清)永瑆書　民國九年(1920)上海進步書局影印本　一册

330000－1704－0008202　012287　史部/目録類/總録之屬/私撰

**章氏四當齋藏書目三卷書名通檢一卷**　章鈺藏　顧廷龍編校　瞿潤緡助編　民國二十七年(1938)北平燕京大學圖書館鉛印本　五册

330000－1704－0008203　012266　史部/目録類/總録之屬/官修

**國立北京大學圖書館出借書草目一卷日本文書草目一卷**　國立北京大學圖書館編　民國六年(1917)國立北京大學圖書館油印本　一册

330000－1704－0008204　011810　子部/藝術類/書畫之屬/法帖

**梁山舟孫安人誄墨跡不分卷**　(清)吳錫麒撰　(清)梁同書書　民國上海世界畫報社石印本　一册

330000－1704－0008206　011811　子部/藝術類/書畫之屬/法帖

**米南宫十七帖一卷**　(宋)米芾書　民國十五年(1926)上海文明書局影印本　一册

330000－1704－0008212　011813　子部/藝術類/書畫之屬/法帖

**鄧石如篆文不分卷**　(清)鄧石如書　木石居士藏　民國十七年(1928)上海掃葉山房影印本　一册

330000－1704－0008213　011814　子部/藝術類/書畫之屬/法帖

**唐多寶塔宋拓本不分卷**　(唐)顔真卿書　(唐)岑勛撰　徐浩題額　民國十二年(1923)中華書局影印本　一册

330000－1704－0008214　011815　子部/藝術類/書畫之屬/法帖

**黄石齋書張天如墓誌不分卷**　(明)黄道周書　民國上海有正書局石印本　一册

330000－1704－0008216　011816　子部/藝術類/書畫之屬/法帖

**何子貞臨張遷碑一卷**　(清)何紹基書　民國八年(1919)上海文明書局影印本　一册

330000－1704－0008218　012329　史部/目録類/總録之屬/私撰

**東海藏書樓書目五卷**　徐允中藏並編　民國九年(1920)武林印書館鉛印本　四册

330000－1704－0008219　012289　史部/目録類/版本之屬/專考

**宋元本行格表二卷附録一卷補遺一卷**　(清)江標輯　劉肇隅編並補　民國三年(1914)上海文瑞樓石印本　四册

330000－1704－0008225　012292　史部/目録類/總録之屬/私撰

**趙氏圖書館藏書目録五卷補遺一卷新鈔書目一卷峭帆樓善本書目一卷**　趙詒琛撰　民國十五年(1926)鉛印本　二册

330000－1704－0008228　012293　史部/目録類/總録之屬/官修

**梁氏飲冰室藏書目録五卷附録二卷補遺一卷**　國立北平圖書館編　民國二十二年(1933)國立北平圖書館鉛印本　四册

330000－1704－0008230　011818　子部/藝術類/書畫之屬/法帖

**明拓顔真卿家廟碑不分卷**　(唐)顔真卿撰並書　(唐)李陽冰篆　民國影印本　四册

330000－1704－0008231　011819　子部/藝術類/書畫之屬/法帖

**文徵明書懷歸詩不分卷**　(明)文徵明書　民國十三年(1924)上海有正書局影印本　一册

330000－1704－0008233　012294　史部/目録類/總録之屬/官修

**合眾圖書館藏書分目**　合眾圖書館編　民國合眾圖書館鉛印本暨石印本　一冊　存一種

330000－1704－0008236　012296　史部/目録類/總録之屬/氏族

**歷朝樊氏藝文志一卷**　樊鎮輯　民國抄本　一冊

330000－1704－0008237　012336　史部/目録類/專録之屬

**國立中央研究院歷史語言研究所圖書室方志目不分卷**　張政烺撰集　民國二十六年(1937)國立中央研究院歷史語言研究所鉛印本　一冊

330000－1704－0008238　011821　子部/藝術類/書畫之屬/法帖

**張氏通波阡表不分卷**　(明)楊維楨撰并書　民國有正書局影印本　一冊

330000－1704－0008239　012297　史部/目録類/總録之屬

**明吳興閔氏刊書目一卷**　陶湘輯　**清内府書籍目録一卷**　民國浙江省立圖書館抄本　一冊

330000－1704－0008241　011822　子部/藝術類/書畫之屬/法帖

**劉石菴墨蹟一卷**　(清)劉墉書　民國十一年(1922)上海商務印書館石印本　一冊

330000－1704－0008242　012337　史部/目録類/專録之屬

**隴右方志録一卷**　張維纂　民國二十三年(1934)鉛印本　一冊

330000－1704－0008243　012338　史部/目録類/專録之屬

**隴右方志録一卷**　張維纂　民國二十三年(1934)鉛印本　一冊

330000－1704－0008244　011823　子部/藝術類/書畫之屬/法帖

**明盧忠肅公象昇草書不分卷**　(明)盧象昇書　民國上海有正書局影印本　一冊

330000－1704－0008245　012305　史部/目録類/專録之屬

**西諦所藏善本戲曲目録一卷補遺一卷**　鄭振鐸輯　民國二十六年(1937)鄭振鐸刻藍印本　一冊

330000－1704－0008246　011824　子部/藝術類/書畫之屬/法帖

**翁叔平隸書三種不分卷**　(清)翁同龢書　民國五年(1916)上海有正書局石印本　一冊

330000－1704－0008247　012394　類叢部/叢書類/彙編之屬

**古書叢刊十六種**　陳琰輯　民國十一年(1922)古書流通處影印本　六冊　存一種

330000－1704－0008250　011825　子部/藝術類/書畫之屬/法帖

**何蝯叟行書墨蹟一卷**　(清)何紹基書　民國上海有正書局影印本　鐵梅小主題記　一冊

330000－1704－0008251　011826　子部/藝術類/書畫之屬/法帖

**金冬心先生詩稿墨跡一卷**　(清)金農書　民國上海有正書局石印本　一冊

330000－1704－0008254　011827　子部/藝術類/書畫之屬/法帖

**劉石菴行書詩稿不分卷**　(清)劉墉書　民國十六年(1927)上海文明書局影印本　□定翁題記　一冊

330000－1704－0008256　012344　史部/金石類/甲骨之屬/通考

**甲骨書録解題五卷附録二卷甲骨論文解題三卷附録一卷甲骨學論著索引一卷**　邵子風撰　民國二十四年(1935)上海商務印書館石印本　一冊

330000－1704－0008257　012306　史部/目録類/總録之屬/私撰

**染學齋藏書總目四卷目録提要一卷所藏金石書畫彙鈔一卷**　項葆楨編　民國抄本　八冊

330000－1704－0008259　011828　子部/藝術類/書畫之屬/法帖

**明高忠憲公墨寶不分卷**　(明)高攀龍撰並書　民國上海有正書局石印本　一冊

330000－1704－0008261　012308　史部/目録類/總録之屬/私撰

**瑞安項泉薹家藏書一卷**　溫州市圖書館編　民國梅冷生抄本　一冊

330000－1704－0008263　011829　子部/藝術類/書畫之屬/法帖

**宋拓顔平原東方畫贊不分卷**　(唐)顔真卿書　民國上海有正書局影印本　二冊

330000－1704－0008265　011830　子部/藝術類/書畫之屬/法帖

**趙文敏書急就篇附釋文不分卷**　(元)趙孟頫書　民國二十四年(1935)上海商務印書館影印本　一冊

330000－1704－0008269　011831　子部/藝術類/書畫之屬/法帖

**趙文敏書急就篇附釋文不分卷**　(元)趙孟頫書　民國四年(1915)上海商務印書館影印本　一冊

330000－1704－0008270　011832　子部/藝術類/書畫之屬/法帖

**趙松雪蕭山大成殿記不分卷**　(元)張伯淳撰　(元)趙孟頫書　民國上海有正書局影印本　一冊

330000－1704－0008271　012303　史部/目録類/總録之屬/私撰

**璞廬藏書書目不分卷**　戴炳驄輯　稿本　一冊

330000－1704－0008274　012310　類叢部/叢書類/彙編之屬

**東方學會叢書初集十三種**　羅振玉編　民國十三年(1924)東方學會鉛印本　一冊　存一種

330000－1704－0008275　012348　史部/目録類/總録之屬/官修

**浙江圖書館增設印行所書目一卷**　浙江圖書館編　民國刻本　一冊

330000－1704－0008276　012349　史部/目録類/書志之屬/提要

**四部寓眼録二卷**　(清)周廣業撰　民國二十二年(1933)上虞羅振常蟫隱廬鉛印本　一冊

330000－1704－0008280　012312　史部/目録類/總録之屬/私撰

**永嘉黄氏藏書目録不分卷**　民國二十八年(1939)油印本　孫延釗題記　梅冷生校　一冊

330000－1704－0008282　011834　子部/藝術類/書畫之屬/法帖

**鄭谷口姜敬亭傳一卷**　(清)鄭簠書　民國上海有正書局影印本　開天天室主人觀款　一冊

330000－1704－0008287　012316　史部/目録類/總録之屬/私撰

**杜隱園藏書目録不分卷**　張棡輯　稿本　三冊

330000－1704－0008288　011835　子部/宗教類/佛教之屬/經

**華嚴經十地品第二地章不分卷**　(唐)釋實叉難陀譯　釋演音書　民國二十二年(1933)佛學書局影印本　一冊

330000－1704－0008290　012350　類叢部/叢書類/彙編之屬

**邈園叢書二十六種**　羅振常編　民國上海蟫隱廬膳寫版印三十三年(1944)吳興周延年彙編印本　一冊　存一種

330000－1704－0008294　012918　類叢部/叢書類/彙編之屬

**知不足齋叢書一百九十五種**　(清)鮑廷博輯　(清)鮑士恭續輯　民國十年(1921)上海古書流通處據清鮑氏刻本影印本　二百四十冊

330000－1704－0008296　012411　史部/雜史類/斷代之屬

**薛諧孟筆記二卷附録一卷**　(明)薛寀撰　民

國二十八年(1939)薛秉初鉛印本　二冊

330000－1704－0008298　012353　史部/目録類/總録之屬/私撰

**國學用書類述不分卷**　支偉成編　民國十六年(1927)上海泰東圖書局鉛印本　二冊

330000－1704－0008304　011836　子部/藝術類/書畫之屬/書法書品

**海日樓遺墨一卷**　沈曾植書　民國石印本　一冊

330000－1704－0008307　011837　子部/藝術類/書畫之屬/法帖

**王梅庵臨褚河南聖教序不分卷**　(唐)褚遂良書　王棨年臨　民國影印本　一冊

330000－1704－0008308　012320　史部/目録類/總録之屬/私撰

**養拙齋藏書目録不分卷**　稿本　張揚批　一冊

330000－1704－0008310　012321　史部/目録類/總録之屬/私撰

**陸氏守先閣捐助書目一卷**　吳興圖書館編　民國鉛印本　一冊

330000－1704－0008311　012322　史部/目録類/總録之屬/私撰

**凌氏鴻術堂捐助書目一卷**　吳興圖書館編　民國吳興圖書館鉛印本　一冊

330000－1704－0008312　011838　子部/藝術類/書畫之屬/法帖

**清道人書瘞鶴銘不分卷**　李瑞清書　民國影印本　一冊

330000－1704－0008315　012323　史部/目録類/書志之屬/提要

**滂喜齋藏書記三卷**　(清)潘祖蔭藏　葉昌熾撰　潘承弼增編　民國三年(1914)吳縣潘仲午刻十七年(1928)潘承厚增刻印本　二冊

330000－1704－0008316　012324　史部/目録類/總録之屬/私撰

**藝風藏書再續記不分卷**　繆荃孫撰　民國二十九年(1940)燕京大學圖書館鉛印本　一冊

330000－1704－0008317　011839　子部/藝術類/書畫之屬/法帖

**趙撝叔書漢鏡歌眞蹟不分卷**　(清)趙之謙書　民國九年(1920)中華書局影印本　一冊

330000－1704－0008321　012325　類叢部/叢書類/彙編之屬

**遼園叢書二十六種**　羅振常編　民國上海蟫隱廬謄寫版印三十三年(1944)吳興周延年彙編印本　二冊　存二種

330000－1704－0008323　012326　史部/目録類/書志之屬/題跋

**郋園讀書志十六卷**　葉德輝撰　民國十七年(1928)上海澹園鉛印本　十六冊

330000－1704－0008325　011841　子部/藝術類/書畫之屬/法帖

**漢隸合刊不分卷**　(清)何紹基　(清)金冬心書　民國上海碧梧山莊石印本　一冊

330000－1704－0008330　012360　史部/目録類/專録之屬

**西泠印社金石印譜法帖藏書目一卷**　西泠印社編　民國二年(1913)上海西泠印社石印本　一冊

330000－1704－0008334　011843　子部/藝術類/書畫之屬/法帖

**趙撝叔吳讓之胡荄甫篆書墨蹟不分卷**　(清)趙之謙　(清)吳廷揚　(清)胡澍書　民國有正書局影印本　一冊

330000－1704－0008335　012362　史部/目録類/總録之屬/私撰

**錦文堂書目一卷補遺一卷**　錦文堂書莊編　民國十五年(1926)上海鉛印本　一冊

330000－1704－0008337　012363　史部/目録類/專録之屬

**譯書經眼録八卷**　顧燮光輯　民國二十四年(1935)會稽顧氏杭州金佳石好樓石印本　二冊

330000－1704－0008341　012364　史部/目録類/總録之屬/私撰

**四存學會出版部書目一卷**　四存學會出版部編　民國十九年(1930)鉛印本　一冊

330000－1704－0008342　012421　子部/雜著類/雜考之屬

**日知録集釋三十二卷栞誤二卷續栞誤二卷**　(清)黄汝成撰　民國四年(1915)中華圖書館石印本　八冊

330000－1704－0008343　012422　子部/雜著類/雜考之屬

**日知録校記一卷目次校記一卷**　黄侃撰　民國二十五年(1936)南京量守廬刻藍印本　一冊

330000－1704－0008347　012365　史部/目録類/總録之屬/私撰

**同文書店書目第三期一卷**　同文書店編　民國十九年(1930)上海同文書店石印本　一冊

330000－1704－0008350　011849　子部/藝術類/書畫之屬/法帖

**穀貽堂十大名家眞蹟不分卷**　康有為等書　江都王氏藏　民國十一年(1922)華商書局影印本　一冊

330000－1704－0008351　012366　史部/目録類/總録之屬/私撰

**蟫隱廬舊本書目第二十一期一卷**　蟫隱廬書莊編　民國石印本　一冊

330000－1704－0008354　011851　子部/藝術類/書畫之屬/書法書品

**當代名人書林不分卷**　樊增祥等書　王春渠輯　民國二十一年(1932)影印本　一冊

330000－1704－0008355　012367　史部/目録類/總録之屬/私撰

**中國書店書目不分卷**　中國書店編　民國十七年(1928)鉛印本　一冊

330000－1704－0008356　011853　子部/藝術類/書畫之屬/畫録

**病鶴叢畫集四卷**　錢病鶴繪　民國十五年(1926)上海世界書局石印本　四冊

330000－1704－0008357　012368　史部/目録類/總録之屬/私撰

**邃雅齋書目一卷**　邃雅齋編　民國二十五年(1936)鉛印本　一冊

330000－1704－0008358　011854　子部/藝術類/書畫之屬/畫法畫品

**畫法要録二編十卷首一卷末一卷初編補遺一卷**　余紹宋撰　民國二十四年(1935)上海中華書局鉛印本　四冊

330000－1704－0008362　012427　集部/總集類/尺牘之屬

**工商業尺牘偶存不分卷補遺一卷公司注冊文件一卷**　天虚我生(陳壽嵩)稿　民國十七年(1928)家庭工業社鉛印本　四冊

330000－1704－0008363　013098　類叢部/叢書類/郡邑之屬

**台州叢書己集十二種**　楊晨輯　民國八年(1919)黄巖楊氏石印本　十冊

330000－1704－0008365　013099　類叢部/叢書類/郡邑之屬

**台州叢書後集十七種**　楊晨輯　民國四年(1915)黄巖楊氏刻本　十四冊

330000－1704－0008366　012432　子部/小説家類

**説部擷華六卷**　況周頤輯　民國元年(1912)嬛福書莊石印本　六冊

330000－1704－0008368　012369　史部/目録類/總録之屬/彙刻

**博古齋書目第十五期一卷**　上海博古齋編　民國上海博古齋石印本　一冊

330000－1704－0008369　012433　集部/别集類/清别集

**西堂雜組一集八卷二集八卷三集八卷**　(清)尤侗撰　民國上海中華圖書館石印本　六冊

330000－1704－0008370　012370　史部/目録類/總録之屬

**富晉書社新舊書畫碑帖目録六卷補遺一卷** 富晉書社編 民國二十二年(1933)石印本 一册 缺四卷(一至四)

330000－1704－0008371 012920 類叢部/叢書類/彙編之屬

**奇晉齋叢書十六種** (清)陸烜編 民國元年(1912)冰雪山房據清陸氏刻本影印本 八册

330000－1704－0008372 013101 類叢部/叢書類/郡邑之屬

**仙居叢書第一集十二種** 李鏡渠編 民國二十四年(1935)鉛印本 二十册

330000－1704－0008373 012434 子部/雜著類/雜纂之屬

**幽夢影一卷** (清)張潮撰 **幽夢續影一卷** (清)朱錫綬撰 民國十二年(1923)上海有正書局鉛印本 一册

330000－1704－0008375 012371 史部/目録類/總録之屬/私撰

**抱經堂舊書目録一卷** 杭州抱經堂書局編 民國二十年(1931)石印本 一册

330000－1704－0008377 012435 子部/工藝類/日用器物之屬/陶瓷

**古月軒瓷考一卷** 楊勅谷撰 民國二十二年(1933)北平雅韻齋鉛印本 一册

330000－1704－0008378 012372 史部/目録類/總録之屬/私撰

**通學齋書目第一期一卷** 孫殿起編 民國二十四年(1935)北平通學齋鉛印本 一册

330000－1704－0008393 013104 類叢部/叢書類/郡邑之屬

**續金華叢書六十種** 胡宗楙編 民國十三年(1924)永康胡氏夢選樓刻本 一百十九册 存五十九種

330000－1704－0008395 011855 子部/藝術類/書畫之屬/畫法畫品

**畫法要録十七卷首一卷二編十卷首一卷末一卷初編補遺一卷** 余紹宋撰 民國十九年(1930)、二十二年(1933)上海中華書局鉛印本 八册

330000－1704－0008396 011856 子部/藝術類/書畫之屬/畫譜

**梅花喜神譜二卷** (宋)宋伯仁編 梅王閣藏 民國十七年(1928)上海中華書局影印本 二册

330000－1704－0008401 013023 類叢部/叢書類/彙編之屬

**雲窗叢刻十種十四卷** 羅振玉輯 民國三年(1914)上虞羅氏日本京都東山僑舍影印本 九册 存九種

330000－1704－0008404 013024 類叢部/叢書類/彙編之屬

**嘉草軒叢書十一種** 羅振玉編 民國七年(1918)上虞羅氏日本影印本 二十九册 存十種

330000－1704－0008406 012443 子部/雜著類/雜考之屬

**過庭録十六卷** (清)宋鳳翔撰 民國十九年(1930)北平富晉書社石印本 六册

330000－1704－0008410 013021 類叢部/叢書類/彙編之屬

**鳴沙石室佚書(鳴沙石室古佚書)續編四種** 羅振玉編 民國六年(1917)上虞羅氏據唐寫本影印本 一册

330000－1704－0008411 013020 類叢部/叢書類/彙編之屬

**鳴沙石室古籍叢殘三十種** 羅振玉編 民國六年(1917)上虞羅氏影印本 六册

330000－1704－0008412 013108 集部/總集類/郡邑之屬

**永嘉詩人祠堂叢刻十四種** 冒廣生輯 民國四年(1915)如皋冒氏刻本 王理孚校 九册

330000－1704－0008413 012446 子部/雜著類/雜説之屬

**煙嶼樓讀書志十六卷筆記八卷** (清)徐時棟撰 民國十七年(1928)鄞縣徐氏蓮學齋鉛印本 六册 缺八卷(筆記一至八)

330000－1704－0008416　013019　類叢部/叢書類/彙編之屬
**鳴沙石室佚書(鳴沙石室古佚書)初編十九種**　羅振玉編　民國二年(1913)上虞羅氏據唐寫本影印本　四冊

330000－1704－0008417　012448　子部/雜著類/雜考之屬
**讀書脞録續編四卷**　(清)孫志祖撰　民國中國書店影印本　一冊

330000－1704－0008420　013109　類叢部/叢書類/郡邑之屬
**敬鄉樓叢書三十八種**　黃羣編　民國十七年至二十四年(1928－1935)永嘉黃氏鉛印本　七十八冊

330000－1704－0008421　011859　子部/藝術類/書畫之屬/畫法畫品
**天下有山堂畫藝不分卷**　(清)汪之元撰　民國六年(1917)學海圖書館石印本　二冊

330000－1704－0008426　013025　類叢部/叢書類/彙編之屬
**吉石庵叢書二十七種**　羅振玉輯　民國上虞羅氏影印本　二十四冊

330000－1704－0008427　011861　子部/藝術類/書畫之屬/畫譜
**張子祥課徒畫稿四卷**　丁寶書臨摹　民國十年(1921)上海中華書局影印本　三冊　缺一卷(二)

330000－1704－0008430　013026　類叢部/叢書類/彙編之屬
**雪堂叢刻(國學叢刊)五十二種**　羅振玉編　民國四年(1915)上虞羅氏鉛印本　十冊　存三十九種

330000－1704－0008431　012380　子部/雜著類/雜說之屬
**桂學答問一卷**　康祖詒(康有為)撰　民國十八年(1929)鉛印本　一冊

330000－1704－0008432　013110　類叢部/叢書類/郡邑之屬
**惜硯樓叢刊八種**　林慶雲編　民國二十四年(1935)瑞安林氏鉛印本　二冊

330000－1704－0008435　013111　類叢部/叢書類/郡邑之屬
**金陵叢書**　翁長森　蔣國榜輯　民國三年至五年(1914－1916)上元蔣氏慎修書屋鉛印本　三十二冊　存六種

330000－1704－0008437　013027－1　類叢部/叢書類/彙編之屬
**六經堪叢書十三種**　羅振玉編　民國東方學會鉛印本　一冊　存一種

330000－1704－0008438　012381　史部/目録類
**中華圖書館協會叢書**　民國二十一年至二十五年(1932－1936)中華圖書館協會鉛印本　一冊　存一種

330000－1704－0008439　012457　子部/雜著類/雜說之屬
**移山簃隨筆一卷**　袁嘉穀撰　民國三十七年(1948)鉛印本　一冊

330000－1704－0008441　013027　類叢部/叢書類/彙編之屬
**東方學會叢書初集十三種**　羅振玉編　民國十三年(1924)東方學會鉛印本　九冊　存七種

330000－1704－0008445　013112　類叢部/叢書類/郡邑之屬
**括蒼叢書第一集八種第二集十二種**　劉燿東編　民國二十七年(1938)、三十七年(1948)鉛印本(原缺滑疑集詩卷二)　三十冊

330000－1704－0008448　013028　史部/雜史類
**史料叢刊初編**　羅振玉輯　民國十三年(1924)東方學會鉛印本　四冊　存五種

330000－1704－0008449　012383　子部/雜著類/雜說之屬
**無錫國學專修館講演集初編不分卷**　無錫國學專修館編　民國十二年(1923)無錫國學專

修館鉛印本　一册

330000－1704－0008452　013029　類叢部/叢書類/彙編之屬

**殷禮在斯堂叢書二十種**　羅振玉編　民國十七年(1928)東方學會石印本暨鉛印本　十二册

330000－1704－0008453　013113　類叢部/叢書類/郡邑之屬

**錫山先哲叢刊十二種**　侯鴻鑑等輯　民國十一年至二十年(1922－1931)上海中華書局鉛印本　十九册　存十二種

330000－1704－0008455　012385　集部/別集類

**約園演講集一卷**　張壽鏞撰　民國鉛印本　張壽鏞題記　一册

330000－1704－0008459　013031　類叢部/叢書類/彙編之屬

**涵芬樓祕笈五十一種**　孫毓修等輯　民國五年至十五年(1916－1926)上海商務印書館影印本暨鉛印本　八十册

330000－1704－0008461　012485　經部/群經總義類/傳說之屬

**筆彊偶述一卷**　(清)李遇孫撰　民國二十六年(1937)蟫隱廬石印本　一册

330000－1704－0008463　012463　類叢部/叢書類/彙編之屬

**求恕齋叢書三十一種**　劉承幹編　民國吳興劉氏嘉業堂刻本　四册　存一種

330000－1704－0008464　013114　類叢部/叢書類/郡邑之屬

**虞陽說苑甲編二十種乙編十二種**　丁祖蔭輯　民國六年(1917)、二十一年(1932)虞山丁氏初園鉛印本　十二册

330000－1704－0008467　013115　史部/地理類/雜志之屬

**上海掌故叢書第一集**　上海通社輯　民國二十五年(1936)上海中華書局鉛印本　十册

330000－1704－0008472　012486　類叢部/叢書類

**壽萱草堂叢書**　民國六年(1917)影印本　一册　存一種

330000－1704－0008473　012386　集部/別集類

**唐蔚芝先生演講録第二集二卷**　唐文治撰　民國二十八年(1939)交通大學出版處鉛印本　一册

330000－1704－0008475　012487　子部/雜著類/雜考之屬

**錢蘇齋述學一卷**　(清)錢文霈撰　民國十三年(1924)蘇城錢氏仁壽堂刻本　一册

330000－1704－0008476　012488　類叢部/叢書類/自著之屬

**松翁居遼後所著書三種**　羅振玉撰　民國十八年至二十年(1929－1931)上虞羅氏石印本　二册　存一種

330000－1704－0008477　013117　類叢部/叢書類/郡邑之屬

**太崑先哲遺書首集九種**　俞慶恩編　民國十七年至二十年(1928－1931)太倉俞氏世德堂鉛印本暨影印本　十册

330000－1704－0008478　013118　類叢部/叢書類/郡邑之屬

**揚州叢刻二十四種**　陳恒和編　民國十九年至二十三年(1930－1934)揚州陳恒和書林刻本　十六册

330000－1704－0008479　012387　集部/別集類

**唐蔚芝先生演講録第二集二卷**　唐文治撰　民國二十八年(1939)交通大學出版處鉛印本　一册

330000－1704－0008480　013030　類叢部/叢書類/彙編之屬

**嘉業堂叢書五十七種**　劉承幹輯　民國吳興劉氏嘉業堂刻本　一百九十三册　存五十種

330000－1704－0008482　012388　集部/別

集類

**唐蔚芝先生演講第一集二卷** 唐文治撰 民國二十八年(1939)交通大學出版處鉛印本 一冊

330000－1704－0008483 012389 集部/別集類

**唐蔚芝先生演講第一集二卷** 唐文治撰 民國二十八年(1939)交通大學出版處鉛印本 一冊

330000－1704－0008484 012390 類叢部/叢書類/自著之屬

**甘氏家藏稿四種附一種** 甘鵬雲撰 民國二十七年至二十八年(1938－1939)甘氏崇雅堂鉛印本 一冊 存一種

330000－1704－0008491 013120 類叢部/叢書類/郡邑之屬

**安徽叢書二十五種** 安徽叢書編審會編 民國二十一年至二十五年(1932－1936)影印本 一百三十八冊 存二十三種

330000－1704－0008493 012489 子部/雜著類/雜考之屬

**讀書小記二卷讀書續記五卷** 馬敘倫撰 民國二十二年(1933)上海商務印書館鉛印本 三冊

330000－1704－0008494 012490 子部/雜著類/雜考之屬

**讀書小記二卷讀書續記五卷** 馬敘倫撰 民國二十二年(1933)上海商務印書館鉛印本 三冊

330000－1704－0008500 013030－1 史部/傳記類/總傳之屬/儒林

**台學統一百卷** (清)王棻輯 民國七年(1918)吳興劉氏嘉業堂刻本 四十冊

330000－1704－0008502 013122 類叢部/叢書類/郡邑之屬

**南陵先哲遺書五種** 徐乃昌輯 民國二十三年(1934)南陵徐乃昌影印本 六冊 存四種

330000－1704－0008503 013128 類叢部/叢書類/郡邑之屬

**廣東叢書** 廣東叢書編輯委員會編 民國商務印書館影印本暨鉛印本 三十七冊

330000－1704－0008504 013123 類叢部/叢書類/郡邑之屬

**涇川叢書四十四種續七種** (清)趙紹祖 (清)趙繩祖編 民國六年(1917)翟鳳翔等據嘉慶至道光涇縣趙氏古墨齋刻本影印本 二十四冊

330000－1704－0008506 012492 子部/雜著類/雜考之屬

**四寸學六卷** (清)張雲璈撰 民國三十年(1941)燕京大學圖書館鉛印本 二冊

330000－1704－0008507 013033 類叢部/叢書類/彙編之屬

**龍谿精舍叢書六十種** 鄭國勳編 民國潮陽鄭氏家塾刻本 一百十冊 存五十九種

330000－1704－0008509 012491 類叢部/叢書類/自著之屬

**莊大久先生遺著** (清)莊有可撰 民國十九年(1930)鉛印本 一冊 存一種

330000－1704－0008511 012512 子部/雜著類/雜說之屬

**紫桃軒雜綴四卷又綴二卷** (明)李日華撰 民國十六年(1927)上海有正書局石印本 四冊

330000－1704－0008512 013124 類叢部/叢書類/郡邑之屬

**湖北先正遺書七十二種七百二十七卷** 盧靖編 民國十二年(1923)沔陽盧氏慎始基齋影印本 一百八十冊

330000－1704－0008513 012511 子部/雜著類/雜說之屬

**六研齋筆記四卷二筆四卷三筆四卷** (明)李日華撰 民國上海有正書局影印本(原缺筆記卷三至四、二筆卷一至二) 六冊

330000－1704－0008518 012474 子部/雜著類/雜說之屬

**三餘札記四卷** 劉文典撰 民國二十四年(1935)、二十八年(1939)上海商務印書館鉛印本 三冊

330000－1704－0008519 012495 子部/雜著類/雜考之屬

**古書疑義舉例七卷** (清)俞樾撰 民國十四年(1925)上海古書流通處影印本 三冊

330000－1704－0008520 012475 集部/別集類

**張季善遺著一卷** 張福慶撰 民國二十四年(1935)鉛印本 一冊

330000－1704－0008521 012496 子部/雜著類/雜考之屬

**古書疑義舉例札迻一卷** 馬敘倫撰 民國七年(1918)杭縣馬敘倫鉛印本 一冊

330000－1704－0008523 012497 子部/雜著類/雜考之屬

**古書疑義舉例續補二卷** 楊樹達撰 民國十三年(1924)楊氏家塾刻本 一冊

330000－1704－0008526 013125 類叢部/叢書類/郡邑之屬

**豫章叢書六十種附一種** 胡思敬編 民國四年至九年(1915－1920)南昌豫章叢書編刻局刻本 一百二十冊 存三十三種

330000－1704－0008531 012500 子部/藝術類/書畫之屬/題跋

**三邕翠墨簃題跋四卷** 李葆恂撰 民國十一年(1922)李放刻本 一冊

330000－1704－0008533 012501 史部/傳記類/日記之屬

**越縵堂詹詹録二卷** 李文糺輯 民國二十二年(1933)李文糺鉛印本 二冊

330000－1704－0008534 013035 類叢部/叢書類/彙編之屬

**留餘草堂叢書十二種** 劉承幹編 民國吳興劉氏嘉業堂刻本 十冊 存七種

330000－1704－0008536 012537 子部/雜著類/雜説之屬

**石林避暑録話四卷** (宋)葉夢得撰 民國十八年(1929)上海商務印書館鉛印本 二冊

330000－1704－0008538 012517 類叢部/叢書類/郡邑之屬

**豫章叢書六十種附一種** 胡思敬編 民國四年至九年(1915－1920)南昌豫章叢書編刻局刻本 一冊 存一種

330000－1704－0008539 012502 集部/詞類/總集之屬

**惜陰堂叢書** 趙尊嶽輯 民國十三年至十五年(1924－1926)武進趙氏刻本 二冊 存一種

330000－1704－0008540 013034 類叢部/叢書類/彙編之屬

**求恕齋叢書三十一種** 劉承幹編 民國吳興劉氏嘉業堂刻本 一百三十一冊 存二十六種

330000－1704－0008544 012519 類叢部/叢書類/家集之屬

**震澤先生别集四種七卷** (明)王永熙編 民國十年(1921)鮮溪王氏刻本 二冊

330000－1704－0008547 012520 子部/雜著類/雜説之屬

**補拙隨筆二卷** 潘紳撰 民國二十五年(1936)鉛印本 二冊

330000－1704－0008548 013036 類叢部/叢書類/彙編之屬

**適園叢書七十四種** 張鈞衡編 民國二年至六年(1913－1917)烏程張氏刻本(原缺唐大詔令集卷十四至二十四、八十七至九十八) 一百八十三冊 缺十八卷(太平治蹟統類一至四、十一至十二、十六至十八、二十二至三十)

330000－1704－0008562 012504 子部/雜著類/雜考之屬

**古書疑義舉例叢存甲編四種** 民國國立武漢大學鉛印本 一冊

330000－1704－0008563　013129　類叢部/叢書類/郡邑之屬

**雲南叢書初編一百四十一種二編三十七種**　趙藩　陳榮昌等輯　民國雲南叢書處刻本　光南跋　七十三册　存三十一種

330000－1704－0008564　012612　子部/雜著類/雜説之屬

**蜷廬隨筆一卷**　王伯恭撰　民國鉛印本　一册

330000－1704－0008570　012527　子部/宗教類/佛教之屬

**輔行記校注一卷**　楊嘉撰　稿本　楊紹廉題記并題簽　一册

330000－1704－0008571　012545　子部/雜著類/雜説之屬

**封氏聞見記校證十卷**　（唐）封演撰　趙貞信校證　**序録一卷附録一卷引得一卷**　民國二十二年（1933）哈佛燕京社鉛印本　二册

330000－1704－0008577　012542　子部/雜著類/雜説之屬

**東谷所見一卷**　（宋）李之彦撰　民國抄本　楊紹廉題記、題簽並校　一册

330000－1704－0008578　012532　子部/雜著類/雜説之屬

**月蟬筆露二卷**　（清）侯玄汸撰　民國二十一年（1932）鉛印本　一册

330000－1704－0008582　013037　類叢部/叢書類/彙編之屬

**天禄琳琅叢書第一集十五種**　故宫博物院輯　民國二十一年（1932）故宫博物院影印本　二十八册

330000－1704－0008583　013130　類叢部/叢書類/郡邑之屬

**黔南叢書六十一種**　任可澄等編　民國十一年至三十二年（1922－1943）貴陽文通書局鉛印本暨刻本　五十册　存四十種

330000－1704－0008585　012535　集部/别集類

**草堂之靈十六卷**　楊鈞撰　民國十七年（1928）長沙成化書局鉛印本　四册

330000－1704－0008586　013047　類叢部/叢書類/彙編之屬

**清代學術叢書五種**　黄賓熙編　民國香山黄氏古愚室據刻本影印本　二十四册

330000－1704－0008591　013131　類叢部/叢書類/郡邑之屬

**關中叢書五十三種**　宋聯奎輯　民國二十三年至二十五年（1934－1936）陝西通志館鉛印本　九十六册

330000－1704－0008594　013039　類叢部/叢書類/彙編之屬

**古今文藝叢書十集**　何藻編　民國二年至四年（1913－1915）上海廣益書局鉛印本　十二册　存第三集十八種、第五集二十六種

330000－1704－0008595　012611　子部/雜著類/雜纂之屬

**平等閣筆記六卷**　狄葆賢撰　民國上海有正書局鉛印本　五册

330000－1704－0008603　013045　類叢部/叢書類/彙編之屬

**松鄰叢書二十種**　吳昌綬編　民國六年至七年（1917－1918）仁和吳氏雙照樓刻本　八册

330000－1704－0008608　013046　類叢部/叢書類/彙編之屬

**煙畫東堂小品二十三種**　繆荃孫編　民國九年（1920）江陰繆氏刻本　十二册

330000－1704－0008618　012605　子部/雜著類/雜品之屬

**雜録不分卷**　劉紹寬撰　稿本　二册

330000－1704－0008621　013135　類叢部/叢書類/家集之屬

**錫山尤氏叢刊甲集六種**　尤桐輯　民國二十四年（1935）鉛印本　二册

330000－1704－0008623　012556　子部/雜著類/雜説之屬

**勱堂日記類鈔二卷** 顧家相撰 顧燮光輯 民國十四年(1925)鉛印本 一册

330000－1704－0008627 012666 子部/雜著類/雜說之屬

**煙嶼樓讀書志十六卷筆記八卷** (清)徐時棟撰 民國十七年(1928)鄞縣徐氏蘧學齋鉛印本 二册 存八卷(筆記一至八)

330000－1704－0008631 012670 子部/雜著類/雜說之屬

**梵天廬叢録三十七卷** 柴萼撰 民國十五年(1926)上海中華書局石印本 十八册

330000－1704－0008633 012560 類叢部/叢書類/彙編之屬

**宋人小說二十八種** 涵芬樓編 民國上海商務印書館鉛印本 一册 存一種

330000－1704－0008635 012561 子部/儒家類/儒學之屬/禮教/家訓

**過庭百録一卷** 葉佩瑲撰 民國三十一年(1942)鉛印本 一册

330000－1704－0008637 012607 子部/儒家類/儒學之屬/禮教

**人子必備三卷附稱謂一卷月令一卷稱呼類一卷婚娶諸帖一卷入泮一卷祝壽一卷喪葬一卷** 民國湯壁垣抄本 一册

330000－1704－0008638 012562 類叢部/叢書類/自著之屬

**澹園雜著八卷** (清)虞景璜撰 民國十三年(1924)虞和欽鉛印本 一册

330000－1704－0008639 012673 史部/史抄類

**史逐二卷** 姚琮撰 民國三十四年(1945)鉛印本 二册

330000－1704－0008640 013138 類叢部/叢書類/家集之屬

**婁東周氏叢刊初輯四種** 周慤編 民國二十六年(1937)婁東周氏冰壺堂影印本 二册

330000－1704－0008641 012563 史部/傳記類/總傳之屬

**柏堂師友言行記四卷** (清)方宗誠撰 民國十五年(1926)京華印書局鉛印本 一册

330000－1704－0008642 012608 子部/雜著類

**寺廟酬應不分卷** 民國湯壁垣抄本 一册

330000－1704－0008643 012674 類叢部/叢書類/彙編之屬

**寄漚盧雜著□□種** 民國二十三年(1934)鉛印本 六册 存一種

330000－1704－0008644 013139 類叢部/叢書類/家集之屬

**毘陵周氏家集** 周茲萌等輯 民國十七年(1928)鉛印本 四册

330000－1704－0008647 013140 集部/總集類/氏族之屬

**毘陵伍氏合集** 伍璜等輯 民國二十四年(1935)武進伍氏鉛印本 四册

330000－1704－0008650 013141 類叢部/叢書類/家集之屬

**高郵王氏遺書七種** 羅振玉輯 民國十四年(1925)上虞羅氏鉛印本 五册 存六種

330000－1704－0008651 012610 子部/雜著類/雜說之屬

**醒同雜録不分卷** 張醒同撰 民國抄本 二册

330000－1704－0008653 013040 類叢部/叢書類/家集之屬

**重印旌孝公遺籍三種** 朱詒彬編 民國十八年(1929)朱詒彬鉛印本 三册

330000－1704－0008654 013041 類叢部/叢書類/彙編之屬

**娟鏡樓叢刻七種** 張祖廉輯 民國九年(1920)嘉善張氏鉛印本 四册

330000－1704－0008656 013043 集部/總集類/選集之屬/斷代

**苔岑叢書十一種** 余端輯 民國九年(1920)

鉛印本　一冊

330000－1704－0008657　013044　類叢部/叢書類/家集之屬

**天蘇閣叢刊十五種**　徐新六輯　民國三年(1914)、十二年(1923)杭縣徐氏鉛印本　六冊　存十種

330000－1704－0008658　013052　類叢部/叢書類/彙編之屬

**文淵樓叢書五種**　宋星五　周藹如輯　民國十七年(1928)上海文瑞樓書局北平直隸書局影印本　六十冊

330000－1704－0008659　013053　子部/叢編

**西苑叢書第一輯二種**　王重民編　民國十九年(1930)鉛印本　一冊

330000－1704－0008660　013054　史部/金石類/總志之屬

**湫漻齋叢書十種**　陳準輯　民國瑞安陳氏刻本　八冊

330000－1704－0008661　013054－1　史部/金石類/石之屬/文字

**宋韓蘄王碑釋文二卷**　(清)顧沅輯　民國瑞安陳氏湫漻齋刻本　一冊

330000－1704－0008662　013048　類叢部/叢書類/彙編之屬

**心園叢刻一集五種**　徐珂輯　民國十四年(1925)杭縣徐氏鉛印本　二冊

330000－1704－0008663　013049　類叢部/叢書類/彙編之屬

**寶彝室集刊八種**　朱景彝編　民國十四年(1925)杭州朱氏鉛印本　五冊

330000－1704－0008664　013051　類叢部/叢書類/彙編之屬

**抱經樓叢刊五種**　沈德壽編　民國十五年至十六年(1926－1927)慈谿沈氏鉛印本　五冊　存四種

330000－1704－0008665　013142　類叢部/叢書類/彙編之屬

**桂影軒叢刊五種**　談文灯輯　民國十一年(1922)海鹽談氏鉛印本　一冊

330000－1704－0008666　013050　類叢部/叢書類/彙編之屬

**雲在山房叢書十七種**　楊壽枏編　民國十七年(1928)無錫楊氏鉛印本　五冊　存十五種

330000－1704－0008669　013144　集部/總集類/氏族之屬

**松陵陸氏叢著**　陸明桓輯　民國十六年(1927)蘇齋刻本　九冊

330000－1704－0008672　013055　類叢部/叢書類/彙編之屬

**念劬廬叢刻初編八種**　徐彥寬輯　民國二十年(1931)鉛印本　四冊

330000－1704－0008673　013145　類叢部/叢書類/家集之屬

**樸學齋叢書第一集二十八種**　胡韞玉編　民國二十九年(1940)安吳胡氏鉛印本　八冊

330000－1704－0008674　013056　類叢部/叢書類/彙編之屬

**藝海一勺二十三種**　趙詒琛編　民國二十二年(1933)鉛印本　二冊

330000－1704－0008677　013146　類叢部/叢書類/家集之屬

**四休堂叢書十一種**　秦枏編　民國三十三年(1944)臨海秦氏四休堂鉛印本　五冊

330000－1704－0008679　013057　類叢部/叢書類/彙編之屬

**邃雅齋叢書八種**　邃雅齋編　民國二十三年(1934)北平琉璃廠邃雅齋影印本　十冊

330000－1704－0008680　012571　子部/雜著類/雜説之屬

**弢園隨筆一卷**　(清)史念祖撰　民國六年(1917)周肇祥刻本　一冊

330000－1704－0008682　013147　類叢部/叢書類/彙編之屬

**東萊趙氏楹書叢刊十一種** 趙琪輯 民國二十四年(1935)東萊趙氏永厚堂鉛印本 十二冊

330000－1704－0008683 013058 類叢部/叢書類/彙編之屬

**信古閣小叢書八種** 黄任恒編 民國二十一年至二十三年(1932－1934)南海黄氏鉛印本 二冊

330000－1704－0008685 013059 類叢部/叢書類/彙編之屬

**段王學五種** 劉盼遂輯 民國二十五年(1936)北平來薰閣書店鉛印本 四冊

330000－1704－0008686 012613 子部/雜著類/雜説之屬

**嬰寧什箸** 陳訓正撰 民國十八年(1929)鉛印本 陳訓慈題記 一冊 存一種

330000－1704－0008688 013148 類叢部/叢書類/家集之屬

**陟岡樓叢刊甲集十三種乙集二種** 潘承弼編 民國三十二年至三十三年(1943－1944)吴縣潘氏石印本 潘承弼題記 八冊

330000－1704－0008691 012677 史部/政書類/公牘檔冊之屬

**旅杭温州同鄉會第三届報告録不分卷第四届報告録不分卷第五届報告録不分卷第六届報告録不分卷第七届報告録不分卷** 民國十三年至十五年(1924－1926)鉛印本 五冊

330000－1704－0008696 013150 類叢部/叢書類/家集之屬

**顧氏家集十種** 顧燮光編 民國十八年(1929)會稽顧氏金佳石好樓鉛印本暨石印本 四冊 存四種

330000－1704－0008697 012614 子部/雜著類/雜説之屬

**詹詹言四卷續二卷** 裴汝欽撰 民國十九年(1930)、二十六年(1937)南昌鉛印本 三冊

330000－1704－0008698 013151 類叢部/叢書類/家集之屬

**重印江都汪氏叢書十三種** 陳乃乾 秦更年編 民國十四年(1925)上海中國書店影印本 十六冊

330000－1704－0008702 012615 子部/雜著類/雜説之屬

**醒世金言不分卷** 陳錦江編 民國抄本 一冊

330000－1704－0008704 012616 子部/雜著類/雜説之屬

**石橋瀋書四卷** 褚傳誥撰 民國八年(1919)鉛印本 一冊

330000－1704－0008706 012617 子部/雜著類/雜説之屬

**櫻窗雜記四卷** 汪兆鏞撰 民國三十二年(1943)鉛印本 一冊

330000－1704－0008707 012579 類叢部/叢書類/自著之屬

**直介堂叢刻初編十種續編五種鼻烟叢刻四種** 劉聲木撰 民國十八年(1929)廬江劉氏鉛印本 十一冊 存二種

330000－1704－0008709 012618 史部/傳記類/日記之屬

**南歸志一卷** 陳中嶽撰 民國二十一年(1932)鉛印本 一冊

330000－1704－0008715 012619 子部/雜著類/雜纂之屬

**胡氏雜抄初編二卷** 胡祖德集 民國元年(1912)鉛印本 一冊

330000－1704－0008718 012620 子部/雜著類/雜編之屬

**過眼録不分卷** 民國戴炳驄抄本 二冊

330000－1704－0008723 012621 子部/雜著類/雜纂之屬

**雜鈔不分卷** 民國抄本 二冊

330000－1704－0008725 012622 子部/雜著類/雜纂之屬

**璞廬雜記不分卷電文駢文選不分卷** 戴炳驄

撰　稿本　二册

330000－1704－0008728　012580　子部/小說家類/瑣語之屬

**懺因醒囈一卷**　程善之撰　民國十二年(1923)上海有正書局鉛印本　一册

330000－1704－0008729　012581　史部/傳記類/别傳之屬/事狀

**銳廬思痛記四卷**　王亨彦編　民國五年(1916)石印本　二册

330000－1704－0008733　012582　子部/雜著類/雜説之屬

**粟香隨筆八卷二筆八卷三筆八卷四筆八卷五筆八卷**　金武祥撰　民國上海埽葉山房石印本　十五册　缺二卷(五筆三至四)

330000－1704－0008734　013159　類叢部/叢書類/自著之屬

**梨洲遺著彙刊(梨洲遺箸彙刊)二十七種續補三種**　(清)黄宗羲撰　薛鳳昌編次　民國八年(1919)上海掃葉山房鉛印本(原缺南雷文定三集卷三)　二十册

330000－1704－0008735　012583　子部/雜著類/雜説之屬

**退菴隨筆二十二卷退菴自訂年譜一卷**　(清)梁章鉅撰　民國上海文瑞樓石印本　七册　缺二卷(一至二)

330000－1704－0008738　012624　子部/雜著類/雜説之屬

**妄妄瑣譚不分卷**　憤時子撰　稿本　二册

330000－1704－0008741　012625　史部/地理類/遊記之屬

**落霞潭雜録不分卷**　嶂嶼山人輯　民國抄本　一册

330000－1704－0008742　012586　史部/傳記類/日記之屬

**求闕齋日記類鈔二卷**　(清)曾國藩撰　(清)王啟原編　民國十一年(1922)上海掃葉山房石印本　二册

330000－1704－0008753　012628　子部/雜著類/雜説之屬

**厚莊脞録不分卷**　劉紹寬撰　稿本　一册

330000－1704－0008755　012629　子部/雜著類/雜説之屬

**維龕戊午雜鈔不分卷**　民國楊紹廉抄本　一册

330000－1704－0008760　012630　子部/雜著類/雜説之屬

**銷夏雜録一卷**　陳蘧撰　民國二十四年(1935)漢文書局鉛印本　一册

330000－1704－0008761　012719　經部/小學類/文字之屬/字書/字典

**分類辭源三十卷**　世界書局編輯所編　民國十五年(1926)上海世界書局石印本　十二册

330000－1704－0008762　012631　子部/雜著類/雜説之屬

**蒿盦隨筆四卷蒿叟隨筆五卷附遺屬一卷**　馮煦撰　民國十五年至十六年(1926－1927)刻本　六册

330000－1704－0008768　012632　子部/小說家類

**觳觫紀聞三卷**　項乃登輯　民國十五年(1926)鉛印本　一册

330000－1704－0008769　012584　子部/雜著類/雜考之屬

**潁川語小二卷**　(宋)陳昉撰　民國永嘉黄氏敬鄉樓抄本　楊紹廉批並題記　一册

330000－1704－0008770　012585　子部/雜著類/雜考之屬

**純常子枝語四十卷**　(清)文廷式撰　民國三十二年(1943)刻本　二十四册

330000－1704－0008771　012633　子部/雜著類/雜考之屬

**弢齋述學三卷**　徐世昌撰　民國十年(1921)鉛印本　一册

330000－1704－0008772　012627　集部/别

集類
**林損不分卷** 林損編 民國二年(1913)石印本 一册

330000－1704－0008774 013165 類叢部/叢書類/自著之屬
**重刊船山遺書六十六種附一種** (清)王夫之撰 民國二十二年(1933)上海太平洋書店鉛印本 八十册

330000－1704－0008776 012595 子部/雜著類
**聞見偶録四卷** (清)雷鋐撰 民國二十五年(1936)雷壽彭鉛印本 一册

330000－1704－0008779 012635 類叢部/叢書類/自著之屬
**琅玕館叢著** 冼玉清撰 民國鉛印本 一册 存一種

330000－1704－0008781 012636 子部/雜著類/雜説之屬
**桂堂餘録二卷** 由雲龍撰 民國二十一年(1932)鉛印本 二册

330000－1704－0008783 012637 類叢部/叢書類/自著之屬
**康居筆記彙函十三種十四卷** 徐珂撰 民國二十二年(1933)徐新六鉛印本 二册

330000－1704－0008787 012639 史部/雜史類/斷代之屬
**四朝佚聞二卷** 金梁撰 民國二十五年(1936)復東印刷局鉛印本 一册

330000－1704－0008793 012641 子部/雜著類/雜説之屬
**翛游浪語三卷** 傅向榮撰 民國十五年(1926)味果園刻本 三册

330000－1704－0008795 012642 子部/雜著類/雜説之屬
**客座偶談四卷** 何剛德撰 民國二十三年(1934)刻本 一册

330000－1704－0008796 012643 子部/雜著類/雜説之屬
**平齋臆説二卷** 何剛德撰 民國二十三年(1934)刻本 一册

330000－1704－0008798 012644 子部/儒家類/儒學之屬/禮教
**平齋家言三卷** 何剛德撰 民國六年(1917)抄本 三册

330000－1704－0008799 013062 類叢部/叢書類/彙編之屬
**合衆圖書館叢書十五種** 合衆圖書館編 民國二十九年至三十七年(1940－1948)鉛印本暨石印本 十七册

330000－1704－0008800 012725 類叢部/類書類/通類之屬
**初學記三十卷** (唐)徐堅等撰 民國七年(1918)江左書林石印本 八册

330000－1704－0008803 013062－1 史部/目録類/專録之屬
**補藤華館石墨目録一卷** (清)葉爾安撰 民國三十一年(1942)武林葉氏石印本 一册

330000－1704－0008805 013063 類叢部/叢書類/彙編之屬
**甲戌叢編二十種** 趙詒琛 王保譿輯 民國二十三年(1934)鉛印本 四册

330000－1704－0008806 013064 類叢部/叢書類/彙編之屬
**乙亥叢編十六種** 趙詒琛 王保譿 王大隆編 民國二十四年(1935)鉛印本 三册 存十二種

330000－1704－0008807 013064－1 類叢部/叢書類/彙編之屬
**乙亥叢編十六種** 趙詒琛 王保譿 王大隆編 民國二十四年(1935)鉛印本 一册 存四種

330000－1704－0008808 013065 類叢部/叢書類/彙編之屬
**丙子叢編十二種** 趙詒琛 王大隆編 民國二十五年(1936)鉛印本 三册 存八種

330000－1704－0008810　013065－1　類叢部/叢書類/彙編之屬
**丙子叢編十二種**　趙詒琛　王大隆編　民國二十五年(1936)鉛印本　一册　存二種

330000－1704－0008812　013066　類叢部/叢書類/彙編之屬
**丁丑叢編十種**　趙詒琛　王大隆輯　民國二十六年(1937)鉛印本　四册

330000－1704－0008813　012690　新學/議論/論政
**不忍雜誌彙編初集六卷二集六卷**　康有為撰　民國三年(1914)上海書局石印本　十二册

330000－1704－0008814　013067　類叢部/叢書類/彙編之屬
**戊寅叢編十種**　趙詒琛　王大隆輯　民國二十七年(1938)鉛印本　四册

330000－1704－0008815　013068　類叢部/叢書類/彙編之屬
**己卯叢編四種**　趙詒琛　王大隆輯　民國二十八年(1939)鉛印本　四册

330000－1704－0008816　012691　新學/議論/論政
**不忍雜誌類編不分卷**　康有為撰　清宣統二年(1910)上海廣智書局鉛印本　六册

330000－1704－0008817　012692　新學/報章
**庸言報彙編十二卷**　梁啟超撰　吴貫因編　民國二年(1913)梁德猷鉛印本　張棡題記　十二册

330000－1704－0008818　013069　類叢部/叢書類/彙編之屬
**庚辰叢編十種**　趙詒琛　王大隆輯　民國二十九年(1940)鉛印本　四册

330000－1704－0008819　013070　類叢部/叢書類/彙編之屬
**辛巳叢編九種**　趙詒琛　王大隆輯　民國三十年(1941)鉛印本　四册

330000－1704－0008821　013071　類叢部/叢書類/彙編之屬
**復性書院叢刊二十七種**　馬浮編　民國二十九年至三十七年(1940－1948)復性書院刻本暨鉛印本　三十一册　存二十三種

330000－1704－0008824　012693　新學/報章
**文藝彙編不分卷**　民國十四年(1925)鉛印本　一册

330000－1704－0008830　012698　集部/總集類/選集之屬/斷代
**國學叢選十八集**　高燮等編　民國國學商兑會鉛印本　十二册　存十二集(一至十二)

330000－1704－0008832　012711　新學/報章
**青鶴類編不分卷**　民國二十一年至二十六年(1932－1937)鉛印本　三十三册

330000－1704－0008833　013072　類叢部/叢書類/彙編之屬
**復性書院叢刊二十七種**　馬浮編　民國二十九年至三十七年(1940－1948)復性書院刻本暨鉛印本　十七册　存十二種

330000－1704－0008836　012698－1　集部/總集類/選集之屬/斷代
**國學叢選十八集**　高燮等編　民國國學商兑會鉛印本　四册　存八集(一至二、十三至十八)

330000－1704－0008845　012650　類叢部/類書類/專類之屬
**潛龍讀書表十二卷**　陳電飛編　民國十五年(1926)中華書局石印本　四册

330000－1704－0008846　012651　類叢部/類書類/專類之屬
**潛龍讀書表十二卷**　陳電飛編　民國十四年(1925)中華書局石印本　四册

330000－1704－0008847　012653　子部/雜著類/雜説之屬
**蜷廬隨筆一卷**　王伯恭撰　民國鉛印本

一册

330000－1704－0008850　013075　類叢部/叢書類/彙編之屬

**古今説部叢書二百七十二種**　國學扶輪社輯　民國四年(1915)中國圖書公司和記鉛印本　六十册

330000－1704－0008857　012738　子部/儒家類/儒學之屬/蒙學

**龍文鞭影二卷**　(明)蕭良有撰　(明)楊臣諍增訂　(清)來集之音注　**二集二卷**　(清)李暉吉　(清)徐瓚輯　民國十四年(1925)上海鴻文書局石印本　一册

330000－1704－0008872　013073　類叢部/叢書類/彙編之屬

**玄覽堂叢書三十三種**　鄭振鐸輯　民國三十年(1941)上海影印本　一百二十册

330000－1704－0008877　012704　類叢部/叢書類/彙編之屬

**古學彙刊第一集三十四種第二集二十七種**　鄧實等編　民國元年至三年(1912－1914)上海國粹學報社鉛印本　十四册　存四十四種

330000－1704－0008887　013076　類叢部/叢書類/彙編之屬

**宋人小説二十八種**　涵芬樓編　民國上海商務印書館鉛印本　四十一册

330000－1704－0008901　012714　集部/總集類/選集之屬/斷代

**希社叢編不分卷**　希社編　民國二年至八年(1913－1919)鉛印本　四册　存四期(三至四、六至七)

330000－1704－0008904　012709　類叢部/叢書類/彙編之屬

**國學彙編三集四十一種**　國學研究社編　民國十二年至十四年(1923－1925)上海國學研究社鉛印本　十二册

330000－1704－0008921　012789　類叢部/類書類/專類之屬

**分類分韻小佩文韻府六卷**　趙暄撰　民國十二年(1923)上海碧梧山莊石印本　二册　存四卷(一至四)

330000－1704－0008925　013077　類叢部/叢書類/彙編之屬

**香艷叢書三百二十六種**　(清)蟲天子輯　民國三年(1914)上海中國圖書公司和記鉛印本　六十五册　存二百七十五種

330000－1704－0008930　012791　史部/目録類

**室名索引不分卷**　陳乃乾輯　陶毓英編　民國二十二年(1933)海寧陳乃乾共讀樓鉛印本　一册

330000－1704－0008932　012792　史部/傳記類/總傳之屬/姓名

**别號索引不分卷**　陳乃乾輯　陶毓英編　民國二十五年(1936)海寧陳乃乾共讀樓鉛印本　一册

330000－1704－0008937　012793　史部/傳記類/總傳之屬/姓名

**别號索引不分卷補遺一卷**　陳乃乾輯　陶毓英編　民國三十二年(1943)海寧陳乃乾共讀樓鉛印本　一册

330000－1704－0008951　012848　類叢部/叢書類/自著之屬

**師伏堂遺書□□種**　(清)皮錫瑞撰　民國上海商務印書館影印本　五册　存一種

330000－1704－0008953　012849　類叢部/叢書類/自著之屬

**師伏堂遺書□□種**　(清)皮錫瑞撰　民國上海商務印書館影印本　五册　存一種

330000－1704－0008960　012780　類叢部/類書類/通類之屬

**增補事類統編九十三卷首一卷**　(清)黄葆真增輯　民國四年(1915)上海文盛書局石印本　十二册

330000－1704－0008962　012782　類叢部/類書類/通類之屬

**增補事類統編九十三卷首一卷**　(清)黄葆真

增輯　民國十年(1921)上海錦章圖書局石印本　十冊　缺十四卷(十七下至二十二、五十九至六十六)

330000－1704－0008969　012782－1　類叢部/類書類/通類之屬

**增補事類統編九十三卷首一卷**　(清)黃葆真增輯　民國石印本　二冊　存十六卷(五十一至六十六)

330000－1704－0008975　004770　史部/地理類/方志之屬/郡縣志

**重修單縣志採訪例言一卷**　民國石印本　一冊

330000－1704－0008987　013427　類叢部/類書類/通類之屬

**欽定古今圖書集成一萬卷目録四十卷**　(清)蔣廷錫　(清)陳夢雷等輯　**古今圖書集成考證二十四卷**　民國二十三年(1934)上海中華書局影印本　八百九冊

330000－1704－0008990　004702　史部/地理類

**邊疆叢書甲集六種**　禹貢學會輯　民國二十六年(1937)禹貢學會鉛印本　五冊　存四種

330000－1704－0009000　004800　史部/地理類/輿圖之屬

**甘肅省縣總分圖不分卷**　甘肅通志館編　民國二十三年(1934)北平大北印書局鉛印本　一冊

330000－1704－0009001　004809　史部/地理類

**邊疆叢書甲集六種**　禹貢學會輯　民國二十六年(1937)禹貢學會鉛印本　一冊　存一種

330000－1704－0009024　013428　史部/編年類/斷代之屬

**明實録二千九百二十五卷**　民國二十九年(1940)長樂梁鴻志據江蘇國學圖書館抄本影印本　五百冊

330000－1704－0009025　012951　類叢部/叢書類/彙編之屬

**別下齋叢書二十七種**　(清)蔣光煦編　民國十二年(1923)上海商務印書館據清蔣氏刻本影印本　十八冊

330000－1704－0009027　004710　史部/地理類/專志之屬/宮殿

**圓明園攷一卷**　程演生輯　民國二十五年(1936)上海中華書局鉛印本　一冊

330000－1704－0009029　004711　史部/地理類/雜志之屬

**北平史表長編一卷**　瞿宣穎撰　民國二十三年(1934)國立北平研究院出版部鉛印本　二冊

330000－1704－0009030　004712　史部/地理類/專志之屬/園林

**勺園圖録考不分卷**　洪業撰　民國二十二年(1933)北平燕京大學引得編纂處鉛印本　一冊

330000－1704－0009033　004823　史部/地理類

**黑龍江通志敘目一卷**　民國鉛印本　一冊

330000－1704－0009040　004713　史部/地理類/專志之屬/祠墓

**顧先生祠會祭題名弟一卷子一卷**　顧淳德輯　民國石印本　一冊

330000－1704－0009041　013080　類叢部/叢書類/輯佚之屬

**輯佚叢刊十一種十九卷**　陶棟輯　民國三十七年(1948)上海中華書局鉛印本　一冊

330000－1704－0009042　012953　類叢部/叢書類/彙編之屬

**涉聞梓舊二十五種**　(清)蔣光煦輯　民國十三年(1924)上海商務印書館影印清海昌蔣氏刻本(原缺陳後山集校卷一)　二十冊

330000－1704－0009043　013434　類叢部/叢書類/彙編之屬

**四部叢刊續編七十七種**　張元濟等編　民國二十三年(1934)上海商務印書館影印本(原缺儀禮疏卷三十二至三十七、周易要義卷三

至六、禮記要義卷一至二、麟臺故事卷四至五） 五百十册

330000－1704 －0009051　013081　類叢部/叢書類/輯佚之屬

**經典集林三十種三十二卷**　（清）洪頤煊撰録　民國十五年（1926）海寧陳乃乾慎初堂據清嘉慶問經堂叢書本影印本　二册

330000－1704 －0009064　004830　史部/地理類

**黑龍江通志榷例一卷**　連文澂輯　民國油印本　一册

330000－1704 －0009065　004684　史部/地理類/遊記之屬

**徐霞客遊記大觀十二卷**　（明）徐弘祖撰（清）李寄輯　民國十三年（1924）上海掃葉山房石印本　十二册

330000－1704 －0009066　004831　史部/地理類

**黑龍江通志敘例一卷**　金梁撰　民國油印本　一册

330000－1704 －0009068　013209　類叢部/叢書類/自著之屬

**章氏遺書七種外編十種**　（清）章學誠撰　民國十一年（1922）吳興劉氏嘉業堂刻本　三十二册

330000－1704 －0009069　004832　史部/地理類

**黑龍江輿圖說不分卷**　民國鉛印本　一册

330000－1704 －0009074　004686　史部/地理類/遊記之屬/紀行

**河海崑崙録四卷**　（清）裴景福撰　民國三年（1914）安徽官紙印刷局鉛印本　四册

330000－1704 －0009076　013435　類叢部/叢書類/彙編之屬

**選印宛委别藏四十種**　故宫博物院編　民國二十四年（1935）上海商務印書館影印本　一百五十册

330000－1704 －0009077　013095　類叢部/叢書類/郡邑之屬

**南林叢刊正集五種次集七種**　周延年編　民國二十五年（1936）、二十八年（1939）南林周氏鉛印本　五册

330000－1704 －0009091　004690　史部/地理類/遊記之屬/紀行

**燕晉察哈爾旅行記一卷**　侯鴻鑑撰　民國鉛印本　一册

330000－1704 －0009095　004691　史部/地理類/遊記之屬/紀勝

**五嶽遊記一卷附中州古迹雜著一卷**　張肇崧撰　民國十年（1921）北京商務印字館鉛印本　張國元題記　一册

330000 －1704 －0009097　013216　經部/叢編

**錢氏四種**　（清）錢坫撰　民國中國書店據清嘉慶擁萬堂本影印本　四册

330000－1704 －0009101　013217　類叢部/叢書類/自著之屬

**崔東壁遺書前編十九種附一種**　（清）崔述撰　民國十三年（1924）上海古書流通處據清道光陳氏刻本影印本　二十册

330000－1704 －0009103　004957　史部/地理類

**雁蕩亦澹蕩人名山遊記□□種**　蔣希召撰　民國鉛印本　一册　存一種

330000－1704 －0009105　004694　史部/地理類/遊記之屬/紀行

**仰逋居遊記十四卷**　陳詵撰　民國十四年（1925）鉛印本　一册

330000－1704 －0009107　013436　類叢部/叢書類/彙編之屬

**國立北平圖書館善本叢書第一集十二種**　謝國楨輯　民國二十六年（1937）上海商務印書館影印本　七十册

330000－1704 －0009125　003364　史部/紀傳類/正史之屬

**百衲本二十四史**　張元濟輯　民國上海商務印書館影印本　八百十七册　缺十二卷（宋史三十三至三十五、明史五十三至六十一）

330000－1704－0009132　005139　類叢部/叢書類/郡邑之屬

**吳興叢書六十六種**　劉承幹編　民國吳興劉氏嘉業堂刻本　二册　存一種

330000－1704－0009138　005132　類叢部/叢書類/自著之屬

**崇雅堂叢書十四種**　楊晨撰　民國二十五年（1936）楊紹翰鉛印本　二册　存一種

330000－1704－0009144　005017　類叢部/叢書類/郡邑之屬

**吳興叢書六十六種**　劉承幹編　民國吳興劉氏嘉業堂刻本　十二册　存一種

330000－1704－0009152　013443　類叢部/叢書類/彙編之屬

**四部備要**　中華書局編　民國二十五年（1936）上海中華書局鉛印本（原缺經義考卷二百八十六、二百九十九至三百，東塾讀書記十三至十四、十七至二十、二十二至二十五）一千七百七十六册　存二百四十七種

330000－1704－0009154　012955　類叢部/叢書類/彙編之屬

**佚存叢書六帙十七種**　（日本）林衡編　民國十三年（1924）上海商務印書館據日本寬政至文化刻本影印本　三十册

330000－1704－0009159　005353　類叢部/叢書類/彙編之屬

**嘉業堂叢書五十七種**　劉承幹輯　民國吳興劉氏嘉業堂刻本　二册　存一種

330000－1704－0009165　005217　類叢部/叢書類/自著之屬

**晨風廬叢刊十八種**　周慶雲撰　民國吳興周氏夢坡室刻本　一册　存一種

330000－1704－0009176　005192　史部/地理類/遊記之屬/紀行

**病驥旅行記□□種**　侯鴻鑑撰　民國無錫競志女學校鉛印本　一册　存一種

330000－1704－0009199　004656　史部/地理類/山川之屬/水志

**欽定河源紀畧三十五卷首一卷**　（清）紀昀等纂　民國二十年（1931）北平故宮博物院圖書館影印本　八册

330000－1704－0009202　004657　史部/地理類/山川之屬/水志

**欽定河源紀畧三十五卷首一卷**　（清）紀昀等纂　民國二十年（1931）北平故宮博物院圖書館影印本　八册

330000－1704－0009204　012828　經部/群經總義類/傳說之屬

**惜陰日記九卷附録一卷**　（清）宋咸熙撰　民國二十五年（1936）上虞羅氏蟫隱廬石印本（原缺卷一至四）　二册

330000－1704－0009205　005178　類叢部/叢書類/自著之屬

**晨風廬叢刊十八種**　周慶雲撰　民國吳興周氏夢坡室刻本　四册　存一種

330000－1704－0009208　005357　類叢部/叢書類/自著之屬

**木硯齋叢書**　童振藻撰　民國鉛印本　一册　存一種

330000－1704－0009211　004642　史部/地理類

**本國人文地理二卷**　錢振椿撰　民國七年（1918）北京大學出版部鉛印本　二册

330000－1704－0009226　005362　類叢部/叢書類/郡邑之屬

**雲南叢書初編一百四十一種二編三十七種**　趙藩　陳榮昌等輯　民國雲南叢書處刻本　四册　存一種

330000－1704－0009228　013429　類叢部/叢書類/彙編之屬

**四庫全書珍本初集二百三十種**　中央圖書館籌備處輯　民國二十三年至二十四年（1934－1935）上海商務印書館據文淵閣本影印本（原

缺六十六卷） 一千九百五十四册 缺十四卷（星命總括一至三，演禽通纂一至二，禽星易見一，六藝之一録二十三至二十六、六十八、二百三十四至二百三十六）

330000－1704－0009238 005395 史部/地理類/遊記之屬

**福建名勝導遊集□□種** 民國鉛印本 一册 存一種

330000－1704－0009244 004665 新學/地學/地理學

**瀚海盆地不分卷** 葉良輔編述 民國三十二年（1943）國立浙江大學史地教育研究室石印本 一册

330000－1704－0009245 012839 類叢部/叢書類/郡邑之屬

**河間叢書** 民國九年（1920）務本公司石印本 一册 存一種

330000－1704－0009249 012840 子部/雜著類/雜説之屬

**讀經救國論六卷** 孫雄撰 民國十六年（1927）鉛印本 二册

330000－1704－0009250 013248 類叢部/叢書類/自著之屬

**巢經巢全集十八種** （清）鄭珍撰 民國二十九年（1940）貴州省政府鉛印並據清刻板彙印本 四十一册

330000－1704－0009251 012841 子部/雜著類/雜説之屬

**讀經救國論六卷** 孫雄撰 民國十六年（1927）鉛印本 二册

330000－1704－0009252 005377 史部/地理類/遊記之屬/紀行

**病驥旅行記□□種** 侯鴻鑑撰 民國無錫競志女學校鉛印本 一册 存一種

330000－1704－0009253 012842 經部/群經總義類

**有那居經説六卷** 羅藻新撰 民國八年（1919）鉛印本 三册

330000－1704－0009256 012843 類叢部/叢書類/自著之屬

**巢經巢全集十八種** （清）鄭珍撰 民國二十九年（1940）貴州省政府鉛印並據清刻板彙印本 二册 存一種

330000－1704－0009266 004638、004641 類叢部/叢書類/彙編之屬

**四部叢刊續編七十七種** 張元濟等編 民國二十三年（1934）上海商務印書館影印本（原缺儀禮疏卷三十二至三十七、周易要義卷三至六、禮記要義卷一至二、麟臺故事卷四至五） 二百十册 存一種

330000－1704－0009271 013253 類叢部/叢書類/自著之屬

**范聲山雜著八種** （清）范鍇撰輯 民國二十年（1931）北平富晉書社據清道光烏程范氏刻本影印本 三册 存一種

330000－1704－0009276 005493 史部/叢編

**述窠雜纂** 黄任恆撰 民國十四年（1925）南海黄氏鉛印本 二册 存一種

330000－1704－0009279 004639 史部/史表類/通代之屬

**嘉慶一統志表二十卷** （清）穆彰阿纂修 胡文楷輯 民國二十四年（1935）上海商務印書館影印本 十册

330000－1704－0009287 004609 史部/地理類/遊記之屬/紀行

**南洋旅行記四卷** 侯鴻鑑撰 民國九年（1920）無錫競志女學校鉛印本 勖吾跋 四册

330000－1704－0009289 004612 史部/地理類/遊記之屬

**瀛談五卷附録一卷** 關賡麟撰 民國十五年（1926）中華工程師學會鉛印本 二册

330000－1704－0009297 005501 史部/金石類

**遯盦金石叢書十五種** 吴隱輯 民國十年

(1921)山陰吴氏西泠印社木活字印本　四册　存一種

330000－1704－0009299　004510　史部/傳記類/别傳之屬
**民國偉人宋漁父四集不分卷**　民國石印本　一册

330000－1704－0009314　005507　史部/金石類
**非儒非俠齋金石叢著十種**　顧燮光撰　民國會稽顧氏金佳石好樓石印本暨鉛印本　二册　存一種

330000－1704－0009317　005508　史部/金石類
**非儒非俠齋金石叢著十種**　顧燮光撰　民國會稽顧氏金佳石好樓石印本暨鉛印本　宋慈褒題記　一册　存一種

330000－1704－0009328　005557　史部/金石類
**非儒非俠齋金石叢著十種**　顧燮光撰　民國會稽顧氏金佳石好樓石印本暨鉛印本　一册　存一種

330000－1704－0009332　005538　史部/金石類
**非儒非俠齋金石叢著十種**　顧燮光撰　民國會稽顧氏金佳石好樓石印本暨鉛印本　二册　存一種

330000－1704－0009333　005539　史部/地理類/山川之屬/山志
**廬山志副刊六種附圖一卷**　吴宗慈輯注　民國鉛印本　二册　存一種

330000－1704－0009335　005529　類叢部/叢書類/彙編之屬
**曲石叢書二十種**　李根源編　民國十二年至二十一年(1923－1932)騰衝李氏蘇州刻本　一册　存一種

330000－1704－0009338　005523　史部/金石類/總志之屬/圖像
**雙玉鉩齋金石圖録一卷**　民國影印本　一册

330000－1704－0009345　013090　集部/總集類/郡邑之屬
**武原先哲遺著初編十種**　談文灴輯　民國十年(1921)海鹽談氏鉛印本　一册　存六種

330000－1704－0009349　005514　類叢部/叢書類/自著之屬
**泉壽譯叢**　錢稻孫譯　民國鉛印本　一册　存一種

330000－1704－0009351　013090　集部/别集類/清别集
**瓦鳴集一卷**　(清)朱笏廷撰　民國鉛印本　一册

330000－1704－0009360　004511　史部/傳記類/别傳之屬/年譜
**蔡渭生自編年譜一卷**　蔡煥文撰　蔡鎮瀛等續編　民國三十七年(1948)鉛印本　一册

330000－1704－0009362　004512　史部/傳記類/别傳之屬/事狀
**容菴弟子記四卷**　沈祖憲　吴闓生編　民國二年(1913)鉛印本　一册

330000－1704－0009365　004513　史部/傳記類/别傳之屬/事狀
**錢玄同先生紀念集不分卷**　北平師範大學編　**錢玄同先生傳一卷**　黎錦熙撰　民國二十八年(1939)鉛印本　一册

330000－1704－0009367　005560　史部/金石類
**嘉業堂金石叢書五種**　劉承幹輯　民國吳興劉氏刻本　八册　存一種

330000－1704－0009370　004514　史部/傳記類/别傳之屬/事狀
**先考絅齋府君[吴士鑑]行狀一卷**　吴秉黴等撰　民國二十二年(1933)鉛印本　一册

330000－1704－0009372　004515　史部/傳記類/别傳之屬/事狀
**顯考劉公幼雲[廷琛]府君行狀一卷**　劉希亮等撰　民國鉛印本　一册

330000－1704－0009374　005561　類叢部/叢書類/彙編之屬

**嘉業堂叢書五十七種**　劉承幹輯　民國吳興劉氏嘉業堂刻本　八册　存一種

330000－1704－0009375　004504　史部/傳記類/日記之屬

**祁忠敏公日記十五卷(明崇禎四年至弘光元年)**　(明)祁彪佳撰　**祁忠敏公[彪佳]年譜一卷**　(明)王思任撰　(清)梁廷枏　(清)龔沅補編　民國二十六年(1937)紹興縣修志委員會鉛印本　六册

330000－1704－0009376　013278　類叢部/叢書類/自著之屬

**張文襄公全集十五種二百三十一卷**　(清)張之洞撰　民國十七年(1928)北平文華齋刻本　一百二十册

330000－1704－0009377　005593　類叢部/叢書類/彙編之屬

**國立中央研究院歷史語言研究所專刊**　國立中央研究院歷史語言研究所輯　民國鉛印本、石印本暨刻本　一册　存一種

330000－1704－0009379　004505　史部/傳記類/日記之屬

**李文清公日記不分卷(清道光十四年至十五年、十七年至二十一年、二十三年至咸豐十一年、同治元年至四年)**　(清)李棠階撰　民國四年(1915)項城張鎮芳影印本　十六册

330000－1704－0009383　004516　史部/傳記類/別傳之屬/事狀

**吳芝瑛夫人傳略一卷遺著一卷榮哀録一卷**　惠泉編　民國二十五年(1936)無錫雙飛閣鉛印本　一册

330000－1704－0009386　004509　史部/傳記類/日記之屬

**翁文恭公日記不分卷(清咸豐八年至光緒三十年)**　(清)翁同龢撰　民國十四年(1925)上海商務印書館影印本　四十册

330000－1704－0009387　004517　史部/傳記類/別傳之屬/年譜

**鄰蘇老人[楊守敬]年譜一卷**　楊守敬述　熊會貞補述　民國四年(1915)石印本　一册

330000－1704－0009390　005589　類叢部/叢書類/彙編之屬

**國立中央研究院歷史語言研究所單刊**　國立中央研究院歷史語言研究所編　民國上海商務印書館鉛印本暨影印本　一册　存一種

330000－1704－0009391　004518　史部/傳記類/別傳之屬/年譜

**止叟[韓國鈞]年譜一卷永憶録二卷**　韓國鈞撰　民國三十年(1941)鉛印本　二册

330000－1704－0009392　005578　史部/金石類/甲骨之屬

**龜卜通攷五卷**　沈啓无　朱耘菴編　民國鉛印本　一册

330000－1704－0009393　004519　史部/傳記類/別傳之屬/年譜

**嗇翁[張謇]自訂年譜二卷**　張謇撰　民國十四年(1925)鉛印本　一册

330000－1704－0009394　013285　類叢部/叢書類/自著之屬

**煙霞草堂遺書十七種續刻四種附一種**　(清)劉光蕡撰　民國八年至十四年(1919－1925)王典章思過齋蘇州刻本　四册　存五種

330000－1704－0009399　004520　史部/傳記類/別傳之屬/事狀

**私謚沖穆睢寧潘傑三太公事略不分卷**　姬覺彌輯　民國鉛印本　一册

330000－1704－0009405　004521　史部/傳記類/別傳之屬/事狀

**張公約園逝世周年紀念册不分卷**　民國三十五年(1946)鉛印本　一册

330000－1704－0009406　005597　史部/叢編

**國立中山大學語言歷史學研究所考古學叢書**　民國影印本　一册　存一種

330000－1704－0009408　004522　史部/傳記類/别傳之屬/事狀

**畢汪琫琤紀念集不分卷**　畢何虹輯　民國十三年(1924)鉛印本　一冊

330000－1704－0009410　005599　史部/金石類

**藝術叢編十七種**　姬佛陀編　民國五年至九年(1916－1920)上海倉聖明智大學影印本　一冊　存一種

330000－1704－0009414　004523　史部/傳記類/别傳之屬/年譜

**且頑七十歲自敘不分卷**　李鍾玨撰　**勸善要言一卷**　(清)世祖福臨撰　**潛齋簡效方一卷**　(清)王士雄輯　**救急良方一卷**　(清)潘志裘輯　民國中華書局鉛印本　六冊

330000－1704－0009420　013283　類叢部/叢書類/自著之屬

**寫禮廎遺箸四種**　(清)王頌蔚撰　民國四年(1915)鮓溪王氏刻本　二冊

330000－1704－0009421　005605　類叢部/叢書類/彙編之屬

**喜咏軒叢書三十四種**　陶湘編　民國十五年至二十年(1926－1931)武進陶氏涉園石印本　三冊　存二種

330000－1704－0009422　013078　子部/小説家類

**筆記小説大觀二百二十二種**　進步書局輯　民國上海進步書局石印本　四百六十七冊　存一百八十四種

330000－1704－0009425　013293　類叢部/叢書類/自著之屬

**崇雅堂叢書十四種**　楊晨撰　民國二十五年(1936)楊紹翰鉛印本　六冊　存五種

330000－1704－0009426　004524　類叢部/叢書類/彙編之屬

**邈園叢書二十六種**　羅振常編　民國上海蟫隱廬謄寫版印三十三年(1944)吳興周延年彙編印本　三冊　存一種

330000－1704－0009427　005607　類叢部/叢書類/彙編之屬

**金陵大學中國文化研究所叢刊**　金陵大學中國文化研究所編　民國金陵大學中國文化研究所刻本、鉛印本暨影印本　二冊　存一種

330000－1704－0009429　004525　史部/傳記類/别傳之屬/事狀

**陳少白先生[聞韶]哀思録不分卷**　陳德藝等輯　**陳少白先生年譜一卷**　陳德藝撰　**興中會革命史要一卷**　陳聞韶撰　民國二十四年(1935)鉛印本　一冊

330000－1704－0009430　005608　史部/金石類

**藝術叢編十七種**　姬佛陀編　民國五年至九年(1916－1920)上海倉聖明智大學影印本　二冊　存一種

330000－1704－0009431　013294　類叢部/叢書類/自著之屬

**崇雅堂叢書十四種**　楊晨撰　民國二十五年(1936)楊紹翰鉛印本　七冊　存八種

330000－1704－0009433　005616　類叢部/叢書類/彙編之屬

**國立中央研究院歷史語言研究所專刊**　國立中央研究院歷史語言研究所輯　民國鉛印本、石印本暨刻本　二冊　存一種

330000－1704－0009435　004526　史部/傳記類/别傳之屬/年譜

**鄭叔問先生[文焯]年譜一卷**　戴正誠編　民國三十年(1941)鉛印本　一冊

330000－1704－0009436　004528　史部/傳記類/别傳之屬/事狀

**從父震軒張府君[㭎]行狀一卷**　張組成撰　民國三十一年(1942)稿本　一冊

330000－1704－0009437　005617　類叢部/叢書類/郡邑之屬

**雲南叢書初編一百四十一種二編三十七種**　趙藩　陳榮昌等輯　民國雲南叢書處刻本　一冊　存一種

330000－1704－0009438　004527　史部/傳記類/别傳之屬/年譜

**崇德老人[聶曾紀芬]自訂年譜一卷附廉儉救國説一卷**　聶曾紀芬撰　瞿宣穎輯　民國二十年(1931)鉛印本　一册

330000－1704－0009441　005619　史部/金石類/金之屬

**攈古録金文三卷**　(清)吳式芬撰　民國三年(1914)西泠印社刻本　楊紹廉批　四册　存二卷(二至三)

330000－1704－0009443　005614　類叢部/叢書類

**考古學社專集**　民國鉛印本暨影印本　二册　存一種

330000－1704－0009444　005625　史部/金石類/金之屬

**周金文存六卷補遺一卷**　鄒安輯　民國十年(1921)上海廣倉學宭影印本　十二册

330000－1704－0009448　004529　史部/傳記類/别傳之屬/年譜

**苓泉居士[楊壽枏]自訂年譜二卷**　楊壽枏撰　民國三十二年(1943)鉛印本　一册

330000－1704－0009449　005672　史部/金石類/錢幣之屬/圖像

**古泉拓本一卷**　民國拓本　一册

330000－1704－0009450　004530　史部/傳記類/别傳之屬/事狀

**先考遠威府君[徐樹錚]行述不分卷**　徐審義　徐審交撰　民國石印本　一册

330000－1704－0009453　004531　史部/傳記類/别傳之屬/事狀

**鄭節母鄧太夫人訃告一卷**　鄭閎達述并書　民國二十三年(1934)影印本　一册

330000－1704－0009455　013300　類叢部/叢書類/自著之屬

**許文肅公集四種**　(清)許景澄撰　民國七年至九年(1918－1920)外交部圖書處鉛印本　十册

330000－1704－0009456　004532　史部/傳記類/别傳之屬/事狀

**黄膺白先生故舊感憶録不分卷**　黄膺白先生紀念刊編輯委員會編　民國二十六年(1937)鉛印本　一册

330000－1704－0009462　004533　史部/傳記類/别傳之屬/事狀

**徐班侯公[定超]行述不分卷**　徐賢業等撰　民國影印本　一册

330000－1704－0009464　004534　史部/傳記類/别傳之屬/事狀

**潘鑑宗先生訃告不分卷**　潘少挺等撰　民國鉛印本　一册

330000－1704－0009465　013311　類叢部/叢書類/彙編之屬

**墨香簃叢編六種**　楊嘉編　民國石印本　張㭎題記並批校　童思泉批　二册

330000－1704－0009469　013319　類叢部/叢書類/自著之屬

**譚瀏陽全集六種附續編一卷**　(清)譚嗣同撰　民國六年(1917)上海文明書局鉛印本　六册

330000－1704－0009471　013320　類叢部/叢書類/自著之屬

**趙柏巖集十三種**　趙炳麟撰　民國十一年(1922)鉛印本　十五册

330000－1704－0009472　004535　史部/傳記類/别傳之屬/事狀

**瑞安孫星農先生訃告不分卷**　孫師權撰　**瑞安孫星農先生行狀一卷**　項驤撰　民國鉛印本　一册

330000－1704－0009473　004536　史部/傳記類/别傳之屬/事狀

**林大同訃告不分卷**　林鏡清等撰　民國二十五年(1936)鉛印本　一册

330000－1704－0009474　013315　史部/目録類

**快閣師石山房叢書七種**　(清)姚振宗撰　民

國二十年至二十三年(1931－1934)浙江省立圖書館鉛印本　八冊　存五種

330000－1704－0009475　013321　類叢部/叢書類/自著之屬

**張季子九録附一種**　張謇撰　張怡祖編　民國二十年(1931)上海中華書局鉛印本　三十冊

330000－1704－0009478　013314　集部/別集類

**疚齋小品三卷**　冒廣生撰　民國抄本　一冊

330000－1704－0009479　013322　類叢部/叢書類/自著之屬

**周慤慎公全集十種**　周馥撰　民國影印本　十八冊　存八種

330000－1704－0009480　005680　類叢部/叢書類/彙編之屬

**食舊堂叢書(舊德堂叢書)二十一種**　(清)汪大鈞編　民國十四年(1925)錢塘汪氏刻本　二冊　存一種

330000－1704－0009481　013323　史部/傳記類/別傳之屬

**總理奉安實録不分卷**　總理奉安專刊編纂委員會編　民國十八年(1929)總理奉安專刊編纂委員會鉛印本　二冊

330000－1704－0009482　013316　類叢部/叢書類/自著之屬

**沈寄簃先生遺書甲編二種乙編四種**　沈家本撰　民國刻本　四十冊

330000－1704－0009483　005681　類叢部/叢書類/彙編之屬

**東方學會叢書初集十三種**　羅振玉編　民國十三年(1924)東方學會鉛印本　二冊　存一種

330000－1704－0009485　013324　類叢部/叢書類/自著之屬

**止園叢書第一集五種第二集四種**　尹昌衡撰　民國七年(1918)南京商務印書館、上海中華書局鉛印本　十三冊

330000－1704－0009486　013094　類叢部/叢書類/郡邑之屬

**吳興叢書六十六種**　劉承幹編　民國吳興劉氏嘉業堂刻本　二百十一冊　存五十七種

330000－1704－0009487　004537　史部/傳記類/別傳之屬/事狀

**朱味溫先生訃告不分卷**　朱璋撰　民國影印本　一冊

330000－1704－0009488　013317　類叢部/叢書類/自著之屬

**潛園二十四種續編二種全集四種**　魏元曠撰　民國萬載辛述軒氏刻本　二十冊

330000－1704－0009489　004538　史部/傳記類/別傳之屬/事狀

**蔣叔南先生[希召]訃告不分卷**　蔣德森等撰　民國鉛印本　一冊

330000－1704－0009490　013325　類叢部/叢書類/自著之屬

**寄寄山房全集七種附一種**　張翼廷撰　民國二十一年(1932)鉛印本　十六冊

330000－1704－0009491　004539　史部/傳記類/別傳之屬/事狀

**張淮南先生訃告不分卷　中國國民黨中央執行委員張君事略一卷**　賀耀組撰　民國鉛印本　一冊

330000－1704－0009492　005682　史部/金石類

**遯盦金石叢書十五種**　吳隱輯　民國十年(1921)山陰吳氏西泠印社木活字印本　六冊　存一種

330000－1704－0009493　004542　史部/傳記類/別傳之屬

**孫文小史一卷**　民國鉛印本　一冊

330000－1704－0009494　005684　史部/金石類

**嘉業堂金石叢書五種**　劉承幹輯　民國吳興劉氏刻本　謝磊明題記　二冊　存一種

330000－1704－0009495　004541　史部/傳記類/別傳之屬/事狀

**黄仲弢先生輓聯録不分卷**　（清）趙爾巽等撰　民國油印本　梅冷生題記　一册

330000－1704－0009496　005683　史部/金石類

**嘉業堂金石叢書五種**　劉承幹輯　民國吳興劉氏刻本　二册　存一種

330000－1704－0009497　013352　類叢部/叢書類/自著之屬

**海寧王忠慤公遺書四十四種**　王國維撰　民國十六年至十七年（1927－1928）海寧王氏鉛印本暨石印本　二十四册　存三十三種

330000－1704－0009500　005686　史部/金石類/郡邑之屬

**廣陵冢墓遺文一卷坿録一卷**　羅振玉校録　民國四年（1915）上虞羅振玉刻本　一册

330000－1704－0009501　013327　子部/雜著類/雜說之屬

**原人訂本三卷後編一卷哲俠辨一卷**　陳濬然撰　民國二年（1913）合肥張廣建刻本　一册

330000－1704－0009504　013327　新學/史志/別國史

**波蘭遺史二卷**　（日本）澁江保撰　**皖志議略二卷民國鑑三卷萬國公史議二卷**　陳濬然撰　民國五年（1916）鉛印本　一册

330000－1704－0009506　013353　類叢部/叢書類/自著之屬

**海寧王靜安先生遺書四十三種一百零四卷**　王國維撰　民國二十九年（1940）商務印書館長沙石印本　四十八册

330000－1704－0009508　004545　子部/宗教類/其他宗教之屬/基督教

**辯學遺牘一卷**　（意大利）利瑪竇撰　**大西利先生行蹟一卷**　（意大利）艾儒略撰　**明浙西李之藻傳一卷**　陳垣撰　民國八年（1919）鉛印本　一册

330000－1704－0009509　013327　史部/政書類/軍政之屬/邊政

**制亂保邊策一卷**　陳濬然撰　**痛哭餘談一卷長沙餘涕一卷**　淮南病叟撰　民國五年（1916）鉛印本　一册

330000－1704－0009510　013327　史部/目録類/書志之屬/提要

**晦堂書録二卷**　陳濬然撰　民國四年（1915）鉛印本　一册

330000－1704－0009511　004546　史部/地理類/專志之屬

**呂公紀念碑記一卷**　任宏中撰　民國鉛印本　一册

330000－1704－0009512　013354　類叢部/叢書類/自著之屬

**劉申叔先生遺書七十四種**　劉師培撰　民國二十五年（1936）寧武南氏鉛印本　七十四册

330000－1704－0009513　004547　史部/傳記類/別傳之屬/年譜

**葉遐菴［恭綽］先生年譜一卷**　遐菴年譜彙稿編印會同人編　民國三十五年（1946）鉛印本　一册

330000－1704－0009514　013330　類叢部/叢書類/自著之屬

**審安齋遺稿六種**　陳濤撰　民國十三年（1924）鉛印本　六册

330000－1704－0009515　013331　類叢部/叢書類/自著之屬

**湖濱補讀廬叢刻五種十三卷**　鍾廣生撰　民國二十年（1931）鉛印本　五册　存四種

330000－1704－0009516　013355　類叢部/叢書類/自著之屬

**章氏叢書初集十二種**　章炳麟撰　民國上海右文社鉛印本　二十四册

330000－1704－0009519　004548　史部/傳記類/別傳之屬/事狀

**周拱藻哀啟一卷**　周鈞鎔　周炎撰　**清通議大夫山東補用府仲龍周公行狀一卷**　池志澂狀并書　民國影印本　一册

330000－1704－0009520　013356　類叢部/叢書類/自著之屬

**天馬山房叢箸六種**　馬敘倫撰　民國鉛印本　一冊　存五種

330000－1704－0009523　013333　類叢部/叢書類/自著之屬

**南園叢稿十二種二十四卷**　張相文撰　**泗陽張沌谷居士年譜一卷榮哀録一卷**　張星烺撰輯　民國十八年至二十四年(1929－1935)北平中國地學會鉛印本　十六冊

330000－1704－0009525　004580　史部/傳記類/總傳之屬/家乘

**施氏先世事畧四卷**　施鴻元編　民國十六年(1927)上海朱錦堂鉛印本　四冊

330000－1704－0009526　013334　類叢部/叢書類/郡邑之屬

**杭州所著書三種附一種**　王守恂撰　民國六年(1917)鉛印本　一冊

330000－1704－0009527　013358　類叢部/叢書類/自著之屬

**章氏叢書十三種**　章炳麟撰　民國六年至八年(1917－1919)浙江圖書館刻本　二十四冊

330000－1704－0009528　013334　集部/別集類

**補讀書齋筆談一卷**　王守恂撰　民國鉛印本　一冊

330000－1704－0009529　013336　類叢部/叢書類/自著之屬

**銕研坐蘐書(鐵研齋叢書)五種**　桑宣撰　民國八年(1919)宛平桑氏鉛印本　八冊

330000－1704－0009530　013359　類叢部/叢書類/自著之屬

**章氏叢書續編七種**　章炳麟撰　民國二十二年(1933)北平刻本　四冊

330000－1704－0009531　004549　史部/傳記類/別傳之屬/事狀

**王嶽崧先生訃告不分卷**　王稼　王潤等撰　民國石印本　一冊

330000－1704－0009532　005696　史部/金石類/錢幣之屬/圖像

**古泉譜拓本不分卷**　民國拓本　一冊

330000－1704－0009533　004550　史部/雜史類/斷代之屬

**趨庭隅録一卷**　楊景煃等輯　**附楊味雲先生創興棉業記一卷**　顧潛撰　民國三十年(1941)鉛印本　一冊

330000－1704－0009536　013096　類叢部/叢書類/郡邑之屬

**四明叢書一百六十七種**　張壽鏞編　民國四明張氏約園刻本(原缺安晚堂詩集卷一至五)　四百九十冊　存一百五十五種

330000－1704－0009537　004551　史部/傳記類/別傳之屬/事狀

**浙江省長沈公叔詹[金鑑]行狀一卷**　邵章撰　民國鉛印本　一冊

330000－1704－0009538　004552　史部/傳記類/日記之屬

**趙清獻公充御試官日記不分卷**　(宋)趙抃撰　民國十一年(1922)刻本　一冊

330000－1704－0009539　013360　類叢部/叢書類/自著之屬

**默厂所著書**　鮑鼎撰　民國石印本　六冊　存五種

330000－1704－0009540　004553　史部/傳記類/別傳之屬/墓誌

**瑞安姚君墓志銘一卷瑞安姚氏家廟記一卷**　章炳麟撰並書　**先嚴言行述畧一卷**　姚琮撰並書　民國二十三年(1934)影印本　一冊

330000－1704－0009542　004553－1　史部/傳記類/別傳之屬/墓誌

**瑞安姚君墓志銘一卷瑞安姚氏家廟記一卷**　章炳麟撰並書　**先嚴言行述畧一卷**　姚琮撰並書　民國二十三年(1934)影印本　一冊

330000－1704－0009543　013360　類叢部/叢書類/自著之屬

**中國金石學史**　鮑鼎撰　民國石印本　一冊

存一種

330000－1704－0009544　013361　類叢部/叢書類/自著之屬

**徐氏全書三十七種**　徐昂撰　民國三十三年(1944)至一九五四年南通翰墨林書局鉛印本　十三冊

330000－1704－0009545　013337　類叢部/叢書類/家集之屬

**天蘇閣叢刊十五種**　徐新六輯　民國三年(1914)、十二年(1923)杭縣徐氏鉛印本　一冊　存五種

330000－1704－0009546　013338　類叢部/叢書類/自著之屬

**春暉樓叢書上集四種**　(清)張鼎撰　民國三十七年(1948)周昌國、丁方鎮鉛印本　二冊

330000－1704－0009547　013339　類叢部/叢書類/自著之屬

**彊本堂彙編**　陳惟彥撰　徐建生編　民國十一年(1922)鉛印本　五冊

330000－1704－0009548　013340　類叢部/叢書類/自著之屬

**小雙寂庵叢書十九種**　張惟驤撰　民國武進張氏小雙寂庵刻本　三冊　存三種

330000－1704－0009549　004554　史部/傳記類/別傳之屬/事狀

**沈定一先生被難哀啟不分卷**　沈定一先生雪憾治喪委員會編　民國十七年(1928)鉛印本　一冊

330000－1704－0009550　004498　史部/傳記類/日記之屬

**緣督廬日記鈔十六卷(清同治九年閏十月至民國六年九月)**　葉昌熾撰　王季烈輯　民國二十二年(1933)上虞羅氏上海蟫隱廬石印本　十六冊

330000－1704－0009551　013362　類叢部/叢書類/自著之屬

**趣園八種附趣園十六趣**　(清)蔡丕撰　民國二十三年(1934)上海明善書局鉛印本暨石印本　七冊

330000－1704－0009553　004501　史部/傳記類/日記之屬

**越縵堂日記補不分卷(清咸豐四年三月十四日至同治二年三月三十日)**　(清)李慈銘撰　民國二十五年(1936)上海商務印書館影印本　十三冊

330000－1704－0009554　004555　史部/傳記類/別傳之屬/事狀

**諦閑法師行狀紀念冊不分卷**　釋寶靜等輯　民國鉛印本　一冊

330000－1704－0009555　004556　史部/傳記類/別傳之屬/事狀

**吴興周夢坡[慶雲]先生訃告一卷年譜一卷墓表一卷墓誌銘一卷畫史一卷**　周延礽輯　民國二十三年(1934)影印本暨鉛印本　四冊

330000－1704－0009556　013342　類叢部/叢書類/自著之屬

**名山全集三十四種**　錢振鍠撰　民國木活字印本暨鉛印本　二十五冊　存三十種

330000－1704－0009557　004503　史部/傳記類/日記之屬

**湘綺樓日記不分卷(清同治八年正月至民國五年七月)**　王闓運撰　民國十六年(1927)上海商務印書館鉛印本　三十二冊

330000－1704－0009558　004502　史部/傳記類/日記之屬

**湘綺樓日記不分卷(清同治八年正月至民國五年七月)**　王闓運撰　民國十七年(1928)上海商務印書館鉛印本　三十二冊

330000－1704－0009559　013363　類叢部/叢書類/自著之屬

**楊仁山居士遺著十三種**　(清)楊文會撰　民國八年(1919)金陵刻經處刻本　十冊

330000－1704－0009561　004500　史部/傳記類/日記之屬

**小東山草堂日記不分卷(清□□年五月十九日至□□年十月二十九日)**　(清)張泰青撰

民國抄本　楊紹廉批校並題簽　一冊

330000－1704－0009564　013342　集部/別集類
**名山詩集五卷**　錢振鍠撰　民國十五年(1926)浙江瑞安刻本　一冊

330000－1704－0009565　013364　子部/雜著類/雜說之屬
**桂堂餘録二卷**　由雲龍撰　民國二十一年(1932)鉛印本　二冊

330000－1704－0009566　013342　集部/別集類
**名山課徒草一卷**　錢振鍠撰　民國二十八年(1939)鉛印本　一冊

330000－1704－0009568　004557　史部/傳記類/總傳之屬/家乘
**東山許氏傳記不分卷**　民國抄本　一冊

330000－1704－0009569　013364　史部/金石類/總志之屬/題跋
**定庵題跋一卷**　由雲龍撰　民國二十七年(1938)鉛印本　一冊

330000－1704－0009570　013364　集部/詩文評類/詩評之屬
**定厂詩話二卷**　由雲龍撰　民國二十三年(1934)鉛印本　一冊

330000－1704－0009571　004558　史部/傳記類/別傳之屬/事狀
**伍秩庸博士哀思録不分卷**　伍朝樞輯　民國鉛印本　一冊

330000－1704－0009572　013364　史部/地理類/方志之屬/郡縣志
**[民國]高嶢志二卷附二卷**　由雲龍纂　民國二十八年(1939)鉛印本　一冊　缺二卷(附一至二)

330000－1704－0009574　013364　史部/雜史類/斷代之屬
**清故怭録八卷**　由雲龍撰　民國三十八年(1949)石印本　二冊

330000－1704－0009576　013364　集部/別集類
**定庵詩存四卷**　由雲龍撰　民國二十六年(1937)天倉印務公司鉛印本　一冊

330000－1704－0009577　013364　集部/詩文評類/詩評之屬
**定厂詩話續編二卷**　由雲龍撰　民國二十六年(1937)雲南開智公司鉛印本　一冊

330000－1704－0009579　013343　類叢部/叢書類/自著之屬
**樸學齋叢刊十一種**　胡韞玉撰　民國十二年(1923)安吳胡氏鉛印本　四冊

330000－1704－0009580　013345　類叢部/叢書類/自著之屬
**永豐鄉人雜著八種續編六種附一種**　羅振玉輯　民國十一年(1922)上虞羅氏刻本　戴家祥過録王國維批語　二冊　缺二卷(唐折衝府考補遺、海外吉金録補遺)

330000－1704－0009581　004317　類叢部/叢書類/彙編之屬
**燕京大學圖書館叢書**　燕京大學圖書館編　民國北平燕京大學圖書館鉛印本暨影印本　一冊　存二種

330000－1704－0009583　013344　類叢部/叢書類/自著之屬
**天行草堂主人遺稾叢刊十一種**　章嶔撰　民國二十四年(1935)鉛印本　二冊

330000－1704－0009589　004559　史部/傳記類/別傳之屬
**南通費生[師恆]傳一卷**　錢基博撰　**附佛說五大施經一卷**　釋弘一撰　民國影印本　一冊

330000－1704－0009591　013346　類叢部/叢書類/自著之屬
**永豐鄉人雜著八種續編六種附一種**　羅振玉撰　民國十一年至十二年(1922－1923)上虞羅氏凝清室刻本　二冊　存七種

330000－1704－0009592　004560　史部/傳

記類/别傳之屬/事狀

**蔣太夫人紀念册不分卷**　民國影印本　楊彩藩題記　一册

330000－1704－0009594　013347　類叢部/叢書類/自著之屬

**永豐鄉人稿四種**　羅振玉撰　民國上虞羅氏貽安堂刻本　戴家祥過録王國維批語　六册

330000－1704－0009595　004304　史部/傳記類/别傳之屬

**陸士衡史一卷**　李澤仁編　民國二十三年(1934)志景書塾鉛印本　一册

330000－1704－0009596　004306　類叢部/叢書類/自著之屬

**隅樓叢書四種**　古直撰　民國十五年至十七年(1926－1928)上海聚珍倣宋印書局鉛印本　一册　存一種

330000－1704－0009597　005714　史部/金石類

**秦權釋文一卷**　胡光煒撰　民國七年(1918)影印本　一册

330000－1704－0009599　013348　類叢部/叢書類/自著之屬

**貞松老人遺稿甲集八種**　羅振玉撰　民國三十年(1941)上虞羅氏鉛印本　六册

330000－1704－0009600　004561　子部/藝術類/書畫之屬/法帖

**總理遺墨第一輯不分卷第二輯不分卷**　孫文書　民國十七年(1928)、十九年(1930)影印本　楊彩藩題記　二册

330000－1704－0009601　005715　類叢部/叢書類/彙編之屬

**永慕園叢書六種**　羅振玉編　民國上虞羅氏影印本　一册　存一種

330000－1704－0009602　013349　類叢部/叢書類/自著之屬

**貞松老人遺稿乙集四種**　羅振玉撰　民國三十二年(1943)上虞羅福頤鉛印本　六册

330000－1704－0009604　013349　子部/工藝類/日用器物之屬

**傳世古尺録一卷附諸史律歷志彙抄一卷**　羅福頤撰　民國三十年(1941)鉛印本　一册

330000－1704－0009606　013349　史部/紀傳類/正史之屬

**魏書宗室傳注校補一卷**　羅振玉撰　民國三十二年(1943)鉛印本　一册

330000－1704－0009609　013350　史部/叢編

**述窠雜纂**　黄任恒撰　民國十四年(1925)南海黄氏鉛印本　十册

330000－1704－0009612　005717　類叢部/叢書類

**慤齋叢書**　民國上海文瑞樓書局影印本　二册　存一種

330000－1704－0009613　013351　類叢部/叢書類/自著之屬

**太一遺書七種續刊五種**　甯調元撰　民國四年(1915)鉛印本　二册　存六種

330000－1704－0009614　004563　史部/傳記類/總傳之屬/家乘

**紫江朱氏家乘五卷蠖園文存三卷**　朱啓鈐編　民國二十四年至三十三年(1935－1944)紫江朱氏存素堂鉛印本暨影印本　六册

330000－1704－0009616　005718　類叢部/叢書類/自著之屬

**松翁居遼後所著書三種**　羅振玉撰　民國十八年至二十年(1929－1931)上虞羅氏石印本　一册　存一種

330000－1704－0009621　005719　類叢部/叢書類/自著之屬

**松翁居遼後所著書三種**　羅振玉撰　民國十八年至二十年(1929－1931)上虞羅氏石印本　一册　存一種

330000－1704－0009626　004316　類叢部/叢書類/彙編之屬

**求恕齋叢書三十一種**　劉承幹編　民國吴興

劉氏嘉業堂刻本　四冊　存一種

330000－1704－0009631　004565　史部/傳記類/總傳之屬/家乘

**[浙江杭州]錢塘沈氏家乘十卷**　(清)沈紹勳輯　沈祖緜增輯　民國八年(1919)西泠印社鉛印本　四冊

330000－1704－0009632　005725　史部/金石類/石之屬/文字

**石鼓文集釋一卷**　任兆麟撰　民國中國書店影印本　一冊

330000－1704－0009641　004568　史部/傳記類/總傳之屬/家乘

**[浙江路橋]河西楊氏家譜不分卷**　楊晨編　民國七年(1918)石印本　一冊

330000－1704－0009642　004328　史部/傳記類/別傳之屬/事狀

**魏文節公事略一卷**　魏頌唐輯　民國二十五年(1936)鉛印本　一冊

330000－1704－0009646　013375　類叢部/叢書類/彙編之屬

**續古逸叢書四十七種**　張元濟等編　民國十一年(1922)至一九五七年上海商務印書館影印本　三冊　存一種

330000－1704－0009649　004434　史部/傳記類/別傳之屬/事狀

**孫烈士竹丹遺事一卷**　柳棄疾等輯　民國六年(1917)鉛印本　一冊

330000－1704－0009651　004435　史部/傳記類/別傳之屬/事狀

**陶勤肅公行述一卷**　(清)陶葆廉　(清)陶保霖撰　**陶勤肅公墓銘一卷**　(清)陳豪撰　民國鉛印本　一冊

330000－1704－0009652　013376　類叢部/叢書類/彙編之屬

**續古逸叢書四十七種**　張元濟等編　民國十一年(1922)至一九五七年上海商務印書館影印本　六十冊　存三十四種

330000－1704－0009654　004436　史部/叢編

**鄂故叢書二種**　湖北通志館編　民國三十六年(1947)湖北通志館鉛印本　一冊　存一種

330000－1704－0009657　004571　史部/傳記類/總傳之屬/家乘

**[福建閩侯]西清王氏族譜不分卷**　王孝綺增修　民國二十三年(1934)鉛印本　王孝綺　王世穎題記　一冊

330000－1704－0009662　004439　史部/傳記類

**嗚呼易順鼎一卷**　(清)易順鼎撰　**哭庵碎語一卷**　(清)易順鼎撰　民國鉛印本　一冊

330000－1704－0009664　004440　史部/傳記類/別傳之屬

**茹君澤涵家傳一卷**　孫雄撰　民國鉛印本　一冊

330000－1704－0009667　004441　史部/傳記類/別傳之屬

**蘄水湯先生[化龍]遺念録一卷**　民國鉛印本　一冊

330000－1704－0009668　013376　類叢部/叢書類/彙編之屬

**續古逸叢書四十七種**　張元濟等編　民國十一年(1922)至一九五七年上海商務印書館影印本　二十五冊　存十四種

330000－1704－0009671　005744　史部/金石類

**非儒非俠齋金石叢著十種**　顧燮光撰　民國會稽顧氏金佳石好樓石印本暨鉛印本　一冊　存一種

330000－1704－0009673　004444　史部/傳記類/別傳之屬

**記錢江不分卷**　民國抄本　一冊

330000－1704－0009674　013385　類叢部/叢書類/郡邑之屬

**括蒼叢書第二集印書紀録一卷**　劉燿東撰　稿本　一冊

330000－1704－0009675　004445　史部/傳記類/別傳之屬
**松壽老人自敘一卷**　張勳撰　民國刻本　一册

330000－1704－0009677　004446　史部/傳記類/別傳之屬/年譜
**孫籀廎[詒讓]先生年譜一卷**　薛鍾斗編　稿本　一册

330000－1704－0009684　004575　史部/傳記類/總傳之屬/家乘
**[浙江樂清]斗山陳氏譜畧小序不分卷**　(清)陳虬纂　民國抄本　一册

330000－1704－0009686　004449　類叢部/叢書類/彙編之屬
**汪穰卿先生傳記遺文二種**　汪詒年編　民國二十七年(1938)杭州汪氏鉛印本　二册

330000－1704－0009689　013387　集部/詞類/總集之屬
**惜陰堂叢書**　趙尊嶽輯　民國十三年至十五年(1924－1926)武進趙氏刻本　三册　存一種

330000－1704－0009691　004577　新學/雜著/叢編
**史地教育研究室叢刊**　國立浙江大學史地教育研究室編輯　民國二十九年(1940)油印本　一册　存一種

330000－1704－0009693　013446　集部/曲類
**崑曲九種**　民國二十七年至三十年(1938－1941)北京國劇會崑曲研究會石印本　十册　存八種

330000－1704－0009694　004578　史部/叢編
**鄉土志叢編第一集**　燕京大學圖書館輯　民國二十六年(1937)燕京大學圖書館鉛印本　十册

330000－1704－0009696　004579　史部/地理類/遊記之屬
**譙國舊聞一卷附存疑一卷**　戴炳驄撰　稿本　一册

330000－1704－0009697　013096－1　類叢部/叢書類/郡邑之屬
**四明叢書一百六十七種**　張壽鏞編　民國四明張氏約園刻本(原缺安晚堂詩集卷一至五)　二册　存二種

330000－1704－0009698　005758　史部/金石類
**非儒非俠齋金石叢著十種**　顧燮光撰　民國會稽顧氏金佳石好樓石印本暨鉛印本　一册　存一種

330000－1704－0009699　013433　類叢部/叢書類/彙編之屬
**四部叢刊**　張元濟等編　民國十八年(1929)上海商務印書館影印本　二千九十七册　存三百二十種

330000－1704－0009701　005760　史部/金石類/石之屬
**夢碧簃石言六卷**　顧燮光撰　民國十四年(1925)上海科學儀器館鉛印本　三册

330000－1704－0009702　004452　史部/傳記類/別傳之屬/年譜
**陳介石先生[黻宸]年譜不分卷**　陳謐編　民國二十三年(1934)甌風社鉛印本　二册

330000－1704－0009706　013390　子部/藝術類/書畫之屬/畫法畫品
**小蓬萊閣畫鑑七卷獵古集一卷**　(清)李修易撰　(清)李厥猷編訂　民國二十三年(1934)上海商務印書館鉛印本　一册

330000－1704－0009707　013452　集部/詞類/別集之屬
**稼軒詞六卷**　(宋)辛棄疾撰　梁啟超輯　梁啟勳疏證　民國二十年(1931)梁啟勳曼殊室刻本　味逸觀款　六册

330000－1704－0009708　004453　史部/傳記類/別傳之屬/事狀
**清授資政大夫晉封榮禄大夫花翎二品銜浙江**

**補用道在任候補知府升補定海直隸廳特授嘉興府秀水縣知縣調署海寧州知州顯考樂平府君[國均]行述一卷**　（清）秦聯元　（清）秦聯奎撰　民國石印本　一册

330000－1704－0009709　005764　史部/金石類/總志之屬
**經鉏堂金石小箋二卷**　（清）葉弈苞撰　民國中國書店鉛印本　一册

330000－1704－0009711　013453　集部/别集類
**璞廬雜文不分卷**　戴炳驄撰　稿本　湯國琛題簽　二册

330000－1704－0009712　013454　史部/目録類/總録之屬/私撰
**璞廬藏書書目不分卷**　戴炳驄輯　稿本　二册

330000－1704－0009717　004455　史部/傳記類/别傳之屬/事狀
**賜進士及第誥授光禄大夫太保晉贈太傅東閣大學士陸文端公行狀一卷**　（清）吴郁生撰　民國四年(1915)刻本　一册

330000－1704－0009719　013393　子部/藝術類/書畫之屬/法帖
**當代名人真蹟第一集第一期一卷**　陳彬龢輯　民國十二年(1923)石印本　一册

330000－1704－0009721　013457　集部/詩文評類/郡邑之屬
**海虞詩話十六卷釣渚詩選一卷**　（清）單學傅撰　民國四年(1915)銅華館鉛印本　四册

330000－1704－0009722　013394　類叢部/叢書類/彙編之屬
**燕京大學圖書館叢書**　燕京大學圖書館編　民國北平燕京大學圖書館鉛印本暨影印本　一册　存一種

330000－1704－0009723　004456　史部/傳記類/别傳之屬/事狀
**楊龢甫先生家傳一卷**　李岳瑞撰　民國石印本　匋齋題簽　一册

330000－1704－0009726　013396　子部/藝術類/書畫之屬/畫法畫品
**煙雲供養録一卷**　（清）吴騫輯　民國四年(1915)西泠印社吴氏木活字印本　二册

330000－1704－0009728　004583　史部/傳記類/總傳之屬/家乘
**鄭志三卷首一卷**　（清）鄭衡撰　民國三十年(1941)稿本　二册

330000－1704－0009729　013459　集部/曲類/曲選之屬
**繪圖綴白裘十二集四十八卷**　（清）玩花主人輯　（清）錢德蒼增輯　民國十三年(1924)上海啟新書局石印本　十二册

330000－1704－0009731　005773　類叢部/叢書類/郡邑之屬
**山左先喆遺書**　山東省立圖書館編　民國瑞安陳氏褎殷堂鉛印本　一册　存一種

330000－1704－0009732　013397　子部/藝術類/書畫之屬/法帖
**明代名人手跡第二集不分卷第三集不分卷第五集不分卷**　民國上海有正書局石印本　三册

330000－1704－0009736　013398　子部/叢編
**清人説薈初集二十種**　雷瑨輯　民國二年(1913)上海掃葉山房石印本　三册　存十二種

330000－1704－0009738　013462　新學/動植物學/動物學
**蹄鐵學七卷**　陸軍獸醫學校編　民國益陽震亞印書館鉛印本　一册

330000－1704－0009739　004584　史部/傳記類/總傳之屬/家乘
**繆氏考古録一卷**　繆荃孫輯　民國二十四年(1935)鉛印本　一册

330000－1704－0009740　004585　史部/傳記類/總傳之屬/家乘
**舊德述聞六卷**　郭則澐撰　民國二十五年

(1936)蟄園刻本　二册

330000－1704－0009742　013399　集部/小說類/長篇之屬
**古佚小説叢刊初集三種**　陳乃乾輯　民國十八年(1929)海寧陳氏慎初堂鉛印本　四册

330000－1704－0009745　004415　史部/傳記類/别傳之屬/年譜
**韓湘巖先生[錫胙]年譜二卷附録一卷**　劉耀東纂　民國三十六年(1947)啟後亭鉛印本　一册

330000－1704－0009746　004416　史部/傳記類/别傳之屬/年譜
**石濤上人[釋道濟]年譜一卷**　傅抱石編　民國三十七年(1948)京滬週刊社鉛印本　一册

330000－1704－0009747　013401　集部/别集類/明别集
**明儒王心齋先生全集**　袁承業輯　民國元年(1912)東臺袁承業鉛印本　六册

330000－1704－0009749　004586　史部/傳記類/總傳之屬/家乘
**項氏源流攷不分卷**　項士元編　民國油印本　一册

330000－1704－0009750　004417　類叢部/叢書類/彙編之屬
**對樹書屋叢刻六種**　趙詒琛編　民國二十一年至二十五年(1932－1936)崑山趙氏對樹書屋刻本　一册　存一種

330000－1704－0009751　004418　類叢部/叢書類/彙編之屬
**復廬叢書□□種**　姚光輯　民國金山姚氏復廬鉛印本　一册　存一種

330000－1704－0009755　013463　集部/曲類/曲選之屬
**繪圖精選崑曲大全四集五十卷**　怡庵主人(張芬)編輯　民國十四年(1925)上海世界書局石印本　六册　存十二種

330000－1704－0009756　004588　史部/傳記類/總傳之屬/家乘
**南田劉氏家譜改編大略一卷**　鄭景棠撰　稿本　一册

330000－1704－0009758　004589　史部/傳記類/總傳之屬/郡邑
**穫堂舊話一卷師友淵源録一卷**　繆九疇撰　民國六年(1917)江陰繆氏思範室刻本　一册

330000－1704－0009760　013464　子部/農家農學類/總論之屬
**重訂致富全書四卷**　民國七年(1918)鉛印本　一册　存二卷(一至二)

330000－1704－0009761　004567　史部/傳記類/總傳之屬/家乘
**[浙江溫州]東嘉王氏家録六卷**　(明)王叔果纂　民國戴家祥抄本　三册　存三卷(一至三)

330000－1704－0009762　005776　史部/金石類/石之屬/義例
**碑範不分卷**　民國影印本　五册

330000－1704－0009763　013465　集部/總集類/選集之屬
**文藝雜志不分卷**　雷君曜編　民國七年(1918)上海掃葉山房石印本　一册

330000－1704－0009764　013466　子部/藝術類/篆刻之屬/印譜
**西京職官印録二卷**　(清)徐堅輯　民國二十四年(1935)上海商務印書館影印本　二册

330000－1704－0009766　013467　史部/傳記類/總傳之屬/文苑
**黄巖二八社彙刊不分卷**　鄭滔撰　民國三十一年(1942)鉛印本　一册

330000－1704－0009767　004329　史部/傳記類/别傳之屬/年譜
**李忠定公[綱]年譜二卷**　(清)楊希閔編　民國二十二年(1933)上海淞涓小隱鉛印本　一册

330000－1704－0009771　004460　史部/傳

記類

**天荒地老録一卷兩重虚齋百詠一卷** 廉泉輯 民國京師良公祠鉛印本 一册

330000－1704－0009773 004331 類叢部/叢書類/彙編之屬

**求恕齋叢書三十一種** 劉承幹編 民國吳興劉氏嘉業堂刻本 一册 存一種

330000－1704－0009774 013468 新學/理學/理學

**哲學叢書** 民國上海商務印書館鉛印本 一册 存一種

330000－1704－0009778 004423 史部/傳記類/别傳之屬/年譜

**王石臞先生[念孫]年譜一卷王伯申先生[引之]年譜一卷** 閔爾昌編 民國刻本 一册

330000－1704－0009779 013470 集部/别集類

**繼述堂文鈔四卷文鈔續刻一卷詩鈔二卷詩鈔續刻一卷** 王毓英撰 民國六年(1917)務本石印本 一册 存二卷(繼述堂文鈔一至二)

330000－1704－0009781 005798 史部/金石類/總志之屬

**高昌不分卷** 黄文弼撰 民國二十年(1931)中國學術團體協會西北科學考查團理事會鉛印西北科學考查團叢刊本 黄文弼題記 一册

330000－1704－0009782 004463 史部/傳記類/别傳之屬/年譜

**疇隱居士[丁福保]自訂年譜一卷** 丁福保撰 民國十四年(1925)無錫丁氏鉛印本 一册

330000－1704－0009783 004332 史部/傳記類/别傳之屬/年譜

**宋岳鄂王[飛]年譜六卷首一卷末一卷** 錢汝雯編 民國十三年(1924)鉛印本 四册

330000－1704－0009784 013470－1 子部/藝術類/篆刻之屬/印譜

**方介堪印譜不分卷** 方介堪篆 民國鈐印本 一册

330000－1704－0009788 004464 史部/傳記類/别傳之屬/年譜

**涇舟老人洪琴西先生年譜四卷** 章洪鈞 陳作霖編 魏家驊重編 民國二十八年(1939)鉛印本 一册

330000－1704－0009792 005801 類叢部/叢書類/彙編之屬

**金陵大學中國文化研究所叢刊** 金陵大學中國文化研究所編 民國金陵大學中國文化研究所刻本、鉛印本暨影印本 二册 存一種

330000－1704－0009795 005802 史部/金石類/總志之屬

**晉古叢編十種** 羅振玉輯 民國上虞羅氏影印本 一册 存一種

330000－1704－0009796 004466 史部/傳記類/别傳之屬/年譜

**湯貞愍公[貽汾]年譜一卷** 陳韜編 民國二十二年(1933)鉛印本 一册

330000－1704－0009798 005804 史部/金石類/陶之屬

**古匋拓本不分卷** 民國拓本 四册

330000－1704－0009800 013470－2 子部/藝術類/篆刻之屬/印譜

**方介堪印譜不分卷** 方介堪篆 民國鈐印本 一册

330000－1704－0009802 005805 子部/藝術類/篆刻之屬/印譜

**潛泉印叢** 吳隱輯 民國西泠印社鈐印本 二册 存一種

330000－1704－0009803 013470－3 史部/政書類/公牘檔册之屬

**文牘稿不分卷** 稿本 一册

330000－1704－0009804 013470－4 集部/别集類/清别集

**四憶堂詩集六卷遺稿一卷** (清)侯方域撰 (清)賈開宗等選註 民國十二年(1923)上海掃葉山房石印本 二册

330000－1704－0009807　013470－5　集部/別集類/清別集

**四憶堂詩集六卷遺稿一卷**　(清)侯方域撰　(清)賈開宗等選註　民國上海掃葉山房石印本　二册

330000－1704－0009810　005808　類叢部/叢書類/彙編之屬

**永慕園叢書六種**　羅振玉編　民國三年(1914)上虞羅氏影印本　三册　存一種

330000－1704－0009811　004336　史部/傳記類

**杏蔭堂彙刻三種**　許浩基撰　民國二十一年(1932)吳興許氏杏蔭堂刻本　四册　存一種

330000－1704－0009813　013470－6　集部/別集類

**寄鶴齋詩譽四卷**　洪繻撰　民國六年(1917)南投活版社石印本　一册　存一卷(四)

330000－1704－0009816　004338　史部/傳記類/別傳之屬/事狀

**岳王史略演詞一卷**　袁世凱講　民國三年(1914)鉛印本　一册

330000－1704－0009819　004339　史部/傳記類/總傳之屬/列女

**柳如是事輯一卷**　(清)懷圃居士輯　民國十九年(1930)文字同盟社鉛印本　一册

330000－1704－0009820　013470－9　史部/政書類/公牘檔冊之屬

**旅杭温州同鄉會報告録不分卷**　民國十三年(1924)鉛印本　一册

330000－1704－0009821　004471　史部/地理類/專志之屬/祠墓

**建修萬季野先生祠墓紀念刊一卷徵信録一卷**　建修萬季野先生祠墓事務所輯　民國二十六年(1937)寧波建修萬季野先生祠墓事務所鉛印本　一册

330000－1704－0009823　004472　史部/傳記類/別傳之屬/年譜

**太鶴山人[端木國瑚]年譜一卷**　(清)端木百禄撰　陳謐補輯　民國二十四年(1935)瑞安林氏鉛印惜硯樓叢刊本　張揚題記　一册

330000－1704－0009828　004473　史部/傳記類/別傳之屬/年譜

**俞曲園先生[樾]年譜一卷**　徐徵輯　民國張崟抄本　一册

330000－1704－0009832　004476　史部/傳記類/別傳之屬/年譜

**晏海澄先生年譜四卷附録一卷**　金兆豐編　民國二十年(1931)鎮安晏氏北平刻二十五年(1936)重印本　四册

330000－1704－0009834　013470－11　集部/總集類/尺牘之屬

**魯迅書簡乙種不分卷**　許廣平編　民國二十六年(1937)上海三閒書屋影印本　一册

330000－1704－0009835　004341　類叢部/叢書類/彙編之屬

**乙亥叢編十六種**　趙詒琛　王保譿　王大隆編　民國二十四年(1935)鉛印本　一册　存一種

330000－1704－0009838　004267　史部/傳記類/職官録之屬/總録

**浙江全省職員録不分卷**　浙江省公署號房編　民國十四年(1925)浙江省公署鉛印本　一册

330000－1704－0009841　004268　史部/傳記類/總傳之屬/忠孝

**浙江孝節録初集二卷**　張大庚　王昌杰編　民國二十四年(1935)上海明善書局鉛印本　四册

330000－1704－0009844　004344　史部/傳記類/別傳之屬

**畫史彙稿文徵明二卷**　(明)文徵明撰　神州國光社編　民國十八年(1929)神州國光社鉛印本　二册

330000－1704－0009845　004477　類叢部/叢書類

**小南白堂叢刊**　民國三十三年(1944)鉛印本

五册　存一種

330000－1704－0009849　004345　史部/傳記類/别傳之屬

**疎香閣遺録四卷**　葉德輝輯　民國六年(1917)葉氏刻本　二册

330000－1704－0009851　004346　史部/傳記類/别傳之屬/年譜

**宋文憲公[濂]年譜二卷附録一卷**　(清)朱興悌　(清)戴殿江纂　孫鏘增輯　民國五年(1916)刻本　一册

330000－1704－0009853　004479　史部/傳記類/别傳之屬/年譜

**孫鏘鳴年譜一卷**　孫宣撰　稿本　一册

330000－1704－0009858　004271　史部/傳記類/總傳之屬

**柏堂師友言行記四卷**　(清)方宗誠撰　民國十五年(1926)京華印書局鉛印本　一册

330000－1704－0009860　013470－21　史部/政書類/公牘檔册之屬

**浙江省議會民國十四年第一二次臨時會議事録不分卷**　浙江省議會編　民國十四年(1925)鉛印本　一册

330000－1704－0009862　013470－22　史部/政書類/公牘檔册之屬

**浙江省議會民國十四年第一二次臨時會議員質問書不分卷**　浙江省議會編　民國十四年(1925)鉛印本　一册

330000－1704－0009864　004481　史部/傳記類/别傳之屬/年譜

**胡文忠公[林翼]年譜三卷**　梅英杰撰　民國十八年(1929)梅氏抱冰堂刻本　二册　缺一卷(一)

330000－1704－0009869　004350、004351　類叢部/叢書類/彙編之屬

**嘉業堂叢書五十七種**　劉承幹輯　民國吴興劉氏嘉業堂刻本　五册　存二種

330000－1704－0009870　004352　類叢部/叢書類/彙編之屬

**又滿樓叢書十六種**　趙詒琛編　民國九年至十四年(1920－1925)崑山趙氏又滿樓刻本一册　存一種

330000－1704－0009872　004354　史部/傳記類/别傳之屬/年譜

**左忠毅公[光斗]年譜定本二卷**　馬其昶編　民國十四年(1925)蓬萊慕氏京師刻本　一册

330000－1704－0009873　004275　類叢部/叢書類/彙編之屬

**復廬叢書□□種**　姚光輯　民國金山姚氏復廬鉛印本　一册　存一種

330000－1704－0009878　013470－23　新學/政治法律/制度

**浙江省自治法一卷附施行法一卷附屬法一卷**　民國鉛印本　一册

330000－1704－0009879　004278　子部/藝術類/遊藝之屬/劇藝

**幾禮居戲曲叢書四種**　周明泰編　民國二十一年(1932)鉛印本　一册　存一種

330000－1704－0009880　013470－24　史部/政書類/邦計之屬

**浙江省民國六年度省地方歲出入預算書二卷**　浙江省議會編　民國六年(1917)鉛印本一册

330000－1704－0009882　013470－25　史部/政書類/公牘檔册之屬

**浙江省議會民國十二年常年會議事録一卷**　浙江省議會編　民國鉛印本　一册

330000－1704－0009883　013470－26　史部/政書類/公牘檔册之屬

**浙江省議會民國十三年常年會文牘四卷**　浙江省議會編　民國鉛印本　一册

330000－1704－0009884　013470－27　史部/政書類/公牘檔册之屬

**浙江省議會民國十三年常年會文牘四卷**　浙江省議會編　民國鉛印本　一册

330000－1704－0009885　004279　史部/傳記類/别傳之屬

**于曾胡傳記二卷**　程淯輯　民國二十六年(1937)石印本　一冊

330000－1704－0009886　013470－28　史部/政書類/公牘檔冊之屬

**浙江省咨議局臨時議會省議會一二屆議決案分類彙編四卷**　民國鉛印本　四冊　缺一卷(二)

330000－1704－0009893　013470－30　經部/小學類/文字之屬/説文/傳説

**説文解字注十五卷附六書音均表五卷**　(清)段玉裁撰　**説文部目分韻一卷**　(清)陳煥編　**説文通檢十四卷首一卷末一卷**　(清)黎永椿編　**説文提要一卷**　(清)陳建侯撰　**徐星伯説文段注札記一卷**　(清)徐松撰　(清)劉肇隅編　**龔定菴説文段注札記一卷**　(清)龔自珍撰　(清)劉肇隅編　**桂未谷説文段注鈔一卷補鈔一卷**　(清)桂馥撰　(清)劉肇隅編　民國十七年(1928)上海掃葉山房石印本　十三冊

330000－1704－0009894　004355　史部/政書類/律令之屬/治獄

**馬閣老洗寃録二卷**　姚大榮撰　民國二十三年(1934)鉛印本　一冊

330000－1704－0009897　004492　史部/傳記類/日記之屬

**袁寒雲手書日記不分卷(民國十五年至十六年)**　袁寒雲撰　民國二十五年(1936)影印本　二冊

330000－1704－0009899　004356　史部/傳記類/别傳之屬/年譜

**臯蘭段容思先生[堅]年譜一卷**　(明)彭澤輯　民國抄本　一冊

330000－1704－0009901　004489　史部/傳記類/日記之屬

**隱求堂日記節要十八卷**　(清)潘道根撰　王德森摘録　潘鳴鳳輯　民國鉛印本　四冊

330000－1704－0009905　004358　史部/傳記類/别傳之屬/年譜

**尚書章恭毅公[章綸]年譜一卷**　(明)章玄應述　(明)章玄會録　民國永嘉黄氏敬鄉樓抄本　一冊

330000－1704－0009906　004490　類叢部/叢書類/家集之屬

**長沙瞿氏叢刊五種**　瞿宣穎輯　民國二十二年至二十四年(1933－1935)長沙瞿氏鉛印本　一冊　存一種

330000－1704－0009909　005809　史部/金石類

**藝術叢編十七種**　姬佛陀編　民國五年至九年(1916－1920)上海倉聖明智大學影印本　一冊　存一種

330000－1704－0009911　005811　類叢部/叢書類/彙編之屬

**永慕園叢書六種**　羅振玉編　民國三年(1914)上虞羅氏影印本　一冊　存一種

330000－1704－0009912　004493　史部/傳記類/日記之屬

**蟫香館使黔日記九卷(清光緒二十年九月十六日至二十四年五月初二日)**　嚴修撰　民國二十四年(1935)影印本　九冊

330000－1704－0009920　004291　子部/儒家類/儒學之屬/經濟

**歷代尊孔記一卷孔教外論一卷**　程淯輯　民國二十二年(1933)上海中國道德會鉛印本　一冊

330000－1704－0009922　004362　類叢部/叢書類/彙編之屬

**曲石叢書二十種**　李根源編　民國十二年至二十一年(1923－1932)騰衝李氏蘇州刻本　一冊　存一種

330000－1704－0009924　004496　史部/傳記類/日記之屬

**澗于日記不分卷(清光緒四年十月初一日至二十一年五月三十日)**　(清)張珮綸撰　民

國豐潤張氏淍于草堂石印本　十四冊

330000－1704－0009925　013470－35　史部/政書類/儀制之屬
**忠烈祠祭禮一卷**　政事堂禮制館編　民國四年(1915)政事堂禮制館鉛印本　一冊

330000－1704－0009926　005812　史部/金石類
**塼拓不分卷**　謝光藏　民國拓本　一冊

330000－1704－0009927　013470－36　集部/詞類/詞話之屬
**樂府指迷箋釋一卷附録一卷**　(宋)沈義父撰　蔡嵩雲箋釋　民國三十七年(1948)上海中華書局鉛印本　一冊

330000－1704－0009928　004497　史部/傳記類/日記之屬
**越縵堂日記不分卷(清同治二年四月朔至光緒十五年七月初十)**　(清)李慈銘撰　民國九年(1920)北京浙江公會影印本　王理孚題記　五十一冊

330000－1704－0009932　013470－37　集部/曲類/曲藝之屬
**東郭簫鼓兒詞一卷**　(清)蒲松齡撰　民國二十年(1931)上海中華書局鉛印本　一冊

330000－1704－0009933　004294　史部/傳記類/別傳之屬/事狀
**孔子聖蹟圖不分卷**　李炳衛編　民國二十三年(1934)北平民社鉛印本　一冊

330000－1704－0009934　013470－38　類叢部/叢書類/自著之屬
**得天廬存稿二種**　壽鵬飛撰　民國三十年(1941)鉛印本　一冊　存一種

330000－1704－0009935　013470－39　史部/政書類/邦計之屬/戶政
**浙江省戶口登記暫行條例及施行細則附程式一卷**　民國鉛印本　一冊

330000－1704－0009936　005813　史部/金石類/陶之屬

**古塼拓本不分卷**　戴家祥輯　民國拓本　三冊

330000－1704－0009938　013470－40　集部/曲類/曲韻曲譜曲律之屬
**昆曲曲譜不分卷**　民國抄本　一冊

330000－1704－0009942　004365　類叢部/叢書類/彙編之屬
**張氏適園叢書初集七種**　張鈞衡編　民國四年(1915)上海國學扶輪社鉛印本　二冊　存一種

330000－1704－0009944　013470－42　史部/史評類/史論之屬
**中國文明的前身與現身不分卷**　張嘉儀撰　民國油印本　一冊

330000－1704－0009946　013470－43　史部/史評類/史論之屬
**歷代名家評註史記集說一百三十卷**　(清)程餘慶撰　民國七年(1918)上海交通圖書館石印本(原缺卷十二)　十六冊

330000－1704－0009952　013470－44　經部/小學類/文字之屬/字書/字典
**康熙字典十二集三十六卷總目一卷檢字一卷辨似一卷等韻一卷補遺一卷備考一卷**　(清)張玉書等纂修　民國石印本　二冊　存十四卷(寅集上中下、卯集上中下、辰集上中、酉集上中下、戌集上中下)

330000－1704－0009956　005818　類叢部/叢書類/家集之屬
**涵暉樓叢書**　民國潮安翁氏弢廬鉛印本　二冊　存一種

330000－1704－0009957　004367　類叢部/叢書類/彙編之屬
**文獻叢書**　國立北平故宮博物院輯　民國國立北平故宮博物院鉛印本　一冊　存一種

330000－1704－0009959　004256　史部/傳記類/總傳之屬/斷代
**碑傳集補六十卷首二卷末一卷**　閔爾昌纂　民國二十一年(1932)北平燕京大學國學研究

所鉛印本　二十四册

330000－1704－0009960　004301　史部/傳記類/别傳之屬/事狀

**關壯繆侯事迹八卷附録一卷**　韓組康撰　民國鉛印本　三册

330000－1704－0009963　004303　史部/傳記類/總傳之屬/仕宦

**關帝史略演詞一卷**　民國鉛印本　一册

330000－1704－0009965　004248　史部/地理類/雜志之屬

**蕪城懷舊録三卷補録一卷**　董玉書編　民國三十七年(1948)上海建國書局鉛印本　二册

330000－1704－0009967　004249　史部/傳記類/科舉録之屬/歷科登科録

**詞林輯略十一卷附姓氏韻編一卷**　朱汝珍輯　民國北京中央刻經院鉛印本　五册

330000－1704－0009969　004250　史部/傳記類/總傳之屬/列女

**清代閨閣詩人徵略十卷補遺一卷**　施淑儀撰　民國十一年(1922)崇明女子師範講習所鉛印本　一册　存三卷(一至三)

330000－1704－0009972　013470－45　集部/别集類

**遊戲詩文雜録不分卷**　民國抄本　一册

330000－1704－0009973　013470－46　集部/小説類/長篇之屬

**增補齊省堂全圖儒林外史六卷六十回**　(清)吳敬梓撰　民國十一年(1922)上海二思堂石印本　一册　存一卷(一)

330000－1704－0009976　013470－47　集部/戲劇類/傳奇之屬

**長生殿二卷五十齣**　(清)洪昇填詞　民國八年(1919)上海掃葉山房石印本　四册

330000－1704－0009978　013470－48　集部/總集類/郡邑之屬

**永嘉詩人祠堂叢刻十四種**　冒廣生輯　民國四年(1915)如皋冒氏刻本　十册

330000－1704－0009985　013470－49　子部/叢編

**子書三十六種**　民國十年(1921)上海育文書局石印本　三十六册　存三十五種

330000－1704－0009988　005835　類叢部/叢書類/彙編之屬

**東南大學叢書□□種**　民國商務印書館石印本　一册　存一種

330000－1704－0009991　004230　史部/傳記類/總傳之屬/文苑

**本朝名家詩鈔小傳四卷**　(清)鄭方坤撰　民國八年(1919)上海掃葉山房石印本　四册

330000－1704－0009994　004231　史部/傳記類/總傳之屬/文苑

**本朝名家詩鈔小傳四卷**　(清)鄭方坤撰　民國八年(1919)上海掃葉山房石印本　二册

330000－1704－0009996　004372　史部/傳記類/别傳之屬/年譜

**一咲録一卷續録一卷**　(清)王欽豫撰　民國戴家祥抄本　楊紹廉題記　一册

330000－1704－0009997　004373　史部/傳記類/别傳之屬/年譜

**張楊園先生[履祥]年譜一卷**　(清)蘇惇元纂訂重編　民國抄本　一册

330000－1704－0009998　004374　史部/政書類/公牘檔册之屬

**林培厚入祀鄉賢公牘不分卷**　民國抄本　一册

330000－1704－0009999　013470－50　史部/傳記類/日記之屬

**趙石臣先生日記不分卷**　(清)趙均撰　民國抄本　二册

330000－1704－0010002　004232　史部/傳記類/總傳之屬/儒林

**漢學師承記八卷經師經義目録一卷宋學淵源記二卷附記一卷**　(清)江藩纂　民國上海千頃堂書局石印本　六册

330000－1704－0010003　013470－51　集部/總集類/郡邑之屬

**五峯集十卷**　(元)李孝光撰　**補遺一卷**　冒廣生輯　民國四年(1915)如皋冒氏刻永嘉詩人祠堂叢刻本　楊紹廉批並題簽　潘猛補批　四冊　存十卷(一至十)

330000－1704－0010005　004233　史部/傳記類/總傳之屬/儒林

**漢學師承記八卷經師經義目録一卷宋學淵源記二卷附記一卷**　(清)江藩纂　民國上海文瑞樓鉛印本　四冊

330000－1704－0010006　013470－52　集部/總集類/選集之屬/通代

**小學弦歌選本一卷**　(清)李元度輯　周子秀選　民國十六年(1927)刻本　一冊

330000－1704－0010011　004218　史部/傳記類/總傳之屬/儒林

**清儒學案二百八卷**　徐世昌撰　民國二十七年(1938)天津徐氏刻本　八十冊

330000－1704－0010012　000021　類叢部/叢書類/彙編之屬

**復性書院叢刊二十七種**　馬浮編　民國二十九年至三十七年(1940－1948)復性書院刻本暨鉛印本　七冊　存六種

330000－1704－0010013　004159　類叢部/類書類/專類之屬

**年華録四卷**　(清)全祖望撰　民國十八年(1929)上海商務印書館鉛印本　二冊

330000－1704－0010018　004237　史部/傳記類/總傳之屬/儒林

**學案小識十四卷首一卷末一卷**　(清)唐鑑撰　民國上海文瑞樓石印本　項葆楨批　六冊

330000－1704－0010021　004220　史部/傳記類/總傳之屬

**大清畿輔先哲傳四十卷附列女傳六卷**　徐世昌撰　民國天津徐氏刻本　二十二冊

330000－1704－0010024　000044　新學/理學/文學

**中國大學講義**　林損撰　民國鉛印本　一冊　存一種

330000－1704－0010025　004221　史部/傳記類/總傳之屬/列女

**列朝后妃傳稿二卷**　張采田撰　民國刻朱印本　一冊　存一卷(上)

330000－1704－0010026　004161　史部/傳記類/總傳之屬/通代

**增廣廿四史尚友録十六卷**　(明)廖用賢編　(清)張伯琮補輯　(清)張亮基續編　(清)倉山主人再續編　民國十六年(1927)上海錦章圖書局石印本　十六冊

330000－1704－0010033　000029　類叢部/叢書類/自著之屬

**屯園叢書**　劉次源撰　民國劉氏鉛印本　三冊　存一種

330000－1704－0010043　004166　史部/傳記類/總傳之屬/姓名

**五續疑年録五卷附録二卷**　閔爾昌編　民國刻本　二冊

330000－1704－0010045　004212　史部/傳記類/總傳之屬/斷代

**清史列傳八十卷**　中華書局編　民國十七年(1928)上海中華書局鉛印本　八十冊

330000－1704－0010046　004168　史部/傳記類/科舉録之屬/歷科登科録

**宋元科舉三録三卷**　徐乃昌輯　民國十二年(1923)南陵徐乃昌刻本　四冊

330000－1704－0010047　004379　類叢部/叢書類/郡邑之屬

**山左先喆遺書**　山東省立圖書館編　民國瑞安陳氏裒殷堂鉛印本　一冊　存一種

330000－1704－0010051　004244　史部/傳記類/總傳之屬/斷代

**敏求軒述記十六卷**　(清)陳世箴輯　民國四年(1915)上海掃葉山房石印本　四冊

330000－1704－0010052　004245　史部/傳

記類/總傳之屬/郡邑

**鴛湖求舊録四卷續録四卷** 朱福清輯 民國八年至十二年(1919－1923)刻本 四册

330000－1704－0010054 004382 類叢部/叢書類/自著之屬

**默厂所著書** 鮑鼎撰 民國石印本 一册 存一種

330000－1704－0010055 004383 史部/傳記類/别傳之屬/年譜

**徵君程仰齋先生[朝儀]年譜一卷** (清)程希濂述 胡元吉 王立中撰 **行狀一卷** 胡元吉撰 民國胡元斌鉛印本 一册

330000－1704－0010056 004192 史部/傳記類/總傳之屬/儒林

**明儒學案六十二卷** (清)黄宗羲撰 民國五年(1916)上海文瑞樓石印本 十六册

330000－1704－0010059 004193 史部/傳記類/總傳之屬/儒林

**明儒學案六十二卷** (清)黄宗羲撰 民國元年(1912)國學研究會刻本 二十册

330000－1704－0010060 004169 史部/史表類/斷代之屬

**宋永嘉學者年表一卷** 孫延釗編 稿本 一册

330000－1704－0010065 004171 類叢部/叢書類/彙編之屬

**龍谿精舍叢書六十種** 鄭國勳編 民國潮陽鄭氏家塾刻本 十册 存一種

330000－1704－0010071 004173 史部/史表類/通代之屬

**浙江先哲生卒年表不分卷** 孫延釗撰 稿本 一册

330000－1704－0010072 000022 子部/叢編

**子書百家(百子全書)** (清)崇文書局編 民國八年(1919)上海掃葉山房石印本 六十四册

330000－1704－0010073 005880 經部/小學類/音韻之屬/等韻

**音學辨微一卷** (清)江永撰 **榕村等韻辨疑正誤一卷** (清)李光地撰 **康熙字典等均圖辨惑一卷** **常熟黄廷鑑三十六字母辨一卷** (清)黄廷鑑撰 民國十二年(1923)渭南嚴式誨孝義家塾成都敦睦堂刻本 一册

330000－1704－0010075 004089 史部/傳記類/總傳之屬

**敬鄉録十四卷** (元)吳師道撰 民國三年(1914)烏城張氏刻適園叢書朱印本 四册

330000－1704－0010078 004175 史部/傳記類/總傳之屬/儒林

**宋元學案補遺不分卷** 孫延釗編 稿本 二册

330000－1704－0010079 004176 史部/傳記類/總傳之屬/文苑

**浙江永嘉學派之源流一卷** 孫延釗撰 稿本 一册

330000－1704－0010080 004185 史部/目録類

**引得** 燕京大學圖書館引得編纂處編 民國二十七年(1938)燕京大學圖書館鉛印本 三册 存一種

330000－1704－0010081 004177 史部/傳記類/總傳之屬/文苑

**永嘉學藝叢編不分卷** 孫延釗撰 稿本 一册

330000－1704－0010082 004178 史部/傳記類/總傳之屬/文苑

**永嘉學譜一卷** 孫延釗編 稿本 一册

330000－1704－0010084 005886 類叢部/叢書類/彙編之屬

**熊刻四種** 熊羅宿編 民國二年至五年(1913－1916)豐城熊氏刻本 一册 存一種

330000－1704－0010090 004179 史部/傳記類/雜傳之屬

**草莽私乘一卷** (明)陶宗儀輯 民國十六年

(1927)武進陶氏刻託跋廛叢刻朱印本　伯夔題簽　一冊

330000－1704－0010091　004180　史部/傳記類/總傳之屬/儒林

**宋元學案一百卷首一卷攷略一卷**　(清)黃宗羲撰　(清)黃百家纂輯　(清)全祖望修定　民國五年(1916)上海文瑞樓石印本　三十二冊

330000－1704－0010094　004092　史部/傳記類/總傳之屬/仕宦

**歷代循吏傳八卷**　(清)朱軾　(清)蔡世遠輯　民國三年(1914)鉛印本　四冊

330000－1704－0010100　000052　經部/易類/傳說之屬

**周易費氏學八卷首一卷末一卷**　馬其昶撰　民國九年(1920)馬氏抱潤軒刻本　四冊

330000－1704－0010106　004102　史部/傳記類/總傳之屬/儒林

**學統五十六卷**　(清)熊賜履撰　民國十二年(1923)靈峰精舍鉛印本　十冊

330000－1704－0010117　004198　史部/傳記類/總傳之屬/斷代

**南吳舊話録二十四卷補遺一卷附録一卷**　(清)李延昰口授　(清)李尚絅補撰　(清)李漢徵引釋　(清)蔣烈編　民國鉛印本　六冊

330000－1704－0010118　004390　史部/傳記類/別傳之屬/年譜

**湯貞愍公[貽汾]年譜一卷**　陳韶編　民國二十二年(1933)鉛印本　一冊

330000－1704－0010120　004104　史部/傳記類/總傳之屬/儒林

**台學統一百卷**　(清)王棻輯　民國七年(1918)吳興劉氏嘉業堂刻本　四十冊

330000－1704－0010124　004391　類叢部/叢書類/彙編之屬

**邈園叢書二十六種**　羅振常編　民國上海蟫隱廬膳寫版印三十三年(1944)吳興周延年彙編印本　一冊　存一種

330000－1704－0010125　004199　史部/傳記類/總傳之屬/郡邑

**於越有明一代三不朽圖贊一卷**　(明)張岱撰　民國七年(1918)紹興印刷局鉛印本　一冊

330000－1704－0010144　004393　史部/傳記類/別傳之屬/年譜

**誥授振威將軍許公[松年]年譜一卷**　(清)許松年撰　民國油印本　一冊

330000－1704－0010151　004205　史部/傳記類/總傳之屬

**藩獻記四卷**　(明)朱謀㙔撰　民國杭州抱經堂書局鉛印本　一冊

330000－1704－0010153　004206　史部/傳記類/總傳之屬/郡邑

**明季滇南遺民録二卷補遺一卷**　秦光玉輯　民國二十二年(1933)呈貢秦氏羅山樓刻本　一冊

330000－1704－0010155　004207　史部/地理類/專志之屬/祠墓

**定海成仁祠備録重編六卷首一卷**　孫鳌卿編　民國二十五年(1936)定海中央印書館鉛印本　一冊

330000－1704－0010156　004112　類叢部/叢書類/自著之屬

**崇仁黃氏叢刻□□種**　黃維翰撰　民國刻本　六冊　存一種

330000－1704－0010158　004208　類叢部/叢書類/郡邑之屬

**吳興叢書六十六種**　劉承幹編　民國吳興劉氏嘉業堂刻本　楊嘉題記　一冊　存一種

330000－1704－0010159　004396　史部/傳記類/別傳之屬/年譜

**錢牧齋先生[謙益]年譜一卷**　金鶴沖輯　**東澗遺老錢公別傳一卷**　(清)顧苓撰　民國三十年(1941)鉛印本　一冊

330000－1704－0010177　004137　史部/傳

記類/總傳之屬/仕宦
**滇南名宦傳十卷** 秦光玉編 民國鉛印本 五冊

330000－1704－0010179 005938 類叢部/叢書類/郡邑之屬
**山左先喆遺書** 山東省立圖書館編 民國瑞安陳氏裒殷堂鉛印本 一冊 存一種

330000－1704－0010180 003957 史部/雜史類/斷代之屬
**文獻叢編增刊(清三藩史料)六輯** 北平故宮博物院編 民國二十年至二十一年(1931－1932)北平故宮博物院鉛印本 六冊

330000－1704－0010183 004400 史部/傳記類/別傳之屬/年譜
**樂山[許松年]年譜一卷** (清)許松年撰 民國永嘉黃氏敬鄉樓抄本 一冊

330000－1704－0010184 003958 史部/雜史類
**掌故叢編十輯** 故宮博物院文獻館編 民國十七年至十八年(1928－1929)鉛印本 十冊

330000－1704－0010185 003959 史部/雜史類/斷代之屬
**文獻叢編四十六輯** 國立北平故宮博物院文獻館編 民國十九年至三十二年(1930－1943)國立北平故宮博物院鉛印本 三十八冊 缺五輯(十六至十七、十九、二十二、四十)

330000－1704－0010188 000075 經部/易類/傳說之屬
**周易古義七卷** 楊樹達撰 民國十八年(1929)上海中華書局鉛印本 二冊

330000－1704－0010189 004139 集部/總集類/郡邑之屬
**四明文獻二卷** (明)鄭眞輯 民國二十四年(1935)約園鉛印本 二冊

330000－1704－0010195 003962 史部/目録類/書志之屬/題跋
**瓜圃叢刊敘録一卷續編一卷** 金梁輯 民國二十四年(1935)鉛印本 二冊

330000－1704－0010196 004120 史部/地理類/專志之屬/祠墓
**越中先賢祠目序例一卷** (清)李慈銘譔 民國十年(1921)影印本 一冊

330000－1704－0010198 003963 史部/雜史類/斷代之屬
**清代文字獄檔九輯** 北平故宮博物院文獻館編 民國二十年至二十三年(1931－1934)北平故宮博物院、國立北平研究院鉛印本 七冊 存七輯(一至五、八至九)

330000－1704－0010202 004122 史部/傳記類/總傳之屬/郡邑
**瑞安藝術傳一卷選舉志一卷** (清)童煜編 民國二十三年(1934)榮光石印局石印本 張揚批 一冊

330000－1704－0010203 004142 史部/傳記類/總傳之屬/郡邑
**溫州人物傳不分卷** 孫延釗撰 稿本 四冊

330000－1704－0010204 004123 史部/傳記類/總傳之屬/郡邑
**瑞安藝術傳一卷選舉志一卷** (清)童煜編 民國二十三年(1934)榮光石印局石印本 一冊

330000－1704－0010206 004125 史部/傳記類/總傳之屬/郡邑
**東昆仰止録八卷** (明)鄭思恭編 民國永嘉黃氏敬鄉樓抄本 楊紹廉題簽題記並校 二冊

330000－1704－0010211 000084 經部/叢編
**十三經讀本** 唐文治輯 民國十三年(1924)吳江施肇曾醒園刻本 一冊 存二種

330000－1704－0010212 003966 史部/叢編
**史料叢編** 庫籍整理處編 民國二十四年(1935)石印本 十二冊

330000－1704－0010213　003967　史部/雜史類/斷代之屬
**國朝史料零拾二卷**　羅福頤校録　民國二十三年(1934)庫籍整理處石印本　二册

330000－1704－0010216　003968　史部/政書類/公牘檔册之屬
**清内閣庫貯舊檔輯刊六卷敘録一卷**　方甦生編　民國二十四年(1935)國立北平故宫博物院文獻館鉛印本　六册

330000－1704－0010221　003970　類叢部/叢書類/自著之屬
**心史叢刊十四種**　孟森撰　民國二十五年(1936)上海大東書局鉛印本　三册

330000－1704－0010222　000085　類叢部/叢書類/彙編之屬
**桐城吴先生羣書點勘**　(清)吴汝綸撰　民國蓮池書社鉛印本　二册　存三種

330000－1704－0010224　003972　史部/雜史類/通代之屬
**中國近百年史要□□卷**　陳懷　陳衡哲編　民國鉛印本　二册　存一卷(上)

330000－1704－0010228　004146　類叢部/類書類/通類之屬
**古事比五十二卷**　(清)方中德輯　民國九年(1920)上海錦章書局石印本　八册

330000－1704－0010230　003994　史部/雜史類
**太平天國史料第一集**　程演生輯　民國十五年(1926)北京大學出版部影印本暨鉛印本　一册

330000－1704－0010232　003974　史部/雜史類/斷代之屬
**困苦悲憤記一卷**　(清)鮑廷薦撰　民國永嘉黄氏敬鄉樓抄本　楊紹廉題簽並校　一册

330000－1704－0010235　004128　史部/傳記類/總傳之屬/郡邑
**滇南碑傳集三十二卷首一卷末一卷**　方樹梅輯　民國二十九年(1940)上海開明書店鉛印本　六册

330000－1704－0010238　004129　史部/傳記類/總傳之屬/郡邑
**歷代兩浙詞人小傳十六卷**　周慶雲輯　民國十一年(1922)烏程周氏夢坡室刻本　五册

330000－1704－0010243　003977　集部/總集類/選集之屬/斷代
**太平天國文鈔一卷詩鈔一卷聯語鈔一卷附録三卷**　羅邕　沈祖基輯　民國二十三年(1934)上海商務印書館鉛印本　二册

330000－1704－0010245　003978　史部/雜史類/斷代之屬
**太平天國起義記一卷**　(清)洪仁玕撰　(瑞士)韓山文撰　簡又文譯　民國二十四年(1935)燕京大學圖書館鉛印本　一册

330000－1704－0010248　004131　史部/傳記類/總傳之屬/郡邑
**皖志列傳稿九卷**　金天翮撰　民國二十五年(1936)鉛印本　八册

330000－1704－0010259　003913　類叢部/叢書類/彙編之屬
**張氏適園叢書初集七種**　張鈞衡編　民國四年(1915)中國圖書公司和記鉛印本　一册　存一種

330000－1704－0010260　003982　史部/傳記類/日記之屬
**汪悔翁乙丙日記三卷(清咸豐五年至六年)**　(清)汪士鐸撰　(清)鄧之誠輯録　民國二十五年(1936)鉛印本　一册

330000－1704－0010270　004028　史部/政書類/邦交之屬
**清季外交史料六種**　(清)王彦威輯　王亮編　民國二十一年至二十四年(1932－1935)北平外交史料編纂處鉛印本　十二册　存一種

330000－1704－0010271　004029　史部/雜史類/斷代之屬
**贛蘇獨立後之浙江四編四卷**　吴大奎輯　民國鉛印本　一册　存一卷(四)

330000－1704－0010273　004030　史部/雜史類/斷代之屬

**庚子西狩叢談五卷附年譜一卷**　吳永口述　劉治襄筆記　民國三十二年(1943)苕溪漁隱鉛印本　一冊

330000－1704－0010275　004034　史部/編年類/斷代之屬

**民國春秋一卷**　嚴偉撰　民國五年(1916)上海中華書局鉛印本　譚延闓題簽　一冊

330000－1704－0010278　004407　類叢部/叢書類/彙編之屬

**嘉業堂叢書五十七種**　劉承幹輯　民國吳興劉氏嘉業堂刻本　一冊　存一種

330000－1704－0010282　004152　類叢部/叢書類/自著之屬

**小雙寂庵叢書十九種**　張惟驤撰　民國武進張氏小雙寂庵刻本　一冊　存一種

330000－1704－0010283　003916　史部/叢編

**史料叢書**　國立中央研究院歷史語言研究所編　民國國立中央研究院歷史語言研究所鉛印本暨影印本　一冊　存一種

330000－1704－0010290　003989　史部/雜史類/斷代之屬

**賊情彙纂十二卷**　(清)張德堅等纂　民國二十一年(1932)南京國學圖書館影印本　六冊

330000－1704－0010291　003920　史部/雜史類

**灩澦囊五卷**　(清)李馥榮撰　民國二十七年(1938)雙流黃啟禎濟忠堂刻本　四冊

330000－1704－0010294　003991　史部/地理類/雜志之屬

**天京録三卷**　盧前撰　民國三十七年(1948)金陵秘笈徵獻樓刻本　一冊

330000－1704－0010296　003921　類叢部/叢書類/彙編之屬

**遯盦叢編甲集四種乙集七種**　吳隱編　民國二年至五年(1913－1916)西泠印社木活字印本　一冊　存一種

330000－1704－0010302　003990　史部/雜史類/斷代之屬

**紅寇記一卷**　(清)林大椿撰　民國十八年(1929)永嘉黃氏鉛印本　一冊

330000－1704－0010303　003992　史部/雜史類/斷代之屬

**平定金錢粵瑝記一卷**　(清)張慶葵撰　民國抄本　一冊

330000－1704－0010304　003922　史部/紀傳類/正史之屬

**清史稿五百三十六卷目録五卷**　趙爾巽等撰　民國十六年(1927)清史館鉛印本　一百三十一冊

330000－1704－0010307　003996　史部/雜史類/斷代之屬

**英傑歸真一卷**　(清)洪仁玕撰　民國抄本　二冊

330000－1704－0010309　004000　新學/雜著

**攻媿軒新刻日本叢書初集四卷**　(清)臺灣總督府民政部學務課譯　民國鉛印本　二冊　存二卷(中東戰史一至二)

330000－1704－0010310　004001　史部/政書類/邦交之屬

**清宣統朝中日交涉史料六卷**　北平故宮博物院編　民國二十二年(1933)北平故宮博物院鉛印本　三冊

330000－1704－0010311　003924　史部/編年類/斷代之屬

**大清太祖承天廣運聖德神功肇紀立極仁孝武皇帝實録四卷**　故宮博物院文獻館編　民國二十一年(1932)故宮博物院鉛印本　一冊

330000－1704－0010316　003926　史部/雜史類/斷代之屬

**滿夷猾夏始末記八卷首一卷外編三卷**　楊敦頤輯　民國元年(1912)上海新中華圖書館鉛印本　十二冊

330000－1704－0010317　003942　史部/雜史類/斷代之屬

**清代野記三卷**　張祖翼編　民國四年(1915)上海文明書局鉛印本　符璋題記　三冊

330000－1704－0010320　003927　史部/目録類/總録之屬/官修

**大庫舊檔整理處史料彙目戊編二卷己編三卷**　庫籍整理處編　民國二十四年(1935)庫籍整理處石印本　二冊

330000－1704－0010324　004005　史部/雜史類/斷代之屬

**三公難記三種六卷**　胡笠夫輯　民國十四年(1925)鉛印本　一冊

330000－1704－0010325　003945　史部/編年類/斷代之屬

**清史要略四卷**　陳懷輯　民國鉛印本　一冊

330000－1704－0010327　003946　新學/史志/别國史

**中國近世史二卷**　民國鉛印本　一冊

330000－1704－0010333　000100　類叢部/叢書類/家集之屬

**樸學齋叢書第二集**　胡韞玉編　民國安吳胡氏鉛印本　二冊　存一種

330000－1704－0010337　003929　史部/編年類/通代之屬

**注釋清鑑輯覽二十八卷**　文明書局編　民國七年(1918)上海文明書局鉛印本　十一冊　缺三卷(一至三)

330000－1704－0010338　000102　經部/易類/傳說之屬

**古周易訂詁十六卷解經處答客問一卷**　(明)何楷撰　民國上海中國書店影印本　八冊

330000－1704－0010339　004006　類叢部/叢書類/彙編之屬

**墨巢叢刻**　李宣龔輯　民國鉛印本　一冊　存一種

330000－1704－0010340　003930　史部/編年類/斷代之屬

**清史綱要十四卷**　吳曾祺等編　民國三年(1914)上海商務印書館鉛印本　六冊

330000－1704－0010342　003931　史部/編年類/斷代之屬

**藻思堂清鑑易知録前編四卷正編二十八卷**　許國英撰　民國七年(1918)藻思堂鉛印本　十二冊

330000－1704－0010343　004007　史部/雜史類/斷代之屬

**太平天國叢書十三種第二輯**　謝興堯輯　民國二十七年(1938)鉛印本　一冊　存七種

330000－1704－0010345　003932　史部/叢編

**清初史料四種**　謝國楨輯　民國二十二年(1933)國立北平圖書館鉛印本　二冊

330000－1704－0010346　000106　子部/儒家類/儒家之屬

**國教問題一卷**　(清)孫榮枝撰　民國鉛印本一冊

330000－1704－0010349　004008　史部/雜史類/斷代之屬

**錢匪紀畧一卷**　劉祝封撰　民國甌風社鉛印本　一冊

330000－1704－0010361　003498　經部/書類/傳說之屬

**書集傳六卷**　(宋)蔡沈撰　民國商務印書館鉛印本　一冊

330000－1704－0010363　005997　類叢部/叢書類/彙編之屬

**集古齋叢鈔□□種**　民國石印本　四冊　存一種

330000－1704－0010364　003935　類叢部/叢書類/自著之屬

**章氏叢書補編七種**　章炳麟撰　民國十三年(1924)鉛印本　一冊　存一種

330000－1704－0010367　004017　史部/雜

史類/斷代之屬

**太平天國書翰不分卷** 蕭一山編 民國二十六年(1937)國立北平研究院總辦事處出版課影印本暨鉛印本 一册

330000－1704－0010372 003944 史部/編年類/斷代之屬

**清史十二章** 民國油印本 一册

330000－1704－0010373 000110 子部/儒家類/儒學之屬/經濟

**歷代尊孔記一卷孔教外論一卷** 程淯輯 民國二十二年(1933)上海中國道德會鉛印本 一册

330000－1704－0010374 003937 史部/編年類/斷代之屬

**嘉慶三年太上皇帝起居注四卷** 北京大學研究所明清史料整理會編 民國十九年(1930)影印本 一册

330000－1704－0010381 003938 類叢部/叢書類/郡邑之屬

**遼海叢書八十種附一種** 金毓黻編 民國二十年至二十三年(1931－1934)遼海書社鉛印本(原缺[康熙]廣寧縣志卷七至八) 四册 存一種

330000－1704－0010390 004021 史部/雜史類/斷代之屬

**戊戌政變記九卷** 梁啟超撰 民國鉛印本 三册

330000－1704－0010391 000113 子部/儒家類/儒學之屬

**弘道書三卷** (清)費密撰 **附録一卷** (清)費錫璜撰 民國十三年(1924)韓國鈞刻本 二册

330000－1704－0010397 003880 史部/紀傳類/正史之屬

**明史本紀二十四卷** (清)張廷玉等修 **明史本紀原本補本異同録二十四卷** 段瓊林撰 民國二十一年(1932)故宫博物院影印本暨鉛印本 五册

330000－1704－0010398 003881 史部/雜史類/斷代之屬

**天啓黄山大獄記一卷** 程演生撰 民國二十五年(1936)鉛印本 一册

330000－1704－0010399 000117 子部/儒家類/儒家之屬

**孔子家語十卷** (三國魏)王肅注 民國八年(1919)上海掃葉山房石印本 四册

330000－1704－0010400 003882 類叢部/叢書類/彙編之屬

**燕京大學圖書館叢書** 燕京大學圖書館編 民國北平燕京大學圖書館鉛印本暨影印本 一册 存一種

330000－1704－0010401 003883 類叢部/叢書類/郡邑之屬

**遼海叢書八十種附一種** 金毓黻編 民國二十年至二十三年(1931－1934)遼海書社鉛印本(原缺[康熙]廣寧縣志卷七至八) 二册 存一種

330000－1704－0010402 004032 史部/叢編

**鄂故叢書二種** 湖北通志館編 民國三十六年(1947)湖北通志館鉛印本 二册 存一種

330000－1704－0010414 003899 史部/傳記類/總傳之屬/斷代

**啟禎野乘一集十六卷** (清)鄒漪編 民國二十五年(1936)故宫博物院圖書館鉛印本 四册

330000－1704－0010418 004035 史部/雜史類/斷代之屬

**話劫録四卷** 黄梅僧(黄光)撰 民國抄本 一册

330000－1704－0010420 004036 史部/雜史類/斷代之屬

**夢蕉亭雜記二卷** 陳夔龍撰 民國十四年(1925)刻本 二册

330000－1704－0010433 003895 新學/史志/别國史

**中國近世史二卷**　民國鉛印本　一冊

330000－1704－0010435　003896　史部/載記類

**吴王張士誠載記五卷**　支偉成輯　任致遠撰　民國鉛印本　五冊

330000－1704－0010437　004037　類叢部/叢書類/自著之屬

**魏氏全書三十八種**　魏元曠撰　民國二十二年(1933)刻本　一冊　存五種

330000－1704－0010439　004038　史部/雜史類/斷代之屬

**辛亥敢死團緣起與滬軍革命史畧一卷**　徐棠撰　民國二十九年(1940)石印本　一冊

330000－1704－0010441　003904　史部/雜史類/斷代之屬

**流賊張獻忠陷廬州紀一卷**　(明)余瑞紫撰　**明季羣賊名目一卷**　(清)鄭達纂輯　民國十八年(1929)合肥徐氏歸晚軒鉛印本　一冊

330000－1704－0010448　004040　史部/雜史類/斷代之屬

**桑海淚談一卷附炎邦義鑑摘載一卷南枝集摘録一卷**　(越南)阮尚贒撰　民國鉛印本　一冊

330000－1704－0010449　003879　史部/雜史類/通代之屬

**明清史料甲編不分卷乙編不分卷丙編不分卷丁編不分卷**　國立中央研究院歷史語言研究所明清史料編刊會輯　民國十九年(1930)至一九五一年上海商務印書館鉛印本　三十二冊　缺八冊(甲編一至二、四至九)

330000－1704－0010452　003908　史部/雜史類/斷代之屬

**明季溫州抗清事纂不分卷**　孫延釗撰　稿本　一冊

330000－1704－0010456　004041　新學/政治法律/政治

**日本急欲亡我中國之毒計一卷**　民國北京和濟印刷局鉛印本　一冊

330000－1704－0010458　004043　史部/雜史類/外紀之屬

**西域文明史概論一卷**　(日本)羽田亨撰　錢稻孫譯　民國二十年(1931)鉛印本　一冊

330000－1704－0010459　003844　史部/紀傳類/正史之屬

**新元史二百五十七卷**　柯劭忞撰　民國天津徐世昌退耕堂刻本　六十冊

330000－1704－0010462　003911　史部/雜史類/斷代之屬

**南明野史三卷首一卷附録一卷**　(清)南沙三餘氏撰　民國上海商務印書館鉛印本　三冊

330000－1704－0010466　003912　史部/雜史類/斷代之屬

**明季史料零拾一卷**　羅福頤輯　民國二十三年(1934)庫籍整理處石印本　一冊

330000－1704－0010476　012318　史部/傳記類/日記之屬

**蓼綏閣檢書日記一卷(民國五年八月二十七日至六年二月)**　民國五年至六年(1916－1917)稿本　一冊

330000－1704－0010481　004048　史部/地理類/雜志之屬

**增訂南詔野史二卷**　(明)楊慎輯　(清)胡蔚訂正　民國五年(1916)刻本　二冊

330000－1704－0010484　007349　新學/學校

**學校新聞不分卷**　民國九年(1920)浙江省立第十師校附屬小學石印本　一冊

330000－1704－0010495　003824　史部/史評類/史論之屬

**宋論十五卷**　(清)王夫之撰　民國上海商務印書館鉛印本　一冊

330000－1704－0010496　004049　史部/地理類/雜志之屬

**滇繹四卷**　袁嘉穀撰　民國十二年(1923)鉛印本　一冊

330000－1704－0010499　003800　史部/紀傳類/正史之屬

**歐陽公五代史序論輯録一卷**　(清)朱滌軒撰並書　民國十九年(1930)朱保鴻等石印本　二册

330000－1704－0010505　003801　史部/紀傳類/別史之屬

**舊五代史輯本發覆三卷附薛史輯本避諱例一卷**　陳垣撰　民國二十六年(1937)北京輔仁大學刻本　一册

330000－1704－0010510　003513　類叢部/叢書類/家集之屬

**雍睦堂叢書**　民國鉛印本　四册　存一種

330000－1704－0010512　003839　史部/雜史類/斷代之屬

**南燼紀聞一卷**　(宋)黄冀之撰　民國三年(1914)都門書局鉛印本　項葆楨跋　一册

330000－1704－0010530　003781　類叢部/叢書類/彙編之屬

**四部備要**　中華書局編　民國二十五年(1936)上海中華書局鉛印本(原缺經義考卷二百八十六、二百九十九至三百,東塾讀書記十三至十四、十七至二十、二十二至二十五)　四册　存一種

330000－1704－0010539　000131　經部/四書類/總義之屬/傳說

**四書纂疏二十六卷札記一卷**　(宋)趙順孫撰　民國十四年(1925)聖風書苑據清康熙通志堂經解本影印本　八册

330000－1704－0010542　003811　類叢部/叢書類/彙編之屬

**嘉業堂叢書五十七種**　劉承幹輯　民國吳興劉氏嘉業堂刻本　四册　存一種

330000－1704－0010543　003815　新學/史志/別國史

**中國近古史不分卷**　章嶔編　民國鉛印本　一册

330000－1704－0010545　003858　史部/雜史類/斷代之屬

**方國珍寇溫始末不分卷**　(清)葉嘉棆撰　劉紹寬增訂　民國十八年(1929)甌風社鉛印本　一册

330000－1704－0010548　003816　史部/雜史類/通代之屬

**宋遼金元史不分卷**　張星烺編　民國鉛印本　三册

330000－1704－0010550　003817　史部/雜史類/通代之屬

**宋遼金夏元史不分卷**　張星烺編　民國北京大學出版部鉛印本　二册

330000－1704－0010552　003805　史部/雜史類/斷代之屬

**江表志三卷**　(宋)鄭文寶撰　民國抄本　一册

330000－1704－0010564　003772　類叢部/叢書類/彙編之屬

**四部備要**　中華書局編　民國二十五年(1936)上海中華書局鉛印本(原缺經義考卷二百八十六、二百九十九至三百,東塾讀書記十三至十四、十七至二十、二十二至二十五)　四册　存一種

330000－1704－0010565　004057　新學/史志/別國史

**東洋史講義不分卷**　胡鈞編　民國鉛印本　一册

330000－1704－0010570　003792　史部/紀傳類/正史之屬

**灌陽唐春卿先生唐書本紀注十卷**　(宋)歐陽修撰　唐景崇注　民國二十四年(1935)北平好望書店鉛印本　四册

330000－1704－0010571　003862　史部/雜史類/斷代之屬

**元秘史譯音用字攷一卷**　陳垣撰　民國二十三年(1934)國立中央研究院歷史語言研究所北平刻本　一册

330000－1704－0010576　003773　類叢部/

叢書類/郡邑之屬
**濰縣文獻叢刊(習盦叢刊)三輯** 丁錫田輯 民國濰縣丁氏鉛印本 一冊 存第一輯

330000－1704－0010580 003797 史部/紀傳類/正史之屬
**舊五代史一百五十卷目録二卷附攷證** (宋)薛居正等撰 (清)邵晉涵等輯 民國十四年(1925)吴興劉氏嘉業堂刻本 三十二冊

330000－1704－0010582 003863 類叢部/叢書類/自著之屬
**海日樓遺書九種** 沈曾植撰 民國姚家埭沈氏刻本 張爾田題記 二冊 存一種

330000－1704－0010590 000142 類叢部/叢書類/彙編之屬
**復性書院叢刊二十七種** 馬浮編 民國二十九年至三十七年(1940－1948)復性書院刻本暨鉛印本 八冊 存一種

330000－1704－0010591 003750 類叢部/叢書類/彙編之屬
**四部備要** 中華書局編 民國二十五年(1936)上海中華書局鉛印本(原缺經義考卷二百八十六、二百九十九至三百,東塾讀書記十三至十四、十七至二十、二十二至二十五) 十九冊 存一種

330000－1704－0010595 003726 史部/紀傳類/正史之屬
**謝氏後漢書補逸五卷** (三國吳)謝承撰 (清)姚之駰輯 (清)孫志祖增訂 民國二十年(1931)國學圖書館影印本 一冊

330000－1704－0010602 003728 史部/史評類/考訂之屬
**讀兩漢書記一卷** 馬敘倫撰 民國十九年(1930)上海商務印書館鉛印本 一冊

330000－1704－0010605 003729 史部/紀傳類
**越縵堂讀史札記十一種三十卷** (清)李慈銘撰 民國國立北平北海圖書館鉛印本 二冊 存三種

330000－1704－0010610 000148 經部/四書類/總義之屬/傳說
**新式標點四書白話註解十九卷** 琴石山人註解 民國二十六年(1937)上海會文堂新記書局石印本 十四冊

330000－1704－0010617 003719 史部/史評類/史論之屬
**兩漢博議二十卷** (宋)陳季雅撰 民國永嘉黄氏敬鄉樓抄本 三冊

330000－1704－0010618 003732 史部/紀傳類
**漢魏史講義不分卷** 清華大學編 民國鉛印本 一冊

330000－1704－0010629 003519 經部/書類
**尚書決疑二種二卷** 邵瑞彭撰 民國二十一年至二十二年(1932－1933)大梁刻朱印本 邵瑞彭題記 一冊

330000－1704－0010630 003519－1 經部/叢編
**尚書決疑二種二卷** 邵瑞彭撰 民國二十二年(1933)大梁刻河南大學叢書本朱印本 邵瑞彭題記 一冊 存一種

330000－1704－0010639 003520 經部/書類/分篇之屬
**禹貢川澤考二卷** (清)桂文燦撰 民國三十五年(1946)鉛印本 一冊

330000－1704－0010656 000153 經部/四書類/總義之屬/傳說
**四書集註十九卷** (宋)朱熹撰 民國二十二年(1933)上海商務印書館鉛印本 六冊

330000－1704－0010677 003764 史部/史抄類
**南史節鈔二十二卷** (清)李經義輯 民國鉛印本 四冊

330000－1704－0010682 004075 史部/政書類/儀制之屬/典禮
**文廟續通考一卷** 孫樹義輯 民國二十三年

(1934)上海中華書局鉛印本　一册

330000－1704－0010683　000133　經部/四書類/總義之屬/專著
**四書管窺十卷**　(元)史伯璿撰　民國永嘉黄氏敬鄉樓抄本　楊紹廉批校　九册

330000－1704－0010687　000134　子部
**管窺外篇二卷**　(元)史伯璿撰　民國永嘉黄氏敬鄉樓抄本　楊紹廉批校並題簽　二册

330000－1704－0010696　003708　類叢部/叢書類/彙編之屬
**桐城吴先生羣書點勘**　(清)吴汝綸點勘　吴闓生輯　民國九年(1920)深澤王氏都門鉛印本　三册　存一種

330000－1704－0010707　003709　史部/史抄類
**漢書集腋一卷**　寄鶴巢老人(林向藜)撰　民國抄本　一册

330000－1704－0010711　003692　史部/史評類/考訂之屬
**讀漢書札記九卷**　楊樹達撰　民國鉛印本　二册

330000－1704－0010714　003711　史部/紀傳類/正史之屬
**後漢書集解九十卷首一卷續志集解三十卷**　王先謙撰　民國四年(1915)長沙王氏虚受堂刻本　三十册

330000－1704－0010721　000158　類叢部/叢書類/彙編之屬
**蘭雪堂叢書**　民國二十二年(1933)浙江印刷公司鉛印本　二册　存一種

330000－1704－0010737　003636　經部/春秋公羊傳類/專著之屬
**公羊家哲學不分卷**　陳柱撰　民國十八年(1929)上海中華書局鉛印本　二册

330000－1704－0010746　003678　史部/雜史類/斷代之屬
**戰國策補註三十三卷**　吴曾祺撰　民國六年(1917)上海商務印書館鉛印本　四册

330000－1704－0010747　000164　經部/四書類/總義之屬/專著
**四書管窺八卷**　(元)史伯璿撰　民國抄本　三册

330000－1704－0010748　003560　經部/春秋總義類/傳説之屬
**春秋復始三十八卷**　崔適撰　民國七年(1918)北京大學出版部鉛印本　六册

330000－1704－0010759　003640　類叢部/叢書類/自著之屬
**萬木草堂叢書**　康有爲撰　民國刻本　六册　存一種

330000－1704－0010760　003562　經部/春秋總義類/傳説之屬
**春秋講義四卷**　(宋)戴溪撰　民國敬鄉樓抄本　楊紹廉題簽並校　黄群批並跋　四册

330000－1704－0010771　003684　史部/紀傳類/正史之屬
**漢書補注一百卷首一卷**　王先謙撰　**姚惜抱先生前漢書評點一卷**　(清)姚鼐撰　(清)吴汝綸輯　民國上海文瑞樓石印本　四十册

330000－1704－0010776　003687　類叢部/叢書類/彙編之屬
**求恕齋叢書三十一種**　劉承幹編　民國吴興劉氏嘉業堂刻本　一册　存一種

330000－1704－0010785　003590　經部/春秋左傳類/傳説之屬
**左傳解詁一卷**　(清)陳蓮撰　民國永嘉黄氏敬鄉樓抄本　一册

330000－1704－0010787　003541　新學/史志
**上古史不分卷**　(清)陳漢章撰　民國鉛印本　三册

330000－1704－0010800　003543　史部/紀傳類
**西周史徵五十七卷**　李泰棻撰　民國十六年

(1927)鉛印本　六册

330000－1704－0010817　003550　經部/書類/專著之屬

**古文尚書泰誓等篇不分卷**　民國七年(1918)影印本　一册

330000－1704－0010819　003609　經部/讖緯類/春秋緯之屬

**春秋緯史集傳四十卷**　(清)陳省欽撰　民國十三年(1924)鉛印本　四册

330000－1704－0010828　003600　經部/春秋總義類/傳說之屬

**春秋經義緒論一卷**　(清)蔡琨撰　民國永嘉黄氏敬鄉樓抄本　楊紹廉題記並批　一册

330000－1704－0010830　003652　史部/雜史類/斷代之屬

**國語詳注二十一卷**　沈鎔輯注　民國八年(1919)上海文明書局鉛印本　四册

330000－1704－0010832　003653　史部/雜史類/斷代之屬

**國語韋解補正二十一卷**　吴曾祺撰　朱元善校訂　民國上海商務印書館鉛印本　一册

330000－1704－0010857　003659　史部/雜史類/斷代之屬

**戰國策詳註三十三卷**　郭希汾輯註　民國二十年(1931)上海文明書局鉛印本　六册

330000－1704－0010866　003632　經部/春秋左傳類/傳說之屬

**曲江書屋新訂批註左傳快讀十八卷首一卷**　(清)李紹崧輯　民國三年(1914)直隸書局石印本　十二册

330000－1704－0010868　003633　經部/春秋左傳類

**春秋左氏疑義荅問五卷**　章炳麟撰　民國二十四年(1935)章氏國學講習會鉛印本　一册

330000－1704－0010869　003443　史部/史抄類

**史記菁華録六卷**　(清)姚祖恩輯評　民國十二年(1923)天津直隸書局鉛印本　六册

330000－1704－0010873　003445　史部/史抄類

**史記精華八卷**　中華書局編　民國十七年(1928)上海中華書局鉛印本　八册

330000－1704－0010874　003631　經部/春秋左傳類/傳說之屬

**左傳微十二卷**　吴闓生撰　民國十二年(1923)文學社刻本　六册

330000－1704－0010898　000193　經部/四書類/總義之屬/文字音義

**注音字母四書白話句解七卷孝經白話句解一卷**　周觀光　吴穀民撰　民國二十五年(1936)上海求古齋書局鉛印本　七册

330000－1704－0010899　000194　經部/四書類/總義之屬/傳說

**新註四書白話解說三十六卷**　江希張注　民國十五年(1926)上海書業公所石印本　十四册

330000－1704－0010900　003425　史部/編年類/通代之屬

**尺木堂綱鑑易知録九十二卷明鑑易知録十五卷**　(清)吴乘權　(清)周之炯　(清)周之燦輯　民國九年(1920)上海掃葉山房石印本　二十四册

330000－1704－0010903　003427　史部/編年類/通代之屬

**胡刻通鑑正文校宋記三十卷述略一卷**　章鈺撰　**附録三卷**　(宋)胡三省注文　章鈺輯　民國二十年(1931)長洲章氏四當齋刻本　六册

330000－1704－0010904　003449　史部/紀傳類/正史之屬

**史記新校注様張一卷**　張森楷撰　民國二十四年(1935)鉛印本　一册

330000－1704－0010910　000572　子部/儒家類/儒學之屬/禮教

**五種遺規**　(清)陳弘謀輯並撰　民國十二年

至十三年(1923－1924)上海商務印書館鉛印本　四册　存四種

330000－1704－0010924　000197　經部/四書類/總義之屬/傳說

**四書合講十九卷**　(宋)朱熹集註　民國上海著易堂書局鉛印本　五册　缺三卷(孟子一至三)

330000－1704－0010932　003564　經部/春秋總義類/專著之屬

**春秋屬比攷例二卷**　(清)王銘西撰　民國二十四年(1935)國學圖書館陶風樓影印本　一册

330000－1704－0010935　000214　經部/四書類/論語之屬/傳說

**論語時訓不分卷**　陳訓正撰　民國三十年(1941)鉛印玄嬰什箸本　孫延釗題記　一册

330000－1704－0010948　003269　史部/雜史類/外紀之屬

**萬國公史議一卷**　陳澹然撰　民國刻本　一册

330000－1704－0010952　003270　新學/史志/諸國史

**世界近世史不分卷**　許重遠編　民國國立北平師範大學鉛印本　二册

330000－1704－0010955　003462　史部/史評類/史論之屬

**中國史講義不分卷**　(清)楊敏曾編　民國七年(1918)北京大學出版部鉛印本　二册

330000－1704－0010957　003272　史部/政書類/邦交之屬

**殊域周咨録二十四卷**　(明)嚴從簡撰　民國十九年(1930)北平故宫博物院圖書館鉛印本　八册

330000－1704－0010962　000198　經部/四書類/總義之屬/傳說

**四書味根録三十九卷**　(清)金澂撰　民國十六年(1927)鴻寶齋書局石印本　五册　缺六卷(孟子九至十四)

330000－1704－0010964　003278　史部/史評類/史論之屬

**中國史學史不分卷**　趙超玄撰　民國三十二年(1943)觀滄書屋刻本　三册

330000－1704－0010967　003279　史部/史評類/史學之屬

**史學思想史一卷**　民國鉛印本　一册

330000－1704－0010975　003465　史部/雜史類/通代之屬

**本國史大綱不分卷**　盧斐然編　民國十八年(1929)油印本　三册

330000－1704－0010979　003281　史部/史評類/史論之屬

**中國史學史初稿四卷**　董允輝編　民國三十四年(1945)油印本　三册

330000－1704－0010995　003285　史部/史評類/史論之屬

**史通削繁四卷**　(清)紀昀撰　民國六年(1917)國學圖書局石印本　四册

330000－1704－0011008　000585　子部/儒家類/儒學之屬

**忍字輯略五卷**　(清)朱錫珍輯　民國十年(1921)鉛印本　一册

330000－1704－0011009　003287　史部/史評類/考訂之屬

**校史偶得不分卷**　陳寶煐撰　民國鉛印本　張崟題記　一册

330000－1704－0011014　003469　新學/史志/别國史

**中國歷史教科書不分卷**　王魁廷編　民國油印本　三册

330000－1704－0011015　003479　史部/史評類/史論之屬

**中國通史不分卷**　民國油印本　一册

330000－1704－0011022　003481　史部/史評類/史論之屬

**中國通史選讀不分卷**　雷海宗編　民國二十

三年(1934)鉛印本　五冊

330000－1704－0011024　000588　類叢部/叢書類/彙編之屬
**南園叢書十一種**　簡照南編　民國南海簡氏刻本　二冊　存一種

330000－1704－0011025　000207　經部/四書類/大學之屬/傳說
**大學古本質言一卷**　(清)劉沅撰　民國二十三年(1934)致福樓刻本　一冊

330000－1704－0011028　000208　經部/四書類/大學之屬/傳說
**大學述義一卷**　陳全三撰　民國二十一年(1932)鉛印本　一冊

330000－1704－0011031　003290　史部/史評類/史論之屬
**國史概論四卷**　葛陛綸輯　民國四年(1915)上海會文堂石印本　六冊

330000－1704－0011035　000210　經部/四書類/大學之屬/傳說
**大學正業一卷古本大學條說一卷古本大學引證一卷**　(清)惲鶴生撰　民國元年(1912)惲氏宗祠刻本　一冊

330000－1704－0011041　000591　類叢部/叢書類/彙編之屬
**渭南嚴氏孝義家塾叢書十一種**　嚴式誨編　民國十四年至二十年(1925－1931)渭南嚴氏刻本　四冊　存一種

330000－1704－0011046　003474　史部/史評類/史論之屬
**中國史綱不分卷**　張蔭麟撰　民國三十年(1941)油印本　張崟題記　一冊

330000－1704－0011059　000593　類叢部/叢書類/彙編之屬
**復性書院叢刊二十七種**　馬浮編　民國二十九年至三十七年(1940－1948)復性書院刻本暨鉛印本　一冊　存一種

330000－1704－0011073　003397　史部/史評類/史論之屬
**讀通鑑論十六卷附宋論十五卷**　(清)王夫之撰　民國上海商務印書館鉛印本　十冊

330000－1704－0011079　000599　子部/儒家類/儒學之屬/蒙學
**課子隨筆鈔十卷**　(清)張師載編　民國八年(1919)郁文館石印本　四冊

330000－1704－0011088　003368　史部/紀傳類/正史之屬
**古寫本史記殘卷不分卷**　(漢)司馬遷撰　羅振玉輯　民國七年(1918)上虞羅氏影印本　一冊

330000－1704－0011096　003584　經部/春秋左傳類/傳說之屬
**春秋左傳五十卷**　(晉)杜預　(宋)林堯叟註釋　(唐)陸德明音義　民國上海商務印書館鉛印本　十二冊

330000－1704－0011098　003370　史部/紀傳類/正史之屬
**史記一百三十卷**　(漢)司馬遷撰　(明)歸有光等評點　**方望溪平點史記四卷**　(清)方苞撰　民國五年(1916)據武昌張氏刻本影印本　十六冊

330000－1704－0011109　003305　史部/叢編
**思峴廬史學叢著**　唐邦治撰　民國大東書局鉛印本　一冊　存一種

330000－1704－0011112　003376　史部/紀傳類/正史之屬
**史記校二卷**　(清)王筠撰　民國二十四年(1935)故宫博物院圖書館鉛印本　一冊

330000－1704－0011118　003377　史部/紀傳類/正史之屬
**史記新論不分卷**　施章撰　民國鉛印本　施章題記　一冊

330000－1704－0011122　003386　史部/紀傳類/正史之屬
**史記論文不分卷**　(清)吳見思評點　民國中

華書局鉛印本　八冊

330000－1704－0011131　003378　史部/紀傳類/正史之屬

**史記訂補八卷**　李笠撰　民國十三年(1924)瑞安李氏橫經室刻本　李笠題記　四冊

330000－1704－0011133　003310　類叢部/叢書類/自著之屬

**多伽羅香館叢書□□種**　張采田撰　民國元年(1912)孱守齋刻本　四冊　存一種

330000－1704－0011135　000602　子部/儒家類/儒學之屬/禮教/女範

**呂新吾閨範一卷**　(明)呂坤撰　民國油印本　一冊

330000－1704－0011151　000230　經部/四書類/論語之屬/傳説

**論語要略一卷**　(清)許珏輯　民國十一年(1922)無錫許氏刻本　一冊

330000－1704－0011154　003392　史部/紀傳類/正史之屬

**史記一百三十卷**　(漢)司馬遷撰　(南朝宋)裴駰集解　(唐)司馬貞索隱　(唐)張守節正義　民國元年(1912)鄂官書處刻本　二十四冊

330000－1704－0011162　003384　史部/紀傳類/正史之屬

**史記論文一百三十卷**　(清)吳見思評點　民國九年(1920)上海廣益書局鉛印本　十六冊

330000－1704－0011171　003362　史部/紀傳類/正史之屬

**影宋百衲本史記一百三十卷**　(漢)司馬遷撰　(南朝宋)裴駰集解　民國上海商務印書館據湨陽陶氏藏宋百衲本影印本　二十四冊

330000－1704－0011174　003317　史部/史評類/考訂之屬

**校史隨筆一卷**　張元濟撰　民國二十八年(1939)商務印書館鉛印本　二冊

330000－1704－0011179　003319　史部/史評類/史論之屬

**遼史紀事本末諸論一卷**　(清)譚宗浚撰　民國二十二年(1933)唐文治刻本　一冊

330000－1704－0011184　003329　類叢部/叢書類/自著之屬

**漢堂類稿十種**　李賓洤撰　民國十二年(1923)李祖年鉛印本　四冊　存六種

330000－1704－0011187　003332　史部/金石類/總志之屬/圖像

**中國歷史參考圖譜二十四輯不分卷**　鄭振鐸編　民國三十六年(1947)影印本暨鉛印本　二十四冊

330000－1704－0011188　003333　史部/目録類

**諸史然疑校訂附引得不分卷**　引得編纂處編　民國二十一年(1932)燕京大學圖書館鉛印本　一冊

330000－1704－0011195　003354　史部/紀傳類/正史之屬

**二十四史附考證**　民國上海涵芬樓據乾隆武英殿本影印本　七百十一冊

330000－1704－0011197　000238　經部/四書類/論語之屬

**石鼓論語答問三卷**　(宋)戴溪撰　民國永嘉黄氏敬鄉樓抄本　楊紹廉校　二冊

330000－1704－0011199　003355　史部/紀傳類/正史之屬

**二十四史附考證**　民國上海民國第一圖書局鉛印本　四百冊

330000－1704－0011203　000240　子部/儒家類/儒家之屬

**曾子四種**　嚴式誨輯　民國九年至十二年(1920－1923)渭南嚴氏孝義家塾成都刻本　五冊

330000－1704－0011206　000609　子部/儒家類/儒學之屬/禮教/女範

**閨範四卷**　(明)呂坤注　(清)程夢暘等校　民國十六年(1927)據明刻影印本　四冊

330000－1704－0011207　000241　子部/儒家類/儒家之屬

**曾子家語六卷**　(清)曾國荃輯　民國碧梧山莊影印本　六册

330000－1704－0011212　000243　經部/叢編

**十三經讀本**　唐文治輯　民國十三年(1924)吴江施肇曾醒園刻本　七册　存一種

330000－1704－0011214　003192　史部/政書類/律令之屬/刑制

**中華民國現行新刑律詳解二卷附編一卷**　民國石印本　五册

330000－1704－0011215　000244　類叢部/叢書類/自著之屬

**萬木草堂叢書**　康有爲撰　民國上海廣智書局鉛印本　二册　存一種

330000－1704－0011219　003193　史部/傳記類/總傳之屬

**溫州政治研究所全體職員學員同學録一卷**　民國元年(1912)石印本　一册

330000－1704－0011227　000247　類叢部/叢書類

**敬業叢刊**　成都敬業學院編　民國成都敬業學院鉛印本　一册　存一種

330000－1704－0011229　000610　子部/儒家類/儒學之屬

**古今格言四卷**　江畬經編纂　民國七年(1918)上海商務印書館鉛印本　四册

330000－1704－0011235　003070　新學/兵制/陸軍

**彈藥大隊勤務令一卷**　民國石印本　一册

330000－1704－0011236　003124　史部/政書類/公牘檔册之屬

**創建常熟松禪圖書館緣起一卷附籌備簡章**　陳通琛撰　民國三十年(1941)鉛印本　一册

330000－1704－0011237　000248　經部/四書類/孟子之屬/傳說

**孟子文法讀本七卷**　高步瀛集解　吴闓生評點　民國二十年(1931)北京直隸書局、北京佩文齋鉛印本　四册

330000－1704－0011239　003126　史部/政書類/公牘檔册之屬

**修正浙江省立圖書館詳細規則一卷**　民國鉛印本　一册

330000－1704－0011241　003127　史部/地理類/專志之屬/宫殿

**故宫博物院前後五年經過記二卷**　吴瀛述　民國二十一年(1932)故宫博物院鉛印本　二册

330000－1704－0011246　002991　史部/政書類

**歐洲觀戰意見提要書不分卷**　軍學編輯局編　民國軍學編輯局鉛印本　一册

330000－1704－0011247　003128　新學/報章

**新聞報館三十年紀念册不分卷**　上海新聞報館編　民國十一年(1922)上海新聞報館鉛印本　一册

330000－1704－0011248　003347　類叢部/叢書類/自著之屬

**約園演講集□□種**　張壽鏞撰　民國鉛印本　一册　存一種

330000－1704－0011249　003073　史部/政書類/律令之屬

**浙江省現行法規彙編不分卷**　浙江省政府秘書處編　民國二十三年(1934)浙江省政府秘書處鉛印本　六册

330000－1704－0011250　003129　史部/地理類/專志之屬

**國立中央大學國學圖書館小史不分卷**　國立中央大學國學圖書館編　民國十七年(1928)國立中央大學國學圖書館鉛印本　一册

330000－1704－0011253　003348　史部/史評類/史學之屬

**史學研究法一卷**　呂誠之撰　民國油印本

一册

330000－1704－0011254　003074　史部/傳記類/總傳之屬/人表

**浙江省立第十一中學校同學録一卷**　民國四年(1915)啟明石印局石印本　一册

330000－1704－0011261　003200　新學/政治法律

**債權總論講義一卷民法債權總則講義一卷**　陳介編　民國鉛印本　一册

330000－1704－0011265　003131　類叢部/叢書類/彙編之屬

**文學叢書**　上海醫學書局編　民國上海醫學書局鉛印本　一册　存一種

330000－1704－0011268　003132　史部/政書類/公牘檔册之屬

**松坡圖書館十二年分報告不分卷**　松坡圖書館編　民國十三年(1924)京師第一監獄鉛印本　一册

330000－1704－0011270　003201　新學/政治法律

**國際公法講義不分卷**　民國鉛印本　一册

330000－1704－0011271　003133　子部/藝術類/書畫之屬/畫譜

**求是報插畫彙訂不分卷**　求是報社編　民國七年(1918)影印本　二册

330000－1704－0011273　000616　子部/雜著類/雜説之屬

**遯圃詹言十卷**　郭則澐輯　民國二十五年(1936)郭則澐蟄園刻本　二册

330000－1704－0011274　003349　史部/史表類/通代之屬

**古驩室張氏紀年叢刊**　張之銘撰　民國實學通藝館鉛印本　張之銘題贈　一册　存一種

330000－1704－0011279　000617　子部/雜著類/雜纂之屬

**萬松野人言善録一卷**　英華撰　民國八年(1919)京師鉛印本　一册

330000－1704－0011282　003135　子部/藝術類/遊藝之屬/雜藝

**益智圖二卷燕几圖一卷副本一卷**　(清)童叶庚撰　**益智續圖一卷**　(清)童昂　(清)童昶　(清)童晏撰　(清)童叶庚編　**益智字圖一卷附一卷**　(清)祝梅君撰　民國六年(1917)上海商務印書館石印本　六册

330000－1704－0011283　000255　子部/儒家類/儒家之屬

**荀子性善證三卷**　姜忠奎撰　民國十五年(1926)鉛印本　一册

330000－1704－0011284　000620　類叢部/叢書類/彙編之屬

**復性書院叢刊二十七種**　馬浮編　民國二十九年至三十七年(1940－1948)復性書院刻本暨鉛印本　一册　存一種

330000－1704－0011288　003136　子部/藝術類/遊藝之屬/棋弈

**趣園圍碁入門碎譜四卷首一卷末一卷**　(清)蔡丕撰　蔡振紳録繪　民國二十六年(1937)上海明善書局石印本　四册

330000－1704－0011291　003203　史部/詔令奏議類/奏議之屬

**諫垣奏議一卷補遺一卷**　(明)李維樾撰　民國永嘉黄氏敬鄉樓抄本　一册　存一卷(補遺)

330000－1704－0011292　000621　子部/儒家類/儒學之屬/性理

**按痛編一卷**　(明)金昭撰　民國永嘉黄氏敬鄉樓抄本　孫師覺校並題記　一册

330000－1704－0011293　003138　子部/藝術類/遊藝之屬/棋弈

**桃花泉奕譜二卷**　(清)范世勳撰　民國石印本　二册

330000－1704－0011295　003353　史部/叢編

**辟園史學四種**　劉體仁撰　民國石印本　十八册

330000－1704－0011296　000622　類叢部/叢書類/彙編之屬

**留餘草堂叢書十二種**　劉承幹編　民國吴興劉氏嘉業堂刻本　一册　存一種

330000－1704－0011299　003353　子部/雜著類/雜説之屬

**靜軒筆記一百二十卷**　（清）劉秉璋撰　（清）劉體智輯録　民國石印本　四册　存十九卷（一至十九）

330000－1704－0011300　000257　子部/儒家類/儒家之屬

**荀子集解二十卷首一卷**　（唐）楊倞注　王先謙集解　民國二十二年（1933）上海商務印書館據清光緒十七年（1891）長沙王氏刻本影印本　六册

330000－1704－0011301　000623　子部/儒家類/儒學之屬/俗訓

**格言聯璧不分卷**　（清）金纓輯　民國二十年（1931）潮陽郭氏雙百鹿齋刻本　一册

330000－1704－0011303　003205　史部/政書類/律令之屬/判牘

**浙江永嘉地方審判廳民事簡易庭判決書一卷　裁決書一卷**　永嘉地方審判廳編　民國十四年（1925）油印本　一册

330000－1704－0011309　003139　子部/藝術類/遊藝之屬/雜藝

**益智圖二卷燕几圖一卷副本一卷**　（清）童叶庚撰　**益智續圖一卷**　（清）童昂　（清）童昶　（清）童晏撰　（清）童叶庚編　**益智字圖一卷附一卷**　（清）祝梅君撰　民國石印本　一册　存一卷（燕几圖）

330000－1704－0011311　000258　子部/儒家類/儒家之屬

**教科適用荀子精華一卷**　中華書局編　民國上海中華書局鉛印本　一册

330000－1704－0011318　003141　子部/藝術類/遊藝之屬/棋弈

**布局詳解不分卷**　（日本）中川龜三郎撰　（清）吳定崧譯　民國十一年（1922）上海千頃堂書局石印本　二册

330000－1704－0011325　000259　子部/儒家類/儒家之屬

**荀子集解二十卷首一卷**　（唐）楊倞注　王先謙集解　民國上海掃葉山房石印本　八册

330000－1704－0011327　003144　子部/藝術類/遊藝之屬/酒令

**折枝雅故五卷**　麴禪氏撰　民國江蘇第一監獄鉛印本　一册

330000－1704－0011328　003208　集部/別集類

**北征歌一卷**　白公撰　**國民軍一卷**　淡雲撰　民國鉛印本　一册

330000－1704－0011330　003209　子部/藝術類/遊藝之屬/棋弈

**新撰圍棋初步一卷**　崔慶德撰　民國上海學生書局石印本　一册

330000－1704－0011335　003145　史部/政書類/公牘檔册之屬

**青白之廣濟一卷**　洪式閭輯　民國十七年（1928）鉛印本　一册

330000－1704－0011336　003212　新學/政治法律/律例

**司法圭臬二卷**　民國會文堂石印本　一册　存一卷（二）

330000－1704－0011337　003084　史部/政書類/公牘檔册之屬

**學部分年籌備事宜摺不分卷**　民國鉛印本　一册

330000－1704－0011338　003028　史部/政書類/律令之屬

**刑事政策學一卷**　廖書倉撰　民國鉛印本　一册

330000－1704－0011345　003213　新學/政治法律/刑法

**民刑訴狀程式大全三種**　斯文編　民國十三

年(1924)共和書局鉛印本　一册　存一種

330000－1704－0011346　003214　子部/藝術類/遊藝之屬/棋弈
**官子譜一卷**　民國二年(1913)千頃堂書局石印本　一册

330000－1704－0011352　003215　新學/學校
**初級常識課本教學法不分卷**　李乃培　董文　陸泰生編　民國十四年(1925)世界書局石印本　一册

330000－1704－0011356　003216　子部/兵家類/兵法之屬
**劉伯溫祕書百戰奇畧十卷**　(明)劉伯溫撰　民國十一年(1922)中華新教育社石印本　一册

330000－1704－0011359　003217　子部/工藝類/日用器物之屬/陶瓷
**匋雅二卷**　陳瀏撰　民國二十二年(1933)上海古瓷研究會石印本　四册

330000－1704－0011362　003218　子部/藝術類/遊藝之屬/棋弈
**橘中秘四卷**　(明)朱晉楨輯　民國石印本　四册

330000－1704－0011364　003219　子部/藝術類/遊藝之屬/棋弈
**弈理指歸圖三卷**　(清)施紹闇撰　(清)錢長澤繪　民國上海文瑞樓石印本　二册　缺一卷(一)

330000－1704－0011371　003221　史部/詔令奏議類/奏議之屬
**諫垣奏議一卷**　(明)李維樾撰　民國永嘉黄氏敬鄉樓抄本　劉景晨批校　一册

330000－1704－0011373　003220　史部/政書類/公牘檔册之屬
**周孝友堂分書一卷**　民國抄本　一册

330000－1704－0011377　003223　子部/藝術類/遊藝之屬/棋弈
**弈譜彙選□□卷**　民國五年(1916)上海文瑞樓石印本　一册　存一卷(四)

330000－1704－0011380　000261　子部/儒家類/儒家之屬
**荀子二十卷**　(唐)楊倞注　**荀子校勘補遺一卷**　(清)谢墉撰　民國三年(1914)掃葉山房石印本　四册

330000－1704－0011384　003224　子部/藝術類/遊藝之屬/棋弈
**左泉彙選**　民國上海文瑞樓石印本　一册　存一種

330000－1704－0011388　003094　子部/雜著類/雜說之屬
**學務平議一卷**　(清)孫詒讓撰　民國四年(1915)瑞安廣明印刷所石印本　一册

330000－1704－0011393　003095　史部/地理類/專志之屬/書院
**敷文書院志略不分卷**　魏頌唐輯　民國二十四年(1935)浙江財務學校鉛印本　一册

330000－1704－0011399　003162　子部/藝術類/遊藝之屬/棋弈
**海昌二妙集三卷首二卷**　(清)斤竹山民輯　(清)浮曇末齋主人增訂　民國三年(1914)上海文瑞樓石印本　張棡題簽　二册

330000－1704－0011404　003163　子部/藝術類/遊藝之屬/棋弈
**桃花泉弈譜二卷**　(清)范世勳撰　民國上海文瑞樓石印本　二册

330000－1704－0011414　000637　子部/術數類/數學之屬
**皇極經世觀物外篇衍義九卷**　(宋)張行成撰　民國抄本　六册

330000－1704－0011417　000639　子部/術數類/數學之屬
**皇極經世補遺不分卷**　曾子威撰　民國十一年(1922)奉天作新印刷局鉛印本　一册

330000－1704－0011420　003164　子部/藝

術類/遊藝之屬/棋弈
**殘局類選二卷** （清）錢長澤選　民國上海文瑞樓石印本　一册　存一卷(上)

330000－1704－0011421　003165　子部/藝術類/遊藝之屬/棋弈
**四子譜一卷** （清）范世撰　**二子譜一卷**（清）施定庵撰　民國二年(1913)上海文瑞樓石印本　一册

330000－1704－0011423　003166　子部/藝術類/遊藝之屬/棋弈
**摘星譜一卷** （清）胡鴻澤編　民國元年(1912)上海掃葉山房石印本　一册

330000－1704－0011425　003167　子部/藝術類/遊藝之屬/棋弈
**聽秋軒弈譜一卷** （清）龍椒散人輯　民國元年(1912)上海文瑞樓石印本　一册

330000－1704－0011427　003043　史部/政書類/律令之屬/判牘
**璞廬批牘不分卷** 戴炳驄撰　稿本　一册

330000－1704－0011429　003045　史部/政書類/律令之屬
**司法筆談二卷** 戴炳驄撰　稿本　一册

330000－1704－0011433　003171　子部/藝術類/遊藝之屬/棋弈
**問秋吟社弈評初編一卷** 汪耘豐評輯　民國六年(1917)北平中亞書局石印本　一册

330000－1704－0011439　003056　史部/政書類/律令之屬
**中國民事習慣大全六卷** 施沛生等編　民國廣益書局鉛印本　七册　存四卷(一至四)

330000－1704－0011440　003057　史部/政書類/律令之屬/判牘
**判案紀要一卷** 戴炳驄撰　稿本　一册

330000－1704－0011441　003058　史部/政書類/律令之屬/律例
**審斷須知不分卷** 魏頌唐輯　民國四年(1915)浙江印刷公司鉛印本　一册

330000－1704－0011443　003059　史部/政書類/律令之屬
**法官采證準繩三卷** 郭雲觀撰　民國八年(1919)上海聚珍倣宋印書局鉛印本　一册　存一卷(一)

330000－1704－0011444　003100　史部/政書類/公牘檔册之屬
**私立光華大學成都十年記不分卷** 光華大學成都分部結束辦事處輯　民國三十六年(1947)光華大學成都分部結束辦事處鉛印本　一册

330000－1704－0011447　000267　子部/道家類
**述老一卷** 黄建中撰　民國油印本　一册

330000－1704－0011448　000268　子部/道家類
**補過齋讀老子日記六卷** 楊增新撰　民國十五年(1926)刻本　六册

330000－1704－0011450　000271　類叢部/叢書類/彙編之屬
**嘉業堂叢書五十七種** 劉承幹輯　民國吳興劉氏嘉業堂刻本　二册　存一種

330000－1704－0011454　000273　子部/雜著類/雜説之屬
**北京大學中國文學講義三卷** 黄節編　民國六年(1917)北京大學油印本　一册

330000－1704－0011455　000274　子部/道家類
**老子淺説一卷** 許超撰　稿本　一册

330000－1704－0011457　000275　子部/道家類
**道德經述義二卷** 徐紹楨撰　民國九年(1920)上海學壽堂鉛印本　一册

330000－1704－0011458　000276　新學/理學
**老莊派自然主義底人生觀稿一卷** 項委之撰　民國三十五年(1946)石印本　一册

330000－1704－0011459　000277　子部/道家類
**老子道德經二卷**　(三國魏)王弼注　**音義一卷**　(唐)陸德明撰　民國掃葉山房石印本　一冊

330000－1704－0011460　000278　子部/道家類
**老子古義二卷**　楊樹達撰　民國十二年(1923)上海中華書局鉛印本　一冊

330000－1704－0011461　003009　新學/學校
**中央軍事政治學校術科教育計畫案不分卷**　嚴重講授　民國十六年(1927)石印本　一冊

330000－1704－0011463　000279　類叢部/叢書類/自著之屬
**天馬山房叢箸六種**　馬敘倫撰　民國鉛印本　二冊　存一種

330000－1704－0011467　003014　新學/政治法律
**日本法規解字一卷**　錢恂　董鴻褘編　民國元年(1912)上海商務印書館鉛印本　一冊

330000－1704－0011468　000280　子部/道家類
**老子古註二卷**　李翹撰　民國十八年(1929)芬薰館鉛印本　二冊

330000－1704－0011469　000281　子部/道家類
**老子述記二卷**　朱芾煌撰　民國二十五年(1936)上海商務印書館鉛印本　一冊

330000－1704－0011472　000282　子部/道家類
**老解老三卷**　蔡廷幹編　民國十一年(1922)鉛印本　一冊

330000－1704－0011476　000283　子部/道家類
**新註道德經白話解說二卷**　江希張注　民國上海明善書局石印本　一冊

330000－1704－0011477　003232　史部/政書類
**委託城鎮鄉自治職調查舊契辦事簡章一卷**　浙江省國稅廳籌備處編　民國鉛印本　一冊

330000－1704－0011481　003233　史部/政書類/公牘檔冊之屬
**浙江省驗契施行章程一卷**　浙江省國稅廳籌備處編　民國鉛印本　一冊

330000－1704－0011483　003234　新學/學校
**檢定小學教員章程彙刊不分卷**　浙江小學教員檢定委員會編　民國六年(1917)鉛印本　一冊

330000－1704－0011494　000641　類叢部/叢書類/彙編之屬
**四部備要**　中華書局編　民國二十五年(1936)上海中華書局鉛印本(原缺經義考卷二百八十六、二百九十九至三百,東塾讀書記十三至十四、十七至二十、二十二至二十五)　五冊　存一種

330000－1704－0011497　000287　子部/道家類
**新解老一卷**　劉鼒和撰　民國三年(1914)鉛印本　一冊

330000－1704－0011504　003016　史部/政書類/律令之屬
**法學叢論一卷**　郭雲觀撰　民國三十七年(1948)鉛印本　一冊

330000－1704－0011509　003185　子部/藝術類/遊藝之屬/雜藝
**七巧八分圖十六卷補遺一卷**　(清)錢芸吉撰　(清)王念慈編繪　民國商務印書館石印本　五冊　缺一卷(一)

330000－1704－0011511　003186　史部/政書類/公牘檔冊之屬
**黎副總統政書三十四卷**　黎元洪撰　易國幹等編　民國四年(1915)上海古今圖書局石印本　二十四冊

330000－1704－0011512　003238　史部/政書類/公牘檔冊之屬

**浙江財政最近狀況一卷浙省九十兩年度國家及省地方全年收支各款數目一卷浙江省民國十一年度與四年度國家及省地方歲入預算比較表一卷舊杭嘉湖甯紹五屬民國八年分銀米完欠數表一卷**　浙江省公署編　民國十二年(1923)鉛印本　一册

330000－1704－0011515　003017　類叢部/叢書類/彙編之屬

**岱廬叢著□□種**　民國鉛印本　一册　存一種

330000－1704－0011516　003239　史部/地理類/專志之屬

**國立中央大學國學圖書館小史不分卷**　國立中央大學國學圖書館編　民國十七年(1928)國立中央大學國學圖書館鉛印本　一册

330000－1704－0011518　003240　史部/傳記類/總傳之屬/人表

**國民協會會員題名録不分卷**　國民協會編　民國元年(1912)鉛印本　一册

330000－1704－0011523　003241　新學/學校

**湖南廣益學校章程一卷**　湖南廣益學校編　民國鉛印本　一册

330000－1704－0011528　003242　史部/政書類/公牘檔冊之屬

**平陽縣議會議決案不分卷**　民國十一年(1922)鉛印本　一册

330000－1704－0011530　003187　史部/傳記類/總傳之屬/郡邑

**寧波旅歐同鄉會會員題名録一卷**　寧波旅歐同鄉會編　民國十九年(1930)同文印書館鉛印本　一册

330000－1704－0011531　003188　子部/藝術類/遊藝之屬/棋弈

**日本國手丈和弈譜四卷**　(日本)丈和撰　民國三年(1914)上海文瑞樓石印本　一册

330000－1704－0011535　003191　子部/藝術類/遊藝之屬/棋弈

**兼山堂弈譜不分卷**　(清)徐星友評　民國刻本暨抄本　梅冷生題簽　一册

330000－1704－0011537　000292　子部/道家類

**列子八卷**　(晉)張湛注　(唐)殷敬順釋文　民國三年(1914)上海掃葉山房石印本　一册

330000－1704－0011540　000293　子部/道家類

**教科適用列子精華一卷**　中華書局編　民國十七年(1928)上海中華書局鉛印本　一册

330000－1704－0011542　003243　新學/學校

**神州大學規則一卷**　神州大學編　民國鉛印本　一册

330000－1704－0011546　003244　新學/學校

**湖南學校管理通則一卷**　湖南行政公署編　民國三年(1914)湖南行政公署鉛印本　一册

330000－1704－0011548　000295　類叢部/叢書類/彙編之屬

**國立中央研究院歷史語言研究所專刊**　國立中央研究院歷史語言研究所輯　民國鉛印本、石印本暨刻本　四册　存一種

330000－1704－0011552　003055　史部/政書類/律令之屬/法驗

**無冤録二卷**　(元)王與撰　民國永嘉黄氏敬鄉樓抄本　一册

330000－1704－0011556　002883　集部/總集類/尺牘之屬

**工商業尺牘偶存不分卷補遺一卷公司注冊文件一卷**　天虚我生(陳壽嵩)稿　民國十七年(1928)家庭工業社鉛印本　三册

330000－1704－0011567　002886　新學/礦務

**礦業指迷一卷**　張焕斗撰　民國七年(1918)鉛印本　一册

330000－1704－0011568　002906　史部/政書類/邦計之屬/鹽法

**兩浙鹺務紀略一卷**　楊汝驥編　民國鉛印本　一册

330000－1704－0011569　002887　新學/理學

**經濟名詞英和索引一卷**　民國八年(1919)鉛印本　一册

330000－1704－0011570　003249　史部/政書類/通制之屬

**王安石政略六卷首一卷附録四卷**　河南省政府王安石政略研究會編　民國二十四年(1935)鉛印本　一册　存六卷(四至六、附録一至三)

330000－1704－0011575　003250　史部/政書類/公牘檔册之屬

**各縣征解國稅月報表册式不分卷**　民國鉛印本　一册

330000－1704－0011579　003251　類叢部/類書類/專類之屬

**潛龍讀書表十二卷**　陳電飛編　民國十三年(1924)中華書局石印本　一册　存二卷(四至五)

330000－1704－0011582　003252　史部/政書類/公牘檔册之屬

**重訂張氏海日樓祀產章程一卷**　張棡撰　民國三十年(1941)油印本　一册

330000－1704－0011589　003025　史部/政書類/律令之屬

**中華民國憲法十三章**　民國三十六年(1947)商務印書館影印本　一册

330000－1704－0011592　003118　史部/傳記類/總傳之屬

**浙江第十中學校同學録一卷**　民國鉛印本　一册

330000－1704－0011593　000655　子部/術數類/占卜之屬

**未來預知術一卷**　(三國蜀)諸葛亮撰　(宋)邵雍演　民國十三年(1924)上海國粹保存會石印本　一册

330000－1704－0011602　003255　子部/天文曆算類/曆法之屬

**中華民國三十一年國民曆一卷**　國立中央研究院天文研究所編　民國三十一年(1942)鉛印本　一册

330000－1704－0011603　003255　子部/天文曆算類/曆法之屬

**中華民國三十二年國民曆不分卷**　國立中央研究院天文研究所編　民國三十二年(1943)鉛印本　一册

330000－1704－0011605　003255　子部/天文曆算類/曆法之屬

**中華民國三十三年國民曆一卷**　國立中央研究院天文研究所編　民國三十三年(1944)鉛印本　一册

330000－1704－0011606　000303　子部/道家類

**莊子義證三十三卷附録二卷校補記一卷**　馬敘倫撰　民國十九年(1930)上海商務印書館鉛印本　六册

330000－1704－0011610　002915　史部/政書類/邦計之屬

**魏頌唐偶存稿三卷**　魏頌唐撰　民國十六年(1927)鉛印本　一册

330000－1704－0011611　002893　史部/政書類

**鹽務署修志處辦事章程一卷**　鹽務署修志處編　民國油印本　一册

330000－1704－0011614　002895　史部/政書類/邦計之屬/地政

**唐代田制研究一卷**　畢相輝撰　稿本　二册

330000－1704－0011620　003258　經部/三禮總義類

**三禮便蒙不分卷**　(清)焦循撰　民國影印本　一册

330000－1704－0011622　002918　新學/農政/農務

**農業政策一卷**　李儻編　民國鉛印本　一册

330000－1704－0011625　002942　子部/兵家類/兵法之屬

**趙注孫子四卷**　(明)趙本學撰　民國三年(1914)都門書局鉛印本　三册　缺一卷(三)

330000－1704－0011627　003115　史部/地理類/專志之屬

**浙江紫陽書院掌故徵存録不分卷**　孫延釗撰　稿本　一册

330000－1704－0011631　002920　史部/政書類/邦計之屬

**浙江省民國三年度收支簡明報告書一卷四年度收支簡明報告書一卷**　民國鉛印本　一册

330000－1704－0011641　003231　子部/雜著類/雜纂之屬

**參謀服務筆記一卷**　民國抄本　一册

330000－1704－0011643　002848　史部/政書類/通制之屬

**雲南行政紀實不分卷**　雲南行政紀實編纂委員會編纂　民國三十二年(1943)雲南財政廳印刷局鉛印本　二十四册

330000－1704－0011644　003254　史部/政書類/邦計之屬

**暫定本房養賢田輪值規則一卷**　張組成撰　民國二年(1913)稿本　一册

330000－1704－0011649　002922　史部/政書類/邦計之屬/賦税

**浙江賦税源流一卷**　魏頌唐編　民國十四年(1925)鉛印本　一册

330000－1704－0011651　002923　史部/政書類/邦計之屬

**財政部新訂各項公債庫券程表彙編不分卷**　財政部編　民國二十一年(1932)鉛印本　一册

330000－1704－0011654　002924　新學/史志

**歐洲經濟史四卷**　王建祖編　民國鉛印本　二册

330000－1704－0011656　002925　史部/政書類/公牘檔册之屬

**全浙典業公會第三年紀事録一卷**　民國七年(1918)鉛印本　一册

330000－1704－0011657　003263　新學/史志/戰記

**歐洲大戰淺説正編四卷附圖一卷**　徐振聲撰　山東通俗教育畫編輯處編　民國六年(1917)石印本　五册

330000－1704－0011661　002901　史部/政書類/邦計之屬/鹽法

**兩浙鹽務彙編六卷**　邵中等編　民國十二年(1923)兩浙鹽運使署鉛印本　十二册

330000－1704－0011663　002903　史部/政書類/邦計之屬/鹽法

**鹽法通志一百卷首一卷**　周慶雲纂　民國七年(1918)鉛印本　二十四册

330000－1704－0011670　002811　史部/政書類/公牘檔册之屬

**緘三公牘稿二卷**　沈緘三撰　民國十年(1921)鉛印本　二册

330000－1704－0011676　002863　史部/政書類/律令之屬/判牘

**新編樊山批牘精華三十四卷公牘精華六卷判牘精華一卷**　樊增祥撰　姚福鼎編訂　民國四年(1915)上海文華書局鉛印本　十二册

330000－1704－0011680　002813　子部/雜著類/雜説之屬

**竹軒摭録八卷**　郭則澐輯　民國二十七年(1938)刻本　四册

330000－1704－0011682　000315　子部/道家類

**莊子新疏不分卷**　黄元炳撰　民國二十二年(1933)鉛印本　一册

330000－1704－0011683　002853　史部/政書類/公牘檔冊之屬
**治衢芻言四卷**　樓守光撰　民國三年(1914)鉛印本　一冊

330000－1704－0011685　002931　史部/政書類/邦計之屬
**内國公債庫券彙編不分卷**　交通銀行總管理處券務部編　民國十八年(1929)鉛印藍印本　三冊

330000－1704－0011686　000667　子部/道家類
**劉子歷代玄學精義二卷**　(清)劉一明撰　(清)靈根子輯　民國鉛印本　二冊

330000－1704－0011691　002934　史部/政書類/公牘檔冊之屬
**浙江地方銀行總行通函彙編第一輯不分卷**　浙江地方銀行總行總務科編　民國三十年(1941)浙江地方銀行總行總務科鉛印本　一冊

330000－1704－0011695　000668　子部/宗教類/道教之屬
**玄竗鏡入道真詮三卷**　(清)李昌仁撰　民國普敏子抄本　一冊

330000－1704－0011702　000670　子部/宗教類/道教之屬
**新編玄門勸道録一卷**　孫公木編　民國二十六年(1937)鉛印本　一冊

330000－1704－0011708　000671　子部/宗教類/道教之屬/經文
**玄門諸經輯要不分卷**　項育根輯　民國二十六年(1937)永嘉石印本　一冊

330000－1704－0011716　002857　史部/政書類/公牘檔冊之屬
**中州從政録一卷**　江瀚撰　民國元年(1912)京師京華印書局鉛印本　一冊

330000－1704－0011717　002793　史部/政書類/通制之屬
**皇朝續文獻通考四百卷勘誤表一卷**　劉錦藻撰　民國鉛印本　一百冊

330000－1704－0011734　000324　子部/道家類
**莊子補注四卷**　奚侗撰　民國六年(1917)鉛印本　二冊

330000－1704－0011735　000325　子部/道家類
**莊子雪三卷**　(清)陸樹芝輯註　民國四年(1915)上海千頃堂石印本　六冊

330000－1704－0011742　002929　新學/商務/商學
**亞當斯財政學綱要一卷**　王建祖編　民國鉛印本　一冊

330000－1704－0011743　002954　子部/兵家類/兵法之屬
**曾胡治兵語録一卷**　蔡鍔撰　民國六年(1917)鉛印本　一冊

330000－1704－0011749　000327　子部/道家類
**莊子集釋十卷**　(清)郭慶藩輯　民國上海埽葉山房石印本　十冊

330000－1704－0011753　002864　史部/雜史類/斷代之屬
**齊河集四卷**　吳福森撰　民國三年(1914)石印本　二冊

330000－1704－0011754　002783　類叢部/叢書類/自著之屬
**崇雅堂叢書十四種**　楊晨撰　民國二十五年(1936)楊紹翰鉛印本　四冊　存一種

330000－1704－0011756　002955　史部/政書類/軍政之屬
**軍箴五卷**　唐文治撰　民國十四年(1925)、十五年(1926)無錫國學專修館鉛印本　一冊　存四卷(一至四)

330000－1704－0011757　000328　子部/道家類
**莊子集解八卷**　王先謙撰　民國上海掃葉山

房石印本　四冊

330000－1704－0011760　000329　子部/道家類

**莊子集解八卷**　王先謙撰　民國上海校經山房成記書局石印本　謝元甫題記　一冊

330000－1704－0011761　002806　史部/政書類/公牘檔冊之屬

**永嘉縣議會議決案不分卷**　民國油印本　一冊

330000－1704－0011765　000330　子部/道家類

**教科適用莊子精華二卷**　中華書局編　民國八年(1919)上海中華書局鉛印本　二冊

330000－1704－0011766　000331　子部/道家類

**莊子十卷**　(晉)郭象注　(唐)陸德明音義　民國十一年(1922)上海掃葉山房石印本　四冊

330000－1704－0011767　000332　子部/道家類

**南華真經十卷**　(晉)郭象註　(唐)陸德明音義　民國三年(1914)右文社影印本　六冊

330000－1704－0011768　002866　史部/地理類/雜志之屬

**花谿閒筆一卷**　吳鼎昌撰　民國二十九年(1940)貴州日報社鉛印本　一冊

330000－1704－0011770　002867　史部/政書類/邦計之屬/營田

**量沙紀畧六章**　張鴻編　民國四年(1915)鉛印本　一冊

330000－1704－0011772　000333　子部/道家類

**南華真經解六卷**　(清)宣穎撰　民國上海廣益書局石印本　六冊

330000－1704－0011774　002785　史部/雜史類/通代之屬

**列朝私紀三卷**　周天錫撰　民國永嘉黃氏敬鄉樓抄本　楊紹廉題簽並批校　一冊

330000－1704－0011776　002786　史部/雜史類/通代之屬

**列朝私紀三卷**　周天錫撰　民國戴家祥抄本　楊紹廉題簽　二冊

330000－1704－0011790　000681　子部/術數類/相宅相墓之屬

**八宅明鏡二卷**　(唐)楊益撰　民國四年(1915)上海會文堂書局石印本　一冊

330000－1704－0011791　000682　子部/宗教類/道教之屬

**濟一子證道秘書十七種**　(清)傅金銓輯　民國上海江左書林石印本　三冊　存一種

330000－1704－0011795　000334　子部/道家類

**南華經副墨八卷**　(明)陸西星撰　民國上海受古書店、中一書局石印本　三冊　存五卷(四至八)

330000－1704－0011797　000335　子部/道家類

**莊子集註三卷首一卷**　阮毓崧輯　民國十九年(1930)上海中華書局影印本　四冊

330000－1704－0011800　000336　子部/道家類

**百家評註老子道德經二卷**　(春秋)李耳撰　(漢)河上公章句　(宋)蘇轍增註　(明)歸有光批閱　(明)文震孟訂正　(清)朱啟昳編校　王闓運輯評　觀文社集註　民國十三年(1924)德記書局石印本　二冊

330000－1704－0011806　000337　子部/雜著類/雜說之屬

**齊物論釋注不分卷**　章炳麟釋　繆篆注　民國油印本　一冊

330000－1704－0011807　002743　史部/詔令奏議類/奏議之屬

**劉文莊公奏議八卷**　(清)劉秉璋撰　朱孔彰編　民國鉛印本　八冊

330000－1704－0011808　002725　史部/詔令奏議類/奏議之屬

**邱給諫奏議遺稿二卷**　（清）邱煌撰　（清）路朝霖編　民國十三年（1924）商務印刷所鉛印本　一册

330000－1704－0011809　000338　子部/宗教類/道教之屬

**全球太平世教科書二卷**　朱青長註　民國東華學社印刷廠石印本　二册

330000－1704－0011822　000340　類叢部/叢書類/自著之屬

**章氏叢書十三種**　章炳麟撰　民國六年至八年（1917－1919）浙江圖書館刻本　一册　存一種

330000－1704－0011823　000341　類叢部/叢書類/自著之屬

**章氏叢書十三種**　章炳麟撰　民國六年至八年（1917－1919）浙江圖書館刻本　一册　存一種

330000－1704－0011824　002729　史部/詔令奏議類/奏議之屬

**鄧制軍禁煙防海奏議二卷**　（清）鄧廷楨撰　（清）鄧邦述輯　民國二十四年（1935）鄧氏刻本　劉耀東題簽　二册

330000－1704－0011826　002747　史部/詔令奏議類/奏議之屬

**張潛園書廣雅相國奏議一卷**　（清）張之洞撰　（清）張曾疇書　民國石印本暨鉛印本　一册

330000－1704－0011827　002961　子部/兵家類/兵法之屬

**兵法史略學八卷**　陳慶年纂　民國九年（1920）吉林徐氏退思堂鉛印本　四册

330000－1704－0011829　002828　類叢部/叢書類/自著之屬

**儀徵嚴氏無悶堂叢書**　（清）嚴玉森撰　民國鉛印本　二册　存一種

330000－1704－0011834　002829　史部/政書類

**顛石寄廬從政紀畧二卷**　王濬章撰　民國鉛印本　一册

330000－1704－0011841　002752　集部/別集類/清別集

**澗于集二十卷（澗于集奏議六卷電稿一卷譯署函稿一卷古今體詩四卷文集二卷書牘六卷）**　（清）張佩綸撰　民國七年至十五年（1918－1926）張氏澗于草堂刻本　六册　存六卷（奏議一至六）

330000－1704－0011848　000684　子部/術數類/相宅相墓之屬

**陽宅愛衆篇四卷**　（清）張覺正撰　民國石印本　四册

330000－1704－0011860　002737　史部/詔令奏議類/奏議之屬

**陶勤肅公奏議遺稿十二卷首一卷**　（清）陶模撰　民國十三年（1924）銅山陸洪濤蘭州肅老將軍公署鉛印本　十册

330000－1704－0011862　000345　子部/宗教類/道教之屬

**參同契闡幽二卷**　（漢）魏伯陽撰　（清）朱元育闡幽　民國八年（1919）刻本　二册

330000－1704－0011868　002757　史部/詔令奏議類/奏議之屬

**梅陽江侍御奏議二卷**　江春霖撰　民國十六年（1927）鉛印本　二册

330000－1704－0011870　002758　史部/詔令奏議類/奏議之屬

**散木居奏稿二十五卷**　瑞洵撰　民國二十八年（1939）餐菊軒鉛印本　四册

330000－1704－0011872　002759　史部/詔令奏議類/奏議之屬

**端忠敏公奏稿十六卷**　（清）端方撰　民國七年（1918）鉛印本　十四册　存十四卷（三至十六）

330000－1704－0011875　000351　子部/墨家類

**續墨子閒詁四卷**　劉昶撰　民國十四年(1925)上海掃葉山房石印本　四冊

330000－1704－0011877　000352　子部/墨家類

**教科適用墨子精華一卷**　中華書局編　民國八年(1919)上海中華書局鉛印本　一冊

330000－1704－0011878　002760　史部/詔令奏議類/奏議之屬

**茹經堂奏疏三卷**　唐文治撰　民國十五年(1926)刻本　王典章題簽　三冊

330000－1704－0011880　000353　子部/墨家類

**墨子閒詁十五卷目録一卷附録一卷後語二卷**　(清)孫詒讓撰　民國掃葉山房石印本　謝元甫題記　二冊

330000－1704－0011885　002838　史部/政書類/公牘檔冊之屬

**浙江省議會常年會文牘不分卷**　浙江省議會編　民國二年(1913)、七年(1918)浙江省議會鉛印本　二冊

330000－1704－0011886　000354　子部/墨家類

**墨子刊誤二卷**　(清)蘇時學撰　**墨子刊誤刊誤二卷**　陳柱撰　民國十七年(1928)上海中華書局鉛印本　一冊

330000－1704－0011887　002762　史部/詔令奏議類/奏議之屬

**林文直公奏稿七卷首一卷**　林紹年撰　民國十六年(1927)刻本　六冊

330000－1704－0011888　000355　子部/墨家類

**定本墨子閒詁校補二卷附編一卷**　李笠撰　民國商務印書館鉛印本　二冊

330000－1704－0011889　002715　史部/政書類/公牘檔冊之屬

**清代軍政名牘彙編十八卷首一卷**　劉鐵冷選輯　民國十四年(1925)崇新書局鉛印本　八冊

330000－1704－0011890　002838　史部/政書類/公牘檔冊之屬

**浙江省議會臨時會文牘不分卷**　浙江省議會編　民國二年(1913)、六年(1917)鉛印本　二冊

330000－1704－0011891　002763　集部/別集類

**蒿盦類稿三十二卷續稿三卷奏稿四卷**　馮煦撰　民國十二年(1923)刻本　二冊　存四卷(奏稿一至四)

330000－1704－0011894　002764　史部/詔令奏議類/奏議之屬

**庸盦尚書奏議十六卷**　陳夔龍撰　俞陛雲編輯　民國二年(1913)鉛印本　八冊

330000－1704－0011895　002839　史部/政書類/公牘檔冊之屬

**浙江省議會常年會議事録不分卷**　浙江省議會編　民國二年(1913)、五年(1916)、七年(1918)浙江省議會鉛印本　四冊

330000－1704－0011897　002765　史部/詔令奏議類/奏議之屬

**養壽園奏議輯要四十四卷**　袁世凱撰　沈祖憲輯録　民國二十六年(1937)項城袁氏刻本　六冊

330000－1704－0011898　002839　史部/政書類/公牘檔冊之屬

**浙江省議會第一屆常年會議事録不分卷**　浙江省議會編　民國二年(1913)鉛印本　一冊

330000－1704－0011899　002839　史部/政書類/公牘檔冊之屬

**浙江省議會臨時會議事録不分卷**　浙江省議會編　民國鉛印本　二冊

330000－1704－0011902　002974　新學/兵制

**軍制要義三卷**　林攝撰　民國四年(1915)鉛印本　二冊　存一卷(一)

330000－1704－0011903　002717　類叢部/叢書類/彙編之屬

**國立北京大學研究院文史叢刊**　國立北京大學研究院文史部輯　民國上海商務印書館鉛印本暨影印本　一册　存一種

330000－1704－0011904　000356　子部/墨家類

**墨子校注十五卷附録四卷**　吴毓江撰　民國三十三年(1944)重慶獨立出版社鉛印本　十册

330000－1704－0011907　002976　新學/兵制/海軍

**海軍大事記一卷**　池仲祐編輯　民國七年(1918)海軍部鉛印本　一册

330000－1704－0011908　000357　子部/墨家類

**墨經懸解二卷**　陳無咎撰　民國二十四年(1935)上海中國揆度學社鉛印本　二册

330000－1704－0011910　000358　子部/墨家類

**墨子尚書古義三卷**　胡兆鸞撰　民國四年(1915)湖南官書報局鉛印本　一册

330000－1704－0011915　000360　子部/墨家類

**墨子哲學一卷**　鄧高鏡撰　民國北京樸社出版經理部鉛印本　一册

330000－1704－0011918　002841　集部/别集類/清别集

**孫竹堂觀察書牘輯要一卷**　(清)孫士達撰　孫祖同輯　民國二十二年(1933)會稽孫祖同鉛印本　一册

330000－1704－0011919　000361　類叢部/叢書類/自著之屬

**桂林張氏獨志堂遺書**　張其鍠撰　民國桂林張氏獨志堂鉛印本　二册　存一種

330000－1704－0011921　002978　子部/雜著類/雜纂之屬

**弭兵古義四卷**　王式通撰　民國二十八年(1939)鉛印本　一册

330000－1704－0011922　002842　史部/政書類/公牘檔册之屬

**平陽縣議會議决案不分卷**　民國十一年(1922)鉛印本　一册

330000－1704－0011923　002979　史部/政書類/軍政之屬/兵制

**中國歷代徵兵制度述畧不分卷**　韓福民等撰　民國邱銘九抄本　一册

330000－1704－0011926　000362　子部/墨家類

**墨子新釋一卷**　鄧高鏡撰　民國鉛印本　一册

330000－1704－0011927　000364　子部/墨家類

**墨子閒詁十五卷目録一卷附録一卷後語二卷**　(清)孫詒讓撰　民國上海商務印書館影印本　八册

330000－1704－0011928　002843　史部/政書類/公牘檔册之屬

**南田縣政府二十一年度年刊不分卷**　南田縣政府編　民國二十二年(1933)鉛印本　一册

330000－1704－0011931　002844　史部/政書類/公牘檔册之屬

**浙江省臨時議會議决案不分卷**　浙江省臨時議會編　民國元年(1912)鉛印本　二册

330000－1704－0011937　002707　史部/詔令奏議類/奏議之屬

**林莊敏公奏議八卷附録一卷**　(明)林聰撰　(明)林文祥録　民國十八年(1929)鉛印本　二册

330000－1704－0011939　002844　史部/政書類/公牘檔册之屬

**浙江省議會常年會議决案不分卷**　浙江省議會編　民國二年(1913)、五年(1916)浙江省議會鉛印本　二册

330000－1704－0011941　000368　子部/雜家類

**公孫龍子注一卷校勘記一卷篇目攷一卷附録**

**一卷**　(清)陳澧撰　民國十四年(1925)番禺汪氏微尚齋刻本　一冊

330000－1704－0011943　002984　史部/政書類/軍政之屬/兵制

**歷代兵制八卷**　(宋)陳傅良撰　民國永嘉黃氏敬鄉樓抄本　一冊

330000－1704－0011944　000363　子部/墨家類

**墨子經校注二卷**　(清)楊葆彝撰　民國戴家祥抄本　一冊

330000－1704－0011945　002844　史部/政書類/公牘檔冊之屬

**浙江省議會第一屆第二年第二次臨時會議決案不分卷**　浙江省議會編　民國六年(1917)鉛印本　一冊

330000－1704－0011947　002844　史部/政書類/邦計之屬

**浙江省民國七年度省地方歲出入預算書二卷**　浙江省議會編　民國七年(1918)鉛印本　一冊

330000－1704－0011954　002845　史部/政書類/公牘檔冊之屬

**浙江省議會第一屆常年會議員質問書不分卷**　浙江省議會編　民國二年(1913)鉛印本　一冊

330000－1704－0011956　002845　史部/政書類/公牘檔冊之屬

**浙江省議會第二屆第一次臨時會質問書不分卷**　浙江省議會編　民國五年(1916)鉛印本　一冊

330000－1704－0011961　002846　史部/政書類

**院議一班一卷**　羅傑撰　民國鉛印本　一冊

330000－1704－0011968　002990　新學/學校

**中央陸軍軍官學校史稿不分卷**　中央陸軍軍官學校編　民國二十五年(1936)鉛印本　十冊

330000－1704－0011969　000688　子部/術數類/相宅相墓之屬

**地理大成五種**　(清)葉泰輯　民國五年(1916)上海九經書局石印本　謝元甫題簽　五冊　存四種

330000－1704－0011970　000689　子部/術數類/相宅相墓之屬

**新刻石函平砂玉尺經全書真機六卷**　(元)劉秉忠撰　(明)劉基解　(明)賴從謙發揮　**新刊地理五經四書解義郭樸葬經一卷**　(明)吳徵刪定　(明)鄭謐注釋　民國六年(1917)上海掃葉山房石印本　二冊

330000－1704－0011971　000690　子部/術數類/相宅相墓之屬

**秘傳水龍經五卷**　(清)蔣平階輯訂　民國十五年(1926)上海中原書局石印本　四冊

330000－1704－0011972　002712　類叢部/叢書類/彙編之屬

**國立北京大學研究院文史叢刊**　國立北京大學研究院文史部輯　民國上海商務印書館鉛印本暨影印本　十六冊　存一種

330000－1704－0011973　002713　史部/詔令奏議類/奏議之屬

**神廟留中奏疏彙要四十卷編年總目一卷**　(明)董其昌撰　民國二十六年(1937)燕京大學圖書館鉛印本　十四冊

330000－1704－0011974　002847　史部/政書類/公牘檔冊之屬

**浙江省議會要覽二卷續編三卷**　浙江省議會編　民國六年(1917)、七年(1918)鉛印本　四冊　缺一卷(要览二)

330000－1704－0011976　002519　史部/政書類/邦交之屬

**清光緒朝中法交涉史料二十二卷**　北平故宮博物院編　民國二十一年至二十二年(1932－1933)北平故宮博物院鉛印本　十一冊

330000－1704－0011977　002520　史部/政書類/邦交之屬

**清光緒朝中日交涉史料八十八卷** 北平故宫博物院編 民國二十一年(1932)北平故宫博物院鉛印本 四十四册

330000－1704－0011978 002868 史部/政書類/公牘檔册之屬

**甌海觀政録八卷** 黄慶瀾編 民國十年(1921)鉛印本 八册

330000－1704－0011980 000691 子部/術數類/數學之屬

**河洛理數七卷** (宋)陳摶撰 (宋)邵雍述 (明)史應選重訂 民國上海校經山房石印本 一册

330000－1704－0011981 002521 史部/政書類/邦交之屬

**清代外交史料** 北平故宫博物院編 民國二十一年至二十二年(1932－1933)北平故宫博物院鉛印本 六册 存一種

330000－1704－0011982 002522 史部/政書類/邦交之屬

**清宣統朝中日交涉史料六卷** 北平故宫博物院編 民國二十二年(1933)北平故宫博物院鉛印本 一册 存二卷(五至六)

330000－1704－0011986 002523 史部/政書類/邦交之屬

**清季外交史料六種** (清)王彦威輯 王亮編 民國二十一年至二十四年(1932－1935)北平外交史料編纂處鉛印本 二十四册 存一種

330000－1704－0011988 002869 類叢部/叢書類

**弢廬藂書** 民國溫州務本石印本 一册 存一種

330000－1704－0011994 000370 子部/雜家類

**公孫龍子懸解六卷事輯一卷敘録一卷後録一卷** 王琯撰 民國上海中華書局鉛印本 一册 存四卷(一至二、事輯、敘録)

330000－1704－0011995 002558 類叢部/叢書類/彙編之屬

**國立中央研究院歷史語言研究所單刊** 國立中央研究院歷史語言研究所編 民國上海商務印書館鉛印本暨影印本 一册 存一種

330000－1704－0011997 000371 類叢部/叢書類

**明達叢書** 民國刻本 梅泠生題簽 一册 存一種

330000－1704－0012001 000372 子部/墨家類

**墨子經校注二卷** (清)楊葆彝撰 民國瑞安陳氏湫漻齋抄本 楊紹廉題記並過録清孫詒讓批校 一册

330000－1704－0012004 002870 子部/藝術類/書畫之屬/法帖

**青島留别手書稿一卷** 馬福祥書 民國十九年(1930)石印本 一册

330000－1704－0012015 002871 子部/藝術類/書畫之屬/書法書品

**松坡軍中遺墨不分卷** 蔡鍔書 民國十五年(1926)北京松坡圖書館石印本 二册

330000－1704－0012017 002663 集部/别集類/清别集

**梅園叢稿一卷** 李翰芬撰 民國二十九年(1940)鉛印本 一册

330000－1704－0012024 002534 史部/政書類/儀制之屬

**朝鮮迎接都監都廳儀軌一卷** 北平故宫博物院編 民國北平故宫博物院鉛印本 一册

330000－1704－0012027 002535 史部/政書類/邦交之屬

**外交文牘** 外交部編 民國外交部鉛印本 一册 存一種

330000－1704－0012042 000377 子部/法家類

**鄧析子二卷** (春秋)鄧析撰 民國十一年(1922)海寧陳乃乾影印本 一册

330000－1704－0012050　000380　類叢部/叢書類/彙編之屬
**桐城吴先生羣書點勘**　(清)吴汝綸撰　民國蓮池書社鉛印本　三册　存一種

330000－1704－0012052　002652　史部/職官類/官箴之屬
**官吏懲貪録一卷**　吴臨翰撰　民國濟南文郁齋鉛印本　一册

330000－1704－0012054　000381　類叢部/叢書類/彙編之屬
**九鶴堂叢書**　民國鉛印本　二册　存一種

330000－1704－0012055　002568　子部/儒家類/儒學之屬/性理
**求志齋庸言十則一卷**　梅契壽撰　民國九年(1920)鉛印本　一册

330000－1704－0012060　000383　子部/雜家類
**讀呂氏春秋記一卷**　馬敘倫撰　民國鉛印本　一册

330000－1704－0012070　002572　史部/政書類
**校邠廬抗議二卷**　(清)馮桂芬撰　民國抄本　三册

330000－1704－0012073　000384　子部/雜家類
**呂氏春秋高注補正一卷**　(清)孫鏘鳴撰　民國永嘉黄氏敬鄉樓抄本　一册

330000－1704－0012082　002548　新學/理學/文學
**中國法制史略二卷**　康寶忠編　民國鉛印本　二册

330000－1704－0012088　002549　類叢部/叢書類/自著之屬
**聞雞軒叢書**　王時潤撰　民國四年(1915)宏文圖書社鉛印本　一册　存二種

330000－1704－0012092　002659　史部/職官類/官箴之屬
**歷代吏治舉要一卷**　徐世昌撰　民國八年(1919)鉛印本　一册

330000－1704－0012094　002660　史部/職官類/官箴之屬
**將吏法言八卷**　徐世昌撰　民國八年(1919)靜遠堂鉛印本　四册

330000－1704－0012098　002550　子部/法家類
**商君書箋正五卷**　簡書撰　民國二十年(1931)上海民智書局鉛印本　一册

330000－1704－0012108　002577　子部/雜著類/雜說之屬
**孫文學説三卷**　孫文撰　民國八年(1919)上海華強印書局鉛印本　一册

330000－1704－0012112　002680　集部/别集類/宋别集
**育德堂外制五卷**　(宋)蔡幼學撰　民國永嘉黄氏敬鄉樓抄本　六册

330000－1704－0012116　002682　子部/儒家類/儒學之屬/俗訓
**琴堂諭俗續編一卷**　(宋)彭仲剛撰　民國永嘉黄氏敬鄉樓抄本　劉景晨批　一册

330000－1704－0012126　002684　類叢部/叢書類/自著之屬
**止園叢書**　尹昌衡撰　民國鉛印本　二册　存一種

330000－1704－0012136　002584　子部/儒家類/儒學之屬/經濟
**政理古微一卷**　林損撰　民國天新印書局鉛印本　一册

330000－1704－0012139　002485　經部/三禮總義類/通禮雜禮之屬
**禮制館草案不分卷**　禮制館編　民國油印本　二十八册

330000－1704－0012143　002586　新學/政治法律/政治
**勞乃宣共和解駁議一卷續一卷正續共和解後**

**語駁議一卷**　曾士瀛撰　民國四年(1915)杭州興業書局鉛印本　一冊

330000－1704－0012144　000393　子部/雜著類/雜說之屬

**淮南鴻烈集解二十一卷**　(漢)劉安撰　(漢)高誘注　民國四年(1915)上海掃葉山房石印本　四冊

330000－1704－0012147　000394　子部/雜著類/雜說之屬

**淮南集證二十一卷**　劉家立撰　民國十三年(1924)上海中華書局鉛印本　十冊

330000－1704－0012151　000395　類叢部/叢書類/彙編之屬

**桐城吳先生羣書點勘**　(清)吳汝綸撰　民國蓮池書社鉛印本　三冊　存一種

330000－1704－0012153　002487　史部/政書類/儀制之屬

**學禮録三卷**　戴傳賢撰　民國三十四年(1945)正中書局鉛印本　一冊

330000－1704－0012158　002488　史部/政書類/儀制之屬

**修訂禮制處擬訂喪禮一卷**　民國鉛印本　一冊

330000－1704－0012159　002489　史部/政書類/儀制之屬

**修正祀天典禮暨祀孔典禮一卷**　内務部修訂禮制處編　民國鉛印本　一冊

330000－1704－0012162　000397　子部/雜著類/雜說之屬

**淮南舊注校理三卷校理之餘一卷**　吳承仕撰　民國十三年(1924)歙吳氏付文楷齋刻本　吳承仕題記　一冊

330000－1704－0012165　002467　史部/政書類/儀制之屬/典禮

**相見禮一卷附説明書一卷**　政事堂禮制館編　民國四年(1915)政事堂禮制館石印本　一冊

330000－1704－0012169　002507　新學/政治法律/政治

**政治學大綱一卷**　民國鉛印本　一冊

330000－1704－0012171　002597　新學/政治法律/制度

**立憲膠言二卷**　廣桑山民撰　稿本　符璋題簽　一冊

330000－1704－0012173　002879　史部/地理類/外紀之屬

**巴拿馬賽會直隸觀會叢編二十種**　嚴智怡等編　民國十年(1921)鉛印本　二冊　存二種

330000－1704－0012177　002596　新學/政治法律/制度

**立憲膠言二卷**　廣桑山民撰　稿本　符璋題簽　一冊

330000－1704－0012179　002591　類叢部/叢書類

**宋氏菣箸**　宋慈襃撰　民國中華印刷局石印本　一冊　存一種

330000－1704－0012180　002494　史部/政書類/儀制之屬

**禮議不分卷**　潘復等編　民國鉛印本　二冊

330000－1704－0012181　002509　史部/政書類/公牘檔冊之屬

**國民黨宣言規約一卷**　國民黨浙支部輯　民國鉛印本　一冊

330000－1704－0012182　000400　子部/雜著類/雜說之屬

**淮南鴻烈集解二十一卷**　(漢)劉安撰　(漢)高誘注　劉文典集解　**淮南天文訓補注一卷**　(清)錢塘撰　民國十三年(1924)上海商務印書館鉛印本　六冊

330000－1704－0012183　002592　子部/雜著類/雜說之屬

**包安吳説儲上一卷**　(清)包世臣撰　民國二十五年(1936)陶風樓石印本　一冊

330000－1704－0012186　002593　類叢部/

叢書類
**弢廬韯書** 民國溫州務本石印本 一册 存一種

330000－1704－0012189 002510 新學/理學/文學
**實証政治學一卷** 翟俊千撰 民國鉛印本 一册

330000－1704－0012190 002881 新學/議論/論政
**最近日本政府詭計政策一卷** 民國石印本 一册

330000－1704－0012192 002511 史部/政書類/邦交之屬
**最近東亞外交史一卷** 姚憾撰 民國鉛印本 一册

330000－1704－0012193 002469 經部/禮記類/傳說之屬
**禮記子本疏義殘卷一卷** (南朝梁)皇侃撰 (南朝陳)鄭灼鈔 羅振玉輯 民國五年(1916)影印本 一册

330000－1704－0012197 002512 史部/政書類/邦交之屬
**中俄解決懸案大綱協定一卷暫行管理中東鐵路協定一卷** 民國十三年(1924)鉛印本 一册

330000－1704－0012203 002595 集部/別集類
**梁巨川先生遺筆一卷** 梁濟撰 民國影印本 一册

330000－1704－0012209 002516 史部/政書類/邦交之屬
**籌辦夷務始末咸豐朝八十卷** (清)賈楨等撰 民國十九年(1930)故宮博物院影印本 四十册

330000－1704－0012212 002517 史部/政書類/邦交之屬
**籌辦夷務始末同治朝一百卷** (清)寶鋆等撰 民國故宮博物院影印本 五十册

330000－1704－0012216 002598 子部/儒家類/儒學之屬/經濟
**變法經緯公例論二卷** (清)張鶴齡撰 民國二年(1913)刻本 二册

330000－1704－0012217 000405 子部/儒家類/儒學之屬/經濟
**法言義疏二十卷** 汪榮寶撰 民國二十二年(1933)鉛印本 八册

330000－1704－0012221 002599 子部/雜家類
**鶴舫中年政論一卷** 金天羽撰 民國三十七年(1948)鉛印本 一册

330000－1704－0012223 000407 類叢部/叢書類/彙編之屬
**國立雲南大學叢書** 民國石印本 一册 存一種

330000－1704－0012225 002498 經部/儀禮類/傳說之屬
**喪禮集要三卷附録一卷** 丁彥章撰 民國二十二年(1933)鉛印本 一册

330000－1704－0012227 002499 經部/三禮總義類/通禮雜禮之屬
**喪禮易從四卷** (清)葉裕仁撰 民國二十二年(1933)無錫丁彥章鉛印本 一册

330000－1704－0012229 000408 子部/儒家類/儒學之屬/經濟
**劉向新序十卷** (漢)劉向撰 民國三年(1914)右文社鉛印本 一册

330000－1704－0012230 002518 史部/政書類/邦交之屬
**清季外交史料六種** (清)王彥威輯 王亮編 民國二十一年至二十四年(1932－1935)北平外交史料編纂處鉛印本 一百十二册 存一種

330000－1704－0012231 002603 史部/史表類/斷代之屬
**明督撫年表五卷** 吳廷燮撰 民國鉛印本 五册

330000－1704－0012234　000409　子部/儒家類/儒學之屬/經濟
**說苑二十卷**　(漢)劉向撰　民國上海掃葉山房石印本　四册

330000－1704－0012236　000410　子部/儒家類/儒學之屬/經濟
**說苑二十卷**　(漢)劉向撰　民國上海涵芬樓鉛印本　四册

330000－1704－0012243　002502　史部/雜史類
**近代秘密社會史料六卷首一卷**　蕭一山輯　民國二十四年(1935)國立北平研究院總辦事處出版課鉛印本　四册

330000－1704－0012244　002379　集部/小說類/長篇之屬
**上下古今談四卷二十回**　吳敬恒撰　民國十四年(1925)上海文明書局鉛印本　四册

330000－1704－0012250　002604　新學/政治法律
**行政法講義大綱一卷**　鍾賡言撰　民國鉛印本　一册

330000－1704－0012252　002604　新學/政治法律
**行政法各論二卷**　民國鉛印本　二册

330000－1704－0012254　002381　新學/學校
**學校園一卷**　沈德均　趙霖編譯　民國四年(1915)嘉善縣教育會石印本　一册

330000－1704－0012256　002605　新學/言論/通論
**法律哲學講義草本一卷**　民國鉛印本　一册

330000－1704－0012257　002606　子部/儒家類/儒學之屬/經濟
**拸畫齋統一分治芻議一卷附封建篇一卷法家篇一卷**　孫輿撰　民國五年(1916)鉛印本　一册

330000－1704－0012259　002503、002504　史部/政書類/邦交之屬
**清季外交史料六種**　(清)王彥威輯　王亮編　民國二十一年至二十四年(1932－1935)北平外交史料編纂處鉛印本　十六册　存二種

330000－1704－0012265　002608　史部/政書類/邦計之屬
**建國後策一卷附建國策一卷中華民國憲法私案一卷**　(日本)今井嘉幸撰　民國鉛印本　一册

330000－1704－0012269　002609　新學/政治法律/政治
**建國詮真一卷**　徐樹錚撰　民國十年(1921)影印本　一册

330000－1704－0012270　002384　子部/農家農學類/園藝之屬/花卉
**藝菊瑣言一卷湫漻齋月季花譜一卷附録一卷**　陳葆善撰　民國六年(1917)石印本　一册

330000－1704－0012272　002385　類叢部/叢書類/彙編之屬
**甌風雜誌彙刊**　甌風社編　民國鉛印本　一册　存一種

330000－1704－0012274　002279　子部/醫家類/方書之屬/單方驗方
**醒世良方二卷**　臧孫鵬輯　民國溫州務本石印本　一册　存一卷(二)

330000－1704－0012280　002286　子部/醫家類/醫案之屬
**古今醫案按十卷**　(清)俞震輯　民國元年(1912)上海會文堂粹記石印本　十册

330000－1704－0012281　002455　經部/禮記類/傳說之屬
**禮記菁華録八卷**　吳曾祺評注　民國五年(1916)上海商務印書館鉛印本　四册

330000－1704－0012284　002387　子部/農家農學類/農藝之屬/作物種植
**柑橘栽培法講義不分卷**　謝純燮編譯　民國三十年(1941)油印本　一册

330000－1704－0012287　002610　史部/史表類/通代之屬
**歷代方鎮年表五十六卷**　吳廷燮撰　民國吳氏景杜堂鉛印本　八冊　存十卷(二十七至三十六)

330000－1704－0012288　002611　史部/史表類/通代之屬
**歷代方鎮年表五十六卷**　吳廷燮撰　民國吳氏景杜堂鉛印本　二十四冊　存十六卷(一至十六)

330000－1704－0012290　002612　史部/傳記類/日記之屬
**翁文恭公軍機處日記不分卷**　(清)翁同龢撰　民國二十八年(1939)燕京大學圖書館影印本　二冊

330000－1704－0012291　002613　類叢部/叢書類/彙編之屬
**嘉業堂叢書五十七種**　劉承幹輯　民國吳興劉氏嘉業堂刻本　六冊　存一種

330000－1704－0012298　000416　子部/雜著類/雜說之屬
**論衡三十卷**　(漢)王充撰　民國十四年(1925)上海掃葉山房石印本　六冊

330000－1704－0012299　002226　子部/醫家類/醫案之屬
**古今醫案按十卷**　(清)俞震輯　民國元年(1912)上海會文堂粹記石印本　十冊

330000－1704－0012305　002227　子部/醫家類/眼科之屬
**銀海指南四卷**　(清)顧錫撰　民國十六年(1927)上海中一書局石印本　四冊

330000－1704－0012307　000706　子部/術數類/命書相書之屬
**命理探原八卷補遺一卷**　袁阜撰　民國四年(1915)江都袁氏潤德堂刻本　四冊

330000－1704－0012309　002389　子部/農家農學類/獸醫之屬
**新輯校正纂圖元亨療馬集六卷水黃牛經大全二卷駝經一卷**　(明)喻本元　(明)喻本亨撰　民國上海進步書局石印本　一冊

330000－1704－0012312　002390　新學/工藝
**工藝實業製造新書八卷**　(日本)中村蘆舟纂　民國十四年(1925)上海志才國貨文具製造工廠出版部石印本　一冊　存四卷(一至四)

330000－1704－0012316　002391　新學/醫學
**細菌學不分卷**　民國鉛印本　謝修齊題記　一冊

330000－1704－0012321　002392　新學/動植物學/動物學
**家畜内科學不分卷**　民國鉛印本　倪有煌題記　二冊

330000－1704－0012327　000709　子部/術數類/相宅相墓之屬
**宅運新案二卷二集二卷**　策羣撰　民國十九年(1930)、二十三年(1934)文明書局鉛印本　四冊

330000－1704－0012328　002394　新學/電學
**十碼特別電本不分卷**　民國鉛印本　二冊

330000－1704－0012338　002341　子部/農家農學類/農藝之屬/土壤耕作
**區種五種五卷附録一卷**　(清)趙夢齡輯　民國五年(1916)石印本　一冊

330000－1704－0012340　002397　子部/儒家類/儒學之屬/禮教/女範
**女小學韻語二卷**　戴禮撰　民國五年(1916)石印本　一冊

330000－1704－0012341　002237　子部/醫家類/醫案之屬
**分類王孟英醫案二卷**　陸士諤編校　民國二十四年(1935)上海世界書局石印本　二冊

330000－1704－0012345　002238　子部/醫家類/醫案之屬

**臨證指南醫案八卷**　(清)葉桂撰　民國石印本　八冊

330000－1704－0012353　002240　子部/醫家類/醫案之屬

**吳鞠通醫案二卷**　(清)吳瑭撰　民國十一年(1922)上海世界書局石印本　一冊

330000－1704－0012361　002187　子部/醫家類/方書之屬/歷代方書

**千金翼方三十卷**　(唐)孫思邈撰　民國五年(1916)上海鴻寶齋石印本　六冊

330000－1704－0012367　002188　子部/醫家類/方書之屬/單方驗方

**經方實驗録第一集三卷首一卷附録一卷**　曹家達撰　姜佐景編按　民國二十六年(1937)瑞安姜佐景鉛印本　王孝通題記　三冊

330000－1704－0012372　002232　子部/醫家類/養生之屬/導引、氣功

**易筋經不分卷**　(北魏)釋達摩撰　(唐)釋般刺密諦譯義　民國抄本　一冊

330000－1704－0012373　002235　子部/醫家類/針灸之屬

**鍼灸穴道喉科圖說一卷**　民國抄本　一冊

330000－1704－0012375　002236　子部/醫家類/養生之屬

**服氣祛病圖說一卷**　民國抄本　一冊

330000－1704－0012384　000426　子部/儒家類/儒學之屬/經濟

**中說十卷**　(隋)王通撰　(宋)阮逸注　民國上海商務印書館影印本　一冊

330000－1704－0012389　002344　子部/農家農學類/總論之屬

**北宋槧齊民要術殘本一卷**　(北魏)賈思勰撰　民國三年(1914)影印本　一冊

330000－1704－0012392　002346　子部/農家農學類/總論之屬

**重訂致富全書四卷**　民國七年(1918)鉛印本　二冊

330000－1704－0012396　002248　子部/醫家類/針灸之屬

**鍼灸集成四卷**　(清)廖潤鴻撰　民國十九年(1930)北京天華館鉛印本　四冊

330000－1704－0012405　002178　子部/醫家類/本草之屬

**滇南本草三卷**　(明)蘭茂撰　民國三年(1914)雲南叢書處刻雲南叢書本　張棡題記　一冊

330000－1704－0012412　002285　子部/醫家類/方書之屬/單方驗方

**救急良方不分卷**　民國抄本　一冊

330000－1704－0012414　000435　子部/儒家類/儒學之屬

**文中子中說十卷**　(隋)王通撰　(宋)阮逸註　民國十三年(1924)隆文書局石印本　一冊

330000－1704－0012421　002250　子部/醫家類/養生之屬/導引、氣功

**因是子靜坐法續編不分卷**　蔣維喬撰　民國三十年(1941)上海商務印書館鉛印本　一冊

330000－1704－0012424　002287　子部/醫家類/方書之屬/歷代方書

**經驗良方大全十卷首一卷**　(清)黄伯垂撰　(清)王士雄續編　民國十年(1921)上海文明書局石印本　二冊　存二卷(一至二)

330000－1704－0012427　002354　子部/農家農學類/園藝之屬/花卉

**春暉堂花卉圖說十二卷**　(清)許衍灼撰　民國十二年(1923)上海新學會社石印本　三冊　缺三卷(七至九)

330000－1704－0012430　002288　子部/醫家類

**醫門有徑六卷**　陳桃俊編　稿本　一冊

330000－1704－0012432　002252　子部/醫家類/類編之屬

**醫古微六種**　張驥撰　民國二十四年(1935)雙流張氏義生堂成都刻本　一冊　存一種

330000－1704－0012434　002356　子部/農家農學類/園藝之屬/花卉
**菊說不分卷**　許衍灼撰　民國十二年(1923)上海新學會社石印本　一冊

330000－1704－0012450　002196　子部/醫家類/方書之屬/成方藥目
**丸散膏丹自製法不分卷**　陸士諤編　民國十四年(1925)上海中華新教育社石印本　三冊

330000－1704－0012457　000719　子部/術數類/相宅相墓之屬
**葬書易悟二卷**　(清)林鶚撰　民國永嘉黃氏敬鄉樓抄本　二冊

330000－1704－0012462　002359　子部/農家農學類/園藝之屬/花卉
**秘傳花鏡六卷**　(清)陳淏子撰　民國三年(1914)上海鶴記書局石印本　一冊

330000－1704－0012467　002292　史部/地理類/水利之屬
**治湖箴言不分卷**　胡雨人撰　民國鉛印本　一冊

330000－1704－0012470　002447　經部/禮記類/傳說之屬
**禮記集說四十九卷**　(清)莊有可撰　民國二十四年(1935)上海商務印書館影印本　八冊

330000－1704－0012471　002362　子部/醫家類/養生之屬
**隨息居飲食譜一卷**　(清)王士雄撰　民國三年(1914)上海文瑞樓石印本　一冊

330000－1704－0012472　002293　史部/地理類/水利之屬
**四川省水利局水利叢書**　四川省水利局編　民國二十七年(1938)鉛印本　一冊　存一種

330000－1704－0012476　002257　子部/醫家類/兒科之屬/痘疹
**種痘新書十二卷**　(清)張琰編　民國石印本　一冊

330000－1704－0012479　002258　子部/醫家類/本草之屬/歷代綜合本草
**本草品彙精要四十二卷**　(明)徐鎮等纂修　**本草品彙精要續集十卷**　(清)王道純　(清)江兆元撰　**本草品彙精要續集脉訣四言舉要二卷**　(宋)崔嘉彥撰　(清)王道純註釋　**脉訣攷證一卷**　**脉訣四言舉要一卷**　(宋)崔嘉彥撰　民國二十五年(1936)上海商務印書館鉛印本　六冊

330000－1704－0012482　002169　子部/醫家類/本草之屬/歷代綜合本草
**國藥詮證四卷**　王劍賓撰　民國二十八年(1939)王劍賓診所鉛印本　四冊

330000－1704－0012487　002170　子部/醫家類/本草之屬/歷代綜合本草
**本草備要八卷圖一卷**　(清)汪昂撰　民國十九年(1930)上海商務印書館鉛印本　四冊

330000－1704－0012488　002365　子部/農家農學類/蠶桑之屬
**浙江原蠶種製造場第一年蠶種製造實録一卷**　浙江原蠶種製造場輯　民國六年(1917)鉛印本　一冊

330000－1704－0012490　002450　經部/禮記類/傳說之屬
**禮記授讀十一卷**　(清)熊松之撰　民國十九年(1930)高安熊氏據家塾藏原稿本影印本　十一冊

330000－1704－0012491　002366　子部/農家農學類/蠶桑之屬
**養蠶法一卷桑樹栽培法一卷**　浙江蠶業學校編　民國二十年(1931)鉛印本　二冊

330000－1704－0012498　000445　集部/總集類/郡邑之屬
**永嘉詩人祠堂叢刻十四種**　冒廣生輯　民國四年(1915)如皋冒氏刻本　一冊　存一種

330000－1704－0012524　000450　子部/儒家類/儒學之屬/性理
**朱子生日會講録三卷**　俞家玉撰　民國十六年(1927)婺源永川俞家玉鉛印本　一冊

330000－1704－0012551　002115　子部/醫家類/婦科之屬/產科

**達生篇三卷附録一卷**　(清)亟齋居士撰　民國七年(1918)揚州集賢齋刻本　一册

330000－1704－0012553　002266　子部/醫家類/針灸之屬/針法灸法

**繪圖針灸易學二卷附七十二翻全圖一卷**　(清)李守先撰　(清)王庭炟等繪　民國五年(1916)上海廣益書局石印本　二册

330000－1704－0012555　002267　子部/醫家類/醫案之屬

**張氏醫案二十卷**　(清)張乃修撰　吳文涵編　邵清儒註　民國二十四年(1935)上海萃英書局石印本　四册

330000－1704－0012556　000457　子部/儒家類/儒學之屬/禮教

**式古編五卷**　(清)莊瑤輯　民國八年(1919)郁文館石印本　二册

330000－1704－0012575　002132　子部/醫家類/兒科之屬/通論

**錢氏兒科案疏二卷書後一卷**　(宋)錢乙撰　(宋)閻季忠編次　(清)張壽頤疏　民國二十一年(1932)上海大東書局鉛印本　二册

330000－1704－0012577　002271　子部/醫家類/類編之屬

**士材三書**　(明)李中梓撰　(清)尤乘編　民國上海校經山房石印本　四册

330000－1704－0012587　002308　史部/政書類/考工之屬/營造

**工段營造録一卷揚州畫舫録涉及營造之紀述一卷**　(清)李斗撰　民國二十年(1931)中國營造學社鉛印本　一册

330000－1704－0012590　002309　新學/礦務

**礦業指迷一卷**　張煥斗撰　民國七年(1918)鉛印本　一册

330000－1704－0012591　002273　子部/醫家類/内科之屬/其他内科病證

**肺炎論痲疹例篇不分卷**　仇允清撰　民國三十一年(1942)樂清縣中醫公會鉛印本　仇允清題記　一册

330000－1704－0012593　002274　子部/醫家類/内科之屬/其他内科病證

**流行性腦膜炎一夕談一卷**　南振鏞撰　民國二十二年(1933)永嘉國醫南宗景診所鉛印本　一册

330000－1704－0012594　002275　子部/醫家類/類編之屬

**吾以吾鳴齋蜀醫叢刊**　民國上海三友實業社鉛印本　一册　存一種

330000－1704－0012614　002053　子部/醫家類/傷寒金匱之屬/傷寒論

**曹氏傷寒發微四卷**　(漢)張機撰　曹達顥釋義　民國二十年(1931)鉛印本　四册

330000－1704－0012617　002278　子部/醫家類/傷科之屬

**少林寺傳上中下部傷科一卷**　(清)釋妙月撰　民國抄本　一册

330000－1704－0012619　002315　史部/地理類/水利之屬

**浙西水利芻議一卷**　民國影印本　一册

330000－1704－0012620　002205　子部/醫家類/方書之屬/單方驗方

**串雅内編四卷外編四卷**　(清)趙學敏纂　(清)吳庚生補註　民國十五年(1926)上海掃葉山房石印本　四册

330000－1704－0012623　002134　子部/醫家類/兒科之屬/痘疹

**痲瘄必讀二卷附録一卷**　(清)林月函　(清)鄭啟壽撰　民國十五年(1926)上海千頃堂書局石印本　二册

330000－1704－0012625　002206　子部/醫家類/方書之屬/成方藥目

**家用良方六卷**　(清)龔自璋輯　民國三年(1914)石印本　六册

330000－1704－0012628　002208　子部/醫家類/方書之屬/單方驗方
**種福堂公選良方四卷**　(清)葉桂撰　民國上海錦文堂石印本　三冊　缺一卷(一)

330000－1704－0012631　000735　史部/目録類/書志之屬/提要
**錢氏所藏堪輿書提要一卷**　錢文選編　民國三十一年(1942)鉛印本　一冊

330000－1704－0012637　002135　子部/醫家類/兒科之屬/通論
**靜觀堂校正家傳幼科發揮秘方四卷**　(明)萬全撰　民國上海民和書局石印本　四冊

330000－1704－0012644　002207　子部/醫家類/方書之屬/單方驗方
**串雅補五卷**　(清)魯照輯　民國八年(1919)上海掃葉山房石印本　二冊

330000－1704－0012648　002033　子部/醫家類/傷寒金匱之屬/傷寒論
**傷寒第一書四卷附餘二卷**　(清)車宗輅　(清)胡憲豐撰　民國上海大德書局石印本　四冊

330000－1704－0012651　002318　史部/金石類/石之屬
**清儀閣研銘集拓不分卷**　(清)張廷濟輯　民國影印本　一冊

330000－1704－0012654　002136　子部/醫家類/兒科之屬/痘疹
**增訂痘症慈航二卷**　(明)歐陽調律撰　(清)郭士珩輯　鄭奮揚增訂　民國六年(1917)啓明印刷公司鉛印本　一冊

330000－1704－0012657　002137　子部/醫家類/兒科之屬/痘疹
**引痘要畧一卷**　(清)邱熺撰　民國六年(1917)閩袖海廬鉛印本　一冊

330000－1704－0012659　001916　子部/醫家類/類編之屬
**彝廬醫書**　王鉞編　民國李順泰石印本　二冊　存四種

330000－1704－0012660　002060　子部/醫家類/溫病之屬
**溫病條辨六卷首一卷**　(清)吳瑭撰　民國七年(1918)上海鴻寶齋書局石印本　四冊

330000－1704－0012661　002319　史部/政書類/考工之屬/營造
**李明仲營造法式三十四卷看詳一卷附録一卷**　(宋)李誡編修　民國十八年(1929)上海商務印書館影印本　八冊

330000－1704－0012662　002061　子部/醫家類/溫病之屬
**名醫新評溫病條辨六卷首一卷**　(清)吳瑭撰　(清)葉霖評　何廉臣增訂　**新評採輯溫熱諸方一卷歌括一卷**　(清)方内散人編　何廉臣訂　民國十八年(1929)上海鑫記書社鉛印本　五冊

330000－1704－0012665　002138　子部/醫家類/兒科之屬/通論
**新纂兒科診斷學八卷**　何廉臣撰　民國二十二年(1933)上海大東書局鉛印本　二冊

330000－1704－0012666　002035　子部/醫家類/醫話醫論之屬
**鮓溪醫論選中編六卷**　陸平一選　民國十一年(1922)石印本　六冊

330000－1704－0012669　002063　子部/醫家類/内科之屬
**脚氣病一卷鼠疫一卷**　鄭器遠編　民國抄本　一冊

330000－1704－0012676　002037　子部/醫家類/傷寒金匱之屬/傷寒論
**傷寒大白四卷總論一卷**　(清)秦之楨撰　民國十一年(1922)吳門殷氏甯瑞堂石印本　四冊

330000－1704－0012684　002321　新學/礦務/礦學
**鑛學真詮十三卷附録一卷**　王汝淮撰　民國七年(1918)石印本　七冊

330000－1704－0012687　002322　新學/工

藝/工學
**薄荷工業一卷**　陳栩譯　民國二十二年(1933)栩園編譯社石印本　一冊

330000－1704－0012691　002327　類叢部/叢書類/彙編之屬
**靜園叢書十種**　沈光瑩編　民國七年(1918)聚珍倣宋印書局鉛印本　一冊　存一種

330000－1704－0012694　000459　子部/儒家類/儒學之屬/性理
**胡子衡齊八卷**　(明)胡直撰　民國上海古書流通處影印本　三冊

330000－1704－0012695　000460　子部/雜著類/雜說之屬
**薛子庸語十二卷**　(明)薛應旂撰　(明)向程釋　民國二十八年(1939)薛秉初據明隆慶刻本影印本　四冊

330000－1704－0012699　000464　集部/別集類/明別集
**重訂祝子遺書六卷首一卷末一卷**　(明)祝淵撰　祝廷錫編　民國六年(1917)知非樓刻本　二冊

330000－1704－0012700　000465　類叢部/叢書類/彙編之屬
**進德叢書八種**　丁福保編　民國上海醫學書局鉛印本　一冊　存一種

330000－1704－0012703　000473　子部/儒家類/儒學之屬/性理
**王陽明先生傳習録集評四卷**　(清)孫奇逢等參評　(清)陶潯霍　梁啓超續評　孫鏘輯校　民國四年(1915)四川將軍署印刷局鉛印本　二冊

330000－1704－0012704　000474　子部/儒家類/儒學之屬/性理
**王陽明先生傳習録集評四卷**　(清)孫奇逢等參評　(清)陶潯霍　梁啓超續評　孫鏘輯校　民國三年(1914)上海新學會社鉛印本　二冊

330000－1704－0012712　002069　子部/醫家類/溫病之屬
**溫熱經緯五卷**　(清)王士雄纂　(清)楊照藜　(清)汪曰楨評　民國十七年(1928)常州、鎮江商務圖書館刻本　四冊

330000－1704－0012713　002070　子部/醫家類/溫病之屬/其他溫疫病證
**溫熱病指南集一卷**　(清)陳祖恭撰　民國抄本　一冊

330000－1704－0012730　001998　子部/醫家類/醫話醫論之屬
**中西醫話十卷**　毛景義撰　民國十一年(1922)上海江東茂記書局石印本　十冊

330000－1704－0012731　001999　子部/醫家類/綜合之屬/通論
**編註醫學入門内集八卷首一卷**　(明)李梴編　民國上海埽葉山房石印本　九冊

330000－1704－0012735　001927　子部/醫家類/類編之屬
**孫氏醫學叢書六種**　孫鼎宜撰　民國二十一年(1932)中華書局鉛印本　十冊

330000－1704－0012738　002324　子部/工藝類/文房四寶之屬/紙
**竹類造紙學一卷**　羅濟撰　民國二十四年(1935)鉛印本　一冊

330000－1704－0012739　002078　子部/醫家類/溫病之屬/瘟疫
**鼠疫彙編一卷**　(清)吳宣崇編　(清)羅汝蘭增輯　民國三十三年(1944)鉛印本　一冊

330000－1704－0012743　002080　子部/醫家類/溫病之屬/痧症
**痧症源委一卷**　民國抄本　一冊

330000－1704－0012744　002081　子部/醫家類/溫病之屬/瘧痢
**痢證匯參十卷**　(清)吳道源輯　民國七年(1918)上海千頃堂石印本　二冊

330000－1704－0012745　002003　子部/醫家類/内科之屬/其他内科病證

**燥氣總論一卷**　陳葆善撰　民國十四年(1925)瑞安陳氏湫漻齋石印本　一册

330000－1704－0012746　002326　新學/礦務

**蘇浙皖鑛誌不分卷**　第三區鑛務監督署編　民國三年(1914)鉛印本　一册

330000－1704－0012747　002082　子部/醫家類/綜合之屬/通論

**御纂醫宗金鑑九十卷首一卷**　(清)吳謙等撰　民國七年(1918)上海啟新圖書局石印本　四册　存十六卷(外科一至十六)

330000－1704－0012750　002004　子部/醫家類/類編之屬

**松齡醫鐸**　徐潤之編　民國二年(1913)瑞安務本石印局石印本　七册　存八種

330000－1704－0012753　002083　子部/醫家類/外科之屬/瘋症、黴瘡

**黴瘡秘録二卷**　(明)陳司成撰　**增訂花柳指迷一卷**　(美國)嘉約翰輯譯　(清)林應祥筆述　民國五年(1916)石印本　三册

330000－1704－0012754　002005　子部/醫家類/類編之屬

**松齡叢書**　徐潤之編　民國五年(1916)鉛印本　馮恕題簽並記　一册　存一種

330000－1704－0012758　002086　子部/醫家類/内科之屬/其他内科病證

**肺炎論痲疹例篇不分卷**　仇允清撰　民國二十五年(1936)鉛印本　一册

330000－1704－0012760　000477　類叢部/叢書類/彙編之屬

**復性書院叢刊二十七種**　馬浮編　民國二十九年至三十七年(1940－1948)復性書院刻本暨鉛印本　一册　存一種

330000－1704－0012762　001931　子部/醫家類/類編之屬

**徐靈胎先生醫書十六種**　(清)徐大椿撰　民國上海錦文堂書局石印本　葉鼎炎等題記　十一册　存十二種

330000－1704－0012764　000478　集部/别集類/明别集

**甌東私録六卷**　(明)項喬撰　民國永嘉黄氏敬鄉樓抄本　楊紹廉批校並題記　五册

330000－1704－0012770　001931　子部/醫家類/外科之屬/通論

**外科正宗十二卷**　(明)陳實功撰　(清)徐大椿評　民國上海大成書局石印本　葉鼎炎等題記　四册

330000－1704－0012781　002091　新學/醫學/内科

**肺癆中西合纂二卷**　虞紹堯撰　民國二十六年(1937)溫州新墨林鉛印本　一册

330000－1704－0012783　002013　子部/醫家類/内科之屬/中風

**中風蚪詮三卷**　張壽頤撰　張文彦評點　民國十一年(1922)蘭谿中醫學校石印本　二册

330000－1704－0012784　002093　子部/醫家類/綜合之屬/雜著

**傷醫大全四十卷**　(清)顧世澄撰　民國十七年(1928)鑄記書局石印本　十六册

330000－1704－0012789　002015　子部/醫家類/綜合之屬/通論

**顧氏醫鏡十六卷**　(清)顧靖遠撰　民國十三年(1924)上海掃葉山房石印本　六册

330000－1704－0012793　001936　子部/醫家類/醫經之屬/内經

**羣經見智録三卷**　惲鐵樵撰　**古醫經論一卷**　韋格六撰　民國十一年(1922)鉛印本　二册

330000－1704－0012798　000470　新學/理學

**清代思想史一卷**　侯塄講　民國鉛印本　一册

330000－1704－0012799　000466　子部/雜著類/雜纂之屬

**存愚録一卷**　(明)張純撰　民國抄本　佚名過録清孫詒讓批校題記　一册

330000－1704－0012801　002017　子部/醫家類/綜合之屬/雜著

**筆花醫鏡四卷**　(清)江涵暾撰　民國三年(1914)上海文益書局石印本　一冊

330000－1704－0012803　006094　經部/小學類/文字之屬/說文/傳說

**說文部首纂要一卷**　周宗翰撰　民國三年(1914)溫州務本書局石印本　一冊

330000－1704－0012822　002098　子部/醫家類/類編之屬

**嘉定張氏體仁堂醫藥叢刊五種**　張壽頤撰　民國十二年至二十二年(1923－1933)浙江蘭谿中醫專門學校石印本暨鉛印本　一冊　存一種

330000－1704－0012823　002099　子部/醫家類/婦科之屬

**女科撮要一卷**　(清)養拙子錄　民國抄本　一冊

330000－1704－0012832　002336　子部/藝術類/書畫之屬/書法書品

**嗇翁墾牧手牒不分卷**　張謇撰並書　江導岷輯　民國七年(1918)南通翰墨林影印本　四冊

330000－1704－0012836　002325　子部/藝術類/遊藝之屬/雜藝

**益智圖千字文不分卷**　(清)童叶庚撰　民國瑞安張氏臨摹本　梅泠生題簽並記　三冊

330000－1704－0012839　001989　子部/醫家類/傷寒金匱之屬/綜合

**湯液經六卷首一卷末一卷附錄一卷**　題(商)伊尹撰　(漢)張機廣論　楊師尹考次　劉復補修　民國三十七年(1948)劉氏一錢閣曾福臻鉛印本　一冊

330000－1704－0012840　002103　子部/醫家類/綜合之屬/合刻、合抄

**達生保赤合編二種**　民國六年(1917)金山姚氏敦仁堂鉛印本　一冊

330000－1704－0012841　001990　類叢部/叢書類/家集之屬

**顧氏家集十種**　顧燮光編　民國十八年(1929)會稽顧氏金佳石好樓鉛印本暨石印本　一冊　存一種

330000－1704－0012843　002104　子部/醫家類/婦科之屬

**四生合編六卷**　鄭奮揚編　民國六年(1917)福建印刷所鉛印本　一冊

330000－1704－0012844　001991　子部/醫家類/綜合之屬/通論

**惲鐵樵演講錄一卷**　惲鐵樵撰　民國二十四年(1935)上海鐵樵醫藥事務所鉛印本　一冊

330000－1704－0012846　002105　子部/醫家類/喉科口齒之屬/通論

**喉科秘旨不分卷**　(清)張吳氏原本　民國十五年(1926)上海中原書局石印本　二冊

330000－1704－0012848　001992　子部/醫家類/綜合之屬

**秘傳證治要訣十二卷類方十二卷**　(明)戴元禮撰　民國十四年(1925)中華新教育社石印本　三冊

330000－1704－0012849　002106　子部/醫家類/喉科口齒之屬/通論

**重樓玉鑰四卷**　(清)鄭宏綱撰　民國六年(1917)上海大成書局石印本　四冊

330000－1704－0012858　001968　子部/醫家類/醫話醫論之屬

**醫學南針二集不分卷**　陸士諤撰　民國十四年(1925)上海世界書局石印本　一冊

330000－1704－0012859　001968　子部/醫家類/醫話醫論之屬

**醫學南針不分卷**　陸士諤撰　民國十三年(1924)上海世界書局石印本　一冊

330000－1704－0012862　001996　子部/醫家類/醫話醫論之屬

**陸氏論醫集四卷**　陸彭年撰　沈本琰編　民國二十二年(1933)上海陸淵雷醫室鉛印本　四冊

330000－1704－0012867　001949　子部/醫家類/醫經之屬/内經
**黄帝内經素問合纂十卷靈樞經合纂九卷補遺一卷**　(明)馬蒔　(清)張志聰注　民國十一年(1922)上海錦章圖書局石印本　十八册

330000－1704－0012873　002111　子部/醫家類
**太陽照治疸說一卷**　冶山居士編　民國五年(1916)鉛印本　一册

330000－1704－0012874　000481　子部/雜著類/雜說之屬
**潛書二卷**　(清)唐甄撰　(清)王聞遠編　民國上海大經綸書局石印本　二册

330000－1704－0012875　001950　子部/醫家類/醫經之屬/難經
**校正圖註八十一難經四卷**　(明)張世賢註　**校正圖註脈訣四卷**　(晉)王叔和撰　(明)張世賢註　**校正瀕湖脈學一卷奇經八脈考一卷**　(明)李時珍撰輯　民國上海啓新書局石印本　謝元甫題記　五册

330000－1704－0012878　001885　子部/醫家類
**壺隱片片録三卷**　(清)虞紹堯撰　民國二十年(1931)鉛印本　一册

330000－1704－0012881　001886　類叢部/叢書類/自著之屬
**謝利恒全書**　謝觀撰　民國武進謝銘怡鉛印本　一册

330000－1704－0012883　002221　子部/醫家類/醫案之屬
**當代全國名醫驗案類編十四卷**　何廉臣編　民國二十二年(1933)上海大東書局鉛印本　八册

330000－1704－0012885　000482　類叢部/叢書類/彙編之屬
**約園叢書**　張壽鏞編　民國四明張氏約園影印本　一册　存一種

330000－1704－0012889　001887　子部/醫家類/類編之屬
**包氏醫宗十一種**　包桃初　包識生撰　民國上海包氏醫宗出版部鉛印本　二册　存一種

330000－1704－0012892　001901　子部/醫家類/類編之屬
**潛齋醫學叢書十四種**　曹炳章編　民國七年(1918)曹炳章集古閣石印本　十六册　存十種

330000－1704－0012899　000485　子部/儒家類/儒學之屬/性理
**楊園菁華録四卷**　(清)張履祥撰　(清)沈志本纂　民國二十四年(1935)楊園學社鉛印本　一册

330000－1704－0012900　001847　史部/地理類/雜志之屬
**洞庭東山物產攷四卷首一卷**　朱琛撰　民國九年(1920)鉛印本　一册

330000－1704－0012916　001849　子部/農家農學類/園藝之屬/花卉
**菊譜不分卷**　民國二十三年(1934)湖南孤兒院石印本　一册

330000－1704－0012919　001904　子部/醫家類/方書之屬/單方驗方
**丹溪心法附餘二十四卷首一卷**　(明)方廣輯　民國九年(1920)浙紹墨潤堂石印本　十二册

330000－1704－0012929　000496　子部/儒家類/儒學之屬/禮教
**日知薈說講義三卷**　楊鍾羲撰　民國二十三年(1934)李宣龔鉛印本　一册

330000－1704－0012939　001758　類叢部/叢書類/郡邑之屬
**吳興叢書六十六種**　劉承幹編　民國吳興劉氏嘉業堂刻本　一册　存一種

330000－1704－0012943　000488　子部/儒家類/儒學之屬/性理
**顔氏學記十卷**　(清)戴望撰　民國六年(1917)雲南圖書館鉛印本　二册

330000 - 1704 - 0012945　001909　子部/醫家類/類編之屬

**黄氏醫書八種八十卷**　(清)黄元御撰　民國四年(1915)上海鑄記書局石印本　十二册

330000 - 1704 - 0012950　001897　子部/醫家類/類編之屬

**中醫講義**　惲鐵樵編　民國油印本　十五册　存十八種

330000 - 1704 - 0012957　000491　子部/儒家類/儒學之屬/性理

**顔氏學記十卷**　(清)戴望撰　民國戴家祥抄本　四册

330000 - 1704 - 0012959　000492　子部/儒家類/儒學之屬/性理

**宋明理學與顔李學説一卷**　張君勱撰　民國鉛印本　一册

330000 - 1704 - 0012962　001855　子部/農家農學類/園藝之屬/總志

**佩文齋廣羣芳譜一百卷目録二卷**　(清)汪灝等撰　民國上海錦章圖書局石印本　二十四册

330000 - 1704 - 0012963　001765　子部/天文曆算類

**丈田算法志要全集一卷**　(清)王登銓編　民國石印本　一册

330000 - 1704 - 0012967　000494　類叢部/叢書類/彙編之屬

**顔李學三種**　徐世昌輯　民國天津徐氏刻本　五册

330000 - 1704 - 0012980　001860　子部/農家農學類/園藝之屬/蔬菜

**野菜博録三卷**　(明)鮑山撰　民國二十四年(1935)陶風樓影印本　三册

330000 - 1704 - 0012992　001862　子部/醫家類/醫理之屬/藏象骨度

**生理解剖圖説一卷**　民國掃葉山房鉛印本　一册

330000 - 1704 - 0012999　001774　新學/算學/數學

**筆算數學三卷**　(美國)狄考文輯　(清)鄒立文述　民國鉛印本　一册　存一卷(二)

330000 - 1704 - 0013009　013471　史部/目録類/版本之屬/書影

**重印聚珍倣宋版五開大本四部備要樣本不分卷**　中華書局編　民國二十三年(1934)中華書局鉛印本　一册

330000 - 1704 - 0013019　000505　子部/儒家類/儒學之屬/性理

**志學録八卷輔仁録四卷**　(清)方宗誠撰　民國李守樸鉛印本　二册

330000 - 1704 - 0013021　013473　子部/藝術類/書畫之屬/法帖

**劉石庵小楷習字帖一卷**　(清)劉墉書　進步書局編　民國五年(1916)上海進步書局影印本　一册

330000 - 1704 - 0013022　001867　子部/農家農學類/園藝之屬/花卉

**秘傳花鏡六卷**　(清)陳淏子撰　民國二年(1913)漢口四官殿鍊石書局石印本　一册

330000 - 1704 - 0013031　001869　子部/宗教類/道教之屬/雜著

**種梅心法二卷**　(清)楊臥雲注　民國九年(1920)上海貫通藥廠石印本　一册

330000 - 1704 - 0013034　013475　集部/小説類/長篇之屬

**花月痕全書十六卷五十二回**　(清)魏秀仁撰　(清)棲霞居士評　民國石印本　一册　存四卷(十三至十六)

330000 - 1704 - 0013035　001746　子部/天文曆算類/算書之屬

**澹寧齋算稿四種**　王積沂撰　民國二十四年至二十五年(1935 - 1936)平湖綺春閣書莊石印本　二册　存三種

330000 - 1704 - 0013040　001871　新學/天學

**天文問答一卷天文名目華英法文合表一卷** (清)佘賓王輯 民國十五年(1926)上海慈母堂印書館鉛印本 一冊

330000－1704－0013044 001789 子部/天文曆算類

**樂清太陽地平經緯圖表一卷** 鄭士芬撰 稿本 一冊

330000－1704－0013045 001790 子部/天文曆算類

**樂清更點中星表一卷** 鄭士芬撰 稿本 劉紹寬題簽 一冊

330000－1704－0013047 001791 子部/天文曆算類

**樂清中星地平經緯圖表一卷** 鄭士芬撰 稿本 二冊

330000－1704－0013065 013478 史部/目録類

**永嘉敬鄉樓黃氏寄存書目不分卷** 梅冷生編 民國抄本 一冊

330000－1704－0013085 001878 子部/醫家類/類編之屬

**醫楔二卷** 張雨三撰 民國二十四年(1935)鉛印本 二冊

330000－1704－0013092 013482 集部/總集類/選集之屬/通代

**古唐詩合解十二卷古詩四卷** (清)王堯衢注 (清)李模 (清)李桓校 民國石印本 一冊 存二卷(七至八)

330000－1704－0013094 013483 集部/小說類/長篇之屬

**增像全圖三國演義十六卷** (明)羅本撰 (清)毛宗崗評 民國石印本 一冊 存一卷(十一)

330000－1704－0013096 000508 子部/雜著類/雜說之屬

**潛書二卷** (清)唐甄撰 (清)王聞遠編 民國九年(1920)上海廣益書局石印本 二冊

330000－1704－0013097 000509 子部/雜著類

**正蒙必讀一卷** 正心蓮社編 民國正心蓮社石印本 一冊

330000－1704－0013100 000512 子部/宗教類/道教之屬

**玉定金科例誅輯要十卷首一卷末一卷特宥輯要十卷首一卷末一卷例賞輯要十卷首一卷末一卷** 南天都劫司 桂宮武昌候輯 民國十三年(1924)北京金科流通處鉛印本 十五冊

330000－1704－0013101 000513 子部/儒家類/儒學之屬/禮教/女範

**金科輯要閨範篇三卷** 都劫司 武昌侯輯 顯祿侯定 民國十一年(1922)北京金科流通處鉛印本 一冊

330000－1704－0013130 013487 子部/醫家類/綜合之屬/通論

**增訂醫宗金鑑九十卷首一卷** (清)吳謙等撰 民國上海鴻寶齋書局石印本 一冊 存四卷(三十五至三十八)

330000－1704－0013131 000517 子部/雜著類/雜說之屬

**觀墨草堂原書一卷** 徐潛撰 民國鉛印本 一冊

330000－1704－0013133 000519 子部/雜著類/雜纂之屬

**因果史鑒四卷首一卷** 吳真註 周覺評點 民國五年(1916)杏林齋石印本 二冊

330000－1704－0013137 000520 類叢部/叢書類/自著之屬

**十力叢書** 熊十力撰 民國三十六年(1947)鉛印本 四冊 存一種

330000－1704－0013140 000521 子部/宗教類/其他宗教之屬/基督教

**名理探五卷** (葡萄牙)傅汎際譯義 (明)李之藻譯述 **李之藻傳一卷** 陳垣撰 民國十五年(1926)北京公教大學輔仁社據新會陳垣精鈔本影印本 三冊

330000－1704－0013142　001812　子部/宗教類/其他宗教之屬/基督教
**不得已二卷**　（清）楊光先撰　民國十八年（1929）中社據清抄本影印本　二冊

330000－1704－0013147　013657　類叢部/叢書類/彙編之屬
**古今說部叢書二百七十二種**　國學扶輪社輯　民國二年（1913）上海國學扶輪社鉛印本　二冊　存二種

330000－1704－0013148　013658　史部/地理類/方志之屬/郡縣志
**瑞安縣志不分卷**　民國抄本　孫宣批　一冊

330000－1704－0013149　013659　集部/總集類/酬唱之屬
**漫社二集二卷補遺一卷**　孫雄編　民國十一年至十二年（1922－1923）鉛印本　一冊　存一卷（一）

330000－1704－0013153　013549　史部/地理類/方志之屬/郡縣志
**［民國］平陽縣志九十八卷首一卷**　王理孚修　符璋纂　張翥等測繪　民國十四年至十五年（1925－1926）刻本　一冊　存三卷（八十九至九十一）

330000－1704－0013157　013787　史部/地理類/專志之屬/古跡
**大若巖志一卷附録一卷**　劉景晨纂　民國三十六年（1947）鉛印本　單猛題記　一冊

330000－1704－0013158　000525　經部/群經總義類/傳說之屬
**三經誼詁三卷**　馬其昶撰　民國十二年（1923）秋浦周氏敬慈善堂刻朱印本　一冊

330000－1704－0013165　000526　子部/儒家類/儒學之屬/禮教/鑑戒
**人道大義録不分卷**　夏震武撰　民國鉛印本　一冊

330000－1704－0013167　013662　集部/別集類/清別集
**脂雪軒詩鈔六卷**　（清）胡玠撰　民國十四年（1925）溫州翰墨林鉛印本　一冊

330000－1704－0013169　000527　子部/儒家類
**倫理正名論一卷**　林損撰　民國惜硯樓鉛印本　一冊

330000－1704－0013171　013488　子部/醫家類/綜合之屬/通論
**御纂醫宗金鑑九十卷首一卷**　（清）吳謙等撰　民國上海啟新書局石印本　三冊　存二十七卷（十八至四十四）

330000－1704－0013172　013663　集部/別集類/清別集
**天一笑廬詩集二卷**　（清）黃鼎瑞撰　民國十五年（1926）樂清黃氏鉛印本　戴炳驄題記　一冊

330000－1704－0013173　013551　史部/地理類/方志之屬/郡縣志
**［民國］平陽縣志九十八卷首一卷**　王理孚修　符璋纂　張翥等測繪　民國十四年至十五年（1925－1926）刻本　三十冊

330000－1704－0013175　000528　新學/理學/理學
**倫理學一卷**　民國油印本　一冊

330000－1704－0013177　013664　集部/總集類/酬唱之屬
**復廬同音集二卷**　楊世環編　民國石印朱印本　一冊

330000－1704－0013179　013665　集部/總集類/酬唱之屬
**復廬同音集二卷**　楊世環編　民國石印朱印本　一冊

330000－1704－0013188　013490　史部/政書類/律令之屬/刑制
**中華民國暫行新刑律白話解二卷**　民國石印本　一冊

330000－1704－0013190　013667　史部/地理類/遊記之屬/紀行

**鄉國補游記三卷** 林甄宇撰 民國六年(1917)永嘉林氏刻本 一册

330000－1704－0013194 013668 集部/別集類

**墨庵二十以後古文一卷** 宋慈褒撰 民國鉛印本 一册

330000－1704－0013207 013761 子部/墨家類

**定本墨子閒詁校補二卷附編一卷** 李笠撰 民國二十五年(1936)上海商務印書館鉛印本 二册

330000－1704－0013208 013555 史部/地理類/山川之屬/山志

**南雁蕩山志十三卷首一卷** 周喟編 民國七年(1918)瑞安戴氏詠古齋刻本 四册

330000－1704－0013212 013556 史部/地理類/山川之屬/山志

**南雁蕩山志十三卷首一卷** 周喟編 民國七年(1918)瑞安戴氏詠古齋刻本 四册

330000－1704－0013214 013670 集部/別集類

**秋齋四十詠一卷** (清)師範撰 民國鉛印本 一册

330000－1704－0013216 013557 史部/地理類/山川之屬/山志

**南雁蕩山志十三卷首一卷** 周喟編 民國七年(1918)瑞安戴氏詠古齋刻本 四册

330000－1704－0013217 013671 集部/總集類

**湫聲詩草一卷二集一卷** 葉鋤非等撰 民國鉛印本 項朝壬題記 二册

330000－1704－0013220 013765 史部/地理類/山川之屬/山志

**仙巖山志八卷** 張揚撰 民國二十二年(1933)籀經樓鉛印本 四册

330000－1704－0013222 013492 史部/傳記類/別傳之屬/事狀

**徐公駿聲哀啟行述一卷** 徐聖滿 李超英撰 民國二十二年(1933)美本公記石印本 一册

330000－1704－0013224 013766 史部/地理類/山川之屬/山志

**雁蕩新便覽不分卷** 蔣希召撰 民國鉛印本 一册

330000－1704－0013225 013674 集部/別集類/明別集

**半山藏稿二十卷** (明)王叔果撰 民國二十四年(1935)鉛印本 四册

330000－1704－0013226 001825 集部/總集類/選集之屬/通代

**詩曆十三卷附録一卷** 伍受真編 民國十九年(1930)振羣印刷公司鉛印本 二册

330000－1704－0013231 013767 子部/藝術類/書畫之屬

**經頤淵金石詩書畫合集三種** 經亨頤撰 民國二十五年(1936)上海中華書局影印本暨鉛印本 一册

330000－1704－0013233 013496 集部/詩文評類

**中國文學講授發端不分卷** 林損撰 民國抄本 一册

330000－1704－0013237 013497 子部/天文曆算類/曆法之屬

**繼成堂洪潮和通書不分卷** 民國福建泉州繼成堂刻本 一册

330000－1704－0013239 000541 類叢部/叢書類/彙編之屬

**進德叢書八種** 丁福保編 民國上海醫學書局鉛印本 七册 存七種

330000－1704－0013245 013498 經部/儀禮類

**鄉飲酒禮不分卷** 民國油印本 一册

330000－1704－0013250 013769 子部/醫家類/類編之屬

**松齡醫鐸**　徐潤之編　民國二年(1913)瑞安務本石印局石印本　四冊　存五種

330000－1704－0013252　013675　集部/別集類

**寥天廬詩續鈔二卷首一卷**　宋慈裒撰　民國鉛印本　一冊

330000－1704－0013254　001831　子部/天文曆算類/曆法之屬

**民國十二年曆書不分卷**　民國十二年(1923)石印朱墨套印本　一冊

330000－1704－0013255　013770　集部/別集類/清別集

**朗齋遺草一卷**　(清)瞿賡春撰　民國十年(1921)瞿氏石印本　一冊

330000－1704－0013256　013504　子部/儒家類/儒學之屬/蒙學

**國語不分卷**　民國油印本　一冊

330000－1704－0013258　013771　集部/別集類

**浣花集四卷**　羅華撰　民國二十一年(1932)鉛印本　一冊

330000－1704－0013259　013505　史部/政書類/公牘檔冊之屬

**衛生處工作總報告不分卷**　民國二十八年(1939)油印本　一冊

330000－1704－0013263　013642　集部/別集類/明別集

**環菴先生遺稿十卷**　(明)虞原璩撰　虞書輯校　民國戴家祥抄本　二冊

330000－1704－0013264　000544　子部/儒家類/儒學之屬/俗訓

**人道須知八卷**　江衡　荊少英輯　民國十九年(1930)無錫榮宗銓鉛印本　一冊

330000－1704－0013266　013506　子部/醫家類/醫經之屬/内經

**夏傷於暑秋必痎瘧一卷秋傷於濕一卷冬生咳嗽一卷冬傷於寒春必病溫□□卷**　稿本　一冊　存三卷(一至三)

330000－1704－0013267　013773　集部/詞類/別集之屬

**半櫻詞二卷**　林鵾翔撰　民國十六年(1927)鉛印本　一冊

330000－1704－0013269　001834　子部/工藝類/觀賞之屬/奇石

**壽山石譜四卷**　龔綸編　民國二十二年(1933)省立福州職業學校附設印刷工場鉛印本　一冊

330000－1704－0013270　001835　史部/地理類/雜志之屬

**雲南地震考一卷**　童振藻撰　民國十五年(1926)雲南省公署樞要處第四課石印本一冊

330000－1704－0013271　013643　集部/總集類/彙編之屬

**汲古閣景鈔南宋六十家小集**　(宋)陳起輯　民國十年(1921)上海古書流通處據明汲古閣景鈔宋本影印本(原缺安晚堂詩集卷一至五、十三至六十)　六冊　存六種

330000－1704－0013272　013774　史部/金石類/陶之屬/文字

**溫州古甓記不分卷**　(清)孫詒讓撰　民國鉛印本　一冊

330000－1704－0013281　013644　子部/宗教類/佛教之屬

**金剛般若波羅密經指味通疏一卷**　(後秦)釋鳩摩羅什譯　釋融真述　民國二十年(1931)寧波鄞縣梅墟鎮萬華經書印局鉛印本　一冊

330000－1704－0013283　000548　子部/儒家類/儒學之屬/性理

**畜德録二十卷**　(清)席啟圖輯　民國掃葉山房石印本　六冊

330000－1704－0013284　013776　史部/地理類/專志之屬/古跡

**大若巖志一卷附録一卷**　劉景晨纂　民國三十六年(1947)鉛印本　一冊

330000－1704－0013285　013645　集部/總集類/郡邑之屬
**永嘉詩人祠堂叢刻十四種**　冒廣生輯　民國四年(1915)如臯冒氏刻本　二册　存一種

330000－1704－0013287　013646　集部/總集類/郡邑之屬
**永嘉詩人祠堂叢刻十四種**　冒廣生輯　民國四年(1915)如臯冒氏刻本　一册　存一種

330000－1704－0013290　013647　集部/別集類/明別集
**馬居士集一卷**　(明)馬一騰撰　民國永嘉黄氏敬鄉樓抄本　一册

330000－1704－0013292　013648　子部/藝術類/篆刻之屬/印譜
**謝磊明印存初集一卷**　謝磊明篆　民國二十四年(1935)上海宣和印社影印本　一册

330000－1704－0013293　013777　史部/地理類/專志之屬/古跡
**大若巖志一卷附録一卷**　劉景晨纂　民國三十六年(1947)鉛印本　一册

330000－1704－0013294　013649　子部/藝術類/篆刻之屬/印譜
**謝磊明印存初集一卷**　謝磊明篆　民國二十四年(1935)上海宣和印社影印本　一册

330000－1704－0013295　013650　子部/藝術類/篆刻之屬/印譜
**謝磊明印存二集一卷**　謝磊明篆　民國二十四年(1935)上海宣和印社影印本　一册

330000－1704－0013296　013778　史部/地理類/專志之屬/古跡
**石門洞古蹟志畧六卷**　陳六琦撰　民國十四年(1925)石印本　一册

330000－1704－0013298　013779　集部/總集類/選集之屬/通代
**雁山鴻爪三卷**　周起渭輯　民國二十三年(1934)樂清天一書局鉛印本　二册

330000－1704－0013302　001973　子部/醫家類/綜合之屬/通論
**醫學心悟六卷**　(清)程國彭撰　民國上海錦章書局石印本　二册

330000－1704－0013306　013512　史部/政書類/公牘檔册之屬
**甌海觀政録八卷**　黄慶瀾編　民國十年(1921)鉛印本　八册

330000－1704－0013308　013560　史部/政書類/律令之屬
**民國暫行民律草案不分卷**　法律館編　民國法學書局石印本　孫延釗題記　二册

330000－1704－0013318　013625　集部/別集類/清別集
**天一笑廬詩集二卷**　(清)黄鼎瑞撰　民國十五年(1926)樂清黄氏鉛印本　一册

330000－1704－0013319　013782　史部/地理類/方志之屬/郡縣志
**[光緒]青田縣志十八卷首一卷**　(清)雷銑修　(清)王棻纂　民國二十四年(1935)鉛印本　十册

330000－1704－0013321　013626　集部/別集類
**浴日樓詩選二卷**　項驤撰　民國二十五年(1936)鉛印本　一册

330000－1704－0013324　013627　集部/別集類/清別集
**國清寶林珍禪師續寒山詩一卷**　(清)釋寶林珍撰　民國十一年(1922)石印本　一册

330000－1704－0013328　013628　史部/地理類/方志之屬/郡縣志
**樂清縣鄉土志藁二卷**　鄭解輯　民國十一年(1922)石印本　一册

330000－1704－0013332　013792　類叢部/叢書類/彙編之屬
**墨香簃叢編六種**　楊嘉編　民國石印本　一册　存四種

330000－1704－0013337　013562　集部/總

集類/尺牘之屬

**商業新尺牘四卷** 林萬里撰 民國會文堂新記書局石印本 一册 存一卷(三)

330000－1704－0013338 013862 史部/政書類

**學務本議四條一卷枝議十條一卷署正教育計劃草案平議三條一卷** (清)孫詒讓撰 民國石印本 一册

330000－1704－0013341 013631 類叢部/叢書類/彙編之屬

**墨香簃叢編六種** 楊嘉編 民國石印本 二册

330000－1704－0013342 013863 史部/政書類/公牘檔册之屬

**一年來屬縣煙禁概況不分卷** 王惟英編 民國二十三年(1934)鉛印本 一册

330000－1704－0013346 013513 集部/别集類

**厚莊詩文續集文六卷文外二卷詩四卷** 劉紹寬撰 民國二十六年(1937)鉛印本 六册

330000－1704－0013349 013865 集部/曲類

**皮黄琴譜一卷** 陳小魯編 民國二十一年(1932)大東書局鉛印本 一册

330000－1704－0013351 013632 類叢部/叢書類/彙編之屬

**墨香簃叢編六種** 楊嘉編 民國石印本 二册

330000－1704－0013353 013514 集部/别集類

**厚莊詩文續集文六卷文外二卷詩四卷** 劉紹寬撰 民國二十六年(1937)鉛印本 四册 存八卷(一至六、文外一至二)

330000－1704－0013354 013633 類叢部/叢書類/彙編之屬

**墨香簃叢編六種** 楊嘉編 民國石印本 二册

330000－1704－0013361 013796 子部/雜著類/雜纂之屬

**詁經精舍志初稿一卷** 張崟撰 民國鉛印本 一册

330000－1704－0013364 013517 類叢部/叢書類/郡邑之屬

**敬鄉樓叢書三十八種** 黄羣編 民國十七年至二十四年(1928－1935)永嘉黄氏鉛印本 一册 存一種

330000－1704－0013365 013797 子部/藝術類/篆刻之屬/印譜

**鐵耕小築印譜不分卷** (清)劉慶祥纂 劉紹寬輯 民國十九年(1930)鈐印本 三册

330000－1704－0013367 013565 子部/天文曆算類/曆法之屬

**新刻增補時憲臺曆袖裏璇璣星命須知一卷** 民國石印本 一册

330000－1704－0013370 013518 集部/總集類/郡邑之屬

**慎江詩類六卷** (清)周天錫輯 民國永嘉黄氏敬鄉樓抄本 一册 存二卷(五至六)

330000－1704－0013374 013798 子部/藝術類/篆刻之屬/印譜

**友石山房印集不分卷** 馬範集 民國鈐印本 二册

330000－1704－0013375 013566 新學/史志/别國史

**中國歷史講義不分卷** 王魁廷編 民國油印本 一册

330000－1704－0013376 013519 類叢部/叢書類/郡邑之屬

**惜硯樓叢刊八種** 林慶雲編 民國二十四年(1935)瑞安林氏鉛印本 二册

330000－1704－0013385 013520 集部/别集類

**璞廬文存三卷** 戴炳驄撰 稿本 三册

330000－1704－0013386 013873 史部/雜

史類/斷代之屬
**方國珍寇溫始末不分卷** (清)葉嘉棆撰 劉紹寬增訂 民國十八年(1929)甌風社鉛印本 一冊

330000－1704－0013388 013874 史部/傳記類/總傳之屬/家乘
**王氏族約一卷** (明)王澈撰 民國戴家祥抄本 一冊

330000－1704－0013389 013804 子部/雜著類/雜説之屬
**學務平議一卷** (清)孫詒讓撰 民國四年(1915)瑞安廣明印刷所石印本 一冊

330000－1704－0013393 013875 子部/宗教類/佛教之屬
**金剛經石註一卷** (清)石成金撰 民國三年(1914)東甌郭博古齋刻本 一冊

330000－1704－0013395 013806 史部/傳記類/別傳之屬/年譜
**誥授振威將軍許公[松年]年譜一卷** (清)許松年撰 民國油印本 一冊

330000－1704－0013396 013523 新學/兵制/陸軍
**俄國之軍制不分卷** 顧清選譯 民國陸軍大學影印本 一冊

330000－1704－0013398 000563 類叢部/叢書類/自著之屬
**名山全集三十四種** 錢振鍠撰 民國木活字印本暨鉛印本 一冊 存三種

330000－1704－0013399 013876 子部/醫家類/婦科之屬
**葉天士女科醫案一卷** (清)葉桂撰 陸士諤編輯 民國十年(1921)上海廣文書局石印本 一冊

330000－1704－0013400 013877 子部/醫家類/婦科之屬/產科
**葉氏女科證治四卷** (清)葉桂撰 民國上海錦章圖書局石印本 二冊

330000－1704－0013403 013807 集部/總集類/郡邑之屬
**永嘉詩人祠堂叢刻十四種** 冒廣生輯 民國四年(1915)如皋冒氏刻本 一冊 存一種

330000－1704－0013404 013879 集部/別集類
**璞廬詩存一卷** 戴炳驄輯 民國抄本 一冊

330000－1704－0013406 013524 史部/地理類/方志之屬/郡縣志
**[民國]平陽縣志不分卷** 王理孚修 符璋纂 張翥等測繪 民國刻本 劉紹寬批 六冊

330000－1704－0013409 013640 史部/政書類/公牘檔冊之屬
**育嬰堂徵信録一卷** 方洪亮修 蔡光宇續修 民國十五年(1926)木活字印本 一冊

330000－1704－0013414 013808 集部/總集類/酬唱之屬
**百日酬唱録二卷** 林襟宇編 民國三年(1914)永嘉林氏刻本 一冊

330000－1704－0013416 013608 集部/總集類
**墨緣室合刊** 林永枏編 民國十四年(1925)鉛印本 一冊

330000－1704－0013417 013880 史部/傳記類/別傳之屬/事狀
**徐公駿聲哀啟行述一卷** 徐聖滿 李超英撰 民國二十二年(1933)美本公記石印本 一冊

330000－1704－0013418 013881 史部/傳記類/別傳之屬/事狀
**徐公駿聲哀啟行述一卷** 徐聖滿 李超英撰 民國二十二年(1933)美本公記石印本 一冊

330000－1704－0013419 013609 集部/總集類
**墨緣室合刊** 林永枏編 民國十四年(1925)鉛印本 一冊

330000－1704－0013421　013882　史部/傳記類/别傳之屬/事狀

**徐公駿聲哀啟行述一卷**　徐聖滿　李超英撰　民國二十二年(1933)美本公記石印本　一冊

330000－1704－0013422　013883　史部/傳記類/别傳之屬/事狀

**徐公駿聲哀啟行述一卷**　徐聖滿　李超英撰　民國二十二年(1933)美本公記石印本　一冊

330000－1704－0013423　013610　集部/總集類

**墨緣室合刊**　林永栺編　民國十四年(1925)鉛印本　一冊

330000－1704－0013424　013884　史部/傳記類/别傳之屬/事狀

**徐公駿聲哀啟行述一卷**　徐聖滿　李超英撰　民國二十二年(1933)美本公記石印本　一冊

330000－1704－0013425　013885　史部/傳記類/别傳之屬/事狀

**徐公駿聲哀啟行述一卷**　徐聖滿　李超英撰　民國二十二年(1933)美本公記石印本　一冊

330000－1704－0013426　013611　集部/總集類

**墨緣室合刊**　林永栺編　民國十四年(1925)鉛印本　一冊

330000－1704－0013427　013886　史部/傳記類/别傳之屬/事狀

**徐公駿聲哀啟行述一卷**　徐聖滿　李超英撰　民國二十二年(1933)美本公記石印本　一冊

330000－1704－0013429　013887　史部/傳記類/别傳之屬/事狀

**徐公駿聲哀啟行述一卷**　徐聖滿　李超英撰　民國二十二年(1933)美本公記石印本　一冊

330000－1704－0013430　013612　集部/總集類

**墨緣室合刊**　林永栺編　民國十四年(1925)鉛印本　一冊

330000－1704－0013431　013888　史部/傳記類/别傳之屬/事狀

**徐公駿聲哀啟行述一卷**　徐聖滿　李超英撰　民國二十二年(1933)美本公記石印本　一冊

330000－1704－0013433　013889　史部/傳記類/别傳之屬/事狀

**徐公駿聲哀啟行述一卷**　徐聖滿　李超英撰　民國二十二年(1933)美本公記石印本　一冊

330000－1704－0013434　013890　史部/傳記類/别傳之屬/事狀

**徐公駿聲哀啟行述一卷**　徐聖滿　李超英撰　民國二十二年(1933)美本公記石印本　一冊

330000－1704－0013435　013891　史部/傳記類/别傳之屬/事狀

**徐公駿聲哀啟行述一卷**　徐聖滿　李超英撰　民國二十二年(1933)美本公記石印本　一冊

330000－1704－0013440　013526　史部/地理類/山川之屬/山志

**南田山志十四卷首一卷**　劉燿東撰　民國二十四年(1935)啓後亭鉛印本　四冊

330000－1704－0013450　000570　子部/雜著類/雜説之屬

**嶺雲軒瑣記四卷續選四卷**　(清)李威撰　民國二十四年(1935)鉛印本　二冊

330000－1704－0013454　013529　集部/别集類/清别集

**太鶴山人文集一卷**　(清)端木國瑚撰　民國永嘉黄氏敬鄉樓抄本　一冊

330000－1704－0013456　013618　史部/傳記類/别傳之屬/事狀

**黄慧增居士往生紀念册不分卷**　渾渾山人等編　民國二十二年(1933)上海中華書局鉛印本　一册

330000－1704－0013457　013589　子部/小説家類/瑣語之屬
**岐海瑣譚集十六卷**　(明)姜準輯　民國二十五年(1936)浙江省永嘉區徵輯鄉先哲遺著委員會鉛印本　四册

330000－1704－0013459　013530　史部/地理類/方志之屬/郡縣志
**瑞安縣志稿不分卷**　瑞安縣修志委員會編　民國二十七年(1938)瑞安縣修志委員會鉛印本　十册

330000－1704－0013462　013893　史部/目録類
**遜學齋收藏鄉先哲遺書目録不分卷**　(清)孫詒讓撰　民國永嘉黄氏敬鄉樓抄本　楊紹廉校　一册

330000－1704－0013466　013894　史部/雜史類/斷代之屬
**錢虜爰書一卷**　(清)黄體芳撰　**與左季高中丞宗棠書一卷**　(清)孫鏘鳴撰　**與左季高制軍書一卷**　(清)孫鏘鳴撰　民國抄本　一册

330000－1704－0013467　000782　子部/雜著類/雜纂之屬
**蔚雲新語前編二卷正編六卷補遺一卷**　陳滄然編　高鋆補編　民國九年至十一年(1920－1922)金陵刻本　九册

330000－1704－0013469　013896　史部/目録類/總録之屬/私撰
**璞廬藏書書價□□卷**　戴炳驄輯　稿本　一册　存下册

330000－1704－0013471　013595　史部/地理類/方志之屬/郡縣志
**[民國]瑞安縣志稿不分卷**　民國二十七年(1938)瑞安縣修志委員會鉛印本　十册

330000－1704－0013482　013622　集部/别集類/清别集
**女書癡存稿一卷**　(清)錢蕙纕撰　民國戴家祥抄本　楊紹廉批　一册

330000－1704－0013484　013812　集部/别集類/清别集
**焦桐山館詩鈔六卷**　(清)蔡英撰　民國六年(1917)溫州務本公司石印本　一册

330000－1704－0013487　013596　集部/别集類
**薏園續文鈔二卷**　高誼撰　民國三十八年(1949)石印本　一册

330000－1704－0013488　000538　新學/理學/理學
**倫理學大綱一卷**　何兆清撰　民國油印本一册

330000－1704－0013490　013813　集部/别集類/清别集
**焦桐山館詩鈔六卷**　(清)蔡英撰　民國六年(1917)溫州務本公司石印本　泉海題記一册

330000－1704－0013491　000539　子部/雜著類/雜説之屬
**東谷所見一卷**　(宋)李之彦撰　民國抄本一册

330000－1704－0013493　013597　集部/别集類
**補學齋詩鈔四卷文鈔二卷**　胡調元撰　民國二年(1913)鉛印本　劉耀東題記　一册

330000－1704－0013495　013814　集部/别集類/清别集
**焦桐山館詩鈔六卷**　(清)蔡英撰　民國六年(1917)溫州務本公司石印本　一册

330000－1704－0013500　013599　集部/總集類/酬唱之屬
**永嘉湯壁垣先生辛未七秩倡和集一卷**　谷懷等輯　民國二十一年(1932)鉛印本　一册

330000－1704－0013505　013713　史部/地理類/遊記之屬/紀勝

**黃山游記一卷** 蔣叔南(蔣希召)撰 民國鉛印本 葉莫題跋 一冊

330000－1704－0013510 013817 集部/總集類/酬唱之屬

**芝圃唱和集不分卷** 蔡心齋等撰 民國二十年(1931)石印本 一冊

330000－1704－0013511 013715 子部/醫家類/内科之屬/其他内科病證

**流行性腦膜炎一夕談一卷** 南振鏞撰 民國二十二年(1933)永嘉國醫南宗景診所鉛印本 一冊

330000－1704－0013512 013818 史部/目録類/書志之屬/提要

**山左先喆遺書提要一卷** 王獻唐編 民國瑞安仿古印書局鉛印本 一冊

330000－1704－0013513 013938 史部/傳記類/別傳之屬/事狀

**瑞安王弼西君哀輓録一卷** 劉勍等撰 民國六年(1917)溫州美成和石印本 一冊

330000－1704－0013515 013717 子部/醫家類/内科之屬/其他内科病證

**燥氣總論一卷** 陳葆善撰 民國十四年(1925)瑞安陳氏湫漻齋石印本 一冊

330000－1704－0013516 013819 史部/目録類/書志之屬/提要

**山左先喆遺書提要一卷** 王獻唐編 民國瑞安仿古印書局鉛印本 一冊

330000－1704－0013518 013820 史部/目録類/書志之屬/提要

**山左先喆遺書提要一卷** 王獻唐編 民國瑞安仿古印書局鉛印本 一冊

330000－1704－0013519 013821 史部/目録類/書志之屬/提要

**山左先喆遺書提要一卷** 王獻唐編 民國瑞安仿古印書局鉛印本 一冊

330000－1704－0013521 013822 史部/目録類/書志之屬/提要

**山左先喆遺書提要一卷** 王獻唐編 民國瑞安仿古印書局鉛印本 一冊

330000－1704－0013523 013823 史部/目録類/書志之屬/提要

**山左先喆遺書提要一卷** 王獻唐編 民國瑞安仿古印書局鉛印本 一冊

330000－1704－0013525 013716 子部/醫家類/内科之屬/其他内科病證

**燥氣總論一卷** 陳葆善撰 民國十四年(1925)瑞安陳氏湫漻齋石印本 一冊

330000－1704－0013526 013941 集部/別集類/唐五代別集

**元次山集十二卷** (唐)元結撰 (清)黃又訂 民國二年(1913)石竹山房石印本 四冊

330000－1704－0013530 013905 史部/傳記類/別傳之屬/事狀

**石聘南先生輓聯一卷** 樂清勸學所等撰 民國油印本 一冊

330000－1704－0013531 013906 史部/傳記類/別傳之屬/年譜

**陳介石先生[黻宸]年譜不分卷** 陳謐編 民國二十三年(1934)見思堂鉛印本 二冊

330000－1704－0013532 013907 史部/目録類/總録之屬/私撰

**璞廬家藏新舊書目□□卷** 戴炳驄輯 民國二十一年(1932)稿本 一冊 存下冊

330000－1704－0013533 013908 集部/別集類

**游大羅山雜作一卷** 王榮年撰 民國鉛印本 一冊

330000－1704－0013534 013824 經部/小學類/音韻之屬

**新編音畫字攷三卷首一卷音畫對照表一卷** 葉蘅編 民國十一年(1922)李順泰石印局石印本 一冊

330000－1704－0013535 013943 史部/目録類/通論之屬/藏書約

**藏書記要一卷**　(清)孫從添撰　民國三年(1914)掃葉山房石印本　一册

330000-1704-0013538　013910　經部/小學類/音韻之屬
**改訂注音國語讀本一卷**　李景賢編　民國十九年(1930)雲鮮石印局石印本　一册

330000-1704-0013540　013911　史部/目録類
**擴古録目録一卷**　民國抄本　一册

330000-1704-0013542　013913　子部/墨家類
**歐乘補二十一卷**　(清)黃漢撰　民國戴家祥抄本　楊紹廉校　四册　缺十卷(四至十三)

330000-1704-0013544　013720　經部/小學類/文字之屬/説文
**轉注正義一卷**　李翹撰　民國石印本　一册

330000-1704-0013546　013945　集部/别集類
**課餘雜識一卷**　鄭閎達編　稿本　一册

330000-1704-0013547　013721　經部/小學類/文字之屬/説文
**轉注正義一卷**　李翹撰　民國石印本　一册

330000-1704-0013551　013725　史部/編年類/斷代之屬
**清史要略四卷**　陳懷輯　民國鉛印本　一册

330000-1704-0013552　013946　史部/傳記類/别傳之屬/年譜
**劉文成公[基]年譜稿二卷**　劉燿東編　民國二十八年(1939)南田山啓後亭鉛印本　一册

330000-1704-0013555　013912　子部/農家農學類/園藝之屬/花卉
**藝菊瑣言一卷湫漻齋月季花譜一卷附録一卷**　陳葆善撰　民國六年(1917)石印本　一册

330000-1704-0013556　013727　類叢部/叢書類
**弢廬叢書**　民國溫州務本石印本　逸廬題簽　一册　存一種

330000-1704-0013558　013834　史部/紀傳類/正史之屬
**史記訂補八卷**　李笠撰　民國十三年(1924)瑞安李氏横經室刻本　林損批並題記　四册

330000-1704-0013559　014563　集部/總集類/尺牘之屬
**曾國藩往來信札一卷**　(清)曾國藩等撰　民國影印本　一册

330000-1704-0013560　013836、013837、013838、013839　類叢部/叢書類/自著之屬
**名山全集三十四種**　錢振鍠撰　民國木活字印本暨鉛印本　九册　存五種

330000-1704-0013562　013701　集部/總集類/郡邑之屬
**永嘉詩人祠堂叢刻十四種**　冒廣生輯　民國四年(1915)如皋冒氏刻本　二册　存一種

330000-1704-0013563　013917　子部/儒家類/儒家之屬
**經德録五卷**　(清)王欽豫輯　民國永嘉黃氏敬鄉樓抄本　楊紹廉校　一册

330000-1704-0013564　013840　子部/雜著類/雜纂之屬
**詁經精舍志初稿一卷**　張崟撰　民國鉛印本　一册

330000-1704-0013565　013702　子部/藝術類/書畫之屬/法帖
**大唐太宗文皇帝製三藏聖教序一卷**　(唐)褚遂良書　王榮年臨　民國影印本　一册

330000-1704-0013568　013841　史部/傳記類/日記之屬
**佚名日記一卷(民國三十八年三月一日至四月一日)**　稿本　一册

330000-1704-0013569　013706　集部/總集類/郡邑之屬
**永嘉詩人祠堂叢刻十四種**　冒廣生輯　民國四年(1915)如皋冒氏刻本　一册　存一種

330000-1704-0013570　013707　集部/别

集類

**薌江小草一卷**　王敬身撰　民國二十四年(1935)鉛印本　一册

330000－1704－0013571　013842　史部/傳記類/雜傳之屬

**黄體芳傳一卷**　葉爾愷撰　**黄紹箕傳一卷**　伍銓萃撰　民國鉛印本　一册

330000－1704－0013572　013843　集部/戲劇類/傳奇之屬

**陳眉公批評琵琶記二卷**　(元)高明撰　(明)陳繼儒評　民國十年(1921)上海掃葉山房石印本　一册

330000－1704－0013573　013602　集部/總集類/題詠之屬

**石門題詠録四卷**　劉燿東輯　民國二十三年(1934)啓後亭鉛印本　一册

330000－1704－0013574　013919　集部/别集類

**羅陽選勝録一卷**　黄體敬撰　民國二十二年(1933)溫州務本印書局石印本　一册

330000－1704－0013575　013920　經部/小學類/文字之屬/說文/傳說

**說文部首纂要一卷**　周宗翰撰　民國三年(1914)溫州務本書局石印本　一册

330000－1704－0013576　013921　經部/小學類/文字之屬/說文

**轉注正義一卷附録一卷**　李翹撰　民國石印本　一册

330000－1704－0013577　013922　經部/小學類/文字之屬/說文

**轉注正義一卷附録一卷**　李翹撰　民國石印本　一册

330000－1704－0013579　013603　類叢部/叢書類/彙編之屬

**四部備要**　中華書局編　民國二十五年(1936)上海中華書局鉛印本(原缺經義考卷二百八十六、二百九十九至三百,東塾讀書記十三至十四、十七至二十、二十二至二十五)二册　存一種

330000－1704－0013584　013925　類叢部/叢書類/郡邑之屬

**惜硯樓叢刊八種**　林慶雲編　民國二十四年(1935)瑞安林氏鉛印本　一册　存一種

330000－1704－0013585　013846　集部/小說類/短篇之屬

**聊齋志異評註十六卷**　(清)蒲松齡撰　(清)王士禛評　(清)呂湛恩注　(清)但明倫新評　民國上海商務印書館鉛印本　一册　存二卷(五至六)

330000－1704－0013590　013711　類叢部/類書類/專類之屬

**潛龍讀書表十二卷**　陳電飛編　民國十四年(1925)中華書局石印本　四册

330000－1704－0013593　013918　史部/目録類

**溫州市立圖書館集部清代文人集目録一卷**　溫州市圖書館編　民國抄本　一册

330000－1704－0013596　013926　集部/總集類

**甌隱園社集一卷**　冒廣生等撰　民國油印本　梅冷生題記　一册

330000－1704－0013598　013710　集部/别集類

**林損不分卷**　林損編　民國二年(1913)石印本　一册

330000－1704－0013599　013849　集部/總集類/尺牘之屬

**影印名人手札真蹟大全十二種**　劉再蘇輯　民國影印本　一册　存一種

330000－1704－0013600　000790　子部/術數類/相宅相墓之屬

**風水講義下編三卷附編一卷**　佛隱居士撰　民國上海中西書局石印本　一册

330000－1704－0013601　000791　子部/儒家類/儒學之屬/禮教

**青年修養録十八編**　趙鉦鐸編　民國十四年(1925)上海商務印書館鉛印本　一冊　存八編(一至八)

330000－1704－0013602　013949　子部/藝術類/篆刻之屬/印譜

**去疾印稾不分卷**　方去疾篆　民國四角草堂鈐印本　方去疾題記　一冊

330000－1704－0013603　013607　集部/總集類

**墨緣室合刊**　林永栻編　民國十四年(1925)鉛印本　一冊

330000－1704－0013604　013690　集部/總集類

**樗菴日鈔一卷**　(清)周天錫等撰　民國戴家祥抄本　楊紹廉題簽并校　一冊

330000－1704－0013605　013850　史部/雜史類/斷代之屬

**清代野記三卷**　張祖翼編　民國鉛印本　一冊　存一卷(二)

330000－1704－0013606　013692　集部/總集類/郡邑之屬

**永嘉詩人祠堂叢刻十四種**　冒廣生輯　民國四年(1915)如皋冒氏刻本　一冊　存一種

330000－1704－0013607　013950　子部/藝術類/篆刻之屬/印譜

**鐵耕小築印譜不分卷**　(清)劉慶祥纂　劉紹寬輯　民國十九年(1930)鈐印本　五冊

330000－1704－0013609　013693　集部/總集類/郡邑之屬

**永嘉詩人祠堂叢刻十四種**　冒廣生輯　民國四年(1915)如皋冒氏刻本　一冊　存二種

330000－1704－0013614　014068　集部/別集類

**飛情閣集四卷**　黄光撰　民國三十八年(1949)鉛印本　三冊

330000－1704－0013616　013852　子部/藝術類/書畫之屬/法帖

**楹聯名蹟七輯**　中華書局輯　民國十四年(1925)上海中華書局影印本　一冊　存一輯(二)

330000－1704－0013620　013952　類叢部/叢書類

**宋氏雜箸**　宋慈裒撰　民國九年(1920)刻本　一冊　存一種

330000－1704－0013622　013696　經部/小學類/文字之屬/字書/字體

**古籀餘論不分卷**　(清)孫詒讓撰　民國永嘉黄氏敬鄉樓抄本　楊紹廉校　一冊

330000－1704－0013623　013933　類叢部/叢書類/郡邑之屬

**敬鄉樓叢書三十八種**　黄羣編　民國十七年至二十四年(1928－1935)永嘉黄氏鉛印本　八冊　存第一輯一種

330000－1704－0013624　013953　集部/別集類/清別集

**脂雪軒詩鈔六卷**　(清)胡玠撰　民國十四年(1925)溫州翰墨林鉛印本　一冊

330000－1704－0013626　013934　類叢部/叢書類/郡邑之屬

**敬鄉樓叢書三十八種**　黄羣編　民國十七年至二十四年(1928－1935)永嘉黄氏鉛印本　五冊　存第一輯一種

330000－1704－0013627　013697　經部/小學類/文字之屬/字書/字體

**古籀餘論不分卷**　(清)孫詒讓撰　民國戴家祥抄本　三冊

330000－1704－0013629　013955　集部/別集類/清別集

**脂雪軒詩鈔六卷**　(清)胡玠撰　民國十四年(1925)溫州翰墨林鉛印本　一冊

330000－1704－0013630　013954　集部/別集類/清別集

**脂雪軒詩鈔六卷**　(清)胡玠撰　民國十四年(1925)溫州翰墨林鉛印本　一冊

330000－1704－0013632　013698　集部/總集類/郡邑之屬
**慎江詩類六卷**　(清)周天錫輯　民國楊紹廉抄本　楊紹廉校　一冊　存二卷(一至二)

330000－1704－0013634　013956　集部/別集類/清別集
**脂雪軒詩鈔六卷**　(清)胡玠撰　民國十四年(1925)溫州翰墨林鉛印本　枕流閣主題記　一冊

330000－1704－0013635　014069　史部/地理類/方志之屬/郡縣志
**樂清縣鄉土志藁二卷**　鄭解輯　民國十一年(1922)石印本　一冊　存一卷(一)

330000－1704－0013636　013957　集部/別集類/清別集
**脂雪軒詩鈔六卷**　(清)胡玠撰　民國十四年(1925)溫州翰墨林鉛印本　一冊

330000－1704－0013638　013700　史部/地理類/方志之屬/郡縣志
**[民國]麗水縣志十四卷**　李鍾嶽　李郁芬修　孫壽芝纂　民國十五年(1926)麗水啟明印刷所鉛印本　七冊　缺三卷(二至三、八)

330000－1704－0013644　013679　史部/地理類/方志之屬/郡縣志
**[民國]平陽縣志九十八卷首一卷**　王理孚修　符璋纂　張翥等測繪　民國十四年至十五年(1925－1926)刻本　一冊　存二卷(十七至十八)

330000－1704－0013645　002212　子部/醫家類/醫經之屬/内經
**内經方集釋二卷附养生堂書目提要一卷**　張驥撰　民國二十二年(1933)成都義生堂刻本　二冊

330000－1704－0013655　002215　子部/醫家類
**湫漻齋燥氣驗案二卷**　陳葆善撰　民國永嘉黃氏敬鄉樓抄本　楊紹廉題簽並校　二冊

330000－1704－0013659　013959　集部/別集類/宋別集
**霽山先生集五卷拾遺一卷末一卷**　(宋)林景熙撰　民國四年(1915)如皋冒氏刻永嘉詩人祠堂叢刻本　楊逢春跋　一冊　存一卷(一)

330000－1704－0013661　013684　子部/儒家類/儒學之屬/經濟
**政理古微一卷**　林損撰　民國鉛印本　一冊

330000－1704－0013662　013960　史部/地理類/專志之屬/古跡
**大若巖志一卷附録一卷**　劉景晨纂　民國三十六年(1947)鉛印本　一冊

330000－1704－0013664　014073　集部/總集類/題詠之屬
**孤山放鶴圖徵詩彙刻一卷**　林浮沚輯　民國七年(1918)永嘉林氏古西射堂刻本　一冊

330000－1704－0013666　013961　集部/別集類
**補學齋詩鈔四卷文鈔二卷**　胡調元撰　民國二年(1913)鉛印本　一冊　存二卷(文鈔一至二)

330000－1704－0013668　014074　集部/別集類/清別集
**焦桐山館詩鈔六卷**　(清)蔡英撰　民國六年(1917)溫州務本公司石印本　一冊

330000－1704－0013669　013962　集部/總集類/氏族之屬
**二黃先生集二卷**　(清)黃紹箕　黃紹第撰　民國四年(1915)如皋冒氏刻永嘉詩人祠堂叢刻本　楊紹廉題記　黃群批　一冊

330000－1704－0013680　013963　集部/總集類/郡邑之屬
**永嘉詩人祠堂叢刻十四種**　冒廣生輯　民國四年(1915)如皋冒氏刻本　二冊　存一種

330000－1704－0013683　013699　子部/藝術類/書畫之屬/法帖
**唐拓十七帖一卷**　(晉)王羲之書　民國十年(1921)上海有正書局影印本　一冊

330000－1704－0013688　013687　史部/目録類/總録之屬/地方
**溫州經籍志三十三卷**　(清)孫詒讓撰　民國抄本　二册　存三卷(一至三)

330000－1704－0013691　013688　子部/儒家類
**倫理正名論一卷**　林損撰　民國惜硯樓鉛印本　一冊

330000－1704－0013692　013967　集部/總集類/郡邑之屬
**永嘉詩人祠堂叢刻十四種**　冒廣生輯　民國四年(1915)如皋冒氏刻本　二册　存一種

330000－1704－0013696　013968　新學/學校
**最新注音國語教本一卷**　李景賢編　民國十三年(1924)溫州中華書局、溫州商務書局石印本　一册

330000－1704－0013697　014078　集部/總集類/酬唱之屬
**百日酬唱録二卷**　林襟宇編　民國三年(1914)永嘉林氏刻本　一册

330000－1704－0013700　013746　集部/別集類/清別集
**馬鞍山人詩草四卷**　(清)蘇椿撰　民國抄本　四册

330000－1704－0013701　013969　經部/小學類/音韻之屬
**新編音畫字攷三卷首一卷音畫對照表一卷**　葉蘅編　民國石印本　二册　缺二卷(三、音畫對照表)

330000－1704－0013702　013747　集部/別集類
**惺園文鈔二卷詩鈔一卷**　王式一撰　民國二十四年(1935)鉛印本　一册　存二卷(一至二)

330000－1704－0013705　013970　類叢部/叢書類/郡邑之屬
**河間叢書**　民國九年(1920)務本公司石印本　一册　存一種

330000－1704－0013706　013748　集部/別集類
**惺園文鈔二卷詩鈔一卷**　王式一撰　民國二十四年(1935)鉛印本　一册　存二卷(一至二)

330000－1704－0013709　013749　集部/別集類
**李子瑾文録二卷附書一卷**　李瑜撰　民國二十三年(1934)鉛印本　一册

330000－1704－0013713　013971　子部/儒家類
**朱子太極圖圖説淺説不分卷**　(清)朱鴻瞻撰　民國戴家祥抄本　戴家祥批　一册

330000－1704－0013714　014079　史部/傳記類/別傳之屬/事狀
**黃母張太夫人七十壽言不分卷**　民國九年(1920)鉛印本　一册

330000－1704－0013716　013750　史部/傳記類/日記之屬
**秦游日記不分卷(民國二十五年九月二十八日至二十九年十二月十五日)**　楊道畊撰　稿本　五册

330000－1704－0013718　014080　史部/傳記類/別傳之屬/事狀
**黃母張太夫人七十壽言不分卷**　民國九年(1920)鉛印本　一册

330000－1704－0013719　013751　史部/金石類/金之屬/文字
**毛公鼎斠釋一卷**　張之綱撰　民國二十三年(1934)上海鉛印本　留菴題記　一册

330000－1704－0013722　014081　集部/總集類/酬唱之屬
**周甲贈言録一卷**　鄭莫輯　民國六年(1917)溫州務本局石印本　一册

330000－1704－0013723　013752　史部/金石類/金之屬/文字

**毛公鼎斠釋一卷**　張之綱撰　民國二十三年(1934)上海鉛印本　一冊

330000－1704－0013726　014082　集部/總集類/選集之屬/通代

**雁山鴻爪三卷**　周起渭輯　民國二十三年(1934)樂清天一書局鉛印本　二冊

330000－1704－0013727　014260　集部/總集類/郡邑之屬

**永嘉詩人祠堂叢刻十四種**　冒廣生輯　民國四年(1915)如皋冒氏刻本　一冊　存一種

330000－1704－0013730　014261　子部/儒家類

**倫理正名論一卷**　林損撰　民國惜硯樓鉛印本　一冊

330000－1704－0013731　014262　子部/儒家類

**倫理正名論一卷**　林損撰　民國惜硯樓鉛印本　一冊

330000－1704－0013733　014263　子部/農家農學類/園藝之屬/花卉

**藝菊瑣言一卷湫漻齋月季花譜一卷附錄一卷**　陳葆善撰　民國六年(1917)石印本　一冊

330000－1704－0013734　014264　集部/別集類

**墨庵二十以後古文一卷**　宋慈裛撰　民國鉛印本　一冊

330000－1704－0013735　014265　集部/總集類/酬唱之屬

**百日酬唱録二卷**　林襟宇編　民國三年(1914)永嘉林氏刻本　一冊

330000－1704－0013745　013976　集部/別集類

**惺園文鈔二卷詩鈔一卷**　王式一撰　民國二十四年(1935)鉛印本　一冊　存二卷(一至二)

330000－1704－0013746　014249　子部/雜著類/雜説之屬

**習學記言序目五十卷**　(宋)葉適撰　民國戴家祥抄本　十冊

330000－1704－0013747　014251　集部/別集類

**厚莊詩文續集文六卷文外二卷詩四卷**　劉紹寬撰　民國二十六年(1937)鉛印本　六冊

330000－1704－0013748　013757　子部/宗教類/佛教之屬/經

**佛説五大施經一卷**　(宋)釋施護等譯　**佛説戒香經一卷**　(宋)釋法賢譯　**佛説木槵子經一卷**　民國十一年(1922)懷古齋刻本　一冊

330000－1704－0013749　013977　集部/別集類

**薏園續文鈔二卷**　高誼撰　民國三十八年(1949)石印本　一冊

330000－1704－0013750　014084　集部/別集類

**寥天廬詩鈔四卷**　宋慈裛撰　民國刻朱印本一冊

330000－1704－0013751　014252　集部/別集類

**厚莊詩文續集文六卷文外二卷詩四卷**　劉紹寬撰　民國二十六年(1937)鉛印本　六冊

330000－1704－0013752　013978　集部/別集類

**惺園文鈔二卷詩鈔一卷**　王式一撰　民國二十四年(1935)鉛印本　一冊　存二卷(一至二)

330000－1704－0013754　014268　類叢部/叢書類/郡邑之屬

**敬鄉樓叢書三十八種**　黃羣編　民國十七年至二十四年(1928－1935)永嘉黃氏鉛印本十八冊　存第一輯十種

330000－1704－0013757　014253　史部/地理類/方志之屬/郡縣志

**[隆慶]樂清縣志七卷**　(明)胡用賓修　(明)侯一元纂　民國七年(1918)樂清張侯佐石印本　三冊　存六卷(二至七)

330000－1704－0013758　013759　集部/別集類/明別集
**半山藏稿二十卷**　（明）王叔果撰　民國二十四年（1935）鉛印本　四冊

330000－1704－0013759　014085　集部/別集類
**寥天廬詩續鈔二卷首一卷**　宋慈裒撰　民國鉛印本　一冊

330000－1704－0013760　014269　類叢部/叢書類/郡邑之屬
**敬鄉樓叢書三十八種**　黄羣編　民國十七年至二十四年（1928－1935）永嘉黄氏鉛印本　二十二冊　存第二輯八種

330000－1704－0013762　014270　類叢部/叢書類/郡邑之屬
**敬鄉樓叢書三十八種**　黄羣編　民國十七年至二十四年（1928－1935）永嘉黄氏鉛印本　二十冊　存第三輯十種

330000－1704－0013763　014086　集部/別集類
**寥天廬詩續鈔二卷首一卷**　宋慈裒撰　民國鉛印本　一冊

330000－1704－0013765　014271　類叢部/叢書類/郡邑之屬
**敬鄉樓叢書三十八種**　黄羣編　民國十七年至二十四年（1928－1935）永嘉黄氏鉛印本　十八冊　存第四輯十種

330000－1704－0013766　014087　集部/別集類
**寥天廬詩續鈔二卷首一卷**　宋慈裒撰　民國鉛印本　一冊

330000－1704－0013767　014088　集部/別集類
**寥天廬詩續鈔二卷首一卷**　宋慈裒撰　民國鉛印本　一冊

330000－1704－0013769　014089　集部/別集類
**寥天廬詩續鈔二卷首一卷**　宋慈裒撰　民國鉛印本　一冊

330000－1704－0013770　013740　史部/地理類/山川之屬/山志
**仙巖山志八卷**　張揚撰　民國二十二年（1933）籀經樓鉛印本　四冊

330000－1704－0013771　014272　類叢部/叢書類/郡邑之屬
**敬鄉樓叢書三十八種**　黄羣編　民國十七年至二十四年（1928－1935）永嘉黄氏鉛印本　十四冊　存第三輯七種

330000－1704－0013772　013741　集部/別集類
**堇廬詩稿一卷**　陳煥撰　民國二十年（1931）鉛印本　一冊

330000－1704－0013773　013742　集部/別集類
**堇廬詩稿一卷**　陳煥撰　民國二十年（1931）鉛印本　一冊

330000－1704－0013776　014273　類叢部/叢書類/郡邑之屬
**敬鄉樓叢書三十八種**　黄羣編　民國十七年至二十四年（1928－1935）永嘉黄氏鉛印本　三冊　存第四輯一種

330000－1704－0013777　014673　集部/別集類
**嘯樓吟稾一卷**　陳宗鼇撰　**墨宧文鈔一卷**　陳祖綬撰　民國油印本　一冊

330000－1704－0013778　014586　史部/政書類
**警察服務要領一卷**　吳璿編　民國石印本　一冊

330000－1704－0013779　014587　史部/傳記類/別傳之屬/年譜
**孫籀廎［詒讓］先生年譜一卷**　薛鍾斗編　民國抄本　一冊

330000－1704－0013781　014588　集部/別集類

**宜廬詩稿八卷**　胡行之撰　民國三十七年(1948)鉛印本　一冊

330000－1704－0013785　014550　集部/別集類

**蒹葭樓詩選一卷**　黄節撰　戴學正注釋　稿本　一冊

330000－1704－0013786　014274　類叢部/叢書類/郡邑之屬

**敬鄉樓叢書三十八種**　黄羣編　民國十七年至二十四年(1928－1935)永嘉黄氏鉛印本　一冊　存第一輯一種

330000－1704－0013787　014275　類叢部/叢書類/郡邑之屬

**敬鄉樓叢書三十八種**　黄羣編　民國十七年至二十四年(1928－1935)永嘉黄氏鉛印本　一冊　存第一輯一種

330000－1704－0013788　014276　類叢部/叢書類/郡邑之屬

**敬鄉樓叢書三十八種**　黄羣編　民國十七年至二十四年(1928－1935)永嘉黄氏鉛印本　一冊　存第三輯一種

330000－1704－0013789　014551　子部/宗教類/其他宗教之屬/基督教

**續理窟不分卷**　(清)李杕撰　民國十五年(1926)上海土山灣印書館鉛印本　一冊

330000－1704－0013791　014552　史部/傳記類/别傳之屬/事狀

**徐公駿聲哀啟行述一卷**　徐聖滿　李超英撰　民國二十二年(1933)美本公記石印本　一冊

330000－1704－0013792　014589　子部/宗教類/佛教之屬/諸宗

**萬峰和尚語録一卷**　(明)釋時蔚撰　(明)釋普壽録集　民國永嘉黄氏敬鄉樓抄本　楊紹廉批校　一冊

330000－1704－0013794　013744　史部/傳記類/日記之屬

**小東山草堂日記不分卷(清□□年五月十九日至□□年十月二十九日)**　(清)張泰青撰　民國永嘉黄氏敬鄉樓抄本　楊紹廉校、題簽並記　一冊

330000－1704－0013796　013745　集部/別集類/清別集

**卷石山房續詩存一卷**　(清)李麟書撰　民國永嘉黄氏敬鄉樓抄本　楊紹廉批　一冊

330000－1704－0013797　014592　子部/宗教類/佛教之屬/諸宗

**隨自意三昧一卷**　(南朝陳)釋慧思撰　**觀心誦經法一卷**　(隋)釋智顗撰　民國八年(1919)、九年(1920)北京刻經處刻本　一冊

330000－1704－0013800　014556　新學/兵制/陸軍

**步兵操法摘要一卷**　民國石印本　一冊

330000－1704－0013801　014553　子部/宗教類/道教之屬

**太上感應篇直講一卷首一卷附録一卷**　釋印光鑒定　邵慧圓校對　民國十八年(1929)鉛印本　一冊

330000－1704－0013802　014096　史部/傳記類/别傳之屬/事狀

**林大同訃告不分卷**　林鏡清等撰　民國二十五年(1936)鉛印本　一冊

330000－1704－0013807　014555　新學/政治法律

**憲法要義一卷**　民國石印本　一冊

330000－1704－0013808　014593　類叢部/叢書類/郡邑之屬

**敬鄉樓叢書三十八種**　黄羣編　民國十七年至二十四年(1928－1935)永嘉黄氏鉛印本　一冊　存第一輯一種

330000－1704－0013812　014557　子部/兵家類/兵器之屬

**軍刀試用法摘要一卷**　民國石印本　一冊

330000－1704－0013813　014595　集部/別集類

**狂社詩鈔一卷** 民國抄本 一冊

330000－1704－0013814 014104 集部/總集類/郡邑之屬

**瑞安詩徵七卷文徵十二卷** 瑞安縣修志委員會編 民國三十五年(1946)瑞安縣修志委員會鉛印本 七冊 缺三卷(文徵十至十二)

330000－1704－0013815 014558 史部/政書類/軍政之屬

**警察學一卷** 丁時編 民國石印本 一冊

330000－1704－0013817 014596 史部/地理類/山川之屬/山志

**雁蕩新便覽不分卷** 蔣希召撰 民國十一年(1922)鉛印本 逸叟題記 一冊

330000－1704－0013824 013985 類叢部/叢書類/自著之屬

**繼述堂全集四種** 王毓英撰 民國十一年(1922)溫州石印本 一冊 存一種

330000－1704－0013825 013731 史部/政書類/律令之屬

**司法筆談二卷** 戴炳驄撰 稿本 一冊

330000－1704－0013826 014105 史部/地理類/方志之屬/郡縣志

**[嘉慶]瑞安縣志十卷首一卷** (清)張德標修 (清)王殿金 (清)黃徵乂纂 民國六年(1917)溫州務本公司石印本 一冊 存三卷(三至五)

330000－1704－0013828 013986 集部/總集類/郡邑之屬

**永嘉詩人祠堂叢刻十四種** 冒廣生輯 民國四年(1915)如皋冒氏刻本 一冊 存一種

330000－1704－0013830 013987 集部/總集類/郡邑之屬

**永嘉詩人祠堂叢刻十四種** 冒廣生輯 民國四年(1915)如皋冒氏刻本 一冊 存一種

330000－1704－0013832 014599 集部/別集類

**怡雲樓遺藁一卷** 張碩撰 民國戴家祥抄本 陳繩夫批校 一冊

330000－1704－0013833 013730 新學/議論

**預備死者之說一卷家恥紀念一卷** 繆錦濤撰 民國石印本 一冊

330000－1704－0013834 014106 史部/目録類/總録之屬/官修

**舊溫屬圖書館初編書目不分卷** 舊溫屬圖書館編 民國舊溫屬圖書館石印本 六冊

330000－1704－0013835 014600 集部/別集類

**怡雲樓遺藁一卷** 張碩撰 民國抄本 一冊

330000－1704－0013836 013732 史部/目録類/總録之屬/官修

**舊溫屬圖書館初編書目不分卷** 舊溫屬圖書館編 民國舊溫屬圖書館石印本 三冊

330000－1704－0013839 013734 集部/別集類

**林損不分卷** 林損編 稿本 一冊

330000－1704－0013840 014603 子部/醫家類/溫病之屬/痧症

**痧症指微一卷附同人圖一卷** 民國上海文元書局石印本 一冊

330000－1704－0013843 014571 集部/總集類/選集之屬/斷代

**宋詩一卷** 民國抄本 一冊

330000－1704－0013844 014605 經部/小學類/音韻之屬/注音

**溫州音識字捷法一卷** 張玉生編 民國二十四年(1935)溫州務本石印公司石印本 一冊

330000－1704－0013846 014108 子部/藝術類/篆刻之屬/印譜

**太上感應篇印譜四卷** 葉鴻翰篆 民國鈐印本 一冊 存一卷(三)

330000－1704－0013847 014567 類叢部/叢書類/彙編之屬

**甌風雜誌彙刊第一輯** 甌風社編 民國二十

三年(1934)鉛印本　一冊　存四種

330000－1704－0013850　014573　子部/小說家類/瑣語之屬

**檄文抄本一卷**　民國抄本　一冊

330000－1704－0013852　014094　子部/宗教類/佛教之屬/諸宗

**靈峰蕅益大師選定淨土十要十卷**　(清)釋智旭輯　(清)釋成時評點節略　民國二十三年(1934)佛學書局鉛印本　一冊

330000－1704－0013853　014610　史部/傳記類/總傳之屬/家乘

**[浙江溫州]鹿城徐氏宗譜不分卷**　民國抄本　一冊

330000－1704－0013855　014574　史部/傳記類/日記之屬

**麻允迪日記一卷**　麻允迪撰　稿本　一冊

330000－1704－0013856　014577　集部/別集類

**涴垞雜纂一卷**　張組成撰　稿本　一冊

330000－1704－0013860　014576　子部/藝術類/書畫之屬/法帖

**宋拓顏魯公大麻姑仙壇記不分卷**　(唐)顏真卿撰並書　民國十四年(1925)有正書局石印本　一冊

330000－1704－0013863　013989　史部/地理類/方志之屬/郡縣志

**[民國]平陽縣志九十八卷首一卷**　王理孚修　符璋纂　張翯等測繪　民國十四年至十五年(1925－1926)刻本　十冊　存三十二卷(九至十一、十七至十八、二十二至三十一、四十五至四十七、八十五至九十八)

330000－1704－0013866　014110　集部/別集類

**慎江草堂詩四卷**　黄迂撰　民國十三年(1924)鉛印本　二冊

330000－1704－0013867　014111　集部/別集類

**慎江草堂詩四卷**　黄迂撰　民國十三年(1924)鉛印本　二冊

330000－1704－0013868　014622　新學/理學/文學

**中國法制史不分卷**　程樹德撰　民國鉛印本　一冊

330000－1704－0013870　014623　子部/藝術類/書畫之屬/法帖

**翁松禪墨蹟十集**　(清)翁同龢書　民國二十二年(1933)上海商務印書館影印本　一冊　存一集(九)

330000－1704－0013873　014624　集部/別集類/清別集

**籀高遺文二卷**　(清)孫詒讓撰　陳準輯　民國石印本　一冊　存一卷(二)

330000－1704－0013874　014112　集部/別集類

**慎江草堂詩四卷**　黄迂撰　民國十三年(1924)鉛印本　二冊

330000－1704－0013875　013989－1　史部/地理類/方志之屬/郡縣志

**[民國]平陽縣志九十八卷首一卷**　王理孚修　符璋纂　張翯等測繪　民國十四年至十五年(1925－1926)刻本　四冊　存十五卷(二十八至三十一、四十八至五十一、七十七至八十、九十六至九十八)

330000－1704－0013876　014113　集部/別集類

**慎江草堂詩四卷**　黄迂撰　民國十三年(1924)鉛印本　一冊

330000－1704－0013879　014114　集部/別集類

**慎江草堂詩四卷**　黄迂撰　民國十三年(1924)鉛印本　一冊　存二卷(一至二)

330000－1704－0013885　014115　集部/別集類

**慎江草堂詩四卷**　黄迂撰　民國十三年(1924)鉛印本　二冊

330000－1704－0013886　013989－2　史部/地理類/方志之屬/郡縣志

**[民國]平陽縣志九十八卷首一卷**　王理孚修　符璋纂　張翥等測繪　民國十四年至十五年(1925－1926)刻本　十四册　存四十卷(一至四、十二至二十七、三十二至三十七、五十二至六十二、八十九至九十一)

330000－1704－0013888　014716　集部/總集類/郡邑之屬

**永嘉詩人祠堂叢刻十四種**　冒廣生輯　民國四年(1915)如皋冒氏刻本　八册　存十三種

330000－1704－0013891　013989－3　史部/地理類/方志之屬/郡縣志

**[民國]平陽縣志九十八卷首一卷**　王理孚修　符璋纂　張翥等測繪　民國十四年至十五年(1925－1926)刻本　一册　存四卷(三十八至四十一)

330000－1704－0013892　014717　史部/地理類/雜志之屬

**甌江小記一卷**　(清)郭鍾岳撰　民國抄本　一册

330000－1704－0013894　013989－4　史部/地理類/方志之屬/郡縣志

**[民國]平陽縣志九十八卷首一卷**　王理孚修　符璋纂　張翥等測繪　民國十四年至十五年(1925－1926)刻本　一册　存三卷(四十二至四十四)

330000－1704－0013896　014628　史部/政書類/公牘檔冊之屬

**溫屬圖書館文稿一卷**　王毓英撰　稿本　一册

330000－1704－0013898　014629　史部/目録類/專録之屬

**景印國藏善本叢刊樣本不分卷**　景印國藏善本叢刊委員會編　民國二十六年(1937)商務印書館鉛印本暨影印本　一册

330000－1704－0013899　013989－5　史部/地理類/方志之屬/郡縣志

**[民國]平陽縣志九十八卷首一卷**　王理孚修　符璋纂　張翥等測繪　民國十四年至十五年(1925－1926)刻本　一册　存四卷(三十八至四十一)

330000－1704－0013900　013990　史部/地理類/方志之屬/郡縣志

**[民國]平陽縣志九十八卷首一卷**　王理孚修　符璋纂　張翥等測繪　民國十四年至十五年(1925－1926)刻本　二十八册　缺六卷(十七至十八、三十八至四十一)

330000－1704－0013903　014718　經部/書類/傳說之屬

**尚書駢枝一卷**　(清)孫詒讓撰　民國鉛印本　一册

330000－1704－0013905　014117　史部/地理類/山川之屬/山志

**仙巖山志八卷**　張揚撰　**仙巖近人詩録一卷**　姚琮等撰　民國二十二年(1933)籀經樓鉛印本　二册　存三卷(七至八、仙巖近人詩録)

330000－1704－0013910　014632　史部/目録類/總録之屬/官修

**浙江公立圖書館附設印行所書目不分卷**　浙江公立圖書館編　民國九年(1920)刻本　一册

330000－1704－0013914　014782　集部/總集類/郡邑之屬

**瑞安詩存四卷**　(清)金正聲編　民國抄本　二册

330000－1704－0013916　014783　集部/別集類

**惺園文鈔二卷詩鈔一卷**　王式一撰　民國二十四年(1935)鉛印本　二册

330000－1704－0013920　014789　集部/別集類

**秋心集二卷**　陳夢麟撰　民國三十四年(1945)鉛印本　二册

330000－1704－0013923　014636　子部/醫

家類/方書之屬/單方驗方
**增評醫方集解二十三卷**　(清)汪昂輯　(清)費伯雄評　民國石印本　二冊　存十三卷(四至九、十五至二十一)

330000－1704－0013927　014790　集部/別集類
**運甓齋詩集一卷**　許炳藜撰　民國十八年(1929)永嘉仲蘭印刷社石印本　一冊

330000－1704－0013929　014638　子部/醫家類/溫病之屬
**溫病條辨六卷首一卷**　(清)吳瑭撰　民國石印本　一冊　存三卷(四至六)

330000－1704－0013930　014792　集部/總集類/氏族之屬
**守約堂遺詩彙鈔三卷**　潘鍾華輯　民國十四年(1925)潘鍾華刻本　一冊

330000－1704－0013931　014793　集部/別集類/清別集
**甕雲草堂詩稿五卷**　(清)黃漢撰　民國永嘉黃氏敬鄉樓抄本　楊紹廉題簽並記　二冊

330000－1704－0013932　014121　集部/總集類/郡邑之屬
**永嘉詩人祠堂叢刻十四種**　冒廣生輯　民國四年(1915)如皋冒氏刻本　一冊　存一種

330000－1704－0013934　014794　集部/別集類/清別集
**女書癡存稿一卷**　(清)錢蕙纕撰　民國永嘉黃氏敬鄉樓抄本　楊紹廉題簽並批　一冊

330000－1704－0013937　014795　子部/宗教類/佛教之屬
**輔行記校注一卷**　楊嘉撰　民國永嘉黃氏敬鄉樓抄本　楊紹廉題簽　劉承幹題跋　一冊

330000－1704－0013938　014122　史部/目録類/總録之屬/官修
**舊溫屬圖書館初編書目不分卷**　舊溫屬圖書館編　民國舊溫屬圖書館石印本　一冊

330000－1704－0013939　014796　史部/傳記類/別傳之屬/年譜
**陳文節公[傅良]年譜一卷**　(清)孫鏘鳴編　民國永嘉黃氏敬鄉樓抄本　楊紹廉題簽並記　一冊

330000－1704－0013940　014123　史部/傳記類/總傳之屬/忠孝
**浙江溫州府永嘉縣紳民烈女忠義録不分卷**　民國十二年(1923)油印本　一冊

330000－1704－0013941　014725　新學/醫學/內科
**肺癆中西合纂二卷**　虞紹堯撰　民國二十六年(1937)溫州新墨林鉛印本　一冊

330000－1704－0013942　014726　集部/別集類
**合山詩鈔五卷**　陸壽人撰　民國十一年(1922)溫州陸壽人石印本　一冊　存三卷(三至五)

330000－1704－0013943　014797　集部/別集類/元別集
**青華集四卷**　(元)史伯璿撰　民國永嘉黃氏敬鄉樓抄本　楊紹廉題簽並記　一冊

330000－1704－0013944　014727　集部/別集類/清別集
**花萼樓集六卷**　(清)周天錫撰　(清)周長濬輯　民國抄本　一冊　缺一卷(五)

330000－1704－0013954　014124　類叢部/叢書類/彙編之屬
**墨香簃叢編六種**　楊嘉編　民國石印本　二冊

330000－1704－0013955　014798　集部/別集類/清別集
**八囍齋隨筆一卷**　(清)潘祖蔭撰　李少微編　民國二十五年(1936)鉛印本　一冊

330000－1704－0013956　014799　集部/別集類
**游大羅山雜作一卷**　王榮年撰　民國鉛印本　一冊

330000－1704－0013958　013991　史部/傳記類/總傳之屬
**浙江第十中學校同學録一卷**　民國鉛印本　一册

330000－1704－0013959　014125　類叢部/叢書類/彙編之屬
**墨香簃叢編六種**　楊嘉編　民國石印本　二册

330000－1704－0013960　014729　史部/傳記類/别傳之屬/事狀
**伍菊軒哀輓録一卷**　民國八年(1919)伍氏石印本　一册

330000－1704－0013962　014731　經部/大戴禮記類/傳説之屬
**大戴禮記斠補三卷**　(清)孫詒讓撰　民國三年(1914)瑞安廣明印刷所石印本　孫延撰題記　三册

330000－1704－0013965　014801　集部/戲劇類/傳奇之屬
**鐵冠圖一卷**　民國三十年(1941)北京國劇學會崑曲研究會石印本　一册

330000－1704－0013966　014646　子部/雜著類/雜説之屬
**諸子哲學不分卷**　陳㦤宸撰　民國油印本　一册

330000－1704－0013967　014802　子部/小説家類/異聞之屬
**岐海璅譚十六卷**　(明)姜準撰　民國永嘉黄氏敬鄉樓抄本　黄群批　四册

330000－1704－0013968　014732　子部/墨家類
**墨子閒詁十五卷目録一卷附録一卷後語二卷**　(清)孫詒讓撰　民國成都昌福公司鉛印本　八册

330000－1704－0013970　014803　集部/别集類/清别集
**翠微山房詩稿四卷**　(清)金璋撰　民國永嘉黄氏敬鄉樓抄本　一册

330000－1704－0013971　014647　類叢部/叢書類/自著之屬
**繼述堂全集四種**　王毓英撰　民國十一年(1922)温州石印本　二册　缺三卷(文鈔一至二、附録)

330000－1704－0013973　014733　史部/傳記類/别傳之屬/年譜
**陳介石先生[㦤宸]年譜不分卷**　陳謐編　民國二十三年(1934)甌風社鉛印本　二册

330000－1704－0013982　014735　集部/别集類/清别集
**藕華園詩二卷**　(清)釋德立撰　民國戴家祥抄本　楊紹廉校　一册

330000－1704－0013985　014650　集部/總集類/氏族之屬
**守約堂遺詩彙鈔三卷**　潘鍾華輯　民國十四年(1925)潘鍾華刻本　一册

330000－1704－0013987　014804　史部/詔令奏議類/奏議之屬
**李給諫奏議一卷**　(明)李維樾撰　民國抄本　一册

330000－1704－0013989　014805　集部/總集類/氏族之屬
**閣巷陳氏清穎一源集二卷**　(宋)陳供等撰　(元)裴庾選集　(明)吴論等續選　民國戴家祥抄本　二册

330000－1704－0013990　014736　集部/總集類/題詠之屬
**安固二忠詩一卷**　(清)戴威弼輯　民國五年(1916)張祖承石印本　一册

330000－1704－0013992　善000085　經部/小學類/文字之屬/説文
**轉注淺説一卷**　許篤仁撰　稿本　一册

330000－1704－0013993　014737　集部/别集類
**厚莊文鈔三卷詩鈔二卷**　劉紹寬撰　民國八年(1919)刻本　二册

330000－1704－0013994　014806　集部/别集類/清别集

**花萼樓集六卷**　（清）周天錫撰　（清）周長濬輯　民國永嘉黄氏敬鄉樓抄本　一册

330000－1704－0013995　014807　集部/總集類

**惜硯録三卷**　（清）林用光編　民國戴家祥抄本　一册

330000－1704－0013996　014738　類叢部/叢書類/郡邑之屬

**括蒼叢書第一集八種**　劉燿東編　民國二十七年（1938）鉛印本（原缺滑疑集詩卷二）　劉耀東題記　二册　存一種

330000－1704－0014002　014651　史部/目録類/總録之屬/地方

**温州經籍志三十三卷首一卷外編二卷辨誤一卷**　（清）孫詒讓撰　民國十年（1921）浙江公立圖書館刻本　十五册　缺三卷（首、一至二）

330000－1704－0014003　014809　集部/别集類

**運甓齋詩集一卷**　許炳藜撰　民國十八年（1929）永嘉仲蘭印刷社石印本　一册

330000－1704－0014004　014739　子部/小説家類/瑣語之屬

**岐海瑣譚集十六卷**　（明）姜準輯　民國二十五年（1936）浙江省永嘉區徵輯鄉先哲遺著委員會鉛印本　四册

330000－1704－0014006　013996　史部/傳記類/别傳之屬/事狀

**夏静山訃告不分卷**　夏鼎新撰　民國温州仿宋局鉛印本　一册

330000－1704－0014007　014811　集部/總集類/酬唱之屬

**秋社聯吟草一卷**　黄夢香撰　民國三年（1914）石印本　一册

330000－1704－0014008　014652　集部/詩文評類/詩評之屬

**南濠詩話一卷**　（明）都穆撰　**麓堂詩話一卷**　（明）李東陽撰　民國抄本　一册

330000－1704－0014018　014655　集部/别集類

**飛情閣集四卷**　黄光撰　民國三十八年（1949）鉛印本　三册

330000－1704－0014020　014656　集部/别集類

**飛情閣集四卷**　黄光撰　民國鉛印本　二册　缺一卷（飛情閣詩鈔）

330000－1704－0014024　014813　類叢部/叢書類/自著之屬

**獨見曉齋叢書□□種**　陳懷撰　民國十四年（1925）潁川書舍刻本　一册　存一種

330000－1704－0014028　014815　集部/别集類

**李子瑾文録二卷附書一卷**　李瑜撰　民國二十三年（1934）鉛印本　一册

330000－1704－0014030　014004　集部/别集類

**惺園文鈔二卷詩鈔一卷**　王式一撰　民國二十四年（1935）鉛印本　一册　存二卷（一至二）

330000－1704－0014031　014657　集部/别集類

**羅陽選勝録一卷**　黄體敬撰　民國二十二年（1933）温州務本印書局石印本　一册

330000－1704－0014032　014658　集部/别集類

**羅陽選勝録一卷**　黄體敬撰　民國二十二年（1933）温州務本印書局石印本　一册

330000－1704－0014040　014660　集部/别集類

**湫漻齋吟草一卷**　陳葆善撰　民國六年（1917）石印本　一册

330000－1704－0014045　014661　集部/别集類

林間禪餘集三卷楹聯一卷　釋授覺撰　民國七年(1918)溫州雲鮮石印本　一册

330000－1704－0014049　014662　集部/别集類

林間禪餘集三卷楹聯一卷　釋授覺撰　民國七年(1918)溫州務本石印本　一册

330000－1704－0014051　014134　史部/傳記類/别傳之屬/事狀

家君七秩壽言録一卷　民國五年(1916)石印本　一册

330000－1704－0014054　014663　史部/史評類/詠史之屬

三國志樂府一卷補遺一卷　宋慈褒撰　民國六年(1917)油印本　一册

330000－1704－0014056　014748　類叢部/叢書類/彙編之屬

甌風雜誌彙刊　甌風社編　民國鉛印本　十七册　存二十九種

330000－1704－0014058　014819　集部/别集類

湫漻齋吟草一卷　陳葆善撰　民國六年(1917)石印本　一册

330000－1704－0014059　014820　集部/别集類

湫漻齋吟草一卷　陳葆善撰　民國石印本　一册

330000－1704－0014060　014135　史部/傳記類/别傳之屬/事狀

永嘉陳子萬先生七十徵文啟一卷　劉紹寬等撰　民國鉛印本　一册

330000－1704－0014062　014822　集部/别集類

木庵甲集一卷　陳謐撰　民國油印本　一册

330000－1704－0014063　014823　集部/别集類

運甓齋詩集一卷　許炳藜撰　民國十八年(1929)永嘉仲蘭印刷社石印本　一册

330000－1704－0014065　014665　集部/别集類

鐵騎心聲集不分卷　葉邁撰　民國三十七年(1948)鉛印本　一册

330000－1704－0014066　善000093　史部/金石類/甲骨之屬/文字

殷墟書契釋文前編二卷後編二卷　王國維撰　民國戴家祥抄本　三册　缺一卷(後編二)

330000－1704－0014067　善000094　史部/金石類/甲骨之屬/文字

殷墟書契前編集釋八卷　葉玉森撰　民國二十三年(1934)大東書局影印本　八册

330000－1704－0014070　014749　子部/雜著類/雜説之屬

東谷所見一卷　(宋)李之彦撰　民國戴家祥抄本　一册

330000－1704－0014071　014666　子部/小説家類/異聞之屬

歧海瑣談十六卷　(明)姜準撰　民國戴家祥抄本　楊紹廉批　八册

330000－1704－0014072　善000095　史部/金石類/金之屬/文字

毛公鼎斠釋一卷　張之綱撰　民國二十三年(1934)上海鉛印本　夏鼐批　一册

330000－1704－0014073　014751　經部/易類/傳説之屬

干常侍易注疏證一卷　(晉)干寶注　(清)方成珪疏證　民國黄氏敬鄉樓抄本　劉紹寬批　一册

330000－1704－0014076　014669　史部/傳記類/别傳之屬/年譜

陳文節公[傅良]年譜一卷　(清)孫鏘鳴編　民國抄本　楊紹廉批校　一册

330000－1704－0014077　014139　史部/傳記類/别傳之屬/事狀

徐公駿聲哀啟行述一卷　徐聖滿　李超英撰　民國二十二年(1933)美本公記石印本　一册

330000－1704－0014079　014670　集部/別集類

**四益宧駢文稿二卷**　孫德謙撰　吴丕績編　民國二十五年(1936)上海吴丕績雙梧館鉛印本　蔣震寰題記　一册

330000－1704－0014083　014824　集部/別集類/明別集

**槐陰集一卷**　(明)王毓撰　民國戴家祥抄本　一册

330000－1704－0014085　014671　史部/地理類/遊記之屬/紀行

**鄉國補游記三卷**　林甄宇撰　民國六年(1917)永嘉林氏刻本　一册

330000－1704－0014088　014140　史部/政書類/公牘檔册之屬

**選録民國日報不分卷**　民國抄本　一册

330000－1704－0014089　014672　史部/地理類/遊記之屬/紀行

**鄉國補游記三卷**　林甄宇撰　民國六年(1917)永嘉林氏刻本　一册

330000－1704－0014093　014752　集部/別集類

**厚莊文鈔三卷詩鈔二卷**　劉紹寬撰　民國八年(1919)刻本　一册　缺二卷(文鈔一至二)

330000－1704－0014095　014753　集部/別集類

**厚莊文鈔三卷詩鈔二卷**　劉紹寬撰　民國八年(1919)刻本　一册　缺二卷(文鈔一至二)

330000－1704－0014098　014754　集部/別集類

**浴日樓詩選二卷**　項驤撰　民國二十五年(1936)鉛印本　一册

330000－1704－0014100　014755　集部/別集類

**浴日樓詩選二卷**　項驤撰　民國二十五年(1936)鉛印本　一册

330000－1704－0014101　014141　集部/小説類/長篇之屬

**燕山外史□□卷**　(清)陳球撰　民國抄本　一册　存三卷(一至三)

330000－1704－0014102　014674　史部/傳記類/別傳之屬/事狀

**[楊嘉]哀輓録一卷**　民國石印本　一册

330000－1704－0014104　014675　史部/傳記類/總傳之屬/家乘

**[□□]環川王氏自治譜略三卷**　王毓英撰　民國十年(1921)溫州務本石印本　一册

330000－1704－0014106　014756　集部/總集類/酬唱之屬

**華蓋精舍題襟録一卷**　胡惟賢等撰　民國十一年(1922)鉛印本　一册

330000－1704－0014108　014834　經部/小學類/文字之屬/説文

**説文解字古文疏證一卷**　李杲撰　民國二十六年(1937)刻本　一册

330000－1704－0014112　014676　史部/傳記類/總傳之屬/家乘

**[□□]環川王氏自治譜略三卷**　王毓英撰　民國十年(1921)溫州務本石印本　一册

330000－1704－0014115　014016　集部/總集類/氏族之屬

**守約堂駢文彙鈔四卷**　潘鍾華輯　民國二十六年(1937)鉛印本　一册

330000－1704－0014119　014835　經部/小學類/文字之屬/説文/傳説

**説文解字詁林提要一卷**　丁福保編　民國十七年(1928)上海醫學書局石印本　一册

330000－1704－0014121　014142　集部/別集類

**補學齋詩鈔四卷文鈔二卷**　胡調元撰　民國鉛印本　劉耀東題記　一册

330000－1704－0014124　014143　集部/總集類/酬唱之屬

**百日酬唱録二卷**　林襟宇編　民國三年

(1914)永嘉林氏刻本　一冊

330000－1704－0014128　014760　史部/地理類/山川之屬/山志
**南雁蕩山志十三卷首一卷**　周喟編　民國七年(1918)瑞安戴氏詠古齋刻本　四冊

330000－1704－0014131　014761　史部/雜史類/通代之屬
**中國近百年史要□□卷**　陳懷　陳衡哲編　民國鉛印本　一冊　存一卷(上)

330000－1704－0014133　014762　子部/宗教類/佛教之屬/經
**華嚴經十地品第二地章不分卷**　(唐)釋實叉難陀譯　釋演音書　民國二十二年(1933)佛學書局影印本　一冊

330000－1704－0014138　000815　子部/術數類/命書相書之屬
**神相彙編四卷**　(清)高鼎玉輯　民國抄本　一冊

330000－1704－0014140　014763　類叢部/叢書類/彙編之屬
**景印元明善本叢書十種**　商務印書館編　民國二十六年至二十九年(1937－1940)上海商務印書館影印本　泫蘇生題記　十二冊　存一種

330000－1704－0014141　014681　史部/傳記類/別傳之屬/事狀
**黄慧增居士往生紀念冊不分卷**　渾渾山人等編　民國二十二年(1933)上海中華書局鉛印本　一冊

330000－1704－0014149　014021　經部/小學類/文字之屬
**字音正誤不分卷字衡不分卷**　戴炳驄輯　**連文釋義不分卷**　(清)王言輯註　稿本　一冊

330000－1704－0014150　014685　集部/別集類
**墨庵駢文甲集一卷補一卷**　宋慈裒撰　民國十年(1921)瑞安刻本　一冊

330000－1704－0014152　014841　子部/宗教類/佛教之屬/諸宗
**印光法師文鈔二卷附録一卷**　釋聖量撰　民國十年(1921)上海商務印書館鉛印本　二冊

330000－1704－0014153　014842　子部/醫家類/類編之屬
**六醴齋醫書十種**　(清)程永培輯　民國十四年(1925)上海千頃堂石印本　八冊　存七種

330000－1704－0014155　014844　集部/別集類/金別集
**元遺山詩集箋注十四卷**　(金)元好問撰　(元)張德輝類次　(清)施國祁箋　**元遺山詩集箋注年譜一卷**　(清)施國祁訂　**元遺山全集附録一卷**　(明)儲瓘輯　(清)華希閔增　**元遺山全集補載一卷**　(清)施國祁輯　民國七年(1918)掃葉山房石印本　八冊

330000－1704－0014157　014686　集部/別集類
**墨庵駢文甲集一卷補一卷**　宋慈裒撰　民國十年(1921)瑞安刻本　一冊

330000－1704－0014158　014846　集部/別集類/宋別集
**王臨川全集二十四卷**　(宋)王安石撰　民國十九年(1930)上海掃葉山房石印本　十二冊

330000－1704－0014160　014146　集部/別集類/清別集
**硯耕堂詩草七卷**　(清)項鳴呵撰　民國油印本　一冊

330000－1704－0014163　014147　集部/別集類/清別集
**硯耕堂詩草七卷**　(清)項鳴呵撰　民國油印本　一冊

330000－1704－0014167　014693　集部/別集類
**蜕盦賸稿六卷**　符璋撰　民國三年(1914)甌江鉛印本　一冊　存三卷(一至三)

330000－1704－0014170　014849　子部/醫家類/兒科之屬/痘疹

**種痘新書十二卷**　（清）張琰編　民國元年（1912）上海江東書局石印本　一册

330000－1704－0014175　014766　子部/雜著類/雜考之屬

**籀廎述林十卷**　（清）孫詒讓撰　民國五年（1916）刻本　四册

330000－1704－0014177　014767　類叢部/叢書類/郡邑之屬

**括蒼叢書第一集八種**　劉燿東編　民國二十七年（1938）鉛印本（原缺滑疑集詩卷二）　十四册　存七種

330000－1704－0014178　014851　子部/叢編

**子書三十六種**　民國上海育文書局石印本　四册　存一種

330000－1704－0014179　021874　集部/诗文评类/诗评之属

**從所好齋詩鈔一卷**　民國十八年（1929）符璋抄本　一册

330000－1704－0014181　014852　子部/醫家類/傷寒金匱之屬/傷寒論

**傷寒瘟疫條辯六卷**　（清）楊璿撰　（清）楊鼎編　民國上海江東書局石印本　四册

330000－1704－0014186　善000113　經部/小學類/訓詁之屬/方言

**甌海方言一卷**　楊紹廉撰　民國永嘉黄氏敬鄉樓抄本　一册

330000－1704－0014190　014937　類叢部/叢書類/彙編之屬

**四部備要**　中華書局編　民國二十五年（1936）上海中華書局鉛印本（原缺經義考卷二百八十六、二百九十九至三百，東塾讀書記十三至十四、十七至二十、二十三至二十五）　一册　存一種

330000－1704－0014192　014873　子部/雜著類/雜説之屬

**潛書二卷**　（清）唐甄撰　（清）王聞遠編　民國上海大經綸書局石印本　二册

330000－1704－0014193　014027　史部/目録類/總録之屬/私撰

**溫州徐氏秋桐館藏書贈存溫州圖書館書目一卷**　徐錫昌藏　民國抄本　一册

330000－1704－0014199　014030　史部/傳記類/別傳之屬/年譜

**太鶴山人［端木國瑚］年譜一卷**　（清）端木百禄撰　陳謐補輯　民國二十二年（1933）甌風社鉛印本　張宗㢝題記　一册

330000－1704－0014203　014031　史部/雜史類/斷代之屬

**方國珍寇溫始末不分卷**　（清）葉嘉棆撰　劉紹寬增訂　民國十八年（1929）甌風社鉛印本　一册

330000－1704－0014205　014771　子部/小說家類/瑣語之屬

**雜抄一卷**　民國抄本　一册

330000－1704－0014206　014032　子部/宗教類/道教之屬

**圜堂功課不分卷**　民國二十九年（1940）溫州李新華石印局石印本　一册

330000－1704－0014216　014034　經部/小學類/訓詁之屬

**詞語彙釋不分卷**　民國抄本　一册

330000－1704－0014217　014035　史部/傳記類/別傳之屬/事狀

**宋侍郎胡忠佑公事跡録一卷**　程鳳山輯　民國十年（1921）朱文釗刻本　一册

330000－1704－0014218　014036　子部/雜著類/雜說之屬

**草木子四卷**　（明）葉子奇輯　民國抄本　一册

330000－1704－0014222　014037　史部/傳記類/別傳之屬/事狀

**樂清徐氏母子哀輓録不分卷**　民國五年（1916）杭州興業印書局鉛印本　一册

330000－1704－0014223　014151　集部/總

集類/氏族之屬
**守約堂駢文彙鈔四卷** 潘鍾華輯 民國二十六年(1937)鉛印本 一冊

330000-1704-0014224 014858 類叢部/類書類/專類之屬
**佩文韻府一百六卷索隱一卷** (清)張玉書等輯 **韻府拾遺一百六卷** (清)汪灝等輯 民國上海掃葉山房石印本 六十冊

330000-1704-0014228 014859 類叢部/叢書類/彙編之屬
**四部備要** 中華書局編 民國二十五年(1936)上海中華書局鉛印本(原缺經義考卷二百八十六、二百九十九至三百,東塾讀書記十三至十四、十七至二十、二十二至二十五) 十冊 存五種

330000-1704-0014229 014860 集部/曲類/散曲之屬
**楊升庵夫婦散曲八卷** 任訥編 民國十八年(1929)上海商務印書館鉛印本 一冊

330000-1704-0014230 014861 類叢部/叢書類/彙編之屬
**四部叢刊** 張元濟等編 民國上海商務印書館影印本 二冊 存一種

330000-1704-0014232 014862 集部/曲類/曲選之屬
**元曲别裁集二卷** 盧前編 民國十七年(1928)上海開明書店鉛印本 一冊

330000-1704-0014237 014867 子部/宗教類/佛教之屬
**增修歷史感應統紀四卷首一卷** 許止淨編纂 民國十九年(1930)鉛印本 一冊 缺三卷(二至四)

330000-1704-0014238 014039 集部/别集類
**李子瑾文録二卷附書一卷** 李瑜撰 民國二十三年(1934)鉛印本 一冊

330000-1704-0014239 014157 集部/别集類/清别集
**茹古軒詩鈔四卷** (清)徐乃康撰 民國三年(1914)欒城精華五彩石印局石印本 二冊

330000-1704-0014240 014868 集部/别集類/宋别集
**六一居士文集五卷外集録一卷** (宋)歐陽修撰 民國二年(1913)上海會文堂書局石印本 五冊

330000-1704-0014241 014869 子部/小說家類/諧謔之屬
**遣愁集十四卷** (清)張貴勝纂輯 民國上海商務印書館鉛印本 六冊 存十卷(一至十)

330000-1704-0014242 014158 集部/别集類/清别集
**茹古軒詩鈔四卷** (清)徐乃康撰 民國三年(1914)欒城精華五彩石印局石印本 一冊 存二卷(三至四)

330000-1704-0014243 014040 集部/别集類
**嘯園雪鴻吟一卷** 盧敏撰 民國二十四年(1935)溫州民智印書局鉛印本 一冊

330000-1704-0014246 014871 集部/總集類/彙編之屬
**當代八家文鈔** 胡君復編 民國鉛印本 十六冊 存七種

330000-1704-0014249 014939 子部/醫家類/溫病之屬/瘟疫
**加評溫病條辨六卷首一卷** (清)吳瑭撰 陸士諤評 民國十九年(1930)神州醫學編輯社石印本 二冊

330000-1704-0014251 014145 史部/政書類/公牘檔冊之屬
**民國時期各省任用人員考試試題不分卷** 民國抄本 一冊

330000-1704-0014252 014874 子部/術數類/命書相書之屬
**三命通會十二卷** (明)萬民英撰 民國石印本 二冊 存六卷(四至六、十至十二)

330000－1704－0014254　014936　新學/全體學

**英醫合信氏全體新論疏證二卷**　張壽頤撰　民國十六年(1927)蘭谿中醫學校鉛印本　一冊

330000－1704－0014256　014152　史部/傳記類/日記之屬

**厲聖溢日記不分卷(民國□□年一月十五日至三月三十一日)**　厲聖溢撰　稿本　徐雄李家鼒批　一冊

330000－1704－0014258　014026　史部/目録類

**佛學圖書目録不分卷**　民國抄本　一冊

330000－1704－0014259　014876　子部/叢編

**子書四十八種**　五鳳樓主人輯　民國九年(1920)上海五鳳樓石印本　五冊　存四種

330000－1704－0014261　014153　子部/藝術類/書畫之屬/法帖

**趙文敏福神觀記一卷**　(元)趙孟頫書　民國十五年(1926)上海文明書局影印本　一冊

330000－1704－0014262　014943　子部/藝術類/書畫之屬/書法書品

**海日樓遺墨一卷**　沈曾植書　民國石印本　一冊

330000－1704－0014263　014042　集部/別集類/清別集

**琺研砻吟艸不分卷**　(清)方成珪撰　民國戴家祥抄本　戴家祥批　一冊

330000－1704－0014265　014043　新學/理學/文學

**中國大學講義**　林損撰　民國鉛印本　一冊　存一種

330000－1704－0014266　014877　子部/墨家類

**墨子閒詁十五卷目録一卷附録一卷後語二卷**　(清)孫詒讓撰　民國上海商務印書館影印本　一冊　存三卷(七至九)

330000－1704－0014267　014945　集部/別集類/明別集

**張蒼水集二卷附録一卷**　(明)張煌言撰　民國鉛印本　二冊

330000－1704－0014268　014878　子部/儒家類/儒學之屬/經濟

**說苑二十卷**　(漢)劉向撰　民國上海涵芬樓鉛印本　三冊　存十五卷(一至十五)

330000－1704－0014269　014046　集部/別集類/清別集

**朗齋遺草一卷**　(清)瞿霽春撰　民國十年(1921)瞿氏石印本　一冊

330000－1704－0014272　014154、014156　類叢部/叢書類/自著之屬

**繼述堂全集四種**　王毓英撰　民國十一年(1922)溫州石印本　二冊　缺三卷(文鈔一至二、附録)

330000－1704－0014274　014048　集部/別集類/清別集

**荔扉孤鳴集二卷**　(清)師範撰　民國鉛印本　一冊

330000－1704－0014275　014155　類叢部/叢書類/自著之屬

**繼述堂全集四種**　王毓英撰　民國十一年(1922)溫州石印本　一冊　存三種

330000－1704－0014277　014946　子部/藝術類/書畫之屬

**拜李樓遺墨不分卷**　溫匋繪　民國十九年(1930)影印本　一冊

330000－1704－0014279　014947　子部/藝術類/書畫之屬/法帖

**鄭蘇戡書南唐集字一卷**　鄭孝胥書　民國二年(1913)上海商務印書館影印本　一冊

330000－1704－0014280　001979　子部/醫家類/綜合之屬/合刻、合抄

**景岳全書六十四卷**　(明)張介賓撰　民國八年(1919)上海育文書局石印本　十六冊

330000－1704－0014283　014948　類叢部/叢書類/彙編之屬

**四部備要**　中華書局編　民國二十五年(1936)上海中華書局鉛印本(原缺經義考卷二百八十六、二百九十九至三百,東塾讀書記十三至十四、十七至二十、二十二至二十五)　一册　存一種

330000－1704－0014284　014056　史部/政書類/儀制之屬/雜禮

**江心寺春秋祭祀不分卷**　民國抄本　單抯俊題記　一册

330000－1704－0014289　014949　類叢部/叢書類/彙編之屬

**四部備要**　中華書局編　民國二十五年(1936)上海中華書局鉛印本(原缺經義考卷二百八十六、二百九十九至三百,東塾讀書記十三至十四、十七至二十、二十二至二十五)　三册　存一種

330000－1704－0014297　014057　史部/政書類

**擬訂喪葬條規約略不分卷**　民國孫宣抄本　一册

330000－1704－0014305　014058　集部/別集類/元別集

**不繫舟漁集十六卷**　(元)陳高撰　民國鉛印本　二册　存九卷(五至九、十三至十六)

330000－1704－0014307　014954　史部/目録類/總録之屬/官修

**浙江公立圖書館通常類圖書目録五卷附保存類圖書目録補遺一卷**　浙江公立圖書館編　民國十四年(1925)浙江公立圖書館鉛印本　一册　存一卷(一)

330000－1704－0014308　014972　史部/雜史類/通代之屬

**宋遼金元史不分卷**　張星烺編　民國鉛印本　二册

330000－1704－0014317　014061　集部/總集類/彙編之屬

**慎社第一集文録一卷詩録一卷詞録一卷第二集文録一卷詩録一卷詞録一卷附録一卷第三集文録一卷詩録一卷詞録一卷第四集文録一卷詩録一卷詞録一卷**　永嘉慎社編　民國九年(1920)、十一年(1922)永嘉慎社石印本　二册

330000－1704－0014319　014975　史部/政書類/儀制之屬/專志/科舉校規

**清代殿試考略一卷**　傅增湘輯　**臚傳紀事一卷**　(清)繆彤撰　**藏園藏卷目録一卷**　民國二十二年(1933)天津大公報社鉛印本　一册

330000－1704－0014320　善000119　史部/紀傳類/正史之屬

**四史四百十五卷**　劉承幹輯　民國吳興劉氏嘉業堂影宋刻本　三十二册　存一種

330000－1704－0014323　014160　史部/傳記類/別傳之屬/事狀

**季君蟄夫[同]哀輓録一卷**　民國五年(1916)溫州雲鮮印書館石印本　一册

330000－1704－0014330　014064　子部/儒家類/儒學之屬/蒙學

**新刻蒙求不分卷**　民國東甌文華堂刻本　一册

330000－1704－0014333　014977　類叢部/叢書類/彙編之屬

**復性書院叢刊二十七種**　馬浮編　民國二十九年至三十七年(1940－1948)復性書院刻本暨鉛印本　陳驍題記　五册　存一種

330000－1704－0014335　014065　史部/地理類

**樨園雜記不分卷**　童煜輯　稿本　一册

330000－1704－0014336　014066　集部/別集類

**寥天廬詩續鈔二卷首一卷**　宋慈袌撰　民國鉛印本　一册

330000－1704－0014337　014978　史部/目録類/總録之屬/彙刻

**元明善本叢書十種提要一卷**　商務印書館編

民國二十六年(1937)上海商務印書館鉛印本　一冊

330000－1704－0014338　014067　集部/別集類

**飛情閣集四卷**　黄光撰　民國三十八年(1949)鉛印本　一冊　存一卷(飛情閣詩鈔)

330000－1704－0014339　014979　經部/春秋公羊傳類/傳說之屬

**春秋董氏學八卷附傳一卷**　康有爲撰　民國上海大同譯書局刻萬木草堂叢書本　林勉初清張裕釗　林同莊　林皎秋題簽並記　六冊

330000－1704－0014341　014894　類叢部/叢書類/彙編之屬

**復性書院叢刊二十七種**　馬浮編　民國二十九年至三十七年(1940－1948)復性書院刻本暨鉛印本　二冊　存一種

330000－1704－0014342　014163　集部/別集類/清別集

**焦桐山館詩鈔六卷**　(清)蔡英撰　民國六年(1917)溫州務本公司石印本　一冊

330000－1704－0014343　014961　類叢部/叢書類/自著之屬

**崇雅堂叢書十四種**　楊晨撰　民國二十五年(1936)楊紹翰鉛印本　四冊　存一種

330000－1704－0014344　014962　史部/目録類/總録之屬/官修

**文瀾閣恭鈔四庫全書待訪目一卷**　民國鉛印本　一冊

330000－1704－0014350　014964　子部/小說家類/異聞之屬

**燈下閑談二卷**　民國十三年(1924)上海商務印書館鉛印本　一冊

330000－1704－0014351　014981　史部/目録類/總録之屬/官修

**舊溫屬圖書館初編書目不分卷**　舊溫屬圖書館編　民國舊溫屬圖書館石印本　五冊

330000－1704－0014353　014897　經部/詩類/三家詩之屬

**韓詩外傳十卷**　(漢)韓嬰撰　(清)周廷寀校注　**校注拾遺一卷**　(清)周宗杬撰　**補逸一卷**　(清)趙懷玉輯　民國六年(1917)上海商務印書館鉛印本　四冊

330000－1704－0014356　014898　史部/地理類/方志之屬/郡縣志

**[嘉慶]咸寧縣志二十六卷首一卷**　(清)高廷法　(清)沈琮修　(清)陸耀遹　(清)董祐誠纂　民國二十五年(1936)鉛印本　八冊

330000－1704－0014361　014985　經部/詩類/三家詩之屬

**韓詩外傳十卷**　(漢)韓嬰撰　民國涵芬樓鉛印本　二冊

330000－1704－0014363　014986　經部/詩類/三家詩之屬

**韓詩外傳十卷**　(漢)韓嬰撰　民國涵芬樓鉛印本　二冊

330000－1704－0014364　014987　史部/史抄類

**史記菁華録六卷**　(清)姚祖恩輯評　民國九年(1920)上海鴻寶齋石印本　五冊　存五卷(一至五)

330000－1704－0014366　014900　集部/詞類/總集之屬

**閨秀百家詞選十卷**　吳灝輯　民國四年(1915)上海掃葉山房石印本　六冊

330000－1704－0014369　014901　集部/詞類/詞話之屬

**詞辨二卷介存齋論詞雜箸一卷**　(清)周濟編　民國八年(1919)上海掃葉山房石印本　一冊

330000－1704－0014370　014902　子部/儒家類/儒學之屬/蒙學

**龍文鞭影初集二卷**　(明)蕭良有撰　(明)楊臣諍增訂　(清)李恩綬校補　**二集二卷**　(清)李暉吉　(清)徐瓚輯　民國十四年

(1925)上海鴻文書局石印本　二冊　存二卷(初集一至二)

330000－1704－0014373　014989　史部/目録類

**小校經閣金文拓本預約簡章一卷**　民國影印本　一冊

330000－1704－0014374　014903　子部/儒家類/儒學之屬/禮教/女範

**訓女寶箴三卷付刊一卷**　呂咸熙編　民國上海宏大善書局石印本　一冊　缺二卷(一至二)

330000－1704－0014375　014990　史部/目録類

**小校經閣金文拓本預約簡章一卷**　民國影印本　一冊

330000－1704－0014376　014169　類叢部/叢書類/郡邑之屬

**括蒼叢書第二集十二種**　劉燿東編　民國三十七年(1948)鉛印本　三冊　存一種

330000－1704－0014377　014904　子部/雜著類/雜考之屬

**評點百二十子二十六卷補遺十三卷**　(明)歸有光輯　(明)文震孟參訂　民國石印本　一冊　存一卷(評點百二十子十三)

330000－1704－0014378　014991　類叢部/叢書類/自著之屬

**樊諫議集七家注六種**　(唐)樊宗師撰　樊鎮輯　民國八年至十三年(1919－1924)紹興樊氏顣絳書屋刻本　一冊　存一種

330000－1704－0014380　014906　史部/紀傳類/正史之屬

**二十四史附考證**　民國上海涵芬樓據乾隆武英殿本影印本　九十六冊　存一種

330000－1704－0014381　015069　類叢部/叢書類/郡邑之屬

**敬鄉樓叢書三十八種**　黃羣編　民國十七年至二十四年(1928－1935)永嘉黃氏鉛印本　一冊　存一種

330000－1704－0014382　015030　集部/總集類/選集之屬/通代

**新體廣註古文觀止十二卷**　(清)吳乘權　(清)吳大職輯　黃築巖　劉再蘇註釋　民國石印本　一冊　存六卷(一至六)

330000－1704－0014383　014992　集部/總集類/題詠之屬

**羽山聽松圖題詠集一卷**　蔡心齋等撰　民國二十四年(1935)鉛印本　一冊

330000－1704－0014384　015031　新學/學校

**江蘇各校國文成績精華六卷**　鄒登泰評選　民國上海掃葉山房、蘇州振新書社鉛印本　一冊　存一卷(五)

330000－1704－0014386　015070　史部/史評類/詠史之屬

**大梁史事百詠一卷**　馬振波撰　民國三十三年(1944)鉛印本　一冊

330000－1704－0014387　014170　史部/傳記類/别傳之屬/事狀

**瑞安繆仲昭先生哀挽録一卷**　繆執中等撰　民國鉛印本　一冊

330000－1704－0014388　014994　類叢部/叢書類/自著之屬

**崇雅堂叢書十四種**　楊晨撰　民國二十五年(1936)楊紹翰鉛印本　一冊　存一種

330000－1704－0014389　015032　集部/别集類

**復庵書札六卷詩集二卷**　許玨撰　民國鉛印本　一冊　存三卷(書札四至六)

330000－1704－0014390　014908　子部/儒家類/儒學之屬/禮教/家訓

**治家格言繹義一卷**　(清)戴翊清撰　民國十五年(1926)中央刻經院鉛印本　一冊

330000－1704－0014395　015000　子部/醫家類/傷寒金匱之屬/傷寒論

**張仲景傷寒論貫珠集八卷**　(漢)張機撰　(清)尤怡注　民國上海千頃堂書局石印本

張熙題記　一册

330000－1704－0014396　015100　類叢部/叢書類/彙編之屬

**四部叢刊**　張元濟等編　民國上海商務印書館影印本　十六册　存二種

330000－1704－0014397　015001　集部/別集類/明別集

**張蒼水集二卷附録一卷**　（明）張煌言撰　民國鉛印本　二册

330000－1704－0014406　014175　集部/別集類/清別集

**硯耕堂詩草七卷**　（清）項鳴呵撰　民國油印本　一册

330000－1704－0014408　015004　史部/史評類/史論之屬

**中國文化史不分卷**　民國鉛印本　二册

330000－1704－0014414　014905　子部/宗教類/道教之屬/戒律

**陰騭文圖證不分卷**　（清）費丹旭繪圖　（清）許光清集證　民國十八年(1929)石印本　一册

330000－1704－0014417　014907　類叢部/類書類/專類之屬

**格言叢輯二十集**　郁慕俠等輯　民國上海格言叢輯社鉛印本　三册　存三集(一至二、五)

330000－1704－0014418　015007　子部/藝術類/書畫之屬/法帖

**精印初拓行楷法帖大觀**　木石居士藏　民國十九年(1930)上海掃葉山房石印本　張嘉憲題簽　一册　存一種

330000－1704－0014421　014173　子部/藝術類/書畫之屬

**二十種預約樣本一卷**　民國二十三年(1934)上海求古齋書局影印本　南華峰題記　一册

330000－1704－0014422　015006　子部/藝術類/書畫之屬/法帖

**文昌帝君陰騭文一卷**　（清）鄭燮書　民國上海燮記書局石印本　一册

330000－1704－0014424　015008　子部/藝術類/書畫之屬/法帖

**翁覃溪手鈎化度寺碑一卷**　（唐）歐陽詢書　（清）翁方綱重摹　民國上海有正書局影印本　一册

330000－1704－0014428　015009　子部/藝術類/書畫之屬/法帖

**董其昌草書習字帖一卷**　（明）董其昌書　民國五年(1916)上海進步書局石印本　一册

330000－1704－0014431　015010　史部/金石類/石之屬/文字

**初拓刁惠公墓誌一卷**　民國十年(1921)上海有正書局影印本　一册

330000－1704－0014444　015087　集部/別集類

**訒菴詩鈔一卷**　彭敦毅撰　民國十二年(1923)鉛印本　一册

330000－1704－0014447　015039　子部/醫家類/綜合之屬/通論

**御纂醫宗金鑑九十卷首一卷**　（清）吴謙等撰　民國上海啟新書局石印本　五册　存十六卷(三十四至三十八、四十二至四十八、五十二至五十五)

330000－1704－0014449　014920　類叢部/叢書類/郡邑之屬

**湖北先正遺書七十二種七百二十七卷**　盧靖編　民國十二年(1923)沔陽盧氏慎始基齋影印本　六册　存一種

330000－1704－0014452　014181　集部/總集類

**甌隱園社集一卷**　冒廣生等撰　民國油印本　楊紹廉題記　一册

330000－1704－0014455　014922　子部/藝術類/書畫之屬/書法書品

**九成宫集字範本一卷**　商務印書館編　民國三十七年(1948)商務印書館影印本　一册

330000－1704－0014458　015040　子部/醫家類/綜合之屬/通論

**御纂醫宗金鑑九十卷首一卷**　(清)吳謙等撰　民國石印本　一册　存四卷(十七至二十)

330000－1704－0014459　014182　史部/地理類/山川之屬/山志

**南田山志十四卷首一卷**　劉燿東撰　民國二十四年(1935)啓後亭鉛印本　鄭邁題記　三册　存十卷(首,一至五、十一至十四)

330000－1704－0014460　014921　子部/宗教類/佛教之屬/論疏

**成唯識論學記八卷**　(唐)釋太賢撰　民國鉛印本　四册

330000－1704－0014468　015089　集部/别集類

**癭庵詩集一卷外集一卷**　羅惇曧撰　民國十七年(1928)葉恭綽刻本　一册

330000－1704－0014473　015090　集部/别集類/唐五代别集

**樊子一卷**　(唐)樊宗師撰　(元)胡世安輯註　民國九年至十年(1920－1921)紹興樊鎮縣絳書屋刻本　一册

330000－1704－0014475　015042　子部/宗教類/其他宗教之屬/基督教

**聖心王家問答一卷**　民國七年(1918)西灣子雙愛堂鉛印本　一册

330000－1704－0014479　014184　史部/地理類/方志之屬/通志

**重修浙江通志初稿田賦四卷**　浙江省通志館修　余紹宋　孫延釗等纂　民國三十七年(1948)鉛印本　三册

330000－1704－0014489　014185　史部/地理類/山川之屬/山志

**瑞安集雲山志一卷**　(清)金兆珍　(清)金兆奎編　民國二十五年(1936)油印本　金子蘭題記　一册

330000－1704－0014490　014929　子部/儒家類/儒學之屬/俗訓

**格言聯璧不分卷**　(清)金纓輯　民國五年(1916)吳縣徐貞元木活字印本　一册

330000－1704－0014493　014186　史部/地理類/山川之屬/山志

**瑞安集雲山志一卷**　(清)金兆珍　(清)金兆奎編　民國二十五年(1936)油印本　金子蘭題記　一册

330000－1704－0014496　015105　子部/宗教類/佛教之屬/諸宗

**印光法師文鈔選讀二卷**　李圓淨選　民國三十八年(1949)四川威遠中峯寺印書弘化社鉛印本　二册

330000－1704－0014504　014187　史部/地理類/山川之屬/山志

**瑞安集雲山志一卷**　(清)金兆珍　(清)金兆奎編　民國二十五年(1936)油印本　一册

330000－1704－0014507　014925　集部/總集類/選集之屬/通代

**六朝文絜四卷**　(清)許槤輯並評　民國影印本　二册

330000－1704－0014510　014930　集部/總集類/選集之屬/通代

**評選四六法海八卷**　(清)蔣士銓評選　民國上海文瑞樓石印本　□嵩跋　八册

330000－1704－0014512　014188　集部/别集類/清别集

**小麗農山館詩鈔一卷**　(清)潘鼎撰　民國抄本　一册

330000－1704－0014516　015122　集部/别集類/清别集

**問山詩集十卷文集八卷**　(清)丁煒撰　民國十年(1921)刻本　四册

330000－1704－0014518　015123　集部/總集類/尺牘之屬

**冬暄草堂師友牋存不分卷**　陳漢第　陳敬第輯　民國二十六年(1937)上海中華書局影印本　六册

330000－1704－0014519　015124　類叢部/叢書類/彙編之屬
**庚辰叢編十種**　趙詒琛　王大隆輯　民國二十九年(1940)鉛印本　四冊

330000－1704－0014521　014993　集部/詩文評類/文法之屬
**尺牘一卷**　民國抄本　一冊

330000－1704－0014522　015125　類叢部/叢書類/郡邑之屬
**赤城遺書彙刊十六種**　金嗣獻輯　民國四年(1915)太平金氏木活字印本　一冊　存一種

330000－1704－0014524　015003　子部/宗教類/佛教之屬/經疏
**佛說仁王護國般若波羅密經疏五卷**　(後秦)釋鳩摩羅什譯　(隋)釋智顗說　(隋)釋灌頂記　民國十一年(1922)杭州近文齋刻本　三冊

330000－1704－0014526　014190　子部/醫家類
**湫漻齋燥氣驗案二卷**　陳葆善撰　民國抄本　一冊　存一卷(二)

330000－1704－0014530　014191　經部/四書類/總義之屬/專著
**四書管窺不分卷**　(元)史伯璿撰　民國抄本　五冊

330000－1704－0014543　014192　集部/總集類/題詠之屬
**石門題詠録四卷**　劉燿東輯　民國二十三年(1934)啓後亭鉛印本　一冊

330000－1704－0014544　015205　子部/宗教類/佛教之屬
**歷史感應統紀四卷首一卷**　許止淨編纂　民國十八年(1929)鉛印本　四冊

330000－1704－0014547　015049　史部/金石類/總志之屬
**湫漻齋叢書十種**　陳準輯　民國瑞安陳氏刻本　一冊　存二種

330000－1704－0014550　014193　集部/別集類
**潛園詩鈔二卷**　洪邦泰撰　民國二十九年(1940)樂清印刷所鉛印本　魯山題記　二冊

330000－1704－0014552　015050　史部/金石類
**石廬金石叢刊**　林鈞輯　民國十八年(1929)福州西泠石廬鉛印本　一冊　存一種

330000－1704－0014554　006560　集部/總集類/氏族之屬
**閣巷陳氏清穎一源集二卷**　(宋)陳供等撰　(元)裴庾選集　(明)吳論等續選　**崇儒高氏家編一卷**　(元)高天賜撰　(明)吳論附選　民國楊紹廉抄本　楊紹廉校並過録清蔡敏序　二冊

330000－1704－0014555　015132　子部/宗教類/佛教之屬/經咒
**慈悲三昧水懺申義疏三卷**　釋諦閑撰　民國十五年(1926)鉛印本　一冊　存一卷(一)

330000－1704－0014557　015133　子部/宗教類/佛教之屬/經咒
**慈悲三昧水懺申義疏三卷**　釋諦閑撰　民國十五年(1926)鉛印本　一冊　存一卷(一)

330000－1704－0014560　015134　子部/宗教類/佛教之屬/經咒
**慈悲三昧水懺申義疏三卷**　釋諦閑撰　民國十五年(1926)鉛印本　一冊　存一卷(一)

330000－1704－0014564　014194　集部/別集類/清別集
**芸根唫二卷**　(清)孫衣言撰　**供硯山房唫草二卷**　(清)孫鏘鳴撰　民國三十二年(1943)油印本　一冊

330000－1704－0014565　015253　類叢部/類書類/通類之屬
**子史精華一百六十卷**　(清)吳士玉　(清)吳襄等輯　民國上海中華圖書館石印本　八冊

330000－1704－0014566　015135　子部/藝術類/遊藝之屬/聯語

**國朝名人楹聯彙輯第一輯不分卷** 上海有正書局輯 民國四年(1915)上海有正書局影印本 二冊

330000－1704－0014567 015206 類叢部/叢書類/郡邑之屬

**括蒼叢書第二集十二種** 劉燿東編 民國三十七年(1948)鉛印本 三冊 存三種

330000－1704－0014573 015209 史部/地理類/專志之屬/古跡

**大若巖志一卷附録一卷** 劉景晨纂 民國三十六年(1947)鉛印本 一冊

330000－1704－0014583 012313 史部/目録類/總録之屬/私撰

**蔘綏閣書目四卷** (清)黄紹箕輯 民國抄本 孫繽萬觀款 一冊

330000－1704－0014587 015052 史部/傳記類/別傳之屬/事狀

**先考雪梅府君[劉永蓝]暨先妣吴太安人行狀一卷** (清)劉項宣撰 民國鉛印本 一冊

330000－1704－0014589 012302 史部/目録類

**接收保管朱鐸民家藏文物清冊一卷** 梅冷生編 **溫州徐氏秋桐館藏書捐贈圖書館書目一卷** 潘國存編 稿本 一冊

330000－1704－0014591 015054 子部/藝術類/書畫之屬/法帖

**小楷黄庭經一卷** (晉)王羲之書 民國上海求古齋書帖局影印本 一冊

330000－1704－0014592 015055 子部/藝術類/書畫之屬/法帖

**初拓張猛龍碑一卷** 王孝禹藏 民國七年(1918)上海有正書局影印本 一冊

330000－1704－0014594 015166 集部/總集類/選集之屬/通代

**新古文辭類纂六十卷首一卷** 蔣瑞藻編 民國二十五年(1936)上海中華書局石印本 二十四冊

330000－1704－0014595 015056 集部/別集類/唐五代別集

**杜詩鏡銓二十卷** (清)楊倫輯 民國刻本 五冊 存十卷(三至四、九至十六)

330000－1704－0014600 012301 史部/目録類/總録之屬/私撰

**永嘉戴幼和氏藏書登記冊一卷所藏金石拓本登記冊一卷所藏書畫登記冊一卷** 溫州市圖書館編 稿本 一冊

330000－1704－0014601 014198 集部/別集類/清別集

**天一笑廬詩集二卷** (清)黄鼎瑞撰 民國十五年(1926)樂清黄氏鉛印本 顏鎔批 一冊

330000－1704－0014603 012300 史部/目録類

**永嘉敬鄉樓黄氏寄存書目不分卷** 梅冷生編 稿本 二冊

330000－1704－0014605 012304 史部/目録類

**舊溫屬聯立籀園圖書館特藏目録一卷永嘉潘氏養心寄廬捐贈籀園圖書館書目一卷永嘉梅氏勁風閣藏書目録一卷永嘉呂氏于園捐贈圖書目録一卷** 籀園圖書館編 民國稿本 一冊

330000－1704－0014606 015057 集部/詞類/別集之屬

**半櫻詞二卷** 林鵾翔撰 民國十六年(1927)鉛印本 一冊

330000－1704－0014607 014196 集部/別集類/清別集

**天一笑廬詩集二卷** (清)黄鼎瑞撰 民國十五年(1926)樂清黄氏鉛印本 一冊

330000－1704－0014610 015141 子部/雜著類/雜考之屬

**四寸學六卷** (清)張雲璈撰 民國三十年(1941)燕京大學圖書館鉛印本 二冊

330000－1704－0014611 015260 新學/學校

**新制初等小學國文教科書十二卷** 陸費逵等編 民國上海中華書局石印本 一冊 存一卷(十一)

330000－1704－0014612 015142 集部/別集類

**默盦集十卷** 王舟瑤撰 民國二年(1913)上海國光書局鉛印本 三冊

330000－1704－0014613 014197 集部/別集類/清別集

**天一笑廬詩集二卷** (清)黄鼎瑞撰 民國十五年(1926)樂清黄氏鉛印本 一冊

330000－1704－0014615 015058 集部/詞類/别集之屬

**半櫻詞續二卷** 林鵾翔撰 民國鉛印本 一冊

330000－1704－0014623 015265 史部/政書類

**文章典□□卷** 民國油印本 一冊 存一卷(一)

330000－1704－0014626 015266 新學/學校

**國文一卷** 民國油印本 一冊

330000－1704－0014629 015193 子部/宗教類/佛教之屬

**觀世音菩薩本迹感應頌四卷首一卷** 許止淨述 **金剛經功德頌一卷** 許止淨述 劉契淨注 民國十五年(1926)上海中華書局鉛印本 一冊 存二卷(一至二)

330000－1704－0014631 015267 子部/醫家類

**醫學治麻秘傳要訣一卷** 民國抄本 一冊

330000－1704－0014632 015060 集部/別集類

**畏廬文集一卷** 林紓撰 民國五年(1916)上海商務印書館鉛印本 一冊

330000－1704－0014634 014202 集部/別集類/清別集

**卓峯草堂詩鈔四卷** (清)符兆綸撰 民國十八年(1929)鉛印本 一冊

330000－1704－0014635 015147 新學/理學/文學

**修辭學講義二卷** 鄭権中編 民國油印本 一冊 存一卷(二)

330000－1704－0014637 015269 子部/醫家類

**臓腑系屬一卷** (清)遯廬編輯 民國抄本 一冊

330000－1704－0014651 015273 集部/詞類/别集之屬

**吴梅村詞一卷** (清)吳偉業撰 民國五年(1916)上海掃葉山房石印本 一冊

330000－1704－0014653 015274 集部/別集類/清別集

**煙霞萬古樓詩集二卷** (清)王曇撰 **仲瞿詩録一卷** (清)徐渭仁輯 民國二年(1913)上海掃葉山房石印本 一冊

330000－1704－0014654 015275 集部/總集類/選集之屬/斷代

**感舊集十六卷** (清)王士禛選 (清)盧見曾補傳 民國八年(1919)上海有正書局石印本 八冊

330000－1704－0014655 015276 集部/別集類/清別集

**甌北詩鈔二十卷** (清)趙翼撰 民國十年(1921)掃葉山房石印本 八冊

330000－1704－0014657 015277 類叢部/叢書類/郡邑之屬

**敬鄉樓叢書三十八種** 黄羣編 民國十七年至二十四年(1928－1935)永嘉黄氏鉛印本 一冊 存第三輯一種

330000－1704－0014663 015065 集部/詞類/别集之屬

**雲淙琴趣三卷** 邵章撰 民國十九年(1930)邵氏倬盦刻二十四年(1935)增修本 一冊

330000－1704－0014664　015280　類叢部/叢書類/彙編之屬
**四部叢刊**　張元濟等編　民國上海商務印書館影印本　七冊　存一種

330000－1704－0014666　014204　史部/地理類/方志之屬/郡縣志
**續修台州府志芻議一卷**　符璋撰　民國十五年(1926)刻本　一冊

330000－1704－0014667　015149　經部/小學類/文字之屬/字書/字體
**六書通十卷首一卷附百體福壽全圖**　(清)閔齊伋撰　(清)畢弘述篆訂　民國十一年(1922)上海掃葉山房石印本　一冊　存三卷(首、一至二)

330000－1704－0014671　014205　史部/地理類/方志之屬/郡縣志
**續修台州府志芻議一卷**　符璋撰　民國十五年(1926)刻本　一冊

330000－1704－0014672　014206　史部/地理類/方志之屬/郡縣志
**續修台州府志芻議一卷**　符璋撰　民國十五年(1926)刻本　一冊

330000－1704－0014682　014208　子部/醫家類
**逸舲醫案不分卷**　民國抄本　一冊

330000－1704－0014685　015082　史部/目録類/總録之屬
**溫州籀園圖書館閱覽室檢查書目續編不分卷**　民國油印本暨抄本　一冊

330000－1704－0014687　015281、015282　類叢部/叢書類/彙編之屬
**四部叢刊**　張元濟等編　民國上海商務印書館影印本　十八冊　存二種

330000－1704－0014691　015154　集部/戲劇類/總集之屬/傳奇
**十二家評點李笠翁十種曲**　(清)李漁編　民國七年(1918)上海朝記書莊石印本　十冊

330000－1704－0014695　015155　集部/別集類/清別集
**新體廣註秋水軒尺牘二卷**　(清)許思湄撰　陸翔註　民國十三年(1924)上海世界書局石印本　一冊

330000－1704－0014697　015283　集部/總集類
**梁社嚶鳴集八卷**　蕭惠清編　民國二十三年(1934)鉛印本　一冊

330000－1704－0014705　015284　集部/總集類/氏族之屬
**荻溪章氏詩存不分卷**　章奎輯　民國十七年(1928)鉛印本　一冊

330000－1704－0014708　015348　史部/雜史類/斷代之屬
**文獻叢編四十六輯**　國立北平故宮博物院文獻館編　民國十九年至三十二年(1930－1943)國立北平故宮博物院鉛印本　四冊　存四輯(三十至三十三)

330000－1704－0014714　014211　集部/別集類/清別集
**船屯漁唱箋釋一卷**　(清)張綦毋撰　周喟箋　民國五年(1916)石印本　一冊

330000－1704－0014717　014212　類叢部/叢書類/自著之屬
**繼述堂全集四種**　王毓英撰　民國十一年(1922)溫州石印本　一冊　存一種

330000－1704－0014718　015230　集部/別集類
**蓼園詩鈔五卷**　柯劭忞撰　廉泉編　**校勘記一卷**　廉泉撰　民國十三年(1924)上海中華書局鉛印本　一冊

330000－1704－0014722　015318　集部/總集類/選集之屬/通代
**評註昭明文選十五卷首一卷葉星衛附註一卷**　(清)于光華輯　民國九年(1920)上海掃葉山房石印本　十六冊

330000－1704－0014724　015320　子部/小

說家類/雜事之屬
**庸盦筆記六卷** (清)薛福成撰 民國十二年(1923)上海文明書局石印本 一册

330000－1704－0014727 015157 經部/小學類/文字之屬/字書/字典
**中華字典十二集三十六卷檢字一卷辨似一卷等韻一卷** (清)張玉書 (清)凌紹雯等纂修 民國石印本 一册 存六卷(巳集一至三、午集一至三)

330000－1704－0014729 014213 集部/總集類/氏族之屬
**二黃先生集二卷** (清)黃紹箕 黃紹第撰 民國四年(1915)如皋冒氏刻永嘉詩人祠堂叢刻本 楊伯疇題簽並批 一册

330000－1704－0014732 015158 經部/小學類/文字之屬/字書/字典
**康熙字典十二集三十六卷檢字一卷辨似一卷等韻一卷備考一卷補遺一卷** (清)張玉書等纂修 民國九年(1920)上海昌文書局石印本 一册 存六卷(酉集上中下、戌集上中下)

330000－1704－0014733 015159 經部/小學類/文字之屬/字書/字典
**康熙字典十二集三十六卷總目一卷檢字一卷辨似一卷等韻一卷備考一卷補遺一卷** (清)張玉書等纂修 民國二年(1913)上海鴻文恆記書局石印本 一册 存九卷(子集上中下、丑集上中下,檢字,辨似,等韻)

330000－1704－0014736 015293 子部/醫家類
**徐批葉天士晚年方案真本二卷** (清)葉桂撰 (清)徐大椿評 民國十年至十二年(1921－1923)杭州三三醫社刻醫藥叢書本 謝元甫批並題記 一册

330000－1704－0014737 015199 子部/宗教類/佛教之屬/論疏
**瑜伽師地論敘二卷** 歐陽漸編 民國六年(1917)金陵刻經處刻本 一册

330000－1704－0014741 015295 子部/醫家類/婦科之屬/通論
**竹林女科證治四卷** (清)竹林寺僧撰 民國抄本 一册 存一卷(四)

330000－1704－0014745 015298 子部/醫家類
**壺隱片片録三卷** (清)虞紹堯撰 民國二十年(1931)鉛印本 一册

330000－1704－0014748 015298－1 子部/醫家類
**壺隱片片録三卷** (清)虞紹堯撰 民國二十年(1931)鉛印本 一册

330000－1704－0014749 014215 集部/別集類
**蜕盦賸稿六卷** 符璋撰 民國三年(1914)甌江鉛印本 符璋題記 三册

330000－1704－0014750 015299 集部/別集類/清別集
**壯悔堂文集十卷** (清)侯方域撰 (清)賈開宗等評點 民國十二年(1923)上海掃葉山房石印本 四册

330000－1704－0014751 015309 子部/醫家類/方書之屬/單方驗方
**增評醫方集解二十三卷增補本草備要八卷經絡歌訣一卷醫方湯頭歌訣一卷** (清)汪昂輯 (清)費伯雄評 民國三年(1914)上海共和書局石印本 一册 存二十三卷(一至二十三)

330000－1704－0014753 015200 子部/宗教類/佛教之屬/論疏
**瑜伽師地論敘二卷** 歐陽漸編 民國六年(1917)金陵刻經處刻本 一册

330000－1704－0014760 015248 史部/詔令奏議類/奏議之屬
**崇雅堂疏稿四卷補遺一卷** 楊晨撰 民國石印本 一册

330000－1704－0014761 015249 子部/藝術類/書畫之屬/法帖
**錢南園叢帖不分卷** (清)錢灃書 民國上海

求古齋書局影印本　六冊

330000－1704－0014762　015301、015302、015303　史部/紀傳類/正史之屬
**二十四史附考證**　民國上海涵芬樓據乾隆武英殿本影印本　四十七冊　存四種

330000－1704－0014764　015163　子部/醫家類/傷寒金匱之屬/傷寒論
**注解傷寒論十卷圖解運氣圖一卷**　(漢)張機撰　(漢)王叔和撰次　(金)成無已注解　民國上海廣雅啟新書局石印本　二冊　缺六卷(五至十)

330000－1704－0014765　015247　子部/藝術類/書畫之屬/法帖
**宋拓顏平原東方畫贊不分卷**　(唐)顏真卿書　民國影印本　一冊

330000－1704－0014768　015164　集部/別集類/漢魏六朝別集
**曹集銓評十卷逸文一卷**　(三國魏)曹植撰　(清)丁晏纂　**魏陳思王[曹植]年譜一卷**　(清)丁晏編　民國二十三年(1934)上海掃葉山房石印本　五冊

330000－1704－0014769　014216　集部/別集類
**蛻盦賸稿六卷**　符璋撰　民國三年(1914)甌江鉛印本　一冊　存三卷(一至三)

330000－1704－0014770　015165　集部/總集類/選集之屬/通代
**歷代詩文評註讀本**　王文濡編　民國上海文明書局鉛印本　四冊　存一種

330000－1704－0014774　015422　類叢部/叢書類/郡邑之屬
**敬鄉樓叢書三十八種**　黃羣編　民國十七年至二十四年(1928－1935)永嘉黃氏鉛印本　一冊　存一種

330000－1704－0014775　015312　子部/醫家類/傷寒金匱之屬/傷寒論
**注解傷寒論十卷**　(漢)張機撰　(漢)王叔和撰次　(金)成無已注解　**傷寒明理論四卷**　(金)成無已撰　民國元年(1912)上海江東書局石印本　馬文達題記　一冊

330000－1704－0014776　015289　集部/總集類/選集之屬/通代
**評選四六法海八卷**　(清)蔣士銓評選　民國上海文瑞樓石印本　八冊

330000－1704－0014777　015388　子部/宗教類/佛教之屬/諸宗
**成唯識論掌中樞要八卷**　(唐)釋窺基撰　民國六年(1917)金陵刻經處刻本　一冊　存三卷(一至三)

330000－1704－0014779　015167　子部/儒家類/儒學之屬/經濟
**說苑二十卷**　(漢)劉向撰　民國上海掃葉山房石印本　三冊　存十五卷(六至二十)

330000－1704－0014783　015268　子部/宗教類/佛教之屬/經
**地藏菩薩本願經三卷附地藏菩薩靈感録一卷**　(唐)釋寶叉難陀譯　民國抄本　一冊　存一卷(上)

330000－1704－0014784　015268－1　子部/宗教類/佛教之屬/經
**地藏菩薩本願經三卷附地藏菩薩靈感録一卷**　(唐)釋寶叉難陀譯　民國十八年(1929)石印本　一冊　缺一卷(中)

330000－1704－0014786　015168　集部/總集類/選集之屬/斷代
**國學叢選十八集**　高燮等編　民國國學商兌會鉛印本　七冊　存七集(三、五、七至九、十一至十二)

330000－1704－0014788　015457　集部/戲劇類/傳奇之屬
**玉茗堂南柯記二卷四十四齣**　(明)湯顯祖撰　民國十七年(1928)掃葉山房石印本　二冊

330000－1704－0014789　015169　集部/總集類/選集之屬/斷代
**國學叢選十八集**　高燮等編　民國國學商兌會鉛印本　五冊　存五集(四、六至九)

330000－1704－0014791　015458　集部/詞類/詞譜之屬
**詞律二十卷**　(清)萬樹輯　**詞律拾遺八卷**　(清)徐本立纂　**詞律補遺一卷韻目一卷詞人姓氏録一卷**　(清)杜文瀾編　民國德記書局石印本　十二册

330000－1704－0014792　015313　子部/醫家類/本草之屬/本草藥性
**本草原始合雷公炮製四卷**　(明)李中立撰　民國上海校經山房石印本　一册

330000－1704－0014798　015483　經部/四書類/總義之屬/傳説
**酌雅齋四書遵註合講十九卷圖説一卷人物考四卷**　(清)翁復編　民國上海鑄記書局石印本　六册

330000－1704－0014799　015486　經部/詩類/傳説之屬
**毛詩説六卷詩藴二卷**　(清)莊有可撰　民國二十三年(1934)上海商務印書館影印本　六册

330000－1704－0014801　015170　子部/儒家類/儒家之屬
**曾子家語六卷**　(清)曾國荃輯　民國碧梧山莊影印本　二册

330000－1704－0014803　015172　子部/宗教類/道教之屬
**太上感應篇註講證案彙編四卷首一卷**　(清)陳□□編　釋印光鑒定　民國十四年(1925)上海中華書局鉛印本　一册　存二卷(三至四)

330000－1704－0014804　015173　子部/宗教類/佛教之屬/諸宗
**幻庵文集六卷**　范古農撰　民國三十六年(1947)上海大法輪書局、上海佛學書局鉛印本　一册　存二卷(一至二)

330000－1704－0014810　015490　新學/學校
**國文不分卷　世界史不分卷**　民國油印本　一册

330000－1704－0014817　015427　集部/總集類/選集之屬/通代
**涵芬樓古今文鈔簡編四十卷首一卷**　吴曾祺輯　民國五年(1916)上海商務印書館鉛印本　十九册　存十九卷(一至十九)

330000－1704－0014827　015316　子部/醫家類/方書之屬/單方驗方
**增評醫方集解二十三卷增補本草備要八卷經絡歌訣一卷醫方湯頭歌訣一卷**　(清)汪昂輯　(清)費伯雄評　民國三年(1914)上海共和書局石印本　五册　缺八卷(增補本草備要一至八)

330000－1704－0014835　015428　子部/藝術類/書畫之屬/題跋
**明十大名家評校仿蘇寫本蘇黄題跋**　(清)黄嘉惠輯　民國中華圖書館石印本　七册　缺七卷(東坡題跋一、三至四,山谷題跋一至四)

330000－1704－0014844　015412　子部/宗教類/佛教之屬/經疏
**地藏菩薩本願經演孝疏三卷首一卷**　釋知性撰　民國十八年(1929)上海漕河涇江蘇第二監獄鉛印本　一册

330000－1704－0014846　015430　集部/别集類/清别集
**櫟天閣詩存一卷**　(清)倪長犀撰　宋端書編　**硯樵遺稿一卷**　宋端書撰　民國二十六年(1937)無錫鉛印本　一册

330000－1704－0014847　015413　子部/宗教類/佛教之屬/諸宗
**印光法師嘉言録不分卷**　李圓淨編　民國十七年(1928)上海江蘇第二監獄第三科鉛印本　一册

330000－1704－0014849　015414　子部/宗教類/佛教之屬/諸宗
**印光法師嘉言録不分卷**　李圓淨編　民國三十二年(1943)蘇州弘化社鉛印本　一册

330000－1704－0014850　015415　子部/宗

教類/佛教之屬/總録
**覺世叢書**　林旭高撰　民國鉛印本　一冊　存一種

330000－1704－0014862　015502　子部/宗教類/佛教之屬/經
**大佛頂如來密因修證了義諸菩薩萬行首楞嚴經十卷**　(唐)釋般刺密帝譯　(唐)釋彌伽釋迦譯語　(唐)房融筆受　民國七年(1918)刻本　黄王氏題簽　三冊

330000－1704－0014864　015503　子部/宗教類/佛教之屬
**金剛般若波羅蜜經次詁一卷**　(後秦)釋鳩摩羅什譯　馬其昶次詁　民國十一年(1922)北京文楷齋刻本　一冊

330000－1704－0014866　015494　子部/宗教類/佛教之屬/諸宗
**蓮宗諸祖略傳四卷附蓮宗警語一卷**　釋貫通編　民國四年(1915)揚州藏經院刻本　一冊

330000－1704－0014870　015476　子部/小説家類
**金鐘傳八卷六十四回**　(清)正一子　(清)克明子著　(清)天香居士註解　民國石印本　一冊　存一卷(四)

330000－1704－0014873　015479　子部/宗教類/佛教之屬/論
**大乘廣百論釋論十卷**　(印度)聖天菩薩本　(印度)護法菩薩釋　(唐)釋玄奘譯　民國六年(1917)金陵刻經處刻本　三冊　存七卷(四至十)

330000－1704－0014880　015376　子部/宗教類/佛教之屬/經疏
**地藏菩薩本願經演孝疏三卷首一卷**　釋知性撰　民國十八年(1929)上海漕河涇江蘇第二監獄鉛印本　一冊

330000－1704－0014883　015183　集部/別集類/明別集
**天目山齋歲編二十八卷**　(明)吳維嶽撰　民國四年(1915)吳氏雍睦堂影印本　二冊

330000－1704－0014884　善000161　史部/雜史類/斷代之屬
**樵史六卷附録一卷**　(清)劉健撰　民國三年(1914)王理孚抄本　王理孚校跋　二冊

330000－1704－0014886　015509　集部/別集類/清別集
**明秋館選課一卷古今體詩存一卷詞賸一卷附曲兩齣**　(清)裘凌仙撰　民國三年(1914)鉛印本　一冊

330000－1704－0014888　015481　子部/藝術類/書畫之屬/書法書品
**古今尺牘墨蹟大觀不分卷**　高野侯輯　民國影印本　十六冊

330000－1704－0014889　015521　類叢部/叢書類/彙編之屬
**四部叢刊**　張元濟等編　民國上海商務印書館影印本　十冊　存一種

330000－1704－0014901　015381　子部/宗教類/佛教之屬/律
**毘尼日用切要一卷**　(清)釋讀體輯　**沙彌律儀要略一卷**　(明)釋袾宏輯　民國刻本　一冊

330000－1704－0014909　015187　經部/四書類/總義之屬/傳説
**四書味根録三十九卷**　(清)金澂撰　民國十六年(1927)鴻寶齋書局石印本　六冊

330000－1704－0014910　015385　子部/宗教類/佛教之屬/經
**金光明最勝王經十卷附藏文漢文日文英文陀羅尼四種四卷**　(唐)釋義净譯　民國十四年(1925)杭州金光明法會鉛印本　二冊

330000－1704－0014911　015188　集部/別集類/清別集
**梅村詩集箋注十八卷**　(清)吳偉業撰　(清)吳翌鳳箋注　民國中華圖書館石印本　四冊

330000－1704－0014917　015399　子部/藝術類/書畫之屬/法帖
**劉石庵楷書墨迹一卷**　(清)劉墉書　民國五

年(1916)有正書局石印本　一册

330000－1704－0014923　善000167　史部/雜史類/斷代之屬

**錢虜爰書一卷**　(清)黃體芳撰　民國二十七年(1938)張崟抄本　張崟題記　一册

330000－1704－0014924　015495　集部/總集類/選集之屬/斷代

**八家四六文註八卷首一卷**　(清)孫星衍等撰　(清)許貞幹註　**八家四六文補註一卷**　(清)陳衍撰　民國上海掃葉山房石印本　八册

330000－1704－0014928　015440　子部/醫家類/傷寒金匱之屬/金匱要略

**金匱心典三卷**　(漢)張仲景撰　民國盧冠亞抄本　三册

330000－1704－0014929　015180　類叢部/叢書類/彙編之屬

**四部叢刊**　張元濟等編　民國上海商務印書館影印本　一册　存一種

330000－1704－0014931　015441　集部/別集類/清別集

**晚翠軒集一卷**　(清)林旭撰　**崦樓遺稾二卷**　(清)沈鵲應撰　民國鉛印本　一册

330000－1704－0014935　015591　子部/醫家類/醫經之屬/難經

**校正圖註八十一難經四卷**　(明)張世賢註　民國上海鴻寶齋書局石印本　一册　缺二卷(一至二)

330000－1704－0014936　015592　集部/總集類/選集之屬/通代

**文選六十卷**　(南朝梁)蕭統輯　(唐)李善注　**文選考異十卷**　(清)胡克家撰　民國上海著易堂公記書局石印本　十六册

330000－1704－0014937　015593　子部/道家類

**列子八卷**　(晉)張湛注　(唐)殷敬順釋文　民國五年(1916)上海掃葉山房石印本　二册

330000－1704－0014939　015594　子部/道家類

**列子八卷**　(晉)張湛注　(唐)殷敬順釋文　民國上海會文堂書局石印本　一册　存四卷(五至八)

330000－1704－0014940　善000164　史部/雜史類/斷代之屬

**困苦悲憤記一卷**　(清)鮑廷薦撰　民國三年(1914)楊紹廉抄本　楊紹廉題記　一册

330000－1704－0014945　015565　子部/醫家類/醫經之屬/內經

**黃帝內經素問合纂十卷靈樞經合纂九卷補遺一卷**　(明)馬蒔　(清)張志聰注　民國上海廣益書局石印本　二册　存八卷(黃帝內經素問合纂一至八)

330000－1704－0014948　015566　子部/醫家類/醫案之屬

**分類王孟英醫案二卷**　陸士諤編校　民國十一年(1922)上海世界書局石印本　二册

330000－1704－0014950　015567　集部/詩文評類/文法之屬/雜著

**叢鈔録一卷**　民國二十六年(1937)洪階抄本　一册

330000－1704－0014954　015568　類叢部/叢書類/彙編之屬

**四部叢刊**　張元濟等編　民國上海商務印書館影印本　八册　存一種

330000－1704－0014957　015596　子部/醫家類/外科之屬/通論

**外科正宗十二卷**　(明)陳實功撰　(清)徐大椿評　民國二年(1913)上海中華圖書館鉛印本　三册　缺三卷(四至六)

330000－1704－0014963　015598　集部/總集類/選集之屬/通代

**歷代詩文評註讀本**　王文濡編　民國上海文明書局鉛印本　二册　存一種

330000－1704－0014964　015294　子部/宗教類/佛教之屬/經疏

**大方廣圓覺脩多羅了義經講義四卷**　釋諦閑講　民國八年(1919)長沙刻經處刻本　三冊　存三卷(二至四)

330000－1704－0014967　015599　集部/總集類/選集之屬/通代
**歷代詩文評註讀本**　王文濡編　民國上海文明書局鉛印本　二冊　存一種

330000－1704－0014970　015600　集部/別集類/宋別集
**王介甫尺牘二卷**　(宋)王安石撰　民國六年(1917)上海商務印書館鉛印本　二冊

330000－1704－0014972　015601　子部/醫家類/類編之屬
**六科準繩**　(明)王肯堂撰　民國十二年(1923)上海鴻寶齋書局石印本　二十九冊　存五種

330000－1704－0014981　015390　子部/宗教類/佛教之屬
**觀世音菩薩靈異紀二卷**　萬鈞編　民國十八年(1929)北平中央刻經院鉛印本　一冊

330000－1704－0014988　015340　子部/宗教類/佛教之屬
**佛學叢書□□種**　丁福保輯　民國上海醫學書局鉛印本暨影印本　一冊　存一種

330000－1704－0014993　015445　子部/雜著類/雜說之屬
**常識文範四卷**　梁啓超撰　民國五年(1916)上海中華書局鉛印本　四冊

330000－1704－0014997　015529　子部/藝術類/書畫之屬/法帖
**鄭道昭雲峯山論經書一卷**　(北魏)鄭道昭書　民國八年(1919)上海有正書局影印本　一冊

330000－1704－0014998　015603　經部/小學類/文字之屬/字書/字典
**新字典十二卷拾遺一卷檢字一卷附録一卷勘誤一卷補編一卷**　陸爾奎等編　民國元年(1912)上海商務印書館鉛印本　六冊

330000－1704－0015000　015605　集部/總集類/選集之屬/通代
**歷代詩文評註讀本**　王文濡編　民國上海文明書局鉛印本　四冊　存一種

330000－1704－0015002　015446　集部/戲劇類/傳奇之屬
**牡丹亭還魂記二卷五十五齣**　(明)湯顯祖撰　民國木石居影印本　四冊

330000－1704－0015003　015606　集部/總集類/選集之屬/通代
**古詩源十四卷**　(清)沈德潛輯　民國上海商務印書館鉛印本　四冊

330000－1704－0015007　015447　集部/總集類/酬唱之屬
**西崑酬唱集二卷**　(宋)楊億輯　民國十五年(1926)掃葉山房石印本　一冊

330000－1704－0015011　015609　子部/醫家類/綜合之屬/通論
**惲鐵樵演講録一卷**　惲鐵樵撰　民國二十四年(1935)上海鐵樵醫藥事務所鉛印本　一冊

330000－1704－0015013　015403　子部/宗教類/佛教之屬/論疏
**辯中邊論述記六卷**　(唐)釋窺基撰　民國十二年(1923)萍寄廬鉛印本　三冊

330000－1704－0015019　015407　史部/政書類/律令之屬
**大總統修正管理寺廟條例一卷附護教文稿**　民國鉛印本　一冊

330000－1704－0015023　015574　史部/傳記類/別傳之屬/事狀
**林大同訃告不分卷**　林鏡清等撰　民國二十五年(1936)鉛印本　一冊

330000－1704－0015024　015449　史部/目録類/通論之屬/考訂
**古今偽書考一卷**　(清)姚際恆撰　民國十一年(1922)唯一書局鉛印本　一冊

330000－1704－0015029　015450　經部/四

書類/總義之屬/傳說

**新註四書白話解說三十六卷** 江希張注 民國十五年(1926)上海書業公所石印本 九冊

330000－1704－0015030 015450－1 經部/四書類/總義之屬/傳說

**新註四書白話解說三十六卷** 江希張注 民國上海書業公所石印本 五冊

330000－1704－0015032 015612 類叢部/叢書類/彙編之屬

**百尺樓叢書五種** 陳去病編 民國四年(1915)陳去病鉛印本 一冊 存一種

330000－1704－0015033 015613 集部/別集類/唐五代別集

**溫飛卿詩集七卷別集一卷集外詩一卷附録諸家詩評一卷** (唐)溫庭筠撰 (明)曾益注 (清)顧予咸補注 (清)顧嗣立續注 民國石印本 三冊 缺一卷(一)

330000－1704－0015036 015451 經部/四書類/總義之屬/傳說

**言文對照廣註四書讀本** 世界書局編輯所編 民國上海世界書局石印本 四冊 存一種

330000－1704－0015037 015614 集部/別集類/唐五代別集

**李太白文集三十六卷** (唐)李白撰 (清)王琦輯注 民國三年(1914)掃葉山房石印本 四冊 存三卷(一至三)

330000－1704－0015038 015409 子部/宗教類/佛教之屬/經疏

**佛說阿彌陀經要解一卷** (後秦)釋鳩摩羅什譯 (明)釋智旭撰 民國寧波功德經房鉛印本 一冊

330000－1704－0015039 015615 集部/別集類/唐五代別集

**李太白文集三十六卷** (唐)李白撰 (清)王琦輯注 民國掃葉山房石印本 一冊 存四卷(三十至三十三)

330000－1704－0015041 015617 集部/別集類/唐五代別集

**李太白文集三十六卷** (唐)李白撰 民國六年(1917)上海掃葉山房石印本 一冊 存二卷(一至二)

330000－1704－0015042 015576 史部/地理類/方志之屬/郡縣志

**[民國]平陽縣志九十八卷首一卷** 王理孚修 符璋纂 張翥等測繪 民國十四年至十五年(1925－1926)刻本 十七冊 存七十七卷(二十二至九十八)

330000－1704－0015045 015452 經部/四書類/總義之屬/傳說

**言文對照廣註四書讀本** 世界書局編輯所編 民國十三年(1924)上海世界書局石印本 三冊 存一種

330000－1704－0015047 015576－1 史部/地理類/方志之屬/郡縣志

**[民國]平陽縣志九十八卷首一卷** 王理孚修 符璋纂 張翥等測繪 民國十四年至十五年(1925－1926)刻本 十冊 存三十六卷(首,一至二、六十六至九十八)

330000－1704－0015048 015618 集部/別集類/唐五代別集

**李太白文集三十卷** (唐)李白撰 民國石印本 二冊 存八卷(十五至二十二)

330000－1704－0015051 015453 子部/道家類

**莊子集釋十卷** (清)郭慶藩輯 民國十四年(1925)上海掃葉山房石印本 六冊 缺三卷(三至四、六)

330000－1704－0015055 015679 類叢部/叢書類/郡邑之屬

**豫章叢書六十種附一種** 胡思敬編 民國四年至九年(1915－1920)南昌豫章叢書編刻局刻本 一冊 存一種

330000－1704－0015062 015616 集部/總集類/選集之屬/通代

**御選唐宋詩醇四十七卷目録二卷** (清)高宗弘曆輯 民國中華圖書館石印本 五冊 存

三十二卷(十一至四十二)

330000－1704－0015063　015619　集部/詞類/總集之屬

**全唐詞選二卷**　民國上海掃葉山房石印本　一冊　存一卷(下)

330000－1704－0015070　015531、015532　子部/藝術類/書畫之屬/法帖

**御刻三希堂石渠寶笈法帖不分卷**　(清)梁詩正等輯　民國影印本　二十七冊　存二十七冊(二、四至十二、十四至十六、二十、二十三至三十二,續法帖一至三)

330000－1704－0015078　015659　子部/宗教類/佛教之屬

**佛學叢書□□種**　民國上海商務印書館鉛印本　一冊　存一種

330000－1704－0015079　015687　史部/傳記類/別傳之屬/年譜

**韓湘巖先生[錫胙]年譜二卷附録一卷**　劉耀東纂　民國三十六年(1947)啟後亭鉛印本　一冊

330000－1704－0015085　015621　子部/藝術類/書畫之屬/畫法畫品

**山水畫訣二卷**　馬駘繪　民國石印本　一冊　存一卷(下)

330000－1704－0015086　015683　子部/宗教類/佛教之屬

**金剛般若波羅密經隨聞記二卷**　釋倓虛講　釋仁道記　民國三十一年(1942)青島湛山寺印經處鉛印本　釋倓虛題字　一冊

330000－1704－0015089　015684　子部/宗教類/道教之屬/雜著

**列真語録輯要一卷**　孫誠德　李誠志輯　民國二十二年(1933)上海明善書局石印本　一冊

330000－1704－0015092　015584　類叢部/叢書類/彙編之屬

**四部備要**　中華書局編　民國二十五年(1936)上海中華書局鉛印本(原缺經義考卷二百八十六、二百九十九至三百,東塾讀書記十三至十四、十七至二十、二十二至二十五)　一冊　存二種

330000－1704－0015094　015585　經部/易類/傳說之屬

**周易本義四卷**　(宋)朱熹撰　民國七年(1918)鴻文書局石印本　一冊

330000－1704－0015095　015586　子部/儒家類/儒學之屬/禮教/家訓

**顏氏家訓七卷**　(北齊)顏之推撰　民國影印本　二冊　存二卷(四至五)

330000－1704－0015102　006096　經部/小學類/音韻之屬

**諧聲譜五十卷**　(清)張惠言撰　(清)張成孫補　**諧聲譜校記一卷**　戴姜福撰　民國二十三年(1934)武林葉氏石印本　十二冊

330000－1704－0015103　善000181　史部/傳記類/總傳之屬/郡邑

**兩浙人英傳六卷首一卷附録一卷**　章乃羹撰　民國油印本　張崟題簽並記　一冊

330000－1704－0015105　015624　類叢部/叢書類/彙編之屬

**四部備要**　中華書局編　民國二十五年(1936)上海中華書局鉛印本(原缺經義考卷二百八十六、二百九十九至三百,東塾讀書記十三至十四、十七至二十、二十二至二十五)　六冊　存一種

330000－1704－0015106　001022　子部/宗教類/佛教之屬/諸宗

**往生集三卷附一卷**　(明)釋袾宏輯　民國九年(1920)溫州頭陀山妙智寺刻本　一冊

330000－1704－0015107　006092　經部/小學類/文字之屬/說文/專著

**汲古閣說文訂一卷**　(清)段玉裁撰　民國元年(1912)鄂官書處刻本　一冊

330000－1704－0015110　006093　類叢部/叢書類/郡邑之屬

**吳興叢書六十六種**　劉承幹編　民國吳興劉

氏嘉業堂刻本　三册　存一種

330000－1704－0015114　015690　史部/史抄類

**史記菁華録六卷**　(清)姚祖恩輯評　民國上海鴻寶齋書局石印本　公範題記　六册

330000－1704－0015120　006067　經部/小學類/文字之屬/説文

**説文通檢十四卷首一卷末一卷**　(清)黎永椿編　民國商務印書館據番禺陳氏刻本影印本　二册

330000－1704－0015122　015625　集部/曲類/曲韻曲譜曲律之屬

**拜月亭曲譜二卷**　殷溎深撰　張芬校正兼繕底　民國十年(1921)上海朝記書莊石印本　四册

330000－1704－0015142　015691　史部/紀傳類/正史之屬

**言文對照漢書評註讀本二卷**　秦同培選輯　民國十三年(1924)上海世界書局石印本　二册

330000－1704－0015143　015626　集部/曲類/散曲之屬

**散曲叢刊十五種**　任訥輯　民國二十年(1931)上海中華書局鉛印本　十一册　存八種

330000－1704－0015144　015692　史部/紀傳類/正史之屬

**言文對照史記評註讀本三卷**　秦同培選輯　民國十三年(1924)上海世界書局石印本　三册

330000－1704－0015147　015628　類叢部/叢書類/自著之屬

**隨園全集□□種**　(清)袁枚撰　民國石印本　二册　存二種

330000－1704－0015149　015587　類叢部/叢書類/彙編之屬

**四部備要**　中華書局編　民國二十五年(1936)上海中華書局鉛印本(原缺經義考卷二百八十六、二百九十九至三百,東塾讀書記十三至十四、十七至二十、二十二至二十五)　六册　存一種

330000－1704－0015151　015629　集部/詩文評類/詩評之屬

**初白菴詩評三卷詞綜偶評一卷**　(清)查慎行撰　(清)張載華輯　民國上海六藝書局石印本　五册　缺一卷(詩評下)

330000－1704－0015153　015588　集部/總集類/郡邑之屬

**慎江詩類六卷**　(清)周天錫輯　民國抄本　一册

330000－1704－0015154　015589　類叢部/叢書類/彙編之屬

**四部備要**　中華書局編　民國二十五年(1936)上海中華書局鉛印本(原缺經義考卷二百八十六、二百九十九至三百,東塾讀書記十三至十四、十七至二十、二十二至二十五)　十二册　存一種

330000－1704－0015155　015590　子部/醫家類/類編之屬

**六科準繩**　(明)王肯堂撰　民國九年(1920)上海鴻寶齋書局石印本　四十二册

330000－1704－0015156　015630　史部/編年類/通代之屬

**尺木堂綱鑑易知録九十二卷明鑑易知録十五卷**　(清)吴乘權　(清)周之炯　(清)周之燦輯　民國十八年(1929)上海錦章圖書局石印本　二十四册

330000－1704－0015157　015631　子部/術數類/相宅相墓之屬

**新刻石函平砂玉尺經全書真機六卷**　(元)劉秉忠撰　(明)劉基解　(明)賴從謙發揮　**新刊地理五經四書解義郭樸葬經一卷**　(明)吴徵刪定　(明)鄭謐注釋　民國六年(1917)上海掃葉山房石印本　二册

330000－1704－0015158　015633　子部/醫家類/本草之屬/歷代綜合本草

**本草綱目五十二卷圖一卷脉訣攷證一卷瀕湖脈學一卷奇經八脉攷一卷** (明)李時珍撰 **本草萬方鍼線八卷** (清)蔡烈先撰 **本草綱目拾遺十卷正誤一卷** (清)趙學敏撰 民國五年(1916)上海鴻寶齋書局石印本 十二册

330000－1704－0015165 015761 集部/總集類/選集之屬/通代
**續玉臺新詠五卷** 梧野草堂輯 民國七年(1918)上海掃葉山房石印本 一册

330000－1704－0015166 015762 類叢部/叢書類/自著之屬
**詳註曾文正公全集十六種附四種** (清)曾國藩撰 (清)李瀚章編輯 雷瑨 倪錫恩註 民國二十一年(1932)上海掃葉山房石印本 二十六册 存一種

330000－1704－0015169 善000209 類叢部/叢書類/郡邑之屬
**惜硯樓叢刊八種** 林慶雲編 民國二十四年(1935)瑞安林氏鉛印本 一册 存一種

330000－1704－0015179 善000215 史部/傳記類/別傳之屬/年譜
**大學士林公[增志]年譜畧一卷** (明)林增志撰 民國抄本 一册

330000－1704－0015180 善000216 史部/傳記類/別傳之屬/年譜
**劉文成公[基]年譜稿二卷** 劉燿東編 民國二十八年(1939)南田山啓後亭鉛印本 一册

330000－1704－0015182 015724 子部/醫家類/綜合之屬/通論
**赤水玄珠三十卷附醫旨緒餘二卷醫案五卷** (明)孫一奎輯 民國鉛印本 一册 存三卷(二十一至二十三)

330000－1704－0015183 015725 子部/醫家類/傷寒金匱之屬/傷寒論
**傷寒大白四卷總論一卷** (清)秦之楨撰 民國十一年(1922)吳門殷氏甯瑞堂石印本 四册

330000－1704－0015184 015536 史部/目録類/書志之屬/題跋
**百衲本漢書後漢書三國志五代史記遼史金史後跋一卷** 張元濟撰 民國上海商務印書館鉛印本 一册

330000－1704－0015186 善000219 史部/史抄類
**過來語鈔一卷** (清)趙鈞撰 張崟節録 民國二十七年(1938)張崟抄本 一册

330000－1704－0015188 015727 子部/醫家類/類編之屬
**何氏醫學叢書** 何炳元編 民國二十年(1931)上海六也堂書藥局鉛印本 六册 存一種

330000－1704－0015190 015728 類叢部/叢書類/彙編之屬
**四部備要** 中華書局編 民國二十五年(1936)上海中華書局鉛印本(原缺經義考卷二百八十六、二百九十九至三百,東塾讀書記十三至十四、十七至二十、二十二至二十五) 八册 存二種

330000－1704－0015192 015538 史部/雜史類/斷代之屬
**戰國策詳註三十三卷** 郭希汾輯註 民國十七年(1928)上海文明書局鉛印本 六册

330000－1704－0015193 善000197 史部/傳記類/別傳之屬/事狀
**陳介石先生[黻宸]行述一卷** 陳同等撰 **徐筱墀先生行述一卷** 徐淇撰 民國石印本 一册

330000－1704－0015194 015685 子部/宗教類/佛教之屬
**金剛般若波羅密經隨聞記二卷** 釋倓虛講 釋仁道記 民國三十一年(1942)青島湛山寺印經處鉛印本 一册

330000－1704－0015197 015632 子部/宗教類/佛教之屬/諸宗
**六妙法門一卷** (隋)釋智顗撰 民國上海佛學書局影印本 一册

330000－1704－0015205　015716　子部/宗教類/佛教之屬
**佛學叢書□□種**　民國上海商務印書館鉛印本　二冊　存二種

330000－1704－0015209　善000199　史部/傳記類/雜傳之屬
**黃體芳傳一卷**　葉爾愷撰　**黃紹箕傳一卷**　伍銓萃撰　民國鉛印本　一冊

330000－1704－0015212　015733　集部/總集類/選集之屬/通代
**評校音註續古文辭類纂三十四卷**　王先謙輯　王文濡校注　民國十三年(1924)上海中華書局鉛印本　八冊

330000－1704－0015215　015651　史部/金石類/石之屬
**唐小本釋氏碑二十種**　鐵琴銅劍樓輯　民國二十六年(1937)上海商務印書館影印本　四冊

330000－1704－0015217　015652　史部/金石類/石之屬
**唐小本釋氏碑二十種**　鐵琴銅劍樓輯　民國二十六年(1937)上海商務印書館影印本　四冊

330000－1704－0015220　015540　子部/醫家類/傷寒金匱之屬/傷寒論
**傷寒論彙註精華九卷首一卷**　汪蓮石編　民國九年(1920)上海掃葉山房石印本　一冊　存一卷(一)

330000－1704－0015225　015769　史部/地理類/方志之屬/郡縣志
**路橋志略二卷**　楊晨編　民國二十四年(1935)楊紹翰鉛印本　一冊

330000－1704－0015227　015770　史部/地理類/方志之屬/郡縣志
**路橋志略二卷**　楊晨編　民國二十四年(1935)楊紹翰鉛印本　一冊

330000－1704－0015228　015771　史部/地理類/方志之屬/郡縣志
**路橋志略二卷**　楊晨編　民國二十四年(1935)楊紹翰鉛印本　一冊

330000－1704－0015231　015542　子部/醫家類/喉科口齒之屬/白喉
**白喉全生集一卷**　(清)李紀方輯　民國七年(1918)蕭山合義和印書局鉛印本　一冊

330000－1704－0015233　015735　集部/小說類/長篇之屬
**繪圖增像第五才子書水滸全傳十二卷七十回首一卷**　(明)施耐庵撰　(清)金人瑞評釋　民國石印本　一冊　缺六卷(七至十二)

330000－1704－0015236　善000203　類叢部/叢書類/郡邑之屬
**台州叢書後集十七種**　楊晨編　民國四年(1915)黃巖楊氏刻本　一冊　存一種

330000－1704－0015238　015732　史部/目錄類/專錄之屬
**續藏經目錄不分卷**　(日本)中野達慧編　民國十一年(1922)商務印書館鉛印本　一冊

330000－1704－0015242　015774　史部/地理類/山川之屬/山志
**清涼山志八卷首一卷**　(明)釋鎮澄修　釋印光增訂　民國二十二年(1933)蘇州弘化社鉛印本　二冊

330000－1704－0015247　015802　集部/別集類/宋別集
**六一居士文集五卷外集錄二卷**　(宋)歐陽修撰　民國二年(1913)上海會文堂書局石印本　六冊

330000－1704－0015248　015638　子部/宗教類/佛教之屬/論疏
**大乘掌珍論疏三卷**　(唐)□□撰　民國金陵刻經處刻本　一冊　存一卷(下)

330000－1704－0015252　015803　集部/別集類/清別集
**音注梅伯言文一卷**　(清)梅伯言撰　王益吾選本　沈伯經音注　民國十二年(1923)上海文明書局石印本　一冊

330000－1704－0015259　015544　子部/醫家類/方書之屬/單方驗方

**增評醫方集解二十三卷本草備要八卷經絡歌訣一卷重校舊本湯頭歌訣一卷**　(清)汪昂輯　(清)費伯雄評　民國三年(1914)上海共和書局石印本　五冊　缺九卷(本草備要一至八、經絡歌訣)

330000－1704－0015261　015804　類叢部/叢書類/彙編之屬

**四部叢刊**　張元濟等編　民國上海商務印書館影印本　二冊　存一種

330000－1704－0015270　015742　子部/小說家類

**筆記小說大觀二百二十二種**　進步書局輯　民國上海進步書局石印本　十九冊　存七種

330000－1704－0015271　015868　類叢部/叢書類/自著之屬

**章氏叢書十三種**　章炳麟撰　民國十三年(1924)上海古書流通處據浙江圖書館刻本影印本　六冊　存六種

330000－1704－0015273　015806　集部/總集類/選集之屬/通代

**五百家香艷詩十卷**　雷瑨輯　民國十七年(1928)上海掃葉山房石印本　三冊　存四卷(一、六、九至十)

330000－1704－0015274　善000213　史部/傳記類/別傳之屬/年譜

**一咲録一卷**　(清)王欽豫撰　民國王氏抄本　王理孚批校　一冊

330000－1704－0015275　015807　集部/別集類/唐五代別集

**註釋評點韓昌黎文全集十卷**　(唐)韓愈撰　湯壽銘增訂　蔣箸超評註　民國十三年(1924)上海會文堂書局鉛印本　四冊　存四卷(一至三、五)

330000－1704－0015277　015869　集部/別集類

**新編分類飲冰室文集全編二十卷**　梁啓超撰　民國上海廣益書局石印本　十九冊　缺一卷(一)

330000－1704－0015279　015780　史部/地理類/山川之屬/山志

**西天目祖山志八卷首一卷末一卷補遺一卷**　(明)釋廣賓撰　(清)釋際界增訂　民國十五年(1926)鉛印本　二冊

330000－1704－0015280　015808　集部/詩文評類/詩評之屬

**詩人玉屑二十卷**　(宋)魏慶之撰　民國十一年(1922)上海掃葉山房石印本　二冊　存十二卷(一至九、十八至二十)

330000－1704－0015282　015809　集部/別集類/清別集

**璇璣碎錦春吟回文合刻**　(清)李暘撰　民國十六年(1927)上海掃葉山房石印本　一冊　存一種

330000－1704－0015284　善000211　史部/傳記類/別傳之屬/年譜

**陳文節公[傅良]年譜一卷**　(清)孫鏘鳴編　民國抄本　一冊

330000－1704－0015289　善000217　史部/傳記類/別傳之屬/年譜

**葉文定公[適]年譜不分卷**　(清)孫衣言編　民國永嘉鄉著會抄本　一冊

330000－1704－0015295　015742－1　子部/小說家類

**筆記小說大觀二百二十二種**　進步書局輯　民國上海進步書局石印本　二十七冊　存二十一種

330000－1704－0015296　015547　子部/醫家類/眼科之屬

**傅氏眼科審視瑤函六卷首一卷醫案一卷圖說一卷**　(明)傅仁宇纂輯　(明)林長生校補　(清)傅維藩編集　民國上海錦章圖書局石印本　一冊

330000－1704－0015300　015878　集部/詩文評類/文評之屬

**韓文研究法一卷柳文研究法一卷**　林紓撰　民國九年(1920)上海商務印書館鉛印本　一册

330000－1704－0015301　015810　集部/别集類

**風雨閉門齋詩稿五卷鄉居百絶一卷留都游草一卷**　王德鍾撰　**風雨閉門齋外集一卷**　王德錡輯録　民國十九年(1930)鉛印本　一册

330000－1704－0015304　015811　集部/别集類/清别集

**吾廬詩稿二卷**　步其誥撰　民國二十一年(1932)棗強步氏刻本　二册

330000－1704－0015305　015742－2　子部/小説家類

**筆記小説大觀二百二十二種**　進步書局輯　民國上海進步書局石印本　十册　存三種

330000－1704－0015306　善000226　史部/傳記類/日記之屬

**止盦日記二卷(清同治元年至二年)**　(清)孫鏘鳴撰　民國抄本　一册

330000－1704－0015308　015903　子部/雜著類/雜説之屬

**梵天廬叢録三十七卷**　柴萼撰　民國十五年(1926)上海中華書局石印本　七册　存十四卷(一至六、十一至十八)

330000－1704－0015310　015742－3　子部/小説家類

**筆記小説大觀二百二十二種**　進步書局輯　民國上海進步書局石印本　二十五册　存十二種

330000－1704－0015313　015905　經部/小學類/文字之屬/字書/字典

**字典十二集三十六卷檢字一卷辨似一卷等韻一卷備考一卷補遺一卷**　(清)張玉書等撰　民國上海鴻文書局石印本　六册

330000－1704－0015314　015742－4　子部/小説家類

**筆記小説大觀二百二十二種**　進步書局輯　民國上海進步書局石印本　一册　存一種

330000－1704－0015315　015548　子部/醫家類/溫病之屬

**溫病條辨六卷首一卷**　(清)吳瑭撰　民國十四年(1925)上海鴻文書局石印本　一册

330000－1704－0015316　015895　集部/總集類/選集之屬/通代

**圈點詳註十八家詩鈔二十八卷**　(清)曾國藩撰　陳存悔等註　民國上海崇新書局鉛印本　十四册　存二十四卷(一至二十四)

330000－1704－0015317　015549　子部/醫家類/溫病之屬

**溫病條辨六卷首一卷**　(清)吳瑭撰　民國四年(1915)上海鑄記書局石印本　二册

330000－1704－0015321　015550　子部/醫家類/溫病之屬

**溫病條辨六卷首一卷**　(清)吳瑭撰　民國石印本　一册

330000－1704－0015324　015896　集部/小説類/短篇之屬

**詳註聊齋志異圖詠十六卷**　(清)蒲松齡撰　(清)呂湛恩注　民國上海天寶書局石印本　一册　存四卷(一至四)

330000－1704－0015325　015815　類叢部/叢書類/自著之屬

**隨園三十六種**　(清)袁枚撰　民國二年(1913)上海中華圖書館鉛印本　四册　存十三種

330000－1704－0015329　015552　類叢部/叢書類/郡邑之屬

**湖北先正遺書七十二種七百二十七卷**　盧靖編　民國十二年(1923)沔陽盧氏慎始基齋影印本　一册　存一種

330000－1704－0015336　015788　子部/宗教類/佛教之屬

**佛學叢書□□種**　丁福保輯　民國上海醫學書局鉛印本暨影印本　二册　存二種

330000－1704－0015338　015817　子部/雜著類/雜纂之屬
**兩般秋雨盦隨筆八卷**　(清)梁紹壬撰　民國九年(1920)上海掃葉山房石印本　三册　缺二卷(七至八)

330000－1704－0015340　015790　子部/宗教類/佛教之屬/諸宗
**相宗綱要不分卷**　梅光羲編　民國十一年(1922)上海商務印書館鉛印本　一册

330000－1704－0015343　015553　類叢部/叢書類/彙編之屬
**四部叢刊**　張元濟等編　民國上海商務印書館影印本　十四册　存一種

330000－1704－0015344　善000230　史部/傳記類/日記之屬
**丙子瞻天日記一卷出都日記一卷(清光緒二年正月十一日至四月初六日)**　(清)孫衣言撰　**丙戌滬游日記一卷丁亥江滬游記一卷(清光緒十二年四月十三日至光緒十三年八月廿七日)**　(清)孫鏘鳴撰　民國孫宣抄本　一册

330000－1704－0015345　015745　集部/曲類/曲選之屬
**繪圖精選崑曲大全四集五十卷**　怡庵主人(張芬)編輯　民國十四年(1925)上海世界書局石印本　四册　存八種

330000－1704－0015348　015880　類叢部/叢書類/自著之屬
**層冰草堂叢書九種附一種**　古直撰　民國中華書局鉛印本　一册　存一種

330000－1704－0015349　015818　集部/別集類/清別集
**壯悔堂文集十卷**　(清)侯方域撰　(清)賈開宗等評點　民國上海掃葉山房石印本　四册

330000－1704－0015350　015881　集部/詩文評類/詩評之屬
**詩品注三卷**　(南朝梁)鍾嶸撰　陳延傑注　**詩選一卷**　陳延傑選　民國十八年(1929)上海開明書店鉛印本　一册

330000－1704－0015351　善000234　史部/傳記類/日記之屬
**疚廎隨筆一卷刦餘日記一卷(清光緒三十一年至民國元年)**　劉燿東撰　民國三十六年(1947)稿本　一册

330000－1704－0015353　015882　集部/詩文評類/詩評之屬
**詩品注三卷**　(南朝梁)鍾嶸撰　陳延傑注　**詩選一卷**　陳延傑選　民國十八年(1929)上海開明書店鉛印本　一册

330000－1704－0015354　015820　集部/別集類/宋別集
**六一居士文集五卷外集録二卷**　(宋)歐陽修撰　民國石印本　一册　存一卷(外集録二)

330000－1704－0015356　善000235　史部/政書類/律令之屬/治獄
**欽明大獄録二卷**　(明)張璁編　民國永嘉黄氏敬鄉樓抄本　二册

330000－1704－0015357　015884　集部/別集類/明別集
**疑雨集四卷**　(明)王彦泓撰　民國十二年(1923)上海掃葉山房石印本　一册

330000－1704－0015359　015893　經部/小學類/文字之屬/字書/字典
**康熙字典十二集三十六卷總目一卷檢字一卷辨似一卷等韻一卷備考一卷補遺一卷**　(清)張玉書等纂修　民國上海商務印書館石印本　六册

330000－1704－0015360　015554　類叢部/叢書類/自著之屬
**心史叢刊十六種**　孟森撰　民國五年至六年(1916－1917)上海商務印書館鉛印本　三册

330000－1704－0015362　015885　集部/別集類
**海藏樓詩十卷**　鄭孝胥撰　民國三年(1914)武昌刻本　二册

330000－1704－0015364　善000236　史部/傳記類/日記之屬

**叔涵戊午日記一卷庚申日記一卷(民國七年元月一日至七月十一日、九年九月一日至十二月三十日)**　李芑撰　民國七年(1918)、九年(1920)稿本　二册

330000－1704－0015375　015841　子部/宗教類/佛教之屬/諸宗

**觀無量壽佛經白話演講集一卷**　戴兆年　范古農演述　民國二十八年(1939)上海佛學書局鉛印本　一册

330000－1704－0015378　015932　子部/叢編

**百子全書**　(清)崇文書局編　民國八年(1919)上海掃葉山房石印本　四十七册　存七十四種

330000－1704－0015379　015747　類叢部/叢書類/彙編之屬

**四部叢刊**　張元濟等編　民國上海商務印書館影印本　二册　存一種

330000－1704－0015381　015843　子部/宗教類/佛教之屬/經疏

**佛説阿彌陀經通贊疏三卷**　(唐)釋窺基撰　民國四年(1915)金陵刻經處刻本　一册

330000－1704－0015387　015909　集部/總集類/選集之屬/斷代

**宋詩鈔初集**　(清)吕留良　(清)吳之振　(清)吳爾堯輯　民國三年(1914)上海商務印書館據清康熙吳氏刻本影印本(原缺十六卷)　二十一册　存五十二種

330000－1704－0015392　015555　子部/醫家類/婦科之屬/產科

**大生要旨五卷**　(清)唐千頃著　**附刊驗方三卷**　(清)甬東小樓主人(王松堂)輯　民國三年(1914)上海錦章圖書局石印本　二册

330000－1704－0015393　015749　集部/小説類/長篇之屬

**增像全圖三國演義十六卷**　(明)羅本撰　(清)毛宗崗評　民國上海商務印書館石印本　二册　存三卷(三至四、九)

330000－1704－0015397　015910　集部/詩文評類/詩評之屬

**冷禪室詩話一卷**　海納川撰　民國上海文瑞樓石印本　□肅任題記　一册

330000－1704－0015399　015556　類叢部/叢書類/彙編之屬

**四部叢刊**　張元濟等編　民國上海商務印書館影印本　二十三册　存一種

330000－1704－0015401　015832　集部/別集類/唐五代別集

**玉谿生詩詳註六卷首一卷**　(唐)李商隱撰　(清)馮浩注　民國六年(1917)崇古山房石印本　八册

330000－1704－0015402　015750　集部/小説類/長篇之屬

**增像全圖三國演義十六卷**　(明)羅本撰　(清)毛宗崗評　民國上海天寶書局石印本　四册　存八卷(一至六、九至十)

330000－1704－0015405　015751　集部/小説類/長篇之屬

**增像全圖三國演義十六卷**　(明)羅本撰　(清)毛宗崗評　民國鑄記書局石印本　五册　存七卷(五、八至十二、十五)

330000－1704－0015410　015752　集部/小説類/長篇之屬

**增像全圖三國演義十六卷**　(明)羅本撰　(清)毛宗崗評　民國石印本　一册　存一卷(十二)

330000－1704－0015415　015933　類叢部/叢書類/彙編之屬

**四部備要**　中華書局編　民國二十五年(1936)上海中華書局鉛印本(原缺經義考卷二百八十六、二百九十九至三百,東塾讀書記十三至十四、十七至二十、二十二至二十五)　四册　存一種

330000－1704－0015421　015912　集部/詩

文評類/詩評之屬

**杜工部詩話一卷**　（清）劉鳳誥撰　民國三年（1914）上海埽葉山房石印本　一冊

330000－1704－0015425　015754　集部/小說類/長篇之屬

**第一才子書六十卷**　（明）羅本撰　（清）金人瑞評　（清）毛宗崗評　民國同文書局鉛印本　一冊　存四卷（五十三至五十六）

330000－1704－0015428　015558　史部/傳記類/別傳之屬/事狀

**黃慧增居士往生紀念冊不分卷**　渾渾山人等編　民國二十二年（1933）上海中華書局鉛印本　一冊

330000－1704－0015429　015854　子部/宗教類/佛教之屬/諸宗

**大乘法苑義林章記二十一卷**　（唐）釋窺基撰（唐）釋智周決擇記　民國刻本　二冊　存六卷（六至八、十二至十四）

330000－1704－0015430　015914　集部/詩文評類/詩評之屬

**歷代詩話二十七種五十七卷考索一卷**　（清）何文煥輯　民國上海文寶公司石印本　十冊　存二十四種

330000－1704－0015435　015987　集部/總集類/酬唱之屬

**旅甌耦語一卷**　沈嚴　金人撰　民國七年（1918）永嘉翰墨林齋石印本　一冊

330000－1704－0015436　015988　集部/總集類/酬唱之屬

**永嘉葉墨卿先生乙亥八龝倡和詩一卷**　郭敦崇等輯　**榴蔭山房印譜一卷**　葉鴻翰篆　民國二十三年（1934）榴蔭山房石印本　一冊

330000－1704－0015437　015989　史部/地理類/專志之屬/古跡

**大若巖志一卷附録一卷**　劉景晨纂　民國三十六年（1947）鉛印本　一冊

330000－1704－0015439　015559　子部/醫家類/類編之屬

**藥龕醫學叢書**　惲鐵樵撰　民國二十五年（1936）章巨膺醫寓鉛印本　七冊　存一種

330000－1704－0015440　015990　集部/別集類

**海外遺稿二卷**　林甄宇撰　林襟宇輯　民國八年（1919）刻本　一冊

330000－1704－0015442　015756　集部/小說類/長篇之屬

**增像全圖三國演義十六卷**　（明）羅本撰（清）毛宗崗評　民國美華石印本　四冊　存八卷（五至六、九至十二、十五至十六）

330000－1704－0015443　015991　集部/別集類

**貞晦題畫絕句一卷**　劉景晨撰　民國二十三年（1934）上海西泠印社書店影印本　一冊

330000－1704－0015444　015992　史部/地理類/雜志之屬

**園林春色一卷**　任桐撰　民國十七年（1928）鉛印本　一冊

330000－1704－0015449　015756－1　集部/小說類/長篇之屬

**增像全圖三國演義十六卷首一卷**　（明）羅本撰　（清）毛宗崗評　民國上海共和書局石印本　一冊　存三卷（首、一至二）

330000－1704－0015450　015993　集部/別集類

**葓廬詩草二卷**　鮑震撰　民國二十年（1931）石印本　一冊

330000－1704－0015452　015995　集部/總集類/酬唱之屬

**甌江驪唱集三卷**　汪瑩編　民國十年（1921）鉛印本　一冊

330000－1704－0015458　015964　子部/儒家類

**倫理正名論一卷**　林損撰　民國惜硯樓鉛印本　一冊

330000－1704－0015461　015966　子部/道

家類

**莊子義證三十三卷附録二卷校補記一卷** 馬敘倫撰 民國十九年(1930)上海商務印書館鉛印本 六册

330000－1704－0015464 015907 史部/目録類/總録之屬/地方

**溫州經籍志三十三卷首一卷外編二卷辨誤一卷** (清)孫詒讓撰 民國十年(1921)浙江公立圖書館刻本 孫延釗批校 十五册 缺三卷(首、一至二)

330000－1704－0015466 善000170 史部/雜史類/斷代之屬

**瑞安東區鄉團剿匪記一卷** (清)張慶葵撰 民國二十四年(1935)張棡抄本 一册

330000－1704－0015468 善000174 史部/雜史類/斷代之屬

**明代溫州倭寇編年四卷** 孫延釗撰 民國二十七年(1938)稿本 一册

330000－1704－0015469 善000186 史部/傳記類/總傳之屬/忠孝

**浙江溫屬樂清縣忠義録名册一卷** 程良駇輯 民國十二年(1923)油印本 一册

330000－1704－0015470 善000188 史部/傳記類/總傳之屬/郡邑

**溫州人物生卒表一卷** 孫延釗輯 稿本 一册

330000－1704－0015473 015996 集部/別集類

**湫漻齋吟草一卷** 陳葆善撰 民國六年(1917)石印本 一册

330000－1704－0015474 016065 集部/總集類/選集之屬/通代

**涵芬樓古今文鈔簡編四十卷首一卷** 吳曾祺輯 民國五年(1916)上海商務印書館鉛印本 二十一册 存二十一卷(二十至四十)

330000－1704－0015475 015997 集部/別集類/清別集

**味道腴齋詩草不分卷** (清)董暲撰 民國抄本 一册

330000－1704－0015482 016002 史部/政書類/公牘檔册之屬

**溫屬圖書館文稿一卷** 王毓英撰 民國八年至九年(1919－1920)稿本 一册

330000－1704－0015485 016067 子部/醫家類/綜合之屬/通論

**中西醫判二卷** 唐宗海撰 民國三年(1914)百草廬石印本 一册

330000－1704－0015488 016003 史部/傳記類/總傳之屬/郡邑

**溫州旅杭同鄉會第四屆報告書一卷** 溫州旅杭同鄉會輯 民國十五年(1926)鉛印本 一册

330000－1704－0015490 015896－1 集部/小説類/短篇之屬

**詳註聊齋志異圖詠十六卷** (清)蒲松齡撰 (清)呂湛恩注 民國石印本 三册 存十二卷(五至十六)

330000－1704－0015495 016004 集部/別集類

**貞晦題畫絕句一卷** 劉景晨撰 民國二十三年(1934)上海西泠印社書店影印本 一册

330000－1704－0015498 015924 集部/總集類

**雜抄不分卷** 民國抄本 一册

330000－1704－0015501 016069 集部/別集類/唐五代別集

**溫飛卿詩集七卷別集一卷集外詩一卷附録諸家詩評一卷** (唐)溫庭筠撰 (明)曾益注 (清)顧予咸補注 (清)顧嗣立續注 民國十三年(1924)上海掃葉山房石印本 四册

330000－1704－0015502 善000171 史部/載記類

**南唐書校記一卷** 王理孚撰 民國抄本 一册

330000－1704－0015503 善000169 史部/

雜史類/斷代之屬

**方國珍寇溫始末不分卷**　(清)葉嘉棆撰　劉紹寬增訂　民國抄本　劉紹寬批校　一冊

330000－1704－0015506　015562　集部/總集類/選集之屬/通代

**歷代詩文評註讀本**　王文濡編　民國上海文明書局鉛印本　一冊　存一種

330000－1704－0015511　015925　子部/藝術類/篆刻之屬/印論

**篆法入門三種四卷**　周鍾麟撰　民國二十一年(1932)上海求古齋書帖局石印本　三冊

330000－1704－0015514　015976　經部/小學類/文字之屬/說文

**說文通檢十四卷首一卷末一卷**　(清)黎永椿編　民國元年(1912)鄂官書處刻本　二冊

330000－1704－0015515　015926　集部/別集類

**知學軒浪墨二卷**　金一衡撰　民國十二年(1923)鉛印本　一冊

330000－1704－0015516　015977　經部/小學類/音韻之屬

**中國音韻沿革一卷**　羅常培編　民國十九年(1930)清華大學文學院鉛印本　二冊

330000－1704－0015520　善000172　史部/雜史類/斷代之屬

**明代溫州倭寇編年四卷**　孫延釗撰　民國抄本　四冊

330000－1704－0015522　016072　子部/藝術類/書畫之屬/畫譜

**馬駘畫寶十五種二十四卷**　馬駘繪　民國十七年(1928)上海世界書局石印本　二十冊　存十三種

330000－1704－0015529　016112　類叢部/叢書類/郡邑之屬

**山左先喆遺書**　山東省立圖書館編　民國瑞安陳氏裒殷堂鉛印本　一冊　存一種

330000－1704－0015530　015963　集部/總集類/選集之屬/斷代

**南社叢刻**　南社編輯　民國鉛印本　二冊　存二種

330000－1704－0015531　016011　類叢部/叢書類/彙編之屬

**四部叢刊**　張元濟等編　民國上海商務印書館影印本　二十三冊　存九種

330000－1704－0015532　016012　類叢部/叢書類/彙編之屬

**四部叢刊**　張元濟等編　民國上海商務印書館影印本　二冊　存二種

330000－1704－0015533　016113　新學/理學/文學

**中國中古文學史講義一卷**　劉師培編　民國十五年(1926)國立北京大學出版部鉛印本　一冊

330000－1704－0015535　015969　集部/總集類/選集之屬/通代

**歷代詩文評註讀本**　王文濡編　民國上海文明書局鉛印本　三冊　存一種

330000－1704－0015537　016114　新學/理學/文學

**中國中古文學史講義一卷**　劉師培編　民國九年(1920)北京大學出版部鉛印本　一冊

330000－1704－0015538　016016　子部/宗教類/佛教之屬/論

**性善惡論六卷**　(明)釋傳燈撰　民國十二年至十三年(1923－1924)杭州刻經處刻本　一冊　存二卷(一至二)

330000－1704－0015539　015980　史部/地理類/遊記之屬/紀行

**鄉國補游記三卷**　林甄宇撰　民國六年(1917)永嘉林氏刻本　一冊

330000－1704－0015543　016022　集部/小說類/長篇之屬

**繡像七劍十三俠三集六卷一百八十回**　(清)唐芸洲撰　民國十一年(1922)公記書局石印本　一冊　存三卷(一至三)

330000－1704－0015544　015985　史部/地理類/遊記之屬/紀行

**鄉國補游記三卷**　林甄宇撰　民國六年(1917)永嘉林氏刻本　一冊

330000－1704－0015545　015855　子部/宗教類/佛教之屬/經疏

**大方廣佛華嚴經綱要八十卷**　(唐)釋實叉難陀譯　(唐)釋澄觀疏義　(明)釋德清提挈

**大方廣佛華嚴經入不思議解脱境界普賢行願品第四十卷疏節録一卷**　(唐)釋般若譯經　(唐)釋澄觀疏義　徐文霨節録　民國十年(1921)北京刻經處刻本　七冊　存十七卷(一至三、七至九、十五至十六、三十九至四十、四十六至四十八、七十二至七十四、八十)

330000－1704－0015548　015856　子部/宗教類/佛教之屬/諸宗

**印光法師文鈔四卷附録一卷**　釋聖量撰　民國十八年(1929)上海中華書局鉛印本　二冊　存二卷(三至四)

330000－1704－0015549　016074　子部/藝術類/書畫之屬/書法書品

**鄭海藏先生書法抉微一卷**　張謙撰　民國三十一年(1942)生流出版社鉛印本　一冊

330000－1704－0015552　016165　子部/藝術類/書畫之屬/法帖

**薛少保信行禪師碑一卷**　(唐)薛稷書　民國上海有正書局影印本　一冊

330000－1704－0015555　016075　子部/藝術類/書畫之屬/法帖

**名人真蹟小楷法帖四種**　民國十八年(1929)上海世界書局石印本　一冊　存一種

330000－1704－0015556　善000238　史部/傳記類/日記之屬

**朱廬日記不分卷(民國十九年至二十三年)**　孫宣撰　民國十九年至二十三年(1930－1934)稿本　十二冊

330000－1704－0015557　016076　子部/藝術類/書畫之屬/法帖

**鄭孝胥楷書習字帖一卷**　鄭孝胥書　民國上海有正書局石印本　一冊

330000－1704－0015558　016185　類叢部/叢書類/彙編之屬

**四部叢刊**　張元濟等編　民國上海商務印書館影印本　六十五冊　存十二種

330000－1704－0015563　016118　集部/總集類/選集之屬/斷代

**音註王摩詰孟浩然詩二卷**　(唐)王維　(唐)孟浩然撰　(清)王士禛選　王治音注　民國二十四年(1935)上海文明書局鉛印本　一冊

330000－1704－0015565　016077　子部/藝術類/書畫之屬/法帖

**初拓鄭文公碑一卷**　(北魏)鄭道昭書　民國十三年(1924)上海有正書局影印本　一冊

330000－1704－0015569　016168　史部/金石類/石之屬/文字

**忠壯左公墓誌銘一卷**　(清)王垿撰并書　民國影印本　一冊

330000－1704－0015570　016167　子部/藝術類/書畫之屬/法帖

**玉臺名翰一卷**　(宋)朱淑真等書　民國十一年(1922)上海文明書局影印本　一冊

330000－1704－0015571　016023　子部/術數類/相宅相墓之屬

**地理大成五種**　(清)葉泰輯　民國石印本　二冊　存一種

330000－1704－0015573　016078　子部/藝術類/書畫之屬/法帖

**明賢遺墨二卷**　民國影印本　二冊　存一卷(二)

330000－1704－0015574　016169　史部/金石類/石之屬/文字

**明初拓魏使君碑一卷**　民國十年(1921)上海有正書局影印本　一冊

330000－1704－0015575　015946　子部/宗教類/佛教之屬/總録

**公民修養叢書**　劉仁航編　民國十年(1921)上海公民書局鉛印本　一册　存一種

330000－1704－0015578　016186　類叢部/叢書類/彙編之屬

**四部備要**　中華書局編　民國二十五年(1936)上海中華書局鉛印本(原缺經義考卷二百八十六、二百九十九至三百,東塾讀書記十三至十四、十七至二十、二十二至二十五)　一册　存一種

330000－1704－0015579　善 000239　史部/傳記類/日記之屬

**疚廎日記不分卷(民國八年至一九五〇年)**　劉燿東撰　民國八年(1919)至一九五〇年稿本　二十二册

330000－1704－0015581　015948　子部/宗教類/佛教之屬

**佛學叢書□□種**　丁福保輯　民國上海醫學書局鉛印本暨影印本　一册　存一種

330000－1704－0015588　016177　集部/別集類/清別集

**亭林詩集五卷文集六卷餘集一卷**　(清)顧炎武撰　民國十七年(1928)上海掃葉山房石印本　四册

330000－1704－0015590　015729　類叢部/叢書類/郡邑之屬

**湖北先正遺書七十二種七百二十七卷**　盧靖編　民國十二年(1923)沔陽盧氏慎始基齋影印本　四册　存一種

330000－1704－0015592　016188　類叢部/叢書類/彙編之屬

**四部備要**　中華書局編　民國二十五年(1936)上海中華書局鉛印本(原缺經義考卷二百八十六、二百九十九至三百,東塾讀書記十三至十四、十七至二十、二十二至二十五)　二十二册　存一種

330000－1704－0015597　016027　子部/術數類/相宅相墓之屬

**地理正宗十二卷**　(清)蔣國訂　民國石印本二册　存二卷(五至六)

330000－1704－0015598　016080　史部/傳記類/別傳之屬/墓誌

**瑞安姚君墓志銘一卷瑞安姚氏家廟記一卷**　章炳麟撰並書　**先嚴言行述畧一卷**　姚琮撰並書　民國影印本　一册

330000－1704－0015601　016182　集部/總集類/郡邑之屬

**香山詩略十二卷**　(清)黄紹昌　(清)劉熽芬纂輯　民國二十六年(1937)鉛印本　六册

330000－1704－0015602　016178　集部/總集類/選集之屬/通代

**六朝文絜四卷**　(清)許槤輯並評　民國四年(1915)上海掃葉山房石印本　二册

330000－1704－0015605　016179　類叢部/叢書類/彙編之屬

**四部備要**　中華書局編　民國二十五年(1936)上海中華書局鉛印本(原缺經義考卷二百八十六、二百九十九至三百,東塾讀書記十三至十四、十七至二十、二十二至二十五)　一册　存一種

330000－1704－0015606　016180　集部/總集類/選集之屬/斷代

**明文在簡編四卷**　(清)薛熙原編　張相選録　民國七年(1918)上海中華書局鉛印本　四册

330000－1704－0015613　016197　經部/小學類/音韻之屬

**文字學音篇五章**　錢玄同撰　民國十年(1921)北京大學出版部鉛印本　一册

330000－1704－0015614　016183　集部/總集類/郡邑之屬

**香山詩略十二卷**　(清)黄紹昌　(清)劉熽芬纂輯　民國二十六年(1937)鉛印本　六册

330000－1704－0015615　善 000237　史部/傳記類/日記之屬

**寄鶴巢日記不分卷(民國元年至十七年)**　林向藜撰　民國元年至十七年(1912－1928)稿

本　二十三冊

330000－1704－0015619　016031　集部/別集類/清別集

**梅村詩集箋注十八卷**　(清)吳偉業撰　(清)吳翌鳳箋注　民國中華圖書館石印本　八冊

330000－1704－0015626　016122　集部/別集類/清別集

**香屑集十八卷首一卷末一卷**　(清)黃之雋撰　(清)陳邦直注　民國十五年(1926)上海掃葉山房石印本　四冊

330000－1704－0015627　016195　類叢部/叢書類

**五華學院叢書**　民國五華學院鉛印本　一冊　存一種

330000－1704－0015631　016035　集部/別集類/清別集

**西堂雜組一集八卷二集八卷三集八卷**　(清)尤侗撰　民國上海中華圖書館石印本　六冊

330000－1704－0015635　016036　子部/儒家類/儒學之屬

**正蒙小學韻言二卷**　(清)羅澤南撰　民國石印本　一冊　存一卷(上)

330000－1704－0015638　016083　史部/金石類/石之屬/文字

**中岳嵩高靈廟碑不分卷**　民國十一年(1922)上海有正書局影印本　一冊

330000－1704－0015640　016084　子部/藝術類/書畫之屬/法帖

**懷素草書千文一卷**　(唐)釋懷素書　民國有正書局影印本　一冊

330000－1704－0015641　015955　集部/詞類/類編之屬

**彊村叢書一百七十八種**　朱祖謀輯並撰校記　民國六年(1917)歸安朱氏刻十一年(1922)校補印本　檞威批　三十二冊　存一百四十七種

330000－1704－0015642　016125　子部/藝術類/書畫之屬/法帖

**舊拓石門銘一卷**　(北魏)王遠書　民國影印本　一冊

330000－1704－0015645　016085　子部/藝術類/書畫之屬/法帖

**名人真蹟**　民國中華書局影印本　一冊　存一種

330000－1704－0015646　016212　經部/小學類/文字之屬/說文/傳說

**說文解字注十五卷附六書音均表五卷**　(清)段玉裁撰　**說文部目分韻一卷**　(清)陳煥編　**說文通檢十四卷首一卷末一卷**　(清)黎永椿編　**說文提要一卷**　(清)陳建侯撰　**徐星伯說文段注札記一卷**　(清)徐松撰　(清)劉肇隅編　**龔定菴說文段注札記一卷**　(清)龔自珍撰　(清)劉肇隅編　**桂未谷說文段注鈔一卷補鈔一卷**　(清)桂馥撰　(清)劉肇隅編　民國十四年(1925)上海掃葉山房石印本　九冊　存二十卷(說文解字注五至十四,六書音均表一至五,說文提要,徐星伯說文段注札記,龔定菴說文段注札記,桂未谷說文段注鈔、補鈔)

330000－1704－0015647　016086　子部/藝術類/書畫之屬/法帖

**鄧石如楷書隸書三種墨跡合冊不分卷**　(清)鄧石如書　民國五年(1916)上海有正書局石印本　一冊

330000－1704－0015648　016087　子部/藝術類/書畫之屬/法帖

**北宋拓爭坐位帖一卷**　(唐)顏真卿書　民國十四年(1925)上海有正書局影印本　一冊

330000－1704－0015649　016037　集部/詩文評類/文法之屬

**言文對照初等作文新範四卷**　周祝封編　民國十二年(1923)上海世界書局石印本　一冊

330000－1704－0015652　016038　集部/別集類/清別集

**增廣詳註言文對照小倉山房尺牘四卷**　(清)袁枚撰　(清)吳猶龍編　民國十八年(1929)

上海中西書局石印本　四册

330000－1704－0015653　016039　集部/詩文評類/文法之屬

**註解淺釋初學尺牘指南不分卷**　廣益書局撰述部撰　民國十三年(1924)上海廣益書局石印本　一册

330000－1704－0015661　善000247　史部/傳記類/總傳之屬/家乘

**東嘉王氏世録一卷世傳一卷**　(明)王叔果輯　民國王氏抄本　王理孚批校、題簽並跋　二册

330000－1704－0015669　016216　子部/叢編

**大字精校圈點注釋三十六子全書□□種**　(清)孫星衍撰　民國八年(1919)上海掃葉山房石印本　四十七册　存三十八種

330000－1704－0015672　016046　子部/藝術類/書畫之屬/法帖

**國朝四十名家墨蹟不分卷**　(清)沈鈞輯　民國七年(1918)交通圖書館石印本　三册

330000－1704－0015673　016127　類叢部/叢書類/彙編之屬

**四部備要**　中華書局編　民國二十五年(1936)上海中華書局鉛印本(原缺經義考卷二百八十六、二百九十九至三百,東塾讀書記十三至十四、十七至二十、二十二至二十五)　陳光漢批　五十八册　存三種

330000－1704－0015674　善000249　史部/傳記類/總傳之屬/家乘

**[浙江台州]重修黄巖洋嶼羅氏譜三十五卷首一卷**　羅藻新等纂修　民國六年(1917)木活字印本　一册　存二卷(首、一)

330000－1704－0015675　014512　新學/理學/文學

**中國近三百年學術史不分卷**　錢穆撰　民國清華大學鉛印本　夏鼐批校　二册

330000－1704－0015678　015860　子部/宗教類/佛教之屬/經疏

**大方廣佛華嚴經入不思議解脱境界普賢行願品疏六十卷**　(唐)釋般若譯經　(唐)釋澄觀述疏　(清)楊文會合纂　民國十年(1921)金陵刻經處刻本　釋論月題記　八册　存二十三卷(九至十三、二十至二十九、四十四至四十六、五十三至五十五、五十九至六十)

330000－1704－0015679　善000250　史部/傳記類/總傳之屬/家乘

**[浙江台州]黄巖田上洋毛氏家譜四卷**　毛宗澄纂　民國九年(1920)木活字印本　三册

330000－1704－0015680　016221　子部/雜著類/雜説之屬

**傳宗敢言一卷**　民國上海宏大善書總發行所石印本　一册

330000－1704－0015682　015861　子部/宗教類/佛教之屬/經疏

**解深密經注十卷**　歐陽漸編　民國六年(1917)金陵刻經處刻本　二册　存七卷(一至七)

330000－1704－0015685　015862　子部/宗教類/佛教之屬/經疏

**楞嚴説通十卷**　(清)劉道開撰　民國十二年(1923)上海中華書局鉛印本　四册　存四卷(一、七至八、十)

330000－1704－0015687　015863　子部/宗教類/佛教之屬/論疏

**成唯識論學記八卷**　(唐)釋太賢撰　民國鉛印本　一册　存二卷(三至四)

330000－1704－0015688　016222　子部/宗教類/道教之屬

**三聖經靈驗圖註不分卷**　民國上海宏大善書局石印本　一册

330000－1704－0015690　016128　子部/宗教類/佛教之屬

**佛法之科學的説明一卷**　王小徐撰　民國北平文嵐簃印書局鉛印本　一册

330000－1704－0015691　016171　子部/藝術類/書畫之屬/書法書品

**晉右將軍王羲之書草訣歌一卷**　(晉)王羲之書　民國影印本　一幅

330000－1704－0015694　016223　集部/總集類/尺牘之屬

**書記指南模範文牘大全六卷附編一卷**　劉再蘇編　民國十七年(1928)上海世界書局石印本　四冊

330000－1704－0015696　016048　子部/小說家類

**筆記小說大觀二百二十二種**　進步書局輯　民國上海進步書局石印本　一冊　存一種

330000－1704－0015698　016267　類叢部/類書類/通類之屬

**淵鑑類函四百五十卷目録四卷**　(清)張英　(清)王士禛等輯　民國二十一年(1932)上海掃葉山房石印本　三十一冊　缺十五卷(三十至四十四)

330000－1704－0015699　016050　類叢部/叢書類/彙編之屬

**香艷叢書三百二十六種**　(清)蟲天子輯　民國上海中國圖書公司和記鉛印本　一冊　存八種

330000－1704－0015704　016172　子部/藝術類/書畫之屬/書法書品

**多福多壽帖一卷**　民國影印本　一冊

330000－1704－0015705　016052　類叢部/叢書類/彙編之屬

**四部備要**　中華書局編　民國二十五年(1936)上海中華書局鉛印本(原缺經義考卷二百八十六、二百九十九至三百,東塾讀書記十三至十四、十七至二十、二十二至二十五)　八冊　存一種

330000－1704－0015706　016224　子部/宗教類/道教之屬/戒律

**太上寶筏圖說八卷**　(清)黃正元撰　民國石印本　一冊　存一卷(信)

330000－1704－0015708　016269　類叢部/叢書類/自著之屬

**重刊船山遺書六十六種附一種**　(清)王夫之撰　民國二十二年(1933)上海太平洋書店鉛印本　十四冊　存十一種

330000－1704－0015709　016225　子部/儒家類/儒學之屬/蒙學

**龍文鞭影初集二卷**　(明)蕭良有撰　(明)楊臣諍增訂　(清)來集之音注　**二集二卷**　(清)李暉吉　(清)徐瓚輯　民國三年(1914)上海章福記書局石印本　玉蟾後人題記　三冊　缺一卷(二集一)

330000－1704－0015712　016271　類叢部/叢書類/彙編之屬

**涵芬樓祕笈五十一種**　孫毓修等輯　民國五年至十五年(1916－1926)上海商務印書館影印本暨鉛印本　八冊　存五種

330000－1704－0015713　016091　集部/別集類/唐五代別集

**唱經堂杜詩解四卷**　(唐)杜甫撰　(清)金人瑞解　民國八年(1919)上海震華書局石印本　四冊

330000－1704－0015715　016272　類叢部/叢書類/彙編之屬

**四部叢刊**　張元濟等編　民國上海商務印書館影印本　十五冊　存一種

330000－1704－0015716　016092　集部/總集類/選集之屬/通代

**歷代詩文評註讀本**　王文濡編　民國上海文明書局鉛印本　三冊　存一種

330000－1704－0015719　016093　集部/別集類/漢魏六朝別集

**陶詩彙注四卷首一卷末一卷**　(晉)陶潛撰　(清)吳瞻泰輯　(清)許印芳增訂　民國十五年(1926)上海大中書局石印本　四冊

330000－1704－0015721　016228　類叢部/叢書類/彙編之屬

**四部備要**　中華書局編　民國二十五年(1936)上海中華書局鉛印本(原缺經義考卷二百八十六、二百九十九至三百,東塾讀書記

十三至十四、十七至二十、二十二至二十五)　九册　存一種

330000－1704－0015726　016060　經部/小學類/文字之屬/説文/傳説

**説文解字句讀三十卷**　(清)王筠撰　民國涵芬樓影印王氏家刻本　十四册

330000－1704－0015728　016058　經部/四書類/總義之屬/傳説

**四書味根録三十九卷**　(清)金澂撰　民國鴻寶齋書局石印本　一册　存六卷(孟子九至十四)

330000－1704－0015730　016230　類叢部/叢書類/彙編之屬

**四部備要**　中華書局編　民國二十五年(1936)上海中華書局鉛印本(原缺經義考卷二百八十六、二百九十九至三百,東塾讀書記十三至十四、十七至二十、二十二至二十五)　九十一册　存二種

330000－1704－0015731　016095　集部/別集類/宋別集

**蘇東坡詩集注三十二卷**　(宋)蘇軾撰　(宋)呂祖謙編　(宋)王十朋集注　**東坡先生年譜一卷**　(宋)王宗稷編　**失編一卷**　(清)王從延補注　民國十一年(1922)上海掃葉山房石印本　十六册　存二十八卷(一至十四、十六至二十六、二十九至三十,年譜)

330000－1704－0015732　016275　集部/詩文評類/詩評之屬

**詩人玉屑二十卷**　(宋)魏慶之撰　民國三年(1914)上海掃葉山房石印本　二册　存五卷(一至二、十八至二十)

330000－1704－0015733　016328　史部/地理類/雜志之屬

**園林春色一卷**　任桐撰　民國十七年(1928)鉛印本　一册

330000－1704－0015734　016327　子部/雜著類/雜纂之屬

**萬松野人言善録一卷**　英華撰　民國八年(1919)京師鉛印本　一册

330000－1704－0015735　016096　集部/別集類/宋別集

**宋岳忠武王全集二十八卷**　(宋)岳飛撰　(宋)岳珂編　民國四年(1915)國學書局石印本　四册

330000－1704－0015736　016326　類叢部/叢書類/彙編之屬

**桐城吳先生羣書點勘**　(清)吳汝綸撰　民國蓮池書社鉛印本　二册　存五種

330000－1704－0015738　016276　類叢部/叢書類/彙編之屬

**四部叢刊**　張元濟等編　民國上海商務印書館影印本　一册　存一種

330000－1704－0015752　015984　史部/地理類/山川之屬/山志

**天台山方外志三十卷**　(明)釋傳燈撰　民國十一年(1922)上海集雲軒鉛印本　八册

330000－1704－0015753　016155　子部/雜著類/雜編之屬

**安士全書四種**　(清)周夢顏撰　民國十一年(1922)上海佛學推行社鉛印本　三册　缺一卷(文昌帝君陰騭文廣義節録上)

330000－1704－0015754　016156　子部/宗教類/佛教之屬

**觀世音菩薩本迹感應頌四卷首一卷**　許止淨述　**金剛經功德頌一卷**　許止淨述　劉契淨注　民國十五年(1926)上海中華書局鉛印本　一册　缺三卷(首、一至二)

330000－1704－0015763　016062　類叢部/叢書類/郡邑之屬

**敬鄉樓叢書三十八種**　黃羣編　民國十七年至二十四年(1928－1935)永嘉黃氏鉛印本　一册　存第三輯一種

330000－1704－0015766　16062－1　類叢部/叢書類/郡邑之屬

**敬鄉樓叢書三十八種**　黃羣編　民國十七年至二十四年(1928－1935)永嘉黃氏鉛印本

一册　存第三輯一種

330000－1704－0015767　016318　子部/儒家類/儒學之屬/性理
**楊園菁華録四卷**　(清)張履祥撰　(清)沈志本纂　民國二十四年(1935)楊園學社鉛印本　一册

330000－1704－0015768　016063　子部/雜著類/雜說之屬
**梵天廬叢録三十七卷**　柴萼撰　民國上海中華書局石印本　二册　存四卷(十三至十四、二十一至二十二)

330000－1704－0015771　016319　子部/藝術類/書畫之屬/畫譜
**梅花喜神譜二卷**　(宋)宋伯仁編　梅王閣藏　民國十七年(1928)上海中華書局影印本　二册

330000－1704－0015773　016278　類叢部/叢書類/彙編之屬
**四部叢刊**　張元濟等編　民國上海商務印書館影印本　二册　存二種

330000－1704－0015775　015998　集部/别集類
**紅蘭館詩鈔八卷**　蘇大山撰　民國十七年(1928)鉛印本　二册

330000－1704－0015780　016234　子部/小說家類/異聞之屬
**觳觫紀聞三卷**　項乃登輯　民國十九年(1930)中央刻經院鉛印本　一册

330000－1704－0015781　016270　經部/春秋左傳類/傳說之屬
**春秋左傳句解六卷**　(清)韓菼重訂　民國三年(1914)上海商務印書館鉛印本　四册　存四卷(一、三至四、六)

330000－1704－0015786　016322　子部/法家類
**韓非子二十卷　識誤三卷**　(清)顧廣圻撰　民國上海會文堂書局石印本　五册　存二十一卷(一至十四、十七至二十,識誤一至三)

330000－1704－0015787　016323　新學/雜著
**新文庫十四卷**　陸翔輯選　民國九年(1920)上海廣文書局石印本　十册　存七卷(八至十四)

330000－1704－0015789　016238　子部/道家類
**莊子集解八卷**　王先謙撰　民國上海掃葉山房石印本　四册

330000－1704－0015790　016129　子部/工藝類/日用器物之屬/陶瓷
**說瓷五種**　民國石印本　六册　存四種

330000－1704－0015791　016280　子部/醫家類/綜合之屬/通論
**增訂醫宗金鑑九十卷首一卷**　(清)吴謙等撰　民國上海鴻寶齋書局石印本　一册　存四卷(五十五至五十八)

330000－1704－0015803　善000270　史部/史評類
**史漢樵漁四卷**　(清)祝堃之撰　民國抄本　二册

330000－1704－0015807　016285　史部/目録類/總録之屬/私撰
**蟫隱廬書目第六期一卷**　蟫隱廬書莊編　民國上海蟫隱廬書莊石印本　一册

330000－1704－0015815　016133　集部/别集類/唐五代别集
**杜工部草堂詩箋四十卷外集一卷**　(宋)蔡夢弼會箋　**草堂詩箋傳序碑銘一卷目録一卷**　(宋)魯訔編　(宋)蔡夢弼會箋　**杜工部草堂詩話二卷**　(宋)蔡夢弼輯　**杜工部草堂詩年譜二卷**　(宋)趙子櫟　(宋)魯訔撰　民國八年(1919)上海文瑞樓據宋麻沙本影印本　十二册

330000－1704－0015816　016284　類叢部/叢書類/彙編之屬
**四部備要**　中華書局編　民國二十五年(1936)上海中華書局鉛印本(原缺經義考卷

二百八十六、二百九十九至三百，東塾讀書記十三至十四、十七至二十、二十二至二十五）　六册　存一種

330000－1704－0015818　016237　集部/總集類/選集之屬/通代
**評選古詩源十四卷**　（清）沈德潛輯　民國上海文瑞樓石印本　四册

330000－1704－0015820　016317　集部/總集類/選集之屬/通代
**國文選篇不分卷**　民國油印本　一册

330000－1704－0015821　016317－1　新學/動植物學/動物學
**普通教育動物學教科書不分卷**　民國油印本　一册

330000－1704－0015822　016196　史部/傳記類/别傳之屬/事狀
**大慈恩寺三藏法師傳十卷**　（唐）釋慧立撰（唐）釋彦悰箋　民國十二年（1923）支那内學院刻本　一册　存三卷（一至三）

330000－1704－0015825　016286　史部/目録類/書志之屬/提要
**四部叢刊書録一卷**　商務印書館編　民國十一年（1922）上海商務印書館鉛印本　一册

330000－1704－0015829　016239　子部/宗教類/道教之屬
**玄門必讀一卷**　民國十四年（1925）李會文石印本　倪誠圭題簽並記　一册

330000－1704－0015830　016287　史部/目録類/總録之屬/彙刻
**四部叢刊目録一卷**　商務印書館編　民國上海商務印書館鉛印本暨影印本　一册

330000－1704－0015833　016354　史部/目録類/總録之屬/官修
**舊溫屬圖書館初編書目不分卷**　舊溫屬圖書館編　民國舊溫屬圖書館石印本　四册

330000－1704－0015835　016355　史部/目録類/總録之屬/官修
**舊溫屬圖書館初編書目不分卷**　舊溫屬圖書館編　民國舊溫屬圖書館石印本　一册

330000－1704－0015836　016344　類叢部/叢書類/彙編之屬
**四部備要**　中華書局編　民國二十五年（1936）上海中華書局鉛印本（原缺經義考卷二百八十六、二百九十九至三百，東塾讀書記十三至十四、十七至二十、二十二至二十五）　六十九册　存七種

330000－1704－0015838　016356　類叢部/叢書類/郡邑之屬
**豫章叢書六十種附一種**　胡思敬編　民國四年至九年（1915－1920）南昌豫章叢書編刻局刻本　九册　存二種

330000－1704－0015839　016289　子部/藝術類/書畫之屬/畫譜
**新畫譜大觀□□卷**　民國石印本　一册　存一卷（一）

330000－1704－0015843　016201　子部/宗教類/佛教之屬/論疏
**釋摩訶衍論十卷**　（印度）馬鳴撰　（南朝陳）釋真諦譯　（印度）龍樹釋　（晉）釋筏提摩多譯　民國金陵刻經處刻本　一册　存二卷（一至二）

330000－1704－0015846　016202　子部/宗教類/道教之屬
**太上感應篇直講一卷首一卷附録一卷**　釋印光鑒定　邵慧圓校對　民國十八年（1929）鉛印本　一册

330000－1704－0015850　016330　子部/藝術類/書畫之屬/法帖
**董文敏行書二種**　（明）董其昌書　民國三十年（1941）上海文明書局影印本　一册

330000－1704－0015857　016331　子部/藝術類/書畫之屬/法帖
**南海書一天園記一卷**　康有為撰並書　民國上海有正書局石印本　一册

330000－1704－0015858　016103　集部/别

集類/唐五代別集

**少陵詩鈔一卷** （唐）杜甫撰 （清）顧鄭鄉鈔 民國十六年（1927）科學儀器館據顧氏手抄本影印本 一冊

330000－1704－0015861 016204 子部/宗教類/佛教之屬

**五大部直音二卷附諸般經懺直音一卷** 民國十三年（1924）浙杭西湖慧空經房刻本 一冊 存二卷（下、諸般經懺直音）

330000－1704－0015862 016332 史部/金石類/石之屬/文字

**禪靜寺剎前銘敬史君之碑一卷** 民國求古齋書籍碑帖局影印本 一冊

330000－1704－0015865 016293 集部/別集類/唐五代別集

**昌黎先生集四十卷** （唐）韓愈撰 民國石印本 二冊 存十四卷（二十七至四十）

330000－1704－0015867 016333 子部/藝術類/書畫之屬/法帖

**舊拓鄧太尉祠碑一卷** 民國二十三年（1934）中華書局影印本 一冊

330000－1704－0015868 016245 新學/電學

**通信學教程附錄一卷** 民國油印本 一冊

330000－1704－0015871 016334 子部/藝術類/書畫之屬/法帖

**初拓鄭文公碑一卷** （北魏）鄭道昭書 味道腴齋藏 民國十一年（1922）上海有正書局影印本 一冊

330000－1704－0015873 016246 史部/雜史類/斷代之屬

**李秀成供四卷** 民國二十四年（1935）鉛印本 一冊 存二卷（一至二）

330000－1704－0015874 016205 子部/雜著類/雜編之屬

**安士全書鈔不分卷** 民國抄本 一冊

330000－1704－0015880 016248 新學/圖學

**圖號摘要一卷** 民國石印本 一冊

330000－1704－0015881 016335 子部/藝術類/書畫之屬/法帖

**初拓鄭文公碑一卷** （北魏）鄭道昭書 味道腴齋藏 民國十三年（1924）上海有正書局影印本 一冊

330000－1704－0015886 016250 子部/宗教類/佛教之屬

**佛學叢書□□種** 民國上海商務印書館鉛印本 一冊 存一種

330000－1704－0015894 016324 史部/目錄類/總錄之屬/官修

**館藏期刊目錄一卷** 民國抄本 一冊

330000－1704－0015895 016107 類叢部/叢書類/彙編之屬

**顔李叢書三十二種** 徐世昌等輯 民國十二年（1923）四存學會鉛印本 二冊 存一種

330000－1704－0015896 016108 經部/詩類/傳說之屬

**毛詩二十卷** （漢）毛亨傳 （漢）鄭玄箋 民國上海中華書局鉛印本 一冊 存五卷（十二至十六）

330000－1704－0015902 016297 集部/總集類/選集之屬/斷代

**晚唐詩選八卷** 王文濡編 民國七年（1918）中華書局鉛印本 一冊 存一卷（一）

330000－1704－0015904 016338 子部/藝術類/書畫之屬/法帖

**虞世南臨蘭亭序一卷** （唐）虞世南書 民國十四年（1925）上海平民碑帖局影印本 一冊

330000－1704－0015906 016339 子部/叢編

**子書百家（崇文書局彙刻百子、彙刻百子、百子全書）** （清）崇文書局編 民國元年（1912）鄂官書處刻本 六冊 存一種

330000－1704－0015918 016253 子部/宗

教類/佛教之屬/諸宗

**相宗綱要續編九卷** 梅光羲編 民國十五年(1926)上海商務印書館鉛印本 一册

330000－1704－0015920 016367 類叢部/叢書類/彙編之屬

**四部叢刊** 張元濟等編 民國上海商務印書館影印本 十九册 存一種

330000－1704－0015922 016254 子部/宗教類/佛教之屬

**金剛般若波羅蜜經一卷校勘記一卷** (後秦)釋鳩摩羅什譯 民國二十二年(1933)上海省心蓮社鉛印本 一册

330000－1704－0015926 016468 子部/醫家類/類編之屬

**陳修園醫書七十種** (清)陳念祖等撰 民國石印本 一册 存一種

330000－1704－0015930 016110 子部/雜著類/雜説之屬

**淮南鴻烈集解二十一卷** (漢)劉安撰 (漢)高誘注 劉文典集解 **淮南天文訓補注一卷** (清)錢塘撰 民國上海商務印書館鉛印本 五册 缺五卷(十三至十七)

330000－1704－0015939 016378 集部/別集類

**睫闇詩鈔十卷** 裴景福撰 民國七年(1918)金保權石印本 二册 存四卷(一至四)

330000－1704－0015944 善000289 史部/雜史類

**孫籀廎辦學手札一卷** (清)孫詒讓撰 民國劉紹寬抄本 梅冷生題簽 一册

330000－1704－0015946 016258 類叢部/叢書類/彙編之屬

**四部備要** 中華書局編 民國二十五年(1936)上海中華書局鉛印本(原缺經義考卷二百八十六、二百九十九至三百,東塾讀書記十三至十四、十七至二十、二十二至二十五) 二十二册 存一種

330000－1704－0015947 016143 類叢部/叢書類/彙編之屬

**四部叢刊** 張元濟等編 民國上海商務印書館影印本 十册 存一種

330000－1704－0015949 016260 子部/醫家類/類編之屬

**南雅堂醫書全集(陳修園醫書)四十八種** (清)陳念祖等撰 民國上海錦章書局石印本 與330000－1704－0015953合爲七册 存十八種

330000－1704－0015951 016305 史部/政書類/邦計之屬

**魏頌唐偶存稿三卷** 魏頌唐撰 民國鉛印本 一册 缺一卷(浙江經濟調查一覽)

330000－1704－0015956 016307 集部/總集類/氏族之屬

**守約堂遺詩彙鈔三卷** 潘鍾華輯 民國十四年(1925)潘鍾華刻本 一册

330000－1704－0015963 016373 子部/藝術類/書畫之屬/法帖

**宋拓孤本神龍刻蘭亭帖不分卷** (晉)王羲之書 民國元年(1912)影印本 一册

330000－1704－0015964 016374 子部/藝術類/書畫之屬/法帖

**錢南園書施芳谷壽序一卷** (清)錢灃書 民國上海東方書局影印本 一册

330000－1704－0015965 016375 子部/藝術類/書畫之屬/法帖

**鄧石如篆書習字帖一卷** (清)鄧石如書 民國五年(1916)上海文明書局影印本 一册

330000－1704－0015967 016308 子部/宗教類/佛教之屬

**廉潔編一卷** 萬鈞編 民國北平中央刻經院佛經善書局鉛印本 一册

330000－1704－0015971 016259 子部/醫家類

**痳科論要一卷** 民國抄本 一册

330000－1704－0015972 016261 子部/醫

家類/溫病之屬

**溫熱經緯五卷** (清)王士雄纂 (清)楊照藜 (清)汪曰楨評 民國四年(1915)上海普新書局石印本 一冊

330000－1704－0015974 善000521 子部/儒家類/儒學之屬

**六字課齋津談不分卷** 宋恕撰 民國永嘉黄氏敬鄉樓抄本 一冊

330000－1704－0015987 016147 集部/別集類/清別集

**卓峯草堂詩鈔四卷** (清)符兆綸撰 民國十八年(1929)鉛印本 一冊

330000－1704－0015990 016476 史部/金石類/石之屬/文字

**初拓裴岑紀功刻石一卷** 秦絅孫藏 民國七年(1918)藝苑真賞社影印本 一冊

330000－1704－0015991 016383 史部/地理類/方志之屬/郡縣志

**[民國]路橋志略二卷** 楊晨編 民國四年(1915)石印本 二冊

330000－1704－0015995 016264 類叢部/叢書類

**宋氏雜箸** 宋慈裦撰 民國九年(1920)刻本 一冊 存一種

330000－1704－0015998 016484 集部/別集類

**淲湖遺老集四卷** 金蓉鏡撰 民國十七年(1928)刻本 二冊

330000－1704－0016001 016384 史部/地理類/專志之屬/園林

**唐絳州刺史樊宗師絳守居園池記一卷附録一卷** (唐)樊宗師撰 (明)趙師尹注 樊鎮輯 民國八年(1919)山陰樊氏綿絳書屋刻本 一冊

330000－1704－0016002 016144 集部/別集類/清別集

**新輯秋水軒尺牘二卷** (清)許思湄撰 (清)婁世瑞注 (清)寄虹軒主人輯 民國石印本 一冊 存一卷(二)

330000－1704－0016009 016315 類叢部/叢書類/彙編之屬

**四部叢刊** 張元濟等編 民國上海商務印書館影印本 一冊 存一種

330000－1704－0016010 016145 集部/別集類/清別集

**新體廣註秋水軒尺牘二卷** (清)許思湄撰 陸翔註 民國十二年(1923)上海世界書局石印本 一冊 存一卷(二)

330000－1704－0016013 016146 子部/法家類

**韓非子二十卷 識誤三卷** (清)顧廣圻撰 民國上海掃葉山房石印本 五冊 缺四卷(一至四)

330000－1704－0016014 016465 子部/藝術類/書畫之屬/畫譜

**石谷竹林漁村圖十卷** (清)王翬繪 增茀民藏 民國十三年(1924)上海有正書局影印本 一冊

330000－1704－0016015 016464 子部/藝術類/書畫之屬/畫譜

**鄰繪草堂現代名家書畫集第一冊不分卷** 謝夢鯉藏 民國二十二年(1933)上海金城工藝社影印本 一冊

330000－1704－0016017 016540 集部/別集類/清別集

**壯悔堂文集十卷遺稿一卷四憶堂詩集六卷遺稿一卷** (清)侯方域撰 (清)賈開宗等評點 民國上海埽葉山房石印本 六冊

330000－1704－0016018 016461 子部/藝術類/書畫之屬/畫譜

**中國名畫集外冊** 民國上海有正書局影印本 一冊 存一種

330000－1704－0016022 016541 經部/小學類/文字之屬/字書/字典

**字系十五卷坿録一卷** 夏曰琖撰 民國五年(1916)嘉定夏氏石印本 四冊

330000－1704－0016026　016544　子部/醫家類/類編之屬

**彝廬醫書**　王鉞編　民國李順泰石印本　一冊　存三種

330000－1704－0016027　016462　集部/別集類

**天放樓續文言五卷皖志列傳選存二卷詩續集五卷紅鶴山房詞一卷**　金天羽撰　民國二十二年(1933)蘇州國學會鉛印本　一冊　存五卷(天放樓續文言一至五)

330000－1704－0016031　016460　集部/別集類

**畏廬文集一卷**　林紓撰　民國上海商務印書館鉛印本　一冊

330000－1704－0016032　016458　史部/金石類/石之屬

**夢碧簃石言六卷**　顧燮光撰　民國十四年(1925)上海科學儀器館鉛印本　三冊

330000－1704－0016034　016606　子部/醫家類/内科之屬/其他内科病證

**問心堂溫病條辨六卷首一卷**　(清)吳瑭撰　民國十年(1921)上海文瑞樓石印本　六冊

330000－1704－0016037　016490　子部/藝術類/書畫之屬/法帖

**明拓唐契苾府君碑不分卷**　民國二十五年(1936)上海中華書局影印本　一冊

330000－1704－0016038　016491　史部/金石類/石之屬/文字

**高湛墓誌一卷**　民國十四年(1925)上海商務印書館影印本　一冊

330000－1704－0016039　016545　子部/農家農學類/園藝之屬/花卉

**湫漻齋月季花譜一卷附録一卷**　陳葆善撰

**費松年甬郡月季花譜一卷**　(清)費述祖撰　民國石印本　一冊

330000－1704－0016040　016493　史部/傳記類/別傳之屬/墓誌

**皇清誥授光禄大夫刑部尚書陳公[文誠]神道碑銘并序一卷**　(清)何紹基書　(清)阮元撰　民國二十年(1931)上海商務印書館影印本　一冊

330000－1704－0016041　016494　類叢部/叢書類/自著之屬

**獨見曉齋叢書□□種**　陳懷撰　民國十四年(1925)潁川書舍刻本　一冊　存一種

330000－1704－0016043　016495　子部/藝術類/書畫之屬/畫譜

**夢坡畫史一卷**　周慶雲繪　民國二十三年(1934)影印本　一冊

330000－1704－0016045　016496　史部/史評類/考訂之屬

**讀兩漢書記一卷**　馬敘倫撰　民國十九年(1930)上海商務印書館鉛印本　一冊

330000－1704－0016049　016609　子部/宗教類/佛教之屬/經

**維摩詰所説經三卷**　(後秦)釋鳩摩羅什譯　民國上海佛學書局石印本　一冊

330000－1704－0016050　016610　子部/宗教類/佛教之屬/經疏

**佛説觀無量壽佛經疏四卷**　(唐)釋善導集記　民國十二年(1923)上海商務印書館鉛印本　一冊

330000－1704－0016052　018299　子部/藝術類/書畫之屬/法帖

**明拓漢隸四種不分卷**　民國十年(1921)上海有正書局影印本　一冊

330000－1704－0016053　016549　子部/醫家類/溫病之屬/瘟疫

**加評溫病條辨六卷首一卷**　(清)吳瑭撰　陸士諤評　民國十四年(1925)上海世界書局石印本　一冊　存四卷(三至六)

330000－1704－0016055　016497　史部/傳記類/別傳之屬/事狀

**黄慧增居士往生紀念冊不分卷**　渾渾山人等編　民國二十二年(1933)上海中華書局鉛印本　一冊

330000－1704－0016056　016498　子部/藝術類/書畫之屬/法帖

**舊拓鄧太尉祠碑一卷**　民國二十三年(1934)中華書局影印本　一冊

330000－1704－0016058　016542　子部/醫家類/溫病之屬

**溫病條辨六卷首一卷**　(清)吳瑭撰　民國上海鑄記書局石印本　倪勝琦題記　一冊　存一卷(二)

330000－1704－0016059　016499　子部/藝術類/書畫之屬/法帖

**舊拓鄧太尉祠碑一卷**　民國二十三年(1934)中華書局影印本　一冊

330000－1704－0016060　016500　子部/藝術類/書畫之屬/法帖

**舊拓鄧太尉祠碑一卷**　民國二十三年(1934)中華書局影印本　一冊

330000－1704－0016061　016501　子部/藝術類/書畫之屬/法帖

**舊拓鄧太尉祠碑一卷**　民國二十三年(1934)中華書局影印本　一冊

330000－1704－0016062　016550　子部/醫家類/外科之屬

**外科理例七卷附方一卷**　(明)汪機撰　民國石印本　一冊　存二卷(三至四)

330000－1704－0016067　016616　類叢部/叢書類/郡邑之屬

**太崑先哲遺書首集九種**　俞慶恩編　民國十七年至二十年(1928－1931)太倉俞氏世德堂鉛印本暨影印本　五冊　存七種

330000－1704－0016074　016393　集部/詩文評類/詩評之屬

**隨園詩話十六卷補遺十卷**　(清)袁枚撰　民國三年(1914)上海鴻寶齋書局石印本　四冊　缺六卷(補遺五至十)

330000－1704－0016076　016394　集部/詩文評類/詩評之屬

**隨園詩話十六卷補遺十卷**　(清)袁枚撰　民國上海掃葉山房石印本　四冊　存十七卷(五至十六、補遺六至十)

330000－1704－0016077　016502　子部/藝術類/書畫之屬/法帖

**舊拓宋靈隱翠微亭題名不分卷**　民國二十五年(1936)上海中華書局影印本　一冊

330000－1704－0016080　016504　集部/詩文評類/詩評之屬

**合肥詩話三卷**　李家孚撰　民國十八年(1929)蘇州鉛印本　一冊

330000－1704－0016082　016552　子部/醫家類/綜合之屬/通論

**御纂醫宗金鑑九十卷首一卷**　(清)吳謙等撰　民國石印本　四冊　存五十二卷(八至二十九、四十五至七十四)

330000－1704－0016083　016450　集部/總集類/選集之屬/斷代

**宋詩鈔補八十五種八十六卷**　(清)管庭芬　(清)蔣光煦編　民國四年(1915)上海商務印書館鉛印本　一冊　存十三種

330000－1704－0016085　016506　子部/雜著類/雜考之屬

**籒廎述林十卷**　(清)孫詒讓撰　民國五年(1916)刻本　四冊

330000－1704－0016087　016451　集部/別集類/宋別集

**范文正公集十二卷補編四卷年譜一卷年譜補遺一卷鄱陽遺事録一卷義莊規矩一卷遺蹟一卷褒賢集五卷言行拾遺事録四卷**　(宋)范仲淹撰　(明)毛一鷺彙編　民國八年(1919)上海掃葉山房石印本　十二冊

330000－1704－0016088　016507　史部/金石類/石之屬/文字

**初拓李璧碑不分卷**　民國十九年(1930)上海文明書局影印本　一冊

330000－1704－0016090　016452　集部/別集類

**湘綺樓全集三十卷**　王闓運撰　民國十二年

(1923)上海廣益書局鉛印本　十二册　存二十六卷(詩集一至十四、書牘一至八、文集五至八)

330000－1704－0016091　016556　子部/醫家類/内科之屬/其他内科病證

**肺炎論痲疹例篇不分卷**　仇允清撰　民國三十一年(1942)樂清縣中醫公會鉛印本　一册

330000－1704－0016093　016557　子部/醫家類/内科之屬/其他内科病證

**肺炎論痲疹例篇不分卷**　仇允清撰　民國二十五年(1936)鉛印本　一册

330000－1704－0016095　016453　集部/别集類/清别集

**復初齋文集三十五卷首一卷**　(清)翁方綱撰　民國五年(1916)上海同文圖書館石印本　十二册

330000－1704－0016099　016395　子部/術數類/相宅相墓之屬

**八宅明鏡二卷**　(唐)楊益撰　民國十一年(1922)鑄記書局石印本　一册　存一卷(一)

330000－1704－0016102　016440　史部/政書類/公牘檔册之屬

**黎大總統政書三十四卷補編一卷**　黎元洪撰　民國五年(1916)上還晉益書局石印本　十六册

330000－1704－0016103　016559　史部/傳記類/别傳之屬/事狀

**黄母葉太儒人訃告不分卷**　民國鉛印本　一册

330000－1704－0016104　善000304　史部/地理類/總志之屬/斷代

**讀史方輿紀要序二卷**　(清)顧祖禹撰　(清)李式揆註釋　民國抄本　二册

330000－1704－0016106　善000301　史部/詔令奏議類/奏議之屬

**黄仲弢先生奏疏底稿一卷**　(清)黄紹箕撰　民國抄本　一册

330000－1704－0016107　016396　子部/醫家類/類編之屬

**南雅堂醫書全集(陳修園醫書)**　(清)陳念祖等撰　民國石印本　一册　存七種

330000－1704－0016108　016553　子部/醫家類/本草之屬/歷代綜合本草

**本草綱目五十二卷**　(明)李時珍撰　民國石印本　一册　存五卷(十至十四)

330000－1704－0016114　016441　集部/詩文評類/詩評之屬

**石遺室詩話三十二卷**　陳衍撰　民國二十四年(1935)上海商務印書館鉛印本　四册

330000－1704－0016115　善000533　子部/雜著類/雜纂之屬

**石緣雜抄不分卷**　(清)蘇璠輯　民國十四年(1925)永嘉敬鄉樓抄本　楊紹廉題簽　一册

330000－1704－0016122　016442　集部/詞類/總集之屬

**歷朝名人詞選十三卷**　(清)夏秉衡輯　民國四年(1915)上海掃葉山房石印本　六册

330000－1704－0016124　016561　子部/藝術類/書畫之屬/畫譜

**陳道復墨華册一卷**　(明)陳淳繪　民國影印本　一册

330000－1704－0016133　016562　史部/地理類/方志之屬/郡縣志

**[民國]平陽縣志九十八卷首一卷**　王理孚修　符璋纂　張蓊等測繪　民國十四年至十五年(1925－1926)刻本　七册　存十九卷(四十八至五十四、五十八至六十二、七十七至八十、九十六至九十八)

330000－1704－0016136　016562－1　史部/地理類/方志之屬/郡縣志

**[民國]平陽縣志九十八卷首一卷**　王理孚修　符璋纂　張蓊等測繪　民國十四年至十五年(1925－1926)刻本　三册　存十一卷(五至八、二十二至二十四、二十八至三十一)

330000－1704－0016140　016562－2　史部/

地理類/方志之屬/郡縣志

**[民國]平陽縣志九十八卷首一卷** 王理孚修 符璋纂 張翥等測繪 民國十四年至十五年(1925－1926)刻本 三冊 存九卷(九至十一、十九至二十一、六十至六十二)

330000－1704－0016142 016427 史部/金石類/石之屬/文字

**張夫人墓誌銘一卷陶夫人墓誌銘一卷** 民國影印本 一冊

330000－1704－0016143 016562－3 史部/地理類/方志之屬/郡縣志

**[民國]平陽縣志九十八卷首一卷** 王理孚修 符璋纂 張翥等測繪 民國十四年至十五年(1925－1926)刻本 二冊 存五卷(十七至十八、六十至六十二)

330000－1704－0016144 016628 集部/戲劇類/總集之屬/傳奇

**玉獅堂傳奇十種** (清)陳烺撰 民國石印本 十冊

330000－1704－0016146 016562－4 史部/地理類/方志之屬/郡縣志

**[民國]平陽縣志九十八卷首一卷** 王理孚修 符璋纂 張翥等測繪 民國十四年至十五年(1925－1926)刻本 八冊 存十六卷(五至七、十九至二十七、三十一、九十六至九十八)

330000－1704－0016147 016428 子部/藝術類/書畫之屬/法帖

**刁遵墓誌銘一卷** 民國影印本 一冊

330000－1704－0016149 016515 史部/雜史類/斷代之屬

**滿清稗史十六種附二種** 陸保璿輯 民國鉛印本 一冊 存一種

330000－1704－0016150 016516 子部/小說家類

**古今筆記精華録二十四卷** 古今圖書局編譯部編纂 民國四年(1915)上海廣益書局石印本 一冊 存一卷(一)

330000－1704－0016152 016517 子部/雜著類

**張棡筆記一卷** 張棡撰 稿本 一冊

330000－1704－0016155 016518 經部/小學類/訓詁之屬/字詁

**言文一貫虚字使用法不分卷** 周善培撰 民國十四年(1925)鉛印本 一冊

330000－1704－0016156 016399 類叢部/叢書類/彙編之屬

**巾子居叢刊** 民國二十一年(1932)巾子居鉛印本 一冊 存一種

330000－1704－0016158 016519 集部/別集類/唐五代別集

**韓文起十二卷** (唐)韓愈撰 (清)林雲銘評註 民國四年(1915)上海會文堂書局石印本 三冊

330000－1704－0016159 016629 類叢部/叢書類/彙編之屬

**四部備要** 中華書局編 民國二十五年(1936)上海中華書局鉛印本(原缺經義考卷二百八十六、二百九十九至三百,東塾讀書記十三至十四、十七至二十、二十二至二十五) 二十冊 存二種

330000－1704－0016167 016433 集部/曲類/曲韻曲譜曲律之屬

**度曲須知二卷** (清)沈寵綏撰 民國十四年(1925)上海商務印書館影印本 三冊

330000－1704－0016169 016521 經部/小學類/文字之屬/字書

**通俗字環一卷** 鶴巢撰 民國二十五年(1936)石印本 一冊

330000－1704－0016170 016566 子部/醫家類/醫經之屬/難經

**重訂古本難經闡註一卷** (戰國)扁鵲撰 (清)丁錦集註 徐召南評訂 民國十九年(1930)上海千頃堂書局石印本 一冊

330000－1704－0016171 016522 經部/小學類/音韻之屬/韻書

**增廣詩韻全璧五卷　虛字韻藪一卷**　(清)潘維城輯　**初學檢韻袖珍十二集一卷**　(清)錢大昕鑒定　(清)姚文登輯　民國十一年(1922)上海廣益書局石印本　六册　缺二卷(三至四)

330000－1704－0016174　016568　子部/醫家類/醫經之屬/内經
**内經知要二卷**　(清)李中梓輯注　(清)薛雪補注　民國上海商務印書館鉛印本　一册　存一卷(二)

330000－1704－0016176　016523　經部/小學類/文字之屬/說文
**說文解字十五卷標目一卷**　(漢)許慎撰　(宋)徐鉉等校定　民國上海商務印書館據藤花榭刻本影印本　四册

330000－1704－0016177　016438　類叢部/叢書類/彙編之屬
**四部備要**　中華書局編　民國二十五年(1936)上海中華書局鉛印本(原缺經義考卷二百八十六、二百九十九至三百,東塾讀書記十三至十四、十七至二十、二十二至二十五)　六册　存三種

330000－1704－0016178　016402　史部/地理類/方志之屬/郡縣志
**紹興縣修志採訪事例一卷**　宋承家撰　民國六年(1917)紹興縣修志採訪處鉛印本　一册

330000－1704－0016179　016524　經部/小學類/訓詁之屬/字詁
**虛字易解四卷**　童斐撰　民國八年(1919)上海華昌書局石印本　一册

330000－1704－0016180　016434　集部/別集類
**筠莊集古今體詩一卷詩餘一卷**　鮑潛撰　民國三十五年(1946)鮑氏鉛印本　一册

330000－1704－0016181　016629－1　類叢部/叢書類/彙編之屬
**四部備要**　中華書局編　民國二十五年(1936)上海中華書局鉛印本(原缺經義考卷二百八十六、二百九十九至三百,東塾讀書記十三至十四、十七至二十、二十二至二十五)　一册　存一種

330000－1704－0016183　016525　類叢部/叢書類/彙編之屬
**四部叢刊**　張元濟等編　民國上海商務印書館影印本　一册　存一種

330000－1704－0016184　016403　類叢部/叢書類/郡邑之屬
**關中叢書五十三種**　宋聯奎輯　民國二十三年至二十五年(1934－1936)陝西通志館鉛印本　三册　存一種

330000－1704－0016186　016626　子部/叢編
**大字精校圈點注釋三十六子全書□□種**　(清)孫星衍撰　民國上海掃葉山房石印本　六册　存一種

330000－1704－0016187　016631　集部/別集類/漢魏六朝別集
**陶淵明文集十卷**　(晉)陶潛撰　民國二年(1913)上海著易堂書局石印本　四册

330000－1704－0016189　016404　類叢部/叢書類/自著之屬
**崇雅堂叢書十四種**　楊晨撰　民國二十五年(1936)楊紹翰鉛印本　一册　存一種

330000－1704－0016190　016405　類叢部/叢書類/自著之屬
**崇雅堂叢書十四種**　楊晨撰　民國二十五年(1936)楊紹翰鉛印本　一册　存一種

330000－1704－0016191　016406　類叢部/叢書類/自著之屬
**崇雅堂叢書十四種**　楊晨撰　民國二十五年(1936)楊紹翰鉛印本　一册　存一種

330000－1704－0016192　016407　子部/儒家類/儒家之屬
**教科適用荀子精華一卷**　中華書局編　民國二十二年(1933)上海中華書局鉛印本　一册

330000－1704－0016195　016526　類叢部/叢書類/彙編之屬

**四部叢刊**　張元濟等編　民國上海商務印書館影印本　一册　存一種

330000－1704－0016196　016527　類叢部/叢書類/彙編之屬

**四部叢刊**　張元濟等編　民國上海商務印書館影印本　三册　存一種

330000－1704－0016197　016409　經部/禮記類/傳說之屬

**禮記菁華録八卷**　吳曾祺評注　民國二十四年(1935)上海商務印書館鉛印本　一册

330000－1704－0016198　016528　經部/群經總義類/文字音義之屬

**經詞衍釋十卷補遺一卷**　(清)吳昌瑩撰　民國上海古書流通處影印本　四册

330000－1704－0016200　016632　子部/法家類

**管子二十四卷**　(唐)房玄齡注　民國上海文瑞樓石印本　五册　存十九卷(一至十二、十八至二十四)

330000－1704－0016205　016437　經部/春秋公羊傳類/專著之屬

**董子春秋繁露十七卷**　(漢)董仲舒撰　民國十三年(1924)隆文書局石印本　一册

330000－1704－0016207　016570　子部/醫家類/方書之屬/歷代方書

**黄氏三世良方三種**　民國四年(1915)上海會文堂石印本　一册

330000－1704－0016209　016633　類叢部/叢書類/彙編之屬

**四部備要**　中華書局編　民國二十五年(1936)上海中華書局鉛印本(原缺經義考卷二百八十六、二百九十九至三百,東塾讀書記十三至十四、十七至二十、二十二至二十五)　三册　存一種

330000－1704－0016212　016649　集部/小説類/長篇之屬

**武俠小説江湖十八俠十六集四卷二十四回**　陳掃花撰　民國十九年(1930)廣記書局石印本　一册

330000－1704－0016213　016554　集部/别集類/唐五代别集

**樊川詩集四卷補遺一卷外集一卷别集一卷**　(唐)杜牧撰　(清)馮集梧注　民國上海掃葉山房石印本　四册　存六卷(詩集一至四、外集、别集)

330000－1704－0016215　善000313　史部/地理類/方志之屬/郡縣志

**採録大通縣乘帙稿一卷**　民國抄本　一册

330000－1704－0016216　016558　集部/别集類/清别集

**亭林詩集五卷文集六卷餘集一卷**　(清)顧炎武撰　民國八年(1919)上海掃葉山房石印本　四册

330000－1704－0016218　善000314　史部/地理類/方志之屬/郡縣志

**[道光]敦煌縣志七卷首一卷**　(清)蘇履吉修　(清)曾誠纂　民國抄本　四册

330000－1704－0016221　016410　史部/政書類/邦計之屬/戶政

**浙江省戶口登記暫行條例及施行細則附程式一卷**　民國鉛印本　一册

330000－1704－0016223　016532　集部/别集類/清别集

**亭林詩集五卷文集六卷餘集一卷**　(清)顧炎武撰　民國五年(1916)上海同文圖書館石印本　四册

330000－1704－0016224　016571　子部/醫家類/外科之屬/通論

**外科正宗十二卷**　(明)陳實功撰　(清)徐大椿評　民國上海大成書局石印本　一册

330000－1704－0016225　016411　集部/總集類

**雜文一卷**　民國抄本　一册

330000－1704－0016226　016533　集部/別集類/唐五代別集

**李義山集三卷**　(唐)李商隱撰　民國十四年(1925)上海掃葉山房石印本　四册

330000－1704－0016227　016572　子部/醫家類/醫經之屬/内經

**素問靈樞類纂約註三卷**　(清)汪昂輯註　民國上海商務印書館鉛印本　一册

330000－1704－0016228　016651　類叢部/叢書類/彙編之屬

**四部叢刊**　張元濟等編　民國上海商務印書館影印本　三册　存一種

330000－1704－0016232　016535　集部/詞類/别集之屬

**東江别集五卷集外詩一卷**　(清)沈謙撰　民國九年(1920)上海聚珍倣宋印書局鉛印本　一册

330000－1704－0016237　016635　史部/編年類/通代之屬

**資治通鑑二百九十四卷**　(宋)司馬光撰　(元)胡三省音注　**通鑑釋文辯誤十二卷**　(元)胡三省撰　民國六年(1917)商務印書館鉛印本　五十九册　缺六卷(通鑑釋文辯誤七至十二)

330000－1704－0016238　016653　史部/雜史類/斷代之屬

**滿清稗史十六種附二種**　陸保璿輯　民國二年(1913)新中國圖書局鉛印本　一册　存一種

330000－1704－0016242　016538　集部/總集類/彙編之屬

**音注陳后山戴石屏詩二卷**　(清)王士禛選　曹繡君音注　民國十八年(1929)上海文明書局鉛印本　一册

330000－1704－0016246　016654　史部/目録類/總録之屬/私撰

**蟫隱廬書目第十九期一卷**　蟫隱廬書莊編　民國上海蟫隱廬書莊石印本　一册

330000－1704－0016247　016655　史部/目録類/總録之屬/私撰

**千頃堂書局圖書目録不分卷**　千頃堂書局編　民國十九年(1930)上海千頃堂書局石印本　一册

330000－1704－0016249　016656　史部/目録類/總録之屬/私撰

**千頃堂書局古今書目録不分卷**　千頃堂書局編　民國上海千頃堂書局石印本　一册

330000－1704－0016253　016658　史部/目録類/總録之屬/私撰

**千頃堂書局古今書目録不分卷**　千頃堂書局編　民國上海千頃堂書局石印本　一册

330000－1704－0016254　016537　子部/宗教類/道教之屬

**濬性窮淵一卷**　(明)涵谷子撰　民國十一年(1922)鉛印本　一册

330000－1704－0016255　016459　子部/藝術類/書畫之屬/畫譜

**古今名人畫譜第三集不分卷**　民國石印本　一册

330000－1704－0016256　016415　集部/别集類/宋别集

**趙清獻公集十卷目録二卷**　(宋)趙抃撰　**宋趙清獻公年譜一卷**　詹熙編次　民國刻本　四册

330000－1704－0016259　016492　集部/總集類/彙編之屬

**名家選定詩文讀本**　文明書局編　民國十五年(1926)上海文明書局鉛印本　一册　存一種

330000－1704－0016260　016477　子部/藝術類/書畫之屬/法帖

**石門頌不分卷**　民國影印本　一册

330000－1704－0016261　016577　子部/醫家類/方書之屬/單方驗方

**增評醫方集解二十三卷增補本草備要八卷附湯頭歌訣一卷**　(清)汪昂輯　(清)費伯雄評

民國元年(1912)上海同文書局石印本　四冊　存二十三卷(一至二十三)

330000 - 1704 - 0016263　016478　子部/藝術類/書畫之屬/法帖

**石門頌不分卷**　民國影印本　一冊

330000 - 1704 - 0016267　016659　子部/工藝類/日用器物之屬/陶瓷

**匋雅二卷**　陳瀏撰　民國二十二年(1933)上海古瓷研究會石印本　四冊

330000 - 1704 - 0016271　016578　子部/醫家類/綜合之屬/通論

**御纂醫宗金鑑九十卷首一卷**　(清)吳謙等撰　民國商務印書館鉛印本　三冊　存二十一卷(首,一至十四、二十至二十五)

330000 - 1704 - 0016273　016694　集部/小說類/長篇之屬

**新説西遊記十六卷一百回**　(明)吳承恩撰　(清)張書紳注　民國上海中新書局鉛印本　六冊　存十二卷(三至六、九至十六)

330000 - 1704 - 0016280　016636　集部/總集類/郡邑之屬

**滬瀆同聲集不分卷**　郁葆青輯　陳詩選　民國二十二年(1933)鉛印本　一冊

330000 - 1704 - 0016282　016698　集部/詞類/總集之屬

**絶妙好詞箋七卷**　(宋)周密輯　(清)查為仁　(清)厲鶚箋　**續鈔二卷**　(清)余集輯　(清)徐楙補録　民國上海掃葉山房石印本　一冊　存二卷(三至四)

330000 - 1704 - 0016289　016701　史部/金石類/總志之屬/文字

**金石萃編一百六十卷**　(清)王昶撰　**金石續編二十一卷首一卷**　(清)陸耀遹撰　**金石萃編補正四卷**　(清)方履籛撰　民國十年(1921)上海掃葉山房石印本　三十二冊

330000 - 1704 - 0016291　016702　集部/別集類/唐五代別集

**浣花集十卷補遺一卷**　(唐)韋莊撰　民國影印本　一冊

330000 - 1704 - 0016292　016444　經部/群經總義類/傳説之屬

**經説選粹不分卷**　(清)葛陛綸編　民國四年(1915)上海會文堂石印本　五冊

330000 - 1704 - 0016293　016582　史部/目録類/總録之屬/私撰

**書目答問五卷別録一卷國朝箸述諸家姓名略一卷**　(清)張之洞撰　民國十九年(1930)上海掃葉山房石印本　一冊　存四卷(一至三、別録)

330000 - 1704 - 0016314　016742　類叢部/叢書類/彙編之屬

**四部備要**　中華書局編　民國二十五年(1936)上海中華書局鉛印本(原缺經義考卷二百八十六、二百九十九至三百,東塾讀書記十三至十四、十七至二十、二十二至二十五)　六冊　存一種

330000 - 1704 - 0016315　016705　史部/政書類/公牘檔冊之屬

**名家判讀**　民國抄本　三冊　存十種

330000 - 1704 - 0016316　016706　集部/小說類/長篇之屬

**上下古今談四卷二十回**　吳敬恒撰　民國上海文明書局鉛印本　一冊　存一卷(二)

330000 - 1704 - 0016319　016662　史部/地理類/方志之屬/郡縣志

**[民國]平陽縣志九十八卷首一卷**　王理孚修　符璋纂　張蕃等測繪　民國十四年至十五年(1925 - 1926)刻本　八冊　存二十七卷(五十八至八十四)

330000 - 1704 - 0016320　016589　集部/別集類

**湘綺樓詩十四卷**　王闓運撰　民國抄本　二

冊　存四卷(五至六、九至十)

330000－1704－0016324　018703　類叢部/叢書類/彙編之屬

**四部備要**　中華書局編　民國二十五年(1936)上海中華書局鉛印本(原缺經義考卷二百八十六、二百九十九至三百,東塾讀書記十三至十四、十七至二十、二十二至二十五)　三十冊　存一種

330000－1704－0016326　016422　子部/醫家類/醫經之屬

**醫經原旨六卷**　(清)薛雪集註　民國十七年(1928)上海千頃堂書局石印本　一冊

330000－1704－0016330　016668　子部/小說家類

**筆記小說大觀二百二十二種**　進步書局輯　民國上海進步書局石印本　三冊　存一種

330000－1704－0016331　016593　經部/小學類/文字之屬/字書/通論

**文字學形義篇不分卷**　朱宗萊撰　民國九年(1920)北京大學出版部鉛印本　一冊

330000－1704－0016335　016714　經部/小學類/文字之屬/說文/傳說

**說文解字注十五卷附六書音均表五卷**　(清)段玉裁撰　**說文部目分韵一卷**　(清)陳煥編　**說文通檢十四卷首一卷末一卷**　(清)黎永椿編　**說文解字注匡謬八卷**　(清)徐承慶撰　民國二十六年(1937)上海掃葉山房石印本　八冊

330000－1704－0016338　016715　經部/小學類/文字之屬/說文

**說文通檢十四卷首一卷末一卷**　(清)黎永椿編　民國六年(1917)上海掃葉山房石印本　二冊

330000－1704－0016339　016716　經部/四書類/總義之屬/傳說

**新註四書白話解說三十六卷**　江希張注　民國十七年(1928)上海書業公所石印本　十四冊

330000－1704－0016343　016717　子部/天文曆算類/曆法之屬

**新攷訂正民國適用增廣時憲臺曆袖裏璇璣星命須知一卷附訂正萬年書一卷**　民國十八年(1929)石印本　一冊

330000－1704－0016347　016718　經部/四書類/總義之屬/傳說

**新註四書白話解說三十六卷**　江希張注　民國十五年(1926)上海書業公所石印本　十三冊　缺二卷(新註孟子白話解說九至十)

330000－1704－0016348　016747　史部/金石類/總志之屬

**湫漻齋叢書十種**　陳準輯　民國瑞安陳氏刻本　一冊　存一種

330000－1704－0016349　021588－1　史部/傳記類/日記之屬

**閎達日記不分卷(民國四年六月廿一日至二十八年十二月三十)**　鄭閎達(鄭劍西)撰　稿本　九冊

330000－1704－0016351　016748　史部/目録類/專録之屬

**隴右方志録一卷**　張維纂　民國二十三年(1934)鉛印本　一冊

330000－1704－0016355　016769　類叢部/類書類/通類之屬

**欽定古今圖書集成一萬卷目録四十卷**　(清)蔣廷錫　(清)陳夢雷等輯　民國中華書局影印本　二十八冊　存三百六十卷(食貨典一至三百六十)

330000－1704－0016357　016673　集部/總集類/尺牘之屬

**言文對照商業新尺牘二卷**　黄興洛編　民國十八年(1929)上海大東書局石印本　一冊

330000－1704－0016358　016737　經部/小學類/音韻之屬/韻書

**六書通檢韻十二集三十六卷**　鄭耀祖輯　民國十八年(1929)上海校經山房石印本　四冊

330000－1704－0016359　016674　經部/四

書類/總義之屬/傳説

**新註四書白話解説三十六卷** 江希張注 民國上海書業公所石印本 一册 存五卷(新註論語白話解説十一至十五)

330000－1704－0016360 016641 史部/地理類/專志之屬

**國立中央大學國學圖書館小史不分卷** 國立中央大學國學圖書館編 民國十七年(1928)國立中央大學國學圖書館鉛印本 一册

330000－1704－0016361 016675 經部/四書類/總義之屬/傳説

**新式標點四書白話註解十九卷** 琴石山人註解 民國上海會文堂書局石印本 四册 缺八卷(論語七至十,孟子二至三、六至七)

330000－1704－0016362 016676 史部/雜史類/斷代之屬

**嘯亭雜録十卷續録三卷** (清)昭槤撰 民國十二年(1923)上海文明書局石印本 一册 存三卷(續録一至三)

330000－1704－0016363 016738 經部/小學類/文字之屬/字書

**説文古籀疏證六卷原目一卷** (清)莊述祖撰 民國十一年(1922)上海圖書公司影印本 六册

330000－1704－0016364 016677 集部/别集類/清别集

**新體廣註小倉山房尺牘八卷** (清)袁枚撰 (清)胡光斗箋釋 (清)徐楨增註 民國十六年(1927)上海世界書局石印本 四册

330000－1704－0016374 善000323 史部/地理類/輿圖之屬/郡縣

**修訂浙江全省輿圖並水陸道里記不分卷** (清)宗源瀚等纂 民國四年(1915)杭州武林印書館石印本 十五册

330000－1704－0016378 016712 子部/藝術類/書畫之屬/畫譜

**戴醇士山水畫册一卷** (清)戴熙編 民國影印本 一册

330000－1704－0016380 016712－1 子部/藝術類/書畫之屬

**華喦山水畫册一卷** (清)華喦編 民國影印本 一册

330000－1704－0016381 016741 集部/别集類/唐五代别集

**玉谿生詩詳註六卷首一卷** (唐)李商隱撰 (清)馮浩注 民國四年(1915)中華圖書館石印本 八册

330000－1704－0016382 016599 類叢部/叢書類/彙編之屬

**四部備要** 中華書局編 民國二十五年(1936)上海中華書局鉛印本(原缺經義考卷二百八十六、二百九十九至三百,東塾讀書記十三至十四、十七至二十、二十二至二十五) 十二册 存二種

330000－1704－0016385 016600 類叢部/叢書類/彙編之屬

**四部備要** 中華書局編 民國二十五年(1936)上海中華書局鉛印本(原缺經義考卷二百八十六、二百九十九至三百,東塾讀書記十三至十四、十七至二十、二十二至二十五) 九册 存二種

330000－1704－0016386 016770 經部/小學類/文字之屬/字書/字典

**辭源十二卷檢字一卷附録一卷** 陸爾奎等編 民國七年(1918)上海商務印書館鉛印本 十二册

330000－1704－0016387 016719 子部/醫家類/溫病之屬/瘧痢

**痢證匯參十卷** (清)吳道源輯 民國上海千頃堂石印本 一册

330000－1704－0016388 016720 集部/别集類/清别集

**簡松草堂文集十二卷附録一卷補遺一卷** (清)張雲璈撰 民國三十年(1941)北京燕京大學圖書館鉛印本 四册

330000－1704－0016389 016601 子部/雜

著類/雜纂之屬
**左孟莊騷精華録二卷**　林紓評註　民國二十三年(1934)上海商務印書館鉛印本　二册

330000－1704－0016391　016755　集部/別集類/唐五代別集
**重刊五百家註音辯昌黎先生文集四十卷**　(唐)韓愈撰　民國上海文瑞樓石印本　一册　存十卷(一至十)

330000－1704－0016394　016603　類叢部/叢書類/彙編之屬
**四部叢刊**　張元濟等編　民國上海商務印書館影印本　一册　存一種

330000－1704－0016396　016709　子部/醫家類
**醫藥雜鈔一卷**　民國抄本　一册

330000－1704－0016397　016711　子部/藝術類/書畫之屬/畫譜
**竹波軒梅冊不分卷**　(清)鄭淳繪　民國抄本　一册

330000－1704－0016398　016752　子部/藝術類/遊藝之屬/聯語
**新增民國對聯滙海十四卷**　民國三年(1914)上海鴻文書局石印本　一册

330000－1704－0016401　016753　子部/小說家類/雜事之屬
**退醒廬筆記二卷**　孫家振撰　民國十四年(1925)上海圖書館石印本　一册　存一卷(上)

330000－1704－0016402　016681　類叢部/叢書類/郡邑之屬
**豫章叢書六十種附一種**　胡思敬編　民國四年至九年(1915－1920)南昌豫章叢書編刻局刻本　四册　存一種

330000－1704－0016404　016757　子部/藝術類/書畫之屬/畫法畫品
**桐陰論畫初編二卷首一卷附録一卷二編二卷三編二卷畫訣二卷**　(清)秦祖永撰　民國十八年(1929)上海掃葉山房石印本　二册

330000－1704－0016406　016754　子部/儒家類/儒學之屬/性理
**泰和會語一卷附録一卷**　馬一浮撰　民國二十七年(1938)鉛印本　一册

330000－1704－0016407　016680　子部/兵家類/兵法之屬
**趙註孫子四卷**　(明)趙本學撰　民國三年(1914)鉛印本　一册　存三卷(一至三)

330000－1704－0016408　016604　子部/道家類
**莊子集註三卷首一卷**　阮毓崧輯　民國上海中華書局影印本　四册

330000－1704－0016411　016643　史部/紀傳類/正史之屬
**史記一百三十卷**　(漢)司馬遷撰　(南朝宋)裴駰集解　(唐)司馬貞索隱　(唐)張守節正義　民國元年(1912)鄂官書處刻本　十四册　存六十卷(一至六十)

330000－1704－0016414　016758　史部/傳記類/總傳之屬/技藝
**歷代畫史彙傳二十四卷首一卷附録一卷**　(清)彭藴璨編　民國九年(1920)上海掃葉山房石印本　十一册　缺二卷(五至六)

330000－1704－0016415　善000326　史部/地理類/方志之屬/郡縣志
**[民國]鄞縣通志六志五十一編附圖一函**　張傳保　汪煥章修　陳訓正　馬瀛纂　民國二十四年(1935)至一九五一年寧波鄞縣通志館鉛印本　三十六册

330000－1704－0016417　016759　集部/別集類/宋別集
**簡齋詩鈔一卷**　(宋)陳與義撰　民國三年(1914)上海有正書局鉛印本　一册

330000－1704－0016422　016826　集部/小說類
**新編革命軍總司令蔣介石戰史演義四卷十五回**　阮半癡撰　民國十五年(1926)中央圖書館石印本　一册

330000－1704－0016423　016760　集部/别集類/明别集

**王次回疑雨集註四卷**　(明)王彦泓撰　(□)句漏後裔釋　民國十年(1921)上海文明書局石印本　蔡□題記　四册

330000－1704－0016424　016761　集部/别集類/清别集

**長真閣集七卷詩餘一卷**　(清)席佩蘭撰　民國十四年(1925)掃葉山房石印本　二册

330000－1704－0016430　016726　集部/别集類

**培風樓詩存一卷**　邵祖平撰　民國十八年(1929)鉛印本　一册

330000－1704－0016431　016726－1　集部/别集類

**培風樓詩存一卷**　邵祖平撰　民國十八年(1929)鉛印本　一册

330000－1704－0016432　016727　集部/别集類/清别集

**補蘿書屋詩鈔四卷**　(清)李飛英撰　陳樹鈞輯　民國四年(1915)太平陳氏刻本　二册

330000－1704－0016433　016605　集部/别集類/漢魏六朝别集

**陶集發微十卷首一卷末一卷**　(晉)陶潛撰　(清)顧皜編　民國七年(1918)上海沅記書莊石印本　四册

330000－1704－0016437　016775　集部/别集類/唐五代别集

**昌黎先生集四十卷外集十卷遺文一卷**　(唐)韓愈撰　(唐)李漢編　**朱子校昌黎先生集傳一卷**　(宋)朱熹撰　民國九年(1920)上海商務印書館鉛印本　十册

330000－1704－0016438　016820　集部/總集類/選集之屬/通代

**美人千態詩一卷詞一卷**　雷瑨輯　民國石印本　一册　存一卷(詞)

330000－1704－0016441　016687　子部/儒家類/儒學之屬/禮教/女範

**女子四書讀本**　(清)王相箋註　民國五年(1916)上海會文堂書局石印本　一册　存一種

330000－1704－0016444　016645　集部/别集類

**相思日記四十章**　陸秀蘭撰　民國九年(1920)上海世界書局石印本　一册

330000－1704－0016445　016821　集部/别集類/清别集

**九烟詩鈔前集一卷後集一卷**　(清)黄周星撰　民國七年(1918)上海有正書局鉛印本　一册

330000－1704－0016446　016688　子部/宗教類/佛教之屬/經疏

**勝鬘經述記四卷**　(唐)釋恩基撰　民國五年(1916)金陵刻經處刻本　一册　存二卷(三至四)

330000－1704－0016451　016728　集部/别集類/清别集

**補蘿書屋詩鈔四卷**　(清)李飛英撰　陳樹鈞輯　民國四年(1915)太平陳氏刻本　二册

330000－1704－0016452　016784　經部/群經總義類

**經學通論五卷**　(清)皮錫瑞撰　民國十九年(1930)上海商務印書館影印本　三册　缺二卷(一至二)

330000－1704－0016453　016776　子部/醫家類/兒科之屬/痘疹

**種痘新書十二卷**　(清)張琰編　民國八年(1919)上海廣益書局石印本　一册

330000－1704－0016455　016729　類叢部/叢書類/彙編之屬

**自青榭叢書**　卓定謀輯　民國鉛印本　一册　存一種

330000－1704－0016456　016684　史部/傳記類/别傳之屬/年譜

**且頑七十歲自敘不分卷**　李鍾珏撰　民國影印本　一册

330000－1704－0016457　016730　子部/藝術類/書畫之屬/總論

**内務部古物陳列所書畫目録十四卷附三卷補遺二卷**　何煜纂　謝剛國　吴瀛編　民國十四年(1925)北京京華印書局鉛印本　十册

330000－1704－0016458　016785　類叢部/叢書類/自著之屬

**亭林遺書二十二種附三種**　(清)顧炎武撰　(清)席威　(清)朱記榮編　民國上海文瑞樓石印本　九册　存十六種

330000－1704－0016461　善 000337　史部/地理類/方志之屬/郡縣志

**[弘治]温州府志二十二卷**　(明)鄧淮修　(明)王瓚　(明)蔡芳纂　民國抄本　六册

330000－1704－0016463　016824　經部/小學類/文字之屬/字書/字典

**中華中字典十二卷**　徐元誥等編　民國十三年(1924)上海中華書局鉛印本　三册　缺三卷(子集、丑集、寅集)

330000－1704－0016464　016731　史部/金石類/總志之屬

**湫漻齋叢書十種**　陳準輯　民國瑞安陳氏刻本　一册　存一種

330000－1704－0016465　016825　史部/目録類/總録之屬/彙刻

**古書流通處書目一卷**　中華古書流通處編　民國石印本　一册

330000－1704－0016467　016786　類叢部/叢書類/彙編之屬

**涵芬樓祕笈五十一種**　孫毓修等輯　民國五年至十五年(1916－1926)上海商務印書館影印本暨鉛印本　四册　存二種

330000－1704－0016469　016892　子部/醫家類/醫經之屬/内經

**補注黄帝内經素問二十四卷黄帝内經靈樞十二卷**　(唐)王冰注　**黄帝内經素問遺編一卷**　(宋)劉溫舒撰　民國上海錦章圖書局石印本　二册

330000－1704－0016473　016787　子部/雜著類/雜纂之屬

**精華雜鈔一卷**　民國抄本　一册

330000－1704－0016474　016693　子部/宗教類/道教之屬

**科儀雜抄一卷**　民國抄本　一册

330000－1704－0016475　016733　類叢部/叢書類/彙編之屬

**進德叢書八種**　丁福保編　民國上海醫學書局鉛印本　一册　存一種

330000－1704－0016476　016691　子部/藝術類/書畫之屬/法帖

**張廉卿墨蹟不分卷**　(清)張裕釗書　民國十一年(1922)上海有正書局影印本　一册

330000－1704－0016479　016792　子部/小説家類/雜事之屬

**新刊大宋宣和遺事四卷**　民國四年(1915)上海商務印書館鉛印本　二册　存二卷(三至四)

330000－1704－0016485　016827　經部/禮記類/傳説之屬

**禮記集説四十九卷**　(清)莊有可撰　民國二十四年(1935)上海商務印書館影印本　八册

330000－1704－0016491　016940　史部/傳記類/總傳之屬/技藝

**歷代畫史彙傳二十四卷首一卷附録一卷**　(清)彭蘊璨編　民國九年(1920)上海掃葉山房石印本　十二册

330000－1704－0016494　016750　類叢部/叢書類/自著之屬

**重刊船山遺書六十六種附一種**　(清)王夫之撰　民國二十二年(1933)上海太平洋書店鉛印本　三十五册　存二十九種

330000－1704－0016496　016830　子部/醫家類/兒科之屬/通論

**鼎鍥幼幼集成六卷**　(清)陳復正輯　民國六年(1917)上海錦章圖書局影印本　一册

330000－1704－0016505　016942　子部/藝術類/書畫之屬/畫譜

**馬駘畫寶十五種二十四卷**　馬駘繪　民國十七年(1928)上海世界書局石印本　四冊　存三種

330000－1704－0016506　016832　子部/小說家類

**筆記小說大觀二百二十二種**　進步書局輯　民國上海進步書局石印本　一冊　存一種

330000－1704－0016514　016832－1　子部/小說家類

**筆記小說大觀二百二十二種**　進步書局輯　民國上海進步書局石印本　一冊　存二種

330000－1704－0016515　016832－2　子部/小說家類

**筆記小說大觀二百二十二種**　進步書局輯　民國上海進步書局石印本　三十二冊　存九種

330000－1704－0016522　016833　類叢部/叢書類/彙編之屬

**嘉業堂叢書五十七種**　劉承幹輯　民國吳興劉氏嘉業堂刻本　二冊　存一種

330000－1704－0016529　016801　史部/地理類/山川之屬/山志

**九華山志八卷首一卷**　釋德森撰　民國二十七年(1938)蘇州弘化社鉛印本　二冊

330000－1704－0016532　善000351　史部/地理類/方志之屬/郡縣志

**永嘉縣鄉土地理誌一卷**　高仰山編　民國二十年(1931)油印本　一冊

330000－1704－0016535　善000352　史部/地理類/雜志之屬

**東甌大事記六卷**　(清)孫鏘鳴編　民國二十七年(1938)抄本　二冊

330000－1704－0016537　016997　集部/別集類

**餐霞集二卷詩餘一卷**　郁葆青撰　民國三十年(1941)鉛印本　一冊

330000－1704－0016538　016998　類叢部/叢書類/彙編之屬

**四部叢刊**　張元濟等編　民國八年(1919)上海商務印書館影印本　一冊　存一種

330000－1704－0016539　016832－3　類叢部/類書類/通類之屬

**夜航船八卷**　(清)破額山人編　民國上海進步書局石印本　二冊

330000－1704－0016543　016805　子部/宗教類/佛教之屬

**百法義録不分卷**　梅光羲輯　民國石印本　一冊

330000－1704－0016551　016811　新學/學校

**複式學級國文教授案不分卷**　蘇養培等編纂　民國八年(1919)上海商務印書館鉛印本　一冊　存一冊(甲編一三合冊)

330000－1704－0016553　017000　經部/春秋左傳類/傳說之屬

**春秋左傳五十卷**　(晉)杜預　(宋)林堯叟註釋　(唐)陸德明音義　民國二十四年(1935)上海掃葉山房石印本　十二冊

330000－1704－0016557　善000349　史部/地理類/方志之屬/郡縣志

**[道光]甌乘補二十卷**　(清)黃漢纂　民國永嘉黃氏敬鄉樓抄本　姚華題簽　楊紹廉批校　七冊

330000－1704－0016559　016814　史部/紀傳類/正史之屬

**史記一百三十卷**　(漢)司馬遷撰　(清)吳汝綸點勘　**桐城吳先生史記初校本點識一卷**　(清)吳汝綸撰　(清)吳闓生輯　**桐城吳先生彙録各家史記評語一卷**　(清)吳汝綸輯　民國四年(1915)都門書局鉛印本　十二冊

330000－1704－0016565　善000346　史部/地理類/雜志之屬

**鄉土志例目一卷**　民國戴家祥抄本　一冊

330000－1704－0016569　016870　集部/詩

文評類/詩評之屬
**杜工部詩話一卷**　（清）劉鳳誥撰　民國四年(1915)掃葉山房石印本　一冊

330000－1704－0016573　016895　類叢部/叢書類/彙編之屬
**嘉業堂叢書五十七種**　劉承幹輯　民國吳興劉氏嘉業堂刻本　二冊　存一種

330000－1704－0016575　016996　子部/藝術類/書畫之屬/畫譜
**馬駘畫寶十五種二十四卷**　馬駘繪　民國十七年(1928)上海世界書局石印本　十五冊　存十一種

330000－1704－0016579　016996－1　子部/藝術類/書畫之屬/畫譜
**馬駘畫寶十五種二十四卷**　馬駘繪　民國石印本　三冊　存三種

330000－1704－0016582　017005　史部/金石類/金之屬/文字
**積古齋鐘鼎彝器款識十卷**　（清）阮元撰　民國上海中華圖書館影印本　四冊　存七卷（一至三、五至六、九至十）

330000－1704－0016586　017007　集部/別集類/清別集
**望溪先生文集十八卷集外文十卷集外文補遺二卷**　（清）方苞撰　**方望溪先生年譜一卷附録一卷**　（清）蘇惇元輯　民國上海中華圖書館石印本　七冊　缺四卷（文集一至四）

330000－1704－0016592　016897　子部/藝術類/書畫之屬/畫譜
**影印足本芥子園畫譜初集四卷二集四卷三集四卷**　（清）王槩　（清）王蓍　（清）王臬輯　民國影印本　一冊　存一卷（初集二）

330000－1704－0016594　017008　類叢部/叢書類/彙編之屬
**四部叢刊**　張元濟等編　民國八年(1919)上海商務印書館影印本　二十二冊　存二種

330000－1704－0016597　016898　子部/藝術類/書畫之屬/畫譜
**百尺樓叢畫八卷**　汪鏻繪　民國上海校經山房書局影印本　一冊　存一卷（一）

330000－1704－0016599　016952　子部/道家類
**道德經註釋二卷**　（清）黄裳撰　民國北京道德學社鉛印本　一冊　存一卷（二）

330000－1704－0016600　016899　子部/藝術類/書畫之屬/畫譜
**馬駘畫寶十五種二十四卷**　馬駘繪　民國石印本　一冊　存一種

330000－1704－0016601　016899－1　子部/藝術類/書畫之屬/畫譜
**馬駘畫寶十五種二十四卷**　馬駘繪　民國石印本　一冊　存一種

330000－1704－0016603　016953　經部/四書類/孟子之屬/傳說
**孟子□□卷**　（漢）趙岐注　民國影印本　一冊　存五卷（五至九）

330000－1704－0016605　016899－2　子部/藝術類/書畫之屬/畫譜
**馬駘畫寶十五種二十四卷**　馬駘繪　民國石印本　一冊　存一種

330000－1704－0016606　017011　史部/金石類/金之屬/文字
**積古齋鐘鼎彝器款識十卷**　（清）阮元撰　民國上海中華圖書館影印本　五冊　存八卷（一至五、八至十）

330000－1704－0016609　016951　類叢部/叢書類/彙編之屬
**四部備要**　中華書局編　民國二十五年(1936)上海中華書局鉛印本（原缺經義考卷二百八十六、二百九十九至三百，東塾讀書記十三至十四、十七至二十、二十二至二十五）　三冊　存一種

330000－1704－0016611　016956　子部/宗教類/佛教之屬
**歷史感應統紀四卷**　許止淨編纂　民國二十一年(1932)刻本　九冊

330000－1704－0016613　017014　類叢部/類書類/專類之屬

**潛龍讀書表十二卷**　陳電飛編　民國十四年(1925)中華書局石印本　一冊

330000－1704－0016616　016847　經部/四書類/總義之屬/傳說

**新式標點四書白話註解十九卷**　琴石山人註解　民國上海會文堂書局石印本　一冊　存十卷(論語一至十)

330000－1704－0016617　016848　史部/雜史類/斷代之屬

**嘯亭雜録十卷續録三卷**　(清)昭槤撰　民國十二年(1923)上海文明書局石印本　四冊

330000－1704－0016620　善000341　史部/地理類/方志之屬/郡縣志

**溫州府志輯録不分卷**　民國永嘉黃氏敬鄉樓抄本　一冊

330000－1704－0016623　016852　類叢部/類書類/專類之屬

**詩學含英十四卷**　(清)劉文蔚輯　民國上海廣益書局石印本　一冊　存二卷(一至二)

330000－1704－0016624　016802　子部/宗教類/佛教之屬/律

**三壇演義秘本要畧三卷**　民國石印本　一冊

330000－1704－0016628　善000355　史部/地理類/方志之屬/郡縣志

**[嘉慶]金鄉鎮志十二卷**　民國十八年(1929)夏紹俅抄本　夏紹俅題記　劉紹寬批　一冊

330000－1704－0016629　016850　子部/宗教類/佛教之屬/論疏

**成唯識論文釋并記十卷**　(清)吳樹虛集說　民國影印本　二冊　存五卷(三至七)

330000－1704－0016636　016868　子部/醫家類

**民間藥方雜抄不分卷**　民國抄本　一冊

330000－1704－0016642　017020　集部/總集類/選集之屬/通代

**文選六十卷**　(南朝梁)蕭統輯　(唐)李善注　**文選考異十卷**　(清)胡克家撰　民國文化書局據宋淳熙鄱陽胡氏刻本影印本　十冊　存四十一卷(一至十二、二十三至二十九、三十五至五十三、五十八至六十)

330000－1704－0016645　016871　集部/總集類/選集之屬/通代

**古唐詩合解十二卷古詩四卷**　(清)王堯衢注　(清)李模　(清)李桓校　民國二年(1913)鑄記書局石印本　五冊　缺二卷(古詩合解一至二)

330000－1704－0016648　017063　集部/別集類/清別集

**梅村詩集箋注十八卷**　(清)吳偉業撰　(清)吳翌鳳箋注　民國中華圖書館石印本　八冊

330000－1704－0016655　017066　集部/別集類/清別集

**板橋詩鈔二卷詞鈔一卷道情十首一卷題畫一卷與舍弟書十六通一卷**　(清)鄭燮撰　民國八年(1919)上海掃葉山房石印本　四冊

330000－1704－0016658　016872　集部/總集類/選集之屬/斷代

**唐詩三百首註疏六卷**　(清)孫洙編　(清)章燮註　民國上海錦章圖書局石印本　一冊　存一卷(六)

330000－1704－0016664　017140　集部/別集類/唐五代別集

**樊南文集箋註八卷**　(唐)李商隱撰　(清)馮浩箋注　民國五年(1916)石印本　七冊

330000－1704－0016666　017141　集部/總集類/尺牘之屬

**分類箋註文學尺牘大全集二十卷**　(明)鍾惺纂輯　(明)馮夢龍訂釋　民國十五年(1926)上海求古齋鉛印本　十六冊

330000－1704－0016667　017142　類叢部/叢書類/彙編之屬

**四部備要**　中華書局編　民國二十五年(1936)上海中華書局鉛印本(原缺經義考卷

二百八十六、二百九十九至三百，東塾讀書記十三至十四、十七至二十、二十二至二十五）　二十册　存一種

330000－1704－0016671　017144　集部/總集類/選集之屬/通代
**銅琵金縷甲集二卷乙集二卷丙集二卷丁集二卷**　上海進步書局編　民國二十年(1931)上海文明書局石印本　二册

330000－1704－0016672　017070　類叢部/叢書類/彙編之屬
**四部備要**　中華書局編　民國二十五年(1936)上海中華書局鉛印本(原缺經義考卷二百八十六、二百九十九至三百，東塾讀書記十三至十四、十七至二十、二十二至二十五）　二册　存一種

330000－1704－0016675　017145　類叢部/叢書類/彙編之屬
**四部叢刊**　張元濟等編　民國上海商務印書館影印本　一册　存一種

330000－1704－0016677　017145－1　類叢部/叢書類/彙編之屬
**四部叢刊**　張元濟等編　民國上海商務印書館影印本　一册　存一種

330000－1704－0016678　017145－2　類叢部/叢書類/彙編之屬
**四部叢刊**　張元濟等編　民國上海商務印書館影印本　一册　存一種

330000－1704－0016680　017145－3　類叢部/叢書類/彙編之屬
**四部叢刊**　張元濟等編　民國上海商務印書館影印本　十二册　存六種

330000－1704－0016682　017071　類叢部/叢書類/彙編之屬
**四部叢刊**　張元濟等編　民國八年(1919)上海商務印書館影印本　十册　存一種

330000－1704－0016683　017072　集部/別集類
**筠莊集古今體詩一卷詩餘一卷**　鮑潛撰　民國三十五年(1946)鮑氏鉛印本　一册

330000－1704－0016685　017021　子部/醫家類/類編之屬
**求恆室醫學叢書**　李啓賢編　民國上海求恆室醫社鉛印本　二册　存一種

330000－1704－0016688　016904　集部/別集類/宋別集
**蘇文忠公詩集五十卷目録二卷**　(宋)蘇軾撰　(清)紀昀評點　民國六年(1917)掃葉山房石印本　十一册

330000－1704－0016698　016964　史部/傳記類/總傳之屬/儒林
**聖學宗傳十八卷**　(明)周汝登撰　民國二十年(1931)吳興劉承幹影印本　二册　存五卷(一至三、十五至十六)

330000－1704－0016700　017076　子部/宗教類/佛教之屬/論疏
**御製揀魔辨異録八卷**　(清)世宗胤禛撰　民國上海有正書局石印本　二册　存四卷(一至四)

330000－1704－0016702　016874　類叢部/叢書類/自著之屬
**袁枚全集**　(清)袁枚撰　民國上海校經山房成記書局石印本　六册　存一種

330000－1704－0016711　016876　子部/藝術類/音樂之屬
**崐曲工尺譜不分卷**　民國抄本　三册

330000－1704－0016712　016967　集部/總集類/課藝之屬
**論説範本四卷**　杜瀚生撰　民國上會文學社石印本　一册　存一卷(三)

330000－1704－0016714　016968　經部/四書類
**四書便讀十九卷**　(宋)朱熹注　民國五年(1916)上海簡青齋書局石印本　一册　存二卷(孟子一至二)

330000－1704－0016715　017034　類叢部/

叢書類/自著之屬

**惜抱軒全集七種**　(清)姚鼐撰　民國上海會文堂書局石印本　八冊

330000－1704－0016716　016969　子部/儒家類/儒學之屬/禮教/鑑戒

**八德須知初集八卷**　蔡振紳編　民國上海明善書局石印本　一冊　存一卷(五)

330000－1704－0016717　017079　子部/墨家類

**墨子哲學一卷**　鄧高鏡撰　民國北京大學出版部鉛印本　一冊

330000－1704－0016722　017081　子部/宗教類/佛教之屬

**二課合解七卷首一卷**　釋興慈撰　民國十年(1921)刻本　一冊　存三卷(首、一至二)

330000－1704－0016725　017035　史部/傳記類/總傳之屬/通代

**校正尚友録統編二十四卷**　(清)錢湖釣徒編　(清)張元聲輯　民國七年(1918)上海國學圖書局石印本　十二冊

330000－1704－0016727　017035－1　史部/傳記類/總傳之屬/通代

**校正尚友録統編二十四卷**　(清)錢湖釣徒編　(清)張元聲輯　民國七年(1918)上海國學圖書局石印本　十二冊

330000－1704－0016729　016972　經部/小學類/音韻之屬/韻書

**同文韻統六卷**　東方文學社編　民國二十二年(1933)上海大東書局石印本　一冊　存二卷(五至六)

330000－1704－0016734　017038　子部/醫家類/方書之屬/單方驗方

**串雅補五卷**　(清)魯照輯　民國八年(1919)上海掃葉山房石印本　一冊　存一卷(一)

330000－1704－0016735　017083　子部/宗教類/佛教之屬/諸宗

**皇懺隨聞録十卷**　釋諦閑講　釋寶靜輯　民國鉛印本　一冊　存四卷(七至十)

330000－1704－0016739　017085　類叢部/叢書類/自著之屬

**章氏叢書十三種**　章炳麟撰　民國六年至八年(1917－1919)浙江圖書館刻本　二冊　存一種

330000－1704－0016741　016974　子部/小說家類/諧謔之屬

**繪圖解人頤二卷**　(清)胡澹庵輯　(清)錢德蒼重訂　民國石印本　一冊　缺一卷(一)

330000－1704－0016743　016875　子部/醫家類

**王宇泰先生訂補古今醫鑑十六卷**　(明)龔信撰　(明)龔廷賢續編　(明)王肯堂訂補　民國十九年(1930)石印本　八冊

330000－1704－0016744　016877　子部/藝術類/篆刻之屬/印譜

**餐霞閣印藁一卷**　吳載和篆　民國十六年(1927)鈐印本　一冊

330000－1704－0016749　016911　經部/小學類/文字之屬/說文/專著

**說文古文疏證一卷**　舒連景撰　民國二十六年(1937)上海商務印書館石印本　一冊

330000－1704－0016753　016878　子部/藝術類/篆刻之屬/印譜

**石林後人印存不分卷**　民國鈐印本　一冊

330000－1704－0016755　016971　子部/術數類/雜術之屬

**詳夢秘書一卷**　(宋)邵雍撰　民國七年(1918)達文社鉛印本　一冊

330000－1704－0016756　017086　類叢部/叢書類/彙編之屬

**四部備要**　中華書局編　民國二十五年(1936)上海中華書局鉛印本(原缺經義考卷二百八十六、二百九十九至三百,東塾讀書記十三至十四、十七至二十、二十二至二十五)　二十七冊　存四種

330000－1704－0016758　016975　集部/別集類/清別集

**越縵堂集十卷**　(清)李慈銘撰　民國二十七年(1938)中華書局鉛印本　二册

330000－1704－0016763　016914　經部/四書類

**四書(校正四書讀本)**　(宋)朱熹撰　民國三年(1914)上海振軔書局石印本　一册　存三種

330000－1704－0016770　017040　新學/理學/文學

**文藝批評一卷**　傅東華編　民國油印本　一册

330000－1704－0016771　016915　經部/四書類/總義之屬/傳說

**四書集註十九卷**　(宋)朱熹撰　民國上海進步書局石印本　一册　存一種

330000－1704－0016772　016916　經部/四書類/總義之屬/傳說

**四書讀本十九卷**　(宋)朱熹集註　民國上海鍊石書局石印本　四册　存十四卷(論語一至十、孟子四至七)

330000－1704－0016775　017046　集部/曲類/寶卷之屬

**本中寶卷一卷**　民國三十一年(1942)林芝蘭抄本　林芝蘭題記　一册

330000－1704－0016778　017156　子部/宗教類/佛教之屬/諸宗

**大乘止觀述記二十卷**　釋諦閑說　釋聖性　釋聖心筆記　江味農演述　民國十九年(1930)上海功德林佛經流通處刻本　六册

330000－1704－0016779　016917　經部/四書類/孟子之屬/傳說

**增補蘇批孟子二卷**　(宋)蘇洵撰　(清)趙大浣增補　**孟子年譜一卷**　民國石印本　一册　存一卷(下孟)

330000－1704－0016783　016918　經部/四書類/孟子之屬/傳說

**孟子文評不分卷**　(清)趙承謨評點　民國上海交通圖書館石印本　一册

330000－1704－0016785　017088　集部/詩文評類/文法之屬/文法

**作文法四卷**　謝慎修撰　民國六年(1917)上海廣益書局石印本　一册

330000－1704－0016787　017159　集部/總集類/郡邑之屬

**永嘉詩人祠堂叢刻十四種**　冒廣生輯　民國四年(1915)如皋冒氏刻本　一册　存二種

330000－1704－0016791　017065　子部/醫家類/眼科之屬

**眼科醫書一卷**　晉炎撰並抄　民國抄本　一册

330000－1704－0016792　017037　子部/醫家類/類編之屬

**陳修園醫書七十二種**　(清)陳念祖等撰　民國三十年(1941)上海大文書局鉛印本　一册　存一種

330000－1704－0016793　016883　子部/藝術類/書畫之屬/法帖

**舊拓龍門二十品二卷**　民國十年(1921)上海有正書局石印本　二册

330000－1704－0016796　017045　子部/醫家類/醫經之屬/内經

**補注黃帝内經素問二十四卷黃帝内經靈樞十二卷**　(唐)王冰注　**黃帝内經素問遺編一卷**　(宋)劉溫舒撰　民國上海錦章圖書局石印本　四册

330000－1704－0016797　016919　子部/醫家類/眼科之屬

**眼科集要四卷**　魏儒正編　民國廣饒友文堂石印本　四册

330000－1704－0016800　016884　子部/藝術類/書畫之屬/法帖

**初拓張猛龍碑一卷**　民國十七年(1928)上海掃葉山房石印本　一册

330000－1704－0016801　017049　子部/醫家類/綜合之屬/通論

**御纂醫宗金鑑九十卷首一卷**　(清)吳謙等撰

民國八年(1919)上海鴻寶齋石印本　一冊　存十六卷(外科一至十六)

330000－1704－0016806　016881　子部/宗教類/佛教之屬

**集古今佛道論衡實録五卷**　(唐)釋道宣撰　**續集古今佛道論衡一卷**　(唐)釋智昇撰　民國二年(1913)常州天寧寺刻本　一冊　缺三卷(一至三)

330000－1704－0016807　017050　子部/醫家類/兒科之屬/通論

**改良幼科三種**　民國三年(1914)上海校經山房石印本　一冊

330000－1704－0016810　016923　經部/四書類/總義之屬/傳說

**酌雅齋四書遵註合講十九卷圖說一卷人物考四卷**　(清)翁復編　民國上海鑄記書局石印本　一冊　缺十九卷(論語一至十、兩論人物考、孟子一至七、兩孟人物考)

330000－1704－0016811　016882　子部/宗教類/佛教之屬/諸宗

**宏智禪師廣録九卷**　(宋)釋行從等編　民國刻本　二冊　存四卷(三至六)

330000－1704－0016813　017051　史部/目録類/總録之屬/私撰

**書目答問五卷別録一卷國朝箸述諸家姓名略一卷**　(清)張之洞撰　民國石印本　一冊　缺二卷(一至二)

330000－1704－0016815　016885　子部/藝術類/書畫之屬

**二十種預約樣本一卷**　民國上海求古齋書局影印本　一冊

330000－1704－0016816　017163　史部/金石類/總志之屬

**湫漻齋叢書十種**　陳準輯　民國瑞安陳氏刻本　二冊　存二種

330000－1704－0016817　017164　史部/金石類/總志之屬

**湫漻齋叢書十種**　陳準輯　民國瑞安陳氏刻本　一冊　存一種

330000－1704－0016818　017165　新學/政治法律/政治

**建國詮真一卷**　徐樹錚撰　民國十年(1921)影印本　一冊

330000－1704－0016819　017093　子部/宗教類/佛教之屬/諸宗

**真心直說一卷附一卷**　(高麗)釋知訥撰　**八識規矩補註二卷　大乘百法明門論解一卷**　(唐)釋玄奘譯　(唐)釋窺基註解　(明)釋普泰增修　**唯識三十論一卷**　(唐)釋玄奘譯　民國二年(1913)刻本　一冊

330000－1704－0016820　016924　子部/藝術類/書畫之屬/畫譜

**吳友如百美畫譜二卷**　(清)吳友如繪　蕉影書屋藏　民國十五年(1926)上海世界書局影印本　一冊

330000－1704－0016825　017094　類叢部/類書類/專類之屬

**詩韻合璧五卷**　(清)許時庚輯　**虚字韻藪一卷**　(清)潘維城輯　民國鉛印本　五冊

330000－1704－0016826　016886　史部/紀傳類

**漢魏史講義不分卷**　清華大學編　民國鉛印本　一冊

330000－1704－0016827　017153　類叢部/叢書類/彙編之屬

**四部備要**　中華書局編　民國二十五年(1936)上海中華書局鉛印本(原缺經義考卷二百八十六、二百九十九至三百,東塾讀書記十三至十四、十七至二十、二十二至二十五)　二冊　存一種

330000－1704－0016828　017095　經部/小學類/文字之屬/說文/傳說

**說文解字通釋四十卷**　(五代)徐鍇傳釋　(五代)朱翺反切　民國七年(1918)上海掃葉山房石印本　六冊

330000－1704－0016831　017096　經部/小

學類/文字之屬/說文/專著
**說文通訓定聲十八卷檢韻一卷說雅一卷韻準一卷** (清)朱駿聲撰 **行述一卷** (清)朱孔彰撰 民國十七年(1928)上海掃葉山房石印本 十六册

330000－1704－0016835 017097 子部/藝術類/遊藝之屬
**武道正宗護身術精義不分卷** 吳瑞書編譯 民國十九年(1930)上海中西書局石印本 一册

330000－1704－0016836 016983 類叢部/叢書類/自著之屬
**隨園三十六種** (清)袁枚撰 民國二年(1913)上海中華圖書館鉛印本 四十三册 存二十二種

330000－1704－0016837 善000393 史部/地理類
**拉章扎西溪概況一卷** 格桑澤仁撰 民國抄本 一册

330000－1704－0016839 016925 子部/藝術類/書畫之屬/畫譜
**影印足本芥子園畫譜初集四卷二集四卷三集四卷** (清)王槩 (清)王蓍 (清)王臬輯 民國十九年(1930)上海世界書局影印本 九册 存九卷(初集一至二、四,二集一至二、四,三集一至二、四)

330000－1704－0016840 017056 集部/別集類
**浴日樓詩選二卷** 項驤撰 民國二十五年(1936)鉛印本 二册

330000－1704－0016845 016926 子部/藝術類/書畫之屬/畫譜
**馬駘畫寶十五種二十四卷** 馬駘繪 民國石印本 二册 存五種

330000－1704－0016849 017099 子部/藝術類/書畫之屬/法帖
**草字彙十二卷附補** (清)石梁編 民國石印本 二册 存四卷(辰、巳、午、未)

330000－1704－0016850 善000401 類叢部/叢書類/彙編之屬
**嘉業堂叢書五十七種** 劉承幹輯 民國吳興劉氏嘉業堂刻本 八册 存一種

330000－1704－0016851 017057 子部/醫家類/類編之屬
**六科準繩** (明)王肯堂撰 民國石印本 三册 存一種

330000－1704－0016854 016887 類叢部/叢書類/彙編之屬
**四部備要** 中華書局編 民國二十五年(1936)上海中華書局鉛印本(原缺經義考卷二百八十六、二百九十九至三百,東塾讀書記十三至十四、十七至二十、二十二至二十五) 三册 存一種

330000－1704－0016855 017100 子部/藝術類/書畫之屬/總論
**甌鉢羅室書畫過目攷四卷首一卷附卷一卷** (清)李玉棻輯 民國上海朝記書莊鉛印本 三册 缺一卷(二)

330000－1704－0016856 善000410 史部/金石類/璽印之屬
**樂只室古璽印存不分卷** 高時敷輯 民國三十三年(1944)鈐印本 十册

330000－1704－0016858 017168 類叢部/叢書類/彙編之屬
**四部叢刊** 張元濟等編 民國上海商務印書館影印本 二十八册 存二種

330000－1704－0016862 016985 史部/目録類/總録之屬/官修
**欽定四庫全書簡明目録二十卷** (清)紀昀等撰 **四庫未收書目提要五卷** (清)阮元撰 民國上海掃葉山房石印本 七册

330000－1704－0016868 017170 子部/宗教類/佛教之屬/經疏
**佛說觀無量壽佛經一卷** (南朝宋)釋畺良耶舍譯 民國佛學書局鉛印朱印本 一册

330000－1704－0016869 017060 子部/醫

家類/婦科之屬/產科

**萬氏婦人科四卷達生全編一卷**　(明)萬全等撰　民國九年(1920)上海鑄記書局石印本　二冊

330000－1704－0016870　016889　集部/別集類

**白采遺集□□種**　白采撰　民國南昌獨學齋鉛印本　一冊

330000－1704－0016871　善000546　子部/雜著類/雜説之屬

**厚莊雜録不分卷**　劉紹寬撰　稿本　八冊

330000－1704－0016876　017171　子部/宗教類/佛教之屬

**佛學叢書□□種**　丁福保輯　民國上海醫學書局鉛印本暨影印本　一冊　存一種

330000－1704－0016877　017061　類叢部/叢書類/彙編之屬

**四部叢刊**　張元濟等編　民國上海商務印書館影印本　四冊　存一種

330000－1704－0016881　016930　集部/總集類/選集之屬/通代

**唐宋十大家全集**　(清)儲欣輯　民國十四年(1925)上海大通書局石印本　二冊　存一種

330000－1704－0016884　善000553　子部/雜著類/雜編之屬

**璞廬筆記二卷**　楊紹廉輯　民國楊紹廉抄本　二冊

330000－1704－0016886　善000555　子部/雜著類/雜纂之屬

**樗庵日鈔録略一卷**　楊紹廉輯　民國二年(1913)楊宰綱抄本　楊紹廉校　一冊

330000－1704－0016888　016931　子部/小説家類/諧謔之屬

**遣愁集十四卷**　(清)張貴勝纂輯　民國鉛印本　一冊　存一卷(一)

330000－1704－0016889　017103　類叢部/叢書類/自著之屬

**諸葛武侯全集五種二十卷**　(三國蜀)諸葛亮撰　(清)張澍輯　民國七年(1918)江左書林石印本　八冊

330000－1704－0016890　016987　類叢部/叢書類/彙編之屬

**四部備要**　中華書局編　民國二十五年(1936)上海中華書局鉛印本(原缺經義考卷二百八十六、二百九十九至三百,東塾讀書記十三至十四、十七至二十、二十二至二十五)　二冊　存一種

330000－1704－0016891　017062　類叢部/叢書類/彙編之屬

**四部備要**　中華書局編　民國二十五年(1936)上海中華書局鉛印本(原缺經義考卷二百八十六、二百九十九至三百,東塾讀書記十三至十四、十七至二十、二十二至二十五)　二冊　存一種

330000－1704－0016892　017172　子部/宗教類/佛教之屬

**金剛經解義二卷附心經解義一卷**　(清)徐槐廷撰　民國八年(1919)鉛印本　一冊

330000－1704－0016893　善000384　史部/地理類/遊記之屬/紀勝

**蔣叔南游記第一集不分卷**　蔣希召撰　民國十年(1921)鉛印本　二冊

330000－1704－0016896　017173　子部/宗教類/佛教之屬/論

**中論會譯一卷**　(後秦)釋鳩摩羅什譯　(唐)釋波羅頗蜜多羅譯　(宋)釋惟淨　(宋)釋法護譯　民國三年(1914)鉛印本　一冊

330000－1704－0016900　017174　類叢部/叢書類/彙編之屬

**四部備要**　中華書局編　民國二十五年(1936)上海中華書局鉛印本(原缺經義考卷二百八十六、二百九十九至三百,東塾讀書記十三至十四、十七至二十、二十二至二十五)　三冊　存一種

330000－1704－0016905　017176　子部/宗

教類/佛教之屬/經

**佛說五大施經一卷** （宋）釋施護等譯 **佛說戒香經一卷** （宋）釋法賢譯 **佛說木槵子經一卷** 民國十一年(1922)懷古齋刻本 一冊

330000－1704－0016907 017177 子部/宗教類/佛教之屬/諸宗

**顯密圓通成佛心要集二卷** （宋）釋道㲀集 民國上海佛學書局鉛印本 一冊

330000－1704－0016908 017106 子部/叢編

**百子全書** （清）崇文書局編 民國十年(1921)上海掃葉山房石印本 一冊 存一種

330000－1704－0016910 017109 子部/叢編

**百子全書** （清）崇文書局編 民國五年(1916)上海掃葉山房石印本 六冊 存一種

330000－1704－0016918 016891 類叢部/叢書類/彙編之屬

**四部備要** 中華書局編 民國二十五年(1936)上海中華書局鉛印本(原缺經義考卷二百八十六、二百九十九至三百,東塾讀書記十三至十四、十七至二十、二十二至二十五） 一冊 存一種

330000－1704－0016929 016936 集部/小說類/短篇之屬

**詳註聊齋志異圖詠十六卷** （清）蒲松齡撰 （清）呂湛恩注 民國石印本 一冊 缺一卷(十六)

330000－1704－0016931 017180 類叢部/叢書類/自著之屬

**劉氏叢書** 民國上海佛學書局鉛印本 一冊 存一種

330000－1704－0016935 016937 子部/藝術類/篆刻之屬/印譜

**次玄印譜一卷** 許次玄篆 民國鈐印本 許次玄題記 一冊

330000－1704－0016937 017208 集部/戲劇類

**紹興文戲雙金花二卷** 民國抄本 一冊 存一卷(一)

330000－1704－0016938 017184 子部/醫家類/類編之屬

**松齡叢書** 徐潤之編 民國鉛印本 一冊 存一種

330000－1704－0016940 017111 集部/別集類/清別集

**香屑集十八卷首一卷末一卷** （清）黃之雋撰 （清）陳邦直注 民國十五年(1926)上海掃葉山房石印本 四冊

330000－1704－0016941 017209 集部/戲劇類/雜劇之屬

**增像第六才子書五卷首一卷** （元）王德信 （元）關漢卿撰 （清）金人瑞評 民國元年(1912)石印本 二冊

330000－1704－0016942 017260 子部/宗教類/佛教之屬

**慈宗三要一卷** 釋太虛撰 民國鉛印本 一冊

330000－1704－0016943 善000383 史部/地理類/專志之屬/寺觀

**溫州瑞安縣仙巖寺誌十卷** （清）釋佛彥彙訂 （清）釋佛皋增輯 民國永嘉黃氏敬鄉樓抄本 四冊

330000－1704－0016945 017112 集部/詞類/詞韻之屬

**詞林正韻三卷發凡一卷** （清）戈載輯 民國二十三年(1934)上海掃葉山房石印本 四冊

330000－1704－0016946 017262 子部/宗教類/佛教之屬

**二課合解七卷首一卷** 釋興慈撰 民國十五年(1926)鉛印本 二冊

330000－1704－0016947 017113 類叢部/叢書類/自著之屬

**譚瀏陽全集六種附續編一卷** （清）譚嗣同撰 民國十三年(1924)上海文明書局鉛印本 六冊

330000－1704－0016950　016938　集部/小說類/長篇之屬

**繪圖增像西遊記八卷一百回**　（明）吳承恩撰　（清）陳士斌詮解　民國上海天寶書局石印本　五冊　存五卷（三至七）

330000－1704－0016952　016939　子部/小說家類/異聞之屬

**鬼董狐五卷**　民國上海商務印書館鉛印本　一冊

330000－1704－0016955　017114　史部/目録類/總録之屬

**愛山樓書目不分卷**　（清）張時珍編　張毓驄録　民國二十七年（1938）抄本　一冊

330000－1704－0016959　017212　集部/別集類/唐五代別集

**白香山詩長慶集二十卷後集十七卷別集一卷補遺二卷**　（唐）白居易撰　（清）汪立名編訂　**白香山年譜一卷**　（清）汪立名撰　**白香山年譜舊本一卷**　（宋）陳振孫撰　民國十三年（1924）上海光霽書局石印本　十二冊

330000－1704－0016960　017325　集部/詩文評類/文法之屬/函牘格式

**音註分類交際尺牘大全不分卷**　王有珩編輯　民國上海大東書局石印本　一冊　存一冊（四）

330000－1704－0016961　017186　集部/小說類/長篇之屬

**增像全圖三國演義八卷一百二十回**　（明）羅本撰　（清）毛宗崗評　民國石印本　一冊　存四卷（一至四）

330000－1704－0016966　017326　子部/宗教類/其他宗教之屬/基督教

**週年瞻禮不分卷**　民國鉛印本　一冊

330000－1704－0016971　017219　集部/別集類/清別集

**素心簃集四卷詩集二卷**　（清）顧蓮撰　高燮輯　民國二年（1913）金山高氏寒隱草堂刻本　一冊　存二卷（素心簃集一至二）

330000－1704－0016974　017265　史部/史評類/詠史之屬

**三國志樂府一卷補遺一卷**　宋慈裒撰　民國六年（1917）油印本　一冊

330000－1704－0016975　017214　類叢部/叢書類/彙編之屬

**四部備要**　中華書局編　民國二十五年（1936）上海中華書局鉛印本（原缺經義考卷二百八十六、二百九十九至三百，東塾讀書記十三至十四、十七至二十、二十二至二十五）　二十冊　存一種

330000－1704－0016982　017117　子部/藝術類/遊藝之屬/聯語

**楹聯叢話十二卷楹聯續話四卷**　（清）梁章鉅輯　民國石印本　一冊　存四卷（楹聯續話一至四）

330000－1704－0016985　017118　子部/小說家類/雜事之屬

**耐冷譚十六卷**　（清）宋咸熙撰　民國十七年（1928）掃葉山房石印本　四冊

330000－1704－0016986　017119　集部/詩文評類/詩評之屬

**閨秀詩話十六卷**　雷瑨　雷瑊輯　民國十七年（1928）上海掃葉山房石印本　六冊　存十二卷（一至六、十一至十六）

330000－1704－0016988　017120　集部/詩文評類/詩評之屬

**平等閣詩話二卷**　狄葆賢撰　民國六年（1917）上海有正書局鉛印本　夏承燾題記　一冊

330000－1704－0016989　017216　類叢部/叢書類/彙編之屬

**進德叢書八種**　丁福保編　民國上海醫學書局鉛印本　一冊　存一種

330000－1704－0016993　善000425　史部/目録類/總録之屬/私撰

**汲古閣珍藏秘本書目一卷**　（清）毛扆書　民國楊紹廉抄本　一冊

330000－1704－0016996　017123　子部/儒家類/儒家之屬
**荀子集解二十卷首一卷**　(唐)楊倞注　王先謙集解　民國上海掃葉山房石印本　三册　缺十卷(十一至二十)

330000－1704－0017000　017125　集部/曲類/曲選之屬
**元曲别裁集二卷**　盧前編　民國十七年(1928)上海開明書店鉛印本　一册

330000－1704－0017001　017190　子部/小説家類
**滑稽叢話十卷藝苑聯話八卷**　(清)陳琰輯　民國上海大東書局石印本　四册

330000－1704－0017002　017221　史部/紀傳類/正史之屬
**史記論文不分卷**　(清)吴見思評點　民國五年(1916)上海中華書局鉛印本　八册

330000－1704－0017006　017322　子部/藝術類/篆刻之屬/印譜
**壽石室印譜不分卷**　民國鈐印本　一册

330000－1704－0017007　017222　史部/史抄類
**史記菁華録六卷**　(清)姚祖恩輯評　民國四年(1915)上海鴻寶齋石印本　一册

330000－1704－0017008　017193　經部/小學類
**詞語雜抄一卷**　民國抄本　一册

330000－1704－0017009　善000402　史部/金石類/陶之屬/文字
**溫州古甓記不分卷**　(清)孫詒讓撰　民國永嘉黄氏敬鄉樓抄本　楊紹廉校　一册

330000－1704－0017010　017215　史部/史抄類
**史記菁華録六卷**　(清)姚祖恩輯評　民國十九年(1930)上海商務印書館鉛印本　三册

330000－1704－0017011　善000403　集部/總集類/題詠之屬
**石門題詠録四卷**　劉燿東輯　民國二十三年(1934)啓後亭鉛印本　張揚批　一册

330000－1704－0017012　017324　子部/藝術類/篆刻之屬/印譜
**鋤月廬仿古印集二卷**　周啟人篆　民國二十四年(1935)浙江正楷印書局鈐印本　二册

330000－1704－0017017　017274　集部/别集類/清别集
**有正味齋駢體文(有正味齋駢體文箋註)二十四卷首一卷**　(清)吴錫麒撰　(清)王廣業箋　(清)葉聯芬注　民國上海文瑞樓石印本　八册

330000－1704－0017019　017224　類叢部/叢書類/彙編之屬
**四部備要**　中華書局編　民國二十五年(1936)上海中華書局鉛印本(原缺經義考卷二百八十六、二百九十九至三百,東塾讀書記十三至十四、十七至二十、二十二至二十五)　一册　存一種

330000－1704－0017020　017196　子部/宗教類
**念字箴言不分卷**　鄭極普　胡大恂編　民國二十一年(1932)湖南宗教哲學研究社鉛印本　一册

330000－1704－0017021　017197　史部/地理類/遊記之屬/紀勝
**蔣叔南游記第一集不分卷**　蔣希召撰　民國十年(1921)鉛印本　一册

330000－1704－0017022　017225　史部/編年類/斷代之屬
**清史綱要十四卷**　吴曾祺等編　民國二年(1913)上海商務印書館鉛印本　六册

330000－1704－0017024　017198　類叢部/叢書類/自著之屬
**亭林遺書二十二種附三種**　(清)顧炎武撰　(清)席威　(清)朱記榮編　民國上海文瑞樓石印本　一册　存二種

330000－1704－0017025　017127　集部/别

集類/清別集

**瓶廬詩稿八卷** (清)翁同龢撰 翁斌孫輯 民國八年(1919)邵松年武昌刻本 四冊

330000－1704－0017026 017199 經部/春秋左傳類/傳說之屬

**春秋左傳句解六卷** (清)韓菼重訂 民國三年(1914)上海商務印書館鉛印本 六冊

330000－1704－0017029 017226 集部/詩文評類/文評之屬

**文學研究法講義不分卷** 姚永樸撰 民國油印本 一冊

330000－1704－0017030 017268 子部/天文曆算類/算書之屬

**珠算捷徑一卷** 王守存編 民國十一年(1922)上海世界書局石印本 一冊

330000－1704－0017031 017271 集部/詩文評類/文法之屬

**註解淺釋初學尺牘指南不分卷** 廣益書局撰述部撰 民國上海廣益書局石印本 一冊

330000－1704－0017032 017388 集部/總集類/尺牘之屬

**影印名人手札真蹟大全十二種** 劉再蘇輯 民國十四年(1925)上海世界書局影印本 六冊

330000－1704－0017033 017275 集部/詞類/總集之屬

**絕妙好詞箋七卷** (宋)周密輯 (清)查為仁 (清)厲鶚箋 **續鈔二卷** (清)余集輯 (清)徐楙補録 民國上海掃葉山房石印本 四冊

330000－1704－0017034 017202 類叢部/叢書類/彙編之屬

**桐城吳先生羣書點勘** (清)吳汝綸點勘 吳闓生輯 民國三年(1914)京師國羣鑄一社鉛印本 一冊 存一種

330000－1704－0017037 002877 史部/地理類/遊記之屬

**東游述談一卷** 劉之屏撰 民國抄本 一冊

330000－1704－0017039 017201 史部/傳記類/總傳之屬/忠孝

**繪圖二十四孝一卷** 世界書局編輯所編輯 民國上海世界書局石印本 一冊

330000－1704－0017042 017339 史部/目録類/書志之屬/提要

**讀書敏求記四卷** (清)錢曾撰 民國掃葉山房石印本 二冊 存二卷(二、四)

330000－1704－0017043 017126 子部/農家農學類/水產之屬

**二如亭群芳譜養魚經一卷** **陶朱公致富奇書節録養魚經一卷** (明)黃省曾撰 民國抄本 一冊

330000－1704－0017044 017389 集部/總集類/選集之屬/斷代

**唐詩三百首註疏六卷** (清)孫洙編 (清)章燮註 民國掃葉山房石印本 一冊 存三卷(一至三)

330000－1704－0017046 017390 集部/總集類/選集之屬/斷代

**唐詩三百首註疏六卷** (清)孫洙編 (清)章燮註 民國石印本 一冊 存三卷(三至四、六)

330000－1704－0017047 善000423 史部/目録類/總録之屬/私撰

**黃氏蔘綏閣舊本書目初編一卷屈賦攷異一卷** 楊宰綱(楊嘉)編 **溫州經籍現存目一卷** 楊氏蹤許樓編 民國永嘉黃氏敬鄉樓抄本 楊紹廉批校並題簽 一冊

330000－1704－0017048 017340 集部/總集類/選集之屬/斷代

**新文精華五卷** 陸翔輯 民國石印本 二冊 存四卷(一至四)

330000－1704－0017049 017227 史部/紀傳類/正史之屬

**二十四史附考證** 民國上海涵芬樓據乾隆武英殿本影印本 六冊 存一種

330000－1704－0017050 善000419 史部/

目録類/總録之屬/地方

**溫州經籍志校勘記四卷**　孫延釗撰　稿本　四册

330000－1704－0017058　017229　子部/醫家類/類編之屬

**醫門棒喝二種**　(清)章楠撰　(清)王世雄評點　民國十八年(1929)紹興墨潤堂書苑石印本　十册

330000－1704－0017059　017430　子部/術數類/相宅相墓之屬

**雪心賦正解四卷**　(唐)卜應天撰　(清)孟浩註　**辯論三十篇一卷**　(唐)孟浩然撰　民國上海江東書局石印本　一册

330000－1704－0017064　017230　子部/醫家類/醫經之屬/内經

**靈樞經十卷**　(清)張志聰集註　民國鉛印本　十册

330000－1704－0017065　017432　子部/宗教類/佛教之屬/經

**佛教西來玄化應運略録一卷**　(宋)程輝編　**題焚經臺詩一卷**　(唐)太宗李世民製　**佛説四十二章經一卷**　(南朝宋)迦葉摩騰　(南朝宋)竺法蘭譯　(宋)真宗趙恒註　民國十三年(1924)杭州刻經處刻本　一册

330000－1704－0017072　017135　經部/小學類/文字之屬/説文

**説文解字十五卷標目一卷**　(漢)許慎撰　(宋)徐鉉等校定　民國三年(1914)上海商務印書館影印藤花榭刻本　一册

330000－1704－0017073　017231　子部/叢編

**大字精校圈點注釋三十六子全書□□種**　(清)孫星衍撰　民國十二年(1923)上海掃葉山房石印本　四十七册　存四十種

330000－1704－0017077　017331　史部/目録類

**影印指海樣本一卷**　大東書局編　民國二十年(1931)上海大東書局影印本　一册

330000－1704－0017078　017435　子部/宗教類/佛教之屬

**佛學叢書□□種**　丁福保輯　民國上海醫學書局鉛印本暨影印本　一册　存一種

330000－1704－0017080　017430　子部/術數類/相宅相墓之屬

**欽定羅經透解二卷首一卷**　(清)王道亨輯　民國十三年(1924)上海萃英書局石印本　與330000－1704－0017059合爲一册

330000－1704－0017081　017393　類叢部/叢書類/彙編之屬

**四部備要**　中華書局編　民國二十五年(1936)上海中華書局鉛印本(原缺經義考卷二百八十六、二百九十九至三百,東塾讀書記十三至十四、十七至二十、二十二至二十五)　一册　存一種

330000－1704－0017087　017138　集部/别集類

**龍顧山房駢體文鈔七卷詩集十二卷續集七卷詩餘六卷**　郭則澐撰　**潛思盦詩草一卷**　郭可誠撰　民國十七年(1928)、二十一年(1932)、二十五年(1936)栩樓刻本　六册

330000－1704－0017090　017235　子部/小説家類

**古今筆記精華録二十四卷**　古今圖書局編譯部編纂　民國石印本　十七册　存十六卷(二至十七)

330000－1704－0017098　017131　子部/術數類/相宅相墓之屬

**陽宅三要四卷**　(清)趙廷棟撰　民國石印本　一册

330000－1704－0017101　017232　子部/術數類/相宅相墓之屬

**陽宅三要四卷**　(清)趙廷棟撰　民國上海文益書局石印本　一册

330000－1704－0017105　017234　子部/宗教類/佛教之屬

**看破世界一卷**　(清)周祖道輯　民國上海宏

大善書局石印本　一册

330000－1704－0017106　017284　類叢部/叢書類/彙編之屬
**復性書院叢刊二十七種**　馬浮編　民國二十九年至三十七年(1940－1948)復性書院刻本暨鉛印本　一册　存一種

330000－1704－0017111　017241　子部/儒家類/儒學之屬/蒙學
**重增繪圖幼學故事瓊林四卷**　(清)程登吉撰　(清)鄒聖脈增補　蔡郕續增　民國石印本　一册　存二卷(三至四)

330000－1704－0017112　017396　史部/傳記類/别傳之屬/事狀
**黃慧增居士往生紀念册不分卷**　渾渾山人等編　民國二十二年(1933)上海中華書局鉛印本　孫詒澤題簽　一册

330000－1704－0017114　017397　史部/傳記類/總傳之屬/家乘
**[□□]環川王氏自治譜略三卷**　王毓英撰　民國十年(1921)溫州務本石印本　一册

330000－1704－0017115　017279　集部/别集類/清别集
**新體廣註雪鴻軒尺牘二卷**　(清)龔萼撰　朱詩隱　徐慎幾註　民國十年(1921)上海世界書局石印本　二册

330000－1704－0017117　017281　集部/總集類/選集之屬/斷代
**清朝駢體正宗評本十二卷**　(清)曾燠輯　(清)姚燮評　民國上海文瑞樓石印本　四册

330000－1704－0017119　017137　子部/宗教類/佛教之屬
**師獎全集**　釋持松撰　民國二十九年(1940)上海愛儷園鉛印本　一册　存一種

330000－1704－0017121　017285　子部/宗教類/佛教之屬
**佛學叢書□□種**　丁福保輯　民國上海醫學書局鉛印本暨影印本　六册　存二種

330000－1704－0017122　017243　子部/醫家類/綜合之屬/通論
**御纂醫宗金鑑九十卷首一卷**　(清)吳謙等撰　民國八年(1919)上海鴻寶齋石印本　一册　存十七卷(首、一至十六)

330000－1704－0017126　017242　子部/醫家類/綜合之屬/通論
**增訂醫宗金鑑九十卷首一卷**　(清)吳謙等撰　民國石印本　一册　存四卷(五十五至五十八)

330000－1704－0017127　017287　史部/金石類/石之屬
**唐小本釋氏碑二十種**　鐵琴銅劍樓輯　民國二十六年(1937)上海商務印書館影印本　四册

330000－1704－0017129　017244　子部/醫家類/綜合之屬/通論
**醫宗金鑑九十卷首一卷**　(清)吳謙等撰　民國十八年(1929)上海昌文書局石印本　十二册　存五十六卷(首,一至三十四、三十九至五十四、五十九至六十三)

330000－1704－0017131　017334　集部/别集類
**味筍齋詩鈔一卷**　姚琮撰　民國三十四年(1945)重慶鉛印本　一册

330000－1704－0017132　017288　史部/目録類/總録之屬/私撰
**東海藏書樓書目五卷**　徐允中藏並編　民國鉛印本　一册　存二卷(三至四)

330000－1704－0017140　017238　子部/醫家類/綜合之屬/通論
**御纂醫宗金鑑九十卷首一卷**　(清)吳謙等撰　民國石印本　二册　存七卷(二十一至二十三、三十五至三十八)

330000－1704－0017144　017447　子部/醫家類/類編之屬
**陳修園醫書七十二種**　(清)陳念祖等撰　民國上海鴻文書局石印本　四册　存十種

330000－1704－0017145　017246　子部/醫家類/綜合之屬/通論

**醫宗金鑑九十卷首一卷**　（清）吳謙等撰　民國上海廣益書局石印本　一册　存五卷（六十四至六十八）

330000－1704－0017149　017246－1　子部/醫家類/綜合之屬/通論

**醫宗金鑑九十卷首一卷**　（清）吳謙等撰　民國上海廣益書局石印本　四册　存十六卷（外科一至十六）

330000－1704－0017150　017286　集部/總集類/酬唱之屬

**唱和集續編一卷學校聲詩集補遺一卷**　釋印培等撰　民國八年（1919）鉛印本　一册

330000－1704－0017151　017289　史部/目録類/總録之屬/官修

**黄巖九峯圖書館書目五卷續編四卷三編五卷**　黄巖九峰圖書館編　民國黄巖九峰圖書館鉛印本　三册

330000－1704－0017152　017341　集部/總集類/選集之屬/斷代

**南宋文範簡編四卷**　（清）莊仲方編　張相選評　民國七年（1918）中華書局鉛印本　四册

330000－1704－0017155　017290　史部/目録類/總録之屬/官修

**故宫善本書目三卷**　張允亮輯　民國二十三年（1934）北平故宫博物院圖書館鉛印本　一册

330000－1704－0017160　017248　類叢部/叢書類/郡邑之屬

**吳興叢書六十六種**　劉承幹編　民國吳興劉氏嘉業堂刻本　十六册　存一種

330000－1704－0017161　017342　經部/小學類/文字之屬/字書/字體

**六書通十卷首一卷附百體福壽全圖**　（清）閔齊伋撰　（清）畢弘述篆訂　民國十五年（1926）上海掃葉山房石印本　三册　存七卷（首，一至二、五至八）

330000－1704－0017163　017292　類叢部/類書類/通類之屬

**清初殿版銅活字印古今圖書集成樣本不分卷**　中華書局編　民國二十三年（1934）中華書局鉛印本暨影印本　一册

330000－1704－0017166　017343　集部/詞類/總集之屬

**絶妙近詞二卷**　（清）顧貞觀　（清）成德選　民國十四年（1925）上海大東書局石印本　一册　存一卷（二）

330000－1704－0017167　017453　集部/别集類/清别集

**鎔經室集四卷**　（清）張濬撰　民國六年（1917）鉛印本　二册

330000－1704－0017171　017500　史部/雜史類/斷代之屬

**清代野記三卷**　張祖翼編　民國四年（1915）上海文明書局鉛印本　林誠如跋　二册　存二卷（二至三）

330000－1704－0017173　017251　類叢部/叢書類/彙編之屬

**滄海叢書**　張伯楨輯　民國東莞張氏刻本　一册　存一種

330000－1704－0017184　017407　集部/别集類

**夢選樓文鈔二卷詩鈔二卷**　胡宗楙撰　民國二十五年（1936）永康胡氏津門刻本　一册　存二卷（文鈔一至二）

330000－1704－0017185　017443　子部/術數類/相宅相墓之屬

**欽定羅經透解二卷首一卷**　（清）王道亨輯　民國上海掃葉山房石印本　一册

330000－1704－0017186　017444　子部/術數類/相宅相墓之屬

**羅經透解二卷首一卷**　（清）王道亨輯　民國五年（1916）上海鑄記書局石印本　一册

330000－1704－0017187　017408　集部/别集類

**抱潤軒遺集一卷**　馬其昶撰　民國二十五年(1936)吳常燾鉛印本　陳光漢題記　一冊

330000－1704－0017188　017445　子部/術數類/相宅相墓之屬

**羅經解定四卷附羅經問答一卷**　(清)胡國楨撰　民國十年(1921)鑄記書局石印本　四冊　存三卷(一至三)

330000－1704－0017197　017452　集部/別集類

**濂希遺書四卷**　柯岷撰　民國十四年(1925)鉛印本　一冊

330000－1704－0017199　017499　史部/傳記類/日記之屬

**佚名日記一卷(民國□□年八月十六日至九月三十日)**　稿本　一冊

330000－1704－0017200　017501　史部/目録類/通論之屬/掌故瑣記

**書舶庸譚四卷**　董康撰　民國十九年(1930)上海大東書局影印本　二冊　缺一卷(三)

330000－1704－0017206　017294　類叢部/叢書類/自著之屬

**名山全集三十四種**　錢振鍠撰　民國木活字印本暨鉛印本　一冊　存二種

330000－1704－0017209　017454　集部/別集類

**唐蔚芝先生演講録第一集二卷第二集二卷**　唐文治撰　民國二十八年(1939)交通大學出版處鉛印本　二冊

330000－1704－0017210　017345　類叢部/叢書類/彙編之屬

**四部叢刊**　張元濟等編　民國上海商務印書館影印本　二冊　存二種

330000－1704－0017215　017503　子部/小說家類

**筆記小說大觀二百二十二種**　進步書局輯　民國上海進步書局石印本　十冊　存五種

330000－1704－0017219　017504　子部/小說家類

**筆記小說大觀二百二十二種**　進步書局輯　民國上海進步書局石印本　五冊　存五種

330000－1704－0017221　017345－1　類叢部/叢書類/彙編之屬

**四部叢刊**　張元濟等編　民國上海商務印書館影印本　一冊　存一種

330000－1704－0017222　017297　集部/別集類/清別集

**天一笑廬詩集二卷**　(清)黃鼎瑞撰　民國十五年(1926)樂清黃氏鉛印本　一冊

330000－1704－0017223　017560　類叢部/叢書類/彙編之屬

**求恕齋叢書三十一種**　劉承幹編　民國吳興劉氏嘉業堂刻本　十三冊　存一種

330000－1704－0017224　017505　集部/曲類

**重訂曲苑**　陳乃乾撰　民國十四年(1925)陳乃乾影印本　十冊　存三種

330000－1704－0017227　017345－2　類叢部/叢書類/彙編之屬

**四部叢刊**　張元濟等編　民國上海商務印書館影印本　七冊　存一種

330000－1704－0017232　017563　子部/宗教類/佛教之屬

**壽康寶鑑一卷**　釋印光增訂　民國十六年(1927)浙江印刷公司鉛印本　一冊

330000－1704－0017235　017507　子部/儒家類/儒家之屬

**孔氏家語十卷**　(三國魏)王肅注　民國上海同文書局石印本　一冊

330000－1704－0017236　017345－3　類叢部/叢書類/彙編之屬

**四部叢刊**　張元濟等編　民國上海商務印書館影印本　十二冊　存一種

330000－1704－0017242　017565　子部/宗教類/佛教之屬/經咒

**日誦經呪選録三種**　民國二十七年(1938)蘇州古吳佛經流通處鉛印本　一册

330000－1704－0017245　017462　集部/詩文評類/文法之屬/函牘格式

**最新詳註分類尺牘觀止不分卷**　袁韜壺編　民國石印本　八册

330000－1704－0017247　017565－1　子部/宗教類/佛教之屬/經咒

**日誦經呪選録三種**　民國二十七年(1938)蘇州古吳佛經流通處鉛印本　一册

330000－1704－0017248　017296　子部/雜著類/雜說之屬

**老學庵筆記二卷**　(宋)陸游撰　民國六年(1917)上海掃葉山房石印本　一册　存一卷(一)

330000－1704－0017249　017463　史部/政書類

**中華交通一覽表不分卷**　袁韜壺編　民國八年(1919)上海國華書局石印本　一册

330000－1704－0017250　017565－2　子部/宗教類/佛教之屬/經咒

**日誦經呪選録三種**　民國二十七年(1938)蘇州古吳佛經流通處鉛印本　一册

330000－1704－0017253　017565－3　子部/宗教類/佛教之屬/經咒

**日誦經呪選録三種**　民國二十七年(1938)蘇州古吳佛經流通處鉛印本　一册

330000－1704－0017254　017299　集部/總集類/彙編之屬

**章譚合鈔二種**　章炳麟　(清)譚嗣同撰　民國上海中華圖書館石印本　五册　存一種

330000－1704－0017261　017415　子部/醫家類/醫經之屬/内經

**補注黃帝内經素問二十四卷黃帝内經靈樞十二卷**　(唐)王冰注　**黃帝内經素問遺編一卷**　(宋)劉溫舒撰　民國上海錦章圖書局石印本　一册　缺六卷(素問十九至二十四)

330000－1704－0017264　017567　類叢部/叢書類/彙編之屬

**四部叢刊**　張元濟等編　民國上海商務印書館影印本　一册　存一種

330000－1704－0017274　017568　史部/紀傳類/正史之屬

**史記論文一百三十卷**　(清)吳見思評點　民國十五年(1926)上海廣益書局鉛印本　十六册

330000－1704－0017276　017348　集部/詩文評類/文法之屬/函牘格式

**新撰詳註分類尺牘大全不分卷最新應酬實用文件不分卷**　袁韜壺編　民國上海會文堂新記書局石印本　三册

330000－1704－0017278　017569　子部/儒家類/儒學之屬/蒙學

**龍文鞭影二卷**　(明)蕭良有撰　(明)楊臣諍增訂　(清)來集之音注　**二集二卷**　(清)李暉吉　(清)徐潛輯　民國上洋普新石印局石印本　二册　存二卷(初集一、二集一)

330000－1704－0017279　017570　史部/目録類/總録之屬/彙刻

**劉氏嘉業堂刊印書目一卷**　民國二十年(1931)鉛印本　一册

330000－1704－0017288　017418　子部/醫家類/本草之屬/歷代綜合本草

**本草品彙精要校勘記一卷**　謝利恒撰　民國鉛印本　一册

330000－1704－0017289　017349　集部/別集類/宋別集

**宋文信國公集□□卷**　(宋)文天祥撰　(清)文攀丹編　**文文山年譜一卷**　許浩基編　民國上海宏大善書局石印本　一册　存二卷(宋文信國公集一、文文山年譜)

330000－1704－0017290　017571　經部/小學類/文字之屬/說文

**重印說文古本攷一卷**　民國影印本　一册

330000－1704－0017291　017419　集部/曲

類/曲韻曲譜曲律之屬
**崑曲録成一卷** 黄協卿撰 民國抄本 一册

330000－1704－0017297 017572 史部/目録類/總録之屬/私撰
**掃葉山房書目不分卷** 民國三年(1914)鉛印本 一册

330000－1704－0017299 017474 史部/地理類/方志之屬/郡縣志
**光緒台州府志一百卷首一卷** (清)趙亮熙 (清)郭式昌修 王舟瑶等纂 民國十五年(1926)台州旅杭同鄉會鉛印本 一册 存二卷(四十二至四十三)

330000－1704－0017303 017422 集部/總集類/選集之屬/通代
**歷代詩文評註讀本** 王文濡編 民國上海文明書局鉛印本 二册 存一種

330000－1704－0017305 017471 集部/總集類/選集之屬/通代
**五百家香艷詩十卷** 雷瑨輯 民國三年(1914)上海掃葉山房石印本 六册

330000－1704－0017306 017573 史部/目録類/總録之屬
**簡要書目一卷** 民國十四年(1925)上海佛經流通處鉛印本 一册

330000－1704－0017310 017473 集部/別集類/唐五代別集
**李太白文集三十卷** (唐)李白撰 民國二年(1913)上海文瑞樓石印本 八册

330000－1704－0017311 017477 經部/四書類/大學之屬/傳説
**大學述義一卷** 陳全三撰 民國二十年(1931)鉛印本 一册

330000－1704－0017312 017574 史部/目録類/總録之屬/私撰
**瑞安孫朱廬藏書登記册一卷** 民國梅冷生抄本 一册

330000－1704－0017314 017423 集部/總集類/選集之屬/斷代
**賞花軒本清三家詩鈔** (清)周敦忠選 民國十一年(1922)掃葉山房石印本 五册

330000－1704－0017318 017575 經部/小學類/文字之屬/説文
**轉注正義一卷** 李翹撰 民國石印本 一册

330000－1704－0017319 017305 集部/別集類
**崇雅堂詩稿一卷** 楊晨撰 **漢皋遺什一卷** 李嘉瑛撰 民國四年(1915)石印本 一册

330000－1704－0017320 017424 集部/總集類/選集之屬/斷代
**初唐四傑文集二十一卷** 民國十五年(1926)大德書局石印本 四册

330000－1704－0017321 017576 經部/小學類/文字之屬/説文
**轉注正義一卷** 李翹撰 民國石印本 一册

330000－1704－0017324 017577 經部/小學類/文字之屬/説文
**轉注正義一卷** 李翹撰 民國石印本 一册

330000－1704－0017325 017425 史部/地理類/雜志之屬
**直省圖説不分卷** 朱光斗撰 民國油印本 二册

330000－1704－0017327 017352 子部/藝術類/遊藝之屬/聯語
**分類楹聯大全十四編** 廣文書局編輯所編輯 民國十一年(1922)上海世界書局石印本 一册

330000－1704－0017330 017578 經部/小學類/文字之屬/説文
**轉注正義一卷附録一卷** 李翹撰 民國石印本 一册

330000－1704－0017332 017426 集部/別集類
**厚莊詩文續集文六卷文外二卷詩四卷** 劉紹寬撰 民國二十六年(1937)鉛印本 六册

330000－1704－0017334　017579　經部/小學類/文字之屬/説文

**轉注正義一卷**　李翹撰　民國石印本　一册

330000－1704－0017337　017580　經部/小學類/文字之屬/説文

**轉注正義一卷**　李翹撰　民國石印本　一册

330000－1704－0017339　017524　集部/别集類

**代張嗇老郭君五十壽序一卷**　民國抄本　一册

330000－1704－0017342　善000406　史部/金石類/陶之屬/圖像

**幼穌所藏瓦當拓本不分卷**　戴家祥編　民國拓本　一册

330000－1704－0017343　017353　類叢部/叢書類/彙編之屬

**四部叢刊**　張元濟等編　民國上海商務印書館影印本　一册　存一種

330000－1704－0017344　017427　集部/别集類

**厚莊詩文續集文六卷文外二卷詩四卷**　劉紹寬撰　民國二十六年(1937)鉛印本　六册

330000－1704－0017347　017428　集部/别集類

**厚莊詩文續集文六卷文外二卷詩四卷**　劉紹寬撰　民國二十六年(1937)鉛印本　六册

330000－1704－0017349　017526　史部/地理類/專志之屬/祠墓

**建修萬季野先生祠墓捐册一卷**　建修萬季野先生祠墓事務所輯　民國二十五年(1936)寧波鈞和公司鉛印本　二册

330000－1704－0017350　017429　集部/别集類

**厚莊詩文續集文六卷文外二卷詩四卷**　劉紹寬撰　民國二十六年(1937)鉛印本　六册

330000－1704－0017356　017527　史部/傳記類/别傳之屬/年譜

**左忠毅公[光斗]年譜定本二卷**　馬其昶編　民國十四年(1925)蓬萊慕氏京師刻本　一册

330000－1704－0017359　017354　集部/别集類/清别集

**杏花香雪齋詩十一卷補一卷**　(清)李慈銘撰　吴道晉輯　民國中華書局鉛印本　一册　存五卷(一至五)

330000－1704－0017361　善000408　史部/金石類/陶之屬/文字

**溫州古甓記不分卷**　(清)孫詒讓撰　民國抄本暨拓本　十册

330000－1704－0017363　017355　類叢部/叢書類/彙編之屬

**四部備要**　中華書局編　民國二十五年(1936)上海中華書局鉛印本(原缺經義考卷二百八十六、二百九十九至三百,東塾讀書記十三至十四、十七至二十、二十二至二十五)　二册　存一種

330000－1704－0017364　017528　類叢部/叢書類/郡邑之屬

**山左先喆遺書**　山東省立圖書館編　民國瑞安陳氏襃殷堂鉛印本　一册　存一種

330000－1704－0017366　017586　子部/宗教類/佛教之屬

**五大部直音二卷附諸般經懺直音一卷**　民國刻本　一册

330000－1704－0017367　017529　史部/傳記類/别傳之屬/事狀

**林大同訃告不分卷**　林鏡清等撰　民國二十五年(1936)鉛印本　一册

330000－1704－0017368　017313　類叢部/叢書類/郡邑之屬

**台州叢書後集十七種**　楊晨輯　民國四年(1915)黄巖楊氏刻本　一册　存三種

330000－1704－0017370　善000409　史部/金石類/陶之屬/文字

**溫州古甓記不分卷**　(清)孫詒讓撰　**溫州古磚拓本不分卷**　民國抄本暨拓本　二册

330000－1704－0017371　017530　史部/傳記類/別傳之屬/事狀
**王嶽崧先生訃告不分卷**　王稼　王潤等撰　民國十三年(1924)石印藍印本　一冊

330000－1704－0017375　017487　子部/儒家類/儒學之屬/性理
**朱子生日會講録三卷**　俞家玉撰　民國十六年(1927)婺源永川俞家玉鉛印本　一冊

330000－1704－0017381　017351　集部/戲劇類/傳奇之屬
**西樓記一卷**　(清)袁于令撰　民國二十九年(1940)北京國劇學會崑曲研究所影印本　一冊

330000－1704－0017383　017588　子部/宗教類/佛教之屬
**歷史感應統紀四卷首一卷**　許止淨編纂　民國鉛印本　一冊　存一卷(二)

330000－1704－0017386　017356　子部/醫家類/兒科之屬/通論
**幼科鍼鏡二卷**　(清)夏鼎撰　民國石印本　一冊

330000－1704－0017387　017485　子部/術數類/數學之屬
**皇極經世補遺不分卷**　曾子威撰　民國十一年(1922)奉天作新印刷局鉛印本　一冊

330000－1704－0017390　017590　類叢部/叢書類/彙編之屬
**四部叢刊**　張元濟等編　民國上海商務印書館影印本　十二冊　存一種

330000－1704－0017399　017666　集部/別集類
**樊山文鈔四卷詩鈔六卷**　樊增祥撰　民國元年(1912)上海廣益書局石印本　十冊

330000－1704－0017403　017316　子部/儒家類/儒學之屬/蒙學
**新增繪圖幼學故事瓊林四卷首一卷**　(清)程登吉撰　(清)鄒聖脈增補　**新增應酬彙選三卷補遺一卷**　(清)陸九如纂輯　(清)王壽彭增補　民國十二年(1923)上海鑄記書局石印本　金家法題簽　四冊

330000－1704－0017409　017318　史部/詔令奏議類/奏議之屬
**崇雅堂疏稿二卷**　楊晨撰　民國石印本　一冊

330000－1704－0017411　017597　子部/藝術類/書畫之屬/法帖
**明清名人尺牘墨寶第一集六卷第二集六卷第三集六卷**　文明書局輯　民國十年(1921)上海文明書局影印本　十八冊

330000－1704－0017412　017319　集部/別集類
**厚莊詩文續集文六卷文外二卷詩四卷**　劉紹寬撰　民國二十六年(1937)鉛印本　四冊　缺四卷(文一至四)

330000－1704－0017414　017531　史部/傳記類/別傳之屬/年譜
**王文勤公[慶雲]年譜一卷**　(清)王傳璨編　民國二十二年(1933)閩縣王氏鉛印本　一冊

330000－1704－0017415　017532　史部/地理類/專志之屬/祠墓
**建修萬季野先生祠墓紀念刊一卷徵信録一卷**　建修萬季野先生祠墓事務所輯　民國二十六年(1937)寧波建修萬季野先生祠墓事務所鉛印本　一冊

330000－1704－0017416　017639　史部/傳記類/別傳之屬/事狀
**吳興周夢坡[慶雲]先生訃告一卷年譜一卷墓表一卷墓誌銘一卷畫史一卷**　周延礽輯　民國二十三年(1934)影印本暨鉛印本　一冊　存一卷(年譜)

330000－1704－0017418　017598　子部/藝術類/書畫之屬/法帖
**南園大楷一卷**　(清)錢澧書　民國雙鉤描摹本　一冊

330000－1704－0017422　017641　集部/總集類/選集之屬/通代

**歷代詩文評註讀本**　王文濡編　民國上海文明書局鉛印本　四冊　存一種

330000－1704－0017427　017533　史部/傳記類/别傳之屬/事狀
**伍秩庸博士哀思録不分卷**　伍朝樞輯　民國鉛印本　一冊

330000－1704－0017429　017670　集部/别集類/清别集
**清邃堂遺詩六卷**　(清)顔宗儀撰　民國三十二年(1943)上海涵芬樓據海鹽顔氏大海明月樓寫本影印本　二冊

330000－1704－0017432　017358　類叢部/叢書類/自著之屬
**六如居士全集四種**　(明)唐寅撰　民國七年(1918)上海廣益書局石印本　一冊　存二種

330000－1704－0017433　017320　子部/宗教類/佛教之屬/經疏
**萬緣金剛般若波羅蜜經集解不分卷附感應圖説一卷**　增德編　民國十二年(1923)石印本　一冊

330000－1704－0017436　017359　子部/藝術類/書畫之屬/畫録
**清朝畫徵録三卷明人附録一卷續録二卷**　(清)張庚撰　民國十五年(1926)上海掃葉山房石印本　二冊

330000－1704－0017437　017536　類叢部/類書類/專類之屬
**廣四十家小説四十種**　(明)顧元慶編輯　民國四年(1915)上海文明書局石印本　三冊　存二十種

330000－1704－0017441　017604　集部/總集類/選集之屬/斷代
**清人絕句選一卷**　陳友琴編　民國二十四年(1935)上海開明書店鉛印本　一冊

330000－1704－0017443　017672　類叢部/叢書類/彙編之屬
**四部叢刊**　張元濟等編　民國上海商務印書館影印本　十五冊　存三種

330000－1704－0017444　017537　集部/别集類/清别集
**鄭板橋全集六卷**　(清)鄭燮撰　民國十二年(1923)上海掃葉山房石印本　四冊

330000－1704－0017447　017360　子部/藝術類/書畫之屬/總論
**寒松閣談藝瑣録六卷**　(清)張鳴珂撰　民國十二年(1923)上海文明書局鉛印本　一冊

330000－1704－0017451　017677　史部/地理類/山川之屬/山志
**普陀洛迦新志十二卷首一卷**　許止淨述　王亨彦輯　民國二十年(1931)鉛印本　四冊

330000－1704－0017452　017607　集部/别集類
**浴日樓詩選二卷**　項驤撰　民國二十五年(1936)鉛印本　一冊

330000－1704－0017453　017643　集部/總集類/選集之屬/通代
**古文辭類纂七十四卷**　(清)姚鼐纂輯　民國十三年(1924)上海文瑞樓書局石印本　十六冊

330000－1704－0017454　017361　史部/傳記類/總傳之屬/技藝
**越中歷代畫人傳二卷方外畫人傳一卷閨秀畫人傳一卷**　王瞻民輯　民國中華書局鉛印本　一冊

330000－1704－0017456　017721　經部/禮記類/傳說之屬
**禮記集説十卷**　(元)陳澔撰　民國中華書局鉛印本　十冊

330000－1704－0017457　017678　新學/地學/地理學
**地理教科書不分卷**　民國鉛印本　一冊

330000－1704－0017458　017602　集部/别集類
**浴日樓詩選二卷**　項驤撰　民國二十五年(1936)鉛印本　一冊

330000－1704－0017460　017596　集部/別集類

**浴日樓詩選二卷**　項驤撰　民國二十五年(1936)鉛印本　一册

330000－1704－0017462　017362　子部/藝術類/書畫之屬/總論

**國朝畫徵録三卷續録二卷**　(清)張庚撰　民國七年(1918)裕記書莊石印本　二册

330000－1704－0017463　017593　集部/別集類

**浴日樓詩選二卷**　項驤撰　民國二十五年(1936)鉛印本　一册

330000－1704－0017465　017607－1　集部/別集類

**浴日樓詩選二卷**　項驤撰　民國二十五年(1936)鉛印本　一册

330000－1704－0017467　017607－2　集部/別集類

**浴日樓詩選二卷**　項驤撰　民國二十五年(1936)鉛印本　一册

330000－1704－0017468　017607－3　集部/別集類

**浴日樓詩選二卷**　項驤撰　民國二十五年(1936)鉛印本　一册

330000－1704－0017471　017607－4　集部/別集類

**浴日樓詩選二卷**　項驤撰　民國二十五年(1936)鉛印本　一册

330000－1704－0017473　017725　集部/別集類/清別集

**壯悔堂文集十卷**　(清)侯方域撰　(清)賈開宗等評點　民國上海掃葉山房石印本　一册　存三卷(五至七)

330000－1704－0017477　017679　新學/學校

**歷史講義不分卷**　民國三年(1914)稿本　三册

330000－1704－0017481　017646　集部/別集類

**飛情閣集四卷**　黄光撰　民國三十八年(1949)鉛印本　一册　存一卷(飛情閣詩鈔)

330000－1704－0017482　017680　集部/別集類/清別集

**名山藏副本初集二卷贈言集一卷**　(清)齊周華撰　民國九年(1920)杭州武林印書館鉛印本　一册　存一卷(一)

330000－1704－0017483　017723　集部/別集類/明別集

**自怡集一卷**　(明)劉璉撰　民國九年(1920)劉燿東刻本　一册

330000－1704－0017485　017647　集部/別集類

**畏廬文集一卷**　林紓撰　民國十六年(1927)上海商務印書館鉛印本　一册

330000－1704－0017488　017608　集部/別集類/唐五代別集

**白香山詩長慶集二十卷後集十七卷別集一卷補遺二卷**　(唐)白居易撰　(清)汪立名編訂　**白香山年譜一卷**　(清)汪立名撰　**白香山年譜舊本一卷**　(宋)陳振孫撰　民國五年(1916)影印本　十二册

330000－1704－0017492　017609　集部/別集類/唐五代別集

**杜工部文集二卷**　(唐)杜甫撰　(明)朱鶴齡輯註　民國大陸書局石印本　二册

330000－1704－0017493　017610　類叢部/叢書類/郡邑之屬

**湖北先正遺書七十二種七百二十七卷**　盧靖編　民國十二年(1923)沔陽盧氏慎始基齋影印本　一册　存一種

330000－1704－0017494　017727　子部/宗教類/佛教之屬/經疏

**彌陀畧解圓中鈔二卷**　(明)釋大佑解　(明)釋傳燈鈔　民國二年(1913)揚州藏經院刻本　二册

330000－1704－0017497　017611　集部/別集類/漢魏六朝別集

**陶淵明文集十卷**　(晉)陶潛撰　民國十四年(1925)海左書局石印本　二册

330000－1704－0017500　017683　類叢部/叢書類/彙編之屬

**四部叢刊**　張元濟等編　民國上海商務印書館影印本　三册　存一種

330000－1704－0017502　017612　經部/小學類/文字之屬/字書/字典

**康熙字典十二集三十六卷總目一卷檢字一卷辨似一卷等韻一卷補遺一卷備考一卷**　(清)張玉書等纂修　民國二年(1913)鄂官書處刻本　三十八册　缺二卷(申集上、亥集中)

330000－1704－0017503　017684　子部/儒家類/儒學之屬/蒙學

**龍文鞭影初集二卷**　(明)蕭良有撰　(明)楊臣諍增訂　(清)李恩綬校補　**二集二卷**　(清)李暉吉　(清)徐瓚輯　民國石印本　一册　存一卷(初集二)

330000－1704－0017509　017364　史部/傳記類/總傳之屬/仕宦

**歷代循吏傳八卷**　(清)朱軾　(清)蔡世遠輯　民國石印本　一册

330000－1704－0017514　017686　集部/總集類/尺牘之屬

**眉公才子尺牘四卷**　(明)陳繼儒輯　(清)沈錫侯增訂　**聖嘆才子尺牘四卷**　(清)金人瑞鑒定　(清)金雍撰　民國上海碧梧山莊石印本　一册　存二卷(眉公才子尺牘一、聖嘆才子尺牘一)

330000－1704－0017516　017687　子部/醫家類/婦科之屬/通論

**濟陰綱目十四卷**　(明)武之望　(明)金德生撰　(清)汪淇箋釋　民國十七年(1928)上海千頃堂刻本　八册

330000－1704－0017519　017744　子部/藝術類/書畫之屬/題跋

**論書絕句詩三十二首一卷**　易忠籙撰　民國影印本　一册

330000－1704－0017520　017539　類叢部/叢書類/郡邑之屬

**台州叢書後集十七種**　楊晨輯　民國四年(1915)黃巖楊氏刻本　二册　存二種

330000－1704－0017521　017616　類叢部/叢書類/彙編之屬

**四部備要**　中華書局編　民國二十五年(1936)上海中華書局鉛印本(原缺經義考卷二百八十六、二百九十九至三百,東塾讀書記十三至十四、十七至二十、二十二至二十五)　六册　存一種

330000－1704－0017524　017689　史部/目錄類

**頑石齋書目一卷**　公諒撰　民國抄本　一册

330000－1704－0017526　017731　子部/農家農學類/園藝之屬/花卉

**藝菊瑣言一卷湫漻齋月季花譜一卷附錄一卷**　陳葆善撰　民國六年(1917)石印本　一册

330000－1704－0017527　017541　史部/傳記類/總傳之屬/通代

**歷代名人小傳不分卷**　(清)白宗瀛輯　民國抄本　一册

330000－1704－0017528　017617　集部/總集類/尺牘之屬

**歷代名人書札二卷**　吳曾祺輯　民國上海商務印書館鉛印本　二册

330000－1704－0017530　017540　新學/政治法律

**水上警察傳習所講義不分卷**　民國石印本　一册　存一種

330000－1704－0017531　017618　子部/天文曆算類/曆法之屬

**萬年曆一卷附星命須知一卷**　民國十八年(1929)上海劉德記書局石印本　一册

330000－1704－0017532　017732　子部/醫

家類/婦科之屬/產科

**達生編三卷附録一卷保赤編一卷**　(清)亟齋居士撰　民國七年(1918)張紹春刻本　一冊

330000－1704－0017533　017366　類叢部/叢書類/彙編之屬

**四庫全書珍本初集二百三十種**　中央圖書館籌備處輯　民國二十三年至二十四年(1934－1935)上海商務印書館據文淵閣本影印本　三冊　存一種

330000－1704－0017535　017619　子部/天文曆算類/曆法之屬

**新制萬年曆一卷**　馮伯揆編　民國十年(1921)上海國粹保存會石印本　一冊

330000－1704－0017543　017656　子部/藝術類/書畫之屬/法帖

**莊蘩詩女士書陶淵明詩四卷**　莊閑書　民國六年(1917)上海商務印書館影印本　二冊

330000－1704－0017547　017620　子部/醫家類

**壺隱片片録三卷**　(清)虞紹堯撰　民國二十年(1931)鉛印本　一冊

330000－1704－0017549　017543　史部/傳記類/别傳之屬/事狀

**晴川先生[孫之騄]事略一卷**　樊鎮輯　民國八年(1919)紹興樊氏鉛印本　一冊

330000－1704－0017550　017621　子部/小說家類/異聞之屬

**遯窟讕言十二卷**　(清)王韜撰　民國十二年(1923)上海大文書局石印本　六冊

330000－1704－0017552　017688　類叢部/叢書類/彙編之屬

**四部備要**　中華書局編　民國二十五年(1936)上海中華書局鉛印本(原缺經義考卷二百八十六、二百九十九至三百,東塾讀書記十三至十四、十七至二十、二十二至二十五)　一冊　存一種

330000－1704－0017553　017622　經部/群經總義類

**經學歷史一卷**　(清)皮錫瑞撰　民國十六年(1927)上海商務印書館影印本　一冊

330000－1704－0017554　017659　集部/别集類/明别集

**疑雨集註四卷**　(明)王彥泓撰　丁國鈞注　民國八年(1919)掃葉山房石印本　四冊

330000－1704－0017558　017692　子部/儒家類/儒學之屬/蒙學

**精校重增繪圖幼學故事瓊林四卷首一卷**　(清)程登吉撰　(清)鄒聖脈增補　民國二十二年(1933)上海會文堂新記書局石印本　四冊

330000－1704－0017560　017623　子部/宗教類/佛教之屬

**佛學叢書□□種**　丁福保輯　民國上海醫學書局鉛印本暨影印本　一冊　存一種

330000－1704－0017561　017545　史部/傳記類/别傳之屬/事狀

**先考德溥公[楊陞]事略一卷**　楊世楨撰　民國北平文嵐簃鉛印本　一冊

330000－1704－0017562　017546　史部/傳記類

**杏蔭堂彙刻三種**　許浩基撰　民國十六年(1927)吳興許氏杏蔭堂鉛印本　一冊　存一種

330000－1704－0017566　017660　類叢部/叢書類/彙編之屬

**四部備要**　中華書局編　民國二十五年(1936)上海中華書局鉛印本(原缺經義考卷二百八十六、二百九十九至三百,東塾讀書記十三至十四、十七至二十、二十二至二十五)　一冊　存一種

330000－1704－0017567　017737　子部/醫家類/婦科之屬/產科

**達生編三卷附録一卷保赤編一卷**　(清)亟齋居士撰　民國七年(1918)張紹春刻本　一冊

330000－1704－0017568　017661　類叢部/叢書類/彙編之屬

**復性書院叢刊二十七種** 馬浮編 民國二十九年至三十七年(1940－1948)復性書院刻本暨鉛印本 八册 存一種

330000－1704－0017569 017547 史部/傳記類/别傳之屬/事狀

**籍公[忠寅]行狀一卷** 常堉璋撰 民國十九年(1930)鉛印本 一册

330000－1704－0017570 017367 集部/别集類/清别集

**壯悔堂文集十卷遺稿一卷四憶堂詩集六卷遺稿一卷** (清)侯方域撰 (清)賈開宗等評點 **年譜一卷** (清)侯洵輯 民國十二年(1923)上海掃葉山房石印本 六册

330000－1704－0017576 017693 集部/總集類/選集之屬/通代

**評註古文讀本六卷** 林景亮撰 民國八年(1919)上海中華書局鉛印本 一册 存一卷(三)

330000－1704－0017577 017626 類叢部/叢書類/郡邑之屬

**四明叢書一百六十七種** 張壽鏞編 民國四明張氏約園刻本(原缺安晚堂詩集卷一至五) 一册 存總目

330000－1704－0017578 017694 集部/總集類/選集之屬/斷代

**新文精華五卷** 陸翔輯 民國石印本 一册 存一卷(一)

330000－1704－0017579 017542 集部/總集類/尺牘之屬

**道咸同光名人手札第一集四卷第二集四卷** 商務印書館輯 民國十三年(1924)上海商務印書館影印本 四册 存四卷(第二集一至四)

330000－1704－0017580 017695 集部/别集類

**湘綺樓書牘八卷** 王闓運撰 民國上海廣益書局鉛印本 一册 存二卷(五至六)

330000－1704－0017581 017559 集部/别集類

**薏園文鈔六卷** 高誼撰 民國二十七年(1938)鉛印本 一册 存三卷(一至三)

330000－1704－0017582 017696 集部/總集類/尺牘之屬

**賴古堂名賢尺牘新鈔十二卷** (清)高阜等選 民國鉛印本 一册 存二卷(五至六)

330000－1704－0017583 017697 集部/詩文評類/文法之屬/函牘格式

**註釋女子尺牘二卷** 李澹吾編 民國九年(1920)商務印書館石印本 一册 存一卷(下)

330000－1704－0017585 017698 集部/總集類/尺牘之屬

**歷代名人書札二卷** 吴曾祺輯 民國上海商務印書館鉛印本 一册 存一卷(一)

330000－1704－0017586 017699 集部/總集類/尺牘之屬

**歷代名人小簡二卷** 吴曾祺輯 民國十九年(1930)上海商務印書館鉛印本 一册 存一卷(下)

330000－1704－0017587 017742 子部/宗教類/佛教之屬/經咒

**日誦經呪選録三種** 民國二十七年(1938)蘇州古吴佛經流通處鉛印本 一册

330000－1704－0017588 017627 史部/目録類/總録之屬/官修

**江南圖書館善本書目五卷** 江南圖書館編 民國南京江南圖書館鉛印本 一册

330000－1704－0017589 017700 集部/總集類/尺牘之屬

**古今尺牘大觀下編不分卷** 鍾毓龍 朱用賓纂輯 民國十四年(1925)上海中華書局鉛印本 十六册

330000－1704－0017592 017628 史部/目録類/總録之屬/官修

**舊溫屬圖書館初編書目不分卷** 舊溫屬圖書館編 民國舊溫屬圖書館石印本 三册

330000－1704－0017593　017743　子部/宗教類/佛教之屬/經
**妙法蓮華經七卷**　（後秦）釋鳩摩羅什譯　民國三年（1914）刻本　七册

330000－1704－0017597　017631　史部/地理類/方志之屬/郡縣志
**［民國］龍游縣志四十卷首一卷末一卷**　余紹宋撰　民國十四年（1925）北京京城印書局鉛印本　二册　存六卷（三十六至四十、末）

330000－1704－0017599　017550　子部/醫家類/醫話醫論之屬
**醫學南針二集不分卷**　陸士諤撰　民國十七年（1928）上海世界書局石印本　一册

330000－1704－0017604　017551　子部/醫家類/醫話醫論之屬
**醫學南針不分卷**　陸士諤撰　民國十七年（1928）上海世界書局石印本　一册

330000－1704－0017614　017629－2　子部/藝術類/書畫之屬/畫譜
**影印足本芥子園畫譜初集四卷二集四卷三集四卷**　（清）王槩　（清）王蓍　（清）王臬輯　民國十九年（1930）上海世界書局影印本　一册　存一卷（三集四）

330000－1704－0017615　017701　史部/目録類/專録之屬
**國立北平圖書館庋藏燉煌寫本佛經草目一卷**　胡文玉輯　民國鉛印本　一册

330000－1704－0017616　017702　史部/目録類/總録之屬
**國立北京大學圖書館方志目一卷地名通檢一卷**　北京大學圖書館編　民國二十二年（1933）北京大學出版社鉛印本　一册

330000－1704－0017619　017372　子部/藝術類/書畫之屬
**雀巢人物三千法六卷**　王雀撰並繪　民國求古齋石印本　二册　存二卷（上集二、下集二）

330000－1704－0017622　017371　子部/宗教類/佛教之屬/諸宗
**淨土津梁十三種**　（清）釋了慰輯　民國十一年（1922）上海商務印書館據清乾隆北京衍法寺刻本影印本　三册　存五種

330000－1704－0017626　017630　經部/小學類/文字之屬/字書/古文
**鐘鼎字源五卷附録一卷**　（清）汪立名撰　民國掃葉山房石印本　三册

330000－1704－0017631　017706　集部/別集類/宋別集
**歐陽文忠公尺牘四卷**　（宋）歐陽修撰　（清）彭期編訂　民國十四年（1925）上海商務印書館鉛印本　四册

330000－1704－0017633　017739　經部/小學類/文字之屬/說文/傳說
**說文釋例二十卷**　（清）王筠撰　民國十四年（1925）掃葉山房石印本　八册

330000－1704－0017636　017747　經部/小學類/文字之屬/字書/古文
**鐘鼎字源五卷附録一卷**　（清）汪立名撰　民國四年（1915）上海掃葉山房石印本　一册

330000－1704－0017638　017819　子部/藝術類/遊藝之屬/雜藝
**益智圖二卷燕几圖一卷副本一卷**　（清）童叶庚撰　**益智續圖一卷**　（清）童昂　（清）童昶　（清）童晏撰　（清）童叶庚編　**益智字圖一卷附一卷**　（清）祝梅君撰　民國六年（1917）上海商務印書館石印本　六册

330000－1704－0017640　017818　史部/傳記類/總傳之屬/技藝
**歷代畫史彙傳二十四卷首一卷附録一卷**　（清）彭蘊璨編　民國十三年（1924）上海掃葉山房石印本　十二册

330000－1704－0017641　017714　集部/別集類
**竹居小牘十二卷**　張士珩撰　民國三年（1914）竹居刻朱印本　一册　存六卷（一至六）

330000－1704－0017644　017820　史部/傳記類/總傳之屬/技藝

**歷代畫史彙傳七十二卷首一卷附録二卷**　(清)彭蘊璨編　民國二十九年(1940)上海錦章圖書局石印本　八册

330000－1704－0017662　017822　子部/宗教類/佛教之屬/經

**地藏菩薩本願經三卷**　(唐)釋實叉難陀譯　民國釋萬定石印本　一册　存一卷(下)

330000－1704－0017664　017823　子部/宗教類/佛教之屬/經

**地藏菩薩本願經三卷**　(唐)釋實叉難陀譯　民國釋萬定石印本　一册　存一卷(下)

330000－1704－0017665　017894　集部/總集類/選集之屬/斷代

**姚氏清朝文録簡編六卷**　(清)姚椿編　張相莊啟傳選評　民國七年(1918)上海中華書局鉛印本　六册

330000－1704－0017673　017896　集部/别集類/唐五代别集

**註釋評點韓昌黎文全集十卷**　(唐)韓愈撰　湯壽銘增訂　蔣箸超評註　民國十六年(1927)上海會文堂新記書局鉛印本　十册

330000－1704－0017675　017709　經部/小學類/訓詁之屬/字詁

**助字辨略五卷**　(清)劉淇撰　民國上海古書流通處據海源閣刻本影印本　五册

330000－1704－0017677　017710　子部/藝術類/書畫之屬/法帖

**吴大澂篆文孝經一卷**　(清)吴大澂書　民國二十三年(1934)上海掃葉山房石印本　一册

330000－1704－0017679　017829　子部/術數類/相宅相墓之屬

**地理輯要撥砂便覽一卷**　民國抄本　一册

330000－1704－0017681　017830　集部/總集類/尺牘之屬

**共和新尺牘四卷**　孔憲彭撰　民國三年(1914)上海會文堂石印本　四册

330000－1704－0017684　017898　史部/紀傳類/正史之屬

**史記論文一百三十卷**　(清)吴見思評點　民國上海廣益書局鉛印本　七册　存五十一卷(一至九、七十三至八十九、九十九至一百二十三)

330000－1704－0017685　017831　集部/總集類/選集之屬/通代

**古文選篇一卷**　民國石印本　一册

330000－1704－0017688　018288　集部/詩文評類/詩評之屬

**五代詩話八卷**　(清)王士禛撰　民國上海朝記書莊石印本　二册　存四卷(三至四、七至八)

330000－1704－0017690　017377　集部/小説類/長篇之屬

**評註圖像水滸傳三十五卷七十回首一卷**　(明)施耐庵撰　(清)金人瑞評　民國上海中新書局鉛印本　十二册

330000－1704－0017692　017826　子部/術數類/相宅相墓之屬

**地理寶卷不分卷**　民國抄本　一册

330000－1704－0017695　017900　類叢部/叢書類/郡邑之屬

**敬鄉樓叢書三十八種**　黄羣編　民國十七年至二十四年(1928－1935)永嘉黄氏鉛印本　一册　存第二輯一種

330000－1704－0017697　017378　經部/小學類/文字之屬/字書/字典

**康熙字典十二集三十六卷總目一卷檢字一卷辨似一卷等韻一卷備考一卷補遺一卷**　(清)張玉書等纂修　民國上海商務印書館石印本　七册

330000－1704－0017699　017901　子部/儒家類/儒學之屬/蒙學

**龍文鞭影二集二卷**　(清)李暉吉　(清)徐瓚輯　民國石印本　一册　存一卷(一)

330000－1704－0017704　017775　子部/藝

術類/書畫之屬

**古畫真跡考一卷** 李鴻儀撰 民國十二年(1923)上海錦文堂石印本 一册

330000－1704－0017708 017971 類叢部/叢書類/彙編之屬

**四部備要** 中華書局編 民國二十五年(1936)上海中華書局鉛印本(原缺經義考卷二百八十六、二百九十九至三百,東塾讀書記十三至十四、十七至二十、二十二至二十五) 二十四册 存一種

330000－1704－0017709 017904 類叢部/叢書類/彙編之屬

**四部備要** 中華書局編 民國二十五年(1936)上海中華書局鉛印本(原缺經義考卷二百八十六、二百九十九至三百,東塾讀書記十三至十四、十七至二十、二十二至二十五) 一册 存一種

330000－1704－0017712 017903 子部/宗教類/佛教之屬/經疏

**佛說阿彌陀經疏鈔四卷附佛說阿彌陀經一卷阿彌陀經疏鈔事義一卷問辯一卷續問答一卷書鈔答問一卷答淨土四十八問一卷淨土疑辯一卷** (後秦)釋鳩摩羅什譯 (明)釋袾宏述 民國上海商務印書館鉛印本 三册

330000－1704－0017713 017972 子部/醫家類/溫病之屬/瘟疫

**鼠疫彙編一卷** (清)吳宣崇編 (清)羅汝蘭增輯 民國三十三年(1944)鉛印本 一册

330000－1704－0017716 017973 子部/宗教類/佛教之屬

**隨行一尊供養念誦私記注二卷** (清)釋密林撰 民國二十九年(1940)上海佛學書局影印本 二册

330000－1704－0017717 017974 史部/政書類/公牘檔册之屬

**吴佩孚政書四卷** 吴佩孚撰 中央新聞社輯 民國十一年(1922)上海世界書局石印本 一册

330000－1704－0017719 017975 子部/宗教類/佛教之屬

**佛學淺說□□種** 佛學推行社輯 民國十年(1921)中華書局鉛印本 一册 存二種

330000－1704－0017721 017762 集部/總集類/選集之屬/斷代

**名賢生日詩十卷附名人生日表一卷** 孫雄輯 民國鉛印本 一册 存一卷(二)

330000－1704－0017733 017845 史部/紀傳類/正史之屬

**史記一百三十卷** (漢)司馬遷撰 (南朝宋)裴駰集解 (唐)司馬貞索隱 (唐)張守節正義 **補史記一卷** (唐)司馬貞撰并注 民國中華圖書館影印本 十册 存三十卷(一至三十)

330000－1704－0017739 017977 類叢部/叢書類/彙編之屬

**約園叢書** 張壽鏞編 民國四明張氏約園影印本 一册 存一種

330000－1704－0017742 017979 子部/藝術類/書畫之屬/法帖

**鄭蘇戡書蒙求字樣五卷** 鄭孝胥書 民國二年(1913)上海商務印書館影印本 二册 存二卷(三至四)

330000－1704－0017745 017980 集部/別集類/明別集

**文徵明彙稿二卷** (明)文徵明撰 民國十八年(1929)神州國光社鉛印本 一册 存一卷(上)

330000－1704－0017749 017877 子部/小說家類/異聞之屬

**子不語正編二卷** (清)袁枚撰 民國鉛印本 一册 存一卷(一)

330000－1704－0017750 017911 集部/別集類/清別集

**校訂定盦全集十卷** (清)龔自珍撰 **定盦年譜藁本一卷** (清)黃守恒撰 民國九年(1920)上海掃葉山房石印本 五册 缺二卷

(九至十)

330000－1704－0017752　018005　集部/別集類/清別集
**天真閣外集六卷**　(清)孫原湘撰　民國三年(1914)上海掃葉山房石印本　二冊

330000－1704－0017756　017913　子部/道家類
**莊子集解八卷**　王先謙撰　民國十四年(1925)上海掃葉山房石印本　四冊

330000－1704－0017757　017982　集部/別集類
**天放樓詩續集五卷紅鶴山房詞一卷**　金天羽撰　民國二十一年(1932)鉛印本　一冊

330000－1704－0017760　017914　集部/總集類/選集之屬/斷代
**近代詩鈔不分卷**　陳衍輯　民國十二年(1923)上海商務印書館鉛印本　六冊

330000－1704－0017761　018011　史部/史抄類
**三國志捃華二卷**　莊適輯　民國十四年(1925)上海商務印書館鉛印本　一冊

330000－1704－0017765　018014　集部/總集類/郡邑之屬
**永嘉詩人祠堂叢刻十四種**　冒廣生輯　民國四年(1915)如皋冒氏刻本　張憲文題記　一冊　存三種

330000－1704－0017766　018007　類叢部/叢書類/郡邑之屬
**敬鄉樓叢書三十八種**　黄羣編　民國十七年至二十四年(1928－1935)永嘉黄氏鉛印本　一冊　存第一輯一種

330000－1704－0017767　018012　類叢部/叢書類/郡邑之屬
**敬鄉樓叢書三十八種**　黄羣編　民國十七年至二十四年(1928－1935)永嘉黄氏鉛印本　一冊　存第一輯一種

330000－1704－0017768　017915　集部/楚辭類
**楚辭章句十七卷**　(漢)王逸撰　(宋)洪興祖補注　民國上海鴻章書局影印本　林正和批校　三冊　存十三卷(一至十三)

330000－1704－0017770　018013　類叢部/叢書類/郡邑之屬
**敬鄉樓叢書三十八種**　黄羣編　民國十七年至二十四年(1928－1935)永嘉黄氏鉛印本　五冊　存第三輯一種

330000－1704－0017772　017916　集部/別集類/明別集
**王文成公全書三十八卷**　(明)王守仁撰　民國上海中華圖書館影印本　二冊　存九卷(二十一至二十九)

330000－1704－0017773　017917　子部/醫家類/本草之屬/歷代綜合本草
**本草萬方鍼線八卷**　(清)蔡烈先輯　民國鉛印本　一冊　存三卷(六至八)

330000－1704－0017775　017918　集部/總集類/彙編之屬
**章譚合鈔二種**　章炳麟　(清)譚嗣同撰　民國石印本　一冊　存一種

330000－1704－0017778　017919　集部/別集類/清別集
**曾文正公聯語二卷**　(清)曾國藩撰　戴炳驄輯　民國抄本　一冊

330000－1704－0017785　017907　子部/宗教類/佛教之屬/經咒
**慈悲三昧水懺申義疏三卷**　釋諦閑撰　民國十五年(1926)鉛印本　二冊

330000－1704－0017798　017990　子部/宗教類/佛教之屬/經疏
**彌陀畧解圓中鈔二卷**　(明)釋大佑解　(明)釋傳燈鈔　民國二年(1913)揚州藏經院刻本　二冊

330000－1704－0017802　017920　集部/總集類/選集之屬/通代
**言文對照古文觀止十二卷**　(清)吳乘權

(清)吴大職輯　廣益書局編譯　民國上海廣益書局石印本　一册　存一卷(四)

330000－1704－0017804　017993　子部/宗教類/道教之屬

**玄門必讀一卷**　民國十八年(1929)石印本　一册

330000－1704－0017805　017921　子部/雜著類/雜考之屬

**日知録集釋三十二卷之餘四卷栞誤二卷續栞誤二卷**　(清)黄汝成撰　民國十三年(1924)上海掃葉山房石印本　十六册

330000－1704－0017808　017922　子部/醫家類/婦科之屬/產科

**增訂大生要旨五卷**　(清)唐千頃撰　**重訂福幼逐生合編一卷**　(清)莊一夔撰　民國鉛印本　一册

330000－1704－0017814　017923　子部/醫家類/外科之屬

**王洪緒先生外科證治全生集二卷**　(清)王維德撰　民國三年(1914)上海會文堂石印本　一册

330000－1704－0017816　017784　類叢部/叢書類/彙編之屬

**百尺樓叢書五種**　陳去病編　民國鉛印本　一册　存一種

330000－1704－0017817　017785　史部/傳記類/别傳之屬/事狀

**蘭西諸葛簡史初集一卷**　諸葛政清編　民國三十六年(1947)鉛印本　一册

330000－1704－0017818　017786　史部/傳記類/别傳之屬

**錢雲壽先生[德元]哀輓録不分卷**　郭進禎撰　民國二十年(1931)鉛印本　一册

330000－1704－0017819　017925　子部/醫家類/兒科之屬/痘疹

**痘科全書四卷**　(清)鄧爾泰撰　民國六年(1917)上海廣益書局石印本　一册

330000－1704－0017820　017787　史部/傳記類/别傳之屬

**薛封翁霽嶔先生哀挽録一卷**　民國鉛印本　一册

330000－1704－0017821　017788　子部/宗教類/佛教之屬/諸宗

**佛子行法偈言一卷**　歐取妥勉述　李春先鄧振璣譯　民國影印本　一册

330000－1704－0017822　017789　子部/宗教類/佛教之屬/諸宗

**佛子行法偈言一卷**　歐取妥勉述　李春先鄧振璣譯　民國影印本　一册

330000－1704－0017824　017790　子部/宗教類/佛教之屬/諸宗

**佛子行法偈言一卷**　歐取妥勉述　李春先鄧振璣譯　民國影印本　一册

330000－1704－0017825　017791　子部/宗教類/佛教之屬/諸宗

**佛子行法偈言一卷**　歐取妥勉述　李春先鄧振璣譯　民國影印本　一册

330000－1704－0017826　017792　子部/宗教類/佛教之屬/諸宗

**佛子行法偈言一卷**　歐取妥勉述　李春先鄧振璣譯　民國影印本　一册

330000－1704－0017827　善000487　子部/醫家類/針灸之屬/通論

**鍼灸資生經七卷**　(宋)王執中撰　民國永嘉黄氏敬鄉樓抄本　四册

330000－1704－0017828　017926　子部/醫家類/醫經之屬/難經

**圖註八十一難經四卷**　(戰國)秦越人撰　(明)張世賢註　民國元年(1912)上海鴻寶齋書局石印本　一册

330000－1704－0017831　017928　子部/醫家類

**諸病抄本一卷**　民國抄本　一册

330000－1704－0017834　017995　史部/傳

記類/别傳之屬/年譜
**且頑七十歲自敘不分卷** 李鍾玨撰 **勸善要言一卷** （清）世祖福臨撰 **潛齋簡效方一卷** （清）王士雄輯 **救急良方一卷** （清）潘志裘輯 民國中華書局鉛印本 六册

330000－1704－0017838 018022 子部/宗教類/佛教之屬/經
**六經同本六卷** 民國八年(1919)北京刻經處刻本 一册

330000－1704－0017839 017930 子部/醫家類/類編之屬
**徐靈胎先生醫書十六種** （清）徐大椿撰 民國石印本 一册 存一種

330000－1704－0017843 018052 史部/紀傳類/正史之屬
**二十四史附考證** 民國上海涵芬樓據乾隆武英殿本影印本 十三册 存一種

330000－1704－0017847 018024 子部/宗教類/佛教之屬/經疏
**佛説觀無量壽佛經疏四卷** （南朝宋）釋畺良耶舍譯 （唐）釋善導集記 民國十三年(1924)南京佛經流通處刻本 一册 存二卷(一至二)

330000－1704－0017848 018025 子部/宗教類/佛教之屬/經
**六經同本六卷** 民國八年(1919)北京刻經處刻本 一册

330000－1704－0017849 017924 集部/總集類/郡邑之屬
**剡川詩鈔續編十二卷首一卷末一卷** 江五民輯 民國五年(1916)四明孫氏七千卷樓鉛印本 二册

330000－1704－0017850 018026 子部/宗教類/佛教之屬
**大乘本生心地觀經報恩品二卷** （唐）釋般若等譯 民國十二年(1923)刻本 一册

330000－1704－0017852 018053 子部/儒家類/儒學之屬/禮教/鑑戒
**分類詳註曾文正公治家全書六種二十卷** 廣益書局輯 民國上海廣益書局石印本 一册 存一卷(日記一)

330000－1704－0017853 017848 子部/醫家類/方書之屬/單方驗方
**增評醫方集解二十三卷增補本草備要八卷經絡歌訣一卷醫方湯頭歌訣一卷** （清）汪昂輯 （清）費伯雄評 民國三年(1914)上海共和書局石印本 一册 存八卷(增補本草備要一至八)

330000－1704－0017855 017849 集部/總集類/選集之屬/斷代
**註釋唐詩三百首六卷** （清）孫洙編 民國石印本 一册 存四卷(一至四)

330000－1704－0017856 018027 子部/宗教類/佛教之屬/論疏
**無量壽經優婆提舍願生偈註二卷** （東魏）釋菩提流支譯論 （東魏）釋曇鸞註解 **讚阿彌陀佛偈一卷略論安樂淨土義一卷** （東魏）釋曇鸞撰 民國十一年(1922)北京刻經處刻本 二册

330000－1704－0017858 018028 子部/宗教類/佛教之屬
**略述百法義增註一卷** （日本）釋聞證輯 梅光羲增註 民國十一年(1922)北京刻經處刻朱印本 一册

330000－1704－0017859 017929 史部/傳記類/總傳之屬/文苑
**唐詩人小傳不分卷** 民國符璋抄本 一册

330000－1704－0017860 017929－1 集部/詩文評類/詩評之屬
**騷壇千金訣不分卷** 民國符璋抄本 一册

330000－1704－0017865 018056 經部/春秋左傳類/傳說之屬
**言文對照左傳評註讀本二卷** 秦同培選輯 民國十七年(1928)上海世界書局石印本 一册 存一卷(二)

330000－1704－0017869 017931 子部/醫

家類/醫話醫論之屬

**醫門法律六卷** (清)喻昌撰 民國石印本 一册 缺一卷(一)

330000－1704－0017875 018060 史部/傳記類/總傳之屬/斷代

**清史列傳八十卷** 中華書局編 民國上海中華書局鉛印本 一册 存一卷(九)

330000－1704－0017877 017933 子部/醫家類/類編之屬

**徐靈胎醫學全書十六種** (清)徐大椿撰 民國石印本 一册 存一種

330000－1704－0017880 018058 史部/政書類/邦交之屬

**清光緒朝中日交涉史料八十八卷** 北平故宫博物院編 民國二十一年(1932)北平故宫博物院鉛印本 八册 存十六卷(七至二十二)

330000－1704－0017881 017934 子部/醫家類/診法之屬/其他診法

**傷寒舌鑑一卷** (清)張登撰 民國元年(1912)上海江東書局石印本 一册

330000－1704－0017884 017935 子部/醫家類/診法之屬/其他診法

**傷寒舌鑑一卷** (清)張登撰 民國八年(1919)上海文瑞樓石印本 一册

330000－1704－0017885 017794 類叢部/叢書類/彙編之屬

**張氏適園叢書初集七種** 張鈞衡編 民國四年(1915)上海國學扶輪社鉛印本 二册 存一種

330000－1704－0017890 017936 子部/醫家類/兒科之屬

**幼科三種六卷** 民國上海萃英書局石印本 一册

330000－1704－0017892 018031 子部/宗教類/佛教之屬/經疏

**大方廣圓覺脩多羅了義經講義二卷** 釋諦閑講 民國十三年(1924)上海商務印書館鉛印本 二册

330000－1704－0017893 018104 集部/總集類/郡邑之屬

**滇騈體文鈔二卷** 王燦輯 民國三十六年(1947)鉛印本 二册

330000－1704－0017895 善000495 子部/藝術類/篆刻之屬/印譜

**明清名人刻印彙存十二卷** 葛昌楹 胡洤編 民國三十二年(1943)宣和印社鈐拓本 十二册

330000－1704－0017897 017796 子部/宗教類/佛教之屬/經疏

**無量義經文句二卷** 釋知性撰 民國十九年(1930)鉛印本 一册

330000－1704－0017898 017937 子部/醫家類/醫案之屬

**臨證指南醫案八卷** (清)葉桂撰 民國石印本 八册

330000－1704－0017900 018020 子部/宗教類/佛教之屬

**金剛般若波羅蜜經直解四卷** (清)釋續法述 民國十二年(1923)石印本 一册 存一卷(四)

330000－1704－0017901 善000496 子部/藝術類/篆刻之屬/印譜

**西泠八家印選四卷** 丁仁編 民國十四年(1925)鈐拓本 丁輔之跋 四册

330000－1704－0017902 017938 子部/醫家類/婦科之屬/通論

**濟陰綱目十四卷** (明)武之望 (明)金德生撰 (清)汪淇箋釋 民國石印本 一册

330000－1704－0017903 017850 子部/宗教類/佛教之屬

**佛學叢書□□種** 丁福保輯 民國上海醫學書局鉛印本暨影印本 一册 存一種

330000－1704－0017905 018107 集部/別集類

**珠巖齋文初編九卷** 王宇高撰 民國二十五年(1936)鉛印本 一册 存五卷(一至五)

330000－1704－0017908　017939　集部/別集類
**遐庵彙稿第一輯三卷**　葉恭綽撰　民國十九年(1930)鉛印本　四冊

330000－1704－0017910　017941　子部/宗教類/道教之屬
**太上感應篇直講一卷首一卷附録一卷**　釋印光鑒定　邵慧圓校對　民國十七年(1928)鉛印本　一冊

330000－1704－0017911　017824　子部/宗教類/佛教之屬/經
**無量義經一卷**　(南朝齊)釋曇摩伽陀耶舍譯　**佛説觀普賢菩薩行法經一卷**　(南朝宋)釋曇摩蜜多譯　民國上海道德書局鉛印本　一冊

330000－1704－0017912　017825　子部/儒家類/儒學之屬/蒙學
**國學成語不分卷**　民國抄本　一冊

330000－1704－0017915　017942　子部/宗教類/道教之屬
**太上感應篇直講一卷首一卷附一卷**　釋印光鑒定　邵慧圓校對　民國二十年(1931)蘇州弘化社鉛印本　一冊

330000－1704－0017919　017943　子部/宗教類/道教之屬
**太上感應篇直講一卷首一卷附一卷**　釋印光鑒定　邵慧圓校對　民國二十年(1931)蘇州弘化社鉛印本　一冊

330000－1704－0017921　善000497　子部/藝術類/篆刻之屬/印譜
**樂只室印譜一集三卷二集二卷三集三卷四集一卷附集一卷**　高時敷輯　民國三十三年(1944)鈐拓本　十一冊

330000－1704－0017922　017944　子部/宗教類/道教之屬
**太上感應篇直講一卷首一卷附録一卷**　釋印光鑒定　邵慧圓校對　民國十七年(1928)鉛印本　一冊

330000－1704－0017925　017945　子部/宗教類/道教之屬
**太上感應篇直講一卷首一卷附録一卷**　釋印光鑒定　邵慧圓校對　民國十七年(1928)鉛印本　一冊

330000－1704－0017926　018033　子部/宗教類/佛教之屬/經疏
**佛説優婆塞五戒相經箋要一卷補釋一卷**　(南朝宋)釋求那跋摩譯　(明)釋智旭箋要　釋曇昉校并補釋　**新集受三歸五戒八戒法式一卷**　釋曇昉集　民國鉛印本　禹稷廬主批　一冊

330000－1704－0017927　018034　子部/小説家類/雜事之屬
**西青散記四卷**　(清)史震林撰　民國古今書室石印本　四冊

330000－1704－0017930　017800　子部/宗教類/佛教之屬/經
**法華三經九卷附論及懺儀二卷**　民國商務印書館鉛印本　三冊　存九卷(無量義經一、妙法蓮華經一至七、佛説觀普賢菩薩行法經一)

330000－1704－0017934　018062　史部/雜史類/斷代之屬
**滿清稗史十六種附二種**　陸保璿輯　民國新中國圖書局鉛印本　一冊　存二種

330000－1704－0017936　018111　集部/別集類
**厚莊詩文續集文六卷文外二卷詩四卷**　劉紹寬撰　民國二十六年(1937)鉛印本　六冊

330000－1704－0017939　018111－1　集部/別集類
**厚莊詩文續集文六卷文外二卷詩四卷**　劉紹寬撰　民國二十六年(1937)鉛印本　六冊

330000－1704－0017941　017946　子部/宗教類/道教之屬
**太上感應篇直講一卷首一卷附録一卷**　釋印光鑒定　邵慧圓校對　民國十七年(1928)鉛印本　一冊

330000－1704－0017942　017801　史部/地理類/方志之屬/通志

**重修浙江通志初稿體例綱要及目録一卷**　浙江省通志館修　余紹宋　孫延釗等纂　民國三十七年(1948)鉛印本　劉耀東題記　一册

330000－1704－0017943　017947　子部/宗教類/道教之屬

**太上感應篇直講一卷首一卷附録一卷**　釋印光鑒定　邵慧圓校對　民國十七年(1928)鉛印本　一册

330000－1704－0017945　017870　集部/別集類/清別集

**校訂定盦全集十卷**　(清)龔自珍撰　**定盦年譜藁本一卷**　(清)黄守恒撰　民國九年(1920)上海掃葉山房石印本　六册

330000－1704－0017946　017947－1　子部/宗教類/道教之屬

**太上感應篇直講一卷首一卷附録一卷**　釋印光鑒定　邵慧圓校對　民國十八年(1929)鉛印本　一册

330000－1704－0017947　017948　子部/宗教類/道教之屬

**太上感應篇直講一卷首一卷附録一卷**　釋印光鑒定　邵慧圓校對　民國十八年(1929)鉛印本　一册

330000－1704－0017948　017949　子部/宗教類/道教之屬

**太上感應篇直講一卷首一卷附録一卷**　釋印光鑒定　邵慧圓校對　民國十八年(1929)鉛印本　一册

330000－1704－0017949　018113　集部/別集類

**陳烈士勒生遺集五卷**　陳子範撰　民國六年(1917)柳棄疾等鉛印本　一册

330000－1704－0017951　017950　子部/宗教類/道教之屬

**太上感應篇直講一卷首一卷附録一卷**　釋印光鑒定　邵慧圓校對　民國十八年(1929)鉛印本　一册

330000－1704－0017953　018035　集部/別集類/清別集

**梅村詩集箋注十八卷**　(清)吳偉業撰　(清)吳翌鳳箋注　民國中華圖書館石印本　八册

330000－1704－0017956　017951　子部/宗教類/道教之屬

**太上感應篇直講一卷首一卷附一卷**　釋印光鑒定　邵慧圓校對　民國二十年(1931)蘇州弘化社鉛印本　一册

330000－1704－0017961　017940　子部/藝術類/書畫之屬/法帖

**明代名人手跡第二集不分卷**　民國上海有正書局石印本　一册

330000－1704－0017962　013533　集部/曲類/曲藝之屬

**歌曲百法一卷**　(元)趙孟頫撰　民國十年(1921)上海錦文堂書局石印本　一册

330000－1704－0017963　018117　子部/小説家類

**顧氏文房小説四十種五十八卷**　(明)顧元慶輯　民國十四年(1925)上海商務印書館據明刻本影印本　六册　存二十二種

330000－1704－0017966　017952　子部/宗教類/佛教之屬/經疏

**佛説仁王護國般若波羅密經疏五卷**　(後秦)釋鳩摩羅什譯　(隋)釋智顗説　(隋)釋灌頂記　民國十一年(1922)刻本　三册

330000－1704－0017970　018118　史部/雜史類/斷代之屬

**教科適用國語精華二卷**　中華書局編　民國四年(1915)上海中華書局鉛印本　一册

330000－1704－0017972　017953　子部/宗教類/佛教之屬

**佛學叢書□□種**　丁福保輯　民國上海醫學書局鉛印本暨影印本　三册　存三種

330000－1704－0017974　018067　子部/雜

著類

**玉歷至寶鈔勸世一卷** 王子達編 民國宏大紙號石印本 一冊

330000－1704－0017975 017876 史部/目録類/專録之屬

**參加倫敦中國藝術國際展覽會出品目録四卷** 倫敦中國藝術國際展覽會籌備委員會編 民國二十四年(1935)鉛印本 一冊

330000－1704－0017979 017869 集部/詩文評類/文法之屬/函牘格式

**詳註中華高等學生尺牘二卷** 中華書局編 民國三十年(1941)上海中華書局石印本 一冊

330000－1704－0017983 017807 子部/宗教類/佛教之屬/經

**地藏菩薩本願經三卷** (唐)釋實叉難陀譯 民國釋萬定石印本 一冊 存一卷(下)

330000－1704－0017984 018082 子部/儒家類/儒學之屬/禮教/家訓

**治家格言釋義一卷** (清)朱用純撰 民國二十八年(1939)石印本 一冊

330000－1704－0017988 017955 集部/總集類/氏族之屬

**二黃先生集二卷** (清)黃紹箕 黃紹第撰 民國四年(1915)如皋冒氏刻永嘉詩人祠堂叢刻本 程□題記並批校 一冊

330000－1704－0017991 017956 集部/總集類/郡邑之屬

**永嘉詩人祠堂叢刻十四種** 冒廣生輯 民國四年(1915)如皋冒氏刻本 一冊 存一種

330000－1704－0017999 018127 類叢部/叢書類/彙編之屬

**四部叢刊** 張元濟等編 民國上海商務印書館影印本 十冊 存一種

330000－1704－0018002 017958 子部/宗教類/佛教之屬

**壽康寶鑑一卷** 釋印光增訂 民國十六年(1927)浙江印刷公司鉛印本 一冊

330000－1704－0018003 017881 集部/小說類/長篇之屬

**東周列國全志二十七卷一百八回** (清)蔡奡評點 民國石印本 一冊 存二卷(九至十)

330000－1704－0018005 018039 史部/傳記類/總傳之屬/釋道

**國清高僧傳一卷附寒山子詩一卷** 釋蘊光編 民國二十五年(1936)鉛印本 一冊

330000－1704－0018006 017959 子部/宗教類/佛教之屬

**壽康寶鑑一卷** 釋印光增訂 民國十六年(1927)浙江印刷公司鉛印本 一冊

330000－1704－0018008 018125 子部/雜著類/雜說之屬

**觀墨草堂原書一卷** 徐潛撰 民國鉛印本 一冊

330000－1704－0018010 018124 子部/宗教類/佛教之屬/經

**佛說孛經一卷** (三國吳)釋支謙譯 民國十五年(1926)浙江彙商印刷公司鉛印本 一冊

330000－1704－0018012 018122 子部/宗教類/佛教之屬

**普勸僧俗發菩提心文一卷** (唐)裴休撰 民國上海道德書局鉛印本 一冊

330000－1704－0018014 017883 集部/小說類/長篇之屬

**加批繪圖增像西遊記八卷一百回** (明)吳承恩撰 (清)陳士斌詮解 民國石印本 一冊 存一卷(二)

330000－1704－0018015 018042 史部/紀傳類/正史之屬

**百衲本二十四史** 張元濟輯 民國上海商務印書館影印本 三十六冊 存一種

330000－1704－0018017 017961 集部/總集類/彙編之屬

**詩史閣叢刊甲集六卷** 孫雄輯 民國十六年(1927)鉛印本 一冊 存二卷(三至四)

330000－1704－0018019　017885　類叢部/叢書類/彙編之屬

**四部備要**　中華書局編　民國二十五年(1936)上海中華書局鉛印本(原缺經義考卷二百八十六、二百九十九至三百,東塾讀書記十三至十四、十七至二十、二十二至二十五)　一册　存一種

330000－1704－0018021　017962　類叢部/叢書類/自著之屬

**儀徵嚴氏無悶堂叢書**　(清)嚴玉森撰　民國鉛印本　一册　存一種

330000－1704－0018024　017886　子部/小說家類/異聞之屬

**太平廣記五百卷**　(宋)李昉等撰　民國上海掃葉山房石印本　五册　存六十四卷(一百三十三至一百九十六)

330000－1704－0018027　017889　集部/總集類/選集之屬/通代

**讀古文會編不分卷**　民國石印本　二册

330000－1704－0018029　017887　新學/學校

**中學課本講義不分卷**　民國油印本　二册

330000－1704－0018034　家譜38　史部/傳記類/總傳之屬/家乘

**[浙江溫州]永場龍灣高氏宗譜不分卷**　民國三十五年(1946)木活字印本　一册

330000－1704－0018035　017964　子部/儒家類/儒學之屬/經濟

**政理古微一卷**　林損撰　民國鉛印本　一册

330000－1704－0018039　017812　類叢部/叢書類/彙編之屬

**四部叢刊**　張元濟等編　民國上海商務印書館影印本　二册　存一種

330000－1704－0018044　018131　集部/總集類/選集之屬/斷代

**唐文粹簡編六卷**　(清)厲鶚　(清)譚獻評點　張相編　民國七年(1918)上海中華書局鉛印本　六册

330000－1704－0018045　018132　集部/總集類/選集之屬/通代

**歷代詩文評註讀本**　王文濡編　民國上海文明書局鉛印本　二册　存一種

330000－1704－0018051　017968　集部/別集類/清別集

**明秋館選課一卷古今體詩存一卷詞賸一卷附曲兩齣**　(清)裘凌仙撰　民國三年(1914)鉛印本　一册　缺一卷(選課)

330000－1704－0018052　017814　集部/別集類/清別集

**一行居集八卷首一卷附一卷**　(清)彭紹升撰　民國十年(1921)金陵刻經處刻本　四册

330000－1704－0018056　018133　子部/小說家類/雜事之屬

**金壺七墨六種**　(清)黄鈞宰撰　民國元年(1912)上海掃葉山房石印本　四册

330000－1704－0018062　018144　史部/紀傳類/正史之屬

**史記一百三十卷**　(漢)司馬遷撰　(南朝宋)裴駰集解　(唐)司馬貞索隱　(唐)張守節正義　民國影印本　一册　存六卷(七至十二)

330000－1704－0018063　018145　史部/紀傳類/正史之屬

**史記一百三十卷**　(漢)司馬遷撰　(南朝宋)裴駰集解　(唐)司馬貞索隱　(唐)張守節正義　**補史記一卷**　(唐)司馬貞撰并注　民國中華圖書館影印本　五册　存三十卷(一至六、二十七至三十七、四十九至六十一)

330000－1704－0018065　018146　類叢部/叢書類/彙編之屬

**四部備要**　中華書局編　民國二十五年(1936)上海中華書局鉛印本(原缺經義考卷二百八十六、二百九十九至三百,東塾讀書記十三至十四、十七至二十、二十二至二十五)　二册　存一種

330000－1704－0018066　017816　史部/史評類/詠史之屬

**清宫詞一卷** 吴士鑑撰 民國二十六年(1937)吴秉澂鉛印本 慈褒題記 一册

330000－1704－0018075 018149 集部/别集類/唐五代别集

**玉谿生詩詳註六卷首一卷** (唐)李商隱撰 (清)馮浩注 民國三年(1914)崇古山房石印本 八册

330000－1704－0018076 018045 類叢部/叢書類/彙編之屬

**四部備要** 中華書局編 民國二十五年(1936)上海中華書局鉛印本(原缺經義考卷二百八十六、二百九十九至三百,東塾讀書記十三至十四、十七至二十、二十二至二十五) 八册 存一種

330000－1704－0018079 018047 經部/小學類/文字之屬/説文/傳説

**侯官陳恭甫輯説文經字考不分卷** (清)陳壽祺撰 宋文蔚疏證 民國二十三年(1934)上海商務印書館石印本 一册

330000－1704－0018080 018150 類叢部/叢書類/彙編之屬

**四部叢刊** 張元濟等編 民國上海商務印書館影印本 二十册 存一種

330000－1704－0018082 018048 經部/小學類/文字之屬/字書/字典

**康熙字典十二集三十六卷檢字一卷辨似一卷等韻一卷備考一卷補遺一卷** (清)張玉書等纂修 民國十八年(1929)上海共和書局石印本 二册

330000－1704－0018088 018186 史部/目録類/總録之屬/私撰

**郘亭知見傳本書目十六卷** (清)莫友芝撰 民國石印本 四册

330000－1704－0018090 018152 類叢部/叢書類/彙編之屬

**四部叢刊** 張元濟等編 民國上海商務印書館影印本 四十七册 存一種

330000－1704－0018097 018139 子部/宗教類/佛教之屬/經

**大乘本生心地觀經八卷** (唐)釋般若等譯 民國影印本 二册

330000－1704－0018102 017832 子部/雜著類/雜説之屬

**梵天廬叢録三十七卷** 柴萼撰 民國上海中華書局石印本 二册 存四卷(七至十)

330000－1704－0018110 018147 集部/别集類

**厚莊詩文續集文六卷文外二卷詩四卷** 劉紹寬撰 民國二十六年(1937)鉛印本 六册

330000－1704－0018111 018190 史部/目録類/總録之屬/私撰

**掃葉山房圖書彙報□□卷** 民國上海掃葉山房石印本 一册 存五卷(一至五)

330000－1704－0018114 018314 子部/宗教類/佛教之屬/經疏

**大般若波羅蜜多經知津不分卷** (明)釋智旭編 民國十九年(1930)上海佛學書局鉛印本 一册

330000－1704－0018115 018315 子部/宗教類/佛教之屬/論疏

**大乘起信論直解二卷** (明)釋德清撰 民國二十七年(1938)鉛印本 一册

330000－1704－0018120 018192 集部/别集類

**觀堂外集三卷** 王國維撰 民國十六年(1927)海寧王氏鉛印本 達題記 一册

330000－1704－0018121 018316 子部/宗教類/佛教之屬/經疏

**大方廣佛華嚴經入不思議解脱境界普賢行願品輯要疏一卷** 釋諦閑撰 民國十七年(1928)香港聚珍印務書樓鉛印本 一册

330000－1704－0018128 善000764 集部/别集類/明别集

**環菴先生遺稿十卷** (明)虞原璩撰 民國抄本 楊紹廉批校並跋 一册

330000－1704－0018131　018159　子部/醫家類/綜合之屬/通論
**增訂醫宗金鑑九十卷首一卷**　(清)吳謙等撰　民國上海鴻寶齋書局石印本　四冊　存二十卷(一至二十)

330000－1704－0018133　018073　集部/總集類/選集之屬/通代
**評校音註續古文辭類纂三十四卷**　王先謙輯　王文濡校注　民國二十五年(1936)上海文明書局鉛印本　八冊

330000－1704－0018134　018160　子部/醫家類/綜合之屬/通論
**增訂醫宗金鑑九十卷首一卷**　(清)吳謙等撰　民國十四年(1925)上海鴻寶齋書局石印本　二冊　存四卷(首、二十一至二十三)

330000－1704－0018136　018317　史部/傳記類/別傳之屬/事狀
**黃慧增居士往生紀念冊不分卷**　渾渾山人等編　民國二十二年(1933)上海中華書局鉛印本　一冊

330000－1704－0018138　018257　集部/總集類/尺牘之屬
**分類箋註文辭大尺牘二十六卷**　(明)鍾惺纂輯　(明)馮夢龍訂釋　(清)王鼎增輯　民國上海求古齋鉛印本　一冊　存二卷(一至二)

330000－1704－0018139　018320　史部/傳記類/別傳之屬/事狀
**黃慧增居士往生紀念冊不分卷**　渾渾山人等編　民國二十二年(1933)上海中華書局鉛印本　一冊

330000－1704－0018140　018321　史部/傳記類/別傳之屬/事狀
**黃慧增居士往生紀念冊不分卷**　渾渾山人等編　民國二十二年(1933)上海中華書局鉛印本　一冊

330000－1704－0018142　018259　集部/詩文評類/文法之屬/函牘格式
**新撰普通尺牘詳解一卷**　商務印書館編譯所編　民國十六年(1927)上海商務印書館鉛印本　一冊

330000－1704－0018143　018161　子部/醫家類/綜合之屬/通論
**御纂醫宗金鑑九十卷首一卷**　(清)吳謙等撰　民國上海啟新書局石印本　四冊　存十三卷(六十二至七十四)

330000－1704－0018145　018260　集部/別集類/唐五代別集
**唐柳先生集四十五卷外集二卷龍城録二卷附録二卷傳一卷**　(唐)柳宗元撰　(宋)蘇軾評論　(宋)童宗說音注　(宋)潘緯音義　(明)孫月峰評點　民國十四年(1925)上海會文堂書局影印本　一冊　存三卷(三十二至三十四)

330000－1704－0018146　018074　集部/總集類/選集之屬/通代
**歷代詩文評註讀本**　王文濡編　民國上海文明書局鉛印本　二冊　存一種

330000－1704－0018151　018075　集部/總集類/選集之屬/通代
**八代詩精華録箋註四卷**　丁福保編　民國十五年(1926)上海文明書局鉛印本　二冊

330000－1704－0018156　018197　子部/術數類/相宅相墓之屬
**地理大成五種**　(清)葉泰輯　民國上海九經書局石印本　八冊　存一種

330000－1704－0018157　018162　子部/醫家類/綜合之屬/通論
**御纂醫宗金鑑九十卷首一卷**　(清)吳謙等撰　民國八年(1919)上海鴻寶齋石印本　一冊　存十六卷(外科一至十六)

330000－1704－0018158　018321－1　史部/傳記類/別傳之屬/事狀
**黃慧增居士往生紀念冊不分卷**　渾渾山人等編　民國二十二年(1933)上海中華書局鉛印本　一冊

330000－1704－0018159　018321－2　史部/

傳記類/别傳之屬/事狀
**黄慧增居士往生紀念册不分卷**　渾渾山人等編　民國二十二年(1933)上海中華書局鉛印本　一册

330000－1704－0018160　018321－3　史部/傳記類/别傳之屬/事狀
**黄慧增居士往生紀念册不分卷**　渾渾山人等編　民國二十二年(1933)上海中華書局鉛印本　一册

330000－1704－0018162　018321－4　史部/傳記類/别傳之屬/事狀
**黄慧增居士往生紀念册不分卷**　渾渾山人等編　民國二十二年(1933)上海中華書局鉛印本　一册

330000－1704－0018163　018321－5　史部/傳記類/别傳之屬/事狀
**黄慧增居士往生紀念册不分卷**　渾渾山人等編　民國二十二年(1933)上海中華書局鉛印本　一册

330000－1704－0018164　018198　子部/藝術類/遊藝之屬/聯語
**楹聯第二輯一卷**　民國上海有正書局石印本　一册

330000－1704－0018165　018321－6　史部/傳記類/别傳之屬/事狀
**黄慧增居士往生紀念册不分卷**　渾渾山人等編　民國二十二年(1933)上海中華書局鉛印本　一册

330000－1704－0018166　018162－1　子部/醫家類/綜合之屬/通論
**御纂醫宗金鑑九十卷首一卷**　(清)吴謙等撰　民國石印本　一册　存三卷(一至三)

330000－1704－0018169　018163　子部/醫家類/綜合之屬/通論
**增訂醫宗金鑑九十卷首一卷**　(清)吴謙等撰　民國元年(1912)上海中華圖書館石印本　六册　存二十六卷(首、三十至五十四)

330000－1704－0018171　018374　新學/史志
**上古史不分卷**　(清)陳漢章撰　民國鉛印本　一册

330000－1704－0018174　018162－2　子部/醫家類/綜合之屬/通論
**御纂醫宗金鑑九十卷首一卷**　(清)吴謙等撰　民國石印本　二册　存三十一卷(一至十六、三十至四十四)

330000－1704－0018180　018266　子部/醫家類/内科之屬/中風
**中風論一卷**　(清)熊笏輯　(清)陳念祖定　吴錫璜删補　民國十一年(1922)上海文瑞樓石印本　一册

330000－1704－0018184　018167　史部/傳記類/總傳之屬/技藝
**墨林今話十八卷**　(清)蔣寶齡撰　**續編一卷**　(清)蔣茝生撰　民國上海掃葉山房石印本　五册　缺三卷(一至三)

330000－1704－0018185　018168　子部/儒家類/儒學之屬/蒙學
**精校重增繪圖幼學故事瓊林四卷首一卷**　(清)程登吉撰　(清)鄒聖脈增補　民國十三年(1924)上海會文堂書局石印本　四册

330000－1704－0018188　018377　子部/宗教類/佛教之屬/論疏
**中觀論疏二十六卷中論科判一卷**　(唐)釋吉藏撰　民國三年(1914)金陵刻經處刻本　三册　存七卷(十四至十五、十八至十九、二十五至二十七)

330000－1704－0018189　018267　子部/醫家類/傷寒金匱之屬/傷寒論
**傷寒集註六卷本義一卷**　(清)張志聰註　高世栻輯　民國石印本　一册

330000－1704－0018191　018204　史部/傳記類/别傳之屬/事狀
**先考遠威府君[徐樹錚]行述不分卷**　徐審義　徐審交撰　民國石印本　一册

330000－1704－0018193　018324　史部/史

抄類

**史鑑節要□□卷**　(清)鮑東里撰　民國石印本　一冊　存二卷(一至二)

330000－1704－0018194　018258　史部/目録類/總録之屬/官修

**四庫全書總目提要曲海總目提要合釘樣本**　民國十九年(1930)上海大東書局影印本　一冊

330000－1704－0018198　018264　史部/目録類/總録之屬/彙刻

**四部叢刊三編預約樣本一卷**　商務印書館編　民國二十四年(1935)商務印書館鉛印本　一冊

330000－1704－0018199　018169　集部/別集類/宋別集

**東坡集四十卷後集二十卷内制集十卷樂語一卷外制集三卷應詔集十卷奏議十五卷續集十二卷**　(宋)蘇軾撰　**東坡先生年譜一卷**　(宋)王宗稷撰　**東坡先生墓志銘一卷**　(宋)蘇轍撰　**東坡集校記二卷**　繆荃孫撰　民國影印本　四十八冊

330000－1704－0018200　018079　集部/總集類/選集之屬/斷代

**近代文評註讀本三卷**　王文濡評選　沈鎔等註釋　民國十八年(1929)上海文明書局鉛印本　三冊

330000－1704－0018201　018268　子部/醫家類/類編之屬

**彝廬醫書**　王鉞編　民國李順泰石印本　一冊　存一種

330000－1704－0018202　018328　子部/醫家類/本草之屬/歷代綜合本草

**本草品彙精要四十二卷**　(明)徐鎮等纂修　**本草品彙精要續集十卷**　(清)王道純　(清)江兆元撰　**本草品彙精要續集脉訣四言舉要二卷**　(宋)崔嘉彥撰　(清)王道純註釋　**脉訣攷證一卷　脉訣四言舉要一卷**　(宋)崔嘉彥撰　民國二十五年(1936)上海商務印書館鉛印本　七冊

330000－1704－0018205　018329　子部/醫家類/本草之屬/歷代綜合本草

**本草綱目五十二卷圖三卷奇經八脈攷一卷脈訣攷證一卷瀕湖脈學一卷**　(明)李時珍撰　**本草萬方鍼線八卷本草綱目藥品總目一卷**　(清)蔡烈先撰　**本草綱目拾遺十卷首一卷**　(清)趙學敏撰　民國上海錦章圖書局石印本　十二冊

330000－1704－0018206　018269　集部/小說類/長篇之屬

**註釋燕山外史八卷**　(清)陳球撰　(清)若騤子輯註　民國二十年(1931)上海掃葉山房石印本　一冊　存四卷(一至四)

330000－1704－0018208　018080　集部/總集類/選集之屬/斷代

**八家四六文註八卷首一卷**　(清)孫星衍等撰　(清)許貞幹註　**八家四六文補註一卷**　(清)陳衍撰　民國上海掃葉山房石印本　八冊

330000－1704－0018220　018081　集部/總集類/選集之屬/通代

**昭明選詩集五卷**　(清)孫人龍輯　民國二十年(1931)掃葉山房石印本　一冊

330000－1704－0018221　018174　子部/宗教類/佛教之屬

**普勸印造經像文一卷**　民國北京中央刻經院鉛印本　一冊

330000－1704－0018226　018330　子部/醫家類

**太陽照治疸說一卷**　冶山居士編　民國五年(1916)鉛印本　一冊

330000－1704－0018227　018332　史部/目録類/總録之屬/私撰

**藝風藏書再續記不分卷**　繆荃孫撰　民國二十九年(1940)燕京大學圖書館鉛印本　一冊

330000－1704－0018234　018082－1　子部/儒家類/儒學之屬/禮教/家訓

**治家格言釋義一卷**　(清)朱用純撰　民國二

十八年(1939)石印本　一册

330000－1704－0018241　018381　集部/别集類

**冷巢集羽集二卷**　曹昌麟撰　民國十四年(1925)永嘉鉛印本　一册

330000－1704－0018248　018085　集部/詩文評類/文法之屬/函牘格式

**寫信必讀十卷**　(清)唐芸洲撰　施世守注　民國上海廣益書局石印本　五册

330000－1704－0018249　018336　史部/目録類/總録之屬/官修

**黄巖九峰圖書館書目五卷**　黄巖九峰圖書館編　民國七年(1918)黄巖九峰圖書館石印本　二册

330000－1704－0018251　018175　子部/藝術類/書畫之屬/法帖

**六朝墓誌菁華四集不分卷**　上海有正書局輯　民國影印本　十册　存十册(第一集二,第二集一、三至四,第三集一至四,第四集三至四)

330000－1704－0018253　018337　史部/目録類/專録之屬

**参加倫敦中國藝術國際展覽會出品目録四卷**　倫敦中國藝術國際展覽會籌備委員會編　民國二十四年(1935)鉛印本　一册

330000－1704－0018260　018274　子部/醫家類/本草之屬/歷代綜合本草

**本草綱目五十二卷**　(明)李時珍撰　民國石印本　七册　存四十九卷(四至五十二)

330000－1704－0018261　018086　類叢部/叢書類/彙編之屬

**四部叢刊**　張元濟等編　民國上海商務印書館影印本　一册　存一種

330000－1704－0018262　018178　子部/宗教類/佛教之屬/經

**阿唎多羅陀羅尼阿嚕力經一卷**　(唐)釋不空譯　**無垢淨光大陀羅尼經一卷**　(唐)釋彌陀山譯　民國刻本　一册

330000－1704－0018266　018087　類叢部/叢書類/彙編之屬

**四部備要**　中華書局編　民國二十五年(1936)上海中華書局鉛印本(原缺經義考卷二百八十六、二百九十九至三百,東塾讀書記十三至十四、十七至二十、二十二至二十五)　一册　存一種

330000－1704－0018270　018275　子部/醫家類/類編之屬

**潛齋醫書五種**　(清)王士雄撰　民國二十四年(1935)上海千頃堂書局石印本　八册

330000－1704－0018273　018277　子部/醫家類/綜合之屬/通論

**御纂醫宗金鑑九十卷首一卷**　(清)吴謙等撰　民國商務印書館鉛印本　十七册　缺十八卷(内科六至十四、六十五至六十九,外科八至十一)

330000－1704－0018274　018088　集部/總集類/選集之屬/斷代

**宋詩鈔初集**　(清)吕留良　(清)吴之振　(清)吴爾堯輯　民國三年(1914)上海商務印書館據清康熙吴氏刻本影印本(原缺十六卷)　一册　存一種

330000－1704－0018281　018342　類叢部/叢書類/彙編之屬

**雪堂叢刻(國學叢刊)五十二種**　羅振玉編　民國四年(1915)上虞羅氏鉛印本　二册　存二種

330000－1704－0018296　018391　子部/藝術類/書畫之屬/法帖

**翁同龢墨寶一卷**　(清)翁同龢書　民國東方書局影印本　一册

330000－1704－0018297　018088－1　類叢部/叢書類/彙編之屬

**四部備要**　中華書局編　民國二十五年(1936)上海中華書局鉛印本(原缺經義考卷二百八十六、二百九十九至三百,東塾讀書記十三至十四、十七至二十、二十二至二十五)　六册　存一種

330000－1704－0018302　018089　史部/目録類/總録之屬/私撰
**千頃堂書局圖書目録不分卷**　千頃堂書局編　民國上海千頃堂書局石印本　一冊

330000－1704－0018304　018346　子部/雜著類/雜說之屬
**粟香隨筆八卷二筆八卷三筆八卷四筆八卷五筆八卷**　金武祥撰　民國上海埽葉山房石印本　三冊　存十二卷(二筆五至八、四筆五至八、五筆五至八)

330000－1704－0018305　018347　集部/小說類/長篇之屬
**註釋燕山外史八卷**　(清)陳球撰　(清)若駿子輯註　民國十一年(1922)上海掃葉山房石印本　二冊

330000－1704－0018309　018348　集部/詞類/別集之屬
**東坡樂府箋三卷**　(宋)蘇軾撰　朱祖謀編年圈點　龍沐勛校箋　民國二十五年(1936)上海商務印書館鉛印本　二冊

330000－1704－0018310　018349　集部/小說類/長篇之屬
**增補齊省堂儒林外史六十回**　(清)吳敬梓撰　民國十四年(1925)鴻章書局石印本　六冊

330000－1704－0018311　018350　子部/叢編
**百子全書**　(清)崇文書局編　民國上海掃葉山房石印本　三冊　存一種

330000－1704－0018316　018352　子部/醫家類/溫病之屬
**溫病條辨六卷首一卷**　(清)吳瑭撰　民國七年(1918)上海鴻寶齋書局石印本　一冊

330000－1704－0018318　018445　集部/戲劇類/總集之屬/雜劇
**元曲選一百種一百卷**　(明)臧懋循編　民國影印本　一冊　存二種

330000－1704－0018320　018446　史部/目録類/通論之屬/掌故瑣記
**書林清話十卷**　葉德輝撰　民國八年(1919)葉啟崟刻本　五冊

330000－1704－0018322　018215　子部/小說家類/異聞之屬
**藝術奇談四卷**　葛栩存編　民國上海會文堂書局石印本　一冊　存一卷(三)

330000－1704－0018323　018093　類叢部/叢書類/彙編之屬
**四部備要**　中華書局編　民國二十五年(1936)上海中華書局鉛印本(原缺經義考卷二百八十六、二百九十九至三百,東塾讀書記十三至十四、十七至二十、二十二至二十五)　十冊　存一種

330000－1704－0018328　018284　類叢部/類書類/通類之屬
**新增應酬彙選五卷**　(清)陸九如輯　民國石印本　二冊　存二卷(一、三)

330000－1704－0018331　018287　經部/小學類/文字之屬/字書/字體
**六書通十卷**　(清)閔齊伋撰　(清)畢弘述篆訂　民國十七年(1928)上海鴻寶齋書局石印本　五冊

330000－1704－0018342　018353　子部/醫家類/喉科口齒之屬/通論
**喉科四卷**　(清)包永泰撰　民國十二年(1923)上海江左書林石印本　一冊

330000－1704－0018345　018451　集部/總集類/選集之屬/通代
**雁山鴻爪三卷**　周起渭輯　民國二十三年(1934)樂清天一書局鉛印本　二冊

330000－1704－0018346　018289　類叢部/叢書類/彙編之屬
**雪堂叢刻(國學叢刊)五十二種**　羅振玉編　民國四年(1915)上虞羅氏鉛印本　一冊　存一種

330000－1704－0018349　018451－1　子部/儒家類/儒家之屬
**荀子集解二十卷首一卷**　(唐)楊倞注　王先

謙集解　民國上海商務印書館據清光緒十七年(1891)長沙王氏刻本影印本　六册

330000－1704－0018350　018290　史部/目録類/總録之屬/禁燬

**清代禁燬書目四種四卷**　(清)姚覲元編　民國杭州抱經堂書局石印本　四册　存三種

330000－1704－0018353　018291　史部/目録類/書志之屬/提要

**四部叢刊書録一卷**　商務印書館編　民國十五年(1926)上海商務印書館鉛印本　一册

330000－1704－0018355　018292　史部/目録類/總録之屬/彙刻

**博古齋書目一卷**　上海博古齋編　民國上海博古齋石印本　一册

330000－1704－0018357　018293　史部/目録類/書志之屬/提要

**讀書敏求記四卷**　(清)錢曾撰　民國三年(1914)上海掃葉山房石印本　四册

330000－1704－0018361　018356　子部/醫家類/類編之屬

**陳修園醫書七十種**　(清)陳念祖等撰　民國石印本　與330000－1704－0018356合爲一册　存八種

330000－1704－0018362　018454　集部/詩文評類/詩評之屬

**名媛詩話八卷**　(清)沈善寶撰　民國十二年(1923)沈敏元鉛印本　一册　缺四卷(一至四)

330000－1704－0018367　018457　集部/詩文評類/文法之屬/函牘格式

**最新應用尺牘教科書四卷**　杜元炳撰　杜瀚生增訂　民國二年(1913)上海會文堂石印本　一册　缺一卷(三)

330000－1704－0018369　018458　集部/别集類/清别集

**補蘿書屋詩鈔四卷**　(清)李飛英撰　陳樹鈞輯　民國四年(1915)太平陳氏刻本　一册　存二卷(一至二)

330000－1704－0018372　018298　子部/宗教類/佛教之屬/經疏

**圓覺親聞記二卷**　釋諦閑講　民國十一年(1922)上海商務印書館鉛印本　二册

330000－1704－0018375　018098　經部/春秋左傳類/傳說之屬

**東萊博議四卷**　(宋)吕祖謙撰　**增補虚字註釋一卷**　(清)馮泰松點定　民國三年(1914)上海中華書局鉛印本　二册　存三卷(東萊博議一至二、增補虚字註釋)

330000－1704－0018377　018097　經部/春秋左傳類/傳說之屬

**增批輯註東萊博議四卷**　(宋)吕祖謙撰　(宋)劉鍾英輯注　民國上海啟新書局石印本　一册　存一卷(四)

330000－1704－0018379　018453　子部/醫家類/類編之屬

**王氏潛齋醫書五種**　(清)王士雄撰　民國十五年(1926)上海萃英書局石印本　一册　存一種

330000－1704－0018381　018456　子部/醫家類/兒科之屬/通論

**新纂兒科診斷學八卷**　何廉臣撰　民國十九年(1930)上海大東書局鉛印本　二册

330000－1704－0018384　018358　子部/醫家類/傷寒金匱之屬/傷寒論

**再重訂傷寒集註十五卷**　(清)舒馳遠撰　民國上海千頃堂書局石印本　四册

330000－1704－0018388　018301　子部/雜著類/雜說之屬

**學務平議一卷**　(清)孫詒讓撰　民國四年(1915)瑞安廣明印刷所石印本　董允輝題記　一册

330000－1704－0018389　018459　子部/醫家類/醫案之屬

**臨證指南醫案八卷首一卷**　(清)葉桂撰　民國三年(1914)上海章福記書局石印本　八册

330000－1704－0018399　018464　子部/宗

教類/佛教之屬/經

**大方廣佛華嚴經八十卷**　(唐)釋實叉難陀譯　民國刻本　二十三冊　存六十九卷(一至十五、十九至五十七、六十四至七十八)

330000－1704－0018400　018092　子部/醫家類/溫病之屬

**溫病條辨六卷首一卷**　(清)吳瑭撰　民國六年(1917)上海鍊石書局石印本　一冊

330000－1704－0018402　018094　子部/醫家類/溫病之屬

**溫病條辨六卷首一卷**　(清)吳瑭撰　民國七年(1918)上海鴻寶齋書局石印本　一冊

330000－1704－0018404　018305　集部/總集類/尺牘之屬

**唐宋十大家尺牘十四卷**　文明書局輯　民國上海文明書局石印本　一冊　存一種

330000－1704－0018405　018364　經部/群經總義類/文字音義之屬

**經籍籑詁一百六卷首一卷附新輯經籍籑詁檢韻一卷補遺一百六卷**　(清)阮元撰　民國上海文瑞樓石印本　十五冊　存三十卷(四十一至四十三,補遺四十一至四十三、八十三至一百六)

330000－1704－0018407　018101　類叢部/叢書類/彙編之屬

**四部叢刊**　張元濟等編　民國上海商務印書館影印本　一冊　存一種

330000－1704－0018408　018466　類叢部/叢書類/彙編之屬

**四部叢刊**　張元濟等編　民國上海商務印書館影印本　二冊　存二種

330000－1704－0018411　018467　類叢部/叢書類/彙編之屬

**四部叢刊**　張元濟等編　民國上海商務印書館影印本　六冊　存一種

330000－1704－0018413　018368　類叢部/叢書類/彙編之屬

**四部叢刊**　張元濟等編　民國上海商務印書館影印本　一冊　存一種

330000－1704－0018415　018369　類叢部/叢書類/彙編之屬

**四部叢刊**　張元濟等編　民國上海商務印書館影印本　二冊　存一種

330000－1704－0018416　018469　類叢部/叢書類/彙編之屬

**四部叢刊**　張元濟等編　民國上海商務印書館影印本　三冊　存一種

330000－1704－0018419　018371　類叢部/叢書類/彙編之屬

**墨巢叢刻**　李宣龔輯　民國鉛印本　二冊　存一種

330000－1704－0018421　018470　集部/小說類/短篇之屬

**繪圖改正今古奇觀六卷四十回**　(明)抱甕老人輯　民國十二年(1923)鑄記書局石印本　一冊　存三卷(一至三)

330000－1704－0018423　018222　集部/戲劇類/傳奇之屬

**牡丹亭還魂記二卷五十五齣**　(明)湯顯祖撰　民國木石居影印本　四冊

330000－1704－0018424　018471　子部/小說家類

**廣虞初新志四十卷**　(清)黄承增輯　民國掃葉山房石印本　一冊　存十卷(二十一至三十)

330000－1704－0018431　018223　集部/總集類/尺牘之屬

**分類箋註文學尺牘大全集二十卷**　(明)鍾惺纂輯　(明)馮夢龍訂釋　民國上海求古齋鉛印本　二冊　存二卷(七、十一)

330000－1704－0018432　018366　子部/宗教類/佛教之屬/論疏

**百論疏十六卷**　(隋)釋吉藏疏　民國二年(1913)北京刻經處刻本　四冊

330000－1704－0018433　018372　類叢部/

叢書類/彙編之屬
**四部叢刊** 張元濟等編 民國上海商務印書館影印本 二十三冊 存三種

330000－1704－0018434 018224 史部/地理類/方志之屬/郡縣志
**永嘉郡記一卷** (南朝宋)鄭緝之撰 (清)孫詒讓校集 民國元年(1912)石印本 一冊

330000－1704－0018436 018476 子部/小說家類/異聞之屬
**詳註閱微草堂筆記二十四卷** (清)紀昀撰 謝瓘註 民國七年(1918)上海會文堂書局石印本 一冊 存二卷(一至二)

330000－1704－0018437 018474 集部/小說類/短篇之屬
**詳註聊齋志異圖詠十六卷** (清)蒲松齡撰 (清)呂湛恩注 民國石印本 一冊 存二卷(三至四)

330000－1704－0018438 018510 類叢部/叢書類/彙編之屬
**四部叢刊** 張元濟等編 民國上海商務印書館影印本 八冊 存一種

330000－1704－0018440 018475 集部/小說類/短篇之屬
**詳註聊齋志異圖詠十六卷** (清)蒲松齡撰 (清)呂湛恩注 民國石印本 一冊 存一卷(八)

330000－1704－0018449 018102 經部/春秋左傳類/傳說之屬
**春秋經傳集解三十卷** (晉)杜預註 民國十三年(1924)上海中華書局鉛印本 一冊 存二卷(二十九至三十)

330000－1704－0018455 018512 集部/別集類/宋別集
**蘇文忠公詩集五十卷目録二卷** (宋)蘇軾撰 (清)紀昀評點 民國六年(1917)掃葉山房石印本 十一冊

330000－1704－0018456 018311 集部/別集類/唐五代別集
**玉谿生詩詳註六卷首一卷** (唐)李商隱撰 (清)馮浩注 民國十九年(1930)崇古山房石印本 八冊

330000－1704－0018457 018513 集部/戲劇類/總集之屬/雜劇
**元曲選一百種一百卷** (明)臧懋循編 民國影印本 二十七冊 存五十九種

330000－1704－0018462 善000792 集部/別集類/宋別集
**陳止齋先生論祖五卷** (宋)陳傅良撰 (明)潘士藻校 (明)章有成編 民國戴家祥抄本 楊紹廉過録清孫詒讓批校 二冊

330000－1704－0018465 018100 子部/藝術類/書畫之屬
**清代名人手札甲集六卷附小傳** 吳長瑛輯 民國十五年(1926)華南印書社影印本 六冊

330000－1704－0018466 018478 類叢部/叢書類/彙編之屬
**進德叢書八種** 丁福保編 民國上海醫學書局鉛印本 一冊 存一種

330000－1704－0018469 018479 史部/政書類/律令之屬/律例
**審斷須知不分卷** 魏頌唐輯 民國四年(1915)浙江印刷公司鉛印本 一冊

330000－1704－0018472 018103 集部/小說類/長篇之屬
**繪圖歷朝通俗演義十一種** 蔡東帆輯 民國上海會文堂新記書局石印本 六冊 存一種

330000－1704－0018474 善000794 集部/別集類/宋別集
**陳止齋先生論祖六卷文奧二卷** (宋)陳傅良撰 (明)章有成編 民國十三年(1924)永嘉黃氏敬鄉樓抄本 楊紹廉校、題簽並記 四冊

330000－1704－0018477 018514 類叢部/叢書類/彙編之屬
**顏李叢書三十二種** 徐世昌等輯 民國十二年(1923)四存學會鉛印本 二十七冊 存二

十八種

330000－1704－0018478　018486　集部/總集類/選集之屬/通代
**古文觀止十二卷**　(清)吳乘權　(清)吳大職輯　民國石印本　一册

330000－1704－0018481　018578　集部/詞類/別集之屬
**拙廬詞草四卷**　徐致章撰　民國十三年(1924)鉛印本　二册

330000－1704－0018483　018516　子部/小說家類
**筆記小說大觀二百二十二種**　進步書局輯　民國上海進步書局石印本　一册　存一種

330000－1704－0018485　018489　史部/傳記類/總傳之屬/通代
**中國藏書家攷略不分卷**　楊立誠　金步瀛編　民國十八年(1929)浙江省立圖書館鉛印本　一册

330000－1704－0018486　018516－2　子部/小說家類
**筆記小說大觀二百二十二種**　進步書局輯　民國上海進步書局石印本　二册　存一種

330000－1704－0018487　018516－1　子部/小說家類
**筆記小說大觀二百二十二種**　進步書局輯　民國上海進步書局石印本　二册　存一種

330000－1704－0018490　018516－3　子部/小說家類
**筆記小說大觀二百二十二種**　進步書局輯　民國上海進步書局石印本　二十一册　存十八種

330000－1704－0018494　018492　集部/小說類/長篇之屬
**增評加批金玉緣圖說十六卷首一卷一百二十回**　(清)曹霑　(清)高鶚撰　(清)蝶薌仙史評訂　民國石印本　一册　存八卷(九至十六)

330000－1704－0018496　018519　史部/傳記類/總傳之屬/通代
**中國藏書家攷略不分卷**　楊立誠　金步瀛編　民國十八年(1929)浙江省立圖書館鉛印本　一册

330000－1704－0018497　018544　子部/小說家類
**筆記小說大觀二百二十二種**　進步書局輯　民國上海進步書局石印本　四册　存一種

330000－1704－0018498　018583　集部/別集類/清別集
**漁洋山人精華録箋注十二卷補一卷附録一卷年譜一卷**　(清)王士禛撰　(清)金榮箋注　(清)徐淮纂輯　民國石印本　十一册　缺一卷(八)

330000－1704－0018501　018517　集部/別集類/明別集
**青邱高季迪先生詩集十八卷首一卷遺詩一卷扣舷集一卷鳧藻集五卷附録一卷**　(明)高啓撰　(清)金檀輯注　民國三年(1914)東吳浦氏石印本　六册

330000－1704－0018514　018490　經部/小學類/文字之屬/說文/專著
**許氏說文解字部首不分卷**　童斐撰　民國抄本　一册

330000－1704－0018532　018584　史部/雜史類/斷代之屬
**戰國策補註三十三卷**　吳曾祺撰　民國六年(1917)上海商務印書館鉛印本　三册　存二十五卷(一至十七、二十六至三十三)

330000－1704－0018536　018585　史部/雜史類/斷代之屬
**教科適用戰國策精華三卷**　中華書局編　民國上海中華書局鉛印本　三册

330000－1704－0018538　018419　集部/總集類/選集之屬/斷代
**隨園女弟子詩選六卷**　(清)袁枚輯　民國八年(1919)上海掃葉山房石印本　二册

330000－1704－0018539　018497　類叢部/叢書類/郡邑之屬
**敬鄉樓叢書三十八種**　黄羣編　民國十七年至二十四年(1928－1935)永嘉黄氏鉛印本　一冊　存第一輯一種

330000－1704－0018544　018407　子部/宗教類/佛教之屬
**金剛錍論私記會本二卷**　(唐)釋荆谿撰　(唐)釋明曠記　**天台傳佛心印記一卷**　(元)釋懷則述　民國二十一年(1932)天津刻經處刻本　一冊

330000－1704－0018546　018237　集部/總集類/尺牘之屬
**分類音註實用新尺牘八卷**　民國七年(1918)光學社石印本　五冊　存五卷(一、三至四、六至七)

330000－1704－0018548　018493　子部/醫家類/喉科口齒之屬/喉痧
**喉科金鑰全書二卷**　(清)袁仁賢撰　民國十二年(1923)華豐印刷鑄字所鉛印本　一冊

330000－1704－0018549　018586　集部/别集類/唐五代别集
**白香山詩長慶集二十卷後集十七卷别集一卷補遺二卷**　(唐)白居易撰　(清)汪立名編訂　**白香山年譜舊本一卷**　(宋)陳振孫撰　**白香山年譜一卷**　(清)汪立名撰　民國影印本　一冊　存五卷(白香山詩長慶集十一至十五)

330000－1704－0018553　018494　史部/政書類/律令之屬
**法官采證準繩三卷**　郭雲觀撰　民國八年(1919)上海聚珍倣宋印書局鉛印本　一冊　存一卷(一)

330000－1704－0018556　018395　子部/宗教類/佛教之屬/經疏
**大方廣佛華嚴經入不思議解脱境界普賢行願品輯要疏一卷**　釋諦閑撰　民國十六年(1927)上海國光印書局鉛印本　琴劍題贈　一冊

330000－1704－0018557　018495　子部/雜著類
**訓女要言一卷**　民國上海宏大善書局石印本　一冊

330000－1704－0018559　018498　子部/宗教類/佛教之屬
**妙法蓮華經品節一卷**　(明)釋德清撰　民國十一年(1922)揚州藏經院刻本　一冊

330000－1704－0018560　018499　子部/宗教類/佛教之屬/論疏
**成唯識論學記八卷**　(唐)釋太賢撰　民國十四年(1925)上海商務印書館鉛印本　四冊

330000－1704－0018563　018551　子部/宗教類/佛教之屬/諸宗
**密宗津要八卷**　民國九年至十一年(1920－1922)北京刻經處刻本　一冊

330000－1704－0018564　018500　類叢部/叢書類/彙編之屬
**進德叢書八種**　丁福保編　民國上海醫學書局鉛印本　一冊　存一種

330000－1704－0018565　018527　子部/醫家類/醫話醫論之屬
**陸氏論醫集四卷**　陸彭年撰　沈本琰編　民國鉛印本　一冊　存一卷(三)

330000－1704－0018566　018241　子部/宗教類/佛教之屬/經疏
**佛説梵網經菩薩心地品下略疏八卷**　(清)釋弘贊撰　民國十一年(1922)揚州藏經院刻本　三冊　存一種

330000－1704－0018567　018410　子部/宗教類
**念字箴言不分卷**　鄭極普　胡大恂編　民國二十一年(1932)湖南宗教哲學研究社鉛印本　一冊

330000－1704－0018575　018552　子部/雜著類/雜編之屬
**家庭實用圖書集成不分卷**　廣文書局編輯所編　民國七年(1918)上海廣文書局石印本

九冊　存九種

330000－1704－0018577　018502　子部/醫家類/類編之屬

**藥盦醫學叢書**　惲鐵樵撰　民國十九年(1930)上海惲鐵樵醫寓鉛印本　一冊　存一種

330000－1704－0018578　018400－1　子部/宗教類/佛教之屬/諸宗

**印光法師嘉言録不分卷**　李圓淨編　民國十七年(1928)上海江蘇第二監獄第三科鉛印本　一冊

330000－1704－0018582　018553　史部/目録類/總録之屬/官修

**壬子文瀾閣所存書目五卷**　錢恂編　民國元年(1912)浙江圖書館刻本　四冊

330000－1704－0018584　018244　子部/醫家類/喉科口齒之屬/白喉

**洞主仙師白喉治法忌表抉微一卷附經驗救急諸方一卷**　(清)耐修子録並注　民國十三年(1924)友恭堂刻本　一冊

330000－1704－0018585　018554　集部/別集類/宋別集

**蘇老泉先生全集二十卷**　(宋)蘇洵撰　**附録二卷**　(宋)沈斐輯　民國自強書局石印本　四冊

330000－1704－0018588　018532　集部/小說類/長篇之屬

**歷代春艷秘史三集十三卷圖一卷**　芸蘭女史撰　民國石印本　一冊　存三卷(八至十)

330000－1704－0018590　018400　子部/宗教類/佛教之屬/諸宗

**印光法師嘉言録不分卷**　李圓淨編　民國十七年(1928)上海江蘇第二監獄第三科鉛印本　一冊

330000－1704－0018601　018557　類叢部/叢書類/彙編之屬

**四部備要**　中華書局編　民國二十五年(1936)上海中華書局鉛印本(原缺經義考卷二百八十六、二百九十九至三百,東塾讀書記十三至十四、十七至二十、二十二至二十五)　三冊　存一種

330000－1704－0018602　018508　經部/小學類/文字之屬/字書/字典

**字鑑五卷**　(元)李文仲撰　民國陳氏裒殷堂石印本　一冊　存一卷(一)

330000－1704－0018603　018533　史部/紀事本末類/斷代之屬

**清史紀事本末八十卷**　黃鴻壽輯　民國上海文明書局石印本　五冊　存四十六卷(一至九、二十至三十、四十四至六十九)

330000－1704－0018607　018248　子部/宗教類/佛教之屬

**印度六派哲學二卷**　(日本)本村泰賢撰　史一如編譯　民國十二年(1923)鉛印本　一冊　存一卷(一)

330000－1704－0018610　018509－1　新學/化學

**化工製法一卷**　民國抄本　一冊

330000－1704－0018612　018538　集部/別集類/宋別集

**曾南豐先生集外文二卷**　徐安舒輯　民國三年(1914)抄本　二冊

330000－1704－0018631　018405　史部/政書類/律令之屬

**新編評註刀筆菁華四種**　平襟亞纂　秋痕樓主評　民國二十二年(1933)上海東亞書局鉛印本　謝元甫題記　四冊

330000－1704－0018634　018405－1　史部/政書類/律令之屬/律例

**續編評註刀筆菁華四種**　襟霞閣主纂　秋痕樓主評　民國二十二年(1933)上海東亞書局鉛印本　謝元甫題記　四冊

330000－1704－0018636　018541　集部/詞類/詞話之屬

**詞略通論一卷**　民國抄本　一冊

330000－1704－0018638　018647　類叢部/叢書類/彙編之屬

**四部叢刊**　張元濟等編　民國上海商務印書館影印本　八冊　存一種

330000－1704－0018639　018626　集部/別集類

**自反録六卷**　蔣中正撰　民國鉛印本　三冊　存三卷(一至三)

330000－1704－0018643　018406　史部/傳記類/總傳之屬/斷代

**敏求軒述記十六卷**　(清)陳世箴輯　民國四年(1915)上海掃葉山房石印本　四冊

330000－1704－0018645　善000824　集部/別集類/明別集

**雁蕩山樵詩集十五卷**　(明)吳玄應撰　(明)吳朝鳳輯　民國永嘉黃氏敬鄉樓抄本　姚華題簽　六冊

330000－1704－0018653　018565　集部/別集類/清別集

**柏梘山房文集十六卷續集一卷**　(清)梅曾亮撰　民國抄本　二冊

330000－1704－0018655　018686　經部/四書類/總義之屬/傳說

**增註四書合講十九卷圖一卷**　(清)翁復編　民國上海章福記書局石印本　五冊　缺二卷(孟子六至七)

330000－1704－0018656　018434　集部/詞類/別集之屬

**東江別集五卷集外詩一卷**　(清)沈謙撰　民國九年(1920)上海聚珍倣宋印書局鉛印本　一冊

330000－1704－0018662　018631　子部/宗教類/佛教之屬/經

**佛說開覺自性般若波羅蜜多經四卷**　(宋)釋惟浄等譯　民國上海佛學書局影印本　一冊

330000－1704－0018663　018632　子部/宗教類/佛教之屬

**觀音慈林集三卷**　(清)釋弘贊編　民國影印本　一冊

330000－1704－0018664　018633　子部/宗教類/佛教之屬

**觀音慈林集三卷**　(清)釋弘贊編　民國影印本　一冊

330000－1704－0018667　018634　子部/宗教類/佛教之屬/諸宗

**顯密圓通成佛心要集二卷**　(宋)釋道㲀集　民國上海佛學書局鉛印本　一冊

330000－1704－0018669　018429　子部/醫家類/方書之屬/單方驗方

**重訂驗方新編十八卷**　(清)鮑相璈等輯　民國石印本　一冊

330000－1704－0018670　018568　類叢部/叢書類/彙編之屬

**四部叢刊**　張元濟等編　民國上海商務印書館影印本　十三冊　存二種

330000－1704－0018673　018566　史部/政書類/公牘檔冊之屬

**浙江省議會第二屆第一次臨時會議決案不分卷**　浙江省議會編　民國六年(1917)鉛印本　一冊

330000－1704－0018675　18690　子部/醫家類/傷寒金匱之屬/傷寒論

**張仲景傷寒論貫珠集八卷**　(漢)張機撰　(清)尤怡注　民國上海千頃堂書局石印本　一冊

330000－1704－0018676　018567　史部/政書類/公牘檔冊之屬

**浙江省議會第二屆第一次臨時會質問書不分卷**　浙江省議會編　民國五年(1916)鉛印本　一冊

330000－1704－0018677　018431　子部/醫家類/兒科之屬/通論

**葉天士幼科醫案一卷**　(清)葉桂撰　陸士諤編輯　民國十二年(1923)上海世界書局石印本　一冊

330000－1704－0018678　018629　子部/醫家類/兒科之屬/痘疹
**秘本痲痘新書六卷**　(清)張石頑　(清)俞中和撰　(清)黄大霖輯　民國七年(1918)上海淵海圖書局石印本　一册

330000－1704－0018679　018432　子部/醫家類/兒科之屬/通論
**葉天士幼科醫案一卷**　(清)葉桂撰　陸士諤編輯　民國十四年(1925)上海世界書局石印本　一册

330000－1704－0018680　018635　子部/雜著類/雜説之屬
**骨董瑣記八卷續記四卷**　鄧之誠輯　民國十五年(1926)鉛印本　四册　存八卷(一至八)

330000－1704－0018683　018433　子部/醫家類/溫病之屬
**增批溫熱經緯四卷**　(清)王士雄纂　(清)葉霖增批　民國十三年(1924)上海世界書局石印本　一册

330000－1704－0018685　018694　史部/目録類/總録之屬/私撰
**萃文書局書目一卷**　萃文書局編　民國十八年(1929)石印本　一册

330000－1704－0018688　018569　類叢部/叢書類/郡邑之屬
**敬鄉樓叢書三十八種**　黄羣編　民國十七年至二十四年(1928－1935)永嘉黄氏鉛印本　三十七册　存第一輯三種、第二輯五種、第三輯四種、第四輯一種

330000－1704－0018689　018651　類叢部/叢書類/彙編之屬
**四部叢刊**　張元濟等編　民國上海商務印書館影印本　三册　存一種

330000－1704－0018690　018435　集部/詞類/別集之屬
**東江別集五卷集外詩一卷**　(清)沈謙撰　民國九年(1920)上海聚珍倣宋印書局鉛印本　一册

330000－1704－0018692　018570　類叢部/叢書類/郡邑之屬
**敬鄉樓叢書三十八種**　黄羣編　民國十七年至二十四年(1928－1935)永嘉黄氏鉛印本　一册　存第二輯一種

330000－1704－0018693　018570－1　類叢部/叢書類/郡邑之屬
**敬鄉樓叢書三十八種**　黄羣編　民國十七年至二十四年(1928－1935)永嘉黄氏鉛印本　四册　存第三輯一種

330000－1704－0018695　018571　類叢部/叢書類/郡邑之屬
**敬鄉樓叢書三十八種**　黄羣編　民國十七年至二十四年(1928－1935)永嘉黄氏鉛印本　三册　存第三輯一種

330000－1704－0018696　018652　類叢部/叢書類/彙編之屬
**四部叢刊**　張元濟等編　民國上海商務印書館影印本　十一册　存三種

330000－1704－0018698　018639　類叢部/叢書類/彙編之屬
**四部叢刊**　張元濟等編　民國上海商務印書館影印本　六册　存一種

330000－1704－0018699　018640　類叢部/叢書類/彙編之屬
**四部叢刊**　張元濟等編　民國上海商務印書館影印本　八册　存一種

330000－1704－0018701　018653　類叢部/叢書類/彙編之屬
**四部叢刊**　張元濟等編　民國上海商務印書館影印本　一册　存一種

330000－1704－0018705　善 000795　集部/別集類/宋別集
**佩韋齋文集十六卷輯聞四卷**　(宋)俞德鄰撰　民國抄本　四册

330000－1704－0018707　善 000811　集部/別集類/明別集
**甌東文録五卷**　(明)項喬撰　民國吳興劉氏

嘉業堂抄本　五册

330000－1704－0018708　018700　集部/別集類/清別集
**瓶廬叢稿十卷**　(清)翁同龢撰　民國二十四年(1935)上海商務印書館據手稿本影印本　十册

330000－1704－0018713　018702　集部/別集類/清別集
**李文忠公尺牘不分卷**　(清)李鴻章撰　民國五年(1916)合肥李氏石印本　三十一册

330000－1704－0018714　018643　子部/宗教類/佛教之屬/諸宗
**菩提道次第直講附一卷**　釋大勇譯　**菩提道次第攝要一卷**　民國鉛印本　一册

330000－1704－0018715　018704　類叢部/叢書類/彙編之屬
**四部叢刊**　張元濟等編　民國上海商務印書館影印本　十六册　存一種

330000－1704－0018717　018706　類叢部/叢書類/彙編之屬
**四部叢刊**　張元濟等編　民國上海商務印書館影印本　四册　存一種

330000－1704－0018718　018644　子部/宗教類/佛教之屬/諸宗
**大乘止觀法門四卷**　(南朝陳)釋慧思撰　民國十二年(1923)上海佛經流通處影印本　一册

330000－1704－0018719　018645　子部/術數類/相宅相墓之屬
**地學答問八卷**　(清)魏青江講授　民國抄本　一册　存二卷(二至三)

330000－1704－0018720　善000813　集部/別集類/明別集
**葉義士遺集一卷**　(明)葉尚高撰　民國永嘉黃氏敬鄉樓抄本　一册

330000－1704－0018722　018414　集部/詩文評類/文法之屬/雜著
**叢鈔録一卷**　民國二十六年(1937)林九牧堂抄本　一册

330000－1704－0018724　018636　集部/總集類/尺牘之屬
**眉公才子尺牘四卷**　(明)陳繼儒輯　(清)沈錫侯增訂　**聖嘆才子尺牘四卷**　(清)金人瑞鑒定　(清)金雍撰　民國七年(1918)上海碧梧山莊石印本　四册

330000－1704－0018725　018705　集部/詞類/別集之屬
**湘綺樓詞鈔一卷詞選前編一卷續編一卷本編一卷**　王闓運撰　民國八年(1919)上海震亞圖書局石印本　一册　缺一卷(詞鈔)

330000－1704－0018727　018637　集部/總集類/選集之屬/通代
**古文辭類纂七十五卷附録一卷**　(清)姚鼐纂輯　**校勘記一卷**　(清)李承淵撰　民國七年(1918)上海會文堂書局石印本　十二册

330000－1704－0018728　018573　集部/別集類
**復庵書札六卷詩集二卷**　許玨撰　民國鉛印本　一册　存二卷(詩集一至二)

330000－1704－0018729　018696　集部/小説類/長篇之屬
**繪圖增像第五才子書水滸全傳十四卷七十回引首一卷**　(明)施耐庵撰　(清)金人瑞評釋　民國四年(1915)上海中華書局鉛印本　十二册

330000－1704－0018731　018699　集部/曲類/曲韻曲譜曲律之屬
**崑曲粹存初集不分卷**　崑山國學保存會輯　民國八年(1919)上海朝記書莊石印本　三册

330000－1704－0018733　018642　集部/戲劇類/總集之屬/傳奇
**十二家評點李笠翁十種曲**　(清)李漁編　民國七年(1918)上海朝記書莊石印本　十册

330000－1704－0018735　018713　子部/小説家類/雜事之屬

**壺天録三卷**　(清)百一居士撰　民國十二年(1923)上海文明書局石印本　二册

330000－1704－0018736　018707　集部/戲劇類/總集之屬/傳奇

**玉生香傳奇四種曲**　民國八年(1919)碧梧山莊石印本　六册

330000－1704－0018737　018646　集部/曲類/曲韻曲譜曲律之屬

**六也曲譜**　殷溎深撰　民國十八年(1929)上海校經山房成記書局石印本　八册

330000－1704－0018740　018574　集部/詞類/總集之屬

**宋詞鈔十二卷附録一卷**　王官壽輯　民國十一年(1922)鉛印本　六册　缺二卷(五至六)

330000－1704－0018741　018425　史部/目録類/版本之屬/書影

**竹簡齋二十四史様本不分卷**　中華書局編　民國十一年(1922)中華書局鉛印本暨影印本　一册

330000－1704－0018742　018708　子部/醫家類/類編之屬

**六科準繩**　(明)王肯堂撰　民國三年(1914)上海鴻寶齋書局石印本　四十一册　缺三卷(傷寒準繩六、雜病證治類方四、外科準繩一)

330000－1704－0018745　018426　子部/醫家類/傷寒金匱之屬/傷寒論

**仲景傷寒補亡論二十卷**　(宋)郭雍撰　民國十四年(1925)蘇州錫承醫社鉛印本(原缺卷十六)　二册

330000－1704－0018749　018576　集部/别集類/清别集

**鎔經室集四卷**　(清)張濬撰　民國六年(1917)鉛印本　二册

330000－1704－0018751　018411　子部/宗教類/佛教之屬

**佛學小大辭典様本不分卷**　丁福保撰　民國八年(1919)上海醫學書局鉛印本　一册

330000－1704－0018758　018440　史部/目録類/總録之屬/私撰

**唐宋金元明清影目不分卷**　民國油印本　一册

330000－1704－0018771　018723　史部/編年類/通代之屬

**增定妥註鑑略離句讀本三卷首一卷**　(明)李延機撰　民國四年(1915)上海錦章圖書局石印本　四册

330000－1704－0018777　善000669　集部/總集類/氏族之屬

**永嘉王氏文獻不分卷**　梅冷生輯　民國抄本　一册

330000－1704－0018780　善000672　集部/别集類

**孫宣文存稿一卷**　孫宣撰　民國抄本　一册

330000－1704－0018781　018725　集部/戲劇類/雜劇之屬

**增像第六才子書五卷首一卷**　(元)王德信(元)關漢卿撰　(清)金人瑞評　民國八年(1919)上海天寶書局石印本　一册

330000－1704－0018790　018767　類叢部/叢書類/彙編之屬

**四部備要**　中華書局編　民國二十五年(1936)上海中華書局鉛印本(原缺經義考卷二百八十六、二百九十九至三百,東塾讀書記十三至十四、十七至二十、二十二至二十五)　四册　存一種

330000－1704－0018791　018732　子部/宗教類/佛教之屬/經疏

**大方廣圓覺修多羅了義經集註二卷**　(宋)釋元粹撰　民國十三年(1924)杭州刻經處刻本　一册　存一卷(一)

330000－1704－0018793　018373　集部/小説類/長篇之屬

**古城返照記不分卷**　老漢(徐凌霄)撰　民國鉛印本　一册

330000－1704－0018795　018661　史部/金

石類/石之屬
**夢碧簃石言六卷** 顧燮光撰 民國十四年(1925)上海科學儀器館鉛印本 三冊

330000－1704－0018796 018715 子部/道家類
**莊子集解八卷** 王先謙撰 民國上海涵芬樓影印本 三冊

330000－1704－0018798 018770 類叢部/叢書類/彙編之屬
**四部備要** 中華書局編 民國二十五年(1936)上海中華書局鉛印本(原缺經義考卷二百八十六、二百九十九至三百,東塾讀書記十三至十四、十七至二十、二十二至二十五) 十冊 存一種

330000－1704－0018800 018716 經部/小學類/文字之屬/字書/字典
**新字典補編十二集** 民國鉛印本 一冊

330000－1704－0018801 018716－1 經部/小學類/文字之屬/字書/字典
**康熙字典十二集三十六卷總目一卷檢字一卷辨似一卷等韻一卷備考一卷補遺一卷** (清)張玉書等纂修 民國石印本 與330000－1704－0018800合爲一冊 存六卷(未集上中下、申集上中下)

330000－1704－0018804 018718 子部/藝術類/書畫之屬/法帖
**初拓鄭文公碑一卷** (北魏)鄭道昭書 民國十四年(1925)上海有正書局影印本 一冊

330000－1704－0018805 018663 史部/地理類/方志之屬/郡縣志
**[民國]平陽縣志九十八卷首一卷** 王理孚修 符璋纂 張駦等測繪 民國十四年至十五年(1925－1926)刻本 十七冊 存五十四卷(首,一至三十七、四十二至五十七)

330000－1704－0018806 018719 史部/傳記類/總傳之屬/儒林
**學統五十六卷** (清)熊賜履撰 民國十二年(1923)靈峰精舍鉛印本 十冊

330000－1704－0018807 018773 經部/群經總義類
**經學歷史一卷** (清)皮錫瑞撰 民國十三年(1924)上海商務印書館影印本 一冊

330000－1704－0018808 018717 史部/紀傳類/正史之屬
**史記訂補八卷** 李笠撰 民國十三年(1924)瑞安李氏横經室刻本 四冊

330000－1704－0018809 018734 類叢部/叢書類/彙編之屬
**唐人說薈一百六十四種** (清)陳世熙(一題王文誥)輯 民國十四年(1925)上海掃葉山房石印本 十六冊

330000－1704－0018810 018776 類叢部/叢書類/郡邑之屬
**敬鄉樓叢書三十八種** 黄羣編 民國十七年至二十四年(1928－1935)永嘉黄氏鉛印本 二冊 存第一輯一種

330000－1704－0018811 018709 類叢部/叢書類/彙編之屬
**四部叢刊** 張元濟等編 民國上海商務印書館影印本 二冊 存一種

330000－1704－0018812 018710 類叢部/叢書類/彙編之屬
**四部叢刊** 張元濟等編 民國上海商務印書館影印本 一冊 存一種

330000－1704－0018815 018664 集部/總集類/選集之屬/通代
**評註昭明文選十五卷首一卷葉星衛附註一卷** (清)于光華輯 民國上海掃葉山房石印本 十六冊

330000－1704－0018817 018772 經部/小學類/音韻之屬/韻書
**六書通檢韻十二集三十六卷** 鄭耀祖輯 民國十八年(1929)上海校經山房石印本 四冊

330000－1704－0018818 018774 經部/小學類/文字之屬/字書/字體
**古籀拾遺三卷附宋政和禮器文字攷一卷**

（清）孫詒讓撰　民國七年（1918）上海掃葉山房石印本　四册

330000－1704－0018820　018775　經部/小學類/文字之屬/字書

**說文古籀疏證六卷原目一卷**　（清）莊述祖撰　民國十七年（1928）上海中一書局影印本　六册

330000－1704－0018823　018777　經部/小學類/文字之屬/說文/專著

**新定說文古籀考三卷**　周名煇撰　民國三十七年（1948）上海開明書店石印本　一册

330000－1704－0018824　018778　經部/小學類/文字之屬/說文/專著

**新定說文古籀考三卷**　周名煇撰　民國三十七年（1948）上海開明書店石印本　一册

330000－1704－0018829　018779　類叢部/叢書類/郡邑之屬

**敬鄉樓叢書三十八種**　黄羣編　民國十七年至二十四年（1928－1935）永嘉黄氏鉛印本　二册　存第一輯一種

330000－1704－0018832　018780　集部/别集類/清别集

**復初齋文集三十五卷首一卷**　（清）翁方綱撰　民國五年（1916）上海同文圖書館石印本　十二册

330000－1704－0018833　018781　經部/小學類/文字之屬/字書/字典

**康熙字典十二集三十六卷總目一卷檢字一卷辨似一卷等韻一卷備考一卷補遺一卷**　（清）張玉書等纂修　民國上海商務印書館石印本　七册　缺一卷（丑集上）

330000－1704－0018841　018821　史部/紀傳類/正史之屬

**百衲本二十四史**　張元濟輯　民國上海商務印書館影印本　二十四册　存一種

330000－1704－0018848　018823　子部/藝術類/書畫之屬/法帖

**董文敏行書真跡一卷**　（明）董其昌書　民國影印本　一册

330000－1704－0018853　018736　子部/宗教類/佛教之屬/論疏

**釋摩訶衍論十卷**　（印度）馬鳴撰　（南朝陳）釋真諦譯　（印度）龍樹釋　（晉）釋筏提摩多譯　民國金陵刻經處刻本　二册　存五卷（三至七）

330000－1704－0018854　善000676　集部/總集類/郡邑之屬

**慎江詩類六卷**　（清）周天錫輯　民國永嘉黄氏敬鄉樓抄本　楊紹廉題簽　二册

330000－1704－0018855　018795　類叢部/叢書類/彙編之屬

**精校大字漢魏叢書（增訂漢魏叢書）九十六種**　（清）王謨編　民國六年（1917）上海育文書局石印本　三十一册　存九十四種

330000－1704－0018862　018739　子部/宗教類/佛教之屬

**佛學叢書□□種**　丁福保輯　民國上海醫學書局鉛印本暨影印本　一册　存一種

330000－1704－0018864　018830　史部/地理類/方志之屬/郡縣志

**［嘉慶］長安縣志三十六卷**　（清）張聰賢修　（清）董曾臣纂　民國二十五年（1936）鉛印本　四册　存三十卷（七至三十六）

330000－1704－0018865　018794　集部/詞類/詞韻之屬

**詞林正韻三卷發凡一卷**　（清）戈載輯　民國四年（1915）掃葉山房石印本　四册

330000－1704－0018866　018741　子部/宗教類/佛教之屬

**法界安立圖三卷**　（明）釋仁潮編　民國杭州海潮寺刻本　一册　缺卷中之上

330000－1704－0018868　018670　類叢部/叢書類/郡邑之屬

**台州叢書後集十七種**　楊晨輯　民國四年（1915）黄巖楊氏刻本　一册　存一種

330000－1704－0018874　018796　子部/藝術類/書畫之屬/法帖

**翁松禪墨蹟十集**　(清)翁同龢書　民國二十四年(1935)上海商務印書館影印本　一冊　存一集(四)

330000－1704－0018879　018796－1　子部/藝術類/書畫之屬/法帖

**翁松禪墨蹟十集**　(清)翁同龢書　民國十二年(1923)上海商務印書館影印本　一冊　存一集(五)

330000－1704－0018880　018784　集部/詞類/詞韻之屬

**詞林正韻三卷發凡一卷**　(清)戈載輯　民國四年(1915)掃葉山房石印本　四冊

330000－1704－0018881　018796－2　子部/藝術類/書畫之屬/法帖

**翁松禪墨蹟十集**　(清)翁同龢書　民國二十三年(1934)上海商務印書館影印本　一冊　存一集(六)

330000－1704－0018883　018785　史部/地理類/山川之屬/山志

**花山志九卷**　趙佩茳纂　民國二十九年(1940)鉛印本　二冊

330000－1704－0018884　018746　子部/宗教類/佛教之屬/經疏

**大方廣圓覺脩多羅了義經講義附親聞記六卷**　釋諦閑講　民國刻本　三冊　存三卷(四至六)

330000－1704－0018885　018796－3　子部/藝術類/書畫之屬/法帖

**翁松禪墨蹟十集**　(清)翁同龢書　民國二十二年(1933)上海商務印書館影印本　一冊　存一集(七)

330000－1704－0018886　018796－4　子部/藝術類/書畫之屬/法帖

**翁松禪墨蹟十集**　(清)翁同龢書　民國二十二年(1933)上海商務印書館影印本　一冊　存一集(八)

330000－1704－0018890　018671　子部/雜著類/雜編之屬

**安士全書四種**　(清)周夢顔撰　民國佛學推行社鉛印本　一冊　存一種

330000－1704－0018892　善000846　集部/別集類/明別集

**玉介園存稿十八卷附録四卷**　(明)王叔杲撰　民國抄本　王理孚校　十三冊

330000－1704－0018893　018672　集部/總集類/酬唱之屬

**漫社三集二卷補遺一卷**　孫雄編　民國十二年(1923)鉛印本　二冊

330000－1704－0018903　018674　史部/金石類/金之屬/文字

**精拓毛公鼎放大本一卷附釋文一卷**　民國八年(1919)上海有正書局石印本　一冊

330000－1704－0018909　018675　經部/小學類/文字之屬/説文/傳説

**説文釋例二十卷**　(清)王筠撰　民國四年(1915)掃葉山房石印本　八冊

330000－1704－0018914　018838　類叢部/叢書類/自著之屬

**隨園全集三十八種**　(清)袁枚撰　民國七年(1918)上海文明書局石印本　六十四冊　存三十六種

330000－1704－0018916　018802　類叢部/叢書類/彙編之屬

**四部叢刊**　張元濟等編　民國上海商務印書館影印本　二十冊　存一種

330000－1704－0018917　018676　類叢部/叢書類/彙編之屬

**漢魏叢書三十八種**　(明)程榮輯　民國十四年(1925)上海商務印書館據明萬曆程氏刻本影印本　一冊　存一種

330000－1704－0018921　018803　子部/術數類/陰陽五行之屬

**堪輿便覽不分卷**　民國抄本　四冊

330000－1704－0018922　018677　子部/藝術類/書畫之屬/法帖
**翁松禪墨蹟十集**　(清)翁同龢書　民國六年(1917)上海商務印書館影印本　一册　存一集(三)

330000－1704－0018924　018753　類叢部/叢書類/彙編之屬
**四部備要**　中華書局編　民國二十五年(1936)上海中華書局鉛印本(原缺經義考卷二百八十六、二百九十九至三百,東塾讀書記十三至十四、十七至二十、二十二至二十五)　十二册　存一種

330000－1704－0018927　018678　子部/藝術類/書畫之屬/法帖
**鄭谷口姜敬亭傳一卷**　(清)鄭簠書　民國上海有正書局影印本　一册

330000－1704－0018933　018843　集部/總集類/選集之屬/斷代
**宮閨百詠四卷**　(清)陳其泰編次　民國二年(1913)上海掃葉山房石印本　一册

330000－1704－0018934　018843　集部/總集類/選集之屬/通代
**古唐詩合解十二卷古詩箋注四卷**　(清)王堯衢注　(清)李模　(清)李桓校　民國石印本　與330000－1704－0018933合爲一册　存四卷(古唐詩合解一至四)

330000－1704－0018950　018680　史部/紀傳類/正史之屬
**史記訂補八卷**　李笠撰　民國十三年(1924)瑞安李氏横經室刻本　一册　存二卷(七至八)

330000－1704－0018951　018849　類叢部/叢書類/彙編之屬
**四部叢刊**　張元濟等編　民國八年(1919)上海商務印書館影印本　六册　存一種

330000－1704－0018952　018807　子部/藝術類/書畫之屬/法帖
**王梅庵臨褚河南聖教序不分卷**　(唐)褚遂良書　王榮年臨　民國影印本　一册

330000－1704－0018954　018868　集部/别集類/清别集
**張廉卿先生論學手札不分卷**　(清)張裕釗撰　民國石印本　一册

330000－1704－0018956　018808　新學/醫學/方書
**萬國藥方八卷**　(美國)洪士提反譯　民國美華書館石印本　二册

330000－1704－0018958　018869　集部/總集類/選集之屬/斷代
**吴梅村王貽上近體合選一卷**　(清)吴偉業　(清)王士禛撰　民國符璋抄本　一册

330000－1704－0018959　018809　子部/醫家類/養生之屬
**同善鐘一卷附鄙擬除病中和湯一卷**　姚符撰　民國九年(1920)鉛印本　一册

330000－1704－0018961　善000871　集部/别集類/明别集
**李詩辨疑二卷**　(明)朱諫撰　民國永嘉黄氏敬鄉樓抄本　劉景晨校　二册

330000－1704－0018973　018820　史部/目録類/總録之屬/私撰
**千頃堂書籍目録不分卷**　千頃堂書局編　民國上海千頃堂書局石印本　一册

330000－1704－0018975　018810　子部/醫家類/綜合之屬
**余氏醫述六卷**　余巖撰　民國十七年(1928)上海社會醫報館鉛印本　二册

330000－1704－0018978　018811　子部/醫家類/醫案之屬
**翠竹山房診暇録稿二卷**　曹惕寅撰　民國十六年(1927)上海翠竹山房石印本　一册

330000－1704－0018981　018813　集部/詩文評類
**文學津梁十二種**　周鍾游編　民國八年(1919)上海有正書局石印本　八册

330000－1704－0018985　018814　集部/詩文評類/詩評之屬

**批本隨園詩話十六卷補遺十卷附録一卷**　冒廣生撰　民國二十三年(1934)上海商務印書館鉛印本　一冊

330000－1704－0018989　018816　類叢部/叢書類/彙編之屬

**四部叢刊**　張元濟等編　民國上海商務印書館影印本　二冊　存一種

330000－1704－0018992　018841　史部/目録類/版本之屬/書影

**百衲本二十四史預約樣本一卷**　上海商務印書館編　民國十九年(1930)上海商務印書館鉛印本暨影印本　一冊

330000－1704－0018993　018817　類叢部/叢書類/彙編之屬

**四部備要**　中華書局編　民國二十五年(1936)上海中華書局鉛印本(原缺經義考卷二百八十六、二百九十九至三百,東塾讀書記十三至十四、十七至二十、二十二至二十五)　二十冊　存一種

330000－1704－0018995　018873　集部/別集類/明別集

**王次回疑雨集註四卷**　(明)王彦泓撰　(□)句漏後裔釋　民國十九年(1930)上海文明書局石印本　四冊

330000－1704－0018996　018842　史部/目録類/通論之屬/考訂

**古今僞書考一卷**　(清)姚際恆撰　民國蘇州振新書社影印本　一冊

330000－1704－0019000　018755　集部/詞類/別集之屬

**霜紅詞一卷**　胡士瑩撰　民國二十年(1931)揚州刻本　一冊

330000－1704－0019001　善000697　集部/別集類/唐五代別集

**徐侍郎集二卷附録一卷**　(唐)徐安貞撰　民國二十七年(1938)金石壽抄本　金石壽跋並題記　余紹宋跋　一冊

330000－1704－0019009　018901　類叢部/叢書類/郡邑之屬

**敬鄉樓叢書三十八種**　黄羣編　民國十七年至二十四年(1928－1935)永嘉黄氏鉛印本　十冊　存第一輯八種

330000－1704－0019015　018901－1　類叢部/叢書類/郡邑之屬

**敬鄉樓叢書三十八種**　黄羣編　民國十七年至二十四年(1928－1935)永嘉黄氏鉛印本　十六冊　存第二輯三種

330000－1704－0019026　018901－2　類叢部/叢書類/郡邑之屬

**敬鄉樓叢書三十八種**　黄羣編　民國十七年至二十四年(1928－1935)永嘉黄氏鉛印本　十冊　存第二輯二種

330000－1704－0019027　018888　集部/別集類/清別集

**梅村詩集箋注十八卷**　(清)吳偉業撰　(清)吳翌鳳箋注　民國中華圖書館石印本　八冊

330000－1704－0019032　018901－3　類叢部/叢書類/郡邑之屬

**敬鄉樓叢書三十八種**　黄羣編　民國十七年至二十四年(1928－1935)永嘉黄氏鉛印本　一冊　存第一輯一種

330000－1704－0019036　018764　類叢部/叢書類/彙編之屬

**四部備要**　中華書局編　民國二十五年(1936)上海中華書局鉛印本(原缺經義考卷二百八十六、二百九十九至三百,東塾讀書記十三至十四、十七至二十、二十二至二十五)　一冊　存一種

330000－1704－0019038　018890　集部/別集類/清別集

**壯悔堂文集十卷四憶堂詩集六卷遺稿一卷**　(清)侯方域撰　(清)賈開宗等評點　民國上海掃葉山房石印本　六冊

330000－1704－0019040　018861　集部/戲

劇類/總集之屬/雜劇
**元曲大觀三十種** 錦文堂主人輯 民國十年(1921)上海錦文堂書局影印本 五十五冊 存二十八種

330000－1704－0019042 018976 類叢部/叢書類/彙編之屬
**四部備要** 中華書局編 民國二十五年(1936)上海中華書局鉛印本(原缺經義考卷二百八十六、二百九十九至三百,東塾讀書記十三至十四、十七至二十、二十二至二十五) 五冊 存三種

330000－1704－0019046 020421 子部/雜著類/雜說之屬
**印雪軒隨筆四卷** (清)俞鴻漸撰 民國六年(1917)上海掃葉山房石印本 四冊

330000－1704－0019048 018979 子部/宗教類/佛教之屬
**出世必要一卷** 民國上海明善書局鉛印本 一冊

330000－1704－0019051 018981 子部/醫家類/養生之屬
**養生保命録一卷** 民國二十三年(1934)上海三友實業社石印本 一冊

330000－1704－0019054 018982 類叢部/叢書類/彙編之屬
**四部備要** 中華書局編 民國二十五年(1936)上海中華書局鉛印本(原缺經義考卷二百八十六、二百九十九至三百,東塾讀書記十三至十四、十七至二十、二十二至二十五) 五冊 存一種

330000－1704－0019057 019026 集部/詩文評類/文法之屬/函牘格式
**新撰普通尺牘二卷詳解一卷** 商務印書館編譯所編 民國上海商務印書館鉛印本 一冊 存一卷(二)

330000－1704－0019061 018974 類叢部/叢書類/自著之屬
**六如居士全集四種** (明)唐寅撰 民國二十三年(1934)上海廣益書局石印本 二冊 存二種

330000－1704－0019062 019027 子部/藝術類/書畫之屬/法帖
**翁松禪相國尺牘真蹟不分卷** (清)翁同龢書 民國上海中華書局影印本 十冊

330000－1704－0019063 018975 類叢部/叢書類/自著之屬
**六如居士全集四種** (明)唐寅撰 民國石印本 一冊 存一種

330000－1704－0019064 018983 類叢部/叢書類/自著之屬
**六如居士全集四種** (明)唐寅撰 民國石印本 二冊 存二種

330000－1704－0019069 018903 史部/傳記類/別傳之屬
**民國十五年以前之蔣介石先生八卷** 毛思誠撰 民國二十六年(1937)鉛印本 十二冊

330000－1704－0019072 019029 集部/總集類/選集之屬/通代
**古文析義初編六卷二編八卷** (清)林雲銘評註 民國四年(1915)上海鑄記書局石印本 八冊 存八卷(初編一至三、二編一至五)

330000－1704－0019075 019014 類叢部/叢書類/郡邑之屬
**湖北先正遺書七十二種七百二十七卷** 盧靖編 民國十二年(1923)沔陽盧氏慎始基齋影印本 七冊 存二種

330000－1704－0019084 019032 集部/總集類/尺牘之屬
**各界適用分類新尺牘大觀十卷附青年寶鑑四卷** 曹用礪撰 民國十四年(1925)上海普益書局石印本 八冊 缺五卷(五、九至十,青年寶鑑三至四)

330000－1704－0019087 018894 集部/別集類/清別集
**詳註鄭板橋全集不分卷** (清)鄭燮撰 雷瑨註釋 民國二十三年(1934)上海掃葉山房石

印本　四册

330000－1704－0019092　019034　類叢部/叢書類/彙編之屬

**四部叢刊**　張元濟等編　民國上海商務印書館影印本　八册　存一種

330000－1704－0019094　018988　子部/藝術類/篆刻之屬/印譜

**鐵耕小築印譜不分卷**　(清)劉慶祥纂　劉紹寬輯　民國十九年(1930)鈐印本　一册

330000－1704－0019097　015078　經部/詩類/三家詩之屬

**詩攷補訂五卷**　(宋)王應麟撰　(清)盧文弨增校　楊晨補訂　民國四年(1915)石印本　一册

330000－1704－0019098　015079　集部/別集類

**崇雅堂詩稿一卷**　楊晨撰　**漢臯遺什一卷**　李嘉瑛撰　民國四年(1915)石印本　一册

330000－1704－0019099　018986　類叢部/叢書類/彙編之屬

**四部備要**　中華書局編　民國二十五年(1936)上海中華書局鉛印本(原缺經義考卷二百八十六、二百九十九至三百,東塾讀書記十三至十四、十七至二十、二十二至二十五)　四册　存一種

330000－1704－0019100　015080　史部/詔令奏議類/奏議之屬

**崇雅堂疏稿二卷**　楊晨撰　民國石印本　一册

330000－1704－0019103　018987　集部/曲類

**新曲苑三十四種附一種**　任訥編　民國二十九年(1940)上海中華書局鉛印本　十二册

330000－1704－0019104　015079－1　集部/別集類

**崇雅堂詩稿一卷續稿一卷**　楊晨撰　**漢臯遺什一卷**　李嘉瑛撰　民國石印本　一册

330000－1704－0019105　019037　子部/雜著類/雜考之屬

**籀廎述林十卷**　(清)孫詒讓撰　民國五年(1916)刻本　四册

330000－1704－0019108　015081　史部/目録類/總録之屬/官修

**浙江公立圖書館附設印行所書目不分卷**　浙江公立圖書館編　民國十三年(1924)刻本　一册

330000－1704－0019109　018895　類叢部/叢書類/彙編之屬

**四部備要**　中華書局編　民國二十五年(1936)上海中華書局鉛印本(原缺經義考卷二百八十六、二百九十九至三百,東塾讀書記十三至十四、十七至二十、二十二至二十五)　四册　存一種

330000－1704－0019116　018881　集部/別集類/金別集

**元遺山詩集箋注十四卷**　(金)元好問撰　(元)張德輝類次　(清)施國祁箋　**元遺山詩集箋注年譜一卷**　(清)施國祁訂　**元遺山全集附録一卷**　(明)儲瓘輯　(清)華希閔增　**元遺山全集補載一卷**　(清)施國祁輯　民國七年(1918)掃葉山房石印本　八册

330000－1704－0019117　018882　子部/宗教類/佛教之屬/諸宗

**淨土四經五卷**　民國鉛印本　二册

330000－1704－0019118　018877　子部/宗教類/佛教之屬/諸宗

**淨土四經五卷**　民國鉛印本　二册

330000－1704－0019122　018991　子部/藝術類/書畫之屬/法帖

**御刻三希堂石渠寶笈法帖不分卷**　(清)梁詩正等輯　民國上海鴻章書局石印本　三册　存三册(一、十八、二十一)

330000－1704－0019123　018992　子部/藝術類/書畫之屬/法帖

**御刻三希堂石渠寶笈法帖不分卷**　(清)梁詩

正等輯　民國石印本　一冊　存一冊(六)

330000－1704－0019124　018993　子部/術數類/相宅相墓之屬

**新鐫碎玉剖秘地理不求人五卷**　(清)吳以炌等撰　民國石印本　一冊　存一卷(五)

330000－1704－0019127　018994　子部/藝術類/書畫之屬/法帖

**舊拓龍門二十品二卷**　民國八年(1919)上海有正書局影印本　一冊

330000－1704－0019129　018995　子部/道家類

**教科適用莊子精華二卷**　中華書局編　民國十七年(1928)上海中華書局鉛印本　一冊

330000－1704－0019132　018996　子部/藝術類/書畫之屬/法帖

**龍門造像記一卷**　民國影印本　一冊

330000－1704－0019133　019044　子部/宗教類/佛教之屬/經

**佛說大阿彌陀經二卷**　(宋)王日休校輯　民國鉛印本　一冊

330000－1704－0019142　018878　史部/傳記類/總傳之屬/技藝

**國朝畫識十七卷**　(清)馮金伯纂輯　民國十二年(1923)上海中華書局鉛印本　四冊

330000－1704－0019150　善000719　集部/別集類/唐五代別集

**李詩選註十三卷附辨疑二卷**　(明)朱諫選註　民國永嘉黃氏敬鄉樓抄本　八冊

330000－1704－0019155　018997　類叢部/叢書類/彙編之屬

**四部叢刊**　張元濟等編　民國上海商務印書館影印本　一冊　存一種

330000－1704－0019156　018998　集部/別集類/清別集

**陳檢討四六二十卷**　(清)陳維崧撰　(清)程師恭注　民國上海文瑞樓石印本　二冊　存五卷(一至二、五至七)

330000－1704－0019159　019048　子部/宗教類/佛教之屬

**佛學叢書□□種**　丁福保輯　民國上海醫學書局鉛印本暨影印本　一冊　存一種

330000－1704－0019160　018998－1　集部/別集類/清別集

**陳檢討四六二十卷**　(清)陳維崧撰　(清)程師恭注　民國石印本　一冊　存二卷(十九至二十)

330000－1704－0019161　018999　集部/總集類/選集之屬/斷代

**王荆公唐百家詩選二十卷**　(宋)王安石輯　民國影印本　一冊　存八卷(七至十四)

330000－1704－0019162　019000　子部/藝術類/書畫之屬/法帖

**御刻三希堂石渠寶笈法帖不分卷**　(清)梁詩正等輯　民國石印本　六冊　存六冊(二、八、十一至十二、十九、二十四)

330000－1704－0019167　019049　子部/雜著類/雜纂之屬

**漁洋說部精華十二卷**　(清)王士禛撰　(清)劉堅輯　民國上海埽葉山房石印本　三冊　缺三卷(一至三)

330000－1704－0019172　018913　集部/小說類/長篇之屬

**繪圖老殘新遊記四卷十六章**　楊塵因撰　民國十三年(1924)上海世界書局石印本　許喬題記　一冊　存一卷(四)

330000－1704－0019174　019045　子部/宗教類/佛教之屬/經

**大方廣圓覺修多羅了義經二卷**　(唐)釋佛陀多羅譯　民國上海佛學書局鉛印本　一冊

330000－1704－0019179　019051　子部/宗教類/佛教之屬/經

**大方廣圓覺修多羅了義經二卷**　(唐)釋佛陀多羅譯　民國上海佛學書局鉛印本　一冊

330000－1704－0019182　019051－1　子部/宗教類/佛教之屬/經

**大方廣圓覺修多羅了義經二卷**　(唐)釋佛陀多羅譯　民國上海佛學書局鉛印本　一册

330000－1704－0019185　019007　子部/道家類

**莊子十卷**　(晉)郭象注　(唐)陸德明音義　民國上海掃葉山房石印本　一册　存二卷(九至十)

330000－1704－0019188　018915　子部/儒家類/儒學之屬/禮教

**青年修養録十八編**　趙鉦鐸編　民國鉛印本　一册　存八編(一至八)

330000－1704－0019190　019095　子部/藝術類/書畫之屬/法帖

**吴倉碩石鼓文一卷**　吴昌碩書　光齋軒藏　民國上海求古齋書帖局影印本　一册

330000－1704－0019192　019008　類叢部/叢書類/彙編之屬

**四部叢刊**　張元濟等編　民國上海商務印書館影印本　一册　存一種

330000－1704－0019197　019010　子部/藝術類/書畫之屬/法帖

**詩話集錦一卷**　潘齡皋書　民國石印本　一册

330000－1704－0019200　018896　集部/總集類/選集之屬/通代

**古詩源十四卷**　(清)沈德潛輯　民國上海商務印書館鉛印本　四册

330000－1704－0019202　019012　類叢部/叢書類/彙編之屬

**四部備要**　中華書局編　民國二十五年(1936)上海中華書局鉛印本(原缺經義考卷二百八十六、二百九十九至三百,東塾讀書記十三至十四、十七至二十、二十二至二十五)　一册　存一種

330000－1704－0019204　019098　子部/醫家類/溫病之屬/痧症

**痧症指微一卷附同人圖一卷**　民國石印本　一册　存一卷(同人圖)

330000－1704－0019209　019056　子部/宗教類/佛教之屬/論疏

**攝大乘論義記十卷**　釋持松撰　民國鉛印本　三册

330000－1704－0019212　019011　子部/農家農學類/園藝之屬/花卉

**秘傳花鏡六卷**　(清)陳淏子撰　民國二年(1913)漢口四官殿鍊石書局石印本　二册　存二卷(一、三)

330000－1704－0019213　018916　集部/小説類/長篇之屬

**繡像正續英雄大八義一百回**　民國上海中原書局石印本　二册　存四十四回(五十七至一百)

330000－1704－0019217　019101　子部/宗教類/佛教之屬

**歷史感應統紀四卷首一卷**　許止淨編纂　民國十八年(1929)鉛印本　四册

330000－1704－0019219　018917　類叢部/叢書類/彙編之屬

**四部備要**　中華書局編　民國二十五年(1936)上海中華書局鉛印本(原缺經義考卷二百八十六、二百九十九至三百,東塾讀書記十三至十四、十七至二十、二十二至二十五)　十册　存一種

330000－1704－0019222　014284　類叢部/叢書類/彙編之屬

**四部叢刊**　張元濟等編　民國上海商務印書館影印本　九册　存一種

330000－1704－0019226　018897　集部/總集類/選集之屬/通代

**註釋宋元明詩三百首六卷**　(清)朱梓　(清)冷昌言編　民國中華書局鉛印本　一册

330000－1704－0019231　019104　集部/詞類/詞譜之屬

**白香詞譜箋四卷**　(清)舒夢蘭輯　(清)謝朝徵箋　民國石印本　一册　存二卷(三至四)

330000－1704－0019235　019060　子部/藝

術類/書畫之屬/法帖
**三希堂小楷四種不分卷** 民國上海有正書局影印本 一冊

330000－1704－0019238 019019 經部/小學類/文字之屬/字書/字典
**康熙字典十二集三十六卷總目一卷檢字一卷辨似一卷等韻一卷備考一卷補遺一卷** (清)張玉書等纂修 民國石印本 四冊 存十七卷(辰集上中下、午集上中下、未集上中下、酉集上中下、亥集上中下,備考,補遺)

330000－1704－0019242 019063 子部/藝術類/書畫之屬/法帖
**錢南園書施芳谷壽序一卷** (清)錢澧書 民國上海有文書局影印本 一冊

330000－1704－0019245 018899 史部/地理類/雜志之屬
**秣陵集六卷金陵歷代紀年事表一卷圖考一卷** (清)陳文述撰 民國十七年(1928)掃葉山房石印本 四冊

330000－1704－0019249 019066 子部/藝術類/書畫之屬/法帖
**小楷羣仙高會賦一卷** (元)趙孟頫書 民國上海尚古山房影印本 一冊

330000－1704－0019251 019090 集部/戲劇類/雜劇之屬
**戲考不分卷** 中華圖書館編輯部編 民國十年(1921)上海中華圖書館鉛印本 一冊 存一冊(三十一)

330000－1704－0019254 019112 集部/小說類/長篇之屬
**評註圖像水滸傳三十五卷七十回首一卷** (明)施耐庵撰 (清)金人瑞評 民國鉛印本 一冊 存三卷(二十六至二十八)

330000－1704－0019255 善000905 集部/別集類/清別集
**玉甑山館詩鈔八卷又二卷文鈔一卷** (清)林從炯撰 民國十三年(1924)永嘉黃氏敬鄉樓抄本 楊紹廉題簽並記 五冊

330000－1704－0019256 019113 子部/醫家類/類編之屬
**潛齋醫書五種** (清)王士雄纂 (清)楊照藜 (清)汪曰楨評 民國上海千頃堂書局石印本 四冊 存一種

330000－1704－0019257 019057 子部/宗教類/佛教之屬
**壽康寶鑑一卷** 釋印光增訂 民國十六年(1927)浙江印刷公司鉛印本 一冊

330000－1704－0019258 019107 子部/宗教類/佛教之屬/諸宗
**印光法師嘉言錄不分卷** 李圓淨編 民國三十二年(1943)蘇州弘化社鉛印本 一冊

330000－1704－0019259 019116 類叢部/叢書類/彙編之屬
**桐城吳先生羣書點勘** (清)吳汝綸撰 民國蓮池書社鉛印本 一冊 存二種

330000－1704－0019262 019111 集部/別集類/清別集
**香屑集十八卷首一卷末一卷** (清)黃之雋撰 (清)陳邦直注 民國十一年(1922)上海掃葉山房石印本 四冊

330000－1704－0019263 019108 集部/別集類/明別集
**疑雲集四卷** (明)王彥泓撰 民國十五年(1926)上海大東書局石印本 二冊

330000－1704－0019265 019067 子部/宗教類/佛教之屬
**壽康寶鑑一卷** 釋印光增訂 民國十六年(1927)浙江印刷公司鉛印本 一冊

330000－1704－0019267 019109 集部/別集類/明別集
**疑雨集四卷** (明)王彥泓撰 民國四年(1915)上海掃葉山房石印本 二冊

330000－1704－0019269 019069 經部/詩類/三家詩之屬
**韓詩外傳十卷** (漢)韓嬰撰 (清)周廷寀校注 **校注拾遺一卷** (清)周宗杬撰 **補逸一**

卷　（清）趙懷玉輯　民國六年（1917）上海商務印書館鉛印本　四册

330000－1704－0019272　019110　子部/宗教類/道教之屬
**水陸下堂召請單不分卷**　民國抄本　一册

330000－1704－0019273　019070　史部/金石類/石之屬/文字
**初拓李璧碑不分卷**　民國十二年（1923）上海文明書局影印本　伯海題記　一册

330000－1704－0019274　019117　集部/小説類/短篇之屬
**我佛山人筆記四種四卷**　民國四年（1915）瑞華書局石印本　一册　存二卷（一至二）

330000－1704－0019275　019152　集部/别集類/宋别集
**黄山谷書牘一卷**　（宋）黄庭堅撰　民國三年（1914）上海商務印書館鉛印本　二册

330000－1704－0019278　019154　集部/總集類/選集之屬/通代
**古文觀止十二卷**　（清）吳乘權　（清）吳大職輯　民國七年（1918）上海天寶書局石印本　一册

330000－1704－0019280　019062　集部/别集類/唐五代别集
**百大家評註韓文菁華録四卷**　吳人麟編　民國十三年（1924）上海廣益書局石印本　謝元甫題記　一册

330000－1704－0019281　019118　史部/史評類/史論之屬
**史通通釋二十卷附録一卷**　（清）浦起龍釋　民國上海文瑞樓石印本　四册　存十卷（一至五、十一至十五）

330000－1704－0019283　019155　集部/别集類/唐五代别集
**百大家評註韓文菁華録四卷**　吳人麟編　民國十三年（1924）上海廣益書局石印本　一册

330000－1704－0019284　019064　集部/總集類/選集之屬/斷代
**唐四家詩集**　（清）胡鳳丹輯　民國上海掃葉山房石印本　一册　存一種

330000－1704－0019287　019200　子部/儒家類/儒學之屬/蒙學
**新增繪圖幼學故事瓊林四卷首一卷**　（清）程登吉撰　（清）鄒聖脈增補　民國上海昌文書局石印本　一册

330000－1704－0019290　019201　子部/儒家類/儒學之屬/蒙學
**新增繪圖幼學故事瓊林四卷首一卷**　（清）程登吉撰　（清）鄒聖脈增補　民國上海昌文書局石印本　一册

330000－1704－0019304　019121　集部/别集類/唐五代别集
**李長吉歌詩四卷外集一卷首一卷**　（唐）李賀撰　（清）王琦彙解　民國崇新書局據清乾隆王氏寶笏樓刻本影印本　六册

330000－1704－0019309　019161　史部/紀傳類/正史之屬
**言文對照漢書評註讀本二卷**　秦同培選輯　民國十三年（1924）上海世界書局石印本　二册

330000－1704－0019315　019205　集部/别集類
**鳴秋軒詩鈔二集二卷**　王心廉撰　民國十三年（1924）石印本　一册

330000－1704－0019316　019122　類叢部/叢書類/彙編之屬
**四部備要**　中華書局編　民國二十五年（1936）上海中華書局鉛印本（原缺經義考卷二百八十六、二百九十九至三百，東塾讀書記十三至十四、十七至二十、二十二至二十五）　四册　存一種

330000－1704－0019317　019206　類叢部/叢書類/郡邑之屬
**括蒼叢書第一集八種**　劉燿東編　民國二十七年（1938）鉛印本（原缺滑疑集詩卷二）　劉

燿東題箋並記　二冊　存一種

330000－1704－0019318　019075　類叢部/叢書類/郡邑之屬

**台州叢書後集十七種**　楊晨輯　民國四年(1915)黄巖楊氏刻本　孫經鋼題記　一冊　存一種

330000－1704－0019319　019207　類叢部/叢書類/郡邑之屬

**括蒼叢書第一集八種**　劉燿東編　民國二十七年(1938)鉛印本(原缺滑疑集詩卷二)　二冊　存一種

330000－1704－0019320　019208　類叢部/叢書類/郡邑之屬

**括蒼叢書第一集八種**　劉燿東編　民國二十七年(1938)鉛印本(原缺滑疑集詩卷二)　二冊　存一種

330000－1704－0019327　019124　新學/政治法律/政治

**抗敵宣傳大綱一卷**　浙江省抗敵後援會編　民國二十六年(1937)浙江省抗敵後援會鉛印本　一冊

330000－1704－0019331　019211　子部/宗教類/佛教之屬

**佛學叢書□□種**　丁福保輯　民國上海醫學書局鉛印本暨影印本　一冊　存一種

330000－1704－0019336　019079　類叢部/叢書類/郡邑之屬

**台州叢書後集十七種**　楊晨輯　民國四年(1915)黄巖楊氏刻本　一冊　存四種

330000－1704－0019341　019168　集部/總集類/選集之屬/斷代

**新體廣註唐詩三百首讀本六卷**　世界書局編輯所編　民國十五年(1926)上海世界書局石印本　二冊

330000－1704－0019344　019081　子部/醫家類/婦科之屬/通論

**新編女科指掌五卷**　(清)葉其蓁編　民國上海海左書局石印本　一冊

330000－1704－0019345　019170　經部/詩類/傳說之屬

**詩經集傳八卷**　(宋)朱熹撰　民國六年(1917)上海鴻文書局石印本　四冊

330000－1704－0019348　019172　史部/編年類/通代之屬

**尺木堂綱鑑易知録九十二卷明鑑易知録十五卷**　(清)吴乘權　(清)周之炯　(清)周之燦輯　民國石印本　三冊　存二十一卷(綱鑑易知録十三至二十六、明鑑易知録一至七)

330000－1704－0019353　019212　類叢部/叢書類/彙編之屬

**四部備要**　中華書局編　民國二十五年(1936)上海中華書局鉛印本(原缺經義考卷二百八十六、二百九十九至三百,東塾讀書記十三至十四、十七至二十、二十二至二十五)　二十四冊　存三種

330000－1704－0019355　019129　子部/小說家類/異聞之屬

**談異八卷**　(清)伊園撰　民國三年(1914)上海掃葉山房石印本　一冊

330000－1704－0019357　019173　類叢部/叢書類/彙編之屬

**四部叢刊**　張元濟等編　民國上海商務印書館影印本　十六冊　存二種

330000－1704－0019358　019128　類叢部/叢書類/彙編之屬

**小醉經閣叢刻十種**　民國二年(1913)上海中華藝文社鉛印本　八冊　存一種

330000－1704－0019359　019213　集部/別集類

**天風閣詩初集一卷**　徐英撰　民國鉛印本　一冊

330000－1704－0019360　017174　史部/編年類/通代之屬

**尺木堂綱鑑易知録九十二卷明鑑易知録十五卷**　(清)吴乘權　(清)周之炯　(清)周之燦輯　民國石印本　一冊　存七卷(綱鑑易

知録七十四至八十)

330000－1704－0019361　019131　子部/雜著類/雜説之屬

**紫桃軒雜綴四卷又綴二卷**　(明)李日華撰　民國上海有正書局石印本　王冰肅題記並觀款　四册

330000－1704－0019362　019214　集部/别集類

**天風閣詩初集一卷**　徐英撰　民國鉛印本　一册

330000－1704－0019367　019132　史部/傳記類/總傳之屬/通代

**校正尚友録統編二十四卷**　(清)錢湖釣徒編　(清)張元聲輯　民國石印本　一册　存二卷(十一至十二)

330000－1704－0019372　019084　類叢部/叢書類/彙編之屬

**四部叢刊**　張元濟等編　民國上海商務印書館影印本　六册　存一種

330000－1704－0019373　019165　類叢部/叢書類/彙編之屬

**四部叢刊**　張元濟等編　民國上海商務印書館影印本　三册　存一種

330000－1704－0019374　019133　史部/金石類/金之屬/圖像

**西清古鑑四十卷錢録十六卷**　(清)梁詩正　(清)蔣溥等纂修　民國十五年(1926)上海雲華居廬石印本　九册　存十八卷(一至十三、三十六至四十)

330000－1704－0019376　019254　子部/藝術類/書畫之屬/總論

**壯陶閣書畫録二十二卷附録一卷**　裴景福撰　民國二十六年(1937)上海中華書局鉛印本　二十二册

330000－1704－0019377　019134　集部/戲劇類/雜劇之屬

**增批繪像第六才子書八卷**　(元)王德信　(元)關漢卿撰　(清)金人瑞評　**六才子西廂文一卷　唐六如先生文韻一卷**　(明)祝允明評定　(明)念庵居士輯　民國四年(1915)上海掃葉山房石印本　四册

330000－1704－0019378　019218　類叢部/叢書類/彙編之屬

**四部叢刊**　張元濟等編　民國上海商務印書館影印本　二册　存一種

330000－1704－0019379　019255　子部/宗教類/佛教之屬

**攝大乘論釋十卷**　(印度)世親撰　(唐)釋玄奘譯　民國五年(1916)金陵刻經處刻本　三册

330000－1704－0019381　019252　類叢部/叢書類/彙編之屬

**四部叢刊**　張元濟等編　民國上海商務印書館影印本　二册　存一種

330000－1704－0019387　019219　子部/醫家類/類編之屬

**陳修園醫書七十種**　(清)陳念祖等撰　民國石印本　與330000－1704－0019386合爲一册　存一種

330000－1704－0019396　018929　子部/醫家類/婦科之屬/產科

**增廣大生要旨五卷**　(清)唐千頃撰　(清)葉灝增訂　民國影印本　一册

330000－1704－0019400　019258　子部/雜著類/雜説之屬

**容齋隨筆十六卷續筆十六卷三筆十六卷四筆十六卷五筆十卷首一卷**　(宋)洪邁撰　民國石印本　二册　存十六卷(容齋隨筆九至十六、續筆一至八)

330000－1704－0019402　019259　集部/戲劇類/雜劇之屬

**增像第六才子書五卷首一卷**　(元)王德信　(元)關漢卿撰　(清)金人瑞評　民國八年(1919)上海天寶書局石印本　一册

330000－1704－0019403　019180　史部/編年類/通代之屬

**綱鑑易知録九十二卷明鑑易知録十五卷** (清)吳乘權 (清)周之炯 (清)周之燦輯 民國鉛印本 一冊 存六卷(六十五至七十)

330000－1704－0019407 019261 集部/別集類/明別集

**註釋疑雲集四卷** (明)王彦泓撰 雷瑨註釋 民國十八年(1929)上海掃葉山房石印本 四冊

330000－1704－0019415 019262 子部/藝術類/書畫之屬/總論

**甌鉢羅室書畫過目攷四卷首一卷附卷一卷** (清)李玉棻輯 民國上海朝記書莊鉛印本 四冊

330000－1704－0019416 019185 子部/宗教類/佛教之屬

**觀世音菩薩靈感録九卷補遺一卷** 丁福保編纂 民國十八年(1929)上海醫學書局鉛印本 一冊

330000－1704－0019421 019264 集部/詩文評類/詩評之屬

**古今詩話探奇二卷** (清)蔣鳴珂手録 民國七年(1918)上海廣益書局石印本 一冊

330000－1704－0019422 019138 類叢部/叢書類/彙編之屬

**四部叢刊** 張元濟等編 民國上海商務印書館影印本 一冊 存一種

330000－1704－0019424 018932 子部/天文曆算類/曆法之屬

**萬年曆一卷附星命須知一卷** 民國石印本 一冊

330000－1704－0019434 019228 史部/紀傳類/正史之屬

**三國志六十五卷附考證** (晉)陳壽撰 (南朝宋)裴松之注 民國十九年(1930)上海掃葉山房石印本 十四冊 缺一卷(蜀志九)

330000－1704－0019435 019268 類叢部/叢書類/郡邑之屬

**仙居叢書第一集十二種** 李鏡渠編 民國二十四年(1935)鉛印本 一冊 存一種

330000－1704－0019437 019269 集部/別集類/清別集

**香屑集十八卷首一卷末一卷** (清)黄之雋撰 (清)陳邦直注 民國四年(1915)上海掃葉山房石印本 四冊 缺一卷(末)

330000－1704－0019448 018935 子部/儒家類/儒學之屬/蒙學

**新增幼學瓊林白話註解四卷** (清)程登吉撰 (清)鄒聖脈增補 民國上海羣學書社石印本 一冊 存二卷(一至二)

330000－1704－0019452 018937 史部/雜史類/斷代之屬

**清談十卷** 胡懷琛編 民國鉛印本 一冊 存四卷(三至六)

330000－1704－0019454 019272 集部/總集類/酬唱之屬

**銅槯唱和詩集一卷** 劉紹寬等撰 民國七年(1918)溫州務本石印公司石印本 一冊

330000－1704－0019456 019273 集部/別集類/明別集

**疑雨集註四卷** (明)王彦泓撰 丁國鈞注 民國四年(1915)上海掃葉山房石印本 四冊

330000－1704－0019458 019147 子部/醫家類/溫病之屬

**溫病條辨六卷首一卷** (清)吳瑭撰 民國三年(1914)上海錦章圖書局石印本 一冊

330000－1704－0019459 018938 新學/雜著

**日用百事全書十二卷附明密碼電報書** 民國上海新華書局鉛印本 二冊

330000－1704－0019460 019274 集部/總集類/課藝之屬

**補殘唫社詩鐘不分卷** 民國石印本 一冊

330000－1704－0019465 019191 子部/法家類

**管子二十四卷**　(唐)房玄齡注　民國石印本　一册　存六卷(十九至二十四)

330000－1704－0019466　019276　子部/宗教類/佛教之屬

**仁王護國般若波羅蜜多經道場念誦軌儀一卷**　(唐)釋不空譯　民國刻本　一册

330000－1704－0019468　019188　經部/春秋總義類/傳說之屬

**春秋公羊穀梁傳合刊**　民國五年(1916)上海大成書局石印本　二册　存一種

330000－1704－0019470　019193　史部/史評類/史論之屬

**讀通鑑論十六卷附宋論十五卷**　(清)王夫之撰　民國上海商務印書館鉛印本　一册　存二卷(讀通鑑論十五至十六)

330000－1704－0019473　019278　集部/別集類

**綠滿窗詩草一卷**　周夢虞撰　民國三十二年(1943)桐山說劍齋油印本　卓亦□題記　一册

330000－1704－0019475　019279　集部/別集類/清別集

**越縵堂詩初集十卷**　(清)李慈銘撰　民國二十年(1931)上海商務印書館鉛印本　三册

330000－1704－0019477　019277　集部/總集類/彙編之屬

**五唐人詩集**　(明)毛晉編　民國影印本　五册

330000－1704－0019478　019189　類叢部/叢書類/彙編之屬

**四部備要**　中華書局編　民國二十五年(1936)上海中華書局鉛印本(原缺經義考卷二百八十六、二百九十九至三百,東塾讀書記十三至十四、十七至二十、二十二至二十五)　十二册　存一種

330000－1704－0019480　019150　子部/醫家類/傷寒金匱之屬/傷寒論

**傷寒來蘇集三種八卷**　(清)柯琴撰　民國上海千頃堂書局石印本　三册

330000－1704－0019481　019198　子部/宗教類/佛教之屬/經疏

**妙法蓮華經入疏二十卷**　(後秦)釋鳩摩羅什譯　(隋)釋智者疏並記　(宋)釋道威注　民國十年(1921)揚州藏經院刻本　七册　缺六卷(三至六、十五至十六)

330000－1704－0019482　019145　子部/宗教類/佛教之屬/經疏

**妙法蓮華經入疏二十卷**　(後秦)釋鳩摩羅什譯　(隋)釋智者疏並記　(宋)釋道威注　民國十年(1921)揚州藏經院刻本　四册　存八卷(一至二、五至六、十五至十六、十九至二十)

330000－1704－0019484　019232　類叢部/叢書類/彙編之屬

**四部叢刊**　張元濟等編　民國八年(1919)上海商務印書館影印本　三册　存一種

330000－1704－0019485　019196　集部/總集類

**文抄一卷**　(清)薛福成等撰　民國抄本　一册

330000－1704－0019486　019280　集部/總集類/選集之屬/通代

**御選唐宋詩醇四十七卷目録二卷**　(清)高宗弘曆輯　民國十年(1921)中華圖書館石印本　八册

330000－1704－0019494　019328　史部/紀傳類/正史之屬

**史記一百三十卷**　(漢)司馬遷撰　(南朝宋)裴駰集解　(唐)司馬貞索隱　(唐)張守節正義　**補史記一卷**　(唐)司馬貞撰并注　民國中華圖書館影印本　十三册　存七十六卷(一至十八、三十八至四十八、八十四至一百三十)

330000－1704－0019495　善000925　集部/詞類/別集之屬

**彊邨語業二卷**　朱祖謀撰　民國十三年

(1924)歸安朱氏託鵑樓刻本　一册

330000－1704－0019499　019284　集部/别集類/清别集

**靈芬館詩初集四卷二集十卷三集四卷**　(清)郭麐撰　民國二年(1913)上海掃葉山房石印本　四册

330000－1704－0019502　018940　集部/總集類/彙編之屬

**康南海梁任公文集合刻不分卷**　朱振新編　民國三年(1914)上海共和編譯局石印本　一册　存目録

330000－1704－0019504　019285　子部/宗教類/佛教之屬/論疏

**瑜伽師地論釋一卷**　(唐)釋玄奘譯　民國六年(1917)金陵刻經處刻本　一册

330000－1704－0019505　019286　集部/别集類/漢魏六朝别集

**陶淵明文集十卷**　(晉)陶潛撰　民國十四年(1925)海左書局石印本　四册

330000－1704－0019506　019329　類叢部/叢書類/彙編之屬

**士禮居黄氏叢書十九種附四種**　(清)黄丕烈輯　民國十一年(1922)上海博古齋據清黄氏刻本增輯影印本　五册　存一種

330000－1704－0019510　018941　類叢部/叢書類/自著之屬

**隨園四十三種**　(清)袁枚撰　民國十年(1921)上海著易堂書局鉛印本　一册　存一種

330000－1704－0019511　019288　集部/總集類/選集之屬/通代

**新體廣註古文觀止十二卷**　(清)吴乘權　(清)吴大職輯　黄築巖　劉再蘇註釋　民國石印本　十册　缺二卷(一、四)

330000－1704－0019513　019236　集部/詩文評類/詩評之屬

**隨園詩話十六卷補遺十卷**　(清)袁枚撰　民國上海廣益書局石印本　一册　存五卷(隨園詩話一至五)

330000－1704－0019515　019237　類叢部/叢書類/自著之屬

**隨園全集□□種**　(清)袁枚撰　民國石印本　一册　存一種

330000－1704－0019516　018942　子部/宗教類/佛教之屬/經咒

**白衣大士神咒一卷**　民國石印本　一册

330000－1704－0019528　019421　子部/醫家類/傷寒金匱之屬/傷寒論

**傷寒來蘇集六卷**　(清)柯琴撰　民國上海文瑞樓石印本　一册

330000－1704－0019531　018944　子部/宗教類/佛教之屬/論

**大乘百法明門論本地分中略録名數解一卷**　(唐)釋窺基撰　**大乘百法明門論本地分中略録名數疏二卷**　(唐)釋普光撰　**大乘五藴論一卷**　(印度)世親造　(唐)釋玄奘譯　**大乘廣五藴論一卷**　(印度)安慧造　(唐)釋地婆訶羅譯　民國四年至五年(1915－1916)金陵刻經處刻本　一册

330000－1704－0019532　019420　子部/醫家類/傷寒金匱之屬/傷寒論

**傷寒來蘇集三種八卷**　(清)柯琴撰　民國二十年(1931)上海千頃堂書局石印本　一册　存六卷(傷寒論註一至四、傷寒論翼一至二)

330000－1704－0019537　019242　子部/藝術類/遊藝之屬/棋弈

**官子譜一卷**　民國二年(1913)千頃堂書局石印本　一册

330000－1704－0019539　019422　子部/醫家類/傷寒金匱之屬/傷寒論

**傷寒來蘇集三種八卷**　(清)柯琴撰　民國大眾醫學社石印本　六册

330000－1704－0019545　019244　子部/雜著類/雜纂之屬

**壽世叢鈔不分卷**　隨喜氏編　民國中央刻經院鉛印本　一册

330000 - 1704 - 0019549　019334　集部/別集類/清別集
**越縵堂詩續集十卷**　(清)李慈銘撰　由雲龍編　民國二十二年(1933)上海商務印書館鉛印本　一册

330000 - 1704 - 0019550　019245　子部/醫家類/傷寒金匱之屬/傷寒論
**傷寒瘟疫條辯六卷**　(清)楊璿撰　(清)楊鼎編　民國六年(1917)上海普通書局石印本　一册

330000 - 1704 - 0019551　善 000922　集部/總集類/氏族之屬
**娱老詞一卷**　(清)孫衣言撰　**盤阿草堂詞存一卷**　(清)孫鏘鳴撰　**經微室詞存一卷**　(清)孫詒讓撰　民國抄本　一册

330000 - 1704 - 0019552　019335　集部/別集類/清別集
**香屑集十八卷首一卷末一卷**　(清)黄之雋撰　(清)陳邦直注　民國四年(1915)上海掃葉山房石印本　三册　存十三卷(一至十三)

330000 - 1704 - 0019558　019295　子部/雜著類
**敬信録不分卷**　民國八年(1919)上海宏大紙號石印本　一册

330000 - 1704 - 0019561　018946　類叢部/叢書類/彙編之屬
**復性書院叢刊二十七種**　馬浮編　民國二十九年至三十七年(1940 - 1948)復性書院刻本暨鉛印本　二册　存一種

330000 - 1704 - 0019562　019423　子部/醫家類/喉科口齒之屬/通論
**重樓玉鑰四卷**　(清)鄭宏綱撰　民國六年(1917)奉天章福記石印本　四册

330000 - 1704 - 0019563　019338　子部/雜著類/雜說之屬
**歸田録二卷補遺一卷**　(宋)歐陽修撰　民國十四年(1925)上海商務印書館鉛印本　一册

330000 - 1704 - 0019568　018947　子部/藝術類/書畫之屬/畫譜
**馬駘畫寶十五種二十四卷**　馬駘繪　民國十七年(1928)世界書局石印本　十四册　存七種

330000 - 1704 - 0019574　019249　子部/醫家類/傷寒金匱之屬/傷寒論
**傷寒指南一卷雜病指南一卷**　葉隱衡撰　民國十七年(1928)上海廣益書局石印本　一册

330000 - 1704 - 0019576　019302　集部/別集類/清別集
**煙霞萬古樓詩集二卷**　(清)王曇撰　**仲瞿詩録一卷**　(清)徐渭仁輯　民國六年(1917)上海掃葉山房石印本　三册

330000 - 1704 - 0019579　019250　子部/醫家類/類編之屬
**張氏醫書七種**　(清)張璐　(清)張登　(清)張倬撰　民國上海錦章圖書局石印本　一册　存一種

330000 - 1704 - 0019581　019304　子部/宗教類/佛教之屬/經咒
**日誦經呪選録一卷附録一卷**　釋印光輯　民國二十二年(1933)蘇州弘化社鉛印本　一册

330000 - 1704 - 0019591　019307　子部/宗教類/佛教之屬
**康藏佛教與西康諾那呼圖克圖應化事略不分卷**　韓大載注　民國二十六年(1937)鉛印本　一册

330000 - 1704 - 0019595　019342　史部/叢編
**思峴廬史學叢著**　唐邦治撰　民國大東書局鉛印本　一册　存一種

330000 - 1704 - 0019599　019247 - 1　子部/醫家類/綜合之屬/通論
**醫學心悟六卷**　(清)程國彭撰　民國石印本　一册　缺四卷(一至四)

330000 - 1704 - 0019613　善 000886　集部/別集類/清別集
**啞然詩句一卷**　(清)曾衍東撰　民國抄本

林衍桐跋　一册

330000－1704－0019643　019314　集部/别集類/明别集

**王文成公全書三十八卷**　（明）王守仁撰　民國石印本　一册　存三卷（十七至十九）

330000－1704－0019645　019315　子部/宗教類/佛教之屬/經疏

**彌陀講演録一卷**　釋源印講　王淇録　民國十三年（1924）京師第一監獄鉛印本　一册

330000－1704－0019647　善000879　集部/别集類/清别集

**七道士詩鈔不分卷**　（清）曾衍東撰　民國二十年（1931）抄本　二册

330000－1704－0019648　019316　集部/别集類/明别集

**祝枝山全集五卷**　（明）祝允明撰　民國六年（1917）上海朝記書莊石印本　四册　缺一卷（五）

330000－1704－0019651　019349　子部/宗教類/佛教之屬/經

**妙法蓮華經觀世音菩薩普門品一卷**　（後秦）釋鳩摩羅什譯　民國刻本　一册

330000－1704－0019652　019448　集部/總集類/課藝之屬

**溫州中學國文講義不分卷**　民國鉛印本　一册

330000－1704－0019658　善000882　集部/别集類/清别集

**張藕塘遺詩不分卷紅豆山房詩存不分卷**　（清）張淳撰　民國七年（1918）抄本　二册

330000－1704－0019660　019319　類叢部/叢書類/彙編之屬

**四部備要**　中華書局編　民國二十五年（1936）上海中華書局鉛印本（原缺經義考卷二百八十六、二百九十九至三百，東塾讀書記十三至十四、十七至二十、二十二至二十五）　二册　存一種

330000－1704－0019662　善000884　集部/别集類

**陳師曾遺詩二卷補一卷**　陳衡恪撰　民國十九年（1930）石印本　一册

330000－1704－0019663　019494　子部/醫家類/外科之屬/通論

**外科圖説四卷**　（清）高文晉輯　民國上海廣益書局石印本　一册

330000－1704－0019672　019497　子部/醫家類/醫經之屬/難經

**校正圖註八十一難經四卷**　（明）張世賢註　**校正圖註脈訣四卷**　（晉）王叔和撰　（明）張世賢註　**校正瀕湖脈學一卷奇經八脈考一卷**　（明）李時珍撰輯　民國上海鴻寶齋書局石印本　一册

330000－1704－0019673　019321　史部/紀傳類/正史之屬

**二十四史附考證**　民國上海涵芬樓據乾隆武英殿本影印本　二册　存一種

330000－1704－0019677　019323　集部/總集類/選集之屬/通代

**言文對照古文觀止十二卷**　（清）吳乘權　（清）吳大職輯　廣益書局編譯　民國上海廣益書局石印本　三册　存三卷（八至九、十一）

330000－1704－0019678　019324　集部/總集類/選集之屬/通代

**言文對照古文觀止十二卷**　（清）吳乘權　（清）吳大職輯　廣益書局編譯　民國上海廣益書局石印本　四册　存四卷（五、九至十一）

330000－1704－0019679　019347　類叢部/叢書類/彙編之屬

**袖珍古書讀本三十種**　中華書局編　民國十九年（1930）上海中華書局鉛印本　一册　存一種

330000－1704－0019682　019499　史部/金石類/總志之屬/文字

**金石萃編一百六十卷** （清）王昶撰 民國石印本 二冊 存十八卷（八至十六、九十一至九十九）

330000－1704－0019687 019326 集部/總集類/選集之屬/通代
**增批古文觀止十二卷** （清）吳乘權 （清）吳大職輯 民國章福記書局石印本 一冊 存六卷（七至十二）

330000－1704－0019689 019352 史部/雜史類/斷代之屬
**戰國策三十三卷** （漢）高誘注 **重刻剡川姚氏本戰國策札記三卷** （清）黃丕烈撰 民國元年（1912）湖北崇文書局刻本 五冊

330000－1704－0019690 019327 集部/總集類/選集之屬/通代
**新體廣註古文觀止十二卷** （清）吳乘權 （清）吳大職輯 黃築巖 劉再蘇註釋 民國石印本 一冊 存二卷（一至二）

330000－1704－0019694 019455 子部/宗教類/佛教之屬/經
**妙法蓮華經妙德玄記二十八卷** （後秦）釋鳩摩羅什譯 釋根慧記 民國二十九年（1940）上海法雲印經會鉛印本 八冊

330000－1704－0019699 019504 經部/四書類/總義之屬/傳說
**四書合講十九卷** （宋）朱熹集註 民國上海著易堂書局鉛印本 一冊 存五卷（論語六至十）

330000－1704－0019701 019505 子部/藝術類/書畫之屬/法帖
**翁松禪墨蹟十集** （清）翁同龢書 民國二十三年（1934）上海商務印書館影印本 一冊 存一集（四）

330000－1704－0019702 019354 子部/宗教類/佛教之屬/經疏
**普門品講義一卷** 釋諦閑撰 民國十八年（1929）鉛印本 一冊

330000－1704－0019708 善 001006 集部/曲類
**誦芬室讀曲叢刊七種** 董康編 民國六年（1917）武進董氏刻本 四冊

330000－1704－0019709 019457 史部/地理類/山川之屬/山志
**仙巖山志八卷** 張揚撰 民國二十二年（1933）籀經樓鉛印本 四冊

330000－1704－0019716 019533 子部/宗教類/佛教之屬/經
**妙法蓮華經觀世音菩薩普門品一卷** （後秦）釋鳩摩羅什譯 民國刻本 一冊

330000－1704－0019719 善 001005 類叢部/叢書類/自著之屬
**彊邨遺書六種外編二種附一種** 朱祖謀撰 民國二十二年（1933）刻本 十二冊

330000－1704－0019723 018957 子部/宗教類/佛教之屬
**海南一勺不分卷** 民國鉛印本 一冊

330000－1704－0019727 018961 子部/宗教類/道教之屬/戒律
**文昌帝君陰騭文註證不分卷** （清）潘成雲輯 民國十四年（1925）佛學推行社鉛印本 一冊

330000－1704－0019728 018962 集部/總集類/題詠之屬
**書吟引玉編一卷** 錢衡同編 民國八年（1919）鉛印本 一冊

330000－1704－0019731 018965 子部/藝術類/書畫之屬/書法書品
**嗇翁墾牧手牒不分卷** 張謇撰並書 江導岷輯 民國七年（1918）南通翰墨林影印本 四冊

330000－1704－0019739 019513 史部/紀傳類/正史之屬
**百大家評註史記十卷** （清）朱子蕃輯 民國八年（1919）上海圖書館石印本 五冊

330000－1704－0019741 019461 子部/天

文曆算類/曆法之屬

**星命須知一卷萬年曆一卷**　民國上海千頃堂書局石印本　一册

330000－1704－0019746　019537　子部/宗教類/佛教之屬

**唯識問答一卷**　劉玉子撰　民國濟南佛經流通處刻本　一册

330000－1704－0019748　019538　類叢部/叢書類/彙編之屬

**四部備要**　中華書局編　民國二十五年(1936)上海中華書局鉛印本(原缺經義考卷二百八十六、二百九十九至三百,東塾讀書記十三至十四、十七至二十、二十二至二十五)一册　存一種

330000－1704－0019751　019539　集部/別集類/宋別集

**王荆文公詩五十卷補遺一卷**　(宋)王安石撰　(宋)李壁箋註　民國十七年(1928)上海受古書店影印本　十六册　缺一卷(補遺)

330000－1704－0019759　018967　集部/小説類/長篇之屬

**第一才子書繡像三國志演義六十卷一百二十回**　(明)羅本撰　(清)金人瑞評　(清)毛宗崗評　民國商務印書館鉛印本　三册　存二十四卷(七至二十二、五十三至六十)

330000－1704－0019760　019509　子部/藝術類/書畫之屬/法帖

**翁松禪墨蹟十集**　(清)翁同龢書　民國十二年(1923)上海商務印書館影印本　一册　存一集(三)

330000－1704－0019763　019518　子部/藝術類/書畫之屬/法帖

**翁松禪墨蹟十集**　(清)翁同龢書　民國十五年(1926)上海商務印書館影印本　一册　存一集(一)

330000－1704－0019765　018968　集部/小説類/長篇之屬

**第一才子書十六卷一百二十回**　(明)羅本撰　(清)金人瑞評　(清)毛宗崗評　民國天寶書局石印本　一册　存四卷(九至十二)

330000－1704－0019769　018969　類叢部/叢書類/彙編之屬

**四部叢刊**　張元濟等編　民國上海商務印書館影印本　三册　存一種

330000－1704－0019772　019516　子部/醫家類

**脈證摘要二卷傷寒脈證一卷素問脈證一卷**　民國抄本　一册

330000－1704－0019774　019467　子部/雜著類/雜纂之屬

**從所好齋雜抄不分卷**　民國符璋抄本　一册

330000－1704－0019776　019519　子部/藝術類/書畫之屬/法帖

**御刻三希堂石渠寶笈法帖不分卷**　(清)梁詩正等輯　民國石印本　一册　存一册(三十一)

330000－1704－0019779　018971　子部/藝術類/遊藝之屬/棋弈

**摘星譜一卷**　(清)胡鴻澤編　民國七年(1918)上海掃葉山房石印本　一册

330000－1704－0019783　018972　史部/紀傳類/正史之屬

**二十四史附考證**　民國上海中華書局影印本　十二册　存一種

330000－1704－0019785　019469　子部/宗教類/道教之屬

**精印道書十二種**　(清)劉一明撰　民國二年(1913)上海江東書局石印本　七册　存九種

330000－1704－0019793　019521　子部/醫家類/方書之屬

**藥方一卷**　民國抄本　一册

330000－1704－0019794　019522　子部/醫家類

**内科藥方一卷**　民國抄本　一册

330000－1704－0019795　019523　子部/醫

家類
**脈理一卷**　民國抄本　一冊

330000－1704－0019797　019524　子部/小說家類/雜事之屬
**世說新語補二十卷附釋名一卷**　（南朝宋）劉義慶撰　（南朝梁）劉孝標注　（宋）劉應登評　（明）何良俊增　（明）王世貞刪　（明）王世懋評　（明）張文柱注　（清）黄汝琳補訂　民國十八年（1929）上海掃葉山房石印本　三冊

330000－1704－0019799　019526　集部/別集類
**安蹇齋叢殘稿四卷**　英華撰　張秀林輯　民國六年（1917）張秀林鉛印本　一冊

330000－1704－0019800　019546　子部/宗教類/佛教之屬/經
**佛說施燈功德經一卷**　（北齊）釋那連提黎耶舍譯　民國刻本　一冊

330000－1704－0019801　019543　子部/宗教類/佛教之屬/律
**在家律要廣集十三卷**　（清）陳熙願撰　民國八年（1919）金陵刻經處刻本　三冊　缺三卷（十一至十三）

330000－1704－0019802　019471　史部/史評類/史論之屬
**史通通釋二十卷附録一卷**　（清）浦起龍釋　民國上海文瑞樓石印本　二冊　存六卷（八至十、十三至十五）

330000－1704－0019808　019529　集部/曲類/曲選之屬
**繪圖精選崑曲大全四集五十卷**　怡庵主人（張芬）編輯　民國十四年（1925）上海世界書局石印本　二十四冊

330000－1704－0019810　019529－1　集部/曲類/曲選之屬
**繪圖精選崑曲大全四集五十卷**　怡庵主人（張芬）編輯　民國十四年（1925）上海世界書局石印本　二冊　存八種

330000－1704－0019812　019623　類叢部/叢書類/郡邑之屬
**敬鄉樓叢書三十八種**　黄羣編　民國十七年至二十四年（1928－1935）永嘉黄氏鉛印本　一冊　存第四輯一種

330000－1704－0019817　019626　集部/總集類/選集之屬/通代
**東萊先生古文關鍵四卷**　（宋）呂祖謙評　（宋）蔡文子註　（清）徐樹屏考異　民國七年（1918）上海會文堂書局碧梧山莊書局影印本　四冊

330000－1704－0019818　019362　子部/藝術類/書畫之屬/畫法畫品
**任渭長姚梅伯詩畫合璧二集**　（清）任熊繪　（清）姚燮題詩　錢雲鶴臨摹　民國十五年（1926）上海世界書局石印本　羅志年題記　一冊　存一集（二）

330000－1704－0019823　019628　集部/詩文評類/詩評之屬
**隨園詩話十六卷補遺十卷**　（清）袁枚撰　民國石印本　一冊　缺六卷（補遺五至十）

330000－1704－0019826　019630　集部/總集類/選集之屬/通代
**評註昭明文選十五卷首一卷葉星衛附註一卷**　（清）于光華輯　民國上海掃葉山房石印本　三冊　存三卷（首，四、七）

330000－1704－0019827　019631　史部/目録類/書志之屬/提要
**山左先喆遺書提要一卷**　王獻唐編　民國瑞安仿古印書局鉛印本　一冊

330000－1704－0019834　019632　史部/目録類/總録之屬/私撰
**中國書店書目不分卷**　中國書店編　民國十五年（1926）上海中國書店鉛印本　一冊

330000－1704－0019837　018597　集部/別集類/清別集
**長真閣集七卷詩餘一卷**　（清）席佩蘭撰　民國上海掃葉山房石印本　一冊　存三卷（五

至七）

330000－1704－0019838　018598　集部/曲類/曲選之屬
**北曲拾遺一卷**　（明）□□撰　民國二十四年(1935)商務印書館鉛印本　一冊

330000－1704－0019840　018599　集部/詞類/總集之屬
**升菴先生樂府四卷附録一卷**　（明）楊慎撰　**黄夫人樂府四卷**　（明）黄峨撰　**升菴先生年譜一卷**　（清）黄蘭波　（清）黄緣芳編　**諸家評紀二卷**　（清）黄蘭波　（清）黄緣芳輯　民國二十九年(1940)上海中華書局鉛印本　二冊

330000－1704－0019843　019634　史部/目録類/總録之屬/彙刻
**博古齋書目第十七期一卷**　上海博古齋編　民國上海博古齋石印本　一冊

330000－1704－0019846　019635　史部/目録類/總録之屬/私撰
**書冊類一卷**　民國二十年(1931)抄本　一冊

330000－1704－0019850　019636　史部/目録類/總録之屬/私撰
**受古書店舊書□□卷**　受古書店編　民國石印本　一冊　存一卷(戊辰第二期)

330000－1704－0019851　019637　史部/目録類/總録之屬/私撰
**汲古閣珍藏秘本書目一卷**　（清）毛扆書　民國三年(1914)上海掃葉山房石印本　一冊

330000－1704－0019852　019480　類叢部/叢書類/彙編之屬
**涵芬樓祕笈五十一種**　孫毓修等輯　民國五年至十五年(1916－1926)上海商務印書館影印本暨鉛印本　十六冊　存十種

330000－1704－0019854　019482　子部/醫家類/本草之屬/歷代綜合本草
**本草萬方鍼線八卷**　（清）蔡烈先輯　民國上海錦章圖書局石印本　一冊

330000－1704－0019856　019639　集部/總集類/選集之屬/通代
**唐宋十大家全集**　（清）儲欣輯　民國十四年(1925)上海大通書局石印本　二冊　存一種

330000－1704－0019860　019481　類叢部/叢書類/彙編之屬
**宋人小說二十八種**　涵芬樓編　民國上海商務印書館鉛印本　二冊　存一種

330000－1704－0019862　019641　集部/小說類/長篇之屬
**老殘遊記二十章**　（清）劉鶚撰　民國十七年(1928)上海漢文淵書肆石印本　一冊　存二章(一至二)

330000－1704－0019863　018601　集部/曲類/曲韻曲譜曲律之屬
**遏雲閣曲譜初集不分卷**　（清）王錫純輯　（清）李秀雲拍正　民國九年(1920)上海著易堂書局鉛印本　十二冊

330000－1704－0019865　018602　集部/詞類/詞話之屬
**學詞初步一卷**　傅紹先編　民國二十五年(1936)上海文明書局鉛印本　一冊

330000－1704－0019867　019624　史部/目録類/總録之屬/彙刻
**四部備要樣本一卷**　中華書局編　民國上海中華書局鉛印本　一冊

330000－1704－0019873　019549　集部/別集類/清別集
**校訂定盦全集十卷**　（清）龔自珍撰　**定盦年譜藁本一卷**　（清）黄守恒撰　民國九年(1920)上海掃葉山房石印本　六冊

330000－1704－0019874　019642　史部/目録類/版本之屬/書影
**百衲本二十四史預約樣本一卷**　上海商務印書館編　民國二十三年(1934)上海商務印書館鉛印本暨影印本　一冊

330000－1704－0019877　019550　集部/小說類/長篇之屬

**清宮歷史演義十四卷一百二十回**　許慕羲撰　民國上海廣益書局石印本　一册　存一卷(十一)

330000－1704－0019879　019646　集部/楚辭類

**楚辭集註八卷後語六卷辯證二卷**　(宋)朱熹撰　民國四年(1915)掃葉山房石印本　二册

330000－1704－0019880　019368　類叢部/叢書類/彙編之屬

**四部備要**　中華書局編　民國二十五年(1936)上海中華書局鉛印本(原缺經義考卷二百八十六、二百九十九至三百,東塾讀書記十三至十四、十七至二十、二十二至二十五)　二十册　存一種

330000－1704－0019882　019647　類叢部/叢書類/彙編之屬

**四部叢刊**　張元濟等編　民國上海商務印書館影印本　二册　存一種

330000－1704－0019886　019648　子部/醫家類/兒科之屬/通論

**新纂兒科診斷學八卷**　何廉臣撰　民國二十五年(1936)上海大東書局鉛印本　二册

330000－1704－0019888　019483　子部/醫家類/方書之屬/單方驗方

**增評醫方集解二十三卷增補本草備要八卷經絡歌訣一卷重校舊本湯頭歌訣一卷**　(清)汪昂輯　(清)費伯雄評　民國三年(1914)上海共和書局石印本　一册　存九卷(增補本草備要一至八、重校舊本湯頭歌訣)

330000－1704－0019890　019627　史部/目録類

**影印墨海金壺樣本一卷**　博古齋書莊編　民國十年(1921)上海博古齋書莊鉛印本暨影印本　一册

330000－1704－0019891　019484　新學/學校

**檢定小學教員章程彙刊不分卷**　浙江小學教員檢定委員會編　民國六年(1917)鉛印本　一册

330000－1704－0019892　018609　子部/宗教類/佛教之屬/諸宗

**異方便淨土傳燈歸元鏡三祖實録二卷**　(清)釋智達拈頌　(清)釋德日閱録　民國三年(1914)上海有正書局影印本　一册

330000－1704－0019893　019649　史部/目録類/總録之屬/私撰

**文學山房書目不分卷**　江杏溪撰　民國二十四年(1935)蘇州文學山房石印本　一册

330000－1704－0019894　018610　類叢部/叢書類/郡邑之屬

**湖北先正遺書七十二種七百二十七卷**　盧靖編　民國十二年(1923)沔陽盧氏慎始基齋影印本　一册　存一種

330000－1704－0019895　善000953　集部/別集類/明別集

**永嘉馬居士南詢草一卷**　(明)馬一騰撰　民國永嘉黄氏敬鄉樓抄本　印光法師　楊紹廉批校　黄羣題記　一册

330000－1704－0019896　018611　集部/別集類/清別集

**亭林詩集五卷文集六卷餘集一卷**　(清)顧炎武撰　民國二年(1913)掃葉山房石印本　四册

330000－1704－0019897　019650　集部/詩文評類/文評之屬

**韓文研究法一卷柳文研究法一卷**　林紓撰　民國十五年(1926)上海商務印書館鉛印本　一册

330000－1704－0019900　019651　史部/目録類/總録之屬/私撰

**汲古閣珍藏秘本書目一卷**　(清)毛扆書　民國三年(1914)上海掃葉山房石印本　一册

330000－1704－0019901　019652　史部/目録類/總録之屬/彙刻

**四庫全書珍本初集樣本一卷**　商務印書館編　民國二十三年(1934)上海商務印書館鉛印

本暨影印本　一册

330000－1704－0019903　019486　子部/宗教類/佛教之屬/經

**妙法蓮華經七卷**　(後秦)釋鳩摩羅什譯　民國刻本　一册　存一卷(七)

330000－1704－0019904　019488　子部/宗教類/佛教之屬/經

**佛頂尊勝陀羅尼經一卷**　(唐)釋波利譯　**佛頂尊勝陀羅尼經一卷**　(唐)杜行顗譯　**佛説佛頂尊勝陀羅尼經一卷**　(唐)釋義淨譯　**最勝佛頂陀羅尼淨除業障經一卷**　(唐)釋地婆訶羅譯　民國元年(1912)毗陵法雲寺刻本　一册

330000－1704－0019905　019653　史部/金石類/錢幣之屬/雜著

**咸豐大錢攷一卷**　張絅伯編　民國上海銀行週報社鉛印本　一册

330000－1704－0019906　018612　集部/詞類/詞譜之屬

**白香詞譜箋四卷**　(清)舒夢蘭輯　(清)謝朝徵箋　**學宋齋詞韻一卷**　(清)吳烺等輯　民國八年(1919)上海文明書局石印本　四册

330000－1704－0019907　019657　子部/雜著類/雜品之屬

**新增格古要論十三卷**　(明)曹昭撰　(明)王佐校增　民國上海自強書局石印本　八册

330000－1704－0019909　019654　史部/目録類/書志之屬/提要

**國學書目提要不分卷**　上海醫學書局編　民國上海醫學書局鉛印本　一册

330000－1704－0019910　018613　集部/戲劇類/傳奇之屬

**陳眉公批評琵琶記四卷**　(元)高明撰　(明)陳繼儒評　民國十八年(1929)上海掃葉山房石印本　四册

330000－1704－0019912　018614　類叢部/叢書類/彙編之屬

**四部叢刊**　張元濟等編　民國上海商務印書館影印本　一册　存一種

330000－1704－0019913　019655　史部/金石類/金之屬/文字

**積古齋鐘鼎彝器款識十卷**　(清)阮元撰　民國上海中華圖書館影印本　六册

330000－1704－0019914　018615　類叢部/叢書類/彙編之屬

**四部叢刊**　張元濟等編　民國上海商務印書館影印本　六册　存一種

330000－1704－0019915　019370　類叢部/叢書類/彙編之屬

**涵芬樓祕笈五十一種**　孫毓修等輯　民國五年至十五年(1916－1926)上海商務印書館影印本暨鉛印本　二册　存一種

330000－1704－0019916　018616　史部/目録類/專録之屬

**孤本元明雜劇提要一卷**　王季烈撰　民國三十年(1941)長沙商務印書館鉛印本　一册

330000－1704－0019920　018617　類叢部/叢書類/彙編之屬

**四部備要**　中華書局編　民國二十五年(1936)上海中華書局鉛印本(原缺經義考卷二百八十六、二百九十九至三百,東塾讀書記十三至十四、十七至二十、二十二至二十五)　二册　存一種

330000－1704－0019926　019659　子部/醫家類/傷寒金匱之屬/傷寒論

**注解傷寒論十卷**　(漢)張機撰　(漢)王叔和撰次　(金)成無己注解　**傷寒明理論四卷**　(金)成無己撰　民國元年(1912)上海江東書局石印本　一册

330000－1704－0019931　018619　集部/曲類/曲選之屬

**萬花集四卷**　黄緣芳編　民國二十九年(1940)中華書局鉛印本　一册

330000－1704－0019933　019661　子部/醫家類/診法之屬/脈經脈訣

**校正圖註脈訣四卷**　(晉)王叔和撰　(明)張

世賢註　**校正瀕湖脈學一卷奇經八脈考一卷**　(明)李時珍撰輯　民國上海鴻寶齋書局石印本　一冊

330000－1704－0019934　018621　子部/藝術類/遊藝之屬/劇藝

**臉譜不分卷**　齊如山撰　民國二十三年(1934)北平松竹梅商店鉛印本　一冊

330000－1704－0019936　019553　類叢部/叢書類/彙編之屬

**四部叢刊**　張元濟等編　民國上海商務印書館影印本　二冊　存一種

330000－1704－0019937　018618　類叢部/叢書類/彙編之屬

**四部備要**　中華書局編　民國二十五年(1936)上海中華書局鉛印本(原缺經義考卷二百八十六、二百九十九至三百,東塾讀書記十三至十四、十七至二十、二十二至二十五)　一冊　存一種

330000－1704－0019938　善000959　集部/別集類/清別集

**鮮盦遺稿一卷**　(清)黃紹箕撰　楊宰綱編　民國永嘉黃氏敬鄉樓抄本　黃羣題記　楊紹廉校並跋　一冊

330000－1704－0019939　019446　史部/傳記類/別傳之屬/墓誌

**鹽城陳章甫先生墓誌銘一卷**　民國影印本　一冊

330000－1704－0019943　019447　集部/總集類/選集之屬/通代

**從所好齋讀本不分卷**　民國抄本　符璋批並題簽　二冊

330000－1704－0019946　善000961　集部/別集類/清別集

**海日樓文集十二卷詩集二卷盤阿草堂詞一卷**　(清)孫鏘鳴撰　民國抄本　王理孚校並題簽　三冊

330000－1704－0019947　019663　子部/醫家類/本草之屬/本草藥性

**珍珠囊指掌補遺藥性賦四卷**　(金)李杲編　**雷公炮製藥性解六卷**　(明)李中梓編　民國石印本　一冊

330000－1704－0019948　019449　子部/藝術類/書畫之屬/法帖

**草字彙十二卷附補**　(清)石梁編　民國元年(1912)上海同文書局石印本　二冊

330000－1704－0019949　018620　經部/春秋左傳類/傳說之屬

**東萊博議四卷**　(宋)呂祖謙撰　**增補虛字註釋一卷**　(清)馮泰松點定　民國三年(1914)上海中華書局鉛印本　一冊

330000－1704－0019950　019662　類叢部/叢書類/彙編之屬

**四部備要**　中華書局編　民國二十五年(1936)上海中華書局鉛印本(原缺經義考卷二百八十六、二百九十九至三百,東塾讀書記十三至十四、十七至二十、二十二至二十五)　三冊　存一種

330000－1704－0019952　019450　史部/雜史類/斷代之屬

**國語韋解補正二十一卷**　吳曾祺撰　朱元善校訂　民國四年(1915)上海商務印書館鉛印本　二冊　存九卷(一至三、十六至二十一)

330000－1704－0019955　019698　子部/醫家類/醫經之屬/內經

**黃帝內經素問合纂十卷靈樞經合纂十卷**　(明)馬蒔　(清)張志聰注　民國上海錦章圖書局石印本　九冊　存十卷(靈樞經合纂一至十)

330000－1704－0019956　019489　經部/春秋左傳類/傳說之屬

**春秋左傳五十卷**　(晉)杜預　(宋)林堯叟註釋　(唐)陸德明音義　民國上海商務印書館石印本　一冊　存四卷(三十四至三十七)

330000－1704－0019959　019696　集部/總集類/郡邑之屬

**縉雲文徵二十卷補編一卷**　(清)湯成烈輯

民國二十七年(1938)文華閣鉛印本　四冊

330000－1704－0019960　019699　集部/總集類/郡邑之屬

**縉雲文徵二十卷補編一卷**　(清)湯成烈輯　民國二十七年(1938)文華閣鉛印本　四冊

330000－1704－0019962　019697　集部/總集類/選集之屬/斷代

**註釋唐詩三百首六卷**　(清)孫洙編　民國石印本　一冊　存四卷(一至四)

330000－1704－0019964　善000962　集部/別集類

**朱廬筆記□□卷**　孫宣撰　稿本　一冊　存二卷(二至三)

330000－1704－0019966　019491　子部/醫家類/醫話醫論之屬

**醫門法律六卷**　(清)喻昌撰　民國石印本　一冊　存二卷(一至二)

330000－1704－0019967　善000963　集部/別集類/清別集

**蔘綏閣文集不分卷潞舸詞一卷**　(清)黄紹箕撰　民國抄本　張揚批　一冊

330000－1704－0019968　019377　子部/宗教類/佛教之屬/經

**地藏菩薩本願經三卷**　(唐)釋實叉難陀譯
**地藏菩薩像靈驗記一卷**　(宋)釋常謹輯　民國影印本　一冊

330000－1704－0019969　善000964　集部/別集類

**朱廬文稿不分卷**　孫宣撰　稿本　一冊

330000－1704－0019973　善000965　集部/別集類

**朱廬文鈔不分卷**　孫宣撰　民國抄本　一冊

330000－1704－0019974　善000966　集部/詩文評類

**中國文學史八章**　孫宣撰　稿本　一冊

330000－1704－0019976　善000967　集部/別集類

**朱廬雜文不分卷**　孫宣撰　稿本　一冊

330000－1704－0019978　019378　子部/宗教類/佛教之屬/論

**佛地經論七卷**　(唐)釋玄奘譯　民國五年(1916)金陵刻經處刻本　二冊

330000－1704－0019979　019379　史部/史評類/詠史之屬

**清宮詞一卷**　吳士鑑撰　民國二十六年(1937)吳秉澂鉛印本　一冊

330000－1704－0019982　019670　子部/雜著類/雜纂之屬

**平等閣筆記六卷**　狄葆賢撰　民國上海有正書局鉛印本　一冊　存一卷(二)

330000－1704－0019983　019380　史部/政書類/儀制之屬/專志/科舉校規

**浙江公立工業專門學校學則一卷**　民國鉛印本　一冊

330000－1704－0019987　019555　集部/總集類/選集之屬/通代

**文選六十卷**　(南朝梁)蕭統輯　(唐)李善注
　**文選考異十卷**　(清)胡克家撰　民國十四年(1925)上海會文堂書局石印本　八冊　存三十二卷(一至三十二)

330000－1704－0019989　019382　類叢部/叢書類/彙編之屬

**四部叢刊**　張元濟等編　民國上海商務印書館影印本　十二冊　存二種

330000－1704－0019990　019674　類叢部/叢書類/彙編之屬

**漢魏叢書三十八種**　(明)程榮輯　民國十四年(1925)上海商務印書館據明萬曆程氏刻本影印本　二十冊　存十八種

330000－1704－0019995　019745　集部/總集類/選集之屬/通代

**古今文綜不分卷**　張相輯　民國十四年(1925)上海中華書局鉛印本　三十七冊

330000－1704－0019997　019383　子部/宗

教類/佛教之屬/經
**佛說大方等大雲請雨經一卷** （隋）釋闍那崛多等譯 **大雲請雨經一卷** （北周）釋闍那耶舍等譯 **大雲輪請雨經二卷** （隋）釋那連提耶舍譯 民國三年（1914）刻本 一冊

330000－1704－0019999 019558 類叢部/叢書類/彙編之屬
**上海中華書局四部備要說明書一卷** 中華書局編 民國上海中華書局鉛印本 一冊

330000－1704－0020000 019746 集部/總集類/選集之屬/通代
**論說大觀六十二卷** 中華書局編 民國八年（1919）上海中華書局鉛印本 十九冊 缺十一卷（二至四、十四至十五、十八至十九、三十四至三十五、五十二至五十三）

330000－1704－0020001 019747 集部/總集類/選集之屬/通代
**論說大觀六十二卷** 中華書局編 民國八年（1919）上海中華書局鉛印本 十冊 存二十卷（一至六、十至二十三）

330000－1704－0020003 019559 類叢部/叢書類/彙編之屬
**上海中華書局四部備要說明書一卷** 中華書局編 民國上海中華書局鉛印本 一冊

330000－1704－0020006 019384 集部/詩文評類/文評之屬
**文心雕龍十卷** （南朝梁）劉勰撰 （清）黃叔琳注 （清）紀昀評 民國四年（1915）掃葉山房石印本 二冊 存五卷（一至五）

330000－1704－0020008 019385 集部/總集類/郡邑之屬
**永嘉詩人祠堂叢刻十四種** 冒廣生輯 民國四年（1915）如臯冒氏刻本 一冊 存三種

330000－1704－0020023 019560 史部/傳記類/總傳之屬/斷代
**清史列傳八十卷** 中華書局編 民國上海中華書局鉛印本 一冊 存四葉（卷三十五葉一至二、卷八十葉五十七至五十八）

330000－1704－0020025 019561 集部/詩文評類/詩評之屬
**詩品三卷續一卷** （南朝梁）鍾嶸撰 **詩式一卷** （唐）釋皎然撰 民國上海朝記書莊影印本 一冊

330000－1704－0020031 019562 集部/詩文評類/詩評之屬
**滄浪詩話註五卷** （宋）嚴羽撰 （清）胡鑑註 民國六年（1917）上海朝記書莊石印本 三冊

330000－1704－0020032 019389 子部/宗教類/佛教之屬/諸宗
**印光法師文鈔七卷附録一卷** 釋聖量撰 民國上海商務印書館鉛印本 曹昌麟題記 三冊 存四卷（一至四）

330000－1704－0020033 019564 史部/傳記類/別傳之屬/年譜
**韓湘巖先生［錫胙］年譜二卷附録一卷** 劉耀東纂 民國三十六年（1947）啟後亭鉛印本 一冊

330000－1704－0020037 善000999 集部/別集類
**東甌采風小樂府一卷** 洪炳文撰 民國七年（1918）溫州釋授覺石印本 一冊

330000－1704－0020042 019565 集部/詩文評類/詩評之屬
**漁洋詩話二卷** （清）王士禛撰 民國十一年（1922）上海掃葉山房石印本 一冊

330000－1704－0020044 019754 子部/醫家類/類編之屬
**世補齋醫書** （清）陸懋修撰 民國二十年（1931）、二十三年（1934）上海中醫書局鉛印本 九冊 存十種

330000－1704－0020048 019691 集部/總集類/選集之屬/斷代
**才調集十卷** （五代）韋穀輯 民國十一年（1922）上海掃葉山房石印本 一冊

330000－1704－0020055 019692 集部/別

集類/宋别集

**水雲詩鈔一卷** (宋)汪元量撰 **石門詩鈔一卷** (宋)釋惠洪撰 民國上海有正書局鉛印本 一册

330000－1704－0020056 019392 集部/總集類/選集之屬/通代

**教科適用文學精華** 中華書局編輯 民國十七年(1928)上海中華書局鉛印本 二册 存一種

330000－1704－0020058 019695 類叢部/叢書類/彙編之屬

**四部備要** 中華書局編 民國二十五年(1936)上海中華書局鉛印本(原缺經義考卷二百八十六、二百九十九至三百,東塾讀書記十三至十四、十七至二十、二十二至二十五) 四册 存一種

330000－1704－0020062 019756 類叢部/叢書類/彙編之屬

**四部叢刊** 張元濟等編 民國八年(1919)上海商務印書館影印本 十六册 存一種

330000－1704－0020064 019394 類叢部/叢書類/郡邑之屬

**敬鄉樓叢書三十八種** 黄羣編 民國十七年至二十四年(1928－1935)永嘉黄氏鉛印本 一册 存第一輯一種

330000－1704－0020065 019757 子部/雜著類

**青年必讀不分卷** (清)趙石麟等撰 民國十一年(1922)上海宏大善書局石印本 一册

330000－1704－0020067 019395 類叢部/叢書類/彙編之屬

**四部備要** 中華書局編 民國二十五年(1936)上海中華書局鉛印本(原缺經義考卷二百八十六、二百九十九至三百,東塾讀書記十三至十四、十七至二十、二十二至二十五) 三册 存一種

330000－1704－0020068 019707 史部/金石類/石之屬/文字

**魏墓誌三種合册不分卷** 民國九年(1920)上海有正書局石印本 一册

330000－1704－0020070 019396 類叢部/叢書類/郡邑之屬

**敬鄉樓叢書三十八種** 黄羣編 民國十七年至二十四年(1928－1935)永嘉黄氏鉛印本 二册 存第一輯一種、第四輯一種

330000－1704－0020071 019708 史部/金石類/石之屬/文字

**魏精拓爨龍顔碑一卷** 光霽軒藏 民國上海求古齋書籍碑帖局石印本 一册

330000－1704－0020073 019709 子部/藝術類/書畫之屬/法帖

**舊拓石門銘一卷** (北魏)王遠書 民國影印本 一册

330000－1704－0020076 019710 史部/金石類/石之屬/文字

**魏墓誌三種合册不分卷** 民國十三年(1924)上海有正書局石印本 一册

330000－1704－0020077 019398 子部/醫家類/溫病之屬

**中西溫熱串解八卷** 吴錫璜撰 民國二十三年(1934)上海文瑞樓石印本 三册

330000－1704－0020078 019711 子部/藝術類/書畫之屬/法帖

**明拓唐契苾府君碑不分卷** 民國二十五年(1936)上海中華書局影印本 二册

330000－1704－0020079 019660 史部/目録類/專録之屬

**續藏經目録不分卷** (日本)中野達慧編 民國十一年(1922)商務印書館鉛印本 一册

330000－1704－0020080 019712 子部/藝術類/書畫之屬/法帖

**明拓唐契苾府君碑不分卷** 民國二十五年(1936)上海中華書局影印本 二册

330000－1704－0020083 019399 子部/醫家類/類編之屬

**潛齋醫書五種**　(清)王士雄纂　(清)楊照藜　(清)汪曰楨評　民國上海千頃堂書局石印本　一册　存一種

330000－1704－0020084　019760　子部/醫家類/綜合之屬/雜著

**醫家四要四卷**　(清)程曦　(清)江誠　(清)雷大震纂　民國上海千頃堂書局石印本　一册　存一卷(四)

330000－1704－0020087　019679　子部/雜著類/雜纂之屬

**身世準繩二卷**　(清)李迪光輯　民國七年(1918)蘇州上藝齋刻本　一册　存一卷(上)

330000－1704－0020088　019400　子部/醫家類/傷寒金匱之屬/金匱要略

**張仲景金匱要略論註二十四卷**　(清)徐彬撰　民國三年(1914)上海校經山房石印本　一册

330000－1704－0020089　019676　集部/總集類/尺牘之屬

**道咸同光名人手札第一集四卷**　商務印書館輯　民國十三年(1924)上海商務印書館影印本　四册

330000－1704－0020097　019763　子部/醫家類/醫經之屬/難經

**圖註八十一難經四卷**　(戰國)秦越人撰　(明)張世賢註　民國上海鴻寶齋書局石印本　一册

330000－1704－0020098　019686　子部/藝術類/書畫之屬/法帖

**舊拓龍門二十品二卷**　民國八年(1919)上海有正書局石印本　一册　存一卷(二)

330000－1704－0020099　019687　史部/金石類/總志之屬

**湫漻齋叢書十種**　陳準輯　民國瑞安陳氏刻本　三册　存二種

330000－1704－0020101　019688　子部/醫家類/類編之屬

**包氏醫宗十一種**　包桃初　包識生撰　民國上海包氏醫宗出版部鉛印本　一册　存一種

330000－1704－0020102　019693　子部/醫家類/綜合之屬

**顧氏醫徑讀本六卷**　顧允若撰　民國二十三年(1934)鉛印本　三册

330000－1704－0020104　019713　類叢部/叢書類/彙編之屬

**蘭雪堂叢書**　民國二十二年(1933)浙江印刷公司鉛印本　二册　存一種

330000－1704－0020106　善001013　集部/戲劇類/傳奇之屬

**芙蓉孽傳奇十齣**　洪炳文填詞　李仲都正譜　民國二年(1913)溫州公報館石印本　一册

330000－1704－0020107　019571　子部/醫家類/綜合之屬/通論

**御纂醫宗金鑑九十卷首一卷**　(清)吳謙等撰　民國石印本　一册　存一卷(六十二)

330000－1704－0020108　019715　類叢部/叢書類/彙編之屬

**宋人小說二十八種**　涵芬樓編　民國上海商務印書館鉛印本　四册　存一種

330000－1704－0020109　善001014　集部/別集類

**楝園雜著一卷**　洪炳文撰　民國油印本　一册

330000－1704－0020117　019718　子部/藝術類/書畫之屬

**孫琴西先生所書心經一卷**　(清)孫衣言書　民國二十一年(1932)刻本　一册

330000－1704－0020120　019407　子部/宗教類/佛教之屬/律

**授三皈五戒八戒正範三卷授幽冥戒正範一卷條例一卷**　民國刻本　一册

330000－1704－0020121　019719　子部/醫家類/方書之屬/成方藥目

**同仁堂藥目一卷**　(清)同仁堂編　民國十二年(1923)同仁堂刻本　一册

330000－1704－0020131　019721　子部/藝術類/書畫之屬/法帖

**宋拓大麻姑仙壇記不分卷**　(唐)顏真卿撰並書　民國上海有正書局影印本　一冊

330000－1704－0020132　019722　子部/雜著類/雜考之屬

**弢齋述學三卷**　徐世昌撰　民國十年(1921)鉛印本　一冊

330000－1704－0020134　019767　子部/儒家類/儒學之屬/俗訓

**打破疑團不分卷**　民國十三年(1924)刻本　一冊

330000－1704－0020135　019723　子部/宗教類/佛教之屬

**回鄉語録一卷**　心菴頭陀撰　民國二十一年(1932)上海明善書局鉛印本　一冊

330000－1704－0020142　019726　經部/小學類/訓詁之屬/字詁

**文始九卷**　章炳麟撰　民國二年(1913)浙江圖書館據章炳麟手寫稿本影印本　一冊　存四卷(一至四)

330000－1704－0020146　019769　類叢部/叢書類/彙編之屬

**四部叢刊續編七十七種**　張元濟等編　民國二十三年(1934)上海商務印書館影印本(原缺儀禮疏卷三十二至三十七、周易要義卷三至六、禮記要義卷一至二、麟臺故事卷四至五)　四冊　存三種

330000－1704－0020147　019794　子部/醫家類/本草之屬/本草藥性

**雷公炮製藥性解六卷**　(明)李中梓輯　**珍珠囊指掌補遺藥性賦四卷**　(金)李杲輯　民國石印本　一冊

330000－1704－0020149　019795　類叢部/叢書類/彙編之屬

**奇晉齋叢書十六種**　(清)陸烜編　民國元年(1912)冰雪山房據清陸氏刻本影印本　八冊

330000－1704－0020151　019577　子部/宗教類/道教之屬

**七寶金丹**　民國十五年(1926)鮮務石印局石印本　一冊

330000－1704－0020156　019731　集部/戲劇類/傳奇之屬

**繡像繪圖琵琶記六卷**　(元)高明撰　(清)毛綸評　民國上海進步書局石印本　一冊

330000－1704－0020157　019799　史部/史評類/史論之屬

**二百大家評註國史成績論斷大全十二卷**　(明)張位纂　(明)李廷機纂注　(明)葉向高纂評　民國十二年(1923)求古齋石印本　十一冊　缺一卷(五)

330000－1704－0020159　019800　史部/傳記類/總傳之屬

**西洋先哲傳記集四卷**　吳壽彭撰　民國二十五年(1936)鉛印本　一冊

330000－1704－0020160　019801　類叢部/類書類/通類之屬

**古事比五十二卷**　(清)方中德輯　民國九年(1920)上海錦章書局石印本　五冊　存三十一卷(一至五、十五至三十四、四十七至五十二)

330000－1704－0020161　019404　類叢部/叢書類/彙編之屬

**四部備要**　中華書局編　民國二十五年(1936)上海中華書局鉛印本(原缺經義考卷二百八十六、二百九十九至三百,東塾讀書記十三至十四、十七至二十、二十二至二十五)　一冊　存一種

330000－1704－0020162　019406　類叢部/叢書類/彙編之屬

**四部叢刊**　張元濟等編　民國上海商務印書館影印本　一冊　存一種

330000－1704－0020163　019409　集部/詩文評類/詩評之屬

**養一齋詩話十卷李杜詩話三卷**　(清)潘德輿撰　民國掃葉山房石印本　脫然子跋　四冊

330000－1704－0020166　019806　集部/總集類/尺牘之屬

**古今尺牘大觀中編不分卷**　姚漢章　何實睿纂輯　民國十四年(1925)上海中華書局鉛印本　十二冊

330000－1704－0020168　019808　子部/儒家類/儒學之屬

**文中子中說十卷**　(隋)王通撰　(宋)阮逸註　民國七年(1918)上海掃葉山房石印本　一冊　存五卷(一至五)

330000－1704－0020169　019579　子部/藝術類/書畫之屬/法帖

**初拓爨寶子碑一卷**　民國十三年(1924)上海有正書局影印本　一冊

330000－1704－0020171　善001118　子部/雜著類/雜考之屬

**籀廎述林十卷**　(清)孫詒讓撰　民國五年(1916)刻本　三冊　存八卷(三至十)

330000－1704－0020172　善001119　子部/雜著類/雜考之屬

**籀廎述林十卷**　(清)孫詒讓撰　民國五年(1916)刻本　四冊

330000－1704－0020173　善001120　子部/雜著類/雜考之屬

**籀廎述林十卷**　(清)孫詒讓撰　民國上海千頃堂書局石印本　六冊

330000－1704－0020176　善001123　集部/別集類/清別集

**經微室遺集八卷**　(清)孫詒讓撰　孫延釗輯　稿本　三冊　缺一卷(五)

330000－1704－0020177　善001124　集部/別集類/清別集

**經微室遺集八卷**　(清)孫詒讓撰　孫延釗輯　民國抄本　四冊

330000－1704－0020178　善001125　史部/傳記類/別傳之屬/年譜

**孫籀公[詒讓]年譜三編合校録不分卷**　洪煥椿撰　稿本　一冊

330000－1704－0020179　善001126　史部/政書類/掌故瑣記之屬

**溫處學務分處紀畧一卷**　劉項宣撰　民國二十年(1931)稿本　一冊

330000－1704－0020180　善001127　史部/傳記類/別傳之屬/事狀

**孫仲容先生的讀書生活一卷**　孫延釗撰　民國三十六年(1947)稿本　一冊

330000－1704－0020182　善001129　集部/別集類/清別集

**求放心齋遺詩一卷**　(清)孫希旦撰　孫延釗輯　民國抄本　孫延釗校　一冊

330000－1704－0020183　善001130　集部/別集類/清別集

**求放心齋遺詩一卷**　(清)孫希旦撰　孫延釗輯　民國抄本　一冊

330000－1704－0020184　善001131　集部/別集類/清別集

**遜學公讀書筆記初摘殘本一卷**　(清)孫衣言撰　孫延釗摘抄　稿本　一冊

330000－1704－0020186　019733　子部/宗教類/佛教之屬

**壽康寶鑑一卷**　釋印光增訂　民國十六年(1927)浙江印刷公司鉛印本　一冊

330000－1704－0020187　019738　子部/宗教類/佛教之屬

**壽康寶鑑一卷**　釋印光增訂　民國十六年(1927)浙江印刷公司鉛印本　一冊

330000－1704－0020189　善001132　集部/別集類/清別集

**孫敬軒太史遺文一卷**　(清)孫希旦撰　民國抄本　一冊

330000－1704－0020190　019735　子部/藝術類/書畫之屬/法帖

**王右軍小楷習字範本一卷**　(晉)王羲之書　民國影印本　一冊

330000－1704－0020191　善001133　史部/

傳記類/别傳之屬/年譜
**孫敬軒[希旦]先生年譜一卷** 孫延釗編 民國温州甌風社鉛印本 一冊

330000－1704－0020196 019580 集部/總集類/選集之屬/通代
**玉臺新詠十卷** (南朝陳)徐陵編 (清)吳兆宜注 (清)程琰刪補 民國十三年(1924)上海掃葉山房石印本 五冊 存九卷(一至九)

330000－1704－0020197 019402 集部/别集類/唐五代别集
**李長吉集四卷外卷一卷** (唐)李賀撰 (清)黃淳耀評 (清)黎簡批點 民國六年(1917)上海掃葉山房朱墨套印石印本 二冊

330000－1704－0020202 019582 子部/雜著類/雜纂之屬
**隨園食單一卷** (清)袁枚撰 民國八年(1919)中華圖書館石印本 一冊

330000－1704－0020205 019583 集部/小說類/長篇之屬
**繪圖三國志演義八卷一百四十八回** (明)羅本撰 民國十三年(1924)上海世界書局石印本 一冊 存二卷(七至八)

330000－1704－0020210 019740 子部/藝術類/書畫之屬/法帖
**宋拓東廟堂碑一卷** (唐)虞世南撰並書 民國有正書局影印本 一冊

330000－1704－0020213 019739 集部/總集類/選集之屬/通代
**歷代詩文評註讀本** 王文濡編 民國上海文明書局鉛印本 一冊 存一種

330000－1704－0020214 019584 類叢部/叢書類/彙編之屬
**四部叢刊** 張元濟等編 民國上海商務印書館影印本 五冊 存一種

330000－1704－0020220 019743 史部/目録類/總録之屬/彙刻
**聚珍仿宋版印四部備要一集至五集總目不分卷** 中華書局編 民國上海中華書局鉛印本 一冊

330000－1704－0020221 019854 子部/藝術類/篆刻之屬/印論
**治印雜說不分卷** 王世撰 民國六年(1917)鉛印本 一冊

330000－1704－0020222 019775 類叢部/叢書類/自著之屬
**崇雅堂叢書十四種** 楊晨撰 民國二十五年(1936)楊紹翰鉛印本 一冊 存一種

330000－1704－0020223 019776 類叢部/叢書類/自著之屬
**崇雅堂叢書十四種** 楊晨撰 民國二十五年(1936)楊紹翰鉛印本 一冊 存一種

330000－1704－0020225 019810 史部/傳記類/總傳之屬/仕宦
**歷代名臣言行録二十四卷** (清)朱桓輯 民國三年(1914)上海錦章書局石印本 八冊

330000－1704－0020226 019777 類叢部/叢書類/自著之屬
**崇雅堂叢書十四種** 楊晨撰 民國二十五年(1936)楊紹翰鉛印本 一冊 存一種

330000－1704－0020231 019812 子部/醫家類/方書之屬/單方驗方
**驗方新編十八卷** (清)鮑相璈編輯 (清)張紹棠增輯 民國十三年(1924)上海啟新書局石印本 五冊 存十卷(一至十)

330000－1704－0020235 019585 集部/詩文評類/詩評之屬
**然脂餘韻六卷** 王蘊章輯 民國十四年(1925)上海商務印書館鉛印本 三冊

330000－1704－0020236 019586 經部/詩類/三家詩之屬
**韓詩外傳十卷** (漢)韓嬰撰 (清)周廷寀校注 **校注拾遺一卷** (清)周宗杬撰 **補逸一卷** (清)趙懷玉輯 民國六年(1917)上海商務印書館鉛印本 一冊

330000－1704－0020237 019804 經部/春

秋左傳類/傳說之屬

**增批輯註東萊博議四卷** (宋)呂祖謙撰 (宋)劉鍾英輯注 民國九年(1920)鉛印本 謝元甫題記並題簽 二冊

330000－1704－0020239 019861 集部/詩文評類/詩評之屬

**古今詩學大全六卷** 世界書局編輯所編輯 民國上海世界書局石印本 四冊 存三種

330000－1704－0020244 善 001025 集部/小說類/長篇之屬

**繪圖第一奇書十六卷一百回** (明)蘭陵笑笑生撰 民國香港舊小說社石印本 十三冊 存十三卷(一至二、四至五、七至十二、十四至十六)

330000－1704－0020246 019814 集部/詩文評類/詩評之屬

**詩品注三卷** (南朝梁)鍾嶸撰 陳延傑注 **詩選一卷** 陳延傑選 民國十九年(1930)上海開明書店鉛印本 一冊

330000－1704－0020247 019932 子部/宗教類/佛教之屬/諸宗

**佛子行法偈言一卷** 歐取妥勉述 李春先鄧振璣譯 民國影印本 一冊

330000－1704－0020248 019933 子部/宗教類/佛教之屬/諸宗

**佛子行法偈言一卷** 歐取妥勉述 李春先鄧振璣譯 民國影印本 一冊

330000－1704－0020249 善 001138 集部/別集類/清別集

**遜學公讀書筆記不分卷** (清)孫衣言撰 孫延釗輯 稿本 三冊

330000－1704－0020250 019934 子部/宗教類/佛教之屬/諸宗

**佛子行法偈言一卷** 歐取妥勉述 李春先鄧振璣譯 民國影印本 一冊

330000－1704－0020252 019815 子部/藝術類/篆刻之屬/印譜

**鄭石廑治印不分卷** 民國十一年(1922)鈐印本 一冊

330000－1704－0020256 019816 子部/醫家類/類編之屬

**彝廬醫書** 王鉞編 民國李順泰石印本 一冊 存三種

330000－1704－0020259 019817 史部/傳記類/別傳之屬/事狀

**陳介石先生[黻宸]哀輓録不分卷** 陳同輯 民國浙甌務本公司石印本 一冊

330000－1704－0020260 019936 史部/紀傳類/正史之屬

**史記一百三十卷** (漢)司馬遷撰 (明)歸有光等評點 **方望溪平點史記四卷** (清)方苞撰 民國七年(1918)交通圖書館影印武昌張氏本 十六冊

330000－1704－0020262 善 001140 集部/別集類/清別集

**遜學齋遺文及雜件不分卷** (清)孫衣言撰 孫延釗輯 稿本 二冊

330000－1704－0020263 019785 集部/詩文評類/詩評之屬

**閨秀詩話十六卷** 雷瑨 雷瑊輯 民國五年(1916)上海掃葉山房石印本 八冊

330000－1704－0020265 019818 類叢部/叢書類/彙編之屬

**四部備要** 中華書局編 民國二十五年(1936)上海中華書局鉛印本(原缺經義考卷二百八十六、二百九十九至三百,東塾讀書記十三至十四、十七至二十、二十二至二十五) 六冊 存一種

330000－1704－0020266 019588 類叢部/叢書類/自著之屬

**樊山全集六種** 樊增祥撰 民國石印本 十四冊

330000－1704－0020274 019937 子部/宗教類/佛教之屬/諸宗

**佛子行法偈言一卷** 歐取妥勉述 李春先鄧振璣譯 民國影印本 一冊

330000－1704－0020276　019938　史部/地理類/遊記之屬/紀行

**台灣旅行記一卷**　侯鴻鑑撰　民國八年(1919)鉛印本　一冊

330000－1704－0020281　019590　子部/藝術類/書畫之屬/畫法畫品

**畫法要録十七卷首一卷**　余紹宋撰　民國上海中華書局鉛印本　三冊　缺七卷(十一至十七)

330000－1704－0020282　019821　類叢部/叢書類/彙編之屬

**四部備要**　中華書局編　民國二十五年(1936)上海中華書局鉛印本(原缺經義考卷二百八十六、二百九十九至三百,東塾讀書記十三至十四、十七至二十、二十二至二十五)　一冊　存一種

330000－1704－0020283　善001142　集部/詩文評類/詩評之屬

**遜學齋評選歷代詩鈔不分卷**　(清)孫衣言撰　孫延釗纂輯　民國抄本　七冊

330000－1704－0020286　善001144　史部/傳記類/總傳之屬/家乘

**盤谷孫氏家傳不分卷**　孫延釗輯　稿本　二冊

330000－1704－0020287　019945　子部/小說家類/異聞之屬

**詳註閱微草堂筆記二十四卷**　(清)紀昀撰　謝瑢註　民國二十一年(1932)上海掃葉山房石印本　八冊

330000－1704－0020288　019822　經部/春秋左傳類/傳說之屬

**分段加評註釋東萊博議四卷**　(宋)吕祖謙撰　(清)劉鍾英輯註　許慕義加評　民國十八年(1929)上海廣益書局石印本　四冊

330000－1704－0020294　019592　子部/醫家類/類編之屬

**鮮溪醫述十五種**　(清)陸晉笙編　民國九年(1920)紹興醫藥學報社鉛印本　九冊　存二種

330000－1704－0020295　019824　經部/春秋左傳類/傳說之屬

**春秋左傳五十卷**　(晉)杜預　(宋)林堯叟註釋　(唐)陸德明音義　民國六年(1917)上海錦章書局石印本　十二冊

330000－1704－0020297　019593　史部/目録類/總録之屬/私撰

**延令宋板書目一卷附續校語一卷**　(清)季振宜撰並藏　民國三年(1914)掃葉山房石印本　一冊

330000－1704－0020298　善001145　史部/目録類/總録之屬/氏族

**瑞安盤谷孫氏家譜藝文略補編不分卷**　孫延釗輯　民國抄本　三冊

330000－1704－0020299　019594　子部/醫家類/類編之屬

**三朝名醫方論**　民國十年(1921)上海千頃堂書局石印本　六冊

330000－1704－0020303　善001147　史部/政書類/邦計之屬/荒政

**黃體芳奏災深患迫宜急籌拯事疏一卷附同治六年丁卯科順天鄉試同考官録**　(清)黃體芳撰　民國抄本　一冊

330000－1704－0020304　善001148　史部/傳記類/總傳之屬/家乘

**瑞安五黃先生繫年合譜不分卷**　孫延釗編　稿本　一冊

330000－1704－0020305　019825　子部/醫家類/本草之屬/歷代綜合本草

**本草綱目五十二卷圖三卷瀕湖脉學一卷奇經八脉攷一卷脉訣攷證一卷**　(明)李時珍撰　**本草萬方鍼線八卷本草綱目藥品總目一卷**　(清)蔡烈先撰　**本草綱目拾遺十卷正誤一卷**　(清)趙學敏撰　民國元年(1912)上海鴻寶齋書局石印本　二十四冊

330000－1704－0020311　善001149　史部/傳記類/總傳之屬/家乘

**瑞安五黃先生繫年合譜不分卷**　孫延釗編　民國抄本　四册

330000－1704－0020312　019789　子部/宗教類/佛教之屬/經

**地藏菩薩本願經三卷**　(唐)釋實叉難陀譯　民國石印本　一册

330000－1704－0020315　善 001150　史部/傳記類/别傳之屬

**輯瑞安黃氏哀挽録不分卷**　孫延釗輯　稿本　一册

330000－1704－0020317　019828　集部/詩文評類/詩評之屬

**雪橋詩話十二卷**　楊鍾羲撰　民國二年(1913)南林劉氏求恕齋刻本　十二册

330000－1704－0020322　019597　子部/醫家類/方書之屬/單方驗方

**重校舊本湯頭歌訣一卷**　(清)汪昂編　民國上海錦章圖書局石印本　一册

330000－1704－0020324　善 001151　史部/傳記類/總傳之屬/家乘

**先祖考遜學公考籀廎公兩世大事年表一卷**　孫延釗編　稿本　一册

330000－1704－0020325　善 001152　史部/傳記類/總傳之屬/年譜

**孫太仆[衣言]孫徵君[詒讓]年譜纂輯略例及有關殘稿一卷**　孫延釗編　稿本　一册

330000－1704－0020327　019831　史部/金石類/石之屬/文字

**黃小松藏漢碑五種**　(清)黃易藏　民國上海有正書局影印本　五册

330000－1704－0020330　善 001153　史部/傳記類/别傳之屬/年譜

**孫敬軒[希旦]先生年譜一卷**　孫延釗編　稿本　一册

330000－1704－0020331　019832　史部/傳記類/别傳之屬/事狀

**瑞安陳醉石先生哀輓録不分卷**　民國六年(1917)石印本　一册

330000－1704－0020334　019942　類叢部/類書類/通類之屬

**欽定古今圖書集成一萬卷目録四十卷**　(清)蔣廷錫　(清)陳夢雷等輯　民國上海中華書局影印本　五册　存五卷(目録十七、二十四至二十六、三十四)

330000－1704－0020337　善 001154　子部/雜著類/雜纂之屬

**記甌海古今公私書林一卷**　孫延釗撰　稿本　一册

330000－1704－0020340　善 001155　集部/别集類/清别集

**孟晉舊作文稿不分卷**　孫延釗撰　民國抄本　一册

330000－1704－0020343　善 001156　子部/雜著類

**中國借書文化摭談一卷**　孫延釗編　稿本　一册

330000－1704－0020344　善 001157　子部/雜著類/雜纂之屬

**中國出版文獻綜輯不分卷**　孫延釗編　稿本　二册

330000－1704－0020347　019836　集部/别集類/清别集

**溪上草堂文槀八卷首一卷**　(清)駱晉祺撰　魏東編　民國鉛印本　二册　存四卷(三至六)

330000－1704－0020348　善 001158　子部/雜著類/雜纂之屬

**中國圖書整理志不分卷**　孫延釗編　稿本　一册

330000－1704－0020349　019837　子部/藝術類/書畫之屬/法帖

**印公遺墨一卷**　釋聖量書　民國三十六年(1947)影印本　一册

330000－1704－0020351　019949　類叢部/

叢書類/彙編之屬

**四部備要**　中華書局編　民國二十五年(1936)上海中華書局鉛印本(原缺經義考卷二百八十六、二百九十九至三百,東塾讀書記十三至十四、十七至二十、二十二至二十五)　四冊　存一種

330000-1704-0020354　019950　類叢部/叢書類/彙編之屬

**說郛樣本一卷附預約簡章**　民國十一年(1922)上海商務印書館鉛印本　一冊

330000-1704-0020355　019838　子部/藝術類/書畫之屬/法帖

**宋拓皇甫君碑一卷**　(唐)歐陽詢書　民國影印本　一冊

330000-1704-0020357　善001159　子部/雜著類/雜纂之屬

**明洪武至民國三十五年浙江書林遺事繫年録不分卷**　孫延釗編　稿本　六冊

330000-1704-0020368　019955　集部/小說類/短篇之屬

**虞初志七卷**　(明)袁宏道評　民國十七年(1928)上海掃葉山房石印本　四冊

330000-1704-0020374　019843　子部/醫家類/本草之屬/本草藥性

**雷公炮製藥性解六卷**　(明)李中梓輯　民國石印本　一冊

330000-1704-0020375　019984　集部/總集類/氏族之屬

**三蘇文集四十四卷**　(清)邵希雍輯　民國元年(1912)上海會文學社石印本　二冊　存三十六卷(嘉祐集一至十六、欒城文集一至二十)

330000-1704-0020378　019985　類叢部/叢書類/彙編之屬

**四部備要**　中華書局編　民國二十五年(1936)上海中華書局鉛印本(原缺經義考卷二百八十六、二百九十九至三百,東塾讀書記十三至十四、十七至二十、二十二至二十五)　一冊　存一種

330000-1704-0020379　019986　類叢部/叢書類/彙編之屬

**四部備要**　中華書局編　民國二十五年(1936)上海中華書局鉛印本(原缺經義考卷二百八十六、二百九十九至三百,東塾讀書記十三至十四、十七至二十、二十二至二十五)　二冊　存一種

330000-1704-0020382　019880　子部/宗教類/佛教之屬/經疏

**佛說仁王護國般若波羅密經疏五卷**　(後秦)釋鳩摩羅什譯　(隋)釋智顗說　(隋)釋灌頂記　民國刻本　三冊

330000-1704-0020386　019987　經部/群經總義類/文字音義之屬

**經傳釋詞十卷**　(清)王引之撰　王時潤點勘　**研究說文書目一卷**　王時潤撰　民國十三年(1924)上海文瑞樓石印本　三冊　缺三卷(五至七)

330000-1704-0020393　019959　集部/總集類/氏族之屬

**三蘇文集四十四卷**　(清)邵希雍輯　民國元年(1912)上海會文堂書局石印本　三冊　存八卷(東坡文集一至八)

330000-1704-0020394　019960　集部/別集類/清別集

**新體廣註小倉山房尺牘八卷**　(清)袁枚撰　(清)胡光斗箋釋　(清)徐楨增註　民國八年(1919)上海廣文書局石印本　四冊

330000-1704-0020395　019961　子部/藝術類/書畫之屬/法帖

**朱紹垣先生墓表一卷**　(明)道濂撰並書　民國影印本　一冊

330000-1704-0020396　019848　子部/醫家類/内科之屬/其他内科病證

**傅青主男科二卷**　(清)傅山撰　民國上海錦章圖書局石印本　一冊

330000-1704-0020399　019883　史部/地

理類/專志之屬/園林

**絳守居園池記注一卷** (唐)樊宗師撰 (元)趙仁舉注 (元)吳師道正誤補遺 民國八年(1919)紹興樊氏緜絳書屋刻樊諫議集七家註叢書本 楊紹廉題記 一冊

330000－1704－0020401 019850 集部/總集類/尺牘之屬

**道咸同光名人手札第一集四卷** 商務印書館輯 民國十三年(1924)上海商務印書館影印本 三冊 存三卷(一、三至四)

330000－1704－0020402 019851 集部/總集類/尺牘之屬

**道咸同光名人手札第二集四卷** 商務印書館輯 民國上海商務印書館影印本 一冊 存一卷(二)

330000－1704－0020406 019853 類叢部/叢書類/彙編之屬

**四部備要** 中華書局編 民國二十五年(1936)上海中華書局鉛印本(原缺經義考卷二百八十六、二百九十九至三百,東塾讀書記十三至十四、十七至二十、二十二至二十五) 六冊 存一種

330000－1704－0020408 019884 類叢部/叢書類/彙編之屬

**國立中央研究院歷史語言研究所專刊** 國立中央研究院歷史語言研究所輯 民國鉛印本、石印本暨刻本 一冊 存一種

330000－1704－0020410 019885 集部/別集類/唐五代別集

**樊紹述集二卷** (唐)樊宗師撰 (清)孫之騄輯 民國五年(1916)樊氏刻本 樊鎮題記 一冊 存一卷(一)

330000－1704－0020412 021584 集部/別集類

**聞尠香室吟草一卷** 鄭閎達編 民國抄本 一冊

330000－1704－0020413 020055 集部/總集類/尺牘之屬

**眉公才子尺牘四卷** (明)陳繼儒輯 (清)沈錫侯增訂 **聖嘆才子尺牘四卷** (清)金人瑞鑒定 (清)金雍撰 民國七年(1918)上海碧梧山莊石印本 四冊

330000－1704－0020414 019889 經部/四書類/總義之屬/傳說

**四書纂疏二十六卷札記一卷** (宋)趙順孫撰 民國十四年(1925)聖風書苑據清康熙通志堂經解本影印本 八冊

330000－1704－0020415 019964 子部/藝術類/遊藝之屬/雜藝

**益智圖二卷燕几圖一卷副本一卷** (清)童叶庚撰 **益智續圖一卷** (清)童昂 (清)童昶 (清)童晏撰 (清)童叶庚編 **益智字圖一卷附一卷** (清)祝梅君撰 民國六年(1917)上海商務印書館石印本 六冊

330000－1704－0020418 019965 集部/小說類/長篇之屬

**繡像永慶昇平前傳四卷九十七回** 郭廣瑞撰 民國上海廣益書局石印本 二冊

330000－1704－0020419 019966 集部/小說類/長篇之屬

**新刊繡像全圖永慶昇平後傳四卷** (清)貪夢道人撰 民國上海廣益書局石印本 二冊

330000－1704－0020420 019891 集部/總集類/彙編之屬

**汲古閣景鈔南宋六十家小集** (宋)陳起輯 民國十年(1921)上海古書流通處據明汲古閣景鈔宋本影印本(原缺安晚堂詩集卷一至五、十三至六十) 一冊 存三種

330000－1704－0020421 020057 史部/目録類/書志之屬/提要

**四部備要書目提要四卷** 中華書局編 民國二十五年(1936)上海中華書局鉛印本 四冊

330000－1704－0020422 019967 子部/小說家類/異聞之屬

**詳註閱微草堂筆記二十四卷** (清)紀昀撰 謝璿 陸鍾渭註 民國二十一年(1932)上海

會文堂新記書局石印本　十冊

330000－1704－0020423　020058　集部/詞類/詞譜之屬
**增廣攷正白香詞譜四卷附考正詞韻一卷**　(清)舒夢蘭撰　顧憲融攷正　民國十五年(1926)上海中原書局石印本　五冊

330000－1704－0020427　019969　集部/别集類/清别集
**新體廣註小倉山房尺牘八卷**　(清)袁枚撰　(清)胡光斗箋釋　(清)徐楨增註　民國十六年(1927)上海世界書局石印本　一冊

330000－1704－0020428　020059　經部/小學類/文字之屬/説文
**説文解字十五卷標目一卷**　(漢)許慎撰　(宋)徐鉉等校定　民國三年(1914)上海商務印書館影印藤花榭刻本　二冊

330000－1704－0020437　019988　經部/小學類/音韻之屬/韻書
**增廣詩韻全璧五卷**　民國石印本　一冊　存一卷(四)

330000－1704－0020440　019991　經部/小學類/文字之屬/説文
**説文解字十五卷標目一卷**　(漢)許慎撰　(宋)徐鉉等校定　民國十二年(1923)上海馬啟新書局石印本　二冊　存九卷(三至十一)

330000－1704－0020441　019992　史部/雜史類/斷代之屬
**戊戌政變記九卷**　梁啟超撰　民國鉛印本　二冊　存五卷(一、六至九)

330000－1704－0020442　019970　子部/小説家類/異聞之屬
**繪圖情史二十四卷**　(清)詹詹外史評輯　民國石印本　三冊

330000－1704－0020444　019971　集部/詩文評類/詩評之屬
**陳石遺先生談藝録一卷**　陳衍撰　民國二十六年(1937)上海中華書局鉛印本　一冊

330000－1704－0020446　善001160　史部/傳記類/總傳之屬/郡邑
**溫州歷代學人表一卷**　孫延釗編　稿本　一冊

330000－1704－0020447　善001161　史部/傳記類/總傳之屬/郡邑
**明清間浙人名號年居事物録不分卷**　孫延釗編　稿本　一冊

330000－1704－0020450　019973　集部/别集類/明别集
**鐵厓三種**　(明)楊維楨撰　(明)吳復編　(清)樓卜瀍註　民國十年(1921)上海掃葉山房石印本　十冊

330000－1704－0020452　019974　集部/别集類/宋别集
**劍南詩鈔六卷**　(宋)陸游撰　(清)楊大鶴選　民國二十五年(1936)上海掃葉山房石印本　五冊　存四卷(一至四)

330000－1704－0020453　善001162　史部/傳記類/總傳之屬/郡邑
**清代浙人名號年居事物録四編不分卷**　孫延釗編　稿本　四冊

330000－1704－0020455　019975　史部/目録類/版本之屬/書影
**四部叢刊第二次預約樣本一卷**　上海商務印書館編　民國十五年(1926)上海商務印書館影印本暨鉛印本　一冊

330000－1704－0020457　019899　子部/醫家類/本草之屬/本草藥性
**雷公炮製藥性解六卷**　(明)李中梓輯　**珍珠囊指掌補遺藥性賦四卷**　(金)李杲輯　民國共和書局石印本　一冊　存六卷(藥性解一至六)

330000－1704－0020459　善001163　史部/雜史類/通代之屬
**中國歷史上讀書治學團體的各種組織形式及其經過事略不分卷**　孫延釗編　稿本　一冊

330000－1704－0020460　019866　子部/醫

家類/醫案之屬

**臨證指南醫案八卷** (清)葉桂撰 民國八年(1919)上海文益書局石印本 二冊

330000－1704－0020462 019900 集部/總集類/選集之屬/通代

**言文對照古文觀止十二卷** (清)吳乘權 (清)吳大職輯 董堅志譯白 民國上海錦章圖書局石印本 陳思強題記 三冊 存九卷(一至九)

330000－1704－0020463 020068 經部/小學類/音韻之屬/韻書

**考正詞韻二卷攷正白香詞譜一卷** 顧佛影撰 民國十五年(1926)上海中原印書局鉛印本暨石印本 一冊 缺一卷(上)

330000－1704－0020465 019976 類叢部/叢書類/彙編之屬

**四部備要** 中華書局編 民國二十五年(1936)上海中華書局鉛印本(原缺經義考卷二百八十六、二百九十九至三百,東塾讀書記十三至十四、十七至二十、二十二至二十五) 八冊 存一種

330000－1704－0020466 019977 集部/別集類/唐五代別集

**教科適用杜詩精華一卷** 中華書局編 民國二十年(1931)上海中華書局鉛印本 一冊

330000－1704－0020467 020069 集部/詩文評類/詩評之屬

**平等閣詩話二卷** 狄葆賢撰 民國鉛印本 一冊

330000－1704－0020468 019978 史部/傳記類/總傳之屬/儒林

**宋元學案一百卷首一卷攷略一卷** (清)黃宗羲撰 (清)黃百家纂輯 (清)全祖望修定 民國上海文瑞樓石印本 十六冊 存五十九卷(十九至五十、七十四至一百)

330000－1704－0020469 019979 集部/戲劇類/傳奇之屬

**酬紅記一卷** (清)趙野航填詞 (清)小鶴正譜 民國十三年(1924)掃葉山房影印本 一冊

330000－1704－0020472 020070 子部/宗教類/佛教之屬/經疏

**佛說觀無量壽佛經疏四卷** (唐)釋善導集記 民國十二年(1923)上海商務印書館鉛印本 一冊

330000－1704－0020473 019980 集部/總集類/選集之屬/通代

**古文辭類纂選本十卷** (清)姚鼐纂輯 林紓評 民國十年(1921)上海商務印書館鉛印本 十冊

330000－1704－0020474 019981 集部/別集類

**萬萬盦詩存一卷詩餘一卷** 鄭閎達撰 民國二十二年(1933)鉛印本 一冊

330000－1704－0020477 020071 子部/宗教類/佛教之屬/經疏

**佛說觀無量壽佛經疏四卷** (唐)釋善導集記 民國十二年(1923)上海商務印書館鉛印本 一冊

330000－1704－0020478 019903 子部/藝術類/遊藝之屬/聯語

**精選名人聯語不分卷** 民國戴炳驄抄本 一冊

330000－1704－0020479 020072 經部/小學類/文字之屬/字書/字體

**古籀拾遺三卷附宋政和禮器文字攷一卷** (清)孫詒讓撰 民國七年(1918)上海掃葉山房石印本 四冊

330000－1704－0020481 019904 類叢部/叢書類/彙編之屬

**四部備要** 中華書局編 民國二十五年(1936)上海中華書局鉛印本(原缺經義考卷二百八十六、二百九十九至三百,東塾讀書記十三至十四、十七至二十、二十二至二十五) 一冊 存一種

330000－1704－0020482 善 001164 子部/

雜著類

**略談中國歷代石經一卷記舊杭州府學所藏南宋石經一卷紹溫文獻遐思述一卷浙中陽明學者拾遺一卷附序跋三篇** 孫延釗撰 稿本 一册

330000－1704－0020484 善001165 史部/傳記類/别傳之屬

**龔定庵先生[自珍]生平及其著作一卷** 孫延釗撰 稿本 一册

330000－1704－0020487 善001166 史部/地理類/方志之屬/通志

**重修浙江通志人物傳稿不分卷** 孫延釗撰 稿本 八册

330000－1704－0020489 020074 類叢部/叢書類/彙編之屬

**四部備要** 中華書局編 民國二十五年(1936)上海中華書局鉛印本(原缺經義考卷二百八十六、二百九十九至三百,東塾讀書記十三至十四、十七至二十、二十二至二十五) 四册 存一種

330000－1704－0020490 019615 新學/學校

**動員計畫參考書一卷** 顧清選譯 民國石印本 一册

330000－1704－0020491 020075 集部/詞類/總集之屬

**近人詞録二卷** 雷瑨輯 民國四年(1915)上海掃葉山房石印本 一册 存一卷(一)

330000－1704－0020492 善001167 史部/地理類/方志之屬/通志

**重修浙江通志人物傳稿不分卷** 孫延釗撰 民國抄本 五册

330000－1704－0020493 善001168 史部/地理類/方志之屬/通志

**重修浙江通志人物傳稿不分卷** 孫延釗撰 稿本 六册

330000－1704－0020496 019907 子部/宗教類/佛教之屬/經疏

**大乘稻芋經一卷隨聽疏一卷** (唐)釋法成集 民國八年(1919)上海商務印書館鉛印本 一册

330000－1704－0020497 019982 集部/總集類/選集之屬/通代

**銅琵金縷甲集二卷乙集二卷丙集二卷丁集二卷** 上海進步書局編 民國二十五年(1936)上海文明書局石印本 四册

330000－1704－0020498 020076 集部/詞類/總集之屬

**近人詞録二卷** 雷瑨輯 民國四年(1915)上海掃葉山房石印本 一册 存一卷(一)

330000－1704－0020499 019983 子部/兵家類/武術技巧之屬

**楊家太極各藝要義一卷附武術偶談一卷** 黄元秀編 民國二十三年(1934)油印本 一册

330000－1704－0020507 020079 類叢部/叢書類/輯佚之屬

**輯佚叢刊十一種十九卷** 陶棟輯 民國三十七年(1948)上海中華書局鉛印本 一册

330000－1704－0020510 020117 集部/戲劇類/總集之屬/雜劇

**元曲大觀三十種** 錦文堂主人輯 民國十年(1921)上海錦文堂書局影印本 四十一册 存二十八種

330000－1704－0020513 020081 集部/詞類/詞韻之屬

**晚翠軒詞韻一卷** (清)舒夢蘭輯 民國二年(1913)鴻雪軒石印本 一册

330000－1704－0020514 020119 類叢部/叢書類/彙編之屬

**四部備要** 中華書局編 民國二十五年(1936)上海中華書局鉛印本(原缺經義考卷二百八十六、二百九十九至三百,東塾讀書記十三至十四、十七至二十、二十二至二十五) 八册 存一種

330000－1704－0020515 020118 史部/雜史類/斷代之屬

唐語林八卷附校勘記一卷　（宋）王讜撰　民國九年(1920)上海商務印書館鉛印本　四冊

330000－1704－0020518　善 001169　史部/地理類/方志之屬/通志
重纂浙江通志例說等零稿不分卷　孫延釗撰　稿本　一冊

330000－1704－0020519　020120　集部/詞類/總集之屬
花菴絕妙詞選十卷　（宋）黃昇輯　民國八年(1919)上海掃葉山房石印本　四冊

330000－1704－0020521　020121　子部/小說家類/雜事之屬
庸閒齋筆記十二卷　（清）陳其元撰　民國六年(1917)上海掃葉山房石印本　四冊

330000－1704－0020522　020082　集部/別集類/明別集
自怡集一卷　（明）劉璉撰　民國九年(1920)劉燿東刻本　一冊

330000－1704－0020525　020122　子部/道家類
老子古義二卷　楊樹達撰　民國十一年(1922)上海中華書局鉛印本　一冊

330000－1704－0020526　020083　集部/小說類/長篇之屬
第一才子書十六卷一百二十回　（明）羅本撰　（清）金人瑞評　（清）毛宗崗評　民國上海廣益書局鉛印本　十二冊　存十二卷(二至四、七至十、十二至十六)

330000－1704－0020527　019997　集部/別集類/清別集
錢牧齋先生尺牘三卷　（清）錢謙益撰　民國影印本　二冊　存二卷(二至三)

330000－1704－0020528　善 001170　史部/目録類/總録之屬/官修
浙江省立圖書館出版木印書目一卷鉛印書目一卷　浙江省立圖書館編　民國二十五年(1936)浙江省立圖書館鉛印本　一冊

330000－1704－0020529　020123　集部/詞類/詞譜之屬
玫正白香詞譜三卷附録一卷　陳小蝶編　增訂晚翠軒詞韻一卷　陳祖耀校正　民國七年(1918)春草軒鉛印本暨石印本　四冊

330000－1704－0020532　善 001171　史部/目録類/專録之屬
玉海樓叢書細目不分卷　孫延釗編　稿本　五冊

330000－1704－0020535　020085　類叢部/叢書類/彙編之屬
四部叢刊　張元濟等編　民國上海商務印書館影印本　一冊　存一種

330000－1704－0020536　善 001172　史部/地理類/專志之屬/古跡
瑞安古蹟録一卷　孫延釗輯　稿本　一冊

330000－1704－0020537　019620　史部/地理類/山川之屬/水志
西湖新志十四卷　胡祥翰輯　民國十年(1921)鉛印本　三冊　存九卷(一至四、十至十四)

330000－1704－0020539　善 001173　集部/總集類/選集之屬
讀書會資料殘稿不分卷　孫延釗撰　稿本　一冊

330000－1704－0020540　019621　經部/小學類/訓詁之屬/爾雅
雅學攷一卷　（清）胡元玉撰　民國二十五年(1936)國立北京大學出版組鉛印本　一冊

330000－1704－0020541　020086　集部/總集類/彙編之屬
袁蔣趙三家詩選三卷　王文濡輯　民國十八年(1929)上海文明書局石印本　一冊

330000－1704－0020542　善 001174　史部/目録類
浙江大學文學院收藏瑞安孫氏玉海樓寄存圖書文物簡目一卷　孫延釗編　民國抄本　一冊

330000－1704－0020545　019920　子部/醫家類/本草之屬/本草藥性

**珍珠囊指掌補遺藥性賦四卷**　(金)李杲編

**雷公炮製藥性解六卷**　(明)李中梓編　民國上海廣益書局石印本　一冊

330000－1704－0020546　020087　子部/藝術類/書畫之屬/法帖

**草字彙十二卷附補**　(清)石梁編　民國石印本(卷一至二補配現代抄本)　一冊　存六卷(子、丑、寅、卯、辰、巳)

330000－1704－0020548　019999　集部/總集類/尺牘之屬

**眉公才子尺牘四卷**　(明)陳繼儒輯　(清)沈錫侯增訂　**聖嘆才子尺牘四卷**　(清)金人瑞鑒定　(清)金雍撰　民國七年(1918)上海碧梧山莊石印本　四冊

330000－1704－0020549　020124　子部/宗教類/佛教之屬

**佛教科儀雜抄一卷**　民國抄本　一冊

330000－1704－0020552　善001176　史部/目録類/總録之屬/彙刻

**編輯四明叢書記聞一卷書目一卷**　張壽鏞等撰　民國三十五年(1946)鉛印本　馮貞群跋　一冊

330000－1704－0020553　020000　子部/法家類

**韓非子二十卷　識誤三卷**　(清)顧廣圻撰　民國十一年(1922)上海掃葉山房石印本　四冊　存十六卷(一至十六)

330000－1704－0020554　018592　史部/目録類/通論之屬/掌故瑣記

**書林清話十卷**　葉德輝撰　民國八年(1919)葉啟崟刻本　五冊

330000－1704－0020555　020126　類叢部/叢書類/自著之屬

**隨園全集三十八種**　(清)袁枚撰　民國七年(1918)上海文明書局石印本　一冊　存一種

330000－1704－0020556　020089　類叢部/叢書類/彙編之屬

**四部叢刊**　張元濟等編　民國上海商務印書館影印本　八冊　存一種

330000－1704－0020558　善001178　史部/地理類/方志之屬/通志

**重修浙江通志初稿體例綱要及目録一卷**　浙江省通志館修　余紹宋　孫延釗等纂　民國三十七年(1948)鉛印本　一冊

330000－1704－0020560　020127　類叢部/叢書類/自著之屬

**亭林遺書二十二種附三種**　(清)顧炎武撰　(清)席威　(清)朱記榮編　民國上海文瑞樓石印本　一冊　存三種

330000－1704－0020561　020001　集部/別集類/明別集

**王次回疑雨集註四卷**　(明)王彥泓撰　(□)句漏後裔釋　民國十年(1921)上海文明書局石印本　四冊

330000－1704－0020562　020002　子部/藝術類/書畫之屬/書法書品

**說文解字部首不分卷**　民國西泠印社影印本　一冊

330000－1704－0020563　020003　子部/藝術類/書畫之屬/法帖

**張旭草書李青蓮序一卷**　(唐)張旭書　民國上海有正書局影印本　一冊

330000－1704－0020564　019867　子部/醫家類/醫經之屬/内經

**黄帝内經素問合纂十卷靈樞經合纂九卷補遺一卷**　(明)馬蒔　(清)張志聰注　民國上海錦章圖書局石印本　一冊　存二卷(九至十)

330000－1704－0020567　020090　類叢部/叢書類/彙編之屬

**涵芬樓祕笈五十一種**　孫毓修等輯　民國五年至十五年(1916－1926)上海商務印書館影印本暨鉛印本　八冊　存七種

330000－1704－0020568　020129　集部/詞類/總集之屬

**閨秀百家詞選十卷**　吳灝輯　民國四年(1915)上海掃葉山房石印本　六冊

330000－1704－0020569　020091　類叢部/叢書類/彙編之屬

**涵芬樓祕笈五十一種**　孫毓修等輯　民國五年至十五年(1916－1926)上海商務印書館影印本暨鉛印本　四冊　存三種

330000－1704－0020570　019869　子部/醫家類/兒科之屬/通論

**校正幼幼集成六卷**　(清)陳復正辨訂　民國上海進步書局石印本　一冊

330000－1704－0020571　善 001180　史部/傳記類/總傳之屬

**金石學録續補二卷附録一卷拾遺一卷**　褚德彝撰　民國八年(1919)餘杭褚氏石畫樓鉛印本　一冊

330000－1704－0020575　019921　子部/藝術類/書畫之屬/法帖

**翁松禪墨蹟十集**　(清)翁同龢書　民國十八年(1929)上海商務印書館影印本　一冊　存一集(六)

330000－1704－0020576　019888　子部/藝術類/書畫之屬/法帖

**翁松禪墨蹟十集**　(清)翁同龢書　民國二十三年(1934)上海商務印書館影印本　一冊　存一集(九)

330000－1704－0020577　020093　子部/農家農學類/農藝之屬/土壤耕作

**區種五種五卷附録一卷**　(清)趙夢齡輯　民國五年(1916)石印本　一冊

330000－1704－0020583　020094　類叢部/叢書類/彙編之屬

**四部叢刊**　張元濟等編　民國上海商務印書館影印本　一冊　存一種

330000－1704－0020584　善 001181　史部/雜史類

**孫延釗地方文獻雜抄不分卷**　孫延釗輯　稿本　一冊

330000－1704－0020586　020095　史部/目録類/版本之屬/書影

**重印聚珍倣宋版五開大本四部備要樣本不分卷**　中華書局編　民國中華書局鉛印本　一冊

330000－1704－0020587　013899　集部/別集類

**單湖唱和集一卷**　民國稿本　一冊

330000－1704－0020588　020004　經部/小學類/音韻之屬

**因音求字二卷**　(清)謝思澤編纂　謝用卿編譯　民國十六年(1927)溫州世界書局石印本　一冊　存一卷(二)

330000－1704－0020589　020096　集部/別集類/唐五代別集

**唐女郎魚玄機詩一卷**　(唐)魚玄機撰　民國中華書局鉛印本　一冊

330000－1704－0020591　善 001182　子部/雜著類/雜纂之屬

**中國抄書文獻捃覽不分卷**　孫延釗編　稿本　一冊

330000－1704－0020594　善 001183　子部/雜著類/雜纂之屬

**浙江書林遺事繫年綴録不分卷**　孫延釗編　稿本　五冊

330000－1704－0020597　020098　類叢部/叢書類/彙編之屬

**四部叢刊**　張元濟等編　民國上海商務印書館影印本　一冊　存一種

330000－1704－0020601　019870　集部/戲劇類/傳奇之屬

**楚鳳烈傳奇十六齣**　盧前撰　民國二十八年(1939)樸園刻本　一冊

330000－1704－0020603　020166　經部/詩類/傳說之屬

**陳氏毛詩五種**　(清)陳奐撰　民國上海鴻章書局石印本　十冊　缺五卷(詩毛氏傳疏十八至十九、二十五至二十七)

330000－1704－0020605　020100　類叢部/叢書類/彙編之屬

**四部叢刊**　張元濟等編　民國上海商務印書館影印本　四册　存一種

330000－1704－0020606　020136　集部/别集類/宋别集

**姜白石全集十六卷**　（宋）姜夔撰　民國七年（1918）上海掃葉山房石印本　三册

330000－1704－0020610　020137　集部/詞類/總集之屬

**絶妙好詞箋七卷**　（宋）周密輯　（清）查為仁　（清）厲鶚箋　**續鈔二卷**　（清）余集輯　（清）徐楙補録　民國上海掃葉山房石印本　二册

330000－1704－0020611　019871　集部/戲劇類/傳奇之屬

**奇雙會不分卷**　民國石印本　一册

330000－1704－0020612　020138　集部/曲類/曲韻曲譜曲律之屬

**遏雲閣曲譜不分卷**　（清）王錫純輯　（清）李秀雲拍正　民國上海著易堂書局鉛印本　七册

330000－1704－0020613　020102　子部/醫家類/溫病之屬/瘟疫

**鼠疫彙編一卷**　（清）吳宣崇編　（清）羅汝蘭增輯　民國三十三年（1944）鉛印本　一册

330000－1704－0020614　020139　集部/别集類/清别集

**增廣詳註言文對照小倉山房尺牘四卷**　（清）袁枚撰　（清）吳猶龍編　民國十八年（1929）上海中西書局石印本　二册　存二卷（三至四）

330000－1704－0020616　020104　子部/藝術類/書畫之屬/法帖

**草字彙十二卷附補**　（清）石梁編　民國元年（1912）上海同文書局石印本　四册　存八卷（子、丑、辰、巳、午、未、戌、亥）

330000－1704－0020619　020008　集部/總集類/選集之屬/通代

**歷代詩文評註讀本**　王文濡編　民國十九年（1930）上海文明書局鉛印本　二册　存一種

330000－1704－0020622　020105　類叢部/叢書類/彙編之屬

**四部備要**　中華書局編　民國二十五年（1936）上海中華書局鉛印本（原缺經義考卷二百八十六、二百九十九至三百，東塾讀書記十三至十四、十七至二十、二十二至二十五）一册　存一種

330000－1704－0020623　020141　集部/戲劇類

**京劇友清風一卷**　鄭劍西編　民國抄本　一册

330000－1704－0020624　020167　類叢部/叢書類/自著之屬

**王煙客先生集五種附三種**　（清）王時敏撰　鄒登泰輯　民國五年（1916）蘇州振新書社鉛印本　六册

330000－1704－0020626　020106　類叢部/叢書類/自著之屬

**船山遺書六十六種附一種**　（清）王夫之撰　民國二十二年（1933）上海太平洋書店鉛印本　十五册　存三種

330000－1704－0020631　020011　子部/宗教類/道教之屬

**三聖經靈驗圖註不分卷**　民國二十一年（1932）上海明善書局石印本　一册

330000－1704－0020636　019875　集部/曲類/曲韻曲譜曲律之屬

**四郎探母曲譜一卷**　陳彦衡撰　民國二十年（1931）潛樂社石印本　一册

330000－1704－0020637　020109　集部/總集類/尺牘之屬

**十大名家家書十卷**　平襟亞編　秋痕廔主評　民國上海共和書局鉛印本　一册　存一種

330000－1704－0020643　020110　類叢部/叢書類/彙編之屬

**四部叢刊**　張元濟等編　民國上海商務印書館影印本　一冊　存一種

330000－1704－0020645　020146　類叢部/類書類/專類之屬

**佩文韻府一百六卷索隱一卷**　(清)張玉書等輯　**韻府拾遺一百六卷**　(清)汪灝等輯　民國上海掃葉山房石印本　五十五冊　缺一百十六卷(佩文韻府四至五、三十七至四十一、五十三至五十五,韻府拾遺一至一百六)

330000－1704－0020646　020147　子部/藝術類/書畫之屬

**經頤淵金石詩書畫合集三種**　經亨頤撰　民國二十五年(1936)上海中華書局影印本暨鉛印本　一冊

330000－1704－0020648　020142　子部/小說家類/瑣語之屬

**醉鄉瑣志一卷**　(清)黄體芳撰　民國十六年(1927)鉛印本　一冊

330000－1704－0020654　020169　經部/小學類/文字之屬/字書/字典

**錦章圖書局攷正字彙二卷**　(清)陳淏子撰　民國上海錦章圖書局石印本　一冊

330000－1704－0020656　020014　子部/醫家類

**壺隱片片録三卷**　(清)虞紹堯撰　民國二十年(1931)鉛印本　一冊

330000－1704－0020659　020015　子部/醫家類/方書之屬/成方藥目

**葉種德堂丸散膏丹說明書不分卷**　葉鴻年編　民國四年(1915)葉種德堂鉛印本　一冊

330000－1704－0020665　020022　子部/雜著類/雜說之屬

**詅癡符□□卷**　用兆魁撰　民國鉛印本　一冊　存四卷(四至七)

330000－1704－0020667　020019　子部/術數類/陰陽五行之屬

**地理四彈子**　(清)張鳳藻撰　民國上海錦章圖書局石印本　一冊　存一種

330000－1704－0020670　020174　集部/別集類

**澎湖遺老集四卷**　金蓉鏡撰　民國十七年(1928)刻本　二冊

330000－1704－0020676　020024　子部/宗教類/道教之屬/雜著

**暗室燈二卷**　(清)深山居士輯　民國六年(1917)葉懷古齋刻本　一冊

330000－1704－0020682　020148　子部/雜著類/雜說之屬

**脚氣集一卷**　(宋)車若水撰　民國十七年(1928)上海商務印書館鉛印本　一冊

330000－1704－0020686　020176　集部/別集類/清別集

**竹山堂詩稿二卷詞稿一卷**　(清)潘祖同撰　民國七年(1918)吳縣潘氏刻本　一冊

330000－1704－0020693　020032　新學/學校

**前期小學三民主義課本教學法不分卷**　王劍星　朱亮基編　民國十七年(1928)上海世界書局鉛印本　一冊

330000－1704－0020700　020033　集部/小說類/短篇之屬

**詳註聊齋志異圖詠十六卷**　(清)蒲松齡撰　(清)吕湛恩注　民國十一年(1922)上海元昌書局石印本　四冊

330000－1704－0020702　020113　集部/小說類/短篇之屬

**詳註聊齋志異圖詠十六卷**　(清)蒲松齡撰　(清)吕湛恩注　民國二年(1913)上海天機書局石印本　四冊

330000－1704－0020703　020114　類叢部/叢書類/彙編之屬

**國立中央研究院歷史語言研究所單刊**　國立中央研究院歷史語言研究所編　民國上海商務印書館鉛印本暨影印本　一冊　存一種

330000－1704－0020706　020179　集部/小說類/長篇之屬

**繪圖增像第五才子書水滸全傳八卷七十回首一卷** (明)施耐庵撰 (清)金人瑞評釋 民國十四年(1925)上海啟新書局石印本 八册

330000－1704－0020707 020036 子部/雜著類/雜說之屬
**六研齋筆記四卷二筆四卷三筆四卷** (明)李日華撰 民國上海有正書局影印本(原缺筆記卷三至四、二筆卷一至二) 六册

330000－1704－0020708 020184 集部/别集類
**默盦集十卷** 王舟瑶撰 民國二年(1913)上海國光書局鉛印本 三册

330000－1704－0020709 020180 子部/宗教類/道教之屬
**性命雙修萬神圭旨四卷** 民國五年(1916)上海廣益書局石印本 一册 存一卷(一)

330000－1704－0020719 020189 史部/詔令奏議類/奏議之屬
**崇雅堂疏稿二卷** 楊晨撰 民國石印本 一册

330000－1704－0020721 020182 史部/傳記類/總傳之屬/技藝
**墨林今話十八卷** (清)蔣寶齡撰 **續編一卷** (清)蔣茝生撰 民國十四年(1925)上海掃葉山房石印本 六册

330000－1704－0020722 020153 集部/總集類/郡邑之屬
**永嘉詩人祠堂叢刻十四種** 冒廣生輯 民國四年(1915)如皋冒氏刻本 二册 存三種

330000－1704－0020724 020154 集部/别集類/清别集
**榆蔭山房吟草四卷** (清)朱丙壽撰 民國十一年(1922)鉛印本 二册 缺一卷(一)

330000－1704－0020732 020156 經部/小學類/文字之屬/字書/字體
**六書分類十二卷首一卷** (清)傅世垚輯 民國上海錦文堂石印本 四册 存二卷(十至十一)

330000－1704－0020738 020158 經部/小學類/音韻之屬
**中國音韻學概要一卷** 國立清華大學編 民國鉛印本 一册

330000－1704－0020742 020193 類叢部/叢書類/自著之屬
**隨園四十種** (清)袁枚撰 民國上海校經山房成記書局石印本 五十册 存三十種

330000－1704－0020753 020196 集部/别集類
**白石山房詩鈔三卷補遺一卷** 張宗江撰 民國八年(1919)鉛印本 一册

330000－1704－0020756 020295 類叢部/叢書類/彙編之屬
**四部備要** 中華書局編 民國二十五年(1936)上海中華書局鉛印本(原缺經義考卷二百八十六、二百九十九至三百,東塾讀書記十三至十四、十七至二十、二十二至二十五) 一册 存一種

330000－1704－0020757 020298 類叢部/叢書類/彙編之屬
**四部備要** 中華書局編 民國二十五年(1936)上海中華書局鉛印本(原缺經義考卷二百八十六、二百九十九至三百,東塾讀書記十三至十四、十七至二十、二十二至二十五) 二册 存一種

330000－1704－0020758 020198 集部/别集類
**醉靈軒詩存十卷** 陳蘧撰 民國十七年(1928)上海聚珍倣宋印書局鉛印本 二册

330000－1704－0020762 020241 子部/藝術類/篆刻之屬/印譜
**太上感應篇印譜四卷** 葉鴻翰篆 民國十二年(1923)永嘉葉鴻翰懷古齋刻鈐印本 四册

330000－1704－0020763 020045 史部/雜史類/斷代之屬
**戰國策三十三卷** (漢)高誘注 **重刻剡川姚氏本戰國策札記三卷** (清)黄丕烈撰 民國

元年(1912)湖北崇文書局刻本　五冊

330000－1704－0020766　020242　子部/醫家類/醫理之屬/病源病機

**重刊巢氏諸病源候總論五十卷**　(隋)巢元方等撰　民國石印本　七冊　存四十八卷(三至五十)

330000－1704－0020779　020050　集部/曲類/曲韻曲譜曲律之屬

**牡丹亭曲譜二卷**　殷溎深撰　民國十年(1921)上海朝記書莊影印本　四冊

330000－1704－0020780　020244　集部/總集類/彙編之屬

**七子詩選十四卷**　(清)沈德潛編　民國十九年(1930)上海掃葉山房石印本　四冊

330000－1704－0020781　020051　集部/戲劇類/傳奇之屬

**牡丹亭還魂記二卷五十五齣**　(明)湯顯祖撰　民國木石居影印本　四冊

330000－1704－0020783　020245　集部/總集類/選集之屬/斷代

**才調集十卷**　(五代)韋縠輯　民國三年(1914)上海掃葉山房石印本　四冊

330000－1704－0020784　020300　類叢部/叢書類/彙編之屬

**四部備要**　中華書局編　民國二十五年(1936)上海中華書局鉛印本(原缺經義考卷二百八十六、二百九十九至三百,東塾讀書記十三至十四、十七至二十、二十二至二十五)　三冊　存一種

330000－1704－0020785　020203　經部/小學類/文字之屬/字書/字典

**康熙字典十二集三十六卷總目一卷檢字一卷辨似一卷等韻一卷備考一卷補遺一卷**　(清)張玉書等纂修　民國上海鴻寶齋書局石印本　二冊　存十六卷(子集上中下、丑集上中下、巳集上中下、午集上中下,總目,檢字,辨似,等韻)

330000－1704－0020788　020302　集部/別集類/清別集

**詳註鄭板橋全集不分卷**　(清)鄭燮撰　雷瑨註釋　民國十五年(1926)上海掃葉山房石印本　四冊

330000－1704－0020789　020204　經部/小學類/文字之屬/字書/字典

**共和書局攷正字彙二卷**　(清)陳淏子撰　民國共和書局石印本　一冊

330000－1704－0020793　020206　集部/別集類

**天放樓文言十一卷附録一卷**　金天羽撰　民國十六年(1927)鉛印本　二冊

330000－1704－0020794　020303　類叢部/叢書類/彙編之屬

**四部備要**　中華書局編　民國二十五年(1936)上海中華書局鉛印本(原缺經義考卷二百八十六、二百九十九至三百,東塾讀書記十三至十四、十七至二十、二十二至二十五)　二冊　存一種

330000－1704－0020797　020207　子部/儒家類/儒學之屬/蒙學

**新增繪圖幼學故事瓊林四卷首一卷**　(清)程登吉撰　(清)鄒聖脈增補　民國上海昌文書局石印本　一冊

330000－1704－0020800　020246　集部/總集類/選集之屬/斷代

**國朝六家詩鈔八卷**　(清)劉執玉選　民國十年(1921)掃葉山房石印本　六冊

330000－1704－0020801　020208　子部/藝術類/書畫之屬/法帖

**鄧石如篆書十五種不分卷**　(清)鄧石如書　民國八年(1919)上海文明書局石印本　六冊

330000－1704－0020802　020306　集部/別集類/唐五代別集

**杜詩鏡銓二十卷附諸家論杜一卷杜工部年譜一卷**　(清)楊倫輯　**讀書堂杜工部文集註解二卷**　(清)張溍撰　民國十年(1921)榮華山房石印本　八冊

330000－1704－0020808　020309　史部/史評類/詠史之屬

**全史宫詞二十卷**　(清)史夢蘭撰　民國十年(1921)上海著易堂書局鉛印本　六册

330000－1704－0020809　019911　子部/藝術類/書畫之屬/書法書品

**行書備要一卷**　童式規書　民國石印本　一册

330000－1704－0020811　020247　集部/别集類/清别集

**廣雅堂詩集不分卷**　(清)張之洞撰　民國中國詩畫會社石印本　二册

330000－1704－0020818　020311　類叢部/叢書類/彙編之屬

**四部備要**　中華書局編　民國二十五年(1936)上海中華書局鉛印本(原缺經義考卷二百八十六、二百九十九至三百,東塾讀書記十三至十四、十七至二十、二十二至二十五)　一册　存一種

330000－1704－0020819　020312　類叢部/叢書類/彙編之屬

**四部叢刊**　張元濟等編　民國上海商務印書館影印本　一册　存一種

330000－1704－0020825　020215　子部/宗教類/佛教之屬/諸宗

**印光法師文鈔七卷附録一卷**　釋聖量撰　民國上海商務印書館鉛印本　四册

330000－1704－0020827　020316　類叢部/叢書類/彙編之屬

**四部叢刊續編七十七種**　張元濟等編　民國二十三年(1934)上海商務印書館影印本(原缺儀禮疏卷三十二至三十七、周易要義卷三至六、禮記要義卷一至二、麟臺故事卷四至五)　一册　存一種

330000－1704－0020828　020317　子部/道家類

**列子八卷**　(晋)張湛注　(唐)殷敬順釋文　民國十五年(1926)上海掃葉山房石印本　一册　存四卷(一至四)

330000－1704－0020831　019915　史部/地理類/方志之屬/郡縣志

**[民國]平陽縣志九十八卷首一卷**　王理孚修　符璋纂　張翥等測繪　民國十四年至十五年(1925－1926)刻本　三册　存十卷(二十二至三十一)

330000－1704－0020832　020355　子部/宗教類/其他宗教之屬

**四教考略一卷**　(英國)季理斐撰　民國七年(1918)上海廣學會鉛印本　一册

330000－1704－0020833　019916　史部/地理類/方志之屬/郡縣志

**[民國]平陽縣志九十八卷首一卷**　王理孚修　符璋纂　張翥等測繪　民國十四年至十五年(1925－1926)刻本　二册　存五卷(首、一至四)

330000－1704－0020835　019918　史部/地理類/方志之屬/郡縣志

**[民國]平陽縣志九十八卷首一卷**　王理孚修　符璋纂　張翥等測繪　民國十四年至十五年(1925－1926)刻本　七册　存二十五卷(五至八、二十二至二十四、六十六至七十六、八十一至八十四、九十六至九十八)

330000－1704－0020836　020318　集部/别集類/宋别集

**黄太史精華録六卷**　(宋)黄庭堅撰　任淵選　民國二十四年(1935)上海商務印書館鉛印本　一册

330000－1704－0020838　020319　子部/宗教類/佛教之屬

**悉曇三書**　民國五年至六年(1916－1917)上虞羅氏影印本　一册　存一種

330000－1704－0020839　020356　子部/宗教類/佛教之屬/諸宗

**印光法師嘉言録不分卷**　李圓淨編　民國十七年(1928)上海江蘇第二監獄第三科鉛印本　一册

330000－1704－0020840　020320　子部/小說家類/雜事之屬

**世説新語補二十卷附釋名一卷**　(南朝宋)劉義慶撰　(南朝梁)劉孝標注　(宋)劉應登評　(明)何良俊增　(明)王世貞刪　(明)王世懋評　(明)張文柱注　(清)黄汝琳補訂　民國九年(1920)上海掃葉山房石印本　八册

330000－1704－0020841　020217　史部/紀傳類/正史之屬

**史記一百三十卷**　(漢)司馬遷撰　(南朝宋)裴駰集解　(唐)司馬貞索隱　(唐)張守節正義　**補史記一卷**　(唐)司馬貞撰并注　民國中華圖書館影印本　三册　存六卷(十三至十八)

330000－1704－0020842　020357　子部/宗教類/佛教之屬/諸宗

**印光法師文鈔續編二卷**　釋聖量撰　民國二十九年(1940)蘇州弘化社鉛印本　二册

330000－1704－0020843　020321　類叢部/叢書類/彙編之屬

**四部叢刊**　張元濟等編　民國上海商務印書館影印本　四册　存一種

330000－1704－0020844　020358　子部/宗教類/佛教之屬/論

**大乘莊嚴經論十三卷**　(唐)釋波羅頗迦羅蜜多羅譯　民國元年(1912)常州天寧寺刻本　三册

330000－1704－0020845　020218　史部/紀傳類/正史之屬

**史記一百三十卷**　(漢)司馬遷撰　(南朝宋)裴駰集解　(唐)司馬貞索隱　(唐)張守節正義　**補史記一卷**　(唐)司馬貞撰并注　民國中華圖書館影印本　陳放批並校　十六册　存一百三卷(一至二、七至三十、四十二至九十二、一百五至一百三十)

330000－1704－0020849　020219　集部/戲劇類/雜劇之屬

**新式標點增批繪圖西廂記八卷**　王大錯標點　**唐六如先生文韻一卷**　(明)祝允明評定　(清)念菴居士輯　**西廂文一卷**　(元)王德信　(元)關漢卿撰　民國十七年(1928)上海漢文淵書肆石印本　四册

330000－1704－0020855　020221　類叢部/叢書類/彙編之屬

**四部叢刊**　張元濟等編　民國上海商務印書館影印本　十一册　存一種

330000－1704－0020856　019925　經部/小學類/文字之屬/字書/字典

**新體學生大字典十二卷**　秦同培編　民國十三年(1924)上海世界書局石印本　一册

330000－1704－0020858　020322　子部/宗教類/佛教之屬/諸宗

**天台教觀選録八卷**　(隋)釋智顗撰　釋諦閑選　民國九年(1920)揚州藏經院刻本　一册　存一卷(五)

330000－1704－0020860　019926　集部/總集類/尺牘之屬

**交際大全八章**　廣文書局編輯所編　民國十三年(1924)上海世界書局石印本　一册

330000－1704－0020861　020323　類叢部/叢書類/彙編之屬

**四部叢刊**　張元濟等編　民國上海商務印書館影印本　一册　存一種

330000－1704－0020863　020324　子部/宗教類/佛教之屬

**八識規矩頌註發明三卷**　(唐)釋玄奘註　(明)釋普泰補註　(清)釋本金發明　民國八年(1919)甯波千歲坊文光齋刻本　五册

330000－1704－0020865　020325　類叢部/叢書類/彙編之屬

**四部叢刊**　張元濟等編　民國上海商務印書館影印本　一册　存一種

330000－1704－0020869　020326　集部/總集類/氏族之屬

**平昌項氏篋中詩鈔八卷**　(清)項椿業輯　民國四年(1915)石印本　一册

330000－1704－0020871　020327　集部/别集類

**秋扇集二卷**　釋蘊光撰　民國二十五年(1936)一笑廬鉛印本　一册

330000－1704－0020876　020329　集部/别集類/唐五代别集

**薛濤詩一卷**　(唐)薛濤撰　民國四年(1915)上海掃葉山房石印本　一册

330000－1704－0020877　020328　類叢部/叢書類/彙編之屬

**四部叢刊**　張元濟等編　民國上海商務印書館影印本　一册　存一種

330000－1704－0020878　020362　子部/宗教類/佛教之屬/經疏

**大方廣圓覺脩多羅了義經講義二卷**　釋諦閑講　民國鉛印本　一册　存一卷(一)

330000－1704－0020879　020330　子部/宗教類/佛教之屬/諸宗

**皇懺隨聞録十卷**　釋諦閑講　釋寶静輯　民國鉛印本　一册　存四卷(七至十)

330000－1704－0020881　020332　類叢部/叢書類/彙編之屬

**四部叢刊**　張元濟等編　民國上海商務印書館影印本　二册　存一種

330000－1704－0020884　020333　集部/總集類/選集之屬/通代

**古文辭類纂七十四卷**　(清)姚鼐纂輯　民國十三年(1924)上海文瑞樓書局石印本　十六册

330000－1704－0020885　020334　類叢部/叢書類/彙編之屬

**四部叢刊**　張元濟等編　民國上海商務印書館影印本　一册　存一種

330000－1704－0020886　020364　新學/政治法律/制度

**採編科講義不分卷**　金天游編　民國油印本　一册

330000－1704－0020891　020231　類叢部/叢書類/郡邑之屬

**敬鄉樓叢書三十八種**　黄羣編　民國十七年至二十四年(1928－1935)永嘉黄氏鉛印本　一册　存第四輯二種

330000－1704－0020892　020400　集部/别集類

**張季子詩録十卷**　張謇撰　民國三年(1914)鉛印本　一册　存五卷(一至五)

330000－1704－0020895　020232　子部/儒家類/儒學之屬

**古今格言四卷**　江畲經編纂　民國七年(1918)上海商務印書館鉛印本　四册

330000－1704－0020897　020402　子部/宗教類/佛教之屬/經疏

**彌陀畧解圓中鈔二卷**　(明)釋大佑解　(明)釋傳燈鈔　民國二年(1913)揚州藏經院刻本　一册　存一卷(二)

330000－1704－0020898　020403　子部/農家農學類/蠶桑之屬

**中華民國五年度浙江原蠶種製造場第一年蠶種製造實録一卷**　浙江原蠶種製造場輯　民國六年(1917)鉛印本　一册

330000－1704－0020900　020405　子部/宗教類/佛教之屬/經疏

**大方廣圓覺脩多羅了義經講義二卷**　釋諦閑講　民國十六年(1927)上海商務印書館鉛印本　一册　存一卷(二)

330000－1704－0020903　020337　類叢部/叢書類/彙編之屬

**四部叢刊**　張元濟等編　民國上海商務印書館影印本　一册　存一種

330000－1704－0020904　020339　集部/總集類/選集之屬/通代

**御選唐宋詩醇四十七卷目録二卷**　(清)高宗弘曆輯　民國中華圖書館石印本　十册

330000－1704－0020908　020340　集部/别集類/唐五代别集

**玉谿生詩詳註六卷首一卷** （唐）李商隱撰 （清）馮浩注 民國三年（1914）崇古山房石印本 八册

330000－1704－0020910 020233 史部/史表類/通代之屬

**嘉慶一統志表二十卷** （清）穆彰阿纂修 胡文楷輯 民國二十四年（1935）上海商務印書館影印本 十册

330000－1704－0020911 020341 類叢部/叢書類/彙編之屬

**四部叢刊** 張元濟等編 民國上海商務印書館影印本 十二册 存一種

330000－1704－0020912 020234 子部/儒家類

**陸清獻公治嘉格言一卷** （清）陸隴其撰 民國上海宏大善書局石印本 一册

330000－1704－0020914 020235 集部/詩文評類/文法之屬/函牘格式

**寫信必讀十卷** （清）唐芸洲撰 施世守注 民國上海昌文書局石印本 三册 存八卷（三至十）

330000－1704－0020916 020408 類叢部/叢書類/彙編之屬

**四部備要** 中華書局編 民國二十五年（1936）上海中華書局鉛印本（原缺經義考卷二百八十六、二百九十九至三百，東塾讀書記十三至十四、十七至二十、二十二至二十五） 十册 存一種

330000－1704－0020917 020236 集部/詩文評類/文法之屬/函牘格式

**詳註中華高等學生尺牘二卷** 中華書局編 民國二十六年（1937）上海中華書局石印本 一册 存一卷（二）

330000－1704－0020919 020237 集部/總集類/尺牘之屬

**分類廣註交際尺牘大觀不分卷** 劉再蘇編輯 民國上海世界書局石印本 一册 存一册（六）

330000－1704－0020920 020370 集部/詩文評類/詩評之屬

**通齋詩話二卷** （清）蔣超伯輯 民國四年（1915）李氏宜秋館鉛印本 二册

330000－1704－0020928 020373 史部/史評類/詠史之屬

**詠史記事一卷** 張翯撰 民國十四年（1925）鉛印本 一册

330000－1704－0020929 020342 類叢部/叢書類/自著之屬

**層冰草堂叢書九種附一種** 古直撰 民國中華書局鉛印本 一册 存一種

330000－1704－0020930 020343 集部/總集類/選集之屬/通代

**歷代詩文評註讀本** 王文濡編 民國上海文明書局鉛印本 四册 存一種

330000－1704－0020931 020344 類叢部/叢書類/彙編之屬

**四部叢刊** 張元濟等編 民國上海商務印書館影印本 一册 存一種

330000－1704－0020932 020345 集部/總集類/選集之屬/通代

**銅琵金縷甲集二卷乙集二卷丙集二卷丁集二卷** 上海進步書局編 民國九年（1920）上海文明書局石印本 四册

330000－1704－0020936 020375 類叢部/叢書類/彙編之屬

**冒氏叢書** 冒廣生編 民國二十五年（1936）上海商務印書館鉛印本 一册 存一種

330000－1704－0020938 020347 集部/別集類/唐五代別集

**唐柳先生集四十五卷外集二卷龍城録二卷附録二卷傳一卷** （唐）柳宗元撰 （宋）蘇軾評論 （宋）童宗説音注 （宋）潘緯音義 （明）孫月峰評點 民國十四年（1925）上海會文堂書局影印本 王宇□題記 十六册

330000－1704－0020940 020442 子部/醫家類/溫病之屬/瘟疫

**鼠疫彙編一卷** (清)吳宣崇編 (清)羅汝蘭增輯 民國三十三年(1944)鉛印本 一冊

330000－1704－0020942 020412 子部/藝術類/書畫之屬/畫譜

**馬鏡江先生人物仕女畫稿二卷** (清)馬濤繪 民國九年(1920)上海才記書局影印本 一冊 存一卷(二)

330000－1704－0020945 善001060、善000532 類叢部/叢書類/郡邑之屬

**浙江省永嘉區徵輯鄉先哲遺著** 浙江省永嘉區徵輯鄉先哲遺著委員會編 民國浙江省永嘉區徵輯鄉先哲遺著委員會抄本 梅冷生題記 五百五十四冊 存三百五十二種

330000－1704－0020946 020443 子部/醫家類/溫病之屬/瘟疫

**鼠疫彙編一卷** (清)吳宣崇編 (清)羅汝蘭增輯 民國三十三年(1944)鉛印本 一冊

330000－1704－0020948 020444 類叢部/叢書類/郡邑之屬

**湖北先正遺書七十二種七百二十七卷** 盧靖編 民國十二年(1923)沔陽盧氏慎始基齋影印本 一冊 存一種

330000－1704－0020949 020414 子部/宗教類/佛教之屬/經

**法華三經九卷附論及懺儀二卷** 民國商務印書館鉛印本 一冊 存二卷(妙法蓮華經優波提舍一、法華三昧懺儀一)

330000－1704－0020954 020348 集部/總集類/選集之屬/通代

**歷代詩文評註讀本** 王文濡編 民國上海文明書局鉛印本 四冊 存一種

330000－1704－0020956 020349 集部/總集類/選集之屬/通代

**歷代詩文評註讀本** 王文濡編 民國上海文明書局鉛印本 二冊 存一種

330000－1704－0020957 020445 子部/宗教類/佛教之屬

**佛學叢書□□種** 丁福保輯 民國上海醫學書局鉛印本暨影印本 一冊 存一種

330000－1704－0020959 020350 集部/總集類/選集之屬/通代

**歷代詩文評註讀本** 王文濡編 民國上海文明書局鉛印本 二冊 存一種

330000－1704－0020961 020446 史部/地理類/專志之屬/寺觀

**靈峯寺志九卷首一卷** 吳清修 葉向陽 王華纂 民國二十四年(1935)浙江正楷印書局鉛印本 一冊

330000－1704－0020962 020351 類叢部/叢書類/彙編之屬

**四部叢刊** 張元濟等編 民國上海商務印書館影印本 八冊 存一種

330000－1704－0020964 善001236 子部/宗教類/佛教之屬/諸宗

**法幢語録三卷** (清)釋超瘖編 民國永嘉黄氏敬鄉樓抄本 姚華題簽 釋印光 楊紹廉校 黄群識 一冊

330000－1704－0020965 020353 集部/總集類/選集之屬/通代

**歷代詩文評註讀本** 王文濡編 民國上海文明書局鉛印本 二冊 存一種

330000－1704－0020970 020448 子部/宗教類/其它宗教之屬/基督教

**查教關鍵不分卷** 張雅各伯撰 民國七年(1918)上海土山灣印書館鉛印本 一冊

330000－1704－0020971 020449 子部/術數類/雜術之屬

**繪圖金錢課一卷** 民國石印本 一冊

330000－1704－0020972 020381 子部/小說家類

**顧氏明朝四十家小說四十種** (明)顧元慶輯 民國四年(1915)上海國粹扶輪社石印本 一冊 存十種

330000－1704－0020973 020450 子部/術數類/陰陽五行之屬

**新鐫許真君玉匣記增補諸家選擇日用通書二卷** （晉）許遜撰　民國上海錦章圖書局石印本　一册　存一卷（一）

330000－1704－0020974　020382　子部/宗教類/其他宗教之屬/基督教
**靈魂道體説一卷** （意大利）龍華民撰　民國七年（1918）鉛印本　一册

330000－1704－0020976　020451　子部/雜著類
**玉歷至寶鈔勸世一卷附經驗神效良方一卷** 王子達編　民國上海宏大善書局石印本　一册

330000－1704－0020977　020383　子部/宗教類/其他宗教之屬/基督教
**靈魂道體説一卷** （意大利）龍華民撰　民國七年（1918）鉛印本　一册

330000－1704－0020979　020452　子部/天文曆算類/曆法之屬
**中華民國拾柒年歲次戊辰長房洪潮和曾孫堂麟書曆不分卷** 民國十六年（1927）泉州長房繼成堂書曆館石印本　一册

330000－1704－0020981　善001239　史部/雜史類/斷代之屬
**明季溫州抗清事纂不分卷** 孫延釗撰　稿本　二册

330000－1704－0020982　020384　子部/雜著類
**玉歷至寶鈔勸世一卷附經驗神效良方一卷** 王子達編　民國十七年（1928）上海宏大善書局石印本　一册

330000－1704－0020987　020514　子部/宗教類/佛教之屬/諸宗
**印光大師文鈔選讀二卷** 李圓淨選　民國三十八年（1949）四川威遠中峯寺印書弘化社鉛印本　二册

330000－1704－0020988　020454　類叢部/叢書類/彙編之屬
**涵芬樓祕笈五十一種** 孫毓修等輯　民國五年至十五年（1916－1926）上海商務印書館影印本暨鉛印本　二册　存一種

330000－1704－0020991　020385　子部/醫家類
**痧症寶筏一卷** 鄭奮揚撰　民國六年（1917）福州袖海廬鉛印本　一册

330000－1704－0020992　020455　子部/醫家類/醫經之屬/難經
**校正圖註八十一難經四卷** （明）張世賢註　**校正圖註脈訣四卷** （晉）王叔和撰　（明）張世賢註　**校正瀕湖脈學一卷奇經八脈考一卷** （明）李時珍撰輯　民國上海鴻寶齋書局石印本　一册

330000－1704－0021002　020678　子部/藝術類/遊藝之屬/棋弈
**趣園圍碁入門碎譜四卷首一卷末一卷** （清）蔡丕撰　蔡振紳録繪　民國二十六年（1937）上海明善書局石印本　二册　缺一卷（末）

330000－1704－0021003　020456　類叢部/類書類
**韻海大全角山樓類腋不分卷** （清）姚培謙原本　（清）趙克宜增輯　民國上海文瑞樓石印本　六册

330000－1704－0021004　020520　集部/總集類/選集之屬/通代
**五百家香艷詩十卷** 雷瑨輯　民國石印本　一册　存二卷（七至八）

330000－1704－0021006　020457　集部/詩文評類/詩評之屬
**滹南詩話三卷** （金）王若虛撰　丁福保訂　民國十四年（1925）上海中國書店鉛印本　一册

330000－1704－0021009　020458　集部/詩文評類/詩評之屬
**平等閣詩話二卷** 狄葆賢撰　民國上海有正書局鉛印本　一册

330000－1704－0021012　020459　集部/詩文評類/文評之屬

**文心雕龍十卷**　(南朝梁)劉勰撰　(清)黄叔琳注　(清)紀昀評　民國四年(1915)掃葉山房石印本　四册

330000－1704－0021014　020460　類叢部/叢書類/自著之屬

**袖海樓雜箸四種**　(清)黄汝成撰　民國二十九年(1940)燕京大學圖書館據清道光本影印本　二册

330000－1704－0021016　020257　經部/小學類/文字之屬/説文/傳説

**説文部首纂要一卷**　周宗翰撰　民國三年(1914)溫州務本書局石印本　一册

330000－1704－0021017　020461　集部/詩文評類/文評之屬

**文心雕龍十卷**　(南朝梁)劉勰撰　(清)黄叔琳注　(清)紀昀評　民國十三年(1924)上海掃葉山房石印本　宋祖綬題記　四册

330000－1704－0021018　020389　集部/别集類

**畏廬文集一卷**　林紓撰　民國三年(1914)上海商務印書館鉛印本　一册

330000－1704－0021020　020462　集部/詩文評類/文評之屬

**文心雕龍十卷**　(南朝梁)劉勰撰　(清)黄叔琳注　(清)紀昀評　民國十四年(1925)海左書局石印本　四册

330000－1704－0021023　020524　子部/藝術類/書畫之屬/法帖

**草字彙十二卷附補**　(清)石梁編　民國石印本　一册　存四卷(巳、午、未、申)

330000－1704－0021024　020463　集部/詩文評類/詩評之屬

**初白菴詩評三卷詞綜偶評一卷**　(清)查慎行撰　(清)張載華輯　民國上海六藝書局石印本　五册

330000－1704－0021029　020390　子部/道家類

**列子八卷**　(晉)張湛注　(唐)殷敬順釋文　民國抄本　一册

330000－1704－0021031　020416　子部/宗教類/佛教之屬

**晉封三界十方三十三天七十二地宗師五炁五球五教萬教無極無上至聖道統清靜靜肅王佛一炁宗主聖誥一卷　南無清靜無量王佛靜肅天尊解冤經一卷　南無清靜無量王佛往生經一卷　南無清靜無量王佛掃邪退魔經一卷**　民國永嘉宗教哲學研究社石印本　一册

330000－1704－0021032　020527　集部/别集類

**天嬰室叢稿第一輯九卷**　陳訓正撰　民國十四年(1925)鉛印本　一册　存二卷(無邪詩存、無邪詩旁篇)

330000－1704－0021033　020417　子部/雜著類/雜説之屬

**石林燕語十卷**　(宋)葉夢得撰　(宋)宇文紹奕考異　**石林燕語校一卷**　葉德輝撰　**石林燕語辨十卷**　(宋)汪應辰撰　民國中華圖書館石印本　四册

330000－1704－0021035　020261　子部/雜著類/雜説之屬

**學務平議一卷**　(清)孫詒讓撰　民國四年(1915)瑞安廣明印刷所石印本　一册

330000－1704－0021041　020262　經部/大戴禮記類/傳説之屬

**大戴禮記斠補三卷**　(清)孫詒讓撰　民國三年(1914)瑞安廣明印刷所石印本　孫延撰題記　三册

330000－1704－0021042　020419　類叢部/叢書類/彙編之屬

**四部備要**　中華書局編　民國二十五年(1936)上海中華書局鉛印本(原缺經義考卷二百八十六、二百九十九至三百,東塾讀書記十三至十四、十七至二十、二十二至二十五)　四册　存一種

330000－1704－0021044　020391　子部/宗教類/佛教之屬/諸宗

**印光法師文鈔續編二卷**　釋聖量撰　民國二十九年(1940)蘇州弘化社鉛印本　一册　存一卷(一)

330000－1704－0021048　020423　類叢部/叢書類/彙編之屬

**四部叢刊**　張元濟等編　民國上海商務印書館影印本　三十六册　存一種

330000－1704－0021049　020534　集部/别集類/唐五代别集

**山曉閣選唐大家柳柳州全集四卷**　(唐)柳宗元撰　(清)孫琮評　民國十四年(1925)上海廣益書局石印本　四册

330000－1704－0021050　020394　子部/宗教類/佛教之屬/經咒

**慈悲三昧水懺申義疏三卷**　釋諦閑撰　民國十五年(1926)鉛印本　一册　存一卷(一)

330000－1704－0021051　020392　集部/别集類/唐五代别集

**唐陸宣公集二十二卷**　(唐)陸贄撰　民國六年(1917)上海會文堂書局石印本　四册

330000－1704－0021053　020529　類叢部/叢書類/彙編之屬

**四部叢刊**　張元濟等編　民國上海商務印書館影印本　六册　存一種

330000－1704－0021054　020393　集部/别集類/明别集

**玄蓋副草二十卷目録二卷**　(明)吴稼竳撰　民國五年(1916)吴氏雍睦堂影印本　四册　存十四卷(七至二十)

330000－1704－0021055　020418　集部/總集類/郡邑之屬

**江左三大家詩鈔九卷**　(清)顧有孝　(清)趙澐編　民國十九年(1930)上海進化書局石印本　七册　缺一卷(牧齋詩鈔二)

330000－1704－0021061　020470　新學/學校

**共和國教科書新理科六册不分卷**　杜亞泉　凌昌焕　杜就田編纂　民國上海商務印書館鉛印本　一册　存一册(四)

330000－1704－0021063　020471　史部/編年類/通代之屬

**綱鑑總論二卷**　(清)陳受頤撰　民國六年(1917)上海育文書局石印本　一册

330000－1704－0021065　020420　集部/别集類/清别集

**煙霞萬古樓詩集二卷**　(清)王曇撰　**仲瞿詩録一卷**　(清)徐渭仁輯　民國石印本　一册　存一卷(仲瞿詩録)

330000－1704－0021066　020422　集部/别集類/明别集

**玄蓋副草二十卷目録二卷**　(明)吴稼竳撰　民國五年(1916)吴氏雍睦堂影印本　二册　缺十四卷(七至二十)

330000－1704－0021067　020472　子部/儒家類/儒學之屬/蒙學

**最新繪圖蒙學課本不分卷**　南洋公學編　民國上海蘭陵社石印本　一册　存三編上

330000－1704－0021068　020535　子部/宗教類/佛教之屬

**護摩供行法記四卷**　釋密林撰　民國二十九年(1940)上海佛學書局影印本　二册

330000－1704－0021071　020425　子部/宗教類/佛教之屬/諸宗

**密教圖印集二卷**　民國二十九年(1940)上海佛學書局影印本　一册

330000－1704－0021072　020264　集部/詩文評類/文法之屬/函牘格式

**最新商務尺牘教科書正集二卷**　周天鵬撰　民國石印本　一册　存一卷(二)

330000－1704－0021073　020474　集部/總集類/選集之屬/通代

**古詩源十四卷**　(清)沈德潛輯　民國十二年(1923)上海掃葉山房石印本　四册

330000－1704－0021074　020536　子部/宗教類/佛教之屬/諸宗

**胎藏行法記十卷**　釋密林撰　民國二十九年(1940)上海佛學書局影印本　三冊

330000－1704－0021075　020475　子部/儒家類/儒學之屬/禮教
**禮文或問一卷**　林崧磐撰　民國十八年(1929)鉛印本　一冊

330000－1704－0021076　020537　子部/宗教類/佛教之屬
**金剛界行法記八卷**　釋密林集　民國二十九年(1940)上海佛學書局影印本　二冊

330000－1704－0021078　020265　集部/別集類/清別集
**新體廣註秋水軒尺牘二卷**　(清)許思湄撰　陸翔註　民國上海世界書局石印本　一冊　存一卷(一)

330000－1704－0021079　020538　經部/小學類/文字之屬/字書/字體
**古籀拾遺三卷附宋政和禮器文字攷一卷**　(清)孫詒讓撰　民國七年(1918)上海掃葉山房石印本　四冊

330000－1704－0021080　020539　經部/小學類/文字之屬/字書/字體
**六書通十卷首一卷附百體福壽全圖**　(清)閔齊伋撰　(清)畢弘述篆訂　民國十三年(1924)上海掃葉山房影印本　五冊

330000－1704－0021081　020266　子部/雜著類/雜說之屬
**誠實編一卷**　民國北平中央刻經院鉛印本　一冊

330000－1704－0021082　020540　集部/詩文評類/文評之屬
**文心雕龍十卷**　(南朝梁)劉勰撰　(清)黃叔琳注　(清)紀昀評　民國四年(1915)掃葉山房石印本　四冊

330000－1704－0021083　020427　集部/詞類/別集之屬
**吳梅村詞一卷**　(清)吳偉業撰　民國五年(1916)上海掃葉山房石印本　一冊

330000－1704－0021084　020476　史部/政書類/律令之屬/刑制
**中華民國暫行新刑律二卷**　民國上海法政學社石印本　二冊　存一卷(二)

330000－1704－0021085　020541　子部/兵家類/兵法之屬
**二十世紀孫子註解二卷**　蘇薩森撰　民國鉛印本　一冊　存一卷(上)

330000－1704－0021089　020428　子部/宗教類/佛教之屬/經疏
**蘇悉地羯羅經略疏七卷**　(日本)釋圓仁撰　民國二十九年(1940)上海佛學書局影印本　一冊

330000－1704－0021092　020268　經部/小學類/訓詁之屬/爾雅
**爾雅三卷**　(晉)郭璞注　(唐)陸德明音釋　民國十一年(1922)上海掃葉山房石印本　二冊　存二卷(一、三)

330000－1704－0021093　020478　集部/詩文評類/詩評之屬
**詩人玉屑二十卷**　(宋)魏慶之撰　民國六年(1917)上海掃葉山房石印本　五冊　存十七卷(一至十七)

330000－1704－0021094　020269　新學/學校
**春季始業新國文□□卷**　莊俞　沈頤編　民國上海商務印書館石印本　一冊　存一卷(五)

330000－1704－0021095　020270　新學/學校
**春季始業新國文□□卷**　莊俞　沈頤編　民國六年(1917)上海商務印書館石印本　一冊　存一卷(五)

330000－1704－0021097　020271　集部/詩文評類/文法之屬
**言文對照初等作文新範四卷**　周祝封編　民國上海廣文書局石印本　一冊　存一卷(三)

330000－1704－0021098　020272　新學/

學校

**新式高等小學國文教科書六卷** 呂思勉編 民國十一年(1922)上海中華書局鉛印本 一冊 存一卷(五)

330000－1704－0021100 020274 經部/詩類/傳說之屬

**詩經增訂旁訓八卷** (清)徐立綱撰 民國四年(1915)上海錦文堂石印本 一冊 存五卷(一至五)

330000－1704－0021102 020275 類叢部/叢書類/郡邑之屬

**敬鄉樓叢書三十八種** 黄羣編 民國十七年至二十四年(1928－1935)永嘉黄氏鉛印本 一冊 存第一輯二種

330000－1704－0021103 020542 類叢部/叢書類/彙編之屬

**四部叢刊** 張元濟等編 民國上海商務印書館影印本 一冊 存一種

330000－1704－0021104 020543 經部/春秋左傳類/傳說之屬

**言文對照左傳評註讀本二卷** 秦同培選輯 民國十三年(1924)上海世界書局石印本 二冊

330000－1704－0021105 020544 史部/史評類/史學之屬

**文史通義八卷校讐通義三卷** (清)章學誠撰 民國十三年(1924)東陸書局石印本 六冊

330000－1704－0021106 020480 集部/總集類/選集之屬/通代

**評選古詩源四卷** (清)沈德潛輯 民國六年(1917)上海會文堂書局石印本 四冊

330000－1704－0021107 020431 子部/宗教類/佛教之屬

**三陀羅尼釋一卷十八道畧詮一卷** 民國二十九年(1940)上海佛學書局影印本 一冊

330000－1704－0021108 020545 集部/別集類/清別集

**兩當軒集二十卷補遺二卷附録四卷攷異二卷** (清)黄景仁撰 (清)黄志述輯 民國十九年(1930)上海掃葉山房石印本 六冊

330000－1704－0021109 020481 集部/詩文評類/詩評之屬

**初白菴詩評三卷詞綜偶評一卷** (清)查慎行撰 (清)張載華輯 民國石印本 三冊 存一卷(詩評上)

330000－1704－0021111 020432 集部/總集類/彙編之屬

**去思録一卷** 民國油印本 一冊

330000－1704－0021113 020433 史部/雜史類/斷代之屬

**戰國策詳註三十三卷** 郭希汾輯註 民國二十五年(1936)上海文明書局鉛印本 六冊

330000－1704－0021115 020482 集部/詩文評類/類編之屬

**南亭四話九卷** (清)李伯元撰 民國十四年(1925)上海大東書局石印本 八冊

330000－1704－0021116 020483 類叢部/叢書類/自著之屬

**崇雅堂叢書十四種** 楊晨撰 民國二十五年(1936)楊紹翰鉛印本 一冊 存二種

330000－1704－0021118 020484 子部/宗教類/佛教之屬/諸宗

**初機淨業指南一卷** 黄慶瀾撰 民國鉛印本 一冊

330000－1704－0021120 020549 子部/藝術類/書畫之屬/法帖

**宋拓褚河南哀冊一卷** (唐)褚遂良書 民國上海有正書局影印本 一冊

330000－1704－0021123 020486 子部/宗教類/佛教之屬/論疏

**異部宗輪論述記三卷** (唐)釋玄奘譯 (唐)釋窺基記 民國十二年(1923)萍寄廬鉛印本 一冊

330000－1704－0021125 020552 集部/別集類/清別集

**兩當軒集二十卷補遺二卷附録四卷攷異二卷**　(清)黄景仁撰　(清)黄志述輯　民國二十三年(1934)上海掃葉山房石印本　六册

330000－1704－0021127　020436　集部/總集類/尺牘之屬

**分類詳註新式尺牘大全十二卷**　袁韜壺撰　民國上海廣益書局石印本　一册　存一卷(六)

330000－1704－0021129　020488　子部/宗教類/佛教之屬

**佛學叢書□□種**　民國上海商務印書館鉛印本　一册　存一種

330000－1704－0021130　020554　集部/別集類/宋別集

**六一居士文集五卷外集録二卷**　(宋)歐陽修撰　民國二年(1913)上海會文堂書局石印本　六册

330000－1704－0021133　020490　集部/別集類/清別集

**晚翠軒集一卷**　(清)林旭撰　**崦樓遺藁二卷**　(清)沈鵲應撰　民國鉛印本　一册

330000－1704－0021138　020441　史部/傳記類/總傳之屬/釋道

**國清高僧傳一卷附寒山子詩一卷**　釋藴光編　民國二十五年(1936)鉛印本　一册

330000－1704－0021158　020597　史部/史抄類

**二十四史輯要六十四卷附二十四史總目一卷二十四史四庫提要一卷**　趙華基編　民國十七年(1928)上海中華書局鉛印本　三十六册

330000－1704－0021159　020598　集部/別集類/唐五代別集

**昌黎先生集四十卷外集十卷遺文一卷**　(唐)韓愈撰　(唐)李漢編　**朱子校昌黎先生集傳一卷**　(宋)朱熹撰　民國九年(1920)上海商務印書館鉛印本　十册

330000－1704－0021163　020285　集部/總集類/選集之屬/通代

**增批古文觀止十二卷**　(清)吴乘權　(清)吴大職輯　民國上海育文書局石印本　與330000－1704－0021162合爲二册　存二卷(七至八)

330000－1704－0021165　020286　子部/宗教類/佛教之屬

**梁皇懺隨聞録十卷首一卷**　釋諦閑講　釋寶靜輯　民國十四年(1925)中央刻經院鉛印本　四册

330000－1704－0021168　020557　集部/總集類/選集之屬/通代

**十八家詩鈔二十八卷首一卷**　(清)曾國藩輯　民國九年(1920)上海商務印書館鉛印本　十六册

330000－1704－0021178　善001260　集部/總集類/酬唱之屬

**大衍周甲贈言合録二卷**　郭蒭輯　民國二十四年(1935)上海大東書局鉛印本　郭蒭題簽　一册

330000－1704－0021180　020599　類叢部/類書類/專類之屬

**奠輓祭文雜録**　林秀山輯　民國林秀山抄本　七册

330000－1704－0021182　020600　子部/雜著類

**雜誌不分卷**　民國林秀山抄本　一册

330000－1704－0021186　善001263　集部/總集類/酬唱之屬

**戊社初刊十卷**　王理孚輯　民國二十年(1931)鉛印本　一册

330000－1704－0021187　020562　史部/雜史類/斷代之屬

**戰國策補註三十三卷**　吴曾祺撰　民國十九年(1930)上海商務印書館鉛印本　四册

330000－1704－0021188　020648　集部/曲類/散曲之屬

**楊升庵夫婦散曲八卷**　任訥編　民國二十六年(1937)上海商務印書館鉛印本　一册

330000－1704－0021189　020287　集部/總集類/選集之屬/通代

**歷代詩文評註讀本**　王文濡編　民國上海文明書局鉛印本　三冊　存一種

330000－1704－0021190　020498　類叢部/叢書類/彙編之屬

**四部叢刊**　張元濟等編　民國上海商務印書館影印本　六冊　存一種

330000－1704－0021191　020563　史部/雜史類/斷代之屬

**滿清稗史十六種附二種**　陸保璿輯　民國二年(1913)新中國圖書局鉛印本　一冊　存一種

330000－1704－0021193　020499　類叢部/叢書類/彙編之屬

**四部叢刊**　張元濟等編　民國上海商務印書館影印本　一冊　存一種

330000－1704－0021195　020288　集部/總集類/選集之屬/通代

**歷代詩文評註讀本**　王文濡編　民國上海文明書局鉛印本　一冊　存一種

330000－1704－0021200　020650　類叢部/叢書類/自著之屬

**漢堂類稿十種**　李寶洤撰　民國十二年(1923)李祖年鉛印本　三冊　存五種

330000－1704－0021201　020289　集部/別集類

**一葦軒詩賸一卷**　劉德成撰　民國十八年(1929)鉛印本　一冊

330000－1704－0021203　020500　類叢部/叢書類/彙編之屬

**四部叢刊**　張元濟等編　民國上海商務印書館影印本　五冊　存一種

330000－1704－0021206　020501　類叢部/叢書類/彙編之屬

**四部叢刊**　張元濟等編　民國上海商務印書館影印本　三冊　存二種

330000－1704－0021208　020651　集部/詞類/總集之屬

**唐宋諸賢絕妙詞選三卷**　(宋)黃昇輯　民國十一年(1922)羅振常據羅莊影宋抄本影印本　三冊

330000－1704－0021211　善001269　子部/藝術類/書畫之屬/畫録

**甌雅不分卷**　許蟠雲等輯　民國二十五年(1936)鉛印本　一冊

330000－1704－0021212　善001267　集部/總集類/題詠之屬

**長生殿題詞一卷**　許讀撰　民國六年(1917)石印本　一冊

330000－1704－0021213　善001268　集部/別集類/明別集

**卓忠毅公遺稿三卷首一卷**　(明)卓敬撰　(清)林從炯編　林維喬補編　民國十八年(1929)陶社石印本　一冊

330000－1704－0021219　020502　類叢部/叢書類/彙編之屬

**四部備要**　中華書局編　民國二十五年(1936)上海中華書局鉛印本(原缺經義考卷二百八十六、二百九十九至三百,東塾讀書記十三至十四、十七至二十、二十二至二十五)　四冊　存一種

330000－1704－0021220　020652　類叢部/叢書類/自著之屬

**章氏叢書續編七種**　章炳麟撰　民國二十二年(1933)北平刻本　四冊

330000－1704－0021223　020604　集部/別集類/清別集

**四憶堂詩集六卷遺稿一卷**　(清)侯方域撰　(清)賈開宗等選註　民國上海掃葉山房石印本　二冊

330000－1704－0021224　020503　類叢部/叢書類/彙編之屬

**四部備要**　中華書局編　民國二十五年(1936)上海中華書局鉛印本(原缺經義考卷

二百八十六、二百九十九至三百,東塾讀書記十三至十四、十七至二十、二十二至二十五)十二册　存三種

330000－1704－0021225　020572　類叢部/叢書類/彙編之屬
**四部叢刊**　張元濟等編　民國上海商務印書館影印本　十二册　存一種

330000－1704－0021227　020654　類叢部/叢書類/彙編之屬
**四部叢刊**　張元濟等編　民國八年(1919)上海商務印書館影印本　三册　存一種

330000－1704－0021235　善001272　集部/總集類/選集之屬/通代
**霞陽滑稽文選二十八卷**　童煜輯　民國抄本　一册

330000－1704－0021236　020293　集部/別集類
**林間禪餘集三卷**　釋授覺撰　民國七年(1918)溫州務本石印本　一册

330000－1704－0021237　020573　類叢部/叢書類/彙編之屬
**四部叢刊**　張元濟等編　民國上海商務印書館影印本　二册　存一種

330000－1704－0021238　020294　集部/別集類
**茨廬詩草二卷**　鮑震撰　民國二十年(1931)石印本　一册

330000－1704－0021239　020656　類叢部/叢書類/自著之屬
**章氏叢書續編七種**　章炳麟撰　民國二十二年(1933)北平刻本　三册　存三種

330000－1704－0021240　020574　集部/別集類/清別集
**校訂定盦全集十卷**　(清)龔自珍撰　**定盦年譜藁本一卷**　(清)黄守恒撰　民國七年(1918)上海掃葉山房石印本　六册

330000－1704－0021241　020519　集部/別集類/清別集
**校訂定盦全集十卷**　(清)龔自珍撰　**定盦年譜藁本一卷**　(清)黄守恒撰　民國二十一年(1932)上海掃葉山房石印本　四册　缺四卷(二至三、五至六)

330000－1704－0021242　020575　子部/藝術類/遊藝之屬/聯語
**新選楹聯全編二卷**　張殿撰　民國四年(1915)文元書局石印本　二册

330000－1704－0021243　020507　經部/四書類/總義之屬
**繪圖四千字文一卷**　民國中華書局石印本　一册

330000－1704－0021245　020577　集部/別集類/清別集
**船山詩草二十卷**　(清)張問陶撰　民國十年(1921)掃葉山房石印本　二册

330000－1704－0021247　020578　集部/總集類/選集之屬/通代
**女子古文觀止六卷**　張祉浩輯　破浪評點　民國四年(1915)上海瑞華書局石印本　五册　缺一卷(五)

330000－1704－0021252　善001273　集部/總集類/選集之屬/斷代
**漢代文鈔不分卷**　民國抄本　一册

330000－1704－0021257　020659　史部/傳記類/別傳之屬/年譜
**左忠毅公[光斗]年譜定本二卷**　馬其昶編　民國十四年(1925)蓬萊慕氏京師刻本　一册

330000－1704－0021258　019857　史部/傳記類/別傳之屬/年譜
**左忠毅公[光斗]年譜定本二卷**　馬其昶編　民國十四年(1925)蓬萊慕氏京師刻本　一册

330000－1704－0021260　020512　類叢部/叢書類/彙編之屬
**留餘草堂叢書十二種**　劉承幹編　民國吳興劉氏嘉業堂刻本　一册　存一種

330000－1704－0021261　020660　史部/傳記類/別傳之屬/年譜
**左忠毅公[光斗]年譜定本二卷**　馬其昶編　民國十四年(1925)蓬萊慕氏京師刻本　一冊

330000－1704－0021262　020661　史部/傳記類/別傳之屬/年譜
**左忠毅公[光斗]年譜定本二卷**　馬其昶編　民國十四年(1925)蓬萊慕氏京師刻本　一冊

330000－1704－0021263　善001276　史部/傳記類/總傳之屬/家乘
**文獻彙編不分卷**　(清)王祚昌　(清)王會昌紀　(清)孫鏘鳴録　民國抄本　一冊

330000－1704－0021264　020662　史部/傳記類/別傳之屬/年譜
**左忠毅公[光斗]年譜定本二卷**　馬其昶編　民國十四年(1925)蓬萊慕氏京師刻本　一冊

330000－1704－0021265　020579　類叢部/叢書類/彙編之屬
**四部叢刊**　張元濟等編　民國上海商務印書館影印本　三冊　存一種

330000－1704－0021267　020663　史部/傳記類/別傳之屬/年譜
**左忠毅公[光斗]年譜定本二卷**　馬其昶編　民國十四年(1925)蓬萊慕氏京師刻本　一冊

330000－1704－0021268　020580　類叢部/叢書類/彙編之屬
**四部備要**　中華書局編　民國二十五年(1936)上海中華書局鉛印本(原缺經義考卷二百八十六、二百九十九至三百,東塾讀書記十三至十四、十七至二十、二十二至二十五)　一冊　存一種

330000－1704－0021269　020664　史部/地理類/專志之屬/祠墓
**建修萬季野先生祠墓紀念刊一卷徵信録一卷**　建修萬季野先生祠墓事務所輯　民國二十六年(1937)寧波建修萬季野先生祠墓事務所鉛印本　一冊

330000－1704－0021275　020715　史部/地理類/方志之屬/郡縣志
**光緒台州府志一百卷首一卷**　(清)趙亮熙　(清)郭式昌修　王舟瑤等纂　民國十五年(1926)台州旅杭同鄉會鉛印本　四冊　存六卷(五十四、八十四至八十五、八十九至九十、九十三)

330000－1704－0021276　020666　史部/目録類/總録之屬/私撰
**雪泥屋遺書目録一卷補遺一卷**　(清)牟庭撰　民國瑞安陳氏裒殷堂鉛印本　一冊

330000－1704－0021278　021332　史部/傳記類/別傳之屬
**民國十五年以前之蔣介石先生八卷**　毛思誠撰　民國鉛印本　二十冊

330000－1704－0021279　善001278　史部/目録類/總録之屬/地方
**溫州經籍志三十三卷外編二卷辨誤一卷**　(清)孫詒讓撰　民國永嘉黃氏敬鄉樓抄本　楊紹廉題簽並批校　二十一冊

330000－1704－0021281　020716　史部/紀傳類/正史之屬
**史記紀年考三卷**　劉坦撰　民國二十六年(1937)上海商務印書館石印本　一冊

330000－1704－0021282　020717　史部/紀傳類/正史之屬
**史記紀年考三卷**　劉坦撰　民國二十七年(1938)上海商務印書館石印本　一冊

330000－1704－0021283　020718　類叢部/叢書類/郡邑之屬
**括蒼叢書第一集八種**　劉燿東編　民國二十七年(1938)鉛印本(原缺滑疑集詩卷二)　二冊　存一種

330000－1704－0021284　020668　史部/傳記類/總傳之屬/技藝
**國朝書識十七卷**　(清)馮金伯纂輯　民國三十年(1941)上海中華書局鉛印本　四冊

330000－1704－0021285　020680　史部/傳記類/總傳之屬/技藝

**國朝畫識十七卷**　(清)馮金伯纂輯　民國三十年(1941)上海中華書局鉛印本　四冊

330000－1704－0021289　020587　類叢部/叢書類/自著之屬

**章氏叢書十三種**　章炳麟撰　民國六年至八年(1917－1919)浙江圖書館刻本　二冊　存二種

330000－1704－0021292　021320　子部/術數類/相宅相墓之屬

**羅經解定四卷附羅經問答一卷**　(清)胡國楨撰　民國十年(1921)鑄記書局石印本　三冊　缺一卷(三)

330000－1704－0021294　020670　集部/總集類/選集之屬/斷代

**隨園女弟子詩選六卷**　(清)袁枚輯　民國九年(1920)上海掃葉山房石印本　二冊

330000－1704－0021296　021322　類叢部/叢書類/彙編之屬

**四部備要**　中華書局編　民國二十五年(1936)上海中華書局鉛印本(原缺經義考卷二百八十六、二百九十九至三百,東塾讀書記十三至十四、十七至二十、二十二至二十五)　六冊　存一種

330000－1704－0021298　020671　子部/藝術類/書畫之屬/總論

**畫禪室隨筆四卷**　(明)董其昌撰　民國石印本　一冊　存一卷(二)

330000－1704－0021299　021324　類叢部/叢書類/自著之屬

**隨園全集三十八種**　(清)袁枚撰　民國七年(1918)上海文明書局石印本　六冊　存一種

330000－1704－0021301　021326　類叢部/叢書類/彙編之屬

**四部備要**　中華書局編　民國二十五年(1936)上海中華書局鉛印本(原缺經義考卷二百八十六、二百九十九至三百,東塾讀書記十三至十四、十七至二十、二十二至二十五)　十二冊　存一種

330000－1704－0021302　善001279　史部/目録類/總録之屬/地方

**溫州經籍志三十三卷外編二卷辨誤一卷**　(清)孫詒讓撰　民國抄本　楊紹廉批校　十四冊　存二十五卷(一至二十五)

330000－1704－0021306　021327　史部/金石類/金之屬/文字

**歷代鐘鼎彝器欵識二十卷**　(宋)薛尚功撰　民國六年(1917)上海文瑞樓書莊石印本　楊嘉批校並題記　五冊

330000－1704－0021307　020674　集部/總集類/選集之屬/通代

**唐宋十大家全集**　(清)儲欣輯　民國十四年(1925)上海大通書局石印本　一冊　存一種

330000－1704－0021308　020752　新學/雜著

**羣學肄言不分卷**　(英國)斯賓塞爾撰　民國鉛印本　一冊

330000－1704－0021310　020753　集部/總集類/郡邑之屬

**縉雲文徵二十卷補編一卷**　(清)湯成烈輯　民國二十七年(1938)文華閣鉛印本　四冊

330000－1704－0021311　020675　集部/總集類/選集之屬/通代

**評選古詩源四卷**　(清)沈德潛輯　民國六年(1917)上海會文堂書局石印本　四冊

330000－1704－0021312　020754　類叢部/叢書類/自著之屬

**梨洲遺著彙刊(梨洲遺箸彙刊)二十七種續補三種**　(清)黄宗羲撰　薛鳳昌編次　民國八年(1919)上海掃葉山房鉛印本(原缺南雷文定三集卷三)　十冊　存彙刊二十四種續補三種

330000－1704－0021314　020755　子部/術數類/相宅相墓之屬

**重鎸官板地理天機會元三十五卷**　(唐)卜則魏撰　(明)顧乃德輯　(明)徐之鏌重編刪補　民國上海校經山房石印本　十九冊　缺一

卷(三十二)

330000－1704－0021315　020676　集部/小說類/短篇之屬

**聊齋志異評註十六卷**　(清)蒲松齡撰　(清)王士禛評　(清)呂湛恩注　(清)但明倫新評　民國上海商務印書館鉛印本　三冊　存六卷(三至六、九至十)

330000－1704－0021316　021328　子部/醫家類/綜合之屬/雜著

**醫家四要四卷**　(清)程曦　(清)江誠　(清)雷大震纂　民國石印本　一冊　存一卷(三)

330000－1704－0021318　020756　子部/醫家類/本草之屬/本草藥性

**珍珠囊指掌補遺藥性賦四卷**　(金)李杲編

**雷公炮製藥性解六卷**　(明)李中梓編　民國共和書局石印本　一冊

330000－1704－0021319　021329　集部/小說類/長篇之屬

**繡像繪圖隋唐演義八卷一百回**　民國上海廣益書局石印本　一冊　存一卷(七)

330000－1704－0021320　020757　類叢部/叢書類/彙編之屬

**四部叢刊**　張元濟等編　民國上海商務印書館影印本　一冊　存一種

330000－1704－0021324　021333　集部/別集類

**小丹邱詩存十八卷新樂府一卷**　柯驊威撰　民國二十年(1931)石印本　二冊　存九卷(十一至十八、新樂府)

330000－1704－0021329　020758　史部/傳記類/別傳之屬/事狀

**洪母邱太夫人哀挽録一卷**　民國十一年(1922)浙甌務本公司石印本　一冊

330000－1704－0021330　020679　經部/春秋左傳類/傳說之屬

**評點春秋綱目左傳句解彙雋六卷**　(清)韓菼重訂　民國石印本　六冊

330000－1704－0021331　021336　子部/術數類/相宅相墓之屬

**地理大成五種**　(清)葉泰輯　民國石印本　四冊　存一種

330000－1704－0021332　020759　類叢部/叢書類/彙編之屬

**文學叢書**　上海醫學書局編　民國上海醫學書局鉛印本　一冊　存一種

330000－1704－0021333　020608　類叢部/叢書類/彙編之屬

**四部叢刊**　張元濟等編　民國上海商務印書館影印本　二冊　存一種

330000－1704－0021334　020609　類叢部/叢書類/彙編之屬

**四部叢刊續編七十七種**　張元濟等編　民國二十三年(1934)上海商務印書館影印本(原缺儀禮疏卷三十二至三十七、周易要義卷三至六、禮記要義卷一至二、麟臺故事卷四至五)　四冊　存一種

330000－1704－0021336　020760　類叢部/叢書類/自著之屬

**章氏叢書十三種**　章炳麟撰　民國六年至八年(1917－1919)浙江圖書館刻本　五冊　存二種

330000－1704－0021337　020681　集部/小說類/長篇之屬

**圖像鏡花緣全傳六卷一百回**　(清)李汝珍撰　民國上海天寶書局石印本　一冊

330000－1704－0021341　善001284　經部/詩類/傳說之屬

**詩古義後案十卷**　趙佩茳撰　民國抄本　九冊　存九卷(二至十)

330000－1704－0021342　021339　子部/術數類/相宅相墓之屬

**山洋指迷原本四卷**　(明)周景一撰　(清)張九儀增註　民國上海廣華書局石印本　一冊

330000－1704－0021343　020763　集部/別集類

**蒹葭樓詩二卷**　黄節撰　民國二十三年(1934)鉛印本　一冊

330000－1704－0021347　020686　集部/小說類/短篇之屬

**我佛山人筆記四種四卷**　民國四年(1915)瑞華書局石印本　一冊　存二卷(一至二)

330000－1704－0021348　021340　經部/四書類/總義之屬/傳說

**言文對照廣註四書讀本**　世界書局編輯所編　民國十四年(1925)上海世界書局石印本　一冊　存一種

330000－1704－0021349　020687　類叢部/叢書類/彙編之屬

**四部備要**　中華書局編　民國二十五年(1936)上海中華書局鉛印本(原缺經義考卷二百八十六、二百九十九至三百,東塾讀書記十三至十四、十七至二十、二十二至二十五)　八冊　存一種

330000－1704－0021350　020688　集部/總集類/彙編之屬

**章譚合鈔二種**　章炳麟　(清)譚嗣同撰　民國上海中華圖書館石印本　五冊　存一種

330000－1704－0021351　021341　子部/墨家類

**墨子十五卷目一卷篇目考一卷**　(清)畢沅校注並撰　民國五年(1916)上海掃葉山房石印本　四冊

330000－1704－0021352　020722　類叢部/叢書類/郡邑之屬

**括蒼叢書第一集八種**　劉燿東編　民國二十七年(1938)鉛印本(原缺滑疑集詩卷二)　二冊　存一種

330000－1704－0021353　020692　類叢部/叢書類/自著之屬

**王煙客先生集五種附三種**　(清)王時敏撰　鄒登泰輯　民國五年(1916)蘇州振新書社鉛印本　一冊　存二種

330000－1704－0021354　020723　史部/地理類/方志之屬/郡縣志

**[民國]新昌縣志二十卷附新昌農事調查一卷**　金城修　陳畬纂　**沃州詩存一卷**　(宋)潘音撰　**沃州文存一卷**　(宋)徐霖撰　民國八年(1919)鉛印本　九冊　缺六卷(一至四、十至十一)

330000－1704－0021355　021342　子部/術數類/陰陽五行之屬

**風水雜抄一卷**　民國抄本　一冊

330000－1704－0021356　020724　子部/醫家類/醫案之屬

**臨證指南醫案十卷**　(清)葉桂撰　民國二十年(1931)江陰寶文堂刻朱墨套印本　十冊

330000－1704－0021357　020612　集部/別集類

**名山詩集五卷**　錢振鍠撰　民國十五年(1926)浙江瑞安刻本　一冊

330000－1704－0021358　021343　集部/總集類/選集之屬/通代

**玉臺新詠十卷**　(南朝陳)徐陵編　(清)吳兆宜注　(清)程琰刪補　民國十年(1921)上海掃葉山房石印本　六冊

330000－1704－0021359　020684　類叢部/叢書類/彙編之屬

**四部備要**　中華書局編　民國二十五年(1936)上海中華書局鉛印本(原缺經義考卷二百八十六、二百九十九至三百,東塾讀書記十三至十四、十七至二十、二十二至二十五)　二十冊　存一種

330000－1704－0021360　020685　史部/目錄類/總録之屬/私撰

**千頃堂書局圖書目錄不分卷**　千頃堂書局編　民國十九年(1930)上海千頃堂書局石印本　樊巽卿題記　一冊

330000－1704－0021365　020614　經部/詩類/傳說之屬

**詩經集傳八卷**　(宋)朱熹撰　民國商務印書館鉛印本　三冊　存六卷(一至四、七至八)

330000－1704－0021367　020615　經部/詩類/傳說之屬

**詩經集傳八卷**　(宋)朱熹撰　民國商務印書館鉛印本　四冊

330000－1704－0021370　020725　集部/別集類/唐五代別集

**樊川詩集四卷補遺一卷外集一卷別集一卷**　(唐)杜牧撰　(清)馮集梧注　民國上海掃葉山房石印本　二冊

330000－1704－0021372　021348　集部/總集類/選集之屬/斷代

**唐四名家集**　(明)毛晉輯　民國十五年(1926)上海涵芬樓據明海虞毛氏汲古閣刻本影印本　四冊

330000－1704－0021374　020691　子部/藝術類/書畫之屬/法帖

**王夢樓行書一卷**　(清)王文治書　民國上海有正書局石印本　一冊

330000－1704－0021377　020695　子部/藝術類/書畫之屬/畫譜

**黃尊古仿古山水冊一卷**　(清)黃鼎繪　民國十二年(1923)上海文明書局影印本　一冊

330000－1704－0021378　021350　集部/別集類/清別集

**青溪文集十二卷續編八卷**　(清)程廷祚撰　**青溪文集附編三卷**　胡適輯　**青溪文集附録一卷**　胡適撰　民國二十五年(1936)北京大學據清道光十七年(1837)、十八年(1838)東山草堂刻本影印本暨鉛印本　二冊　存八卷(續編一至八)

330000－1704－0021379　021351　集部/別集類

**佚名詩録一卷**　民國抄本　一冊

330000－1704－0021380　020617　集部/小說類/長篇之屬

**增像全圖三國演義十六卷首一卷**　(明)羅本撰　(清)毛宗崗評　民國上海天寶書局石印本　一冊　存五卷(首、一至四)

330000－1704－0021381　020618　子部/醫家類/兒科之屬

**幼科三種十卷**　民國石印本　一冊　存一種

330000－1704－0021382　020619　史部/政書類/律令之屬/法驗

**重刊洗冤録彙纂補輯五卷**　(清)李觀瀾補輯　(清)李烈　(清)李煃校訂　(清)張錫蕃重訂　民國石印本　一冊　存一卷(五)

330000－1704－0021384　020621　類叢部/叢書類/彙編之屬

**四部叢刊**　張元濟等編　民國八年(1919)上海商務印書館影印本　二冊　存一種

330000－1704－0021385　020622　類叢部/叢書類/彙編之屬

**四部叢刊續編七十七種**　張元濟等編　民國二十三年(1934)上海商務印書館影印本(原缺儀禮疏卷三十二至三十七、周易要義卷三至六、禮記要義卷一至二、麟臺故事卷四至五)　一冊　存一種

330000－1704－0021386　020765　子部/醫家類/本草之屬/本草藥性

**實用藥性字典一卷**　民國抄本　一冊

330000－1704－0021388　020726　子部/醫家類/類編之屬

**潛齋醫學叢書十四種**　曹炳章編　民國七年(1918)曹炳章集古閣石印本　二冊　存一種

330000－1704－0021389　020727　子部/醫家類/類編之屬

**潛齋醫學叢書十四種**　曹炳章編　民國石印本　六冊　存八種

330000－1704－0021392　020623　集部/總集類/酬唱之屬

**海角潮音集不分卷**　王善欽等撰　民國二十四年(1935)上海商務印書館鉛印本　一冊

330000－1704－0021394　020728　子部/醫家類/類編之屬

**潛齋醫學叢書十四種**　曹炳章編　民國石印本　三冊　存四種

330000－1704－0021396　020624　子部/雜著類/雜考之屬

**讀書小記二卷讀書續記五卷**　馬敍倫撰　民國二十二年(1933)上海商務印書館鉛印本　二册　存五卷(讀書續記一至五)

330000－1704－0021399　020625　集部/總集類/尺牘之屬

**歷代名人小簡二卷**　吴曾祺輯　民國十一年(1922)上海商務印書館鉛印本　二册

330000－1704－0021401　020626　史部/史評類/史論之屬

**讀通鑑論十六卷附宋論十五卷**　(清)王夫之撰　民國上海商務印書館鉛印本　一册　存二卷(讀通鑑論一至二)

330000－1704－0021403　020729　子部/醫家類/類編之屬

**潛齋醫學叢書十四種**　曹炳章編　民國十四年(1925)曹炳章石印本　一册　存一種

330000－1704－0021411　020730　子部/醫家類/類編之屬

**陳修園醫書七十種**　(清)陳念祖等撰　民國石印本　二册　存四種

330000－1704－0021418　020731　集部/別集類

**菼廬詩草二卷**　鮑震撰　民國二十年(1931)石印本　一册

330000－1704－0021422　020837　子部/醫家類/傷寒金匱之屬/傷寒論

**醫效秘傳三卷**　(清)葉桂撰　民國石印本　一册

330000－1704－0021423　020770　集部/別集類

**珠巖齋文初編九卷**　王宇高撰　民國二十五年(1936)鉛印本　一册　存五卷(一至五)

330000－1704－0021425　020842　子部/宗教類/道教之屬

**古本周易參同契集註二卷**　(清)仇滄柱撰　(清)知幾子集補　民國石印本　三册

330000－1704－0021428　020838　子部/醫家類/醫經之屬/内經

**補注黄帝内經素問二十四卷黄帝内經靈樞十二卷**　(唐)王冰注　**黄帝内經素問遺編一卷**　(宋)劉溫舒撰　民國上海錦章圖書局石印本　三册　缺十二卷(靈樞一至十二)

330000－1704－0021433　020839　子部/醫家類/婦科之屬/產科

**萬氏婦人科四卷達生全編一卷**　(明)萬全等撰　民國九年(1920)上海鑄記書局石印本　一册

330000－1704－0021440　020841　類叢部/叢書類/彙編之屬

**四部叢刊**　張元濟等編　民國上海商務印書館影印本　一册　存一種

330000－1704－0021442　020735　集部/別集類

**抱一廬詩存一卷**　鄭汝璋撰　民國三十五年(1946)溫州朱公茂印書局鉛印本　一册

330000－1704－0021444　020736　集部/別集類

**抱一廬詩存一卷**　鄭汝璋撰　民國三十五年(1946)溫州朱公茂印書局鉛印本　鄭汝璋題記　一册

330000－1704－0021447　020843　類叢部/叢書類/彙編之屬

**四部叢刊**　張元濟等編　民國上海商務印書館影印本　二册　存一種

330000－1704－0021448　020844　經部/四書類/孟子之屬/傳説

**增補蘇批孟子二卷**　(宋)蘇洵撰　(清)趙大浣增補　**孟子年譜一卷**　民國上海掃葉山房石印本　二册

330000－1704－0021452　020707　子部/醫家類/兒科之屬/通論

**幼科鐵鏡六卷**　(清)夏鼎撰　民國八年(1919)源德堂刻本　一册　存一卷(一)

330000－1704－0021457　020846　集部/總

集類/郡邑之屬

**永嘉縣志藝文志稿一卷** 稿本 梅冷生批校 一冊

330000－1704－0021462 020847 類叢部/類書類/專類之屬

**詩韻合璧五卷** (清)湯祥瑟輯 **虛字韻藪一卷** (清)潘維城輯 民國萬珍書局鉛印本 一冊 缺二卷(一至二)

330000－1704－0021463 020848 類叢部/叢書類/彙編之屬

**四部叢刊** 張元濟等編 民國上海商務印書館影印本 二冊 存一種

330000－1704－0021467 014279 集部/總集類/選集之屬/通代

**歷代詩文評註讀本** 王文濡編 民國上海文明書局鉛印本 四冊 存一種

330000－1704－0021471 020849 類叢部/叢書類/郡邑之屬

**湖北先正遺書七十二種七百二十七卷** 盧靖編 民國十二年(1923)沔陽盧氏慎始基齋影印本 五冊 存一種

330000－1704－0021472 014280 集部/別集類

**厚莊詩文續集文六卷文外二卷詩四卷** 劉紹寬撰 民國二十六年(1937)鉛印本 六冊

330000－1704－0021476 020850 類叢部/類書類/通類之屬

**子史精華一百六十卷** (清)吳士玉 (清)吳襄等輯 民國十一年(1922)上海錦章圖書局石印本 十六冊

330000－1704－0021477 020739 類叢部/叢書類/郡邑之屬

**括蒼叢書第二集十二種** 劉燿東編 民國三十七年(1948)鉛印本 三冊 存三種

330000－1704－0021478 014282 集部/總集類/題詠之屬

**桐江釣臺集十二卷首一卷續集二卷首一卷** 嚴懋功輯 民國十五年(1926)、二十三年(1934)無錫嚴氏鉛印本 五冊

330000－1704－0021481 020852 集部/別集類/明別集

**王次回疑雨集註四卷** (明)王彥泓撰 (□)句漏後裔釋 民國十四年(1925)上海文明書局石印本 四冊

330000－1704－0021482 014283 集部/詞類/別集之屬

**二窗詞客全集□□種** 周岸登撰 民國上海中華書局鉛印本 二冊 存一種

330000－1704－0021487 020853 集部/別集類

**樊山文鈔四卷詩鈔六卷** 樊增祥撰 民國六年(1917)上海廣益書局石印本 十冊

330000－1704－0021491 020703 子部/藝術類/書畫之屬/書法書品

**大字楷書法一卷** (清)錢南園書 民國上海求古齋書帖局影印本 一冊

330000－1704－0021492 020711 史部/傳記類/總傳之屬/郡邑

**三不朽圖贊不分卷** (清)張岱輯 民國七年(1918)紹興印刷局鉛印本 一冊

330000－1704－0021503 014287 類叢部/叢書類/彙編之屬

**丁丑叢編十種** 趙詒琛 王大隆輯 民國二十六年(1937)鉛印本 四冊

330000－1704－0021505 020794 子部/藝術類/書畫之屬/畫譜

**戴醇士畫冊不分卷** (清)戴熙繪 民國影印本 一冊

330000－1704－0021506 020793 子部/宗教類/佛教之屬

**心經要義一卷** 單培根撰 民國抄本 一冊

330000－1704－0021508 014288 類叢部/叢書類/彙編之屬

**丁丑叢編十種** 趙詒琛 王大隆輯 民國二十六年(1937)鉛印本 三冊 存七種

330000－1704－0021509　020858　子部/術數類/陰陽五行之屬

**校正地理四彈子**　(清)張鳳藻註　(清)陳彝則訂　民國石印本　一册　存一種

330000－1704－0021510　014289　類叢部/叢書類/彙編之屬

**戊寅叢編十種**　趙詒琛　王大隆輯　民國二十七年(1938)鉛印本　四册

330000－1704－0021511　020859　子部/宗教類/道教之屬

**真詮三卷**　通宵子輯　民國上海宏大善書局石印本　一册

330000－1704－0021512　020860　子部/道家類

**老子覈詁四卷老子稱經及篇章考一卷老子失文一卷引用書目一卷**　馬敘倫撰　民國十三年(1924)鉛印本　二册

330000－1704－0021514　014290　類叢部/叢書類/彙編之屬

**戊寅叢編十種**　趙詒琛　王大隆輯　民國二十七年(1938)鉛印本　四册　存四種

330000－1704－0021517　014291　類叢部/叢書類/彙編之屬

**戊寅叢編十種**　趙詒琛　王大隆輯　民國二十七年(1938)鉛印本　四册　存四種

330000－1704－0021519　020913　史部/紀傳類/正史之屬

**二十四史附考證**　民國上海涵芬樓據乾隆武英殿本影印本　一册　存一種

330000－1704－0021520　014292　類叢部/叢書類/彙編之屬

**己卯叢編四種**　趙詒琛　王大隆輯　民國二十八年(1939)鉛印本　四册

330000－1704－0021521　020914　經部/春秋左傳類/傳説之屬

**春秋左傳杜注三十卷首一卷**　(清)姚培謙撰　**春秋名號歸一圖二卷**　(三國蜀)馮繼先撰　民國中華書局鉛印本　八册　缺七卷(八至十四)

330000－1704－0021522　014293　類叢部/叢書類/彙編之屬

**己卯叢編四種**　趙詒琛　王大隆輯　民國二十八年(1939)鉛印本　四册

330000－1704－0021523　014294　類叢部/叢書類/彙編之屬

**己卯叢編四種**　趙詒琛　王大隆輯　民國二十八年(1939)鉛印本　四册

330000－1704－0021524　020915　經部/春秋左傳類/傳説之屬

**春秋左傳五十卷**　(晉)杜預　(宋)林堯叟註釋　(唐)陸德明音義　民國二十六年(1937)上海商務印書館鉛印本　五册　存二十二卷(四至八、三十至三十七、四十二至五十)

330000－1704－0021529　020792　史部/地理類/方志之屬/郡縣志

**[民國]咸寧長安兩縣續志二十二卷**　翁檉修　宋聯奎纂　張綱維　樊思敬繪圖　民國二十五年(1936)鉛印本　六册

330000－1704－0021533　020865　子部/藝術類/書畫之屬/法帖

**近代碑帖大觀不分卷**　煙水山民輯　民國上海碧梧山莊影印本　二册

330000－1704－0021534　020917　經部/四書類/大學之屬/傳説

**大學古本質言一卷**　(清)劉沅撰　民國八年(1919)石印本　一册

330000－1704－0021535　020866　集部/別集類/清別集

**翁相國手札八卷**　(清)翁同龢撰　民國上海有正書局影印本　四册　存五卷(三至六、八)

330000－1704－0021537　020867　史部/金石類/總志之屬/圖像

**新鄭出土古器圖志初編一卷續編一卷附編一卷**　靳雲鶚編　民國十二年(1923)漢口新鄭出土古器圖志總發行所影印本暨鉛印本　一

冊　存一卷(初編)

330000－1704－0021540　020919　子部/醫家類/類編之屬

**世補齋醫書**　(清)陸懋修撰　民國元年至三年(1912－1914)上海江東書局石印本　十四冊　存十一種

330000－1704－0021541　014295　類叢部/叢書類/彙編之屬

**庚辰叢編十種**　趙詒琛　王大隆輯　民國二十九年(1940)鉛印本　四冊

330000－1704－0021542　014296　類叢部/叢書類/彙編之屬

**庚辰叢編十種**　趙詒琛　王大隆輯　民國二十九年(1940)鉛印本　三冊

330000－1704－0021543　020635　類叢部/叢書類/彙編之屬

**四部叢刊**　張元濟等編　民國八年(1919)上海商務印書館影印本　二冊　存一種

330000－1704－0021544　014297　集部/別集類

**悲華經舍文存二卷附聯語一卷**　洪允祥撰　民國二十五年(1936)鉛印本　一冊

330000－1704－0021546　020798　類叢部/叢書類/自著之屬

**崇雅堂叢書十四種**　楊晨撰　民國二十五年(1936)楊紹翰鉛印本　二冊　存一種

330000－1704－0021547　020799　類叢部/叢書類/自著之屬

**崇雅堂叢書十四種**　楊晨撰　民國二十五年(1936)楊紹翰鉛印本　二冊　存一種

330000－1704－0021548　014298　集部/別集類

**悲華經舍文存二卷附聯語一卷**　洪允祥撰　民國二十五年(1936)鉛印本　孫延釗題記　一冊

330000－1704－0021549　020800　集部/別集類

**誦芬堂文稿四編一卷**　錢文選撰　民國二十七年(1938)廣德錢氏鉛印本　一冊

330000－1704－0021551　014299　集部/別集類

**蒹葭樓詩二卷**　黄節撰　民國二十三年(1934)鉛印本　一冊

330000－1704－0021553　020869　集部/總集類/選集之屬/通代

**增補重訂千家詩註解一卷**　(宋)謝枋得選　(清)汪相注　民國上海昌文書局石印本　一冊

330000－1704－0021554　020745　子部/藝術類/書畫之屬/法帖

**顔魯公叢帖續集不分卷**　(唐)顔真卿書　民國二十三年(1934)碧梧山莊影印本　一冊

330000－1704－0021555　020637　集部/總集類/選集之屬/通代

**古文觀止十二卷**　(清)吳乘權　(清)吳大職輯　民國三年(1914)上海鴻寶齋石印本　一冊　存六卷(一至六)

330000－1704－0021557　020870　類叢部/叢書類/彙編之屬

**四部叢刊**　張元濟等編　民國上海商務印書館影印本　二冊　存一種

330000－1704－0021559　020746　子部/宗教類/佛教之屬/論

**大智度論一百卷**　(印度)龍樹造　(後秦)釋鳩摩羅什譯　民國二十九年(1940)上海佛學書局影印本　十冊

330000－1704－0021560　020638　經部/詩類/傳說之屬

**詩經集傳八卷**　(宋)朱熹撰　民國商務印書館鉛印本　二冊　存四卷(三至六)

330000－1704－0021562　014300　子部/小說家類/瑣語之屬

**岐海瑣譚集十六卷**　(明)姜準輯　民國二十五年(1936)浙江省永嘉區徵輯鄉先哲遺著委員會鉛印本　四冊

330000－1704－0021564　014302　類叢部/叢書類/自著之屬

**名山全集三十四種**　錢振鍠撰　民國木活字印本暨鉛印本　一册　存五種

330000－1704－0021565　014301　集部/別集類

**寥天廬詩續鈔二卷首一卷**　宋慈襃撰　民國鉛印本　一册

330000－1704－0021568　020872　子部/宗教類/佛教之屬/經疏

**勝鬘經述記四卷**　(唐)釋恩基撰　民國五年(1916)金陵刻經處刻本　一册　存二卷(一至二)

330000－1704－0021569　014303　集部/別集類

**名山詩集五卷**　錢振鍠撰　民國十五年(1926)浙江瑞安刻朱印本　一册　存三卷(三至五)

330000－1704－0021571　020873　子部/宗教類/佛教之屬

**歷史感應統紀四卷首一卷**　許止淨編纂　民國鉛印本　一册　存一卷(二)

330000－1704－0021576　014306　子部/儒家類/儒學之屬

**新學商兑一卷附録一卷**　孫德謙辨　張爾田暢　民國二十四年(1935)張爾田刻本　張爾田題記　一册

330000－1704－0021577　014307　史部/目録類/總録之屬/地方

**平湖經籍志八卷**　陸惟鍌纂　民國二十六年(1937)平湖陸惟鍌求是齋刻本　二册

330000－1704－0021582　020806　史部/傳記類/別傳之屬/事狀

**誥授光禄大夫廣雅尚書制府六十壽序一卷**　民國抄本　一册

330000－1704－0021583　020804　經部/易類

**占卦雜抄一卷**　民國抄本　一册

330000－1704－0021585　020809　子部/藝術類/書畫之屬/畫譜

**梅瞿山黃山十九景不分卷**　(清)梅清繪　民國二十三年(1934)上海商務印書館影印本　一册

330000－1704－0021587　020926　史部/政書類/公牘檔册之屬

**徐樹錚建國銓真序言一卷**　徐樹錚撰　民國石印本　一册

330000－1704－0021588　014309　集部/別集類

**蒿盦類稿三十二卷續稿三卷**　馮煦撰　民國刻本　一册　存三卷(續稿一至三)

330000－1704－0021590　020928　子部/醫家類/傷寒金匱之屬/傷寒論

**傷寒大白四卷總論一卷**　(清)秦之楨撰　民國十一年(1922)吳門殷氏甯瑞堂石印本　一册　存一卷(一)

330000－1704－0021591　020881　類叢部/叢書類/自著之屬

**章氏叢書十三種**　章炳麟撰　民國六年至八年(1917－1919)浙江圖書館刻本　二十二册　存十一種

330000－1704－0021592　014311　子部/雜著類/雜考之屬

**日知録校記一卷目次校記一卷**　黄侃撰　民國二十五年(1936)南京量守廬刻藍印本　龍沐勛題記　一册

330000－1704－0021594　020876　集部/總集類/選集之屬/通代

**天下才子必讀書十五卷末一卷**　(清)金人瑞選評　民國上海有正書局鉛印本　六册

330000－1704－0021595　020639　子部/宗教類/佛教之屬

**歷史感應統紀四卷首一卷**　許止淨編纂　民國十八年(1929)鉛印本　三册　存三卷(一至三)

330000－1704－0021596　020877　集部/總

集類/題詠之屬

**幻園室人宋夢仙女史之遺畫不分卷**　許鑅輯　民國石印本　一冊

330000 - 1704 - 0021598　020878　集部/總集類/題詠之屬

**幻園室人宋夢仙女史之遺畫不分卷**　許鑅輯　民國石印本　一冊

330000 - 1704 - 0021599　020879　子部/藝術類/書畫之屬/法帖

**北魏鄭文公碑一卷**　民國影印本　陳鴻達題簽　一冊

330000 - 1704 - 0021600　014312　集部/別集類/唐五代別集

**樊諫議集附録甲集一卷補遺一卷乙集一卷補遺一卷**　(唐)樊宗師撰　樊鎮輯　民國十年(1921)紹興樊氏綿絳書屋鉛印本　二冊

330000 - 1704 - 0021601　020880　經部/春秋左傳類/傳說之屬

**評點春秋綱目左傳句解彙雋六卷**　(清)韓菼重訂　民國五年(1916)上海章福記書局石印本　王松堅題簽　六冊

330000 - 1704 - 0021605　014313　類叢部/叢書類/自著之屬

**樊諫議集七家注六種**　(唐)樊宗師撰　樊鎮輯　民國八年至十三年(1919 - 1924)紹興樊氏緜絳書屋刻本　樊鎮題記　一冊　存二種

330000 - 1704 - 0021610　020815　經部/大戴禮記類/傳說之屬

**大戴禮記斠補三卷**　(清)孫詒讓撰　民國三年(1914)瑞安廣明印刷所石印本　楊紹廉題記　三冊

330000 - 1704 - 0021611　020883　類叢部/叢書類/彙編之屬

**四部叢刊**　張元濟等編　民國上海商務印書館影印本　二冊　存一種

330000 - 1704 - 0021615　020933　集部/別集類

**泊居賸稿一卷**　紀鉅維撰　汪鸞翔　劉宗彝編　民國十四年(1925)廬陵蔣氏鉛印本　一冊

330000 - 1704 - 0021618　020935　集部/別集類

**無盡庵遺集文一卷詩四卷**　(清)周實撰　民國元年(1912)上海國光印刷所鉛印本　一冊

330000 - 1704 - 0021620　020938　集部/別集類/清別集

**鴻雪樓詩選初集四卷外集一卷名媛詩話八卷**　(清)沈善寶撰　民國十三年(1924)沈敏元鉛印本　二冊　缺八卷(名媛詩話一至八)

330000 - 1704 - 0021621　020939　類叢部/叢書類/郡邑之屬

**括蒼叢書第一集八種第二集十二種**　劉燿東編　民國二十七年(1938)、三十七年(1948)鉛印本(原缺滑疑集詩卷二)　十六冊　存第一集四種、第二集七種

330000 - 1704 - 0021622　020643　史部/地理類/方志之屬/郡縣志

**[民國]平陽縣志九十八卷首一卷**　王理孚修　符璋纂　張翥等測繪　民國十四年至十五年(1925 - 1926)刻本　一冊　存三卷(七十至七十二)

330000 - 1704 - 0021624　020749　類叢部/叢書類/自著之屬

**名山全集三十四種**　錢振鍠撰　民國木活字印本暨鉛印本　一冊　存五種

330000 - 1704 - 0021628　020962　集部/詞類/詞韻之屬

**晚翠軒詞韻一卷**　(清)舒夢蘭輯　民國元年(1912)振始堂石印本　一冊

330000 - 1704 - 0021630　020964　類叢部/叢書類/彙編之屬

**四部叢刊**　張元濟等編　民國上海商務印書館影印本　六冊　存一種

330000 - 1704 - 0021631　020965　子部/醫家類/類編之屬

**陳修園醫書四十八種**　(清)陳念祖等撰　民

國上海錦章書局石印本　一冊　存二種

330000－1704－0021632　020966　子部/醫家類/類編之屬

**陳修園醫書四十八種**　（清）陳念祖等撰　民國上海錦章書局石印本　一冊　存一種

330000－1704－0021634　014316　集部/詞類/總集之屬

**四種詞**　民國四川官印刷局刻本　三冊　存三種

330000－1704－0021635　020644　子部/藝術類/書畫之屬/法帖

**趙松雪道教碑不分卷**　（元）趙孟頫書　民國二十三年（1934）上海商務印書館影印本　一冊

330000－1704－0021636　020968　子部/醫家類/類編之屬

**陳修園醫書六十種**　（清）陳念祖等撰　民國石印本　一冊　存二種

330000－1704－0021640　020887　集部/詩文評類/文法之屬

**中國最新仕商尺牘教科書二卷**　周天鵬撰　民國二年（1913）上海會文學社石印本　黄叔晉題簽　一冊

330000－1704－0021641　020818　子部/宗教類/佛教之屬/論

**唯識二十論述記四卷**　（唐）釋窺基撰　**唯識二十論一卷**　（天竺）世親菩薩造　（唐）釋玄奘譯　民國十二年（1923）萍寄廬鉛印本　二冊

330000－1704－0021642　014318　集部/別集類

**聲越詩録一卷詞録一卷**　徐震堮撰　民國油印本　一冊

330000－1704－0021644　020888　類叢部/叢書類/彙編之屬

**四部叢刊**　張元濟等編　民國上海商務印書館影印本　二十冊　存一種

330000－1704－0021650　014319　集部/詞類/類編之屬

**彊村叢書一百七十八種**　朱祖謀輯並撰校記　民國六年（1917）歸安朱氏刻十一年（1922）校補印本　夏承燾批校并過録龍榆生、鄭文焯等批校　三十八冊　缺一卷（夢窗詞集）

330000－1704－0021651　020647　類叢部/叢書類/彙編之屬

**四部叢刊**　張元濟等編　民國八年（1919）上海商務印書館影印本　二冊　存一種

330000－1704－0021653　020925　類叢部/叢書類/郡邑之屬

**括蒼叢書第一集八種**　劉燿東編　民國二十七年（1938）鉛印本（原缺滑疑集詩卷二）　五冊　存二種

330000－1704－0021656　020824　史部/傳記類/別傳之屬/墓誌

**瑞安姚君墓志銘一卷瑞安姚氏家廟記一卷**　章炳麟撰並書　**先嚴言行述畧一卷**　姚琮撰並書　民國影印本　一冊

330000－1704－0021658　020892　經部/書類/傳說之屬

**書經集註六卷**　（宋）蔡沈撰　民國上海廣益書局石印本　四冊

330000－1704－0021659　020825　史部/傳記類/別傳之屬/墓誌

**瑞安姚君墓志銘一卷瑞安姚氏家廟記一卷**　章炳麟撰並書　**先嚴言行述畧一卷**　姚琮撰並書　民國影印本　一冊

330000－1704－0021660　020826　史部/傳記類/別傳之屬/墓誌

**瑞安姚君墓志銘一卷瑞安姚氏家廟記一卷**　章炳麟撰並書　**先嚴言行述畧一卷**　姚琮撰並書　民國影印本　一冊

330000－1704－0021662　020894　集部/別集類/清別集

**讀書樓詩集六卷**　（清）吴應奎撰　民國五年（1916）安吉吴氏雍睦堂影印本　二冊

330000－1704－0021663　020895　類叢部/叢書類/自著之屬

**樊山全集六種**　樊增祥撰　民國二年(1913)石印本　七册　存一種

330000－1704－0021664　020927　史部/金石類/石之屬/文字

**瘞鶴銘一卷**　民國影印本　一册

330000－1704－0021665　020929　子部/藝術類/書畫之屬/法帖

**中興頌不分卷**　民國影印本　一册

330000－1704－0021666　020896　子部/藝術類/書畫之屬/書法書品

**行書備要一卷**　童式規書　民國十七年(1928)上海商務印書館石印本　一册

330000－1704－0021667　020968　子部/醫家類/類編之屬

**陳修園醫書四十八種**　(清)陳念祖等撰　民國上海錦章書局石印本　與330000－1704－0021636合爲一册　存五種

330000－1704－0021668　020897　子部/藝術類/書畫之屬/法帖

**匋齋藏瘞鶴銘兩種合册**　(清)端方藏　民國九年(1920)上海有正書局影印本　一册

330000－1704－0021671　020827　史部/目録類

**掃葉山房發售六大預約樣本一卷**　掃葉山房編　民國上海掃葉山房石印本　一册

330000－1704－0021672　020828　子部/農家農學類/園藝之屬

**園藝雜抄一卷**　(明)呂初泰等撰　民國抄本　一册

330000－1704－0021673　020898　子部/宗教類/佛教之屬

**金剛般若波羅蜜經小楷一卷**　(後秦)釋鳩摩羅什譯　(宋)蘇軾書　民國影印本　一册

330000－1704－0021674　020966　子部/醫家類/類編之屬

**陳修園醫書四十八種**　(清)陳念祖等撰　民國石印本　與330000－1704－0021632合爲一册　存一種

330000－1704－0021675　020829　子部/藝術類/書畫之屬/法帖

**初拓鄭文公碑一卷**　(北魏)鄭道昭書　民國上海掃葉山房影印本　三册

330000－1704－0021676　020899　子部/藝術類/書畫之屬/書法書品

**沈文恪公妙法蓮華經墨迹一卷**　(清)沈荃書　民國上海有正書局影印本　一册

330000－1704－0021677　020830　子部/藝術類/書畫之屬/法帖

**趙松雪蕭山大成殿記不分卷**　(元)張伯淳撰　(元)趙孟頫書　民國影印本　一册

330000－1704－0021678　020900　史部/金石類/石之屬

**水前拓本瘞鶴銘不分卷**　(南朝梁)華阳真逸撰　(南朝梁)上皇山樵書　民國有正書局石印本　一册

330000－1704－0021680　020831　子部/藝術類/書畫之屬/法帖

**柳公權玄秘塔不分卷**　(唐)柳公權書　民國影印本　一册

330000－1704－0021681　020832　子部/藝術類/書畫之屬/書法書品

**陳曼生手札墨迹一卷**　(清)陳鴻壽書　民國有正書局影印本　一册

330000－1704－0021683　020901　史部/金石類/石之屬

**水前拓瘞鶴銘不分卷**　(南朝梁)華阳真逸撰　(南朝梁)上皇山樵書　民國七年(1918)有正書局石印本　一册

330000－1704－0021687　014320　集部/總集類/題詠之屬

**遊仙詩一卷**　張鴻　錢萼孫　楊無恙撰　民國二十二年(1933)刻本　一册

330000－1704－0021689　020902　子部/藝術類/書畫之屬/法帖

**王夢樓行書壽屏十二軸合册一卷**　（清）王文治撰並書　民國九年(1920)有正書局石印本　一册

330000－1704－0021690　014321　集部/詞類/别集之屬

**雙樹居詞二卷**　楊鐵夫撰　民國鉛印本　一册

330000－1704－0021691　020903　子部/藝術類/書畫之屬/法帖

**拓本唐代碑帖精華十二種**　世界書局編　民國十三年(1924)上海世界書局影印本　一册　存一種

330000－1704－0021692　014322　集部/詞類/詞話之屬

**詞史十章**　劉毓盤撰　民國鉛印本　一册

330000－1704－0021694　020904　子部/藝術類/書畫之屬/法帖

**康南海一天園詩稿一卷**　康有為書　民國六年(1917)上海有正書局石印本　一册

330000－1704－0021695　014324　類叢部/叢書類/郡邑之屬

**敬鄉樓叢書三十八種**　黄羣編　民國十七年至二十四年(1928－1935)永嘉黄氏鉛印本　一册　存一種

330000－1704－0021696　014325　集部/别集類/明别集

**半山藏稿二十卷**　（明）王叔果撰　民國二十四年(1935)鉛印本　四册

330000－1704－0021698　020905　子部/藝術類/書畫之屬/法帖

**文昌帝君陰隲文一卷**　（清）鄭燮書　民國上海燮記書局石印本　一册

330000－1704－0021700　020906　史部/傳記類/别傳之屬

**董冶卿君家傳一卷**　葉伯允撰　民國三十六年(1947)影印本　一册

330000－1704－0021701　020907　史部/傳記類/别傳之屬

**董冶卿君家傳一卷**　葉伯允撰　民國三十六年(1947)影印本　一册

330000－1704－0021705　020971　子部/醫家類/醫經之屬/内經

**類經三十二卷**　（明）張介賓類注　**圖翼十一卷附翼四卷**　（明）張介賓撰　民國八年(1919)石印本　十六册

330000－1704－0021709　021049　子部/宗教類/佛教之屬

**金剛般若波羅蜜經義疏輯要三卷**　（後秦）釋鳩摩羅什譯　（隋）釋吉藏義疏　李翊灼輯要　**金剛般若波羅蜜經義疏輯要附註一卷大藏備要目録一卷**　李翊灼編　民國十二年(1923)石印本　一册　存三卷(一至三)

330000－1704－0021710　014326　類叢部/叢書類/郡邑之屬

**括蒼叢書第一集八種**　劉燿東編　民國二十七年(1938)鉛印本(原缺滑疑集詩卷二)　十六册

330000－1704－0021718　014327　類叢部/叢書類/郡邑之屬

**括蒼叢書第二集十二種**　劉燿東編　民國三十七年(1948)鉛印本　十三册　存十一種

330000－1704－0021721　020972　子部/小説家類/雜事之屬

**世説新語六卷**　（南朝宋）劉義慶撰　（南朝梁）劉孝標注　民國六年(1917)商務印書館鉛印本　六册

330000－1704－0021723　020973　子部/藝術類/遊藝之屬/雜藝

**益智圖二卷燕几圖一卷副本一卷**　（清）童叶庚撰　**益智續圖一卷**　（清）童昂　（清）童昶　（清）童晏撰　（清）童叶庚編　**益智字圖一卷附一卷**　（清）祝梅君撰　民國六年(1917)上海商務印書館石印本　六册

330000－1704－0021724　021107　子部/醫

家類/類編之屬

**孫氏醫學叢書六種**　孫鼎宜撰　民國二十五年(1936)中華書局鉛印本　十冊

330000－1704－0021726　014328　類叢部/叢書類/郡邑之屬

**括蒼叢書第二集十二種**　劉燿東編　民國三十七年(1948)鉛印本　十一冊　存十種

330000－1704－0021729　021108　子部/叢編

**百子全書**　(清)崇文書局編　民國上海掃葉山房石印本　四冊　存一種

330000－1704－0021733　021109　類叢部/叢書類/彙編之屬

**四部備要**　中華書局編　民國二十五年(1936)上海中華書局鉛印本(原缺經義考卷二百八十六、二百九十九至三百,東塾讀書記十三至十四、十七至二十、二十二至二十五)　六冊　存一種

330000－1704－0021737　014330　史部/紀傳類/正史之屬

**史記探源八卷**　崔適撰　民國十三年(1924)國立北京大學出版部鉛印本　二冊

330000－1704－0021738　020942　史部/政書類/儀制之屬/專志/紀元

**紀元編三卷**　(清)李兆洛編　羅振玉校正　民國鉛印本　二冊

330000－1704－0021739　021110　類叢部/叢書類/彙編之屬

**四部叢刊**　張元濟等編　民國上海商務印書館影印本　四冊　存一種

330000－1704－0021742　021145　集部/總集類/氏族之屬

**雙璧賡燕貽集内編一卷外編一卷**　張逢鑣編　民國八年(1919)杭州鉛印本　一冊

330000－1704－0021743　021146　集部/總集類/氏族之屬

**雙璧賡燕貽集内編一卷外編一卷**　張逢鑣編　民國八年(1919)杭州鉛印本　一冊

330000－1704－0021745　021147　子部/宗教類/道教之屬

**太上感應篇註講證案彙編四卷首一卷**　(清)陳□□編　釋印光鑒定　民國十二年(1923)上海中華書局鉛印本　一冊　存二卷(三至四)

330000－1704－0021751　014333　集部/別集類/唐五代別集

**杜詩鏡銓二十卷**　(清)楊倫輯　**讀書堂杜工部文集註解二卷**　(清)張溍撰　民國二年(1913)廣州登雲閣刻本　十冊

330000－1704－0021756　021151　子部/宗教類/佛教之屬

**金剛經石註一卷**　(清)石成金撰　民國三年(1914)東甌郭博古齋刻本　一冊

330000－1704－0021758　014334、014335　集部/總集類/彙編之屬

**宋人集**　李之鼎輯　民國南城李氏宜秋館刻本　三十二冊　存二十三種

330000－1704－0021759　021150　子部/宗教類/佛教之屬

**金剛經石註一卷**　(清)石成金撰　民國三年(1914)東甌郭博古齋刻本　陳遇春題記並批校　一冊

330000－1704－0021760　021111　子部/儒家類/儒家之屬

**荀子集解二十卷首一卷**　(唐)楊倞注　王先謙集解　民國上海商務印書館影印本　六冊

330000－1704－0021762　021064　集部/總集類/選集之屬/通代

**歷代詩文評註讀本**　王文濡編　民國上海文明書局鉛印本　一冊　存一種

330000－1704－0021764　021112　類叢部/叢書類/郡邑之屬

**敬鄉樓叢書三十八種**　黄羣編　民國十七年至二十四年(1928－1935)永嘉黄氏鉛印本　一冊　存第三輯一種

330000－1704－0021765　021153　子部/藝

術類/篆刻之屬/印論

**續三十五舉一卷** （清）黄子高撰 民國商務印書館石印本 徐祖光題記 一册

330000－1704－0021766 021113 經部/小學類/文字之屬/字書/通論

**中國文字之原始及其構造二編** 蔣善國撰 民國上海商務印書館石印本 二册

330000－1704－0021767 021114 經部/小學類/音韻之屬/古今韻説

**音韻學通論八卷** 馬宗霍撰 民國二十年(1931)上海商務印書館鉛印本 一册 存四卷(五至八)

330000－1704－0021768 021154 類叢部/叢書類/彙編之屬

**自青榭叢書** 卓定謀輯 民國鉛印本 一册 存一種

330000－1704－0021773 014336 類叢部/叢書類/自著之屬

**彊邨遺書六種外編二種附一種** 朱祖謀撰 民國二十二年(1933)刻本 十一册 存八種

330000－1704－0021774 021066 子部/藝術類/書畫之屬/法帖

**初拓張猛龍碑一卷** 民國上海有正書局影印本 一册

330000－1704－0021778 014337 類叢部/叢書類/自著之屬

**彊邨遺書六種外編二種附一種** 朱祖謀撰 民國二十二年(1933)刻朱印本 五册 存五種

330000－1704－0021779 021068 子部/藝術類/書畫之屬/法帖

**顔真卿清遠道士詩不分卷** （唐）顔真卿書 民國上海古今書店影印本 一册

330000－1704－0021781 020947 集部/總集類/題詠之屬

**記夢一卷** 張蓼洲撰 稿本 一册

330000－1704－0021782 021069 子部/藝術類/書畫之屬/法帖

**泰山金剛經一卷** 民國世界書局影印本 一册

330000－1704－0021783 021070 子部/藝術類/書畫之屬/法帖

**宋搨黄庭經一卷** 民國十三年(1924)文明書局、中華書局影印本 一册

330000－1704－0021784 021156 類叢部/叢書類/自著之屬

**繼述堂全集四種** 王毓英撰 民國十一年(1922)溫州石印本 一册 存一種

330000－1704－0021786 021157 集部/總集類/氏族之屬

**守約堂遺詩彙鈔三卷** 潘鍾華輯 民國十四年(1925)潘鍾華刻本 一册

330000－1704－0021791 020946 類叢部/叢書部

**爰居閣叢書** 梁鴻志輯 民國二十三年(1934)鉛印本 一册 存一種

330000－1704－0021792 020948 集部/別集類

**悲華經舍詩存五卷** 洪允祥撰 民國二十二年(1933)慈谿洪氏慎思軒鉛印本 一册 存四卷(一至四)

330000－1704－0021795 020949 集部/別集類

**漪香山館文集不分卷** 吴曾祺撰 民國四年(1915)上海商務印書館鉛印本 一册

330000－1704－0021797 014338 子部/雜著類/雜説之屬

**潛書二卷** （清）唐甄撰 （清）王聞遠編 民國成都昌福公司鉛印本 夏承燾題記 二册

330000－1704－0021799 014339 集部/總集類/郡邑之屬

**音注宋四靈詩一卷** （宋）趙師秀等撰 陸律西音注 民國十六年(1927)上海文明書局鉛印本 一册

330000－1704－0021801　014340　類叢部/叢書類/自著之屬

**六如居士全集四種**　(明)唐寅撰　民國四年(1915)上海廣益書局石印本　六册

330000－1704－0021802　014341　子部/小説家類/雜事之屬

**世說新語六卷**　(南朝宋)劉義慶撰　(南朝梁)劉孝標注　民國六年(1917)商務印書館鉛印本　夏承燾批並題記　六册

330000－1704－0021803　021072　子部/藝術類/書畫之屬/法帖

**宋搨晉唐小楷十一種至寶不分卷**　民國有正書局影印本　二册

330000－1704－0021810　021076　子部/宗教類/佛教之屬

**金剛般若波羅蜜經箋註一卷**　(後秦)釋鳩摩羅什譯　丁福保箋註　**金剛經靈異記一卷**　丁福保編纂　民國上海醫學書局鉛印醫學叢書本　一册

330000－1704－0021813　021161　子部/小説家類/異聞之屬

**閱微草堂筆記二十四卷**　(清)紀昀撰　民國章福記書局石印本　一册　存七卷(十八至二十四)

330000－1704－0021815　021162　集部/總集類/選集之屬/通代

**古詩源十四卷**　(清)沈德潛輯　民國上海商務印書館鉛印本　二册　存七卷(一至七)

330000－1704－0021817　021120　集部/詩文評類/詩評之屬

**合肥詩話三卷**　李家孚撰　民國十八年(1929)蘇州鉛印本　一册

330000－1704－0021818　020955　子部/雜著類/雜說之屬

**桐陰清話八卷**　(清)倪鴻撰　民國三年(1914)上海掃葉山房石印本　四册

330000－1704－0021819　021163　子部/兵家類/兵法之屬

**趙註孫子五卷**　(明)趙本學撰　民國益新書社石印本　三册　缺一卷(五)

330000－1704－0021821　021164　子部/醫家類/醫經之屬/内經

**補注黄帝内經素問二十四卷**　(唐)王冰撰　民國上海千頃堂書局石印本　一册　存八卷(十二至十九)

330000－1704－0021823　021165　子部/醫家類/本草之屬/歷代綜合本草

**本草綱目五十二卷**　(明)李時珍撰　民國石印本　一册　存六卷(四至九)

330000－1704－0021826　021166　子部/醫家類/兒科之屬/通論

**增補幼幼集成六卷**　(清)陳復正辨訂　民國石印本　一册　存一卷(五)

330000－1704－0021827　021079　史部/地理類/雜志之屬

**園林春色一卷**　任桐撰　民國十七年(1928)鉛印本　一册

330000－1704－0021828　021080　史部/地理類/雜志之屬

**園林春色一卷**　任桐撰　民國十七年(1928)鉛印本　一册

330000－1704－0021830　021082　子部/宗教類/佛教之屬

**中論科判一卷附品目攝領表一卷**　民國四年(1915)金陵刻經處刻本　一册

330000－1704－0021831　021167　子部/藝術類/書畫之屬/畫譜

**寉巢人物畫稿三千法二集六卷**　王寉撰並繪　民國十八年(1929)上海碧梧山莊石印本　一册　存一卷(上集一)

330000－1704－0021835　021168　集部/總集類/選集之屬/通代

**明清六才子文**　進步書局編輯所編　民國七年(1918)上海文明書局石印本　四册

330000－1704－0021837　021169　子部/儒

家類/儒學之屬/蒙學

**蛟川文選樓重校新增繪圖幼學故事瓊林四卷首一卷**　(明)程登吉撰　(清)鄒聖脈增補　民國石印本　一册　存一卷(首)

330000－1704－0021839　020959　史部/目録類/總録之屬/私撰

**千頃堂書籍目録不分卷**　千頃堂書局編　民國十四年(1925)上海千頃堂書局石印本　一册

330000－1704－0021843　021125　集部/别集類

**濤園詩集四卷**　沈瑜慶撰　民國九年(1920)李宣龔鉛印本　一册　存二卷(一至二)

330000－1704－0021844　021126　類叢部/類書類/通類之屬

**雲林别墅新輯酬世錦囊初集八卷二集七卷三集二卷四集二卷**　(清)鄒景揚輯　民國十一年(1922)上海普益書局石印本　一册　存四卷(初集一至四)

330000－1704－0021846　021085　史部/地理類/專志之屬/園林

**唐絳州刺史樊宗師絳守居園池記一卷附録一卷**　(唐)樊宗師撰　(明)趙師尹注　樊鎮輯　民國八年(1919)山陰樊氏綿絳書屋刻本　一册

330000－1704－0021847　021086　集部/别集類

**顧漁溪先生遺集四卷**　顧璜撰　民國二十五年(1936)北平文楷齋刻本　一册

330000－1704－0021851　020958　子部/雜著類/雜説之屬

**破邪論二卷**　(唐)釋法琳撰　民國十年(1921)石印本　一册

330000－1704－0021853　021170　子部/儒家類/儒學之屬/蒙學

**新增繪圖幼學故事瓊林四卷首一卷**　(清)程登吉撰　(清)鄒聖脈增補　民國上海錦章圖書局石印本　二册　存二卷(二、四)

330000－1704－0021854　021089　集部/總集類/選集之屬/通代

**古文雅正十四卷**　(清)蔡世遠輯　民國上海中華書局鉛印本　四册

330000－1704－0021855　021171　新學/理學/文學

**日文講義一卷**　民國鉛印本　一册

330000－1704－0021856　021090　子部/雜著類/雜考之屬

**日知録集釋三十二卷之餘四卷刊誤二卷續刊誤二卷**　(清)黄汝成撰　民國十三年(1924)上海掃葉山房石印本　十六册

330000－1704－0021857　021128　史部/地理類/方志之屬/郡縣志

**[嘉慶]山陰縣志三十卷首一卷**　民國二十四年(1935)紹興新聞日報社鉛印本　四册　存四卷(十四至十七)

330000－1704－0021858　021172　類叢部/叢書類/自著之屬

**萬木草堂叢書**　康有爲撰　民國刻本　六册　存一種

330000－1704－0021866　021197　類叢部/叢書類/彙編之屬

**四部叢刊**　張元濟等編　民國上海商務印書館影印本　四册　存一種

330000－1704－0021867　021198　集部/别集類/唐五代别集

**溫飛卿詩集七卷别集一卷集外詩一卷附録諸家詩評一卷**　(唐)溫庭筠撰　(明)曾益注　(清)顧予咸補注　(清)顧嗣立續注　民國十三年(1924)上海掃葉山房石印本　四册

330000－1704－0021870　021176　子部/醫家類/方書之屬

**藥方雜鈔一卷**　民國抄本　一册

330000－1704－0021871　020936　史部/政書類/公牘檔册之屬

**旅滬台屬水災急振會報告書不分卷**　旅滬台屬水災急振會編　民國九年(1920)鉛印本

一册

330000－1704－0021876　021179　集部/别集類

**海漚集二卷**　張汝釗撰　民國二十三年(1934)四明印局鉛印本　一册

330000－1704－0021879　020988　新學/醫學

**獸醫易知不分卷**　文明書局編　民國二十一年(1932)上海文明書局鉛印本　一册

330000－1704－0021880　020989　子部/醫家類/兒科之屬/通論

**幼科推拿祕書四卷**　(清)駱如龍撰　民國二十四年(1935)上海商務印書館鉛印本　一册

330000－1704－0021881　021181　史部/金石類/石之屬/文字

**魏故懷令李君墓誌銘一卷**　民國上海商務印書館影印本　一册

330000－1704－0021882　021202　子部/藝術類/書畫之屬/法帖

**初拓魏爨龍顔碑一卷**　民國影印本　一册

330000－1704－0021884　021203　子部/藝術類/書畫之屬/法帖

**唐多寶塔宋拓本不分卷**　(唐)顔真卿書　(唐)岑勛撰　徐浩題額　民國影印本　一册

330000－1704－0021886　021204　子部/藝術類/書畫之屬/法帖

**伊墨卿先生墨蹟一卷**　(清)伊秉綬書　民國影印本　一册

330000－1704－0021887　021205　子部/藝術類/書畫之屬/法帖

**鄭板橋法書一卷**　(清)鄭燮書　民國上海尚古山房影印本　一册

330000－1704－0021888　021206　子部/藝術類/書畫之屬/法帖

**顔魯公雙鶴銘一卷**　(唐)顔真卿書　民國上海尚古山房石印本　一册

330000－1704－0021890　020991　新學/政治法律/政治

**日本急欲亡我中國之毒計一卷**　民國北京和濟印刷局鉛印本　一册

330000－1704－0021894　021184　史部/傳記類/别傳之屬

**軍人模範馮玉祥全史三卷**　春明逐客編　民國石印本　一册

330000－1704－0021896　020993　集部/詞類/别集之屬

**小山詞一卷**　(宋)晏幾道撰　**小山詞校記一卷**　林大椿撰　民國二十年(1931)上海商務印書館鉛印本　一册

330000－1704－0021898　021208　子部/儒家類/儒學之屬/禮教/鑑戒

**福壽全書六卷**　(明)陳繼儒撰　民國鉛印本　一册

330000－1704－0021899　021186　子部/醫家類

**幸福叢書**　民國中西醫學研究社石印本　一册　存一種

330000－1704－0021902　021187　類叢部/叢書類/彙編之屬

**四部叢刊**　張元濟等編　民國上海商務印書館影印本　十二册　存一種

330000－1704－0021903　021211　子部/儒家類/儒學之屬/禮教/鑑戒

**人道大義録不分卷**　夏震武撰　民國鉛印本　一册

330000－1704－0021906　021188　集部/别集類

**蒳白詩文一卷**　民國符璋抄本　一册

330000－1704－0021907　021189　集部/總集類/選集之屬

**鑄蠡盦選録借杯集一卷**　民國符璋抄本　一册

330000－1704－0021908　021213　子部/藝術類/書畫之屬/法帖

**初拓精本兖公頌碑一卷**　民國上海求古齋書籍碑帖局影印本　一冊

330000－1704－0021909　020996　史部/目録類/總録之屬/彙刻
**古書流通處舊書目録一卷**　古書流通處編　民國古書流通處石印本　一冊

330000－1704－0021913　021257　集部/別集類
**茹荼軒文集十一卷**　張錫恭撰　民國十二年(1923)華亭封氏簣進齋刻本　二冊　存六卷(一至六)

330000－1704－0021914　014343　集部/總集類/選集之屬/通代
**古唐詩合解十二卷古詩四卷**　(清)王堯衢注　(清)李模　(清)李桓校　民國上海章福記書局石印本　三冊　存六卷(三至四、九至十二)

330000－1704－0021915　020997　子部/藝術類/書畫之屬/畫譜
**影印足本芥子園畫譜初集四卷二集四卷三集四卷**　(清)王槩　(清)王蓍　(清)王臬輯　民國上海世界書局影印本　一冊　存一卷(初集一)

330000－1704－0021916　021258　集部/別集類/清別集
**萬山草堂詩續集六卷**　(清)李登雲撰　民國二十一年(1932)杭州刻本　一冊　存三卷(一至三)

330000－1704－0021923　014345　集部/總集類/氏族之屬
**三蘇文集四十四卷**　(清)邵希雍輯　民國石印本　一冊　存六卷(欒城文集十五至二十)

330000－1704－0021925　014346　經部/四書類/總義之屬/傳說
**銅版四書集註**　(宋)朱熹集註　民國石印本　一冊　存一種

330000－1704－0021930　021193　類叢部/叢書類/自著之屬
**儀徵嚴氏無悶堂叢書**　(清)嚴玉森撰　民國鉛印本　二冊　存一種

330000－1704－0021932　021194　子部/藝術類/書畫之屬/書法書品
**大字楷書法一卷**　(清)錢南園書　民國上海求古齋書帖局影印本　一冊

330000－1704－0021933　021216　類叢部/叢書類/彙編之屬
**丙子叢編十二種**　趙詒琛　王大隆編　民國二十五年(1936)鉛印本　三冊　存十種

330000－1704－0021934　021217　類叢部/叢書類/彙編之屬
**丙子叢編十二種**　趙詒琛　王大隆編　民國二十五年(1936)鉛印本　一冊　存四種

330000－1704－0021935　021218　史部/傳記類/別傳之屬
**董冶卿君家傳一卷**　葉伯允撰　民國影印本　一冊

330000－1704－0021936　021195　子部/藝術類/書畫之屬/法帖
**舊搨李北海東林寺碑一卷**　(唐)李邕撰並書　民國影印本　一冊

330000－1704－0021937　021219　子部/藝術類/書畫之屬/法帖
**舊拓鄧太尉祠碑一卷**　民國二十三年(1934)中華書局影印本　一冊

330000－1704－0021938　021196　子部/藝術類/書畫之屬/法帖
**趙文敏書仇公墓碑真蹟一卷**　(元)趙孟頫書　民國八年(1919)上海文明書局影印本　一冊

330000－1704－0021945　014349　集部/別集類
**天嬰室叢稿第二輯十卷**　陳訓正撰　民國二十年(1931)鉛印本　二冊

330000－1704－0021946　021220　子部/藝術類/書畫之屬/法帖

**舊拓鄧太尉祠碑一卷**　民國二十三年(1934)中華書局影印本　一册

330000－1704－0021947　021221　子部/藝術類/書畫之屬/法帖
**雷君墓誌一卷**　李瑞清書　民國上海碧梧山莊影印本　一册

330000－1704－0021948　014350　集部/詞類/總集之屬
**午社詞七集**　午社輯　民國鉛印本　一册

330000－1704－0021950　021222　子部/藝術類/書畫之屬/法帖
**鄭蘇戡書南唐集字一卷**　鄭孝胥書　民國十三年(1924)上海商務印書館影印本　一册

330000－1704－0021952　021225　子部/藝術類/書畫之屬/法帖
**宋拓顔平原東方畫贊不分卷**　(唐)顔真卿書　民國上海有正書局影印本　一册

330000－1704－0021953　014351　子部/儒家類/儒學之屬/經濟
**政理古微一卷**　林損撰　民國鉛印本　一册

330000－1704－0021954　021223　子部/藝術類/書畫之屬/法帖
**錢南園楷書墨蹟一卷**　(清)錢灃書　民國上海有正書局石印本　一册

330000－1704－0021956　善001293　集部/總集類/酬唱之屬
**水月樓夜吟一卷附録用韻諸作一卷**　鍾益芳等撰　民國油印本　一册

330000－1704－0021958　014352　集部/總集類/選集之屬/斷代
**江南二仲詩**　王蘧常　錢萼孫撰　民國十九年(1930)鉛印本　一册

330000－1704－0021959　021286　史部/目録類/專録之屬
**中國地方志綜録不分卷**　朱士嘉撰　民國二十四年(1935)上海商務印書館石印本　三册

330000－1704－0021961　021287　史部/目録類/版本之屬/書影
**百衲本二十四史預約樣本一卷**　上海商務印書館編　民國十九年(1930)上海商務印書館鉛印本暨影印本　一册

330000－1704－0021962　021288　史部/目録類/版本之屬/書影
**四部叢刊第二次預約樣本一卷**　上海商務印書館編　民國十五年(1926)上海商務印書館影印本暨鉛印本　一册

330000－1704－0021963　021289　史部/目録類/專録之屬
**嘉慶重修一統志樣本一卷**　上海商務印書館編　民國二十三年(1934)上海商務印書館鉛印本暨影印本　一册

330000－1704－0021965　014354　集部/別集類
**龍慧堂詩二卷**　劉慎詒撰　民國十八年(1929)鉛印本　一册

330000－1704－0021966　021290　史部/目録類/版本之屬/書影
**明代版本圖録初編十二卷**　潘承弼　顧廷龍編　民國三十年(1941)開明書店影印本暨鉛印本　四册

330000－1704－0021970　021000　類叢部/叢書類/彙編之屬
**四部叢刊**　張元濟等編　民國上海商務印書館影印本　二册　存一種

330000－1704－0021971　021001　集部/別集類
**白屋遺詩七種**　劉大白撰　民國二十四年(1935)開明書店鉛印本　一册

330000－1704－0021972　021228　子部/藝術類/書畫之屬/法帖
**舊拓宋靈隱翠微亭題名不分卷**　民國二十五年(1936)上海中華書局影印本　一册

330000－1704－0021973　021002　類叢部/叢書類/彙編之屬
**四部叢刊**　張元濟等編　民國上海商務印書館

館影印本　二册　存一種

330000－1704－0021974　021227　子部/藝術類/書畫之屬/法帖

**翁叔平行書習字範本一卷**　(清)翁同龢書　民國上海有正書局石印本　一册

330000－1704－0021976　021228　子部/藝術類/書畫之屬/法帖

**翁松禪寫書譜墨蹟不分卷**　(清)翁同龢書　民國十五年(1926)上海有正書局石印本　一册

330000－1704－0021977　021229　子部/藝術類/書畫之屬/法帖

**黄自元小楷習字帖一卷**　黄自元書　民國上海聯益書局影印本　一册

330000－1704－0021980　021230　子部/藝術類/書畫之屬/法帖

**明拓漢隸四種不分卷**　民國上海有正書局影印本　一册

330000－1704－0021982　021231　集部/總集類

**文鈔一卷**　民國抄本　一册

330000－1704－0021984　021135　子部/雜著類/雜說之屬

**嬰寧什箸**　陳訓正撰　民國十八年(1929)鉛印本　一册　存一種

330000－1704－0021988　021295　史部/目録類/版本之屬/書影

**百衲本二十四史預約樣本一卷**　上海商務印書館編　民國十九年(1930)上海商務印書館鉛印本暨影印本　一册

330000－1704－0021989　021136　子部/儒家類/儒學之屬/俗訓

**小學詩一卷**　(清)謝泰階撰　民國二十三年(1934)中央刻經院佛經善書局鉛印本　一册

330000－1704－0021991　021296　史部/政書類/邦計之屬/鹽法

**兩浙鹽務彙編六卷**　邵中等編　民國十二年(1923)兩浙鹽運使署鉛印本　八册　缺一卷(四)

330000－1704－0021996　021138　子部/儒家類/儒學之屬/禮教/家訓

**了凡四訓一卷**　(明)袁黄撰　民國二十五年(1936)蘇州弘化社鉛印本　一册

330000－1704－0021997　021003　經部/孝經類/傳說之屬

**孝經一卷**　(清)孫傳瀓訂　民國抄本　一册

330000－1704－0021998　021299　子部/藝術類/書畫之屬/法帖

**松禪遺墨不分卷**　(清)翁同龢撰並書　民國三年(1914)陽湖張氏影印本　許達題簽並記　一册

330000－1704－0021999　021232　子部/藝術類/總論之屬

**曼殊上人妙墨册子一卷**　蘇元瑛繪　民國八年(1919)影印本　一册

330000－1704－0022001　021233　集部/總集類/尺牘之屬

**蘧盦所藏尺牘**　潘承厚輯　潘承弼續輯　民國三十一年至三十三年(1942－1944)吳縣潘氏影印本　一册　存一種

330000－1704－0022002　021234　類叢部/叢書類/彙編之屬

**四部叢刊**　張元濟等編　民國上海商務印書館影印本　六册　存一種

330000－1704－0022003　021235　類叢部/叢書類/彙編之屬

**四部叢刊**　張元濟等編　民國上海商務印書館影印本　十四册　存一種

330000－1704－0022008　021267　集部/別集類/清別集

**翁松禪家書二集**　(清)翁同龢撰　民國二十二年(1933)上海商務印書館影印本　一册　存一集(一)

330000－1704－0022012　021004　集部/詩

文評類/文評之屬

**文心雕龍十卷**　(南朝梁)劉勰撰　范文瀾注　民國三十六年(1947)上海開明書店鉛印本　七册

330000－1704－0022013　014356　集部/總集類/彙編之屬

**國立浙江大學文學院集刊第一至二集**　國立浙江大學文學院集刊編輯委員會編　民國貴州遵義國立浙江大學文學院石印本　繆鉞題記　二册　存二種

330000－1704－0022015　021005　集部/别集類/唐五代别集

**李長吉集四卷外卷一卷**　(唐)李賀撰　(清)黃淳耀評　(清)黎簡批點　民國六年(1917)上海會文堂書局石印本　二册

330000－1704－0022018　021273　經部/小學類/文字之屬/字書/字典

**康熙字典十二集三十六卷總目一卷檢字一卷辨似一卷等韻一卷備考一卷補遺一卷**　(清)張玉書等纂修　民國上海商務印書館石印本　七册

330000－1704－0022019　014360　集部/别集類/清别集

**顧梁汾先生詩詞集九卷**　(清)顧貞觀撰　民國鉛印本　一册　存四卷(六至九)

330000－1704－0022021　014358　子部/雜著類/雜説之屬

**讀子巵言二卷**　江瑔撰　民國六年(1917)上海商務印書館鉛印本　夏承燾批並題記　二册

330000－1704－0022022　021240　集部/總集類/選集之屬/斷代

**唐人絶句一卷**　民國抄本　一册

330000－1704－0022024　014359　集部/别集類

**慎江草堂詩四卷**　黄迂撰　民國十三年(1924)鉛印本　二册　存二卷(一至二)

330000－1704－0022029　021242　經部/大戴禮記類/傳説之屬

**大戴禮記斠補三卷**　(清)孫詒讓撰　民國三年(1914)瑞安廣明印刷所石印本　三册

330000－1704－0022032　021006　子部/宗教類/佛教之屬/經

**妙法蓮華經觀世音菩薩普門品一卷**　(後秦)釋鳩摩羅什譯　民國十六年(1927)上海佛經流通處刻本　一册

330000－1704－0022033　014361、014362、014363、014364、014365、014366　類叢部/叢書類/彙編之屬

**宋人小説二十八種**　涵芬樓編　民國上海商務印書館鉛印本　七册　存六種

330000－1704－0022037　021141　集部/别集類

**唐蔚芝先生演講第一集二卷**　唐文治撰　民國二十八年(1939)交通大學出版處鉛印本　一册

330000－1704－0022040　021308　史部/紀傳類/正史之屬

**屺瞻草堂四史評議十六卷**　李景星撰　民國二十一年(1932)濟南鉛印本　一册　存四卷(三國志評議一至四)

330000－1704－0022043　021009　子部/宗教類/佛教之屬/經

**佛説無量壽經二卷**　(三國魏)釋康僧鎧譯　民國鉛印本　一册

330000－1704－0022048　014368　集部/别集類

**影觀詩稿一卷詞稿一卷**　湯國梨撰　民國三十年(1941)影印本　二册

330000－1704－0022053　021244　子部/醫家類/方書之屬/單方驗方

**增評童氏醫方集解二十三卷**　(清)汪昂輯　(清)李保常批點　(清)費伯雄評　民國掃葉山房石印本　三册　存十五卷(一至十五)

330000－1704－0022054　021274　子部/儒家類/儒學之屬/蒙學

**新增繪圖幼學故事瓊林四卷首一卷**　(清)程登吉撰　(清)鄒聖脈增補　民國上海千頃堂石印本　一册　存一卷(二)

330000－1704－0022057　014370　集部/别集類

**臥雲東遊詩鈔十二卷**　釋靜圓撰　民國十二年至十三年(1923－1924)甌郡刻本　四册

330000－1704－0022059　014371　史部/傳記類/别傳之屬/事狀

**吴夢窗事蹟攷略一卷**　楊鐵夫撰　民國鉛印本　一册

330000－1704－0022061　021313　史部/傳記類/别傳之屬/墓誌

**瑞安姚君墓志銘一卷瑞安姚氏家廟記一卷**　章炳麟撰並書　**先嚴言行述畧一卷**　姚琮撰並書　民國影印本　一册

330000－1704－0022062　014372　史部/傳記類/别傳之屬/事狀

**吴夢窗事蹟攷略一卷**　楊鐵夫撰　民國鉛印本　一册

330000－1704－0022064　014373　集部/詞類/總集之屬

**午社詞七集**　午社輯　民國鉛印本　一册

330000－1704－0022065　021278　子部/儒家類/儒學之屬/禮教/女範

**閨範四卷**　(明)吕坤注　(清)程夢暘等校　民國十七年(1928)石印本　一册　存一卷(四)

330000－1704－0022066　021314　史部/傳記類/别傳之屬/墓誌

**瑞安姚君墓志銘一卷瑞安姚氏家廟記一卷**　章炳麟撰並書　**先嚴言行述畧一卷**　姚琮撰並書　民國影印本　一册

330000－1704－0022067　014374　集部/曲類

**元劇聯套述例一卷**　蔡瑩撰　民國二十二年(1933)上海商務印書館鉛印本　一册

330000－1704－0022068　014375　經部/小學類/文字之屬/說文/傳說

**說文解字句讀三十卷**　(清)王筠撰　民國涵芬樓影印王氏家刻本　夏承燾批　十四册

330000－1704－0022069　014376　集部/詞類/詞話之屬

**詞話叢編六十種**　唐圭璋編　民國二十三年(1934)鉛印本　夏承燾題記　二十四册

330000－1704－0022070　021093　經部/易類/專著之屬

**周易明義四卷序要二卷易外傳八卷**　彭俞撰　民國六年(1917)油印本　六册

330000－1704－0022071　021094　子部/宗教類/佛教之屬/諸宗

**初機淨業指南一卷**　黄慶瀾撰　民國十七年(1928)鉛印本　一册

330000－1704－0022073　021096　子部/宗教類/佛教之屬

**觀世音菩薩靈感録九卷補遺一卷**　丁福保編纂　民國九年(1920)上海醫學書局鉛印本　一册

330000－1704－0022075　014377　集部/總集類/彙編之屬

**宋人集**　李之鼎輯　民國南城李氏宜秋館刻本　十六册　存十八種

330000－1704－0022077　014379　集部/總集類/選集之屬/斷代

**宋二十家集**　李之鼎編　民國三年至四年(1914－1915)南城李氏宜秋館刻本　十六册

330000－1704－0022082　021098　集部/别集類

**石芙蓉館詩稿一卷**　民國抄本　一册

330000－1704－0022095　021319　新學/政治法律

**民法第三編物權法三卷**　黄右昌編　民國鉛印本　一册　存一卷(一)

330000－1704－0022098　021359　集部/别

集類/唐五代别集

**樊紹述集二卷** (唐)樊宗師撰 (清)孫之騄輯 民國五年(1916)樊氏刻本 楊紹廉題記 一册

330000-1704-0022103 021101 子部/宗教類/佛教之屬/諸宗

**法雨涓滴録一卷** 周奮等輯 民國溫州務本石印本 一册

330000-1704-0022107 021011 類叢部/叢書類/彙編之屬

**四部叢刊** 張元濟等編 民國上海商務印書館影印本 六册 存一種

330000-1704-0022112 014382 類叢部/叢書類/自著之屬

**彊邨遺書六種外編二種附一種** 朱祖謀撰 民國二十二年(1933)刻本 一册 存一種

330000-1704-0022113 021102 子部/宗教類/佛教之屬/經

**佛説五大施經一卷** (宋)釋施護等譯 **佛説戒香經一卷** (宋)釋法賢譯 **佛説木槵子經一卷** 民國十一年(1922)石印本 一册

330000-1704-0022116 014383 集部/詞類/總集之屬

**宋詞三百首一卷** 朱祖謀編 民國十三年(1924)刻本 一册

330000-1704-0022119 021362 子部/藝術類/書畫之屬/法帖

**舊搨李北海東林寺碑一卷** (唐)李邕撰並書 民國上海有正書局影印本 一册

330000-1704-0022121 021012 類叢部/叢書類/彙編之屬

**四部叢刊** 張元濟等編 民國上海商務印書館影印本 一册 存一種

330000-1704-0022123 014385 子部/藝術類/遊藝之屬/聯語

**寒柯堂宋詩集聯五卷** 余紹宋輯 民國三十二年(1943)鉛印本 余紹宋題記 一册

330000-1704-0022124 021363 子部/藝術類/書畫之屬/法帖

**舊搨李北海東林寺碑一卷** (唐)李邕撰並書 民國上海有正書局影印本 一册

330000-1704-0022127 014386 集部/詞類/别集之屬

**遯盦樂府二卷** 張爾田撰 民國三十年(1941)萬載龍氏忍寒廬刻本 龍沐勛題記 一册

330000-1704-0022130 021364 集部/别集類/清别集

**焦桐山館詩鈔六卷** (清)蔡英撰 民國六年(1917)溫州務本公司石印本 一册

330000-1704-0022131 014387 史部/目録類/總録之屬/私撰

**書目答問五卷别録一卷國朝箸述諸家姓名略一卷** (清)張之洞撰 民國十九年(1930)上海掃葉山房石印本 二册

330000-1704-0022134 021390 類叢部/叢書類/彙編之屬

**四部叢刊** 張元濟等編 民國上海商務印書館影印本 二册 存一種

330000-1704-0022135 021365 集部/别集類

**味筍齋詩鈔一卷** 姚琮撰 民國鉛印本 一册

330000-1704-0022140 014389 集部/别集類/明别集

**李詩辨疑二卷** (明)朱諫撰 民國十八年(1929)永嘉黄氏鉛印敬鄉樓叢書本 劉景晨題記 一册

330000-1704-0022141 014390 類叢部/叢書類/彙編之屬

**金陵大學中國文化研究所叢刊** 金陵大學中國文化研究所編 民國金陵大學中國文化研究所刻本、鉛印本暨影印本 黄雲眉題記 一册 存一種

330000-1704-0022147 021395 集部/别

集類/清別集
**名山藏副本初集二卷贈言集一卷** （清）齊周華撰　民國九年（1920）杭州武林印書館鉛印本　二册

330000－1704－0022149　021396　集部/別集類
**一山文存十二卷** 章梫撰　民國七年（1918）吴興劉氏嘉業堂刻本　四册

330000－1704－0022152　021406　子部/藝術類/篆刻之屬/印譜
**鄧齋印可不分卷** 鄧爾雅篆　民國鈐印本　一册

330000－1704－0022154　021370　史部/地理類/山川之屬/山志
**南雁蕩山志十三卷首一卷** 周喟編　民國七年（1918）瑞安戴氏詠古齋刻本　一册　存四卷（十至十三）

330000－1704－0022162　021408　集部/別集類/明別集
**半山藏稿二十卷** （明）王叔果撰　民國二十四年（1935）鉛印本　二册　存九卷（一至三、八至十三）

330000－1704－0022167　021015　集部/別集類/清別集
**天真閣外集六卷** （清）孫原湘撰　民國三年（1914）上海掃葉山房石印本　一册　存三卷（一至三）

330000－1704－0022170　021372　集部/別集類/清別集
**茶坪詩鈔十卷** （清）徐永宣撰　民國十二年（1923）鉛印本　二册

330000－1704－0022174　021402　集部/別集類
**冷巢集羽續集二卷** 曹昌麟撰　民國十五年（1926）永嘉鉛印本　一册

330000－1704－0022175　021017　子部/醫家類/綜合之屬/通論
**御纂醫宗金鑑九十卷首一卷** （清）吴謙等撰　民國八年（1919）上海鴻寶齋石印本　一册　存一卷（首）

330000－1704－0022177　021018　子部/醫家類/醫經之屬/内經
**補注黄帝内經素問二十四卷** （唐）王冰撰　民國上海錦章圖書局石印本　一册　存十八卷（一至十八）

330000－1704－0022178　021374　史部/傳記類/別傳之屬/年譜
**陳介石先生［黻宸］年譜不分卷** 陳謐編　民國二十三年（1934）甌風社鉛印本　一册

330000－1704－0022180　021376　史部/地理類/山川之屬/山志
**南雁蕩山志十三卷首一卷** 周喟編　民國七年（1918）瑞安戴氏詠古齋刻本　一册　存四卷（十至十三）

330000－1704－0022187　021410　子部/藝術類/書畫之屬/法帖
**泰山經石峪金剛經集聯二卷** 曾熙　李瑞清　譚延闓輯　民國六年（1917）上海震亞圖書局影印本　二册

330000－1704－0022190　014399　集部/別集類
**褒碧齋集四卷續集四卷** 陳鋭撰　民國十九年（1930）譚延闓等鉛印本　一册　存四卷（褒碧齋集一至四）

330000－1704－0022193　014400　類叢部/叢書類/彙編之屬
**金陵大學中國文化研究所叢刊** 金陵大學中國文化研究所編　民國金陵大學中國文化研究所刻本、鉛印本暨影印本　蔡楨題記　一册　存一種

330000－1704－0022196　021413　史部/金石類/石之屬/文字
**明拓石鼓文不分卷　石鼓文續集一卷** 趙鎬編　民國八年（1919）上海有正書局影印本　許超跋　一册

330000－1704－0022203　021414　子部/藝

術類/書畫之屬/法帖

**王羲之小楷樂毅論一卷** (晉)王羲之書 民國上海尚古山房影印本 一冊

330000－1704－0022204 014402 集部/別集類

**天放樓詩續鈔一卷** 金天羽撰 民國十六年(1927)鉛印本 一冊

330000－1704－0022206 014403 集部/別集類

**冷巢集羽集二卷** 曹昌麟撰 民國十四年(1925)永嘉鉛印本 一冊

330000－1704－0022207 014404 集部/別集類

**冷巢集羽集二卷** 曹昌麟撰 民國十四年(1925)永嘉鉛印本 一冊

330000－1704－0022209 021382 子部/術數類

**河洛日用一卷** 民國符璋抄本 一冊

330000－1704－0022212 014406 集部/別集類/宋別集

**蘇文忠公詩集五十卷目録二卷** (宋)蘇軾撰 (清)紀昀評點 民國六年(1917)掃葉山房石印本 十冊 缺五卷(六至十)

330000－1704－0022218 014407 子部/雜著類/雜考之屬

**永嘉詩人祠堂叢刻札記一卷** 薛鍾斗撰 民國刻二十年(1931)永嘉黄氏敬鄉樓補版印本 一冊

330000－1704－0022219 021020 史部/地理類/方志之屬/郡縣志

**[民國]平陽縣志九十八卷首一卷** 王理孚修 符璋纂 張鬵等測繪 民國十四年至十五年(1925－1926)刻本 一冊 存二卷(十七至十八)

330000－1704－0022221 021021 史部/地理類/方志之屬/郡縣志

**[民國]平陽縣志九十八卷首一卷** 王理孚修 符璋纂 張鬵等測繪 民國十四年至十五年(1925－1926)刻本 十二冊 存四十一卷(五十八至九十八)

330000－1704－0022222 014408 經部/書類/傳說之屬

**書集傳六卷** (宋)蔡沈撰 民國商務印書館鉛印本 三冊 缺一卷(四)

330000－1704－0022223 021022 子部/醫家類/本草之屬/本草藥性

**珍珠囊指掌補遺藥性賦四卷** (金)李杲編 民國鉛印本 一冊 存一卷(一)

330000－1704－0022226 014409 經部/易類/傳說之屬

**周易本義四卷筮儀一卷卦歌一卷** (宋)朱熹撰 民國商務印書館鉛印本 二冊

330000－1704－0022230 014411 類叢部/叢書類/自著之屬

**海日樓遺書九種** 沈曾植撰 民國姚家埭沈氏刻本 張爾田題記 二冊 存一種

330000－1704－0022232 021419 集部/別集類

**小丹邱詩存十八卷新樂府一卷** 柯驊威撰 民國石印本 一冊 存五卷(十一至十五)

330000－1704－0022235 021024 子部/藝術類/篆刻之屬/印譜

**愛石軒印集不分卷** 趙文卿篆 民國鈐拓本 一冊

330000－1704－0022237 021025 集部/別集類

**適廬詩集一卷** 劉春煦撰 民國二十四年(1935)漢口武漢印書館鉛印本 一冊

330000－1704－0022242 021027 子部/宗教類/佛教之屬/經

**大方廣佛華嚴經明法品一卷** 民國中央刻經院鉛印本 一冊

330000－1704－0022243 021028 子部/宗教類/佛教之屬/諸宗

**宗鏡録法相義節要一卷** (宋)釋延壽撰 梅

光羲節要　民國十三年(1924)上海商務印書館鉛印本　一冊

330000－1704－0022265　014412　類叢部/類書類/專類之屬

**詩韻合璧五卷**　(清)許時庚輯　**虛字韻藪一卷**　(清)潘維城輯　民國上洋公興書局鉛印本　二冊　存二卷(一至二)

330000－1704－0022269　014413、014414　類叢部/叢書類/自著之屬

**名山全集三十四種**　錢振鍠撰　民國木活字印本暨鉛印本　二冊　存十種

330000－1704－0022270　021030　子部/藝術類/書畫之屬/法帖

**明清名人尺牘墨寶第一集六卷第二集六卷第三集六卷**　文明書局輯　民國十年(1921)上海文明書局影印本　十五冊　缺三卷(第一集四,第二集一、三)

330000－1704－0022273　014415　集部/詞類/別集之屬

**半櫻詞續二卷**　林鵾翔撰　民國鉛印本　一冊

330000－1704－0022275　014416　集部/詞類/別集之屬

**半櫻詞續二卷**　林鵾翔撰　民國鉛印本　一冊

330000－1704－0022276　014417　集部/總集類/彙編之屬

**國立浙江大學文學院集刊第三集**　國立浙江大學文學院集刊編輯委員會編　民國三十二年(1943)貴州遵義國立浙江大學文學院石印本　繆鉞題記　一冊　存一種

330000－1704－0022281　021530　類叢部/叢書類/彙編之屬

**四部叢刊**　張元濟等編　民國上海商務印書館影印本　四冊　存一種

330000－1704－0022282　014418　集部/別集類/清別集

**雪竹樓詩集十四卷**　(清)黃道讓撰　民國九年(1920)抄本　夏承燾題記　三冊

330000－1704－0022285　014419　集部/總集類

**番禺葉氏遐庵叢書□□種**　葉恭綽輯　民國番禺葉氏影印本暨鉛印本　四冊　存一種

330000－1704－0022287　014420　史部/傳記類/別傳之屬/年譜

**陳介石先生[黻宸]年譜不分卷**　陳謐編　民國二十三年(1934)甌風社鉛印本　二冊

330000－1704－0022288　014421　類叢部/叢書類/自著之屬

**名山全集三十四種**　錢振鍠撰　民國木活字印本暨鉛印本　夏承燾題記　三冊　存一種

330000－1704－0022290　014422　集部/別集類

**名山乙亥存稿四卷讁星文章四卷**　錢振鍠撰　民國木活字印本　一冊

330000－1704－0022297　021534　史部/傳記類/別傳之屬/年譜

**韓湘巖先生[錫胙]年譜二卷附録一卷**　劉耀東纂　民國三十六年(1947)啟後亭鉛印本　一冊

330000－1704－0022303　021508　集部/總集類/選集之屬/斷代

**隨園女弟子詩選六卷**　(清)袁枚輯　民國九年(1920)上海掃葉山房石印本　一冊

330000－1704－0022304　021509　類叢部/叢書類/彙編之屬

**四部叢刊**　張元濟等編　民國上海商務印書館影印本　二十冊　存一種

330000－1704－0022306　014423　類叢部/叢書類/自著之屬

**名山全集三十四種**　錢振鍠撰　民國木活字印本暨鉛印本　一冊　存四種

330000－1704－0022308　014424　類叢部/叢書類/自著之屬

**名山全集三十四種**　錢振鍠撰　民國木活字

印本暨鉛印本　二冊　存一種

330000－1704－0022311　014426　類叢部/叢書類/自著之屬

**名山全集三十四種**　錢振鍠撰　民國木活字印本暨鉛印本　二冊　存二種

330000－1704－0022318　014427　類叢部/叢書類/自著之屬

**名山全集三十四種**　錢振鍠撰　民國木活字印本暨鉛印本　二冊　存一種

330000－1704－0022320　014428　類叢部/叢書類/自著之屬

**名山全集三十四種**　錢振鍠撰　民國木活字印本暨鉛印本　一冊　存一種

330000－1704－0022324　014429　類叢部/叢書類/自著之屬

**名山全集三十四種**　錢振鍠撰　民國木活字印本暨鉛印本　一冊　存一種

330000－1704－0022325　014430　類叢部/叢書類/自著之屬

**名山全集三十四種**　錢振鍠撰　民國木活字印本暨鉛印本　謝觀虞題記　四冊　存十五卷(名山文約一至十五)

330000－1704－0022338　014432　集部/別集類

**大至閣詩一卷**　諸宗元撰　民國二十三年(1934)鉛印爰居閣叢書本　陳寥士題記　一冊

330000－1704－0022343　014433　集部/別集類

**硯雲齋遺稿一卷**　嚴堯欽撰　民國鉛印本　一冊

330000－1704－0022345　014434　子部/雜著類/雜說之屬

**嬰寧什箸**　陳訓正撰　民國十八年(1929)鉛印本　一冊　存一種

330000－1704－0022346　021038　集部/別集類/清別集

**翁相國手札八卷**　(清)翁同龢撰　民國上海有正書局影印本　七冊　存七卷(二至八)

330000－1704－0022348　014435　集部/別集類

**天嬰室叢稿第一輯九種第二輯十種**　陳訓正撰　民國十四年(1925)、二十年(1931)鉛印本　陳訓慈題記　四冊　存九種

330000－1704－0022350　014436　子部/儒家類/儒學之屬

**儒志編一卷**　(宋)王開祖撰　民國四年(1915)如皋冒氏刻永嘉詩人祠堂叢刻三十二年(1943)王增軍重印本　王威題記　一冊

330000－1704－0022353　014438　集部/總集類/郡邑之屬

**永嘉詩人祠堂叢刻十四種**　冒廣生輯　民國四年(1915)如皋冒氏刻本　九冊

330000－1704－0022364　014439　子部/儒家類

**倫理正名論一卷**　林損撰　民國惜硯樓鉛印本　一冊

330000－1704－0022366　014440　史部/目録類/總録之屬/官修

**舊溫屬圖書館初編書目不分卷**　舊溫屬圖書館編　民國舊溫屬圖書館石印本　一冊

330000－1704－0022367　014441　集部/詞類/總集之屬

**甌社詞鈔二卷**　陳閎慧編　民國十年(1921)溫州同文印書館鉛印本　一冊

330000－1704－0022368　014442　集部/別集類/明別集

**井丹林先生文集二十卷**　(明)林大春撰　民國二十四年(1935)潮陽郭氏雙百鹿齋刻本　十二冊

330000－1704－0022380　021429　類叢部/叢書類/自著之屬

**樊諫議集七家注六種**　(唐)樊宗師撰　樊鎮輯　民國八年至十三年(1919－1924)紹興樊氏緜絳書屋刻本　一冊　存一種

330000－1704－0022384　014448　經部/小學類/文字之屬/說文
**說文解字古文疏證一卷**　李杲撰　民國二十六年(1937)刻本　一冊

330000－1704－0022386　014449　經部/小學類/文字之屬/說文
**說文解字古文疏證一卷**　李杲撰　民國二十六年(1937)刻本　一冊

330000－1704－0022387　014450　經部/小學類/文字之屬/說文
**說文解字古文疏證一卷**　李杲撰　民國二十六年(1937)刻本　一冊

330000－1704－0022388　014451　經部/小學類/文字之屬/說文
**說文解字古文疏證一卷**　李杲撰　民國二十六年(1937)刻本　一冊

330000－1704－0022389　014452　經部/小學類/文字之屬/說文
**說文解字古文疏證一卷**　李杲撰　民國二十六年(1937)刻本　一冊

330000－1704－0022390　014453　經部/小學類/文字之屬/說文
**說文解字古文疏證一卷**　李杲撰　民國二十六年(1937)刻本　一冊

330000－1704－0022391　014454　經部/小學類/文字之屬/說文
**說文解字古文疏證一卷**　李杲撰　民國二十六年(1937)刻本　一冊

330000－1704－0022392　014455　經部/小學類/文字之屬/說文
**說文解字古文疏證一卷**　李杲撰　民國二十六年(1937)刻本　一冊

330000－1704－0022396　014456　經部/小學類/文字之屬/說文
**說文解字古文疏證一卷**　李杲撰　民國二十六年(1937)刻本　一冊

330000－1704－0022397　014457　經部/小學類/文字之屬/說文
**說文解字古文疏證一卷**　李杲撰　民國二十六年(1937)刻本　一冊

330000－1704－0022399　014458　經部/小學類/文字之屬/說文
**說文解字古文疏證一卷**　李杲撰　民國二十六年(1937)刻本　一冊

330000－1704－0022400　014459　經部/小學類/文字之屬/說文
**說文解字古文疏證一卷**　李杲撰　民國二十六年(1937)刻本　一冊

330000－1704－0022401　014460　經部/小學類/文字之屬/說文
**說文解字古文疏證一卷**　李杲撰　民國二十六年(1937)刻本　一冊

330000－1704－0022402　021043　子部/藝術類/書畫之屬/法帖
**梨花詩一卷**　(宋)黄庭堅撰並書　民國影印本　海曙題記　一冊

330000－1704－0022404　014461　經部/小學類/文字之屬/說文
**說文解字古文疏證一卷**　李杲撰　民國二十六年(1937)刻本　一冊

330000－1704－0022406　014462　經部/小學類/文字之屬/說文
**說文解字古文疏證一卷**　李杲撰　民國二十六年(1937)刻本　一冊

330000－1704－0022407　014463　經部/小學類/文字之屬/說文
**說文解字古文疏證一卷**　李杲撰　民國二十六年(1937)刻本　一冊

330000－1704－0022408　014464　經部/小學類/文字之屬/說文
**說文解字古文疏證一卷**　李杲撰　民國二十六年(1937)刻本　一冊

330000－1704－0022409　014465　經部/小學類/文字之屬/說文

**說文解字古文疏證一卷**　李杲撰　民國二十六年(1937)刻本　一冊

330000－1704－0022410　014466　經部/小學類/文字之屬/說文
**說文解字古文疏證一卷**　李杲撰　民國二十六年(1937)刻本　一冊

330000－1704－0022411　014467　經部/小學類/文字之屬/說文
**說文解字古文疏證一卷**　李杲撰　民國二十六年(1937)刻本　一冊

330000－1704－0022416　021045　集部/總集類/酬唱之屬
**稀齡唱和集一卷**　朱家驊輯　民國鉛印本　一冊

330000－1704－0022422　021433　子部/藝術類/書畫之屬/法帖
**宋拓孔宙碑不分卷**　民國八年(1919)上海有正書局影印本　一冊

330000－1704－0022423　021434　集部/總集類/尺牘之屬
**共和新尺牘四卷**　孔憲彭撰　民國二年(1913)上海會文堂石印本　一冊　存二卷(一至二)

330000－1704－0022436　021438　史部/傳記類/别傳之屬
**軍人模範馮玉祥全史三卷**　春明逐客編　民國十四年(1925)上海世界書局石印本　一冊

330000－1704－0022442　014470　子部/小說家類/瑣語之屬
**岐海瑣譚集十六卷**　(明)姜準輯　民國二十五年(1936)浙江省永嘉區徵輯鄉先哲遺著委員會鉛印本　四冊

330000－1704－0022443　021440　集部/總集類/選集之屬/通代
**古唐詩合解十二卷古詩四卷**　(清)王堯衢注　(清)李模　(清)李桓校　民國石印本　三冊　存六卷(三至六、古詩三至四)

330000－1704－0022444　021480　類叢部/叢書類/郡邑之屬
**敬鄉樓叢書三十八種**　黄羣編　民國十七年至二十四年(1928－1935)永嘉黄氏鉛印本　二冊　存第三輯二種

330000－1704－0022445　014471　類叢部/叢書類/彙編之屬
**四部叢刊**　張元濟等編　民國上海商務印書館影印本　夏承燾題記　一冊　存一種

330000－1704－0022446　014472　子部/醫家類/外科之屬/癰疽、疔瘡
**治疔要書一卷**　民國十六年(1927)上海宏大善書局石印本　一冊

330000－1704－0022448　014473　類叢部/叢書類/自著之屬
**樊諫議集七家注六種**　(唐)樊宗師撰　樊鎮輯　民國八年至十三年(1919－1924)紹興樊氏緜綘書屋刻本　夏承燾題記　一冊　存三種

330000－1704－0022452　021442　子部/藝術類/書畫之屬/法帖
**王夢樓行書三集一卷**　(清)王文治書　民國上海有正書局石印本　華珪跋　一冊

330000－1704－0022455　021444　子部/政書類/公牘檔冊之屬
**民國三十年晉豐賬本不分卷**　民國三十年(1941)抄本　一冊

330000－1704－0022457　021481　史部/地理類/山川之屬/山志
**南田山志十四卷首一卷**　劉燿東撰　民國二十四年(1935)啓後亭鉛印本　四冊

330000－1704－0022462　021445　子部/藝術類/書畫之屬/法帖
**古今碑帖集成樣本一卷**　民國影印本　一冊

330000－1704－0022463　021446　史部/金石類/石之屬/文字

**唐搨溫泉銘一卷**　(唐)太宗李世民書　民國九年(1920)上海文明書局影印本　一册

330000－1704－0022465　021447　子部/藝術類/書畫之屬/法帖

**最初精拓爨龍顔碑不分卷**　民國七年(1918)有正書局石印本　一册

330000－1704－0022468　021448　子部/宗教類/佛教之屬/論疏

**成唯識論文釋并記十卷**　(清)吳樹虛集說　民國影印本　一册　存二卷(一至二)

330000－1704－0022471　021449　子部/醫家類/外科之屬

**外科寶鑑三卷**　(宋)陳自明編　民國上海自強書局石印本　三册

330000－1704－0022472　014475　史部/目録類/通論之屬/掌故瑣記

**書林清話十卷**　葉德輝撰　民國九年(1920)葉德輝觀古堂刻本　四册

330000－1704－0022473　014476　類叢部/叢書類/郡邑之屬

**惜硯樓叢刊八種**　林慶雲編　民國二十四年(1935)瑞安林氏鉛印本　一册　存四種

330000－1704－0022476　014478　集部/別集類/宋別集

**陵陽先生詩四卷**　(宋)韓駒撰　民國二十年(1931)刻本　一册

330000－1704－0022482　014482　集部/戲劇類/雜劇之屬

**小三吾亭外集**　冒廣生撰　民國二十三年(1934)鉛印本　一册　存一種

330000－1704－0022484　014483　史部/金石類/金之屬/通考

**壽縣所出楚器考釋一卷**　劉節撰　民國二十四年(1935)國立北平圖書館影印本　一册

330000－1704－0022485　014484　集部/詞類/別集之屬

**彊邨語業三卷**　朱祖謀撰　民國十三年(1924)歸安朱氏託鵑樓刻本　一册

330000－1704－0022486　014485　集部/詞類/別集之屬

**淮海居士長短句三卷**　(宋)秦觀撰　民國十九年(1930)番禺葉恭綽據宋本影印本　葉恭綽題記　一册

330000－1704－0022488　014486　類叢部/叢書類/自著之屬

**彊邨遺書六種外編二種附一種**　朱祖謀撰　民國二十二年(1933)刻本　一册　存一種

330000－1704－0022500　家譜4　史部/傳記類/總傳之屬/家乘

**[浙江永嘉]蔡氏族譜不分卷**　蔡賡修　鄭性章纂　民國十九年(1930)抄本　二册

330000－1704－0022501　014496　集部/別集類/清別集

**范伯子文集十二卷**　(清)范當世撰　民國十八年(1929)鉛印本　夏承燾題記　二册

330000－1704－0022506　014497　集部/詞類/別集之屬

**玉壺山房詞選二卷**　(清)改琦撰　民國十七年(1928)上海千頃堂書局影印本　二册

330000－1704－0022509　014498　集部/總集類/選集之屬/通代

**六朝文絜箋注十二卷**　(清)許槤輯並評　(清)黎經誥箋注　民國上海朝記書莊石印本　二册

330000－1704－0022511　014499　子部/藝術類/遊藝之屬/聯語

**聯語彙選二卷**　(清)何林亨等撰　民國戴炳驄抄本　二册

330000－1704－0022512　014500　集部/曲類/曲韻曲譜曲律之屬

**粟廬曲譜**　俞振飛撰　民國三十四年(1945)率齋主人石印本　一册　存二種

330000－1704－0022516　家譜 15　史部/傳記類/總傳之屬/家乘

**[浙江堰頭]陳氏宗譜□□卷**　民國七年(1918)木活字印本　一册　存一卷(二)

330000－1704－0022518　014502　類叢部/叢書類/彙編之屬

**涵芬樓祕笈五十一種**　孫毓修等輯　民國五年至十五年(1916－1926)上海商務印書館影印本暨鉛印本　四册　存三種

330000－1704－0022524　家譜 20　史部/傳記類/總傳之屬/家乘

**[浙江瑞安]鮑川戴氏西祠宗譜十五卷首一卷**　戴炳驄纂　民國二十七年(1938)木活字印本　五册　缺一卷(十五)

330000－1704－0022525　014504　子部/藝術類/書畫之屬/法帖

**顔魯公書舊拓離堆記殘碑不分卷移蔡帖不分卷**　(唐)顔真卿書　民國上海碧梧山莊影印本　一册

330000－1704－0022527　014505　集部/别集類

**游壽昭清課一卷**　游壽昭撰　稿本　一册

330000－1704－0022528　家譜 60　史部/傳記類/總傳之屬/家乘

**[浙江溫州]社田黄氏宗譜不分卷**　(清)黄宏淦修　葉史纂　民國二十年(1931)抄本　一册

330000－1704－0022529　014506　集部/詞類/别集之屬

**湘綺樓詞鈔一卷詞選前編一卷續編一卷本編一卷**　王闓運撰　民國六年(1917)上海震亞圖書局石印本　一册　存一卷(詞鈔)

330000－1704－0022532　014509　集部/詞類/類編之屬

**四印齋彙刻宋元三十一家詞**　(清)王鵬運輯　民國二十年(1931)抄本　夏承燾批校並題記　四册　存二十八種

330000－1704－0022533　家譜 62　史部/傳記類/總傳之屬/家乘

**[□□]江夏邑黄氏宗譜不分卷**　民國抄本　一册

330000－1704－0022535　家譜 63　史部/傳記類/總傳之屬/家乘

**[□□]黄氏宗譜不分卷**　民國八年(1919)木活字印本　一册

330000－1704－0022541　014510　史部/目録類

**花草粹編分人目録一卷**　任中敏(任訥)編　民國二十年(1931)夏承燾抄本　夏承燾批校并題記　一册

330000－1704－0022545　014511　史部/目録類

**花草粹編詳目不分卷**　夏承燾編　民國二十年(1931)稿本　二册

330000－1704－0022549　家譜 117　史部/傳記類/總傳之屬/家乘

**[浙江永嘉]上莊石氏族譜不分卷**　石璧球修　葉史參纂　民國二十年(1931)抄本　一册

330000－1704－0022553　021471　子部/宗教類/佛教之屬/經

**大佛頂如來密因修證了義諸菩薩萬行首楞嚴經十卷**　(唐)釋般剌密帝譯　(唐)釋彌伽釋迦譯語　(唐)房融筆受　民國十年(1921)釋慧朗刻本　一册　存三卷(一至三)

330000－1704－0022556　家譜 70　史部/傳記類/總傳之屬/家乘

**[浙江溫嶺]鳳山金氏宗譜四卷首一卷**　金家駒纂修　民國十年(1921)木活字印本　一册　存二卷(首、一)

330000－1704－0022558　家譜 72　史部/傳記類/總傳之屬/家乘

**[□□]李氏家譜□□卷**　民國三十三年(1944)木活字印本　八册　存五卷(一、六、十一至十三)

330000－1704－0022559　家譜 118　史部/傳記類/總傳之屬/家乘

[浙江平陽]武功郡蘇氏宗譜二十三卷首二卷　民國二十三年(1934)木活字印本　一册　存二卷(首一至二)

330000－1704－0022560　014513　集部/詩文評類

宋後詞家討論詞律之派别不分卷　夏承燾撰　民國十七年(1928)稿本　一册

330000－1704－0022561　家譜119　史部/傳記類/總傳之屬/家乘

[浙江平陽]帶溪武功郡蘇氏宗譜不分卷　民國二十三年(1934)木活字印本　一册

330000－1704－0022562　家譜96　史部/傳記類/總傳之屬/家乘

柏葉林氏宗譜不分卷　民國二十八年(1939)木活字印本　二册

330000－1704－0022564　014514　集部/詞類/詞譜之屬

白香詞譜一卷晚翠軒詞韻一卷　(清)舒夢蘭撰　民國抄本　一册

330000－1704－0022569　014507　子部/雜著類

雜文筆記不分卷　民國抄本　七册

330000－1704－0022579　家譜129　史部/傳記類/總傳之屬/家乘

[浙江縉雲]五雲孫氏宗譜□□卷　民國十五年(1926)木活字印本　二册　存二卷(三、九)

330000－1704－0022581　家譜133　史部/傳記類/總傳之屬/家乘

[浙江景寧]鶴溪湯氏宗譜□□卷　民國二十年(1931)木活字印本　一册　存一卷(二)

330000－1704－0022585　014488　經部/小學類/文字之屬/說文/專著

說文通借古誼攷一卷　夏承燾撰　稿本　一册

330000－1704－0022590　014490　子部/儒家類/儒學之屬/經濟

揚子法言札記一卷孫子札記一卷說文通借古誼考一卷　夏承燾撰　稿本　一册

330000－1704－0022591　014491　集部/詞類/别集之屬

雪北香南盦詞一卷　夏承燾撰　稿本　一册

330000－1704－0022595　014489　史部/傳記類/日記之屬

夏承燾日記不分卷(民國十一年十月二十五日至十三年七月三十日)　夏承燾撰　民國十一年至十三年(1922－1924)稿本　四册

330000－1704－0022597　014492　子部/雜著類

梅鬚館隨筆一卷　夏承燾撰　稿本　一册

330000－1704－0022598　014493　史部/傳記類/日記之屬

書卷養壽室日注不分卷(民國十六年十一月二十一日至民國十七年七月十九日)　夏承燾撰　民國十六年至十七年(1927－1928)稿本　一册

330000－1704－0022601　014494　史部/紀傳類/正史之屬

五代史源委一卷五代史記札記一卷　夏承燾撰　民國十六年(1927)稿本　一册

330000－1704－0022604　013470－54　史部/傳記類/總傳之屬/家乘

項氏源流攷不分卷　項士元編　民國抄本　一册

330000－1704－0022605　013470－55　集部/總集類/氏族之屬

戴氏文獻資料彙編不分卷　民國抄本　七册

330000－1704－0022606　家譜169　史部/傳記類/總傳之屬/家乘

[浙江温州][浙江台州]江陵郡熊氏宗譜不分卷　熊接瑯修　王履平纂　民國二十九年(1940)木活字印本　一册

330000－1704－0022611　014495　子部/儒家類/儒學之屬

**荀注訂補不分卷** 蔣禮鴻撰 稿本 夏承燾批校 一册

330000－1704－0022612 家譜144 史部/傳記類/總傳之屬/家乘

**王氏家譜不分卷** 民國抄本 一册

330000－1704－0022614 家譜175 史部/傳記類/總傳之屬/家乘

**[浙江溫州]砉橋徐氏草譜不分卷** 徐星庚修 民國二年(1913)抄本 一册

330000－1704－0022618 家譜143 史部/傳記類/總傳之屬/家乘

**[浙江溫州]英橋王氏續修宗譜不分卷** 民國抄本 一册

330000－1704－0022619 家譜157 史部/傳記類/總傳之屬/家乘

**[浙江溫州]吳氏誠行大宗譜不分卷** 吳叔仁修 潘芬纂 民國二十二年(1933)抄本 一册

330000－1704－0022623 家譜178 史部/傳記類/總傳之屬/家乘

**[浙江溫州]徐氏族譜不分卷** 徐顯恭纂修 民國四年(1915)抄本 一册

330000－1704－0022624 家譜159 史部/傳記類/總傳之屬/家乘

**[浙江瑞安]瑞安南堤項氏大宗譜不分卷** 民國二十二年(1933)平陽嶺門金望道堂鑲木活字印本 四册

330000－1704－0022632 021554 集部/總集類/氏族之屬

**西橋王氏家集内編五卷外編五卷** 王舟瑤輯 民國抄本 一册 存二卷(内編一至二)

330000－1704－0022637 家譜182 史部/傳記類/總傳之屬/家乘

**[浙江溫州]徐氏宗譜不分卷** 民國抄本 一册

330000－1704－0022647 家譜165 史部/傳記類/總傳之屬/家乘

**[浙江瑞安]項氏宗譜一卷** 民國抄本 一册

330000－1704－0022650 家譜183 史部/傳記類/總傳之屬/家乘

**[浙江溫州]弘農楊氏宗譜不分卷** 民國二十五年(1936)抄本 一册

330000－1704－0022652 021558 史部/地理類/山川之屬/水志

**水經注不分卷** 民國抄本 一册

330000－1704－0022656 021559 子部/道家類

**符咒不分卷** 民國抄本 一册

330000－1704－0022658 家譜201 史部/傳記類/總傳之屬/家乘

**[□□蟠江]張氏家譜不分卷** 張錫有修 王芑纂 民國十五年(1926)木活字印本 三册

330000－1704－0022659 家譜211 史部/傳記類/總傳之屬/家乘

**[浙江溫州]永嘉普門張氏家乘[五派]不分卷** 張希載纂修 民國三十七年(1948)木活字印本 七册

330000－1704－0022664 家譜197 史部/傳記類/總傳之屬/家乘

**[浙江溫州]永嘉普門張氏家乘不分卷** 張希戴纂修 民國三十七年(1948)木活字印本 五册

330000－1704－0022671 家譜218 史部/傳記類/總傳之屬/家乘

**[□□]榮陽郡鄭氏宗譜□□卷** 民國六年(1917)木活字印本 二册 存二卷(三、五)

330000－1704－0022674 家譜219 史部/傳記類/總傳之屬/家乘

**[浙江縉雲]五雲鄭氏宗譜□□卷末二卷** 民國十三年(1924)木活字印本 二册 存二卷(末一至二)

330000－1704－0022677 家譜231 史部/傳記類/總傳之屬/家乘

**[□□]汝南周氏合族家譜□□卷** 民國石印

本　一冊　存三卷(上帙一、中帙三、下帙三)

330000－1704－0022680　家譜236　史部/傳記類/總傳之屬/家乘

**[浙江溫州]祥鍾朱氏宗譜不分卷**　民國三十六年(1947)抄本　一冊

330000－1704－0022681　021567　子部/宗教類/佛教之屬

**妙法蓮華經演義七卷**　(後秦)釋鳩摩羅什譯　(清)釋一松講録　(清)釋廣和編定　民國抄本　一冊　存一卷(二)

330000－1704－0022683　021569　子部/術數類/相宅相墓之屬

**地理雜抄不分卷**　民國抄本　一冊

330000－1704－0022684　021570　集部/曲類/彈詞之屬

**高機與吴三春一卷**　民國抄本　一冊

330000－1704－0022685　021572　子部/醫家類/方書之屬

**中藥方一卷**　民國抄本　一冊

330000－1704－0022686　021571　子部/藝術類/書畫之屬/法帖

**玄秘塔不分卷**　(元)趙孟頫書　民國影印本　一冊

330000－1704－0022687　021573　子部/藝術類/書畫之屬/題跋

**碑帖題跋不分卷**　民國影印本　一冊

330000－1704－0022688　021574　子部/醫家類/類編之屬

**醫學雜抄不分卷**　民國抄本　一冊

330000－1704－0022689　021575　史部/政書類/公牘檔冊之屬

**賬本不分卷**　民國抄本　一冊

330000－1704－0022722　021577　子部/藝術類/書畫之屬/畫譜

**改七薌百美畫譜二卷**　(清)改琦繪　民國十五年(1926)上海世界書局影印本　一冊　存一卷(二)

330000－1704－0022723　021581　類叢部/叢書類/彙編之屬

**四部備要**　中華書局編　民國二十五年(1936)上海中華書局鉛印本(原缺經義考卷二百八十六、二百九十九至三百,東塾讀書記十三至十四、十七至二十、二十二至二十五)　五十一冊　存三種

330000－1704－0022724　021586　集部/別集類

**遯劒吟稾不分卷**　鄭閎達撰　稿本　三冊

330000－1704－0022726　021587　集部/別集類

**宣南漫遊稿一卷**　鄭閎達撰　稿本　一冊

330000－1704－0022727　021588　史部/傳記類/別傳之屬/事狀

**鄭節母鄧太夫人訃告一卷**　鄭閎達述并書　民國二十三年(1934)影印本　一冊

330000－1704－0022728　021582　集部/別集類

**課餘襍録不分卷**　鄭閎達編　稿本　一冊

330000－1704－0022729　021583　集部/別集類

**萬萬盦詩存一卷詩餘一卷**　鄭閎達撰　民國二十二年(1933)鉛印本　一冊

330000－1704－0022730　021579　史部/雜史類/斷代之屬

**直皖秘史一卷**　張一麐撰　民國石印本　一冊

330000－1704－0022731　021585　子部/藝術類/遊藝之屬/聯語

**聯語雜後一卷**　鄭閎達編　稿本　一冊

330000－1704－0022733　013929　集部/別集類

**萬萬盦詩存一卷**　鄭閎達撰　稿本　一冊

330000－1704－0022734　014915　集部/別集類

**音韻測蠡一卷**　鄭閎達撰　稿本　一冊

330000－1704－0022735　014915　集部/别集類

**萬萬盦吟稿一卷**　鄭閎達撰　稿本　與330000－1704－0022734合爲一册

330000－1704－0022736　014916　集部/别集類

**萬萬盦詩餘一卷**　鄭閎達撰　稿本　一册

330000－1704－0022738　021592　子部/藝術類/書畫之屬/法帖

**何子貞臨黄庭經一卷**　(清)何紹基書　民國二十二年(1933)上海商務印書館影印本　一册

330000－1704－0022739　014918　集部/别集類

**萬萬盦詩存一卷**　鄭閎達撰　稿本　三册

330000－1704－0022740　014917　集部/别集類

**萬萬盦隨筆四卷**　鄭閎達撰　稿本　四册

330000－1704－0022741　021593　子部/藝術類/書畫之屬/法帖

**思古齋雙鉤漢碑篆額不分卷**　(清)何澂輯　民國影印本　三册

330000－1704－0022742　021594　子部/藝術類/書畫之屬/法帖

**北宋拓爭坐位帖一卷**　(唐)顔真卿書　民國十四年(1925)上海有正書局影印本　一册

330000－1704－0022743　014919　集部/别集類

**萬萬盦詩存一卷**　鄭閎達撰　稿本　一册

330000－1704－0022744　021595　子部/藝術類/書畫之屬/法帖

**宋拓大麻姑仙壇記不分卷**　(唐)顔真卿撰並書　民國上海有正書局影印本　吴竟志題記　一册

330000－1704－0022745　015904　集部/别集類

**萬萬盦詩存一卷**　鄭閎達撰　稿本　一册

330000－1704－0022746　021596　子部/藝術類/書畫之屬/法帖

**名人真蹟**　民國中華書局影印本　一册　存一種

330000－1704－0022747　021597　子部/藝術類/書畫之屬/法帖

**王澍臨李陽冰篆書謙卦銘不分卷**　(清)王澍書　民國影印本　一册

330000－1704－0022748　016611　集部/别集類

**萬萬盦詩稿一卷**　鄭閎達撰　稿本　一册

330000－1704－0022749　016999　子部/雜著類

**朱格雜抄一卷**　民國抄本　一册

330000－1704－0022750　018065　史部/傳記類/總傳之屬/家乘

**[浙江瑞安]鄭氏家譜一卷**　鄭德馨纂修　民國二十一年(1932)抄本　一册

330000－1704－0022751　019887　子部/藝術類/書畫之屬/法帖

**舊搨李北海東林寺碑一卷**　(唐)李邕撰並書　民國八年(1919)上海有正書局影印本　一册

330000－1704－0022752　020135　子部/藝術類/書畫之屬/法帖

**鄧君墓誌銘一卷**　(清)何紹基書　(清)李兆洛撰　民國有正書局影印本　一册

330000－1704－0022754　021599　子部/藝術類/書畫之屬/法帖

**張季直書狼山造象觀音記一卷**　張謇書　民國上海有正書局石印本　一册

330000－1704－0022755　021589　子部/藝術類/書畫之屬/法帖

**錢南園書六情帖一卷**　(清)錢灃書　民國上海求古齋書局影印本　一册

330000－1704－0022756　021590　子部/藝術類/書畫之屬/法帖

**錢南園書爭座位帖一卷**　（清）錢灃書　民國上海求古齋書局影印本　一册

330000－1704－0022757　021600　子部/藝術類/書畫之屬/法帖

**九成宫醴泉銘一卷**　（唐）歐陽詢書　（清）黄自元臨　民國影印本　一册

330000－1704－0022759　021602　子部/藝術類/書畫之屬/法帖

**石門銘不分卷**　民國影印本　一册

330000－1704－0022761　021603　子部/藝術類/書畫之屬

**浙江永嘉區藝術展覽會書畫紀念册不分卷**　許蟠雲等輯　民國二十五年（1936）上海宣和印社影印本　一册

330000－1704－0022762　021606　子部/藝術類/書畫之屬/法帖

**精拓唐峿臺銘一卷**　民國上海求古齋書局影印本　一册

330000－1704－0022763　021607　子部/藝術類/書畫之屬/法帖

**中山松膠賦一卷**　（清）錢灃書　民國上海求古齋書帖局影印本　一册

330000－1704－0022764　021608　子部/藝術類/書畫之屬/法帖

**伊川四箴一卷**　（清）錢灃書　民國上海求古齋書局影印本　一册

330000－1704－0022765　021609　子部/藝術類/書畫之屬/法帖

**鄭蘇戡書南唐集字一卷**　鄭孝胥書　民國十七年（1928）上海商務印書館影印本　一册

330000－1704－0022766　021604　史部/金石類/石之屬/文字

**宋拓石門頌不分卷**　民國上海有正書局影印本　鐵氏題記　一册

330000－1704－0022770　021605　子部/宗教類/佛教之屬

**金剛般若波羅密經一卷**　民國影印本　一册

330000－1704－0022772　021613　集部/别集類/清别集

**溪上草堂文稾八卷首一卷**　（清）駱晉祺撰　魏東編　民國鉛印本　一册　缺六卷（三至八）

330000－1704－0022773　021614　史部/傳記類/别傳之屬/年譜

**左忠毅公［光斗］年譜定本二卷**　馬其昶編　民國十四年（1925）蓬萊慕氏京師刻朱印本　一册　存一卷（二）

330000－1704－0022776　021616　子部/藝術類/書畫之屬

**奇和堂珍藏字畫册第一集一卷**　（清）陳錦質繪　民國影印本　一册

330000－1704－0022778　021617　子部/藝術類/書畫之屬/畫譜

**陸廉夫畫册真蹟一卷**　陸恢繪　民國二十年（1931）上海碧梧山莊影印本　一册

330000－1704－0022779　021618　子部/藝術類/書畫之屬/畫譜

**望雲軒名畫全集五卷**　吴頣編　民國十一年至十二年（1922－1923）上海慎修書社影印本　四册　存四卷（一至四）

330000－1704－0022780　021615　子部/藝術類/書畫之屬/法帖

**石門銘不分卷**　民國影印本　一册

330000－1704－0022785　021623　子部/藝術類/書畫之屬/畫譜

**謝稚柳畫集一卷**　謝稚柳繪　民國影印本　謝稚柳題記　一册

330000－1704－0022787　021619　子部/藝術類/書畫之屬/法帖

**鄧石如真蹟不分卷**　（清）鄧石如書　民國二十一年（1932）上海西泠印社影印本　一册

330000－1704－0022790　021626　史部/傳記類/别傳之屬/事狀

**嵊縣趙詩高公紀念集不分卷**　民國二十一年（1932）影印本　一册

330000－1704－0022791　021620　子部/藝術類/書畫之屬

**余靜芝人物畫冊二集**　余靜芝繪　民國二十五年(1936)中國女子生產合作社影印本　二冊

330000－1704－0022794　021624　子部/藝術類/書畫之屬/法帖

**祝枝山草書杜詩一卷**　(明)祝允明書　民國有正書局石印本　一冊

330000－1704－0022796　021625　子部/藝術類/書畫之屬/法帖

**名人真蹟小楷法帖四種**　民國二十二年(1933)上海世界書局石印本　一冊　存一種

330000－1704－0022797　021631　子部/藝術類/書畫之屬/法帖

**宋蘇軾楷書醉翁亭記一卷**　(宋)歐陽修撰　(宋)蘇軾書　民國十一年(1922)上海進步書局影印本　一冊

330000－1704－0022800　021632　子部/藝術類/書畫之屬/法帖

**錢南園書庠序帖一卷**　(清)錢灃書　民國上海求古齋書局影印本　一冊

330000－1704－0022801　021633　子部/藝術類/書畫之屬/法帖

**南海書一天園記一卷**　康有為撰並書　民國十四年(1925)上海有正書局石印本　一冊

330000－1704－0022802　021641　子部/藝術類/書畫之屬/法帖

**翁松禪墨蹟十集**　(清)翁同龢書　民國二十四年(1935)上海商務印書館影印本　一冊　存一集(一)

330000－1704－0022803　021627　史部/金石類/石之屬/文字

**初拓崔敬邕墓誌一卷**　民國十二年(1923)上海有正書局影印本　一冊

330000－1704－0022804　021634　子部/藝術類/書畫之屬/法帖

**宋拓顏平原東方畫贊不分卷**　(唐)顏真卿書　民國上海有正書局影印本　一冊

330000－1704－0022806　021635　子部/藝術類/書畫之屬/法帖

**楊蘋翁臨禮器碑二卷**　(清)楊峴臨　民國上海碧梧山莊石印本　二冊

330000－1704－0022807　021642　子部/藝術類/書畫之屬/法帖

**漢隸行楷墨寶合刊一卷**　(清)張叔未　(清)馮桂芬書　民國碧梧山莊影印本　一冊

330000－1704－0022808　021628　子部/藝術類/書畫之屬/法帖

**舊拓好大王碑一卷**　民國十四年(1925)上海有正書局影印本　一冊

330000－1704－0022809　021643　子部/藝術類/書畫之屬/法帖

**九成宮醴泉銘一卷**　(唐)歐陽詢書　民國影印本　一冊

330000－1704－0022811　021629　子部/藝術類/書畫之屬/法帖

**舊拓好大王碑一卷**　民國四年(1915)上海有正書局影印本　一冊

330000－1704－0022812　021644　子部/藝術類/書畫之屬/法帖

**拓本六朝碑帖精華十種**　世界書局編　民國二十二年(1933)上海世界書局影印本　一冊　存一種

330000－1704－0022815　021630　子部/藝術類/書畫之屬/法帖

**舊拓龍門二十品二卷**　民國八年(1919)上海有正書局石印本　一冊

330000－1704－0022816　021645　子部/藝術類/書畫之屬/法帖

**歷代碑帖大觀五十種**　高野侯輯　民國上海中華書局影印本　一冊　存一種

330000－1704－0022817　021636　史部/金石類/石之屬/文字

**初拓崔敬邕墓誌一卷**　民國十二年(1923)上

海有正書局影印本　一冊

330000－1704－0022818　021651　子部/藝術類/書畫之屬/法帖
**歷代碑帖大觀五十種**　高野侯輯　民國上海中華書局影印本　一冊　存一種

330000－1704－0022819　021637　子部/藝術類/書畫之屬/法帖
**明拓伊闕佛龕碑不分卷**　（唐）褚遂良書（唐）岑文本撰　民國九年（1920）上海有正書局石印本　一冊

330000－1704－0022820　021652　子部/藝術類/書畫之屬/法帖
**舊拓五代慈雲嶺開路記不分卷**　高存道藏　民國二十五年（1936）上海中華書局影印本　一冊

330000－1704－0022822　021638　史部/金石類/石之屬/文字
**魏初拓放大嵩高靈廟碑不分卷**　光霽軒藏　民國上海求古齋書籍碑帖局石印本　一冊

330000－1704－0022823　021653　子部/藝術類/書畫之屬/法帖
**舊拓五代慈雲嶺開路記不分卷**　高存道藏　民國二十五年（1936）上海中華書局影印本　一冊

330000－1704－0022824　021654　子部/藝術類/書畫之屬/法帖
**舊拓五代慈雲嶺開路記不分卷**　高存道藏　民國二十五年（1936）上海中華書局影印本　一冊

330000－1704－0022826　021647　子部/藝術類/書畫之屬/法帖
**名人真蹟**　民國中華書局影印本　一冊　存一種

330000－1704－0022827　021655　子部/藝術類/書畫之屬/法帖
**鄧石如隸書樂志論帖不分卷**　（清）鄧石如書　民國四年（1915）上海進步書局影印本　一冊

330000－1704－0022829　021639　子部/藝術類/書畫之屬/法帖
**蝯叟臨衡興祖碑一卷**　（清）何紹基書　民國上海求古齋書帖局影印本　一冊

330000－1704－0022830　021648　史部/金石類/石之屬
**魏爨龍顏碑一卷**　民國十九年（1930）求古齋影印魏碑大觀本　謝循貫過録康有為跋　一冊

330000－1704－0022831　021656　子部/藝術類/書畫之屬/法帖
**初拓爨寶子碑一卷**　民國十三年（1924）上海有正書局影印本　一冊

330000－1704－0022834　021649　子部/藝術類/書畫之屬/法帖
**石門銘不分卷**　民國影印本　一冊

330000－1704－0022835　021640　子部/藝術類/書畫之屬/法帖
**鄧石如篆書十五種不分卷**　（清）鄧石如書　民國十一年（1922）上海文明書局石印本　六冊

330000－1704－0022836　021657　子部/藝術類/書畫之屬/法帖
**元拓泰山經石峪金剛經集詩集聯一卷**　朱鼎一厂居士選　民國十六年（1927）上海出版公司石印本　一冊

330000－1704－0022837　021661　子部/藝術類/書畫之屬/法帖
**九成宮醴泉銘一卷**　（唐）歐陽詢書　民國二十七年（1938）上海文明書局影印本　一冊

330000－1704－0022838　021662　子部/藝術類/書畫之屬/法帖
**鄭道昭雲峯山論經書不分卷**　（北魏）鄭道昭書　民國七年（1918）上海有正書局石印本　一冊

330000－1704－0022839　021658　子部/藝術類/書畫之屬/法帖
**趙撝叔大字書法潘公墓誌合刊不分卷**　（清）

趙之謙書　民國上海求古齋石印本　一册

330000－1704－0022840　021663　子部/藝術類/書畫之屬/法帖

**王陽明書龍江留别詩一卷**　(明)王守仁書　民國十二年(1923)上海商務印書館影印本　一册

330000－1704－0022841　021659　史部/金石類/石之屬/文字

**天虚我生桃源墓誌一卷**　陳栩撰　民國影印本　一册

330000－1704－0022842　021660　子部/藝術類/書畫之屬/書法書品

**童星录書陰騭文大楷一卷**　童式規書　民國十二年(1923)影印本　一册

330000－1704－0022843　021650　子部/藝術類/書畫之屬/法帖

**舊拓趙蘭亭十三跋一卷**　(元)趙孟頫撰並書　民國上海有正書局影印本　一册

330000－1704－0022844　021664　子部/藝術類/書畫之屬/法帖

**北魏鄭文公碑一卷**　民國影印本　一册

330000－1704－0022845　021666　子部/藝術類/書畫之屬/法帖

**南園真蹟一卷**　(清)錢灃書　民國二十三年(1934)上海商務印書館影印本　一册

330000－1704－0022846　021665　子部/藝術類/書畫之屬/法帖

**李北海葉有道碑一卷**　(唐)李邕撰並書　民國二十三年(1934)上海商務印書館影印本　一册

330000－1704－0022848　021676　子部/藝術類/書畫之屬/法帖

**黄庭堅楷書一卷**　(宋)黄庭堅書　民國影印本　一册

330000－1704－0022849　021668　子部/藝術類/書畫之屬/法帖

**劉石菴扇集一卷**　(清)劉墉書　民國二十三年(1934)上海商務印書館影印本　一册

330000－1704－0022850　021671　子部/藝術類/書畫之屬/法帖

**雙鉤篆隸不分卷**　民國雙鉤本　二册

330000－1704－0022851　021669　子部/藝術類/書畫之屬/法帖

**劉石菴扇集一卷**　(清)劉墉書　民國二十三年(1934)上海商務印書館影印本　一册

330000－1704－0022852　021672　子部/藝術類/書畫之屬/法帖

**黄庭經一卷**　民國影印本　一册

330000－1704－0022853　021673　史部/金石類/石之屬/文字

**鄭文公碑一卷**　民國影印本　一册

330000－1704－0022854　021670　子部/藝術類/書畫之屬/法帖

**御刻三希堂石渠寶笈法帖不分卷**　(清)梁詩正等輯　**御刻三希堂石渠寶笈續法帖不分卷**　(清)蔣溥等輯　民國影印本　四册　存四册(四,續一至二、四)

330000－1704－0022855　021674　子部/藝術類/書畫之屬/法帖

**醉翁亭記一卷**　民國上海世界書局影印本　一册

330000－1704－0022856　021681　子部/藝術類/書畫之屬/法帖

**九成宫醴泉銘一卷**　(唐)歐陽詢書　民國影印本　一册

330000－1704－0022857　021678　子部/藝術類/書畫之屬/法帖

**黄石齋先生榕壇問業真跡一卷**　(明)黄道周書　民國二十五年(1936)上海商務印書館影印本　一册

330000－1704－0022868　021691　子部/藝術類/書畫之屬/法帖

**舊拓張猛龍碑一卷**　民國十五年(1926)上海商務印書館影印本　一册

330000－1704－0022869　021677　子部/藝術類/書畫之屬/法帖

**北魏鄭文公碑一卷**　民國影印本　一册

330000－1704－0022870　021679　子部/藝術類/書畫之屬/法帖

**古鑑閣藏魏論經書集聯搨本一卷**　秦文錦編集　民國七年(1918)上海藝苑真賞社影印本　一册

330000－1704－0022872　021680　子部/藝術類/書畫之屬/法帖

**定武本蘭亭序一卷**　(晉)王羲之撰並書　民國三十七年(1948)上海安定珂羅版社影印本　一册

330000－1704－0022874　021684　子部/藝術類/書畫之屬/書法書品

**運昇周居士八帙仙壽敘一卷**　(清)王文治撰　民國影印本　一册

330000－1704－0022875　021687　子部/藝術類/書畫之屬/法帖

**名人真蹟**　民國中華書局影印本　一册　存一種

330000－1704－0022876　021685　子部/藝術類/書畫之屬/書法書品

**樂毅論一卷**　(晉)王羲之書　民國石印本　一册

330000－1704－0022877　021688　子部/藝術類/書畫之屬

**山谷遺蹟一卷**　民國臨摹本　一册

330000－1704－0022881　021690　史部/傳記類/別傳之屬/墓誌

**瑞安姚君墓志銘一卷瑞安姚氏家廟記一卷**　章炳麟撰並書　**先嚴言行述畧一卷**　姚琮撰並書　民國影印本　一册

330000－1704－0022882　014516　集部/總集類/課藝之屬

**浙江省立第十中學校課作不分卷**　吳明　王烈　谷材撰　民國十五年(1926)稿本　夏承燾批校　三册

330000－1704－0022883　021692　子部/藝術類/書畫之屬/書法書品

**嗇翁墾牧手牒不分卷**　張謇撰並書　江導岷輯　民國七年(1918)南通翰墨林影印本　一册

330000－1704－0022884　021693　子部/藝術類/書畫之屬/法帖

**宋搨孔宙碑一卷**　民國三十五年(1946)文明書局、中華書局影印本　一册

330000－1704－0022885　021694　子部/藝術類/書畫之屬/法帖

**張廉卿書李剛介碑不分卷**　(清)張裕釗撰並書　民國三十年(1941)上海文明書局影印本　一册

330000－1704－0022886　021696　子部/藝術類/書畫之屬/法帖

**翁松禪致張嗇庵手書不分卷**　(清)翁同龢書　民國二十七年(1938)長沙商務印書館影印本　金位西題記　一册

330000－1704－0022887　021701　史部/傳記類/別傳之屬/墓誌

**永嘉計耀廷先生墓誌銘一卷**　陳光漢撰　民國三十六年(1947)石印本　計濟霖題記　一册

330000－1704－0022888　021702　史部/金石類/石之屬/文字

**懶雲夫人桃源墓誌一卷**　陳栩撰　民國影印本　一册

330000－1704－0022889　021697　集部/別集類/清別集

**姚惜抱先生家書不分卷**　(清)姚鼐撰　民國二十七年(1938)商務印書館影印本　一册

330000－1704－0022890　021698　子部/藝術類/書畫之屬/法帖

**最初精拓爨龍顏碑不分卷**　民國七年(1918)有正書局石印本　一册

330000－1704－0022892　021703　史部/金石類/石之屬/文字

**明拓石鼓文不分卷　石鼓文續集一卷**　趙鎬編　民國十一年(1922)上海有正書局影印本　林損題記　一冊

330000－1704－0022893　014517　子部/雜著類/雜纂之屬

**古稱呼考不分卷**　夏承燾撰　民國十五年(1926)稿本　一冊

330000－1704－0022895　014518　經部/小學類/文字之屬/說文

**說文廣例引書目不分卷通論引書目不分卷**　夏承燾撰　民國十六年(1927)稿本　一冊

330000－1704－0022896　021699　子部/藝術類/書畫之屬/法帖

**九成宮醴泉銘一卷**　(唐)歐陽詢書　民國有正書局影印本　一冊

330000－1704－0022897　021695　子部/藝術類/書畫之屬/法帖

**李玄靖唐拓本不分卷**　(唐)顏真卿書　民國八年(1919)上海中華書局影印本　一冊

330000－1704－0022898　021706　子部/藝術類/書畫之屬/法帖

**九成宮醴泉銘一卷**　(唐)歐陽詢書　民國三十五年(1946)上海商務印書館影印本　一冊

330000－1704－0022899　014519　經部/小學類/文字之屬/說文

**說文札記不分卷**　夏承燾撰　民國十四年至十五年(1925－1926)稿本　十冊

330000－1704－0022900　021707　子部/藝術類/書畫之屬/法帖

**九成宮醴泉銘一卷**　(唐)歐陽詢書　民國三十五年(1946)上海商務印書館影印本　一冊

330000－1704－0022901　021708　子部/藝術類/書畫之屬/法帖

**九成宮醴泉銘一卷**　(唐)歐陽詢書　民國三十五年(1946)上海商務印書館影印本　一冊

330000－1704－0022902　021700　史部/金石類/石之屬/文字

**鄭文公碑一卷**　民國影印本　一冊

330000－1704－0022906　014520　集部/別集類

**夏承燾家書不分卷**　夏承燾撰　稿本　一冊

330000－1704－0022908　021709　子部/藝術類/書畫之屬/法帖

**宋拓顏魯公大麻姑仙壇記不分卷**　(唐)顏真卿撰並書　民國十四年(1925)有正書局石印本　一冊

330000－1704－0022909　021710　子部/藝術類/書畫之屬/書法書品

**寐叟題跋一集二卷二集二卷**　沈曾植撰並書　民國十五年(1926)上海商務印書館影印本　二冊　存二卷(一集一至二)

330000－1704－0022910　021716　類叢部/叢書類/彙編之屬

**四部叢刊**　張元濟等編　民國上海商務印書館影印本　一冊　存一種

330000－1704－0022912　014525　史部/傳記類/別傳之屬/年譜

**韋莊年譜不分卷**　夏承燾撰　稿本　一冊

330000－1704－0022914　021721　子部/藝術類/書畫之屬/法帖

**最初精拓爨龍顏碑不分卷**　民國十四年(1925)上海有正書局石印本　一冊

330000－1704－0022918　014526　史部/傳記類/別傳之屬/年譜

**吴夢窗[文英]年譜一卷**　夏承燾撰　民國十八年(1929)影印本　一冊

330000－1704－0022921　014530　經部/書類/正文之屬

**尚書摘默不分卷**　民國八年(1919)夏承燾抄本　一冊

330000－1704－0022923　014531　子部/雜著類

**龍泉日鈔不分卷**　夏承燾撰　民國三十二年(1943)稿本　二册

330000－1704－0022925　014532　集部/别集類

**丙丁存稿一卷戊寅存稿一卷**　夏承燾撰　民國油印本　二册

330000－1704－0022928　021722　子部/藝術類/書畫之屬/畫譜

**姚公綬心賞山水册不分卷**　(明)姚綬繪　民國上海文明書局影印本　一册

330000－1704－0022930　021719　子部/藝術類/書畫之屬/法帖

**顔魯公書顔勤禮碑不分卷**　(唐)顔真卿書　民國影印本　一册

330000－1704－0022931　021723　子部/藝術類/書畫之屬/畫譜

**吴觀岱南湖詩意一卷**　吴觀岱繪　民國十二年(1923)上海文明書局影印本　一册

330000－1704－0022932　021724　子部/藝術類/書畫之屬/畫法畫品

**流民圖不分卷**　王震繪　民國八年(1919)上海西泠印社影印本　一册

330000－1704－0022933　021720　史部/金石類/石之屬/文字

**原拓魏鄭道忠墓誌一卷**　民國有正書局影印本　一册

330000－1704－0022934　021725　子部/藝術類/書畫之屬/畫法畫品

**流民圖不分卷**　王震繪　民國八年(1919)上海西泠印社影印本　一册

330000－1704－0022935　014533　集部/詞類/詞話之屬

**論詞絶句不分卷**　夏承燾撰　民國二十九年(1940)稿本　一册

330000－1704－0022936　021736　子部/藝術類/書畫之屬/法帖

**小楷佛遺教經一卷**　(晉)王羲之書　民國上海求古齋書帖局影印本　一册

330000－1704－0022938　014534　集部/别集類

**懺紅詞一卷**　夏承燾撰　民國十八年至十九年(1929－1930)稿本　一册

330000－1704－0022939　014535　子部/雜著類/雜説之屬

**雞跖録不分卷**　夏承燾撰　民國十二年(1923)稿本　一册

330000－1704－0022940　021737　子部/藝術類/書畫之屬/法帖

**初拓鄭文公碑一卷**　(北魏)鄭道昭書　民國六年(1917)上海有正書局影印本　一册

330000－1704－0022942　021731　子部/藝術類/書畫之屬/法帖

**趙松雪手札一卷**　(元)趙孟頫書　民國影印本　一册

330000－1704－0022943　014536　史部/雜史類

**國立西北大學國文講義史學外之章實齋一卷**　夏承燾編　民國二十五年(1936)油印本　夏承燾題簽　一册

330000－1704－0022944　021738　子部/藝術類/書畫之屬/法帖

**字帖集錦第二輯不分卷**　周菊人輯　民國十七年(1928)上海文明書局影印本　一册

330000－1704－0022945　014537　子部/雜家類

**慎子劄記一卷尹文子劄記一卷公孫龍子劄記一卷吕氏春秋劄記一卷**　夏承燾撰　民國十四年(1925)稿本　一册

330000－1704－0022948　014538　子部/儒家類
**讀荀子界說一卷**　夏承燾撰　民國十三年(1924)稿本　一册

330000－1704－0022949　021739　子部/藝術類/書畫之屬/法帖
**宋拓顏平原東方畫贊不分卷**　(唐)顏真卿書　民國上海有正書局影印本　二册

330000－1704－0022952　014539　史部/雜史類
**國立西北大學國文講義史學外之章實齋一卷**　夏承燾編　民國二十五年(1936)油印本　夏承燾題簽　一册

330000－1704－0022953　021733　子部/藝術類/書畫之屬/法帖
**悲盦手札不分卷**　(清)趙之謙撰　民國上海求古齋書帖局石印本　一册

330000－1704－0022954　021740　子部/藝術類/書畫之屬/法帖
**有唐撫州南城縣麻姑山仙壇記不分卷**　(唐)顏真卿撰并書　民國影印本　一册

330000－1704－0022956　021741　子部/藝術類/書畫之屬/法帖
**宋拓東坡書豐樂亭記不分卷**　(宋)蘇軾書　民國七年(1918)上海有正書局影印本　殷作模題記　一册

330000－1704－0022957　021728　經部/四書類/總義之屬/傳說
**四書集註十九卷**　(宋)朱熹撰　民國十年(1921)刻本　二册　存三種

330000－1704－0022958　021742　子部/藝術類/書畫之屬/法帖
**舊拓北魏始平公楊大眼造像記不分卷**　俞荔盦藏　民國影印本　一册

330000－1704－0022959　021729　經部/四書類/總義之屬/傳說
**四書集註十九卷**　(宋)朱熹撰　民國十年(1921)刻本　二册　存三種

330000－1704－0022960　014548　集部/詞類/别集之屬
**韋莊秦婦吟一卷**　(唐)韋莊撰　民國抄本　一册

330000－1704－0022962　021730　經部/四書類/總義之屬/傳說
**新刻批點四書讀本**　(宋)朱熹撰　民國十年(1921)刻本　一册　存一種

330000－1704－0022964　021743　史部/金石類/石之屬/文字
**隋龍藏寺碑一卷**　民國影印本　一册

330000－1704－0022965　021734　子部/藝術類/書畫之屬
**鄧石如書弟子職一卷**　(清)鄧石如書　民國影印本　一册

330000－1704－0022966　021735　子部/藝術類/書畫之屬/法帖
**南海書一天園詩稿一卷**　康有為撰並書　民國十二年(1923)上海有正書局石印本　一册

330000－1704－0022967　021751　子部/藝術類/書畫之屬/法帖
**最初精拓爨龍顏碑不分卷**　民國十四年(1925)上海有正書局石印本　一册

330000－1704－0022968　021752　子部/藝術類/書畫之屬/法帖
**九成宫醴泉銘一卷**　(唐)歐陽詢書　民國世界書局影印本　一册

330000－1704－0022970　021744　史部/傳記類/别傳之屬/事狀
**吴興周夢坡[慶雲]先生訃告一卷年譜一卷墓表一卷墓誌銘一卷畫史一卷**　周延礽輯　民國二十三年(1934)影印本暨鉛印本　一册　存二卷(墓表、墓誌銘)

330000－1704－0022973　021745　子部/藝術類/書畫之屬/法帖
**趙之謙引書不分卷**　(清)趙之謙書　民國影印本　一册

330000－1704－0022974　021756　子部/藝術類/書畫之屬/法帖

**最初精拓爨龍顔碑不分卷**　民國十四年(1925)上海有正書局石印本　一冊

330000－1704－0022975　021753　子部/藝術類/書畫之屬/法帖

**歐陽詢楷書一卷**　(唐)歐陽詢書　民國影印本　一冊

330000－1704－0022976　021754　子部/藝術類/書畫之屬/法帖

**潘書石墨鐫華真蹟一卷**　民國二十四年(1935)北平瑞文書局影印本　一冊

330000－1704－0022978　021757　子部/藝術類/書畫之屬/書法書品

**當代名人書林不分卷**　樊增祥等書　王春渠輯　民國二十一年(1932)影印本　一冊

330000－1704－0022979　021755　子部/藝術類/書畫之屬/法帖

**魏鍾繇法帖一卷**　(三國魏)鍾繇書　民國上海求古齋書帖局影印本　一冊

330000－1704－0022982　021758　子部/藝術類/書畫之屬/法帖

**趙文敏書洛神賦一卷**　(元)趙孟頫書　民國二十三年(1934)上海文明書局石印本　一冊

330000－1704－0022987　021749　子部/藝術類/書畫之屬/法帖

**大唐太宗文皇帝製三藏聖教序一卷**　(唐)褚遂良書　民國影印本　耐翁　志雲題簽並記　一冊

330000－1704－0022988　014545　集部/詞類

**詞有襯字攷一卷**　夏承燾撰　稿本　一冊

330000－1704－0022989　014544　集部/詞類

**詞有襯字攷一卷**　夏承燾撰　稿本　一冊

330000－1704－0022990　014546　集部/詞類

**詞有襯字攷一卷**　夏承燾撰　民國油印本　一冊

330000－1704－0022991　021761　子部/藝術類/書畫之屬/書法書品

**李申耆手札不分卷**　(清)李兆洛書　民國有正書局石印本　一冊

330000－1704－0022992　021762　子部/藝術類/書畫之屬/法帖

**舊拓爨寶子碑一卷**　民國十二年(1923)有正書局影印本　一冊

330000－1704－0022993　021763　子部/藝術類/書畫之屬/法帖

**右任墨緣第一集不分卷**　于右任書　民國二十一年(1932)蘇州友聲文藝社影印本　二冊

330000－1704－0022994　021764　子部/藝術類/書畫之屬/畫譜

**戴文節山水冊一卷**　(清)戴熙繪　民國十四年(1925)上海中華書局影印本　一冊

330000－1704－0022998　021765　子部/藝術類/書畫之屬/畫譜

**戴文節山水冊一卷**　(清)戴熙繪　民國十四年(1925)上海中華書局影印本　一冊

330000－1704－0023000　021776　子部/藝術類/書畫之屬/畫譜

**黄尊古山水冊一卷**　(清)黄鼎繪　民國九年(1920)上海中華書局影印本　一冊

330000－1704－0023001　021777　子部/藝術類/書畫之屬/畫譜

**翁小海花鳥草蟲冊一卷**　(清)翁雒繪　民國十八年(1929)上海文明書局影印本　一冊

330000－1704－0023005　014543　集部/詞類/別集之屬

**夏承燾詞學手稿不分卷**　夏承燾撰　稿本　一冊

330000－1704－0023006　021778　子部/藝術類/書畫之屬/畫譜

**黄癭瓢人物花卉山水冊一卷**　(清)黄慎繪

民國十九年(1930)上海文明書局影印本 一冊

330000－1704－0023007 021779 子部/藝術類/書畫之屬/畫譜
**黄瘦瓢人物冊一卷** (清)黄慎繪 民國十八年(1929)上海文明書局影印本 一冊

330000－1704－0023008 021780 子部/藝術類/書畫之屬/畫譜
**吴伯滔山水冊不分卷** (清)吴滔繪 民國十八年(1929)上海文明書局影印本 一冊

330000－1704－0023009 021781 子部/藝術類/書畫之屬/畫譜
**吴昌碩花卉十二幀一卷** 吴昌碩繪 民國十五年(1926)上海商務印書館影印本 一冊

330000－1704－0023011 021768 子部/藝術類/書畫之屬/畫譜
**廉州倣雲林山水冊一卷** (清)王鑑繪 民國十五年(1926)上海有正書局珂羅版影印本 一冊

330000－1704－0023012 021769 子部/藝術類/書畫之屬/法帖
**蔣鐵琴地支圖冊不分卷** (清)蔣璋繪 民國十三年(1924)上海文明書局影印本 一冊

330000－1704－0023013 021782 子部/藝術類/書畫之屬/畫譜
**石濤和尚花果冊不分卷** (清)釋道濟繪 民國十一年(1922)上海文明書局影印本 一冊

330000－1704－0023014 021774 子部/藝術類/書畫之屬/法帖
**魏石門銘集聯搨本不分卷** 愬覺居士撰 秦文錦編 民國十五年(1926)上海藝苑真賞社影印本 一冊

330000－1704－0023015 021783 子部/藝術類/書畫之屬/畫譜
**錢松壺西谿田居圖卷一卷** (清)錢杜繪 民國八年(1919)上海中華書局影印本 一冊

330000－1704－0023016 021784 子部/藝術類/書畫之屬/畫譜
**戴文節山水冊一卷** (清)戴熙繪 民國十七年(1928)中華書局影印本 一冊

330000－1704－0023017 021775 子部/藝術類/書畫之屬/法帖
**唐拓十七帖一卷** (晉)王羲之書 民國上海有正書局影印本 一冊

330000－1704－0023018 021770 子部/藝術類/書畫之屬/畫譜
**湯雨生戴醇士扇面合璧不分卷** (清)湯貽汾 (清)戴熙繪 民國影印本 一冊

330000－1704－0023019 021791 子部/藝術類/書畫之屬/畫譜
**梅瞿山黄山勝蹟圖冊不分卷** (清)梅清繪 民國十三年(1924)上海文明書局影印本 一冊

330000－1704－0023021 021786 子部/藝術類/書畫之屬/畫法畫品
**金石家書畫扇冊第一輯一卷第二輯一卷** 民國上海西泠印社影印本 二冊

330000－1704－0023022 021792 子部/藝術類/書畫之屬/畫法畫品
**金石家書畫扇冊第一輯一卷** 民國上海西泠印社影印本 一冊

330000－1704－0023023 021787 子部/藝術類/書畫之屬/畫譜
**項易庵倣右丞藍田山莊圖卷不分卷** (清)項聖謨繪 民國十二年(1923)上海中華書局影印本 一冊

330000－1704－0023024 021788 子部/藝術類/書畫之屬/畫譜
**項易庵倣右丞藍田山莊圖卷不分卷** (清)項聖謨繪 民國十八年(1929)上海中華書局影印本 一冊

330000－1704－0023025 021793 子部/藝術類/書畫之屬/法帖
**于右任先生墨蹟不分卷** 于右任書 民國二十一年(1932)上海進化書局石印本 一平題

記　一冊

330000－1704－0023026　021789　子部/藝術類/書畫之屬/畫譜

**姚公綬心賞山水冊不分卷**　（明）姚綬繪　民國十二年（1923）上海文明書局影印本　一冊

330000－1704－0023027　021790　子部/藝術類/書畫之屬/畫譜

**高澹游寫景山水冊不分卷**　（清）高簡繪　民國十三年（1924）上海文明書局影印本　一冊

330000－1704－0023028　021794　子部/藝術類/書畫之屬/畫譜

**譚海陵藏頤公伯年虛谷神品不分卷**　（清）邊壽民等繪　民國二十三年（1934）上海華商書局影印本　一冊

330000－1704－0023029　021795　子部/藝術類/書畫之屬/畫譜

**宋趙幹江行初雪一卷**　（宋）趙幹繪　民國二十一年（1932）北平故宫博物院影印本　一冊

330000－1704－0023030　021796　子部/藝術類/書畫之屬/畫譜

**陸廉夫畫冊精品不分卷**　陸恢繪　民國十五年（1926）上海西泠印社影印本　王震大題簽　一冊

330000－1704－0023031　021801　子部/藝術類/書畫之屬/畫譜

**鄒小山詩畫冊不分卷**　（清）鄒一桂繪　民國二十年（1931）中華書局影印本　一冊

330000－1704－0023032　021797　子部/藝術類/書畫之屬/畫譜

**趙撝叔花卉冊不分卷**　（清）趙之謙繪　民國二十年（1931）上海中華書局影印本　一冊

330000－1704－0023033　021802　子部/藝術類/書畫之屬/畫譜

**馬江香女士花鳥畫冊不分卷**　（清）馬荃繪　民國十八年（1929）上海文明書局影印本　一冊

330000－1704－0023034　021798　子部/藝術類/書畫之屬/畫法畫品

**存天閣祕笈第一集不分卷**　民國二十八年（1939）影印本　一冊

330000－1704－0023036　021799　子部/藝術類/書畫之屬/畫譜

**黄小松仿古山水冊一卷**　（清）黄易繪　民國十三年（1924）上海文明書局影印本　一冊

330000－1704－0023037　021807　子部/藝術類/書畫之屬/畫譜

**名人書畫第七集不分卷**　商務印書館輯　民國十三年（1924）上海商務印書館影印本　一冊

330000－1704－0023038　021803　子部/藝術類/書畫之屬/畫譜

**李穀齋山水冊不分卷**　（清）李世倬繪　民國上海中華書局影印本　一冊

330000－1704－0023039　021800　子部/藝術類/書畫之屬/畫譜

**王石谷山水惲南田花卉合璧不分卷**　（清）王翬　（清）惲格繪　民國十一年（1922）影印本　一冊

330000－1704－0023043　021785　子部/藝術類/書畫之屬/法帖

**李梅庵選臨汉魏六朝唐宋元明中學習字帖不分卷**　李瑞清書　民國四年（1915）上海震亞圖書局發行所石印本　二冊

330000－1704－0023044　021811　子部/藝術類/書畫之屬/法帖

**右任墨緣第一集不分卷**　于右任書　民國二十一年（1932）蘇州友聲文藝社影印本　二冊

330000－1704－0023045　021806　子部/宗教類/佛教之屬/經疏

**大方廣佛華嚴經疏科文表解一卷**　（唐）釋澄觀撰　李圓淨編　民國二十八年（1939）上海國光印書局鉛印本　一冊

330000－1704－0023046　021808　子部/藝術類/書畫之屬/畫譜

**吴漁山石谷小像補圖一卷**　（清）吳歷繪　民

國影印本　一冊

330000－1704－0023047　021809　子部/藝術類/書畫之屬/畫譜

**吴漁山石谷小像補圖一卷**　(清)吴歷繪　民國影印本　一冊

330000－1704－0023048　021812　子部/藝術類/書畫之屬/法帖

**鄧石如隸書張子西銘一卷**　(清)鄧石如書　民國十年(1921)上海文明書局石印本　一冊

330000－1704－0023049　021804　子部/藝術類/書畫之屬/畫譜

**百獸圖不分卷**　(清)華喦繪　民國影印本　一冊

330000－1704－0023050　021805　子部/宗教類/佛教之屬

**金剛般若波羅密經一卷**　民國影印本　一冊

330000－1704－0023051　021813　子部/藝術類/書畫之屬/法帖

**宋搨雲麾碑一卷**　(唐)李邕書　民國二十六年(1937)影印本　一冊

330000－1704－0023053　021810　子部/藝術類/書畫之屬/畫譜

**名人書畫第五集不分卷**　商務印書館輯　民國十年(1921)上海商務印書館影印本　一冊

330000－1704－0023054　021821　子部/小說家類/雜事之屬

**唐寫本世說新書一卷**　(南朝宋)劉義慶撰　(南朝梁)劉孝標注　民國五年(1916)上虞羅振玉影印本　一冊

330000－1704－0023055　021814　史部/傳記類/别傳之屬

**總理奉安實録不分卷**　總理奉安專刊編纂委員會編　民國十八年(1929)總理奉安專刊編纂委員會鉛印本　二冊

330000－1704－0023056　021816　子部/藝術類/書畫之屬/畫法畫品

**流民圖不分卷**　王震繪　民國八年(1919)上海西泠印社影印本　一冊

330000－1704－0023057　021815　史部/傳記類/别傳之屬

**總理奉安實録不分卷**　總理奉安專刊編纂委員會編　民國十八年(1929)總理奉安專刊編纂委員會鉛印本　一冊　存五十六葉(一至五十六)

330000－1704－0023058　021817　子部/藝術類/書畫之屬/畫譜

**方環山畫冊一卷**　(清)方士庶繪　民國十八年(1929)上海神州國光社影印本　一冊

330000－1704－0023059　021822　子部/藝術類/書畫之屬/法帖

**曾農髯臨夏承碑全文一卷**　曾熙書　民國七年(1918)上海震亞圖書局影印本　一冊

330000－1704－0023061　021826　子部/藝術類/書畫之屬/畫譜

**高南阜左手書畫合璧一卷**　(清)高鳳翰繪　民國二十三年(1934)上海商務印書館影印本　一冊

330000－1704－0023062　021828　子部/藝術類/書畫之屬/畫譜

**吴仲圭漁父圖卷一卷**　(元)吴鎮繪　民國二十六年(1937)上海商務印書館影印本　一冊

330000－1704－0023064　021827　子部/藝術類/書畫之屬/畫譜

**翁松禪遺畫不分卷**　(清)翁同龢書　民國二十四年(1935)上海商務印書館影印本　一冊

330000－1704－0023065　021823　子部/藝術類/書畫之屬/法帖

**譚祖安先生書麻姑仙壇記不分卷**　譚延闓書　民國上海商務印書館影印本　二冊

330000－1704－0023066　021829　子部/藝術類/書畫之屬

**墨巢祕玩宋人畫冊不分卷**　民國二十五年(1936)上海商務印書館影印本　一冊

330000－1704－0023067　021824　子部/藝

術類/書畫之屬/畫録

**清人畫冊不分卷**　民國影印本　一冊

330000－1704－0023068　021830　子部/藝術類/書畫之屬/畫譜

**焦山風景圖一卷**　陸龍繪　民國十九年(1930)上海文華美術圖書印刷有限公司影印本　一冊

330000－1704－0023069　021818　子部/藝術類/書畫之屬/畫法畫品

**金石家書畫扇冊第二輯一卷**　民國十七年(1928)上海西泠印社影印本　一冊

330000－1704－0023070　021819　子部/藝術類/書畫之屬/畫譜

**黄鶴山樵惟揚送别圖不分卷**　(元)王蒙繪　民國十一年(1922)無錫理工社製版所影印本　一冊

330000－1704－0023071　021820　子部/藝術類/書畫之屬/畫譜

**吴漁山仿古山水冊不分卷**　(清)吴歷繪　民國十三年(1924)文明書局影印本　一冊

330000－1704－0023072　021825　集部/總集類/尺牘之屬

**明人尺牘不分卷**　民國影印本　一冊

330000－1704－0023073　021831　子部/藝術類/書畫之屬/畫譜

**新出費曉樓畫東軒吟社圖一卷**　(清)費丹旭繪　民國二十八年(1939)美藝社影印本　一冊

330000－1704－0023074　021832　子部/藝術類/書畫之屬/法帖

**孫過庭書譜一卷**　(唐)孫過庭撰　民國影印本　一冊

330000－1704－0023076　021834　子部/藝術類/書畫之屬/畫譜

**戴文節山水冊一卷**　(清)戴熙繪　民國二十三年(1934)昌藝社影印本　一冊

330000－1704－0023077　021835　史部/傳記類/别傳之屬/墓誌

**茶陵譚公墓誌一卷**　徐崇立撰　張熙園編　民國二十六年(1937)影印本　一冊

330000－1704－0023085　009207　集部/總集類/氏族之屬

**瑞安黄氏藝文内外編不分卷**　民國刻本暨抄本　二冊

330000－1704－0023135　004506　史部/傳記類/日記之屬

**湘綺日記摘鈔一卷**　王闓運撰　**譚復堂日記摘鈔一卷**　(清)譚獻撰　民國張棡抄本　一冊

330000－1704－0023163　016671　子部/醫家類

**麻疹内攻及其漢方醫學的治療法一卷**　(日本)矢數有道撰　張敬武譯　民國抄本　一冊

330000－1704－0023164　021838　子部/道家類

**莊子十卷**　(晉)郭象注　(唐)陸德明音義　民國六年(1917)上海掃葉山房石印本　四冊

330000－1704－0023165　021837　史部/目録類/總録之屬/官修

**浙江公立圖書館保存類目録四卷**　浙江公立圖書館編　民國十年(1921)浙江公立圖書館石印本　二冊

330000－1704－0023166　021836　史部/地理類/遊記之屬/紀行

**台灣旅行記一卷**　侯鴻鑑撰　民國八年(1919)鉛印本　一冊

330000－1704－0023167　017682　集部/總集類/選集之屬/斷代

**太平天國文鈔一卷詩鈔一卷聯語鈔一卷附録三卷**　羅邕　沈祖基輯　民國二十三年(1934)上海商務印書館鉛印本　二冊

330000－1704－0023168　021839　史部/目録類

**影印指海樣本一卷**　大東書局編　民國二十

年(1931)上海大東書局影印本　一册

330000－1704－0023169　021840　史部/目録類

**浙江省永嘉區徵輯鄉先哲遺著目録一卷**　民國抄本　一册

330000－1704－0023171　021849　史部/目録類/專録之屬

**安徽叢書第一期全書特價簡章　卷附一卷**　安徽叢書編審會編　民國安徽叢書編印處鉛印本　一册

330000－1704－0023173　021850　史部/目録類/版本之屬/書影

**百衲本二十四史樣本一卷**　上海商務印書館編　民國二十年(1931)上海商務印書館鉛印本暨影印本　一册

330000－1704－0023174　021841　類叢部/叢書類/自著之屬

**繼述堂全集四種**　王毓英撰　民國十一年(1922)溫州石印本　一册　存一種

330000－1704－0023175　021853　史部/目録類/總録之屬/彙刻

**四部叢刊續編預約樣本一卷**　商務印書館輯　民國二十三年(1934)商務印書館鉛印本　一册

330000－1704－0023176　021842　集部/別集類

**崇雅堂詩稿一卷續稿一卷**　楊晨撰　**漢皋遺什一卷**　李嘉瑛撰　民國石印本　一册

330000－1704－0023180　021851　史部/目録類/版本之屬/書影

**重印聚珍倣宋版五開大本四部備要樣本不分卷**　中華書局編　民國二十三年(1934)中華書局鉛印本　一册

330000－1704－0023181　021852　史部/目録類

**影印學海類編樣本一卷**　商務印書館編　民國上海商務印書館鉛印本暨影印本　一册

330000－1704－0023182　021845　子部/醫家類/類編之屬

**松齡醫鐸**　徐潤之編　民國二年(1913)瑞安務本石印局石印本　一册　存一種

330000－1704－0023183　021846　史部/目録類/書志之屬/提要

**山左先喆遺書提要一卷**　王獻唐編　民國瑞安仿古印書局鉛印本　一册

330000－1704－0023184　021847　史部/目録類/書志之屬/提要

**山左先喆遺書提要一卷**　王獻唐編　民國瑞安仿古印書局鉛印本　一册

330000－1704－0023185　021848　史部/目録類/書志之屬/提要

**山左先喆遺書提要一卷**　王獻唐編　民國瑞安仿古印書局鉛印本　一册

330000－1704－0023187　善001589　史部/地理類/雜志之屬

**故都變遷記略十卷附録一卷**　余棨昌編　民國三十年(1941)鉛印本　夏鼐批校　二册

330000－1704－0023188　善001590　子部/小說家類/瑣語之屬

**醉鄉瑣志一卷**　(清)黄體芳撰　民國十六年(1927)鉛印本　夏鼐批並跋　一册

330000－1704－0023190　021855　史部/目録類/總録之屬

**影印津逮祕書樣本不分卷**　博古齋輯　民國上海博古齋影印本　一册

330000－1704－0023191　021856　史部/目録類

**影印墨海金壺樣本一卷**　博古齋書莊編　民國十年(1921)上海博古齋書莊鉛印本暨影印本　一册

330000－1704－0023192　021857　史部/目録類/版本之屬/書影

**原版影印海内孤本文淵樓叢書預約樣本不分卷**　文瑞樓書局　直隸書局編　民國十八年(1929)上海文瑞樓書局、北平直隸書局石印

本　一册

330000－1704－0023193　021858　史部/目録類/版本之屬
**影印國藏善本叢刊樣本不分卷**　商務印書館編　民國二十六年(1937)上海商務印書館鉛印本暨影印本　一册

330000－1704－0023194　021859　史部/目録類/總録之屬/彙刻
**四庫全書珍本初集樣本一卷**　商務印書館編　民國二十三年(1934)上海商務印書館鉛印本暨影印本　一册

330000－1704－0023196　021860　類叢部/叢書類/彙編之屬
**上海中華書局四部備要說明書一卷**　中華書局編　民國上海中華書局鉛印本　一册

330000－1704－0023197　021861　史部/目録類/書志之屬/提要
**選印宛委别藏四十種書目提要一卷**　民國二十四年(1935)商務印書館鉛印本　一册

330000－1704－0023198　善001591　史部/傳記類/别傳之屬/年譜
**白沙劉先生[紹寬]年譜一卷**　王理孚撰　稿本　王栻題簽　一册

330000－1704－0023199　021862　史部/目録類/書志之屬/提要
**四部叢刊書録一卷**　商務印書館編　民國十八年(1929)上海商務印書館鉛印本　一册

330000－1704－0023202　021863　史部/目録類/總録之屬/彙刻
**四部備要書目一卷**　中華書局編　民國鉛印本　一册

330000－1704－0023203　021864　史部/目録類/總録之屬/彙刻
**四庫全書珍本初集樣本一卷**　商務印書館編　民國二十三年(1934)上海商務印書館鉛印本暨影印本　一册

330000－1704－0023205　021865　史部/目録類/總録之屬/彙刻
**四部叢刊續編預約樣本一卷**　商務印書館輯　民國二十三年(1934)商務印書館鉛印本　一册

330000－1704－0023206　021866　史部/目録類/總録之屬/彙刻
**四部叢刊續編預約樣本一卷**　商務印書館輯　民國二十三年(1934)商務印書館鉛印本　一册

330000－1704－0023208　善001595　史部/傳記類/日記之屬
**徐宗達日記不分卷(民國三十二年十一月七日至三十七年四月三十日)**　徐宗達撰　稿本　二册

330000－1704－0023209　善001596　史部/政書類/公牘檔册之屬
**平陽縣議會議決案不分卷**　民國十四年(1925)鉛印本　一册

330000－1704－0023210　善001597　新學/報章
**辦理飛報之經過一卷**　黄一萍撰　民國抄本　一册

330000－1704－0023213　021868　史部/金石類/石之屬/文字
**于右任書鄒容墓表一卷**　于右任書　民國上海尚古山房石印本　一册

330000－1704－0023214　善001599　新學/商務
**温州四明商業銀行營業章程一卷儲蓄銀行營業章程一卷**　民國鉛印本　一册

330000－1704－0023215　善001600　子部/醫家類/溫病之屬/瘟疫
**鼠疫彙編一卷**　(清)吳宣崇編　(清)羅汝蘭增輯　民國三十三年(1944)鉛印本　一册

330000－1704－0023216　018402　經部/四書類/總義之屬/傳說
**四書集註十九卷**　(宋)朱熹撰　民國石印本　一册　存二種

330000－1704－0023217　善 001601　史部/政書類/公牘檔冊之屬

**飛雲江義渡大紀念改良十年成績書不分卷**　吳之翰撰　民國五年(1916)石印本　一冊

330000－1704－0023218　021869　史部/政書類/公牘檔冊之屬

**杭建刻漫畫展覽會經過報告一卷**　孫延劍撰　民國油印本　一冊

330000－1704－0023219　善 001602　史部/雜史類

**永嘉縣立民眾教育館歷年事業概況一卷**　黃一萍撰　民國抄本　一冊

330000－1704－0023220　021870　新學/雜著

**圖書館訓練一卷**　浙江省立圖書館編　民國油印本　一冊

330000－1704－0023221　善 001603　史部/政書類/公牘檔冊之屬

**二十年來永嘉新聞紙之調查一卷**　林衍桐撰　民國抄本　一冊

330000－1704－0023222　021873　子部/藝術類/書畫之屬/畫譜

**名畫外冊**　民國有正書局影印本　一冊　存一種

330000－1704－0023223　善 001604　史部/雜史類

**樂全社記事録一卷**　民國溫州務本印刷公司石印本　一冊

330000－1704－0023224　善 001605　新學/商務

**華商滬興商輪股份有限公司水脚一覽表一卷**　民國石印本　一冊

330000－1704－0023225　021872　子部/藝術類/書畫之屬

**宋人法書不分卷**　民國二十年至二十五年(1931－1936)北平故宮博物院影印本　二冊

330000－1704－0023226　021871　子部/藝術類/書畫之屬/法帖

**古代碑帖大觀不分卷**　民國求古齋影印本　一冊

330000－1704－0023227　善 001606　新學/雜著

**永嘉新學會的宣言一卷**　民國石印本　一冊

330000－1704－0023228　善 001607　史部/地理類/雜志之屬

**溫州十三寨一卷**　吳承志撰　民國抄本　一冊

330000－1704－0023229　善 001608　集部/別集類

**璞廬叢鈔不分卷**　戴炳驄輯　稿本　九冊

330000－1704－0023232　021873　子部/藝術類/書畫之屬/畫譜

**中國名畫集外冊**　民國上海有正書局影印本　與 330000－1704－0023222 合爲一冊　存一種

# 書名筆畫字頭索引

## 一畫



## 二畫



## 三畫



## 四畫

## 五畫



## 六畫

## 七畫

## 八畫

## 九畫

## 十畫

## 十一畫

## 十二畫

## 十三畫

## 十四畫

## 十五畫

## 十六畫

## 十七畫

## 十八畫



## 十九畫

## 二十畫



## 二十一畫



## 二十二畫



## 二十三畫

## 二十四畫



## 二十五畫



## 二十六畫



## 其他

# 書名筆畫索引

## 一畫



## 二畫

## 三畫

## 四畫

## 五畫

## 六畫

## 七畫

## 八畫

## 九畫

## 十畫

## 十一畫

## 十二畫

## 十三畫

## 十四畫

## 十五畫

## 十六畫

## 十七畫

## 十八畫

## 十九畫

## 二十畫

## 二十一畫

## 二十二畫

## 二十三畫



## 二十四畫



## 二十五畫

## 二十六畫



## 其他